GESCHICHTE UND GESCHEHEN

1. Auflage   1 5 4 3 2 1 | 2011 2010 2009 2008 2007

Alle Drucke dieser Auflage sind unverändert und können im Unterricht nebeneinander verwendet werden. Die letzten Zahlen bezeichnen jeweils die Auflage und das Jahr des Druckes.

Das Werk und seine Teile sind urheberrechtlich geschützt. Jede Nutzung in anderen als den gesetzlich zugelassenen Fällen bedarf der vorherigen schriftlichen Einwilligung des Verlages. Hinweis zu § 52 a UrhG: Weder das Werk noch seine Teile dürfen ohne eine solche Einwilligung eingescannt und in ein Netzwerk eingestellt werden. Dies gilt auch für Intranets von Schulen und sonstigen Bildungseinrichtungen. Fotomechanische oder andere Wiedergabeverfahren nur mit Genehmigung des Verlages.

© Ernst Klett Verlag GmbH, Stuttgart 2007.
Alle Rechte vorbehalten.
Internetadresse: www.klett.de

Redaktion: Dr. Björn Opfer
Herstellung: Krystyna Müller

Umschlagbild: Heinrich der Löwe, um 1129 – 6.8.1195, Herzog v. Bayern und Sachsen
  mit Ehefrau Mathilde v. England, Jesus setzt ihnen Krone auf
  © INTERFOTO Pressebild-Agentur Archiv Friedrich (Bildausschitt)
Reproduktion: Meyle + Müller, Medien-Management, Pforzheim
Satz: rasani.design, Leipzig
Kartenbearbeitung: Kartografisches Büro Borleis & Weis, Leipzig
  Ingenieurbüro für Kartografie Joachim Zwick, Gießen
Piktogramme: Erhard Müller, Leipzig
Druck: Firmengruppe APPL, aprinta druck, Wemding

Printed in Germany

ISBN: 978-3-12-430035-5

GESCHICHTE UND GESCHEHEN

Autoren:
Dr. Frank Behne (Senftenberg)
Prof. Dr. Peter Hilsch (Tübingen)
Prof. Dr. Detlev Kraack (Plön)
Prof. Dr. Ralph-Johannes Lilie (Berlin)
Prof. Dr. Uwe Walter (Bielefeld)
Georg Müller (Oldenburg)

Ernst Klett Verlag
Stuttgart · Leipzig

Inhalt

Das neue Buch auf einen Blick ... 6

1 Die attische Demokratie ... 8
1.1 Gedankenwelt I: Historisches Bewusstsein ... 8
1.2 Athen ... 15
1.2.1 Gedankenwelt II: Innenpolitisches Bewusstsein, Verhältnis zum Staat ... 16
1.2.2 Solons Wirtschafts- und Verfassungsreform ... 17
1.2.3 Die Tyrannis der Peisistratiden ... 18
1.2.4 Die Demokratie in Athen ... 18
1.2.5 Institutionen der Demokratie ... 20
1.3 Gedankenwelt III: Soziales Bewusstsein: Verhältnis zu den Mitmenschen ... 27
1.4 Gedankenwelt IV: Außenpolitisches Bewusstsein, Verhältnis zu den anderen Griechen ... 37
1.5 Der Peloponnesische Krieg und das Ende des athenischen Reiches ... 41
Zeittafel: Die griechische Welt in der Antike ... 48

2 Rom ... 49
2.1 Der Adel herrscht, das Volk ist frei, die Welt gehorcht: Die Römische Republik ... 49
2.1.1 Politik in Rom ... 49
2.1.2 So weit der Befehl reicht: Rom als dominierende Macht ... 51
Methode: Ein neues Thema erschließen
Auf den Spuren eines Römers: Marcus Tullius Cicero ... 57
2.1.3 Die Auflösung der Römischen Republik ... 59
Methode: Auch Begriffe haben Geschichte
Von der res publica zur Republik ... 66
2.2 Die heilende Monarchie des Augustus ... 68
2.3 Die Welt wird römisch: Das Imperium Romanum ... 75
2.4 Vom Außenseiter zum neuen Partner: Christentum und römischer Staat in der Spätantike ... 93
Zeittafel: Das Römische Reich ... 103

3 Mensch, Zeit und Raum im Mittelalter ... 104

4 Reich und Reichsidee ... 111
4.1 Die frühmittelalterliche Reichsidee ... 111
4.2 Die Rolle der Kirche ... 113
Exkurs: Häresien ... 114
4.3 Das Frankenreich unter den Merowingern ... 115
4.4 Byzanz, das Papsttum und das lateinische Europa im 8. Jahrhundert ... 116
4.5 Das Frankenreich unter den Karolingern ... 117
4.6 Das Kaisertum der Ottonen ... 119
4.7 Der Herrscher zwischen Anspruch und Realität ... 121
Standpunkte: Karl der Große und Europa ... 129

5 Das Lehnswesen: Feudale Strukturen und ihre römischen, germanischen und christlichen Wurzeln ... 132
5.1 Die Entstehung einer nach Ständen gegliederten Gesellschaft ... 133
5.2 Adel und Freiheit: Schlüsselbegriffe zum Verständnis der mittelalterlichen Wirklichkeit ... 135
5.3 Das Lehnswesen ... 136

Das neue Buch auf einen Blick

An ausgewählten Beispielen wird sichtbar gemacht, wie Vergangenes in gegenwärtige Verhältnisse und Entwicklungen hineinragt, wie historische Kräfte weiterwirken, wie Traditionen entstanden und weitergegeben werden. Die Auseinandersetzung damit soll den Blick schärfen für die in der Gesellschaft herrschende Erinnerungskultur und gleichzeitig zu deren Kritik auffordern.

... Geschichte erinnern

Mit Fokus auf spezielle Regionen wird Ihnen ferner die Möglichkeit gegeben, zentrale Aspekte der Geschichte an einem konkreten Beispiel in das jeweilige eigene Bundesland einzubetten.

Zeittafeln am Ende der beiden Kapitel zur Antike bzw. als Abschluss des Mittelalterkapitels geben einen zusammenfassenden Überblick. Aufgenommen wurden neben den im Kapitel behandelten wesentlichen Faktoren auch Ereignisse, die zum historischen Allgemeinwissen gehören und eine Einordnung der spezifischen Kapitelthemen erleichtern sowie zeitliche Zusammenhänge verdeutlichen.

... Zeittafeln

1225

Besonderes Augenmerk haben Autorinnen und Autoren darauf gelegt, Hinweise zu erarbeiten, wie historisches Material erschlossen, kritisch ausgewertet und so für den Lernprozess nutzbar gemacht werden kann. Sie haben sich dabei an den wissenschaftlichen Arbeitsmethoden von Historikern orientiert, so zum Beispiel dem Umgang mit historischen Karten oder der Analyse von Spielfilmen. Selbstverständlich konnte hierbei keine Vollständigkeit erzielt, vielmehr musste eine Auswahl getroffen werden.

... Methodentraining

Methodentraining

Zentrale Fragen wie Aspekte der Genderforschung, jüdischer Geschichte und sozialgeschichtliche Phänomene wie Migration wurden nicht losgelöst von der allgemeinen Geschichte in gesonderten Kapiteln, sondern bewusst integrativ behandelt.

Geschichte und Geschehen berücksichtigt unter verschiedenen methodischen Ansätzen neben den klassischen Fragen der Antike und des mittelalterlichen Europas. Dabei wurden Beispiele wie die Herausbildung des Deutschen Ordens und dessen Bedeutung für die weitere preußisch-deutsche Geschichte ebenso einbezogen, wie die internationale Dimension von Konflikten und wirtschaftlichen Strukturen. Nicht zuletzt zahlreiche gegenwartsbezogene Fragen zeigen die ungebrochene Aktualität antiker und mittelalterlicher Geschichte.

Gleichzeitig ermöglicht das Einbeziehen von kultur- und wissenschaftsgeschichtlichen Aspekten den Schülerinnen und Schülern den interdisziplinären Blick über den „historischen Tellerrand" hinaus.

Bei diesen Themen vermittelt Geschichte und Geschehen unablässiges Basiswissen und eine Vielzahl methodischer Möglichkeiten, um jeden Sachverhalt selbstständig nach eigener Prioritätensetzung zu vertiefen. Auf diese Weise wird die Herausbildung eines geschichtlichen Bewusstseins ermöglicht und Wege eröffnet, sich die Vielfalt einer spannenden Vergangenheit aus der Sicht ihrer jeweiligen Zeit als auch in ihrer Bedeutung für die Gegenwart leicht und in spannender Form zu erschließen.

Anregungen für selbstbestimmtes Lernen

1 Die attische Demokratie

1.1 Gedankenwelt I: Historisches Bewusstsein

Ursprünge der Geschichtsschreibung

Für jeden, der sich mit Geschichte beschäftigt, also mit der wissenschaftlich ergründbaren Vergangenheit, sind die Griechen des 5. Jahrhunderts schon deswegen wichtig, weil sie sich als Erste systematisch als Historiker betätigt haben. Bereits in der Antike wurde der Grieche Herodot aus Halikarnassos als Begründer dieser wissenschaftlichen Disziplin, als „Vater der Geschichtsschreibung" angesehen („Pater Historiae" nannte ihn Cicero). Der aus dem Griechischen stammende Begriff Historie bedeutet ursprünglich „Forschen, Recherchieren", und Herodot versuchte auf Reisen und durch Inaugenscheinnahme von Monumenten, durch Befragen von Zeitzeugen und Experten und durch Lektüre von Aufzeichnungen sich ein Bild von der Vergangenheit zu machen und für sich und den Leser eine Vorstellung von den Gründen zu entwickeln, die das Geschehen ausgelöst und beeinflusst haben sowie von den Motiven der handelnden Personen: „Herodot aus Halikarnassos legt hier seine Forschungen vor; erstens damit nicht das, was aufgrund der Einwirkungen von Menschen geschehen ist, mit der Zeit vergessen wird, zweitens damit nicht große und bewundernswerte Taten, teils der Hellenen, teils der Barbaren, ohne Ruhm bleiben, vor allem, aus welchem Grund sie gegeneinander Krieg führten." (Vorwort zu den „Historien") Er ist damit gewissermaßen der Erfinder des Quellenstudiums. Er begnügt sich nicht mit der bloßen Chronologie, sondern versucht einen Zusammenhang der Ereignisse herzustellen und deren Kausalität kritisch zu erforschen. Diese Methode ist nicht voraussetzungslos, sondern entstand in dem besonderen geistigen Klima, das zu Herodots Zeiten im 5. Jahrhundert in der griechischen Welt herrschte. Zwei sich scheinbar widersprechende Aspekte sind für uns von Bedeutung. Zum einen waren die Griechen sehr traditionell und demgemäß an den weiter zurückreichenden Gründen, an den Wurzeln ihrer Gegenwart interessiert, zum anderen aber auch progressiv, rational und neugierig. Selbstverständlich waren diese Haltungen nicht bei jedermann in gleicher Weise anzutreffen, sondern ganz individuell neigte der eine mehr zur Tradition, der andere mehr zum Fortschritt.

1 Herodot
(ca. 485–425 v. Chr.)
Verfasser der Historien, einer Geschichte der Perserkriege, unternahm zu Forschungszwecken Reisen nach Kleinasien, nach Süditalien und Ägypten.

Rationalität

Die Erfindung der Geschichtsschreibung fand in einem Umfeld statt, in dem rationale, wissenschaftliche Auseinandersetzung auch mit anderen Phänomenen gang und gäbe war. Die ionischen Naturphilosophen betrieben in einem eigentlichen Sinn Physik, sie setzten sich nicht nur grundsätzlich mit dem Ursprung der Welt auseinander, indem etwa Thales aus Milet annahm, alles bestehe letztlich aus Wasser, während Anaxagoras aus Klazomenai den Urgrund eher in der Dynamik der Gegensätze suchte. Die so genannten Sophisten wie Protagoras und Gorgias verdienten ihr Geld damit, die Bevölkerung mit den Möglichkeiten der demokratischen Gesellschaft vertraut zu machen, wo nicht mehr Rang und Namen zählten, sondern die rhetorische Überzeugungskraft. Ob vor Gericht oder in der Politik, überall hatte die Isonomie, die Gleichberechtigung, Einzug gehalten. Mit diesen Neuerungen ging natürlich auch eine Neubewertung überkommener Einstellungen einher. Das Verhältnis zu gesellschaftlichen Autoritäten wie dem Adel oder der vom Adel dominierten Priesterschaft änderte sich, ebenso stellte man auch die alten Vorstellungen von den Göttern in Frage.

Tradition

Die Tradition auf der anderen Seite ging so weit, dass man in allem das Wirken der Götter erblickte, die man von den Vorfahren übernommen hatte; die Bildwerke der bis heute bewunderten griechischen Kunst werden dominiert von Szenen aus der Mythologie; und auch die staatliche Selbstdarstellung war verschlüsselt mit

Die attische Demokratie

2 Der Parthenon, der Tempel der jungfräulichen Athene auf der Akropolis

Hilfe der alten Göttersagen. Als etwa die Athener um 440 v. Chr. den Tempel ihrer Schutzgöttin Athene auf der Akropolis wiederaufbauten, wurde in prächtigen Szenen der Kampf der Götter gegen die Giganten dargestellt, doch jedermann wusste, dass damit der Sieg der Griechen über die Perser verherrlicht werden sollte. Auf den vom staatlichen Münzamt der Stadt Syrakus herausgegebenen Drachmen prangte stets die Nymphe Arethusa, die mythische Stadtgründerin. Die Vorliebe für den Mythos spiegelt die Vorliebe für das Zeitlose und historisch Begründete wider. Die Griechen hatten nämlich die Vorstellung, dass ihre Welt durch das Wirken der Götter und Helden der Vorzeit entstanden war, auch wenn für sie diese Vorzeit durchaus nicht im selben Maße reell war wie ihre eigene Gegenwart. Doch aus Mangel an verlässlicheren Quellen stützte man sich bei der historischen Einordnung vergangener Jahrhunderte auf die Mythologie, nicht zuletzt auf die Heldengedichte (Epen) Homers, in denen der Kampf um Troja und die Irrfahrten der Sieger dargestellt werden. Wenn Herodot, sich auf Homer stützend, die Auseinandersetzung zwischen West und Ost etwa beim Raub der Helena durch die Barbaren beginnen lässt, dann handelt er vom Prinzip her nicht anders als der moderne Historiker, dem allerdings zusätzlich die Ergebnisse der Archäologie zur Verfügung stehen, um die Geschehnisse dieser „dunklen Jahrhunderte" zu beleuchten. Er bemüht sich hier lediglich, einen wahren Kern aus den sagenhaften Erzählungen herauszuschälen, solange er sich noch nicht auf belastbares Material stützen kann. Aber auch kompositorisch profitiert der Geschichtsschreiber von der nahezu historischen Methode des Dichters, der aus der Fülle von überlieferten Einzelepisoden ein Ganzes geschaffen hatte, indem er ethnographische, geographische und historiographische Elemente miteinander verband. Die Ilias steht dabei für die Auseinandersetzung mit dem Osten, dem Fremden, dem „Barbarischen", die Odyssee für die Entdeckung des Raums und die Bewältigung der nautischen Schwierigkeiten. So verband sich mit der Pflege der altehrwürdigen Gedichte das Bewusstsein für die Probleme der Gegenwart. Die Menschen gaben sich Rechenschaft darüber ab, wie die Welt, in der sie lebten, entstanden war. Durch diese historische Perspektive konnten sie besser einschätzen, ob und wie sich ihre eigene aktuelle Situation verbessern ließ.

Tatsächlich hatten die Griechen im Laufe des 8. und 7. Jahrhunderts vor Christus in weiten Teilen der Mittelmeerwelt Siedlungen gegründet, die man heute zur Unterscheidung von den Kolonien der Neuzeit Apoikien nennt. Neben den

3 Homer, der „blinde Sänger"

„Kolonisation"

Städtegründungen in Kleinasien und am Schwarzen Meer bildeten vor allem Süditalien und Sizilien einen Siedlungsschwerpunkt, so dass diese Gegend seit der Römerzeit Großgriechenland („Magna Graecia") genannt wird. Die Unternehmungen zogen so weite Kreise, dass der Philosoph Platon in einem bekannten Bild die Griechen mit Fröschen vergleicht, die um einen Teich sitzen. Unter den vielfältigen Gründen für die Auswanderung finden sich Übervölkerung im Mutterland, aber auch Risikofreude und Kaufmannsgeist, politische Motive und die Flucht vor Bedrohung durch äußere Feinde. Eine vornehmlich kultische Bindung an die Heimat blieb erhalten, zudem wurden rechtliche Bestimmungen mit in die Fremde genommen.

Gemeinsamkeit der Griechen

Nie ganz verloren ging auch das Bewusstsein einem der griechischen Stämme anzugehören: Durch den Dialekt unterschieden sich die alteingesessenen („autochthonen") Ioner von den im 13./12. Jh. v. Chr. ins griechische Kernland zugewanderten Doriern. Wenn auch die Ioner als eher beweglich-fortschrittlich galten und die Dorier als eher schwerfällig-vorsichtig, überwog insgesamt jedoch das Gefühl der Gemeinsamkeit aller Griechen, die sich von den Ausländern, den Barbaren, durch die gemeinsame Sprache und Kultur, nicht zuletzt durch die Religion unterschieden.

Polis-Charakter

Die Apoikie, wenn sie florierte, erhielt dann Zuzug aus ganz Griechenland, so dass die Bindung an die Mutterstadt in der Regel schwächer wurde und schließlich eher gefühlsmäßig war als praktischer Natur. Das Verhältnis zum Umland blieb distanziert und an eine Einbürgerung von Einheimischen im großen Maßstab war nicht zu denken. Diese Idee hätte auch außerhalb des Horizonts der Griechen gelegen, denn sie dachten prinzipiell, auch untereinander, in ganz engen politischen Zusammenhängen. Der Grieche war lediglich Bürger seiner in der Regel kleinen, überschaubaren Stadt der Polis; sobald er sie verließ, befand er sich im Ausland und verlor einen wichtigen Teil seiner Rechte. Nichtsdestotrotz fand ein reger wirtschaftlicher und kultureller Austausch sowohl mit dem Umland als auch mit dem Mutterland statt, so dass die Apoikien aufblühten und ihre Bedeutung oft rasch die der Mutterstädte überstieg. Diese profitierten ihrerseits von den immens verbesserten Im- und Exportmöglichkeiten, die das Netz von Handelsniederlassungen bot.

Expansion des Perserreiches

Die Bewegung fand jedoch mit dem Jahr 550 ein Ende, als einerseits der Bevölkerungsdruck nachließ und andererseits die Eroberungen Kambyses und Dareios der Gründung weiterer griechischer Siedlungen im Osten ein Ende bereiteten. So steht das 6. Jahrhundert nach zwei Jahrhunderten der Expansion im Zeichen der Konsolidierung des Griechentums im Mittelmeerraum, des Versuchs, sich gegen die aufstrebende Großmacht zu behaupten. Persien brachte jedoch im Laufe des 6. Jahrhunderts die an der Westküste Kleinasiens lebenden Griechen unter seine Herrschaft.

Ionischer Aufstand

Ein von der Stadt Milet ausgehender Aufstand (500–494) gegen die Perser wurde aus dem Mutterland nur schwach unterstützt; lediglich Athen und Eretria sandten ein kleines Hilfskontingent, so dass Anfangserfolge nicht ausgenutzt werden konnten. Die Perser nahmen und zerstörten die Hauptstadt der Aufständischen und setzten durch die Umsiedlung der Bevölkerung ein Fanal, das andere von der Nachahmung abschrecken sollte.

Expedition des Mardonios

Sie entschlossen sich dann, in Fortsetzung dieser Politik, ein verhältnismäßig kleines Heer nach Griechenland zu schicken, um sich dort Respekt zu verschaffen. Ziel ihrer Expedition war zunächst nicht die Errichtung einer direkten Herrschaft

Die attische Demokratie

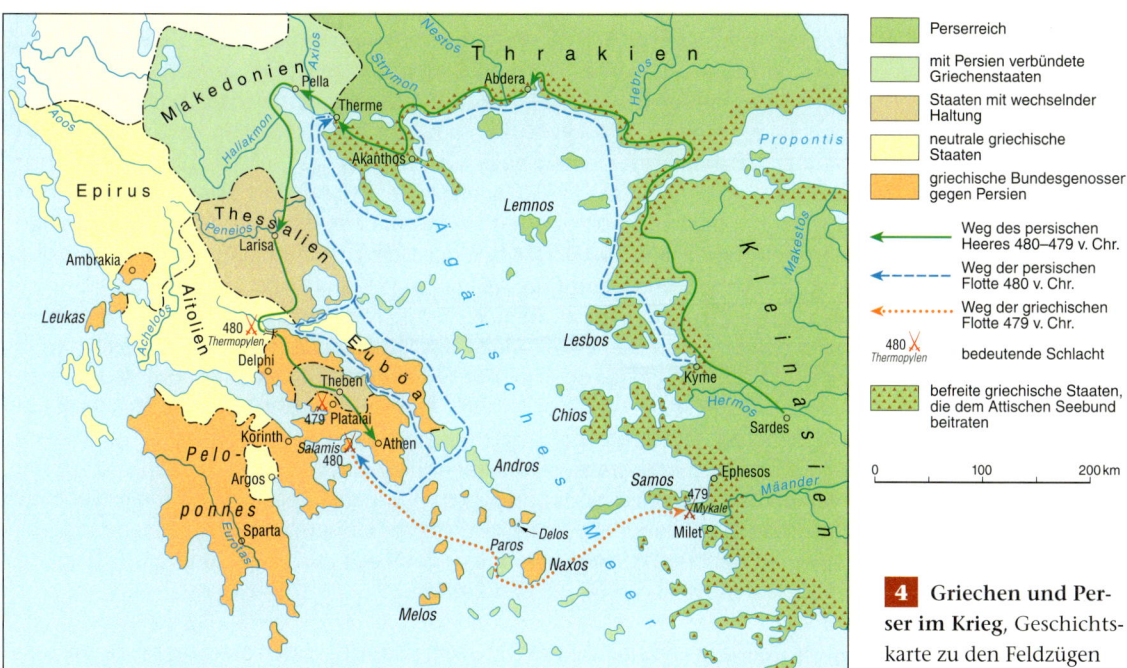

4 **Griechen und Perser im Krieg**, Geschichtskarte zu den Feldzügen 480/479 v. Chr.

als vielmehr ein Eingriff in die schwierigen inneren Verhältnisse des Mutterlandes mit der Absicht, an geeigneter Stelle eine ihnen gewogene Partei an die Macht zu bringen. Die Perser waren darüber informiert, dass sie nicht unbedingt mit einem geschlossenen Widerstand der untereinander oftmals zerstrittenen Griechen rechnen mussten, denn es gab keine Zentralgewalt, die alle Griechen anerkannt hätten, und auch keinerlei stabiles Defensivbündnis gegen Angriffe von außen. Gründe dafür sehen die Historiker vor allem in der Landesnatur. Es fehlen weite Ebenen, die Griechen siedelten in oftmals engen, von hohen Gebirgen umschlossenen Tälern, was die Kommunikation erschwerte und die Entstehung und Selbstbehauptung kleiner, unabhängiger Staaten, der Poleis (Plural von Polis), begünstigte. Die aufstrebende Polis Athen rückte nun aus verschiedenen Motiven in den Focus der persischen Außenpolitik. Einmal konnte man, sich langsam über die Inselbrücke der Kykladen vortastend, mit Hilfe der Flotte leicht ein Expeditionskorps nach Attika übersetzen und dort, zentral in Griechenland gelegen, ein von Persien abhängiges Regime installieren. Zweitens hatten die Athener durch Unterstützung der aufständischen Ioner die Aufmerksamkeit der Großmacht auf sich gezogen. Drittens war die innere Lage Athens für ein äußeres Eingreifen günstig: Kurz zuvor (510) hatte dort das politische System gewechselt. Persien spekulierte jetzt darauf, dass die Anhänger des gestürzten Tyrannen Hippias sich ihnen als Hilfstruppe anbieten würden. Diesem wollten sie wieder zur Macht verhelfen; er würde im Gegenzug dem persischen Einfluss im Kernland die Tür öffnen. Das Unternehmen scheiterte jedoch 490 an der überraschenden Niederlage der persischen Truppen in der Schlacht von Marathon, obwohl die stärkste griechische Landmacht Sparta der athenischen Bitte um Hilfe nicht hatte nachkommen können.

Feldzug des Xerxes

Günstige Umstände – Thronwechsel und Aufstände im Perserreich – verschafften den Athenern nun eine Frist von zehn Jahren, in der sie sich auf ein groß angelegtes Unternehmen der Gegner vorbereiten konnten. Zunächst wurden die Anhän-

Die attische Demokratie

5 Themistokles, der Sieger von Salamis

ger der Tyrannis (vgl. Kpt. 1.2.3) in die Verbannung geschickt, dann baute man eine Flotte von 200 Trieren, für die sich der Politiker Themistokles stark gemacht hatte. Dieser setzte auch im Jahr 480 die Räumung Athens durch, als sich eine gewaltige Übermacht, angeführt vom persischen Großkönig Xerxes von Norden her der Stadt näherte. Dessen, aus vielen Völkern des Riesenreichs zusammengesetztes Heer beeindruckte die Zeitgenossen nicht nur durch seine Größe, sondern auch durch technische Meisterleistungen wie den Bau einer Ponton-Brücke über den Hellespont und den Durchstich der Halbinsel Athos. Außerdem hatte er in einer diplomatischen Voroffensive die zum Widerstand bereiten Gegner nach Möglichkeit isoliert. Die mit dem Perserreich benachbarten Nord- und Ostgriechen neigten nach den Erfahrungen des ionischen Aufstands dazu, sich neutral zu verhalten oder sogar den Persern Hilfsdienste zu leisten, während der mächtigste Grieche seiner Zeit, der Tyrann Gelon von Syrakus, dadurch ausgeschaltet wurde, dass Xerxes die Karthager zu einer Offensive auf Sizilien veranlasste. Allerdings hatten diesmal die Spartaner die Führung der Landtruppen übernommen und ein schlagkräftiges Kontingent unter der Führung ihres Königs Leonidas geschickt. Die Perser, die zuvor eine erste Verteidigungsstellung der verbündeten Griechen bei den Thermopylen umgangen hatten, nahmen und plünderten das von seiner Bevölkerung verlassene Athen.

Salamis

Ohne Deckung und Nachschub von See hätte sich aber das riesige persische Heer in Attika nicht halten können, und so entschloss sich Xerxes, mit seiner vornehmlich aus ionischen Griechen und Phoinikern gebildeten Flotte zur Seeschlacht mit den Verbänden der Griechen, die von Themistokles befehligt wurden. Bei der Insel Salamis siegten die Athener und ihre Verbündeten dank der Wendigkeit ihrer Schiffe und Xerxes musste sich mit einem Großteil seiner Truppen aus Griechenland zurückziehen. Im folgenden Jahr schlugen die Spartaner die Reste der Perser bei Plataiai in Boiotien, während die Athener die persische Flotte bei Mykale erneut vernichteten. Damit war dem persischen Expansionsdrang ein vorläufiges Ende gesetzt. Die Athener aber profitierten von dem Ruhm, den sie sich durch ihr unerschrockenes Vorgehen und den glücklichen Ausgang bei allen Griechen erworben hatten.

6 **Der edle König Theseus und die jungen Athener.** Theseus hatte als junger Mann das Wagnis auf sich genommen, den Minotaurus zu töten, um 7 Mädchen und 7 Jungen vor dem Opfertod zu retten. Seine Vaterstadt Athen war dem König Minos von Kreta tributpflichtig und bis zu Theseus' Heldentat wurden jährlich junge Athener dorthin geschickt.

7 Neuer Rationalismus

Der Historiker Christian Meier beschreibt die intellektuelle Aufbruchstimmung unter den Griechen des 5. Jahrhunderts:
So kam Protagoras zu der Aussage, über die Götter könne er weder sagen, daß sie seien, noch daß sie nicht seien. So erschien ihm der Mensch als das Maß aller Dinge. So fand man immer wieder, daß es stets und zu allem ein Pro und ein Contra gäbe und – daß alles der Überredung anheimgegeben sei. Nur die Verschiedenheit der Meinungen sei es, die man wahrnehmen könne, nicht, wie es sich in Wirklichkeit mit den Dingen verhalte. [...] Es war nur folgerichtig, daß in diesen auf dem Boden vielfältiger Kenntnisse geführten Diskussionen manch Überkommenes in Frage gezogen wurde. Indem die Ansprüche stiegen, konnte man an den Göttern zweifeln. „Meint jemand, es gebe Götter im Himmel? – Sie gibt es nicht! Nein! Es sei denn, daß jemand in seiner Torheit an alten Redensarten festhalten will", heißt es einmal bei Euripides. „Überlegt selbst, und vertraut nicht nur auf meine Worte. Die Tyrannen, behaupte ich, bringen Menschen scharenweise um und rauben ihnen Hab und Gut, und sie brechen Eide und verwüsten Städte. Und obwohl sie all dies tun, geht es ihnen besser als denjenigen, die fromm und ruhig ihre Tage verbringen. Ich kenne kleine, gottesfürchtige Städte, die größeren, gottlosen gehorchen müssen, unterworfen durch die größere Zahl der Lanzen." Mit den Göttern geraten diejenigen, die ihren Willen zu erkunden behaupten, in Zweifel: »Warum thront ihr dann auf euren Sehersitzen und schwört, den Willen der Götter zu kennen, ihr Verfertiger dieser Sprüche? Denn wer behauptet, etwas über die Götter zu wissen, weiß nur eins, nämlich wie man Leute mit Worten beschwatzt«, schreibt Euripides in einem Stück, das 431 aufgeführt wird. Und wo die Götterexistenz in Frage steht, tun es auch die Gebräuchlichkeiten, die Gesetze, die letztlich durch die Götter gedeckt waren. Kritias meinte später, die Götter seien nur dazu erfunden, daß die Menschen in der Meinung, sie schauten ihnen zu, sich an die Gesetze hielten. Daß die Völker sehr verschiedene Ordnungen hatten, war lange bekannt. Es mußte jedem Reisenden auffallen. Herodot erzählt die Geschichte, wie der Perserkönig Dareios die Griechen in seiner Umgebung fragte, um welchen Preis sie bereit seien, die Leichen ihrer Väter aufzuessen. Dann fragte er jene Inder, die gerade dies zu tun pflegten, um welchen Preis sie ihre Väter verbrennen würden. Beide wiesen die Zumutung empört von sich. Und Herodot schließt, man sehe, daß der Nomos[1] überall, wie Pindar formuliert habe, König sei. Man müsse ihn respektieren. Das Gleiche sollte Sokrates lehren. Zur Zeit der Sophisten dagegen wird der Schluß gezogen, aller Nomos[1] sei bloß „Konvention" – bis hin zur Unterscheidung zwischen Griechen und Barbaren und zwischen Freien und Sklaven. Man fragte, ob nicht bessere Einrichtungen zu erfinden seien. Mit all dem haben die Sophisten nicht nur fasziniert, sondern sie gerieten damit auch in Verruf. Wo die einen ihnen begeistert zuströmten, lehnten andere sie voller Entsetzen ab. Sie galten als Verführer der Jugend; man gab ihnen [...] die Schuld an der „Zersetzung" der guten Sitten.

Zit. nach: Christian Meier: Athen. Berlin 1993, 513 f. Auf Wunsch des Autors in alter Rechtschreibung wiedergegeben.

8 Die Anklage gegen Sokrates

Sokrates' Schüler Xenophon verfasste nach dessen Hinrichtung eine Biographie seines Lehrers:
(1) Schon oft bin ich darüber in Verwunderung geraten, mit welchen Beweisen eigentlich die Ankläger des Sokrates die Athener überzeugen konnten, dass er sich dem Staate gegenüber des Todes schuldig gemacht habe. Die gegen ihn eingereichte Anklageschrift hatte folgenden Inhalt: Sokrates tut Unrecht, indem er die Götter nicht anerkennt, welche der Staat anerkennt, dafür aber neue Götter einführt. Er tut ferner dadurch Unrecht, dass er die jungen Leute verdirbt. (2) Zuerst nun einmal: Was konnten sie eigentlich als Beweise vorbringen, dass er die Götter nicht anerkenne, welche der Staat anerkennt? Jedermann konnte doch sehen, dass er sowohl oft zu Hause als auch auf den gemeinsamen Altären der Stadt opferte; es war zudem wohlbekannt, dass er sich der Weissagekunst bediente. Indessen ging es jedoch durch den Mund aller Leute, Sokrates sage, das Daimonion[2] gebe ihm Zeichen. Von daher stammte wohl hauptsächlich die Beschuldigung, Sokrates führe neue Götter ein.

Xenophon: Erinnerungen an Sokrates, 1, 1–2. Stuttgart 2002. Übers. Rudolf Preiswerk.

9 Ein Sieg wird verherrlicht.
Silbermünze von Syrakus aus dem Jahr 480/479 mit einem Viergespann und einer Siegesgöttin, zur Verherrlichung des Sieges über die Kartheger bei Himera 480. Der Löwe symbolisiert den Tyrannen Ainesidem von Leontinoi, der Syrakus in der Schlacht unterstützt hatte.

---

1 Nomos (griech.): Gesetz, Moral
2 Daimonion (griech.): Göttliche innere Stimme

Die attische Demokratie

10 Die Demokratie in der Diskussion

Theseus, der mythische König Athens, diskutiert mit einem Thebaner die beste Staatsform:

Theseus

Das erste Deiner Worte war schon falsch
Du suchst hier einen Herrscher, doch hier herrscht
nicht einer, sondern unsere Stadt ist frei
Das Volk ist Jahr um Jahr abwechselnd König.
Und man gibt nicht dem Reichen größte Macht,
nein, auch der Arme hat den gleichen Anteil.

Thebaner

Du gibst mir einen Zug voraus, ganz wie
beim Schach. Die Stadt, aus der ich komme, wird
von einem Mann regiert, und nicht vom Pöbel.
Es gibt da keinen, der sich wichtig macht,
und sie zum eignen Vorteil hier und dahin lenkt.
Gewinnend, Charme versprühend richtet er
nur Schäden an, mit neuem Wortgeplänkel
tut er, als wäre nichts, entgeht der Strafe.
Wie soll das Volk, das selbst nicht systematisch denkt,
den Staat ganz zielgerichtet lenken können?
Die Zeit, nicht die Geschwindigkeit ist doch
der bessre Lehrer; Arme Bauern aber
und wär'n sie noch so kundig, können nicht
zu ihrer Arbeit auch noch Politik betreiben.

Theseus

Du bist mir ja ein schlauer Schwätzer, Herold.
Doch da du ja den alten Streit neu aufkochst,
hör zu: denn du hast dieses Thema angeschnitten.
Am schlimmsten ist ein Herrscher für die Stadt,
die kein Gesetz hat, das für alle gilt.
Das Recht ist sein Besitz, er herrscht allein
und für sich selbst, und Gleichheit existiert nicht.
Wenn es geschriebene Gesetze gibt,
haben der Schwache und der Reiche gleiches Recht.
Und, hat er recht, besiegt der kleine Mann den großen.
Freiheit bedeutet dies: „Wer will der Stadt
mit einem guten Ratschlag Nutzen bringen?"
Und wer das kann, der steht im Rampenlicht,
wer nicht will, schweigt. Das nenn ich wahre Gleichheit.

Euripides: Hiketiden. 404 ff. Übers. Autor.

11 Solidarität der Griechen

Gelon, der Tyrann von Syrakus, empfängt eine Abordnung von Griechen aus dem Mutterland, die um Unterstützung im Krieg gegen die Perser bitten:

Als die Boten der Griechen in Syrakus angekommen waren, sagten sie Folgendes: Uns haben die Spartaner und Athener und ihre Verbündeten geschickt, um dich gegen die Barbaren auf unsere Seite zu ziehen. Bestimmt hast du gehört, dass sie gegen Griechenland ziehen, dass die Perser eine Brücke über den Hellespont geschlagen haben und ihr ganzes morgenländisches Heer aus Asien herbeiführen um gegen Griechenland Krieg zu führen unter dem Vorwand, sie zögen gegen Athen; sie haben aber vor, ganz Griechenland zu unterwerfen. Du aber bist zu großer Macht gekommen und dir, als dem Herrscher über Sizilien, gehört nicht der geringste Teil Griechenlands. Hilf denen, die Griechenland befreien wollen, und befrei dich selbst mit ihnen! Wenn Griechenland zusammenhält, ist es eine große Macht, und wir sind den Angreifern gewachsen. Wenn aber die einen von uns Verrat üben, die anderen nicht helfen wollen, der anständige Teil Griechenlands aber klein bleibt, besteht die Gefahr, dass ganz Griechenland zusammenbricht. Du brauchst nicht zu hoffen, dass die Perser, wenn sie uns besiegt und unterworfen haben, nicht zu dir kommen. Schütz dich davor! Wenn du uns unterstützt, hilfst du dir selbst […] Gelon antwortete heftig: Ihr Griechen, ihr redet egoistisch und wagt es, mich zu einem Bündnis gegen die Perser aufzufordern. Als ich damals gegen ein Barbarenheer um Hilfe bat – es war die Auseinandersetzung mit Karthago – […] kamt ihr mir nicht zu Hilfe. Wäre es nach euch gegangen, hätten die Barbaren hier alles unter sich aufgeteilt. Aber es geht uns jetzt gut und sogar besser. Da sich nun der Krieg gegen euch wendet, erinnert ihr euch wieder an Gelon.

Herodot: Historien. 7, 157. Übers. Autor.

Arbeitsvorschläge

a) Erkundigen Sie sich nach modernen Namen griechischer Kolonien (M 4).
b) Beschreiben Sie das geistige Klima im Griechenland des 5. Jahrhunderts (VT, M 6–M 8).
c) Arbeiten Sie die Bedeutung der Mythologie für die Griechen heraus (VT, M 6, M 10).
d) Beurteilen Sie, ob man insgesamt von einer Gemeinsamkeit der Griechen sprechen kann (VT, M 9, M 11).

1.2 Athen

Im Monat Gamelion in dem Jahr, in dem Stratokles Archon war (März 424), saßen viele tausend Zuschauer im Dionysostheater am Südhang der Akropolis und ließen sich von der neuesten Tragödie des Dichters Euripides in ihren Bann ziehen. Jeder athenische Bürger durfte sich stolz fühlen, dabei zu sein, denn die Athener waren nicht allein bei diesen alljährlichen Fest- und Wettspielen, den Großen Dionysien, wie sie zu Ehren des Gottes genannt wurden. Im gefüllten Halbrund befanden sich auch viele Zuschauer aus dem „athenischen Reich", den Städten des Seebunds, die bei dieser Gelegenheit, wie in jedem Jahr seit 454, ihre Tribute in der großen Stadt ablieferten (vgl. Kpt. 1.4). Vor Beginn des Theaterspiels hatte man diese Tribute, insgesamt 460 Talente Silber (=ca. 2,75 Mio Drachmen, das entspricht den Jahreseinkünften von 10.000 Familien), auf der Bühne gezeigt und damit dem Publikum Macht und Größe Athens demonstriert. Der Athener durfte sich sicher fühlen, denn mit dem Geld wurde unter anderem die Flotte von 300 Kriegsschiffen finanziert, die der Stadt die Herrschaft über die Ägäis verschaffte und die einen reibungslosen Warenverkehr vom athenischen Hafen Piräus in alle Weltgegenden gewährleistete. Er freute sich nicht nur auf einen Kunstgenuss, um den er von vielen beneidet wurde, denn selbstverständlich drängten die besten Künstler nach Athen, als Freund des Wettkampfs freute er sich auch schon auf die Abstimmung am Ende des dreitägigen Theaterfestivals, wenn er unter den athenischen Bürgern ausgelost wurde, um als Preisrichter einem der drei konkurrierenden Dichter den Sieg zuzuerkennen. Es spielte dabei keine Rolle, ob er zu einer der adligen Familien gehörte, die ihren Stammbaum über Jahrhunderte bis in die Zeit der Helden und Götter zurückführen konnten und die ihre Kinder von gebildeten Sklaven in allen Bereichen der Kultur unterrichten ließen, oder ob er gerade die Namen seiner Großeltern kannte und in der Mythologie nur so viel Bescheid wusste, wie er bei Gelegenheit zufällig aufgeschnappt hatte. Es war auch unerheblich, ob er zu denen gehörte, denen der Staat das Eintrittsgeld von zwei Oboloi erstattete, weil er sich diese Summe, sie entsprach dem halben Tageseinkommen einer Familie, nicht leisten konnte, oder ob er im Auftrag des Staates die ganze Inszenierung hatte finanzieren müssen. Er genoss also ein Gefühl der Freiheit und der Gleichheit, das der Philosoph Aristoteles später überspitzt so

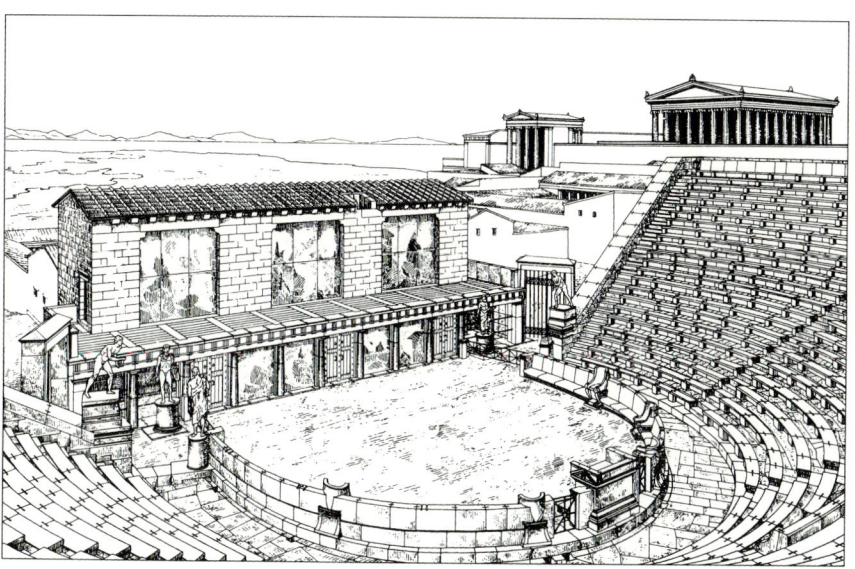

1 **Mythos und Wirklichkeit.** Das aus dem Dionysos-Kult entwickelte Theaterspiel verbreitete sich von Athen aus rasch in die griechische Welt (hier: Theater von Priene). Die Freilichtveranstaltungen wurden von außerordentlich vielen Zuschauern besucht und die Theater boten in der Regel allen Bürgern, die sich in der Stadt aufhielten, Platz. Die Themen der Tragödien kamen aus der Welt des Mythos, die der Komödien aus dem Leben der Menschen. Gemeinsam war beiden die Diskussion der gesellschaftlichen und staatlichen Verhältnisse.

formulierte: Er genoss es, zu leben, wie er wollte. Und nun wartete er darauf, vom Dichter und den Schauspielern in eine Welt entführt zu werden, die nicht seinem Alltag entsprach, denn dort tummelten sich allerlei Götter und Helden mit übermenschlichen Fähigkeiten, die aber wiederum durchaus menschliche Schwächen hatten und in deren Konflikten er, wenn auch auf einer anderen Ebene, unschwer die Probleme seiner Vaterstadt wiedererkannte.

1.2.1 Gedankenwelt II: Innenpolitisches Bewusstsein, Verhältnis zum Staat

Herrschaftsformen

Die Griechen haben eine Systematik der Herrschaftsformen aufgestellt, die bis heute ihre Gültigkeit hat, indem sie die Alleinherrschaft (Monarchie) von der Herrschaft weniger Personen beziehungsweise einer kleinen Führungsschicht (Oligarchie) und von der Herrschaft aller (Demokratie) unterschieden. Der Historiker Polybios (2. Jh. v. Chr.) erdachte die Theorie vom Verfassungskreislauf, in der die Systeme so lange bestehen, bis sie sich abgenutzt haben und ihre negativen Elemente überwiegen: Die Monarchie kann nur funktionieren, wenn der Herrscher im allgemeinen Interesse regiert. Tut er das nicht, wird er von einer kleinen Gruppe abgelöst, die ihrerseits die Macht verliert, wenn sie ausschließlich die Vorteile der eigenen Leute im Blick hat. Dann herrscht solange das Volk, bis das Fehlen einer straffen Leitung dazu führt, dass jeder seine Freiheiten zu sehr ausnutzt und man das Gefühl bekommt, nur ein starker Mann könne diese Anarchie wieder beenden. Dieses Modell mochte man für zu theoretisch halten, auch schien es zu wenig die Unwägbarkeiten der außenpolitischen Situation zu berücksichtigen. Doch vom Prinzip her entsprach es der allgemeinen Auffassung, dass keines dieser Systeme wirklich stabil war. Dies ließ sich nicht nur leicht feststellen, wenn man den Blick über die Grenzen des eigenen Staates hinaus richtete, wo man die verschiedensten Ausprägungen der Staatsverfassung erleben konnte. Viele Griechen hatten auch in ihrem eigenen Staat Systemwechsel miterlebt, und nicht zuletzt die demokratisch lebenden Athener des 5. Jahrhunderts waren sich stets bewusst, dass wenige Generationen vorher noch Alleinherrscher die Stadt regiert hatten.

2 **Mykenische Totenmaske**, so genannter Agamemnon

Das Königtum der Frühzeit

Dabei handelte es sich allerdings nicht mehr um das Königtum der Frühzeit, das man aus der Dichtung kannte, als König Theseus über Athen herrschte, als Menelaos von Sparta und sein Bruder Agamemnon von Mykene mit den anderen Königen der kleinen griechischen Staaten gegen Troja gezogen waren. Diese Form der Herrschaft hatte sich überlebt; sie war, wie in den meisten griechischen Staaten, auch in Athen auf evolutionäre Weise von der Aristokratie abgelöst und in repräsentative oder sakrale Funktionen abgedrängt worden. Die Bezeichnung König, Basileús, verwendeten die Griechen nur noch für die Herrscher der Barbaren, in erster Linie für den „Großkönig" von Persien. In der nun beginnenden Auseinandersetzung um politische Beteiligung breiterer Bevölkerungsschichten konnten zunächst die von alters her einflussreichen und darum auch wohlhabenden grundbesitzenden Familien ihre Macht gegenüber den kleinen Leuten behaupten, die in der noch weitgehend agrarisch strukturierten Wirtschaft als Pächter und Kleinbauern arbeiteten.

Wirtschaftskrise um 600

Die Aristokratie verlor jedoch im Laufe der Zeit zusehends an Macht. Ausgelöst wurde die Entwicklung durch eine katastrophale Überschuldung der Kleinbauern an der Wende vom 7. zum 6. Jahrhundert. Diese gerieten deswegen in finanzielle Abhängigkeit vom grundbesitzenden Adel und verloren oftmals ihre bürgerliche Selbstständigkeit, die sie als Pfand für einen Kredit eingesetzt hatten (so genannte Schuldknechtschaft). Ein Rechtssystem, das die wirtschaftlich Abhängigen vor der Willkür der Mächtigen schützen konnte, existierte nicht.

Erste Versuche, die Gesellschaft vor der Sprengkraft dieser Wirtschaftskrise zu schützen, wurden durch die Rechtskodifikation Drakons 621 unternommen. Die von ihm aufgestellten Regeln boten zwar durch die schriftliche Fixierung Rechtssicherheit und besseren Schutz vor Willkürakten, waren aber immer noch so hart, dass das Konfliktpotential bestehen blieb.

Rechtskodifikation durch Drakon

1.2.2 Solons Wirtschafts- und Verfassungsreform

Daher berief man 594 Solon zum Archonten (Oberbeamten) mit Sondervollmachten; er sollte sowohl die Interessen der Kapitalgeber als auch die Lage der Schuldner berücksichtigen. Solon verzichtete also auf die geforderte Neuverteilung des Landes, schaffte aber auch die personale Haftung für Kreditschulden und die Hörigkeit ab; schließlich verfügte er noch die „Lastenabschüttelung" (Seisáchtheia): Die Hypotheken mussten also nicht zurückgezahlt werden. Um breitere Schichten als bisher in die Entscheidungsprozesse einzubinden, setzte er neben seiner Wirtschaftsreform auch eine Reform des politischen Systems durch. Indem er Institutionen schuf, die unabhängig von Entscheidungen des Adels funktionierten, konstituierte er ein souveränes Volk, das er horizontal in vier Phylen („Stämme") gliederte, vertikal in vier Klassen.

3 Solon (ca. 540– ca. 460), genannt Diallaktes, Versöhner

Klassen

Die Bezeichnungen der Klassen legen die Vermutung nahe, dass auch militärische Aspekte bei der Reform eine Rolle gespielt haben. Mittlerweile beruhte die Schlagkraft einer Armee auf den schwer bewaffneten Fußsoldaten. Daher gewährte Solon den Bürgern, die in der Phalanx mitkämpften, Zugang zu Ämtern, und setzte für die Einordnung in die Klasse dieser „Zeugiten" einen Grundertrag an Getreide von 200 médimnoi (1 médimnos = ca. 52 l) oder dessen Gegenwert voraus. Man nahm an, dass diese wirtschaftliche Leistungskraft die Finanzierung einer Rüstung ermöglichte. Wer mehr als 300 médimnoi Ertrag erzielte, gehörte zur Klasse der „Ritter" (Hippeis), war also in der Lage, ein Pferd zu unterhalten, und erhielt Zugang zu höheren Ämtern. Für die schwerreichen Athener, die über 500 médimnoi erwirtschafteten, waren die höchsten Ämter reserviert. Alle Bürger, auch die „Theten", deren Ertrag unter 200 médimnoi lag, hatten aber bei Abstimmungen in der Volksversammlung und in den Geschworenengerichtshöfen (Dikasterien) gleiches Stimmrecht und waren auch vor dem Gesetz gleich (Isonomie).

Mit dem neu gegründeten Rat der 400, in den jede der vier Phylen 100 Bürger loste, gewann das einfache Volk einen Machtfaktor in der Verfassung, der den Einfluss des Areopags ausgleichen sollte. Er wirkte dadurch, dass auch Vertreter des einfachen Volks nun auch außerhalb der Volksversammlungen laufend in den Informationsfluss und die Entscheidungsprozesse einbezogen wurden.

Rat der 400

Bisher hatte alleine der Areopag, dem führende Vertreter des Adels und die höchsten Beamten, die Archonten, auf Lebenszeit angehörten, aufgrund seiner überschaubaren Größe und seiner Zusammensetzung die Entscheidungen der Volksversammlung ersetzt oder beeinflusst. Seine Macht erhielt der Areopag vornehmlich durch eine Art Verfassungsgerichtsbarkeit, die Aristoteles „Überwachung der Gesetze" nannte, sowie das Recht der Kontrolle der Beamten, die vor Antritt ihres Amtes geprüft wurden und danach Rechenschaft ablegen mussten, schließlich wurden neben Gewaltverbrechen auch politische Delikte vor dem Areopag verhandelt. Damit hatte man die Macht, missliebige Elemente von den Ämtern fernzuhalten. Somit hatte der Adel dem einfachen Volk zwar eine gewisse politische Teilhabe eingeräumt; die Schaltstellen der Macht hielt er jedoch besetzt.

Areopag

Die attische Demokratie

1.2.3 Die Tyrannis der Peisistratiden

4 Peisistratos aus Brauron, (ca. 600–528/27), Büste ca. 540

Kennzeichnend für Aristokratien ist nun das Phänomen, dass sich stets Adlige finden, die sich in den Konsens der Führungsschicht nicht einfügen wollen und lieber allein herrschen als zusammen mit ihren Standesgenossen über das einfache Volk. Diese Form der Herrschaft bezeichneten die Griechen als Tyrannis. Der Tyrann umgab sich mit einer Leibwache, die ihn vor allem davor schützen sollte, Anschlägen seiner Standesgenossen zum Opfer zu fallen. Er betrieb eine Politik, die sich stark an den Interessen der kleinen Leute orientierte, indem etwa staatliche Bauprogramme als Arbeitsbeschaffungsmaßnahmen aufgelegt wurden. Das Volk stützte ihn gegen die Adligen, denn die Tyrannis räumte ihm zwar nicht das Recht ein, direkt an der Regierung mitzuwirken, sie verhinderte aber die wirtschaftliche Ausbeutung der Kleinbauern und Handwerker durch die in der Regel adligen Großgrundbesitzer und Unternehmer. Man hat die Tyrannis daher als Etappe der Demokratisierung empfunden, das einfache, politisch unerfahrene Volk habe eines „versierten Technikers der Macht" (E. Bayer) bedurft, um sich gegen die politische Bevormundung durch den Adel zur Wehr setzen zu können. In Athen gelangte im Jahr 561 Peisistratos an die Macht, die er und nach ihm seine Söhne Hippias und Hipparchos mit Unterbrechungen bis 510 behaupten konnten. Die Peisistratiden betrieben auch eine aktive Kulturpolitik; unter ihrer Herrschaft etablierten sich die Großen Dionysien, ein bedeutender Theaterwettbewerb, und das große Fest der Panathenäen, eine mit den Olympischen Spielen vergleichbare Großveranstaltung, bei der künstlerische, aber auch sportliche Wettbewerbe durchgeführt wurden. Schon die Söhne des Peisistratos herrschten weit weniger geschickt als ihr Vater und verwickelten sich in Konflikte mit der Oberschicht, die auch privater Natur waren. Schließlich führte eine Liebesaffäre zur Ermordung des Hipparchos; Hippias wurde wenige Jahre darauf mit Hilfe Spartas gestürzt, das seine Außenpolitik missbilligte.

1.2.4 Die Demokratie in Athen

Verfassungsreform des Kleisthenes

Anführer des Umsturzes war Kleisthenes aus der mächtigen Familie der Alkmeoniden, der nun daran ging, die Verfassung neu zu ordnen. Die Tyrannis der Peisistratiden hatte Schwächen des Systems aufgedeckt. Solons Phylenordnung berücksichtigte nämlich einen entscheidenden Faktor der Innenpolitik nicht genügend: die heterogene Struktur der attischen Bürgergemeinde. Denn die auf Handel und Fischfang spezialisierten Bewohner der Küsten Attikas hatten nicht dieselben wirtschaftlichen und politischen Interessen wie die Bauern des Binnenlandes oder die Handwerker, die in der Stadt Athen selbst wohnten, so dass ständig zentrifugale Tendenzen herrschten, die von den Rivalitäten der lokalen Adelsgeschlechter noch verstärkt wurden.

Phylenreform

Also löste Kleisthenes die alten Phylen auf und bildete stattdessen zehn neue, die er ganz anders strukturierte. In jeder dieser Phylen waren nun zu ca. einem Drittel (Trittys) die drei in ihrer Wirtschafts- und Gesellschaftsstruktur so unterschiedlichen Regionen vertreten: ein Stadtteil von Athen (ásty), ein Bezirk des Binnenlandes (mesógeion) und ein Bezirk der Küste (paralía), so dass auf dieser Ebene bereits die Bürger die Verantwortung für den gesamten Staat spürten und ein Gemeinschaftsgefühl entstand. Die Phylen waren politisch wichtig, weil ihnen indirekt die Leitung der Volksversammlung und des neu gegründeten Rats der 500 zukam. Je 50 Bürger einer Phyle, die „Prytanen", übernahmen diese Aufgabe für ein Zehntel des Jahres; sie gaben auch die Tagesordnung vier Tage vor der Sitzung bekannt. Diese hatte

Die attische Demokratie

gehörigen Einfluss auf den Ablauf der Veranstaltung, da die Bürger in der Regel nur noch erschienen, wenn sie Interesse an den zu verhandelnden Themen hatten. Außerdem waren die meisten der vielen Ämter, die die Athener nun schufen, Kollegien von 10 Bürgern, je einer aus jeder Phyle. Die Phylen verteilten auch die außerordentlichen Belastungen, mit denen reiche Bürger für öffentliche Aufgaben herangezogen wurden (vgl. Kpt. 1.3). Schließlich waren die Phylen dafür zuständig, die zum Militärdienst verpflichteten Männer einzuziehen.

Demenreform

Eine zweite Maßnahme sollte ebenfalls den partikularistischen Tendenzen entgegenwirken. Die Bürger orientierten sich in ihrem politischen Selbstverständnis nämlich noch zu sehr an den lokalen Machverhältnissen, die von alteingesessenen Familien dominiert wurden. Die Adligen wirkten durch ihren Familienruhm und ihren herausgehobenen Lebensstil als Vorbild, so dass ihre politischen Ansichten häufiger Gehör fanden als die der kleinen Leute. Zudem verfügte die Führungsschicht über ein Generationen altes Beziehungsgeflecht und finanzielle Mittel, die die politische Einflussnahme erleichterten. Außerdem beherrschten Adlige durch ihre ererbten Funktionen die lokalen Strukturen, denn häufig war Staatliches und Religiöses miteinander verbunden. Zum Beispiel wurde ein junger Mann durch eine Kulthandlung unter die Bürger aufgenommen. Diese Kulthandlung übertrug man aber aus Gründen der Tradition in der Regel an eine einflussreiche und angesehene, adlige Familie. Ab sofort sollten solche Aufgaben an die 139 Demen (Einzahl Demos) übergehen. Diese Kommunen, Stadtteile Athens oder kleinere Ortschaften außerhalb der Metropole, existierten schon vor der Reform; sie waren allerdings politisch-gesellschaftlich „falsch" strukturiert. Jeder Demos erhielt nun einen Demarchos, einen Beamten, der die Versammlung der Mitglieder des Demos leitete. Der Demos verfügte über Land, das er an Pächter vergeben konnte, er hatte eigene religiöse Feiern und teilte selbstständig öffentliche Aufgaben zu. So hoffte man, die Bürger auch schon auf dieser unteren politischen Ebene mit Selbst- und Verantwortungsbewusstsein für die Gemeinschaft auszustatten und sie von der politischen Führerschaft der alten Eliten zu emanzipieren. Um dem Ganzen Symbolkraft zu verleihen, wurde verfügt, dass nun jeder athenische Bürger seinem Namen die Bezeichnung des Demos hinzufügen sollte: z.B. Perikles, der Sohn des Xanthippos aus (dem Demos) Cholargos. Diese Maßnahmen sollten also die rückwärts gewandten und zentrifugalen Kräfte schwächen, ließen dem einzelnen Bürger aber das Gefühl, Teil seines vertrauten Milieus zu sein.

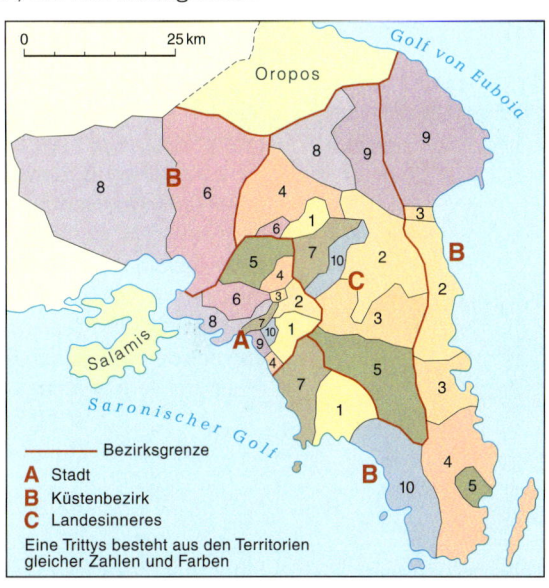

5 Territoriale Einteilung der Bürger in zehn Phylen

Ostrakismós

Ein Drittes wurde getan, um eine neue Tyrannis zu verhindern: Man führte den Ostrakismós ein, das Scherbengericht. Dabei ging es um eine gesetzliche und formal scharf umrissene Maßnahme, die die bisherige Praxis der „wilden Exilierung" ablösen sollte. Hatte man bis dato gewissermaßen zur Selbstjustiz greifen müssen, um einen Alleinherrscher oder allzu mächtigen Politiker auszuschalten, wurde jetzt einmal im Jahr zu einem bestimmten Termin im Frühjahr an die Volksversammlung die ganz allgemeine Frage gerichtet, ob die Macht irgendeines Bürgers die Grenzen des Erträglichen überschritten habe. Wenn dies die Zustimmung von mindestens 6000 Stimmberechtigten fand, dann erhielt die Volksversammlung die Möglichkeit, einen Bürger zu bestimmen, der zehn Jahre lang das

Die attische Demokratie

Land verlassen musste. Dieses Instrument wurde jedoch nicht nur eingesetzt, wenn ein einzelner Politiker sich beim ganzen Volk unbeliebt gemacht hatte, so etwa im Fall des Themistokles, des Siegers von Salamis; es diente in der politischen Auseinandersetzung auch dazu, den Anführer der Gegenpartei auszuschalten. Dann kam es vor, dass die Namen von mehreren Politikern auf den Stimmsteinen zu finden waren. In einem solchen Fall entschied die relative Mehrheit darüber, welche Partei in Athen gerade das Sagen hatte. 461 unterlag die gemäßigte, prospartanische Anhängerschaft Kimons den radikalen Demokraten um Ephialtes. Kimon musste ebenso in die Verbannung gehen wie im Jahre 443 Thukydides, Sohn des Melesias, der im Ostrakismós dem bedeutendsten Politiker des Jahrhunderts, Perikles, unterlegen war. Das Vermögen und die übrigen Rechte des Verbannten blieben unberührt und er konnte nach Ablauf der Verbannung wieder in sein Haus zurückkehren.

„Radikale" Demokratie

Mit den Reformen des Ephialtes (462/1) wird dem Adel ein weiteres Instrument seiner Macht entrissen: Der Areopag, bisher oberstes Kontrollorgan, wird reduziert auf einen Gerichtshof für Gewaltverbrechen, seine Befugnisse gehen an den Rat der 500 und die Volksversammlung über. Damit ist die Volksversammlung das Gravitationszentrum der athenischen Demokratie. Zwar stammten bis gegen Ende des 5. Jahrhunderts die maßgeblichen Politiker aus der Aristokratie. Jedoch mussten sie nun die Wünsche des einfachen Volkes berücksichtigen. Diese musste nicht vom kleinen Mann selbst artikuliert werden, es fanden sich stets Demagogen aus den führenden Schichten, die seine Interessen durchsetzten. Nichts ging mehr am Demos vorbei.

1.2.5 Institutionen der Demokratie

Volksversammlung

Stimmberechtigtes Mitglied der Volksversammlung (Ekklesía) war jeder Bürger von Athen; auch konnte jeder, der wollte, das Wort ergreifen. Die Volksversammlung fand stets auf der Pnyx statt, einem Hügel in der Innenstadt von Athen. Sie wurde mindestens 40-mal im Jahr einberufen und hatte zwar eine Tagesordnung, es konnten aber auch beliebige andere Themen angeschnitten werden. Die Bandbreite der in der Volksversammlung diskutierten Themen war außerordentlich und reichte vom Scherbengericht über Anhörung von Gesandtschaften und kultische Fragen bis zu Erbangelegenheiten und der zehn Mal im Jahr vorgeschriebenen Aussprache über die Amtsführung der einzelnen Beamten. Die Teilnehmer wurden erst gegen Ende des 5. Jahrhunderts mit einem Tagegeld für Verdienstausfall entschädigt.

Rat der 500 (Bulé)

Der Rat der 500, der sich täglich, außer an Festtagen, versammelte (ca. 250–300 Mal im Jahr), bestand aus je 50 Bürgern der zehn Phylen. Sie bildeten für je 36 Tage den geschäftsführenden Vorstand von Rat und Volksversammlung, die „Prytanen". Sie nahmen in der Regel alle Anträge, über die die Volksversammlung beschließen sollte, einige Tage vorher entgegen. Der Rat formulierte dann einen Vorschlag (Probúleuma), an den sich die Volksversammlung meistens hielt. Der Rat erhielt zusätzliches politisches Gewicht vor allem durch sein Recht, die Beamten zu kontrollieren: Nur wer bestimmten, auch moralischen Kriterien entsprach, wurde zur Ausübung eines Amts zugelassen; nach der Erledigung der Amtsgeschäfte musste er Rechenschaft ablegen. Der Rat kontrollierte zudem die Finanzen des Staats und der Heiligtümer, setzte die Siegespreise bei den Panathenäischen

Spielen fest und zahlte eine Sozialhilfe an diejenigen, die aus gesundheitlichen Gründen nicht arbeiten konnten und ein Vermögen von weniger als drei Minen hatten. Die Angehörigen der untersten Klasse durften nicht Ratsmitglieder werden.

Gerichtsversammlung

Die Richterkollegien (Dikasterien) setzten sich aus insgesamt 6000 ausgelosten Bürgern zusammen, die lediglich mindestens 30 Jahre alt sein mussten. In der Regel saßen 501 Richter gemeinsam zu Gericht. Stimmenmehrheit entschied über den Ausgang des Prozesses. Die Gerichtsversammlungen, die von einem Árchon geleitet wurden, traten nur zusammen, wenn das vorher ergangene Schiedsurteil eines Einzelrichters von einer der Parteien nicht akzeptiert wurde. Das Kollegium war im 5. Jahrhundert nur noch für gerichtliche Voruntersuchungen und für kultische Fragen zuständig.

Ämter

Die insgesamt ca. 700 Ämter unterlagen einer engen zeitlichen Beschränkung. Amtierte etwa der Vorsteher der Prytanen, der Epistátes, nur genau 24 Stunden, so war das Archontat auf ein Jahr begrenzt. Die meisten Ämter wurden durch Los besetzt. Die Athener waren der Auffassung, dass jeder Bürger prinzipiell geeignet und auch verpflichtet war, ein Amt zu übernehmen, das keine Spezialkenntnisse erforderte. So konnten auch „Vorabsprachen und Kungeleien" (Ottmann), sowie kostspielige und den inneren Frieden störende Wahlkämpfe vermieden werden. Man loste alljährlich zum Beispiel zehn „Poléten", die die öffentlichen Pachtverträge abschlossen, darunter das Recht der Steuereintreibung oder Schürfkonzessionen für die staatlichen Silberminen in Laureion; daneben Marktaufseher, die die Getreidepreise kontrollierten, um Wucher zu vermeiden; Epimeleten, die die Einhaltung der Zollbestimmungen im Piräus überwachten. Ausgenommen von dem Losverfahren waren ca. 10% der Ämter, darunter die militärischen Posten und vor allem das Kollegium der zehn Strategen, die auf Anordnung der Volksversammlung das militärische Kommando über Teile der athenischen Streitkräfte übernahmen. Dieser Personenkreis genoss das höchste Ansehen, so dass die Athener, die etwas gelten wollten, sich danach drängten, Stratege zu werden. Auf der anderen Seite hatte das Faktum der gewonnenen Wahl so viel Gewicht, dass die Strategen in der politischen Auseinandersetzung größten Einfluss hatten, auch wenn es gar nicht um militärische Belange ging. Perikles, der mächtigste und erfolgreichste Politiker, nach dem die Blütezeit Athens auch das perikleïsche Zeitalter genannt wird, ließ sich zwischen 443 und 429 Jahr für Jahr zum Strategen wählen.

Immer mehr an Bedeutung verlor parallel dazu das Kollegium der Archonten, das ursprünglich für die Staatsführung zuständig und den höheren Klassen vorbehalten war. Seit 458/7 konnte auch ein Angehöriger der dritten Vermögensklasse Árchon werden und seit Ende des 5. Jahrhunderts faktisch jeder; die Archonten waren aber auch nur noch für gerichtliche Voruntersuchungen und kultische Fragen zuständig. Dabei verzichtete Athen nicht völlig auf die Vorteile der von Solon eingeführen Zensusregelung. Die höchsten Finanzbeamten, die „Schatzmeister der Göttin (Athene)", die Tamíai, mussten der obersten Klasse angehören. Damit wollte man der Korruption vorbauen und konnte bei Ämtermissbrauch die Staatskasse durch den Zugriff auf das Privatvermögen der Beamten wieder sanieren. Seit der Einführung der radikalen Demokratie wurde jedoch weitgehend nicht mehr auf die Zugehörigkeit zu einer der solonischen Vermögensklassen geachtet, so dass praktisch jeder in das früher tatsächlich, seit der Mitte des Jahrhunderts nur noch nominell höchste Amt gelangen konnte.

6 Grundlagen der Tyrannis

(4) Es gab drei Parteien: erstens die Küstenbewohner mit Megakles, dem Sohn des Alkmeon an der Spitze, die am ehesten eine gemäßigte Verfassung anzustreben schienen; zweitens die in der Ebene Wohnenden, welche die Oligarchie wünschten. Ihr Anführer war Lykurg. Drittens die Bergbewohner mit ihrem Anführer Peisistratos, der am volksfreundlichsten zu sein schien. (5) Diesen schlossen sich wegen ihrer Armut die an, die gerade von ihren Schulden befreit worden waren, wie auch aus Furcht die, deren Herkunft nicht makellos war. Beweis dafür ist, dass man nach der Beseitigung der Tyrannen eine Abstimmung vornahm, da viele das Bürgerrecht für sich beanspruchten, denen es nicht zukam. Jede Partei führte ihren Beinamen nach den Orten, wo man sein Land bebaute. 14. Dem Volk am meisten verbunden schien Peisistratos, auch hatte er in dem Krieg gegen die Megarer großen Ruhm erworben. Der nun fügte sich eine Wunde zu und überredete das Volk – da er diese angeblich von seinen Widersachern erlitten habe –, ihm eine Leibwache zu stellen; Aristion brachte den entsprechenden Antrag ein. Mit diesen so genannten Keulenträgern erhob er sich gegen das Volk und besetzte die Akropolis im 32. Jahr nach der Gesetzgebung, unter dem Archontat des Komeas. [...] Peisistratos übernahm die Regierung und verwaltete den Staat, eher verfassungstreu als tyrannisch. Seine Regierung hatte sich noch nicht gefestigt, als die Anhänger des Megakles und Lykurg sich zusammentaten und ihn im sechsten Jahr nach der ersten Amtseinsetzung, unter dem Archontat des Hegesias, in die Verbannung schickten. Elf Jahre später geriet Megakles selbst durch innere Unruhen in Schwierigkeiten; er verhandelte nun wieder mit Peisistratos und ließ ihn unter der Bedingung, dass er seine Tochter heirate, auf eine altmodische und sehr einfältige Weise zurückkommen. Er streute nämlich das Gerücht aus, Athene selbst werde Peisistratos zurückführen; dann suchte er eine schöne große Frau – nach Herodot aus dem Volk der Paianier, nach Meinung einiger anderer eine thrakische Blumenhändlerin aus Kollytos mit dem Namen Phye –, schmückte sie als Göttin und brachte sie mit ihm nach Athen. Peisistratos fuhr auf einem Wagen ein, die Frau stand neben ihm, die Städter aber staunten, begrüßten ihn ehrfürchtig und nahmen ihn auf. [...] 16. [...] Peisistratos führte die Regierungsgeschäfte, wie gesagt, in maßvoller Weise und eher mit bürgerlichem Verantwortungsbewusstsein als tyrannisch. Denn im Übrigen war er menschenfreundlich, milde und gegenüber Übeltätern zur Vergebung bereit, ebenso gab er an Bedürftige Darlehen für Unternehmungen, damit sie sich als Bauern ihren Unterhalt verdienen könnten. Das tat er aus zwei Gründen. damit sie sich nicht in der Stadt aufhielten, sondern über das Land verstreuten, und damit sie, in mäßigem Wohlstand und mit ihren eigenen Angelegenheiten beschäftigt, weder den Wunsch verspürten noch Zeit hätten, sich um das Gemeinwesen zu kümmern. Zugleich gelang es ihm dadurch auch, die Einnahmen zu steigern, da das Land bebaut wurde. Er trieb nämlich von den Ernteerträgen den Zehnten ein. So setzte er die Richter in den Gemeinden ein, bereiste auch selbst oft das Land, führte Aufsicht und bewegte Streitende zum Vergleich, damit sie nicht in die Stadt kämen und ihre Arbeit vernachlässigten. [...] Auch sonst hatte das Volk unter seiner Regierung nicht zu leiden, sondern er tat alles für den Frieden und sorgte für Ruhe. Deshalb ging oft die Rede um, die Tyrannis des Peisistratos sei wie das Goldene Zeitalter unter Kronos. Es ergab sich nämlich, dass das Regime viel härter wurde, als es seine Söhne übernahmen. Das Großartigste aber von allem war seine volksfreundliche und menschliche Gesinnung; denn er wollte alles nach den Gesetzen verwalten, ohne sich selbst Vorteile zu verschaffen.

Aristoteles: Staat der Athener. Kap. 13–14. Reclam 1970. Übers. von Peter Dams.

7 Verhaltenskodex für Politiker

Der Redner Aischines prangert die Methoden eines politischen Gegners an:

[26] (Solon und seine Zeitgenossen) schämten sich, eine Hand zu entblößen, wenn sie redeten, der da aber hat, es ist nicht lange her, sondern geschah vor kurzem, in der Volksversammlung das Hemd ausgezogen und wie ein Ringer die Muskeln spielen lassen; dabei war sein Körper durch Alkohol und Ausschweifungen in einem üblen Zustand, so dass die Vernünftigen nicht hinsehen konnten, weil sie sich für die Stadt schämten, wenn solche Leute uns Ratschläge erteilen. [27] Mit Blick auf so ein Verhalten hat aber der Gesetzgeber ausdrücklich vorgeschrieben, wer als Debattenredner auftreten darf und wer nicht vor dem Volk sprechen darf. Und er zieht jemanden nicht von der Rednertribüne, wenn er unter seinen Vorfahren keine Strategen hat, und nicht, wenn er als Handwerker sein tägliches Brot erwirbt, sondern über solche Redner freut er sich am meisten, und deswegen wird ständig gefragt, wer das Wort ergreifen möchte. [28] Wer sollte nun seiner Meinung nach nicht sprechen? Leute mit schlechtem Lebenswandel. Die lässt er nicht als Debattenredner zu. Und wie weist er darauf hin? Es heißt im Gesetz: „Durch die Dokimasie (Überprüfung) der Politiker. Wenn einer vor dem Volk spricht, der seinen Vater schlägt oder seine Mutter, oder sich nicht um sie kümmert, oder ihnen keine Wohnung besorgt." So einer darf dann nicht sprechen. Schön so, beim Zeus, meine ich. Warum? Weil, wenn einer sich denen gegenüber, die er wie Götter ehren sollte, schlecht verhält, wie sollen die anderen auf den hören oder sogar die ganze Stadt? Und zweitens, wem will der verbieten zu reden? [29] „Oder", sagt der Gesetzgeber, „wenn einer nicht den Kriegsdienst leistet, den man ihm

aufgetragen hat, oder den Schild weggeworfen hat.³" Zu recht sagt er das. Wieso? Mensch, wenn du für den Staat nicht zu den Waffen greifst oder ihn aus Feigheit nicht verteidigen kannst, bist du auch nicht wert, ihm Ratschläge zu erteilen. Von wem ist drittens die Rede? „Wer entweder herumhurt", sagt der Gesetzgeber, „oder sich prostituiert." Wer seinen Körper für Geld anbietet, damit man ihn vergewaltigt, der dürfte nach Ansicht des Gesetzgebers auch leicht die Interessen der Stadt verkaufen. [30] Von wem ist viertens die Rede? „Wer sein väterliches Erbe", sagt der Gesetzgeber, „oder, was immer er geerbt hat, verschleudert hat." Wer nämlich mit seinem eigenen Vermögen schlecht umgeht, wird auch mit dem Staatseigentum ähnlich verfahren, meint der Gesetzgeber. Und es schien dem Gesetzgeber nicht möglich zu sein, dass derselbe Mensch privat ein Schuft, in der Politik aber ein Ehrenmann sei, und er glaubte auch nicht, dass ein Politiker auf die Rednertribüne treten dürfe, der zwar auf seine Worte achtet, aber nicht auf seinen Lebenswandel. [31] Und das, was von einem wirklich guten Menschen gesagt wird, auch wenn er ganz ungeschickt und schmucklos daherredet, das sei für die Zuhörer nützlich.

Aischines: Gegen Timarchos. Kap. 26ff. Übers. Autor.

3   galt als Feigheit vor dem Feind

8   Überprüfung der Beamten

Der Autor beschreibt, wie die Überprüfung (Dokimasie) und der Amtsantritt der Beamten vonstatten gehen:

[Die Archonten] werden zunächst im Rat der Fünfhundert überprüft, [...] denn alle, sowohl die durch das Los als auch die durch Handzeichen gewählten, treten ihr Amt erst an, nachdem sie überprüft worden sind –, die neun Archonten aber werden im Rat und noch einmal im Gericht überprüft. Früher durfte der, den der Rat ablehnte, kein Amt innehaben, aber jetzt ist eine Überweisung an das Gericht möglich, und dieses ist die letzte Instanz bei der Überprüfung. Sie fragen, wenn sie überprüfen, zunächst: „Wer ist dein Vater und aus welchem Demos stammt er, und wer ist deines Vaters Vater, und wer ist deine Mutter, und wer ist deiner Mutter Vater und aus welchem Demos stammt er?" Dann, ob er einen Altar des Apollon Patroos und einen des Zeus Herkeios habe und wo diese Altäre seien, und dann, ob er Familiengräber habe und wo sie seien, und danach, ob er seine Eltern gut behandle, seine Steuern zahle und seiner militärischen Dienstpflicht genügt habe. Wenn er diese Fragen gestellt hat, sagt er: „Rufe dafür deine Zeugen herbei." Wenn er seine Zeugen beigebracht hat, fragt er: „Will irgendjemand gegen diesen Mann klagen?" Falls ein Kläger erscheint, ermöglicht er Klage und Verteidigung und lässt abstimmen, im Rate durch Handzeichen, im Gericht durch Wahlkugel(n) [...] Nachdem sie auf diese Weise überprüft worden sind, schreiten sie zu dem Stein, auf dem das Opferfleisch liegt, [...] und an dem die Zeugen schwören, dass sie keinen Einwand haben. Nachdem sie diesen bestiegen haben, schwören sie, dass sie ihr Amt gerecht und nach den Gesetzen ausüben, für amtliche Handlungen keine Geschenke annehmen und, falls sie irgendein angenommen haben, eine goldene Statue weihen werden. Wenn sie den Eid geleistet haben, steigen sie von da zur Akropolis hinauf und schwören dort noch einmal dasselbe, und danach treten sie ihr Amt an.

Aristoteles: Staat der Athener. 55, 2–5. Übers. Mortimer Chambers.

9   Recht auf Widerstand gegen die Feinde der Demokratie

Der Autor zitiert ein Gesetz aus dem Jahre 410; kurz zuvor war nach einem oligarchischen Intermezzo die Demokratie wieder eingeführt worden:

Gesetz:

Der Rat und das Volk haben beschlossen. Die Phyle Aiantis hatte die Prytanie, Kleigenes war Sekretär, Boethos war Vorsitzender, Demophantos Protokollführer. Der Rat der 500, der durch Los in sein Amt gekommen ist, legt als ersten diesen Volksbeschluss vor, Kleigenes ist sein erster Sekretär.

Wenn einer versucht in Athen die Demokratie aufzulösen oder ein Amt ausübt, wenn die Demokratie aufgelöst ist, soll er als Feind der Athener betrachtet und ehrlos getötet werden, sein Vermögen soll verstaatlicht werden, ein Zehntel soll der Göttin (Athene) geweiht werden. Der, der einen solchen Mann tötet, und der, der ihm dabei hilft, soll rein und ohne Schuld sein. Die Athener sollen alle an den Altären nach Phylen und Demen schwören, dass sie einen solchen Mann töten werden. Der Eid soll der folgende sein: „Ich werde mit eigener Hand, wenn ich kann, den töten, der die Demokratie in Athen auflösen will, und wenn einer nach Auflösung der Demokratie ein Amt ausübt, und wenn einer sich zum Tyrannen erhebt oder dem Tyrannen bei der Machtergreifung beisteht. Und wenn ein anderer ihn tötet, werde ich ihn für rein halten bei den Göttern und göttlichen Wesen, weil er einen Feind der Athener getötet hat, und ich werde den gesamten Besitz des Getöteten verkaufen und die Hälfte dem geben, der ihn getötet hat, und nichts wegnehmen. Wenn einer, der einen von diesen tötet oder versucht zu töten, dabei ums Leben kommt, werde ich mich um ihn kümmern und um seine Kinder, wie um Harmodios und Aristogeiton⁴ und deren Nachkommen. Und die Eide, die in Athen oder in einem Lager oder sonstwo gegen das

4   Harmodios und Aristogeiton: Mörder des Tyrannen Hipparchos

Volk von Athen geschworen werden, halte ich für null und nichtig." Alle Athener sollen dies an den Altären schwören, in der gesetzlichen Art und Weise, vor den Dionysien[5]; und sie sollen beten, dass, wer den Eid einhält, viel Gutes erfahren soll; der, der ihn bricht, und seine Familie sollen dem Verderben geweiht sein.

Andokides: Über die Mysterien. 96–98. Übers. Georg Müller.

10 Oligarchische Kritik an der Demokratie
Der Athener Kallikles widerspricht der These des Sokrates, es sei besser Unrecht zu erleiden als Unrecht zu tun:
Das passt nun wirklich nicht zu einem Mann, sich Unrecht antun zu lassen, sondern zu einem Sklaven, für den sterben besser ist als leben; der, wenn man ihm etwas antut oder wenn er beleidigt wird, nicht in der Lage ist, sich selbst zu helfen oder einem anderen, an dem ihm etwas liegt. Aber ich glaube, dass die, die bei uns die Gesetze machen, die Schwachen sind und die Masse. Sie achten auf sich selbst und ihren Nutzen, wenn sie die Gesetze machen und Dinge für richtig oder falsch erklären. Sie haben nämlich Angst vor den Stärkeren und denen, die in der Lage sind, mehr zu besitzen. Damit die nicht mehr besitzen als sie selbst, sagen sie, es sei eine Schande und ungerecht mehr zu haben; und Unrecht tun heiße, wenn man versucht mehr zu haben als die anderen. Denn sie selbst begnügen sich gern damit, glaube ich, das Gleiche zu haben wie andere, weil sie schlechter sind. Deswegen wird im Gesetz genau das als ungerecht und verwerflich bezeichnet: wenn einer mehr haben will als die Masse, und sie nennen das Unrecht tun. Die Natur beweist aber, meine ich, dass es gerecht ist, wenn der Bessere mehr hat als der Schlechtere und der Mächtigere mehr als der Machtlose. Sie zeigt das überall, dass es sich so verhält, sowohl bei den anderen Lebewesen als auch in allen Städten und bei allen Völkern der Menschen, dass man das Gerechte so festlegt: Der Stärkere herrscht über den Schwächeren und hat mehr Besitz. Mit welchem Recht ist denn Xerxes gegen Griechenland in den Krieg gezogen und sein Vater gegen die Skythen? Man könnte noch zahllose andere Beispiele nennen. Also meine ich, sie tun das, weil es von Natur aus gerecht ist; beim Zeus, sie folgen dem Gesetz der Natur, aber bestimmt nicht dem, das wir machen. Wir formen die Besten und Stärksten von uns, greifen sie uns von klein auf, wie Löwen, reden ihnen zu und besäuseln sie und machen sie zu Sklaven, indem wir sagen, man müsse das Gleiche haben wie die anderen und das sei schön und gerecht. Wenn aber einer eine starke Natur hat und zum Mann wird, dann schüttelt er das ab und reißt sich los und flieht, er zertritt unsere Schriften und Tricks und Zaubersprüche und all diese widernatürlichen Gesetze, steht auf und wir sehen: er ist unser Herr, der Knecht. Und darin wird das, was nach der Natur gerecht ist, ganz klar.

Platon: Gorgias. 483b. Übers. Georg Müller.

11 Tyrannenmörder
Der junge Harmodios und sein Liebhaber Aristogeiton ermordeten 514 den Tyrannen Hipparchos, weil dieser sich an Harmodios hatte vergehen wollen. Durch die Aufstellung der Skulpturengruppe auf der Akropolis sollte der Mord als politische Tat verherrlicht werden.

---

5   Dionysien: großes Fest zu Ehren des Gottes Dionysos, mit berühmtem Theaterwettbewerb

12 Grabrede für die Gefallenen

Die Athener hielten für die ersten Toten im Peloponnesischen Krieg eine öffentliche Gedenkfeier:

Perikles, der Sohn des Xanthippos, wurde als Redner gewählt. Und als der Augenblick gekommen war, trat er vom Grab auf die niedrige Tribüne, damit die Menge ihn möglichst gut hören konnte, und sagte das Folgende:

„[...] Ich werde bei unseren Vorfahren beginnen. Denn ihnen schien gerecht und angemessen in einem solchen Augenblick den Verstorbenen die Ehre einer Gedenkveranstaltung zu erweisen. Ihr Land, das sie immer bewohnten, haben sie durch ihre Tapferkeit bis heute den Nachgeborenen frei übergeben. Sie verdienen Lob und unsere Väter noch mehr. Denn die haben zu dem, was sie übernahmen, nicht ohne Mühe noch ein Reich errichtet, das wir heute haben, und haben es uns überlassen. Das meiste davon haben wir selbst, die wir heute leben, in unserem besten Alter dazuerworben und die Stadt in allem so ausgestattet, dass sie im Krieg und Frieden völlig unabhängig existieren kann. Welche Kriegstaten es waren, durch die dies im Einzelnen erworben wurde, und welche angreifenden Feinde, Barbaren oder Griechen, unsere Väter mutig abgewehrt haben, will ich übergehen, um nicht zu lange über Bekanntes zu reden. Aber aufgrund welcher Einstellung wir so weit gekommen sind und durch welche Verfassung und durch welche Moral Großes entstanden ist, das will ich zeigen und komme dann dazu, diese Menschen zu loben. Ich glaube nämlich, dass es in diesem Moment nicht unangebracht ist, davon zu sprechen, und ein Vorteil, wenn die gesamte Menge der Bürger und der Fremden zuhört. [37] Wir haben nämlich eine Verfassung, die nicht den Gesetzen der Nachbarn nacheifert; wir sind eher ein Vorbild als andere zu imitieren. Und weil sie nicht auf wenige, sondern auf die Mehrheit baut, heißt sie Demokratie. Nach dem Gesetz haben alle bei privaten Auseinandersetzungen das gleiche Recht, in der Politik aber wird der eine dem anderen vorgezogen, durch das Ansehen, das jeder in einem Bereich genießt. Dieses hat aber weniger zu tun mit seiner Herkunft, sondern mit seiner Leistung. Es wird auch niemand, der der Stadt etwas Gutes tun kann, wegen seiner Armut [...] daran gehindert. [...] Wenn wir auch privat rücksichtsvoll zusammenleben, handeln wir in der Politik doch, aus Respekt, nicht ungesetzlich, wir hören auf die Beamten und die Gesetze, vor allem auf die, die zum Nutzen der Benachteiligten erlassen sind, und auf die ungeschriebenen Gesetze, die nach allgemeinem Urteil Schande bringen. [38] Wir haben auch absichtlich die meisten Erholungen von der Anstrengung eingeführt: jährliche Wettkämpfe und Opfer, schicke private Einrichtungen, durch deren täglichen Gebrauch wir uns vom Stress entspannen. Dazu kommt wegen der Größe der Stadt aus dem ganzen Land alles Mögliche, und uns stehen nicht nur die hier gefertigten Produkte zur Verfügung, sondern auch die der anderen Menschen. [39] Wie unterscheiden uns auch im militärischen Bereich von den Gegnern, und zwar folgendermaßen: Wir gewähren allen Zutritt zu unserer Stadt, und niemals vertreiben wir die Fremden und halten jemanden ab, sich zu erkundigen oder sich umzusehen. Natürlich könnte ein Feind davon profitieren, dass etwas nicht geheim ist. Wir vertrauen eben nicht in erster Linie auf Rüstung oder Täuschung, sondern auf unseren Mut, die Dinge anzupacken. Und in der Erziehung jagen die einen schon als Kinder in mühevollem Training dem Männlichen hinterher, wir aber leben sorglos und nehmen doch genauso die gleichen Gefahren auf uns. Der Beweis: die Spartaner greifen uns nicht alleine, sondern mit allen Verbündeten an, während wir selbst ohne Schwierigkeiten in der Fremde die Verteidiger ihrer Heimat bekämpfen und meistens besiegen. Unserer gesamten Streitmacht ist noch kein Feind je begegnet, weil wir sowohl mit der Flotte operieren als auch zu Lande an vielen Punkten gleichzeitig. Wenn sie dann irgendwo auf ein Trüppchen von uns treffen und uns besiegen, prahlen sie, sie hätten uns alle in die Flucht geschlagen, wenn sie verlieren, heißt es, sie seien von all unseren Truppen besiegt worden. Und wenn wir mehr mit Mut als durch mühsames Training und eher mit Charakter als, weil es so vorgeschrieben ist, die Gefahren bestehen wollen, dann haben wir noch den Vorteil, dass wir nicht Schmerzen, die uns erst bevorstehen, schon früher erleiden; wenn es dann so weit ist, sind wir nicht weniger tapfer als die, die sich immer abmühen. Dafür sollte man unsere Stadt bewundern und noch für anderes. [40] Wir lieben das Schöne, ohne überheblich zu werden, und wir lieben die Kultur, ohne zu verweichlichen. Wir nutzen den Reichtum, um etwas zustande zu bringen, nicht um damit anzugeben. Zuzugeben, dass man arm ist, ist keine Schande, schlimmer ist, nichts dagegen zu unternehmen. Sich um seine privaten Dinge und um die Angelegenheiten der Stadt zu kümmern, ist bei uns dasselbe, und auch wenn man sich anderen Aufgaben zuwendet, behält man seine politische Urteilskraft. Als Einzige halten wir Leute, die an der Politik gar nicht teilnehmen, nicht für untätig, sondern für unnütz, und wir entscheiden entweder selbst oder durchdenken die Sachverhalte richtig. Wir glauben nicht, dass Worte den Taten schaden können, sondern dass es schädlich ist, sich nicht vorher vernünftig informiert zu haben, ehe man zur Tat schreitet. Wir verhalten uns auch in der Beziehung anders, dass wir gleichzeitig am meisten wagen und überlegen, ehe wir etwas anfangen. Bei anderen führt die Ahnungslosigkeit zur Dreistigkeit, die Überlegung zur Trägheit. Die größte innere Kraft aber wird man zu Recht denen attestieren, die das Schlimme und das Schöne am klarsten erkennen und sich dadurch nicht von Gefahren abhalten lassen. Auch in Bezug auf die Tapferkeit stehen wir im Gegensatz zu den meisten. Wir finden Freunde nicht, indem wir es uns gut gehen lassen, sondern indem wir ihnen Gutes tun.

Thukydides II 36. Übers. Georg Müller.

Die attische Demokratie

13 **Opfer der Demokratie.** Sokrates (470–399) wurde von der Gerichtsversammlung zum Tode durch den Schierlingsbecher verurteilt. Er hatte durch seine „maieutische" (Hebammen-)Fragetechnik die Bürger immer wieder genötigt, ihre vermeintlichen Standpunkte zu revidieren, und sich viele Feinde gemacht. Die Flucht aus dem Gefängnis lehnte er, den sicheren Tod vor Augen, ab, weil er sagte, im Gegensatz zu seinen Richtern nicht gegen die Gesetze der Stadt verstoßen zu wollen.

14 **Totengedenken**
Detail eines Grabgefäßes um 750 v. Chr. Frauen raufen sich die Haare. Krieger fahren auf dem Streitwagen. Die Beerdigung der Gefallenen war für die Stadt von größter Bedeutung und wurde stets feierlich begangen. Kriegswaisen kamen in die Obhut der Stadt. Als die Athener nach einer gewonnenen Seeschlacht im Jahr 406 wegen eines Sturms die Toten nicht bargen, verurteilte man die Strategen zum Tode.

Arbeitsvorschläge
a) Charakterisieren Sie die Tyrannis (VT, M 6, M 12).
b) Zeigen Sie auf, wie die Athener den Missbrauch der demokratischen Freiheiten zu verhindern versuchten (VT, M 6–M 8).
c) Vergleichen Sie den Amtseid der Archonten (M 8) mit dem bundesdeutschen Amtseid Art. 56 GG und den Rechtsnormen aus M 9 mit den Vorschriften des Grundgesetzes Art. 20 Abs. 4.
d) Nennen Sie Argumente von Gegnern und Befürwortern der Demokratie (M 9, M 10, M 12).
e) Nehmen Sie Stellung dazu, ob die Prinzipien der Demokratie auch heutigen Ansprüchen genügen würden.
f) Recherchieren Sie Informationen zur Person des Sokrates und seines Schülers Platon. Erarbeiten Sie zu einer von beiden Personen ein Kurzessay.

1.3 Gedankenwelt III:
Soziales Bewusstsein: Verhältnis zu den Mitmenschen

Der Athener hatte sich von alters her als Teil eines Verbands ihm bekannter Personen, Nachbarn, Verwandter gefühlt. Er hatte sich in seinen Wertvorstellungen und seiner Lebensführung an hochgestellten Persönlichkeiten orientiert, die aus berühmten Familien stammten, die ihm als Kunden, Auftraggeber, Geldgeber von Bedeutung waren, die er wegen ihres herausgehobenen Lebensstils bewunderte, deren Wort in der Versammlung des Stadtviertels oder des Dorfs, der Kleinstadt Gewicht hatte, die aufgrund der von ihnen eingenommenen religiösen Funktionen Einfluss auf sein Leben, auf Heirat und Kult hatten. Es gab nämlich keine Priesterschaft, sondern die höchsten Autoritäten des Personenverbandes übernahmen die kultischen Handlungen, im Kleinen war das der Vater, im Großen die Adligen. Doch dann hatte man sich gegen die Bevormundung durch den Adel gewehrt. Warum sollten die Hopliten, die in Marathon gesiegt hatten, warum sollten die Ruderer, die Athen die Herrschaft über die Ägäis verschafft hatten, nicht ebenso Einfluss nehmen dürfen auf die Führung der Staatsgeschäfte wie die Kommandeure? Wer einen Blick auf den Hafen Piräus warf, dem musste klar werden, dass die kleinräumigen Machtstrukturen ausgedient hatten. Athen war das urbane Zentrum der Mittelmeerwelt, dessen Macht und Wohlstand von überall her Händler anzog. Nach der Errichtung des Seebunds wurde der Piräus zum zentralen Umschlagsplatz für Waren aller Art, vom Grundnahrungsmittel Getreide bis zum Luxusaccessoire. Eine breite Warenpalette war selbstverständlich, Früchte konnte man zu jeder Jahreszeit kaufen. Die kleinen Leute hatten sich durchgesetzt; ein Bürger aus einer ganz einfachen, unbekannten Familie konnte sich ebenso um das Amt eines Strategen bewerben wie Alkibiades, der Neffe des großen Perikles; ein völlig mittelloser Thete hatte bei der Abstimmung in der Volksversammlung und vor Gericht das gleiche Stimmrecht wie der schwerreiche Nikias.

Und nun geriet durch die politischen Umwälzungen auch die aristokratisch strukturierte und an den Idealen des Adels orientierte Gesellschaft in die Diskussion. Konnte man Teile des Systems verändern, ohne es insgesamt zu gefährden, oder untergrub man nicht zugleich mit der Autorität der Adligen auch die des Familienvaters und die der Götter? Konnte ein einfacher Bürger ohne rhetorische Bildung, ohne Führungskompetenzen und ohne außenpolitisches Vorstellungsvermögen ein wichtiges Amt übernehmen oder überhaupt verantwortlich an den Diskussionen teilnehmen? War der Bauer aus dem attischen Hinterland auch bereit, sich für die Weltgeltung Athens einzusetzen, obwohl er in der Regel vom Tauschhandel lebte und nur selten in die Stadt kam, um seinen kleinen Überschuss zu verkaufen?

Es bildete sich ein neuer Typ von Politiker heraus, der mit den Verhältnissen in der Volksversammlung umgehen konnte, mit den dort herrschenden Stimmungen zu spielen wusste, der aber eben auch die Interessen der kleinen Leute bediente und mit dessen Hilfe sie ihre Lage immer weiter zu verbessern verstanden. Die Griechen haben dafür die Bezeichnung Demagoge („Volksführer") gefunden, die nicht im selben Maße wie heute negativ gemeint ist; zweifellos steht sie aber für eine einseitig, manchmal rücksichtslos zugunsten des Demos operierende Politik. Ebenso wie ihre gemäßigten oder oligarchisch orientierten Gegenspieler stamm-

1 **Die Auseinandersetzung im Wettkampf** spielte für die Griechen eine große Rolle, ebenso wie die Geselligkeit und die Schönheit des Körpers. Daher traf man sich in öffentlichen Gymnasien, um sich geistig zu bilden, aber auch um sich zu unterhalten und Sport zu treiben.

Demagogen

Die attische Demokratie

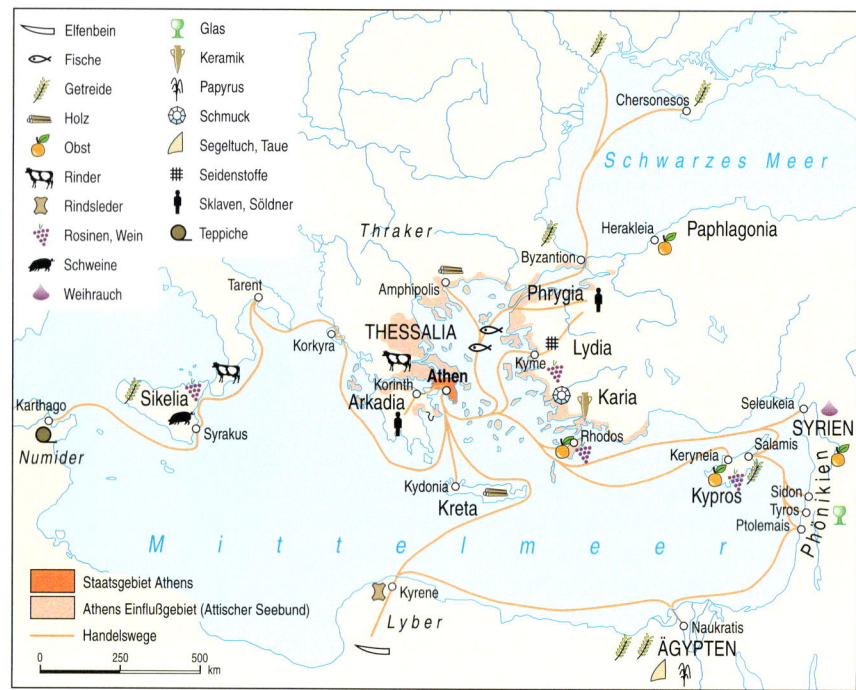

2 Athens Importhandel im 5. Jahrhundert v. Chr.

ten auch die Demagogen aus den höchsten Kreisen, bis Ende des 5. Jahrhunderts sogar ausschließlich aus dem grundbesitzenden Adel. Erst dann setzt sich ein Bewusstseinswandel durch. Von nun an gilt nicht mehr der durch Grundbesitz ermöglichte Müßiggang, die sorgenfreie Beschäftigung mit Kultur und Sport als verbindliches Lebensideal. An seine Stelle tritt im umtriebigen Athen das hohe Sozialprestige der Fachleute in Politik, Wissenschaft und Wirtschaft. Wohlhabende Unternehmer wie der Gerbereibesitzer Kleon geben nun auf der Pnyx den Ton an. Dass sie vom politischen Gegner als „Krämer" verspottet werden, ist eher ein Beweis für die Schärfe der Auseinandersetzung als dafür, dass das alte Ideal vom Landbesitzer noch gültig gewesen wäre. Ihrerseits greifen die politischen Vertreter des einfachen Volks zu der Vokabel „Pferdezüchter" (Hippotrophos), wenn sie einen besonders luxuriösen, abgehobenen Lebensstil brandmarken wollen. Eines verbindet jedoch die beiden Lager: Höchstes Ziel des Atheners sind Macht und Ruhm, nicht Profit und Produktion.

Leiturgie

Es herrscht ein hohes Maß an sozialem Frieden, die Demokratie wird auch von den Wohlhabenden gestützt, nicht nur weil sie die Mehrheit der politischen Führer stellen. In regelmäßigen Abständen wurden die reichsten Athener zu gemeinnützigen Leistungen, so genannte Leiturgien, herangezogen. Diese bestanden in der je nach Bedarf angeordneten Trierarchie, d. h. im Unterhalt eines Kriegsschiffs, und daneben in der regelmäßig erforderlichen Finanzierung von Festveranstaltungen. Die wichtigsten sind die Choregie, d. h. die Bezahlung einer Theaterinszenierung bei den großen Festen zu Ehren des Gottes Dionysos, und die Gymnasiarchie. Der Gymnasiarch musste ein Jahr lang für den Betrieb einer öffentlichen Sport- und Freizeitanlage sorgen. In der Regel empfand man die Bestellung zum Leitourgós als große Ehre und versuchte, die Vorgänger durch besonders aufwendige Maßnahmen in den Schatten zu stellen. Wer sich aber finanziell zur Leiturgie nicht in der Lage sah, konnte einen anderen Bürger auffordern, die Leiturgie zu übernehmen oder das Vermögen mit dem Antragsteller zu tauschen.

Steuern

Die Übernahme solcher Aufgaben ergab sich aus dem Fehlen eines Staatsapparats, der sonst für entsprechende Einrichtungen hätte sorgen müssen; außerdem kompensierte die Leiturgie in gewisser Weise die Tatsache, dass direkte und regelmäßige Steuern auf persönlichen Besitz für erniedrigend gehalten wurden. Nur in Notzeiten belegte man die reichsten Bürger mit einer einmaligen, eisphorá genannten, Abgabe. Die Staatskasse erzielte ihre Einkünfte vornehmlich aus der Verpachtung von Umsatzssteuern, Zöllen und Konzessionen. Man konnte das Recht, ein Jahr lang in den staatlichen Silberminen in Laureion zu schürfen, ebenso pachten wie das Recht, auf die im Piräus umgeschlagenen Waren den 2-prozentigen Einfuhrzoll zu erheben.

Staatsausgaben

Die Staatseinkünfte wurden in der Regel direkt ausgegeben für einmalige Prestigeobjekte (Tempelbauten, Profanbauten) oder für verschiedene Zuwendungen an die Bürger (Geld, Getreide, Opferfleisch, Diäten, Sozialhilfe). Die außerordentliche Verbreiterung der sozialen Leistungen ging allerdings einher mit der Beschränkung des Bürgerrechts, so dass der Kreis der Begünstigten klein blieb. Mit der Einführung der radikalen Demokratie und der Diäten genügte es nicht mehr, wenn der Vater Athener war, nun mussten beide Elternteile athenische Bürger sein (451/50).

Metoiken

Die enorme wirtschaftliche und kulturelle Attraktivität Athens zog zahlreiche Bürger anderer griechischer Staaten, aber auch „Barbaren", an, die sich auf Dauer in Attika niederlassen wollten. Diese Metoiken („Mitwohner") erhielten nun einen von den athenischen Vollbürgern scharf getrennten Status. Ihnen war der Erwerb von Grundbesitz nicht gestattet, sie mussten sich aber in dem Demos, in dem sie wohnten, registrieren lassen, damit man kontrollieren konnte, ob sie ihren Pflichten nachgingen. Diese bestanden zunächst in der Bezahlung einer mäßigen, aber für den athenischen Vollbürger vom Prinzip her inakzeptablen Kopfsteuer von 12 Drachmen pro Jahr. Zudem wurden die Metoiken auch zu den Leiturgien und zum Kriegsdienst herangezogen. (Diesen allerdings nur in Wacheinheiten oder als Ruderer). Sie waren von jeglicher politischen Teilhabe ausgeschlossen und mussten sich vor Gericht von einem Vollbürger, den ihnen der Demos zugewiesen hatte, vertreten lassen. Die Metoiken konzentrierten sich wegen des Grunderwerbsverbots auf die Berufsstände der Handwerker, Kaufleute, Bankiers. Auch in diesen Bereichen war es manchen möglich, zu nicht unerheblichem Wohlstand zu gelangen. Wenn auch die Verleihung des Bürgerrechts an einen Metoiken ein nur außerordentlich selten gewährtes Privileg darstellte, waren diese doch in hohem Grade in die Gesellschaft integriert.

Sklaven

Die Existenz von vielleicht 100 000 Sklaven in Athen war sowohl für die Wirtschaft der Stadt als auch für das Standesbewusstsein der Vollbürger von großer Bedeutung. Theoretisch waren sie rechtlos, Misshandlung war jedoch verboten und Mord wurde, genau wie bei Metoiken, wie unbeabsichtigter Totschlag geahndet. Sklaven, die in der Regel als Kriegsgefangene nach Athen kamen, dienten in zahlreichen Wirtschaftszweigen. Es gab keine eigentlichen Sklavenarbeiten, sondern die Sklaven arbeiteten in der Regel Seite an Seite mit Freien und Metöken. Während sie jedoch zu Anfang des 5. Jahrhunderts oft ganz einfache, anstrengende Tätigkeiten im Haushalt, in der Landwirtschaft und in den Bergwerken ausführen mussten, führten die Ausweitung öffentlicher Aufgaben und die Modernisierung der Wirtschaft dazu, dass Sklaven Aufstiegschancen erhielten. Es gab Sklaven, die nicht im Hause ihres Herrn, sondern für sich wohnten, nicht direkt für ihren Herrn arbeiteten, sondern ihm einen Teil ihrer eigenen Einkünfte abgaben. Sie traten auch, rechtlich von ihrem Herrn gedeckt, als Pächter von kleineren und mittleren Betrieben auf. Für die Besitzer lohnte sich die Übertragung geschäftlicher

Die attische Demokratie

2 **Vornehme Athener konnten es sich erlauben, ihre Söhne von gebildeten Sklaven unterrichten zu lassen.** Schale aus Athen ca. 480 v. Chr.

Tätigkeiten an Sklaven, weil sie oft ökonomisch besser ausgebildet und juristisch besser zu kontrollieren waren als Freie. Auch der Verleih von Sklaven war üblich, und dann war der Herr in gewissem Maße auf den Fleiß des Sklaven angewiesen, so dass er, um ihn zu motivieren, den Sklaven in der Regel an der Leihgebühr beteiligte. Sklaven, die es zu etwas gebracht hatten, traten in der Öffentlichkeit so selbstbewusst auf, dass sich die Unterschiede zu den alteingesessenen Bürgern, die ihrerseits um ihren täglichen Bedarf zu kämpfen hatten, verwischten. Waren sie besonders erfolgreich, gelang es ihnen, sich freizukaufen. Auch der Staat beschäftigte Sklaven in der Verwaltung und für ordnungspolizeiliche Aufgaben.

Frauen

Frauen waren in Athen von der Politik ausgeschlossen und auch rechtlich vom männlichen Familienoberhaupt (Vater, Bruder oder Ehemann) abhängig. Dies hing damit zusammen, dass man die Sphären von Männern und Frauen nach Möglichkeit getrennt hielt; je höher die Gesellschaftsschicht, umso schärfer war die Trennung. Während der Mann den öffentlichen Raum für sich reserviert hatte, trug die Frau die Verantwortung für das Haus, den oíkos. Der Mann hatte die Pflicht, sie zu versorgen; trennte er sich von ihr, so musste die Mitgift zurückgezahlt werden. Bei der Bewertung der insgesamt stark zurückgesetzten Stellung der Frauen darf allerdings nicht außer Acht bleiben, dass Frauen zwar wenig Bewegungsspielraum hatten, aber hohen Respekt genossen. Sie spielten eine wichtige Rolle im Kult, schließlich war auch die Schutzgöttin der Stadt eine Frau, die sich im Kampf um die Sympathien der Athener gegen Poseidon durchgesetzt hatte, wie der Mythos berichtet. Die schöne Aspasia aus Milet, die mit Perikles zusammenlebte und Mutter seines Sohnes war, wurde für ihre geistvolle und intelligente Art allseits bewundert und gefürchtet. Auch in den erhaltenen Dramen spielen Frauen eine herausgehobene Rolle.

3 Maßtabelle Geld (5. Jahrhundert)

1 Talent = 60 Minen = 6000 Drachmen 1 Drachme = 6 Oboloi	
Ausgaben für eine vierköpfige Familie pro Tag	ca. 1 Drachme
Sold für Ruderer	1 Drachme/pro Tag
Sozialhilfe für Invaliden mit Vermögen unter 3 Minen	2 Oboloi/pro Tag
Sitzungsgelder (seit Ende 5. Jh.) a) Volksversammlung b) Gerichtsversammlung c) Rat der 500	3 Oboloi 3 Oboloi 2 Oboloi
Kaufpreis für einen Sklaven a) ohne Spezialausbildung b) qualifizierte Kräfte c) Führungspersonal	150 Drachmen 300 Drachmen 1000 Drachmen
Ehrenpreis der Athener für einen Olympiasieg	500 Drachmen
Verteilung des Wohlstands Große Vermögen a) Nikias b) Kallias c) Alkibiades ca. 300 Bürger ca. 1200 Bürger ca. 8000 Bürger	100 Talente 200 Talente 100 Talente >10 Talente > 3 Talente >20 Minen
Einnahmen der Staatskasse pro Jahr	2000 Talente

Zusammengestellt vom Autor.

4 Bevölkerungsgruppen (Ende 5. Jahrhundert)

	Bürger (mit Angehörigen)	Metoiken (mit Angehörigen)	Sklaven	Gesamt
Ganz Attika	35000 (140000)	16000 (60000)	100000	ca. 300000
Stadt Athen	15000 (60000)	14000 (50000)	40000	ca. 150000

Die Zahlen beruhen auf Schätzungen. Zusammengestellt vom Autor.

5 Arbeit an einem Tempelbau

Eine auf der Akropolis gefundene Inschrift dokumentiert genau die für den Bau des Erechtheions ausgeführten Arbeiten. Der Zusatz „aus dem Demos" deutet auf einen Bürger, der Zusatz „der im Demos [...] wohnt" auf einen Metoiken hin.

A. Die Bildhauerarbeiten

Phyromachos aus dem Demos Kephisia, den Jüngling neben dem Brustpanzer, 60 Drachmen. – Praxias, der im Demos Melite wohnt, das Pferd und den dahinter zu sehenden Mann, der es mit der Peitsche antreibt, 120 Drachmen. – Antiphanes aus dem Demos Kerameis, den Wagen und den Jüngling und die zwei Pferde, die angespannt werden, 240 Drachmen. – Phyromachos aus dem Demos Kephisia, den Mann, der das Pferd führt, 60 Drachmen. – Myrinion, der im Demos Agryle wohnt, das Pferd und den Mann, der es schlägt, und später hat er die Stele hinzugefügt, 127 Drachmen. – Soklos, der im Demos Alopeke wohnt, den Mann der den Zaum hält, 60 Drachmen. – Phyromachos aus dem Demos Kephisia, den auf einen Stock gestützten Mann, der neben dem Altar steht, 60 Drachmen. – Iasos aus dem Demos Kollytos, die Frau, an die das Kind sich anklammert, 60 Drachmen [...]

B. Die Kannelierung der Säulen

In der achten Prytanie, die die Phyle Pandionis führte. Summe der Einnahmen von Seiten der Schatzmeister der Göttin, des Aresaichmos aus dem Demos Agryle und derer, die mit ihm dieses Amt versehen, 1239 Drachmen 1 Obolos.

Ausgaben:

a) Materialkäufe: zwei Holztafeln, auf die wir die Abrechnung aufschreiben, um eine Drachme jede, 2 Drachmen. Summe der Käufe 2 Drachmen

b) Steinarbeiten: für die Kannelierung der Säulen auf der Ostseite gegenüber dem Altar. Die dritte vom Altar der Dione aus gesehen: Ameiniades, der im Demos Kolle wohnt, 18 Drachmen – Aischines, 18 Drachmen – Lysanias, 18 Drachmen – Somenes, Sklave des Ameiniades, 18 Drachmen – Timokrates, 18 Drachmen. [...]"

Aufteilung der Berufe nach rechtlichem Status				
	Bürger	Metoiken	Sklaven	Status unbekannt	Gesamt
Architekten	2	–	–	–	2
Schreiber	1	–	–	–	1
Wächter	–	–	–	1	1
Steinmetze	9	12	16	7	44
Bildhauer	3	5	–	1	9
Wachsmodellierer	–	(2)	–	–	(2)
Holzschnitzer	1	5	–	1	7
Zimmerleute	5	7	4	3	19
Sägearbeiter	–	1	–	1	2
Tischler	–	1	–	–	1
Drechsler	–	–	–	1	1
Maler	–	2	–	1	3
Vergolder	–	1	–	–	1
Hilfsarbeiter	1	5	–	3	9
Beruf unbekannt	2	3	–	2	7
Gesamtzahl	24	42	20	21	107

Aus: Michel Austin/Pierre Vidal-Naquet: Gesellschaft und Wirtschaft im alten Griechenland. München 1984, S. 244 f. Übers. Andreas Wittenburg.

Die attische Demokratie

6 Ein Antrag von Metoiken

Eine Inschrift hält die Beratung eines Antrags von Kaufleuten von Kition[6] an das athenische Volk fest:

Unter dem Archontat des Nikokrates, in der ersten Prytanie der Phyle Aigeis; von den Vorsitzenden hat Theophilos aus dem Demos Phegous zur Abstimmung vorgelegt; der Rat hat beschlossen; Antidotos, Sohn des Apollodoros, aus dem Demos Sypalettos hat den Antrag gestellt: Betreffend das, was die Bewohner von Kition über die Errichtung des Heiligtums der Aphrodite vortragen, möge vorn Rat beschlossen werden, dass die Vorsitzenden, die man durch Los zum Vorsitz in der ersten Volksversammlung bestimme, sie vor die Volksversammlung führen und ihnen Gehör verschaffen sowie die Meinung des Rates in die Volksversammlung einbringen sollten; und zwar habe der Rat beschlossen: Nachdem das Volk die Bewohner von Kition über die Errichtung des Heiligtums gehört hat und andererseits von den Athenern, wer (sich äußern) will, möge es beschließen, was ihm das Beste zu sein scheine.

Unter dem Archontat des Nikokrates, in der zweiten Prytanie der Phyle Pandionis; von den Vorsitzenden hat Phynostratos aus dem Demos Philaidai zur Abstimmung vorgelegt; das Volk hat beschlossen; Lykourgos, Sohn des Lykophron, aus dem Demos Boutades hat den Antrag gestellt: Betreffend das, was die Kaufleute aus Kition, offenbar in Übereinstimmung mit den Gesetzen, erbitten, indem sie nämlich vom Volke das Recht auf Erwerb eines Grundstücks fordern, auf dem sie ein Heiligtum der Aphrodite errichten wollen, hat das Volk beschlossen, den Kaufleuten von Kition das Recht auf Erwerb eines Grundstücks zu gewähren, auf dem sie das Heiligtum der Aphrodite errichten wollen, wie auch die Ägypter das Heiligtum der Isis errichtet haben.

Zit. nach: Michel Austin/Pierre Vidal-Naquet, Gesellschaft und Wirtschaft im alten Griechenland, München 1984. Übers. Andreas Wittenburg.

7 Perikles' Baupolitik

Was aber Athen am meisten zum Schmuck und zur Zierde gereichte, was den andern Völkern die größte Bewunderung abnötigte und heute allein noch dafür Zeugnis ablegt, dass Griechenlands einstiges Glück, dass der Ruhm seiner früheren Größe nicht leeres Gerede sei, das waren seine prachtvollen Tempel und öffentlichen Bauten. Und doch stieß keine von Perikles' Staatshandlungen auf so viel Kritik wie seine Bautätigkeit, ihretwegen musste er in der Volksversammlung die schärfsten Vorwürfe seiner Gegner über sich ergehen lassen. „Schimpf und Schande", schrien sie, „ist über das Volk gekommen, da es die Bundesgelder, das Gemeingut aller Griechen, aus Delos nach Athen geholt hat. Und die schicklichste Entschuldigung gegenüber den Vorwürfen der Bundesgenossen, dass es nämlich den Schatz aus Angst vor den Barbaren dort weggeholt und in sicheren Gewahrsam gebracht habe, gerade diese hat ihm Perikles jetzt genommen. Griechenland steht unter dem Eindruck, es werde in frevler Weise beschimpft und offen tyrannisiert, da es sehen muss, wie wir mit den Geldern, die es notgedrungen für den Krieg zusammengesteuert hat, unsere Stadt vergolden und herausputzen und sie mit kostbaren Steinen, mit Bildern und Tempeln von tausend Talenten behängen wie ein eitles Weib." Perikles machte demgegenüber dem Volke klar, dass Athen den Bundesgenossen für seine Gelder keine Rechenschaft schuldig sei, da es den Krieg für sie führe und sie vor den Persern beschütze. „Die Bundesgenossen stellen uns kein einziges Pferd, kein Schiff, keinen Soldaten zur Verfügung, sie geben uns nichts als ihr Geld. Das Geld aber gehört nicht denen, die es zahlen, sondern denen, die es bekommen, sofern sie für den erhaltenen Betrag die vereinbarte Gegenleistung erstatten. Da nun unsere Stadt mit Kriegsbedarf hinreichend versehen ist, müssen wir den Überfluss auf Werke lenken, die uns nach ihrer Vollendung ewigen Ruhm, während ihres Entstehens allgemeinen Wohlstand versprechen. So wird es Arbeit in Fülle geben, die mannigfachen Bedürfnisse werden jedes Handwerk beleben, jeder Hand Beschäftigung bringen, fast die ganze Stadt wird ihren Verdienst finden, indem sie sich durch eigene Leistung schmückt und zugleich ernährt." Der Heeresdienst verschaffte nämlich den jungen kriegstauglichen Männern reiche Einkünfte aus dem Bundesschatz, allein Perikles wünschte, dass auch die vielen Bürger, die nicht im Heer dienten und sich mit ihrer Hände Arbeit durchbringen mussten, von diesem Verdienst nicht ausgeschlossen seien. Da er ihnen aber auch nicht unverdient und ohne Arbeit in den Schoß fallen sollte, legte er dem Volk großartige Pläne für Unternehmungen und Bauten vor, welche viele Handwerker für lange Zeit beschäftigen konnten. Auf diese Weise wollte er den Bürgern, die zu Hause blieben, genauso wie den Schiffsmannschaften, den Besatzungen und den Truppen im Felde die Möglichkeit bieten, aus dem Bundesschatz Nutzen und Vorteil zu ziehen. Vielerlei Materialien wurden benötigt, Steine, Erz, Elfenbein, Gold, Eben- und Zypressenholz, und zu ihrer Bearbeitung brauchte es mancherlei Handwerker, so Zimmerleute, Bildhauer, Kupferschmiede, Steinmetzen, Färber, Goldarbeiter, Elfenbeinschnitzer, Maler, Sticker, Graveure. Die Transporte zur See brachten den Reedern, den Matrosen und Steuerleuten Beschäftigung, diejenigen zu Lande den Wagenbauern, Pferdehaltern und Fuhrleuten, den Seilern Leinewebern, Sattlern, Straßenbauern und Bergknappen. Jedes Handwerk verfügte, wie der Feldherr über sein Heer, über eine Masse von ungelernten Hilfsarbeitern, welche als Handlanger dienten, kurz, die Vielfalt der Arbeiten machte es möglich, dass sozusagen jedem Alter und jedem Stand reicher Gewinn zuströmte.

Plutarch: Perikles 12. Plutarch: Große Griechen und Römer, Bd. 2, übers. v. K. Ziegler. Zürich 1954–1965.

6 Kition: eine der wichtigsten phoinikischen Städte auf Zypern

Die attische Demokratie

8 Demonstration von Macht und Größe. Nach der Zerstörung durch die Perser 480 ist der Wiederaufbau der Akropolis das größte Prestigeobjekt der athenischen Demokratie und Sinnbild des goldenen Perikleischen Zeitalters. Unter dessen Ägide wurden aufwendige Tempelanlagen errichtet und mit zahllosen Skulpturen umgeben. Dafür bediente man sich der Gelder des Seebundes, dessen Kasse im Parthenon deponiert war.

9 Demagogie

Komödienspott über die Demokratie: Die Diener des Herrn Demos sind verzweifelt: Ein frecher Nichsnutz hat sich durch verführerische Reden in die Gunst des Herrn eingeschlichen und tyrannisiert nun die übrigen Bediensteten. Auf der Suche nach einem guten Rhetoriker, der dem Schwindler gewachsen ist, findet der Sklave Demosthenes einen Wursthändler auf dem Markt:

Demosthenes: O Glücklicher, o reicher Mann! Jetzt bist du ein Niemand, morgen übergroß! O Gebieter des mächtigen Athen!
Wursthändler Warum, mein Lieber, lässt du mich nicht Därme waschen und Würste verkaufen, statt mich zu verspotten?
Demosthenes Dummkopf, was für Därme? Schau hierher! Siehst du die Reihen der Leute da?
Wursthändler Ja.
Demosthenes Von all denen wirst du der Gebieter sein, und vom Markt, von den Häfen und der Pnyx[7]. Du wirst den Rat abwatschen und den Strategen die Ohren lang ziehen, wirst verhaften, einsperren, im Prytaneion[8] herumhuren.
Wursthändler Ich?
Demosthenes Natürlich du. Und du siehst noch nicht alles. Stell dich mal auf den Tisch da drauf und schau dir dann die ganzen Inseln drumherum an.
Wursthändler Ich seh sie.
Demosthenes Und dann? Die Lager und die Handelsschiffe?
Wursthändler Seh ich.
Demosthenes Dann gib doch zu, dass du vom Glück begünstigt bist! Und lass dein rechtes Auge nun nach Karien[9] schweifen, das andere hinüber nach Karthago!
Wursthändler Ich bin schon glücklich, wenn ich mir nicht den Hals dabei verdrehe.
Demosthenes Aber nein! All dies ist dein, du kannst es gern verhökern. Denn du wirst, wie dieses Orakel sagt, der größte Mann sein.
Wursthändler Sag mir, wie soll ich denn als Wurstverkäufer ein Mann werden?
Demosthenes Genau dadurch wirst du groß, dass du arm bist und vom Markt und frech.
Wursthändler Ich bin das aber nicht wert, viel Einfluss zu haben.

[7] Pnyx: Hügel, auf dem die Volksversammlung stattfand
[8] Prytaneion: Amtslokal der Prytanen, des geschäftsführenden Ausschusses von Rat und Volksversammlung
[9] Karien: Landschaft in Kleinasien

Demosthenes	Mensch, warum sagst du denn, dass du das nicht wert bist? Du scheinst ja einen guten Charakterzug an dir zu haben? Bist du etwa von höherem Stand?
Wursthändler	Bei den Göttern, nein, aus ganz schlechten Verhältnissen.
Demosthenes	O du vom Schicksal Begünstigter! Da hast du einen Vorteil in der Politik.
Wursthändler	Aber, mein Lieber, ich habe keinerlei Bildung, außer ein bisschen schreiben, und das ganz miserabel.
Demosthenes	Das schadet dir natürlich, selbst wenn du's nur ganz schlecht kannst. Denn die Demagogie ist nichts für gebildete Menschen oder charakterlich edle, sondern für unwissende und unverschämte.

Aristophanes: Ritter. S. 180ff. Übers. Autor.

10 Unzuverlässigkeit des Volks

Ein Anhänger der Oligarchie schimpft über die Demokratie:
[17] Bündnisse und Eide zu respektieren ist für oligarchisch regierte Staaten notwendig. Wenn sie sich an die Verträge nicht halten, haftet entweder der Schuldige oder alle, die den Vertrag geschlossen haben, weil es nur so wenige sind. Bei Verträgen, die das Volk schließt, hat es die Möglichkeit, dem die Schuld zuzuschieben, der (in der Volksversammlung) dafür plädiert hat oder dem Versammlungsleiter, die Übrigen können behaupten, sie seien nicht dabei oder dagegen gewesen. [...] Und wenn es der Ansicht sein sollte, dass der Vertrag keine Gültigkeit haben soll, findet es tausend Vorwände nicht zu tun, was es nicht will. Und wenn aus einem Volksbeschluss ein Nachteil resultiert, behauptet das Volk, dass wenige Leute die Sache durch Intrigen zum Scheitern gebracht hätten. Wenn es aber gut ausgeht, übernehmen sie gerne selbst die Verantwortung. [18] Sie lassen nicht zu, dass in der Komödie Witze über das Volk gemacht werden oder dass es beschimpft wird, damit sie nicht selbst verspottet werden. Sie fordern es aber geradezu, dass das mit Privatleuten gemacht wird, wenn einer es auf einen abgesehen hat, weil sie sehr wohl wissen, dass meistens der Verspottete keiner aus der Volkspartei ist oder aus der Volksmenge, sondern entweder ein Vornehmer oder Reicher oder Mächtiger, und dass nur wenige Arme oder Leute aus dem Volk in der Komödie verspottet werden und wenn, dann nur wegen Wichtigtuerei oder weil sie reicher sein wollen als das Volk; wenn solche Leute verspottet werden, ärgern sie sich nicht. [19] Ich meine nun, dass das Volk in Athen weiß, welche Bürger vornehm sind und welche von einfacher Herkunft. Und weil sie das wissen, lieben sie diejenigen, die ihnen nahe stehen und ihnen nutzen, auch wenn sie einfacher Herkunft sind, die Vornehmen hassen sie eher.

Pseudo-Xenophon, Staat der Athener, 2, 17–19. Übersetzung: Georg Müller

11 Leiturgien

[13] Die adligen Sportvereine und Kunstgesellschaften hat das Volk aufgelöst, weil es glaubt, das sei nicht gut, da es gemerkt hat, dass es sich selbst diese Art Zeitvertreib nicht leisten kann. Bei den Choregien und Gymnasiarchien und Trierachien ist es jedoch so, und das wissen sie: Die Reichen bezahlen die Chöre, das Volk aber fungiert als Sänger; die Reichen finanzieren das Training und die Schiffe, das Volk aber stellt die Athleten und die Ruderer. Geld verdienen hält das Volk für richtig beim Singen und Laufen und Tanzen und Schiff fahren, damit es selbst etwas hat und die Reichen ärmer werden.

Pseudo-Xenophon: Staat der Athener. 1, 13. Übers. Autor.

12 Sklaven

[10] Bei den Sklaven und den Metöken herrscht in Athen die größte Zuchtlosigkeit und es ist dort nicht erlaubt, sie zu verprügeln und der Sklave wird dir auch nicht auf der Straße ausweichen. Weswegen das dort so üblich ist, will ich erklären: Wenn es gesetzlich erlaubt wäre, dass ein Sklave von einem Freien geschlagen wird oder ein Metöke oder ein Freigelassener, würde man oft einen Athener verprügeln, den man für einen Sklaven hält. Denn das Volk ist dort nicht besser gekleidet als die Sklaven und die Metöken und hat auch insgesamt kein besseres Aussehen. [11] Wenn sich einer wundert, dass sie dort die Sklaven mehr als bequem und einige auf großem Fuß leben lassen: Das tun sie anscheinend absichtlich. Wo eine Seemacht ist, dienen die Sklaven notwendigerweise für Geld, damit ich als Herr wenigstens die Abgaben bekomme, und es gehört auch zum System, sie später freizulassen. Wo Sklaven reich sind, da ist es nicht mehr für mich von Vorteil, wenn mein Sklave dich fürchtet. [...] Denn wenn mein Sklave dich fürchtet, wird er vielleicht sogar dir sein Geld hergeben aus Angst um seine Person. [12] Deswegen haben sie den Sklaven gegenüber den Freien freie Meinungsäußerung erlaubt, und den Metöken gegenüber den Bürgern, deswegen, weil die Stadt Metöken braucht wegen der Menge an Handwerksarbeiten und wegen der Flotte.

Pseudo-Xenophon, a.a.O., 1, 10–12. Übers. Autor.

13 Weltstadt Athen

[7] [...] Aufgrund der Seeherrschaft haben sie erstens Möglichkeiten gefunden, es sich gut gehen zu lassen, indem sie überallhin Kontakte haben: Was es an Angenehmem in Sizilien oder Italien oder Zypern oder Ägypten oder Lydien oder am Schwarzen Meer oder auf der Peloponnes oder sonst wo gibt, das alles strömt hier zusammen wegen der Seeherrschaft. [8] Dann haben sie sich beim Anhören jeder Sprache aus der das und aus der das ausgesucht. Die Griechen haben zwar im Prinzip ihre eigene

Sprache, Lebensweise und Tracht, die Athener mischen das aber aus allem Griechischen und Barbarischen. [9] Was Opfer, Heiligtümer, Feste und heilige Bezirke angeht, weiß das Volk, dass nicht jeder Arme in der Lage ist zu opfern und Festmähler abzuhalten und Heiligtümer zu errichten [...], und es hat herausgefunden, wie man das trotzdem bewerkstelligen kann. Sie schlachten also auf Staatskosten viele Opfertiere. So kann auch das Volk ein Festmahl abhalten und bekommt einen Anteil an den Opfertieren. [10] Und Sporthallen sowie Bäder mit Umkleideräumen haben wohl einige Reiche privat, das Volk selbst aber baut sich viele Sportanlagen, Umkleideräume, Badeanstalten. Und die Menge kann mehr davon nutzen als die wenigen Reichen. [11] Sie allein sind in der Lage, den Reichtum der Griechen und der Barbaren zu nutzen. Wenn eine Stadt reich an Schiffbauholz ist, wo wird sie es absetzen, wenn sie nicht die Beherrscher des Meeres als Kunden gewinnt? Und dann, wenn eine Stadt reich ist an Eisen oder Kupfer oder Flachs, wo wird sie das absetzen, wenn nicht bei den Herren des Meeres? Genau daraus aber sind meine Schiffe: von einem kommt das Holz, von einem Eisen, von einem Kupfer, von einem Flachs, von einem Wachs. [12] Außerdem werden sie nicht zulassen, dass man diese Dinge woanders anbietet. Wer sich dem widersetzt, wird vom Seehandel ausgeschlossen.

Pseudo-Xenophon, a.a.O., 2, 7–12. Übers. Autor.

14 Die Rolle der Frau

In einem Mordprozess versucht der Angeklagte zu beweisen, dass das Mordopfer der Liebhaber seiner Frau war. In diesem Fall bliebe er straffrei. Zunächst schildert er das Verhältnis zwischen den Eheleuten:

Als ich beschlossen hatte zu heiraten, Athener, und mir eine Frau genommen hatte, verhielt ich mich künftig so, dass ich ihr weder Kummer bereitete noch es allzu sehr ihr überließ, was sie gerade machen wollte, überwachte sie so weit wie möglich und gab in angemessener Weise Acht auf sie. Als ich aber ein Kind bekam, vertraute ich ihr und überließ ihr alle meine Angelegenheiten, weil ich glaubte, jetzt sei der höchste Grad an Vertrautheit erreicht. In der ersten Zeit, Athener, war sie die Beste von allen. Sie war eine tüchtige und sparsame Hausfrau und verwaltete alles gewissenhaft. Als aber meine Mutter starb, war ihr Tod der Anfang von allem Übel für mich. Meine Frau begleitete mich auf der Beerdigung, wurde von ihm gesehen, später verführt. Er beobachtete nämlich ihre Dienerin auf dem Weg zum Markt, sprach sie an und brachte sie auf falsche Gedanken. [...] [Diese gestand mir später], er sei nach der Beerdigung zu meiner Frau gekommen, dann habe meine Frau sie schließlich zu ihm geschickt und habe sich mit der Zeit von ihm überreden lassen. [Der betrogene Ehemann legt sich daraufhin auf die Lauer und ertappt den Liebhaber bei seiner Frau im Bett.] Ich schlug ihn, warf ihn zu Boden, drehte ihm die Hände auf den Rücken und fesselte ihn. Ich fragte ihn, warum er in mein Haus eindringe und mich entehre. Jener gab sein Unrecht zu und bat mich flehentlich, ihn nicht zu töten, sondern Geld zu nehmen. Ich aber sagte: „Nicht ich werde dich töten, sondern das Gesetz der Stadt, das du übertreten hast, weil du es für weniger wert hältst als dein Vergnügen und weil du lieber dich an meiner Frau und meinen Kindern versündigt hast als die Gesetze zu befolgen und dich ordentlich zu verhalten."

Lysias: Über den Mord an Eratosthenes. 6–8, 20. Übers. Autor.

15 Weiblicher Olympiasieg

Inschrift unter einem Weihgeschenk in Olympia:

Spartas Könige waren mir Väter und Brüder, ich siegte
Ich, die Kyniska, im Wagen mit stürmenden Rossen, und habe
Drauf dieses Bildnis erstellt. Ich rühmte mich, dass ich als einzige
Sämtlicher griechischer Fraun solch einen Kranz mir erkämpft.

Anthologie Graeca 13, 16. Aus: Ulrich Sinn: Das antike Olympia. München 2004, S. 188. Übers. nach H. Beckby.

16 Aristokratische Lebensart I

In einem Prozess verteidigt der Sohn des Alkibiades seinen Vater gegen den Vorwurf des Landesverrats:

[32] Um die gleiche Zeit nun konnte mein Vater erleben, dass die Festversammlung in Olympia von allen Menschen sehr geschätzt und bewundert wurde, dass die Griechen dort ihren Reichtum, ihre Körperkraft und ihre Bildung zur Schau stellten, die Wettkämpfer bewundert und die Poleis der Olympiasieger berühmt wurden. Außerdem war mein Vater der Ansicht, die Leiturgien hier in der Polis würden vor den Augen der Bürger in persönlichem Interesse geschehen, die Aufwendungen für jene Festversammlung aber würden im Interesse der Polis die Aufmerksamkeit von ganz Griechenland erregen. [33] Auf Grund solcher Überlegungen also interessierte er sich nicht für die athletischen Wettkämpfe, obwohl er keinem an Begabung und physischer Stärke nachstand; weil er aber wusste, dass manche Athleten auch von geringer Herkunft waren, aus unbedeutenden Städten kamen und in niedrigen Verhältnissen aufgewachsen waren, widmete er sich stattdessen der Pferdezucht, die sich nur die Begütertsten leisten können, kein Mensch von niederer Herkunft aber betreiben könnte, und übertraf nicht nur seine Gegner, sondern alle, die je einen Sieg davongetragen hatten. [34] Er trat mit so vielen Gespannen zum Wettkampf an, wie es nicht einmal die größten Poleis je getan hatten, außerdem mit so leistungsstarken, dass er Erster, Zweiter und Dritter zugleich wurde. Abgesehen

17 **Aristokratische Lebensart II.** Vornehme junge Athener spornen einen Hund zum Kampf gegen eine Katze an. Relief an einer viereckigen Basis einer Jünglingsstatue ca. 510 v. Chr.

davon war er bei den Opfern und allen anderen Aufwendungen für das Fest so freigebig und großzügig, dass die öffentlichen Ausgaben der anderen geringer erschienen als die privaten Aufwendungen meines Vaters. Er aber schloss seine Reise als Festgesandter ab, nachdem er die Erfolge aller früheren Teilnehmer im Vergleich zu seinen hatte nichtig erscheinen lassen, der Bewunderung der Sieger zu seiner Zeit ein Ende gemacht und denen, die in Zukunft Pferde züchten wollten, keine Möglichkeit gelassen hatte, ihn zu übertreffen. [35] Ich scheue mich aber, über seine Ausstattungen der Chöre hier in Athen, der athletischen Wettkämpfe und der Trieren zu sprechen. So sehr nämlich übertraf er alle anderen, dass Leute, die weniger als er für Leiturgien ausgegeben haben, sich selbst auf Grund dieser rühmen, wenn aber einer für selbst so große Ausgaben Dank im Interesse meines Vaters fordern sollte, dann den Eindruck erweckt, er spreche über Unbedeutendes. [36] Was nun das Verhalten meines Vaters als Polisbürger angeht, so darf ich auch diesen Punkt nicht übergehen, wie jener sein Leben als Polisbürger nicht gering achtete, sondern die angesehensten Bürger in seiner Loyalität für das Volk in dem Maße übertraf, wie ihr feststellen werdet, dass die anderen für ihre eigenen Interessen Unruhen gestiftet haben, er aber Gefahren für euch auf sich genommen hat. Denn er war ein Volksfreund, obwohl er nicht von der Oligarchie ausgeschlossen, sondern sogar dazu aufgefordert wurde. Obwohl er oftmals die Möglichkeit gehabt hätte, nicht nur zusammen mit den Oligarchen Herrschaft über die anderen auszuüben, sondern sogar über die Oligarchen zu herrschen, wollte er dies nicht, sondern zog es vor, von der Polis Unrecht zu erfahren, anstatt die Verfassung preiszugeben.

Isokrates 16, 32–36. Aus: Sämtliche Werke Band 2, übers. von C. L.-H., eingel. und erl. von Kai Brodersen, Stuttgart 1997, S. 185 f.

Arbeitsvorschläge:
a) Beschreiben Sie das Zusammenleben von Sklaven, Metoiken und Bürgern (VT, M 2, M 4 – M 6, M 12).
b) Nehmen Sie Stellung zu der These, dass in Athen „die gekauften Männer und Frauen nicht weniger frei sind als die Käufer" (Platon, Staat 563 b).
c) Zeigen Sie auf, welche Motive Perikles zu seiner Baupolitik veranlasst haben (M 7, M 8).
d) Beschreiben Sie, wie der Seehandel die Lebensverhältnisse der Athener verändert hat (M 2, M 13).
e) In M 9 – M 11 wird an den politischen Verhältnissen in Athen Kritik geübt. Arbeiten Sie Argumente der Kritiker heraus und suchen Sie vergleichbare Positionen in unserer aktuellen politischen Situation.
f) Beschreiben Sie die Rolle der Frau in der athenischen Gesellschaft (M 14, M 15).
g) Bewerten Sie aus heutiger Sicht die eigenartige Faszination, die von dem herausgehobenen Lebensstil der Aristokratie auf das einfache Volk ausging, und die Instrumentalisierung dieses Stils in der politischen Auseinandersetzung.

Die attische Demokratie

1.4 Gedankenwelt IV: Außenpolitisches Bewusstsein, Verhältnis zu den anderen Griechen

In einer bis heute gern gespielten Komödie des Aristophanes aus dem Jahr 411 v. Chr. versucht die Titelfigur, die Athenerin Lysistrate, alle Frauen Athens und Spartas zu einem Boykott der ehelichen Liebe zu überreden. Sie möchte damit erreichen, dass der aus ihrer Sicht unsinnige Krieg zwischen beiden Städten beendet wird. Die Männer haben sich regelrecht in diese Auseinandersetzung verbissen und sind vernünftigen Argumenten nicht mehr zugänglich. Dabei spielt die Überheblichkeit der Kontrahenten keine geringe Rolle. Auf der einen Seite das unbesiegte, dorisch-konservative Sparta, auf der anderen Seite die aufstrebende, stets ruhelose Seemacht Athen, deren Flotte die Ägäis beherrscht. Welten trennen das Verhältnis der beiden Mächte am Ende des 5. Jahrhunderts von der Harmonie des gemeinsamen Kampfes gegen die Perser.

Selbstbewusstsein Athens

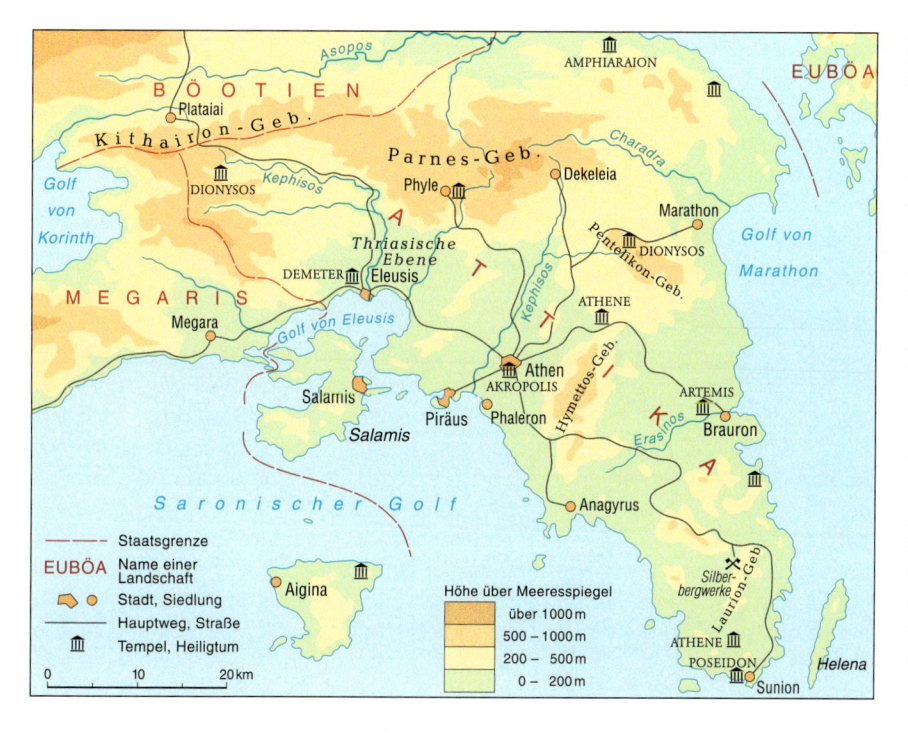

Das athenische Selbstbewusstsein gründete sich auf die politische und wirtschaftliche Stärke, die es seiner bevorzugten geographischen Lage in Zentralgriechenland zu verdanken hatte: Es war umgeben von Bergen, verfügte über fruchtbare Ebenen, ertragreiche Metallvorkommen und hatte im Piräus den besten von vielen Häfen Attikas vor der Tür. Man sonnte sich in dem Ruf, ein Asyl für Schutzflehende zu sein und vergaß nicht herauszustellen, dass diese Großzügigkeit gegenüber den Flüchtlingen aus Überlegenheit resultierte. Athen fühlte sich zudem, historisch nicht korrekt, als Mutterstadt aller Ioner; ein Umstand, den man besonders dann betonte, wenn es darum ging, einen Gegensatz aller Ioner zu den dorischen Spartanern zu propagieren; auf diese sahen die Athener nicht zuletzt deswegen herab, weil sie sich für Autochthone („Ureinwohner") hielten, die immer schon in Attika ansässig waren.

1 **Die Halbinsel Attika bildete das Gebiet der Polis Athen.** Mit 2250 Quadratkilometern war sie etwa so groß wie das Saarland heute. Im 5. Jahrhundert v. Chr. lebten hier etwa 300 000 Menschen, davon etwa 50 000 männliche Bürger mit politischen Rechten. Mit Frauen und Kindern gab es insgesamt vielleicht 140 000 athenische Bürger. Hinzu kamen etwa 30 000 dauerhaft ansässige Ausländer (Metöken). Die Zahl der unfreien Arbeitskräfte (Sklaven) mag bei 140 000 gelegen haben.

Die attische Demokratie

Sparta

Die Spartaner hingegen waren Dorier, die im 13./12. Jahrhundert von Norden kommend eingewandert waren und die einheimische Bevölkerung unterworfen hatten. Sparta, ein aus mehreren Dörfern zusammengesetzter, im Gegensatz zu Athen architektonsich ganz unbedeutender Ort im Eurotastal, kontrollierte die Landschaft Lakonien und damit mehr Land als jede andere griechische Polis. Bis zum 6. Jahrhundert hatte Sparta seine Macht auf das benachbarte Messenien ausdehnen können und war Vormacht im Peloponnesischen Bund geworden. Die Gesellschaft gliederte sich in drei Gruppen: die eigentlichen Vollbürger, die Spartiaten, im 5. Jahrhundert ca. 8000; daneben gab es die Periöken (= „Umwohner"), die autonom in eigenen Dörfern lebten, aber keine eigenständige Außenpolitik betrieben, sondern für Sparta Kriegsdienst leisten mussten. Schließlich die weitgehend rechtlosen Heloten (= „Gefangene"), die die Vollbürger zahlenmäßig weit übertrafen. Sie waren Nachkommen der bei der dorischen Wanderung gewaltsam unterworfenen Ureinwohner der Peloponnes und mussten für die Spartiaten landwirtschaftliche Arbeit leisten. Seit dem 6. Jahrhundert bestand die ständige Gefahr von Helotenaufständen und die spartanische Gesellschaft und Außenpolitik orientierten sich stets daran, diese zu verhindern. Daher wurden die Spartiaten von klein auf einer extrem harten, militärischen Erziehung unterworfen. Sparta galt im Krieg zu Land als unbesiegbar und bildete im 5. Jh. den Kristallisationspunkt aller gegen die Vorherrschaft Athens gerichteten Bemühungen. Man forderte von Sparta buchstäblich, für die Freiheit der Griechen einzutreten. Seine Außenpolitik schwankte jedoch seit ca. 470 zwischen Isolationismus und Interventionismus.

Führungsanspruch Athens

Nach dem Sieg über die Perser (480/79) brach die Rivalität unter den Siegern auf. Spartas automatischer Führungsanspruch als stärkster Landmacht traf nun auf das neu entstandene Selbstbewusstsein der Seemacht Athen. Denn die Operationen gegen die Perser waren keineswegs beendet, sondern man ging, um den Sieg auszunutzen, in die Offensive, die naturgemäß einen noch stärkeren Akzent auf Flottenoperationen legte, als es beim Abwehrkampf im Mutterland der Fall gewesen war. Die kleineren griechischen Staaten rund um die Ägäis, die am meisten Schutz vor den Persern benötigten, baten nun die Athener, die Führung in einem auf Dauer angelegten Seebund zu übernehmen. Dies hatte mehrere Gründe. Es spielte nicht nur die herrische Heerführung des Spartanerkönigs Pausanias eine Rolle, der die Verbündeten immer wieder brüskierte, sondern auch die stets eher zögerliche Art der Spartaner, die die Offensivtaktik gegen das persische Großreich aus Prinzip nicht mittragen wollten, da sie dem Element Wasser an sich misstrauten. Die Stadt Sparta hatte keinen direkten Zugang zur See, und auch die spartanische Gesellschaftsstruktur war für die Erfordernisse einer aktiven Flottenpolitik ungeeignet.
Jedoch war man beunruhigt über den mit der Kommandoübernahme verbundenen Machtzuwachs Athens.
Themistokles, der führende athenische Politiker, hatte durch eine vorausschauende Maßnahme die athenische Position gestärkt, indem er die Stadt, die von den Persern zerstört worden war, ummauern und durch eine riesige Befestigungsanlage („Lange Mauern") mit dem Hafen Piräus verbinden ließ, so dass man nicht nur vor einem Angriff der Großmacht Persien, sondern auch vor Sparta sicher war. Immerhin hatte die Intervention Spartas erst gerade 30 Jahre vorher die Tyrannis der Peisistratiden beendet und Sparta damit bewiesen, dass es willens und in der Lage war, auch in die Politik anderer Staaten einzugreifen. Zunächst blieb man jedoch recht freundschaftlich verbunden, nachdem sich das spartanische Misstrauen erst einmal gelegt hatte. Es gab auch weder in Sparta noch in Athen eine einheitliche oder auch nur eine vorherrschende politische Meinung zu dem Thema und es setzten sich zunächst die Stimmen durch, die einen freundschaftlichen Umgang miteinander bevorzugten, zumal sich die Interessensphären recht

gut voneinander abgrenzen ließen. Sparta blieb Vormacht im Peloponnesischen Bund und konzentrierte sich darauf, seine Position dort zu festigen, Athen aber strebte nach einem eigenen Reich in der Ägäis.

Die Athener bestimmten nun die Höhe der Beiträge, die jedes Mitglied des Bundes zu zahlen hatte, insgesamt 460 Talente pro Jahr, und die Zahl der „gegen den Barbaren" zu stellenden Kontingente. Es war demnach so geregelt, dass man sich entweder mit eigenen Truppen direkt oder durch eine finanzielle Abgabe indirekt am militärischen Potential beteiligte. Die Kontrolle, die die Athener ausübten, wurde allmählich strikter, so dass man von einer Herrschaft über die ehemals Verbündeten sprechen kann. Inwieweit die Aufgabe von Souveränitätsrechten der Mitgliedsstaaten des Seebunds nun freiwillig war oder nicht, bleibt spekulativ, denn immerhin gilt überall das Gesetz, dass der, der Verantwortung übernimmt, dies nicht uneigennützig zu tun pflegt. **Tribute**

Die Athener setzten zur Durchsetzung ihrer Interessen und der Interessen des Bundes eine Vielzahl von Beamten, Gouverneuren und Garnisonen ein. Manchmal griffen sie auch in die inneren Auseinandersetzungen der Mitgliedsstaaten ein, indem sie die demokratischen Bewegungen unterstützten. Wenn es gelegen kam, duldeten sie auch Oligarchien wie Samos, Milet, Boiotien. **Kontrolle**

Nach einer offensiven Phase, in deren Verlauf der Seebund zunächst den persischen Einfluss zurückdrängen konnten (See- und Landsieg am Eurymedon 466), folgt in der Mitte des Jahrhunderts eine Phase der Konsolidierung. Eine groß angelegte Expedition nach Ägypten, das zum Abfall von Persien bewegt werden sollte, scheiterte entsetzlich und die Athener verloren 250 Schiffe. Wenn auch militärische Interventionen auf Zypern erfolgreicher waren, musste man erkennen, dass an eine Ausweitung des Einflussgebiets über die von Griechen bewohnten Gebiete hinaus nicht zu denken war. Vorsichtshalber wird 454 die Kasse des Seebunds von der Insel Delos nach Athen verlegt. Der auf Vermittlung des athenischen Politikers Kallias 449 zustande gekommene Frieden führte zur Einstellung der Kämpfe gegen Persien und einer Legitimitätskrise des Seebunds. **Offensive gegen Persien**

Die Offensive gegen Persien wurde nicht zuletzt deswegen eingestellt, weil Athen sich zunehmenden Schwierigkeiten in Zentralgriechenland ausgesetzt sah. Dort hatte man, parallel zu den Kämpfen gegen die Perser, zu Lande bedeutende Erfolge gegen die benachbarten mittelgroßen Poleis Theben und Korinth errungen. Die daraus resultierende Vormachtstellung in Mittelgriechenland ließ sich jedoch nicht lange behaupten, denn das zunächst gute Verhältnis zu Sparta war abgekühlt. Nicht zuletzt spielte dabei auch der Druck eine Rolle, den Korinth, die alte Handelsstadt und Rivalin Athens, auf seinen Verbündeten Sparta ausübte. Die Korinther wollten nicht tatenlos zusehen, wie Athen versuchte, die Kontrolle über die gemeinsamen Nachbarn Argos und Megara zu gewinnen. Nachdem sich die zu Lande praktisch unbesiegbaren Spartaner engagiert hatten, konnte Athen keinen entscheidenden Erfolg erzielen und gab den Plan einer mittelgriechischen Landstellung auf. Man schloss 446 einen auf dreißig Jahre befristeten Frieden auf der Grundlage des Status quo: Sparta wurde als Vormacht des Peloponnesischen Bundes ebenso anerkannt wie die athenische Vorherrschaft im Seebund. Jedoch behielt Athen auf See weitgehend freie Hand, die ausgiebig genutzt wurde: Perikles führte eine Expedition zum Schwarzen Meer durch, ebenso eine Strafaktion gegen das aufständische Samos. **Ausbau einer Landstellung**

Danach konzentrierten sich die Athener darauf, die Struktur ihrer Herrschaft über den Seebund zu verstärken. Sie unterstützten demokratische Bewegungen in den **Konzentration auf die See**

Die attische Demokratie

1

Karte: Attika (Athen); athenisches Herrschaftsgebiet; Mitglieder des Attischen Seebundes; zeitweilig von Athen abhängige oder mit Athen verbündete Gebiete; Peloponnesischer Bund.

2 Die Machtblöcke des Peloponnesischen Krieges

Mitgliedsstaaten und unterhielten ein Netz von Vertrauensleuten, die jederzeit Partei für Athen ergreifen oder wenigstens die Athener über die politischen Entwicklungen in ihrer Stadt auf dem Laufenden halten konnten.

Siedlungen

Zudem begannen sie, Land in ökonomisch und strategisch wichtigen Gegenden in Besitz zu nehmen. Sie gründeten die Apoikien Brea und später Amphipolis (437) in Thrakien, um den Zugang zu den dortigen Holz- und Metallvorkommen zu sichern. Daneben ging man nun auch dazu über, aufständische Mitglieder des Seebunds dadurch zu bestrafen, dass ihr Land teilweise enteignet und attischen Bürgern per Los zugeteilt wurde (Kleruchien).

Intensivierung der Herrschaft

Breite Schichten profitierten so von der Herrschaft. Die Anlage von Garnisonen auf der thrakischen Chersones, auf Lesbos, Imbros und Skyros diente wohl zum Schutz der Seeverbindung in das Schwarzmeergebiet, auf die das stets an Getreide knappe Athen angewiesen war. Auch durch andere Maßnahmen wurde immer deutlicher, dass der Seebund den Interessen Athens zu dienen hatte. Die Geldströme wurden gezielt nach Attika gelenkt durch Verbot der Investition in Schiffe außerhalb Athens, durch Erhebung von Zöllen auf die Hellespontpassage, durch Investition der Seebundseinnahmen in athenische Bauprojekte. Die Tribute waren sorgfältig auf die Leistungsfähigkeit der Bundesgenossen abgestimmt, die großen Inseln Thasos und Aigina etwa hatten jede 30 Talente pro Jahr zu zahlen. Die wegen ihrer hohen Qualität begehrten athenischen Drachmen („Eulen") waren so verbreitet, dass manche Staaten auf ihre Münzhoheit verzichteten.

Der Vorteil für die Alliierten bestand dagegen vor allem in der Sicherung der Schifffahrt, denn die Seeräuberei war in der Antike stets ein großes Problem, das kleine Städte alleine nicht hätten beseitigen können. So fuhr man unter dem Schutz der ständig in der Ägäis operierenden 60 Trieren bedeutend sicherer. Möglicherweise waren die Mitglieder des Seebunds bei einem Besuch der Stadt auch angetan von der glänzenden Geldanlage, wenn sie die Akropolis und ihren Südhang besichtigten. Der allgemeine Verdruss war aber bereits so groß, dass die antiathenische Opposition in den Bündnisstaaten unter dem Schlagwort „Autonomie für die Griechen" Beachtung fand.

Aufbegehren der Verbündeten

1.5 Der Peloponnesische Krieg und das Ende des athenischen Reiches

Die ständigen Reibereien mit Mitgliedern des Seebunds und Mitgliedern des Peloponnesischen Bunds führten um das Jahr 431 zu einer großen Auseinandersetzung zwischen den Großmächten Athen und Sparta. Sparta zog nicht aus eigenem Antrieb in den Krieg, sondern weil es von mehreren Städten dazu gedrängt wurde, die sich allein nicht gegen Athen zu helfen wussten und Sparta an seine Verantwortung für ganz Griechenland erinnerten. Insgesamt warf man Athen vier Willkürakte vor: 1. Die korinthische Apoikie Kerkyra hatte in einem Konflikt mit der Mutterstadt Hilfe der Athener erhalten, so dass Korinth seine Ansprüche gegen Kerkyra nicht durchsetzen konnte. 2. Die Athener, die sich für einen Feldzug gegen den Makedonenkönig Perdikkas rüsteten, hatten vom Seebundsmitglied Poteidaia, ebenfalls einer korinthischen Apoikie, verlangt, dass es seine Stadtmauer zerstöre. Man fürchtete, dass der widerspenstige Verbündete gemeinsame Sache mit Perdikkas machen könnte. Die Poteidaier erbaten und erhielten daraufhin Hilfe aus Korinth. 3. Aigina beschwerte sich in Sparta über die Athener, weil diese ihnen die versprochene Autonomie nicht gewähren wollten. 4. Athen hatte nach diversen Hoheitsstreitigkeiten gegen Megara, ein Mitglied des Peloponnesischen Bundes, einen Handelsboykott erlassen.
Von diesen Gründen betont Thukydides [unsere wichtigste Quelle] die beiden ersten, die sich auf einen Grundkonflikt zwischen Athen und Korinth reduzieren lassen. Die öffentlich genannten Gründe seien Streit zwischen Athen und Korinth um Poteidaia und Kerkyra. Der wirkliche Grund für den Krieg war hingegen nach seiner Meinung die Angst der Spartaner vor dem Wachsen der Macht Athens.

Gründe

2 **Thukydides**, Begründer der kritischen Geschichtsschreibung (vor 455 bis ca. 400), war auf Seiten der Athener Teilnehmer am Peloponnesischen Krieg, den er in einer Monographie dargestellt hat. Beeinflusst von der Philosophie bemühte er sich um eine vorurteilsfreie, objektive Geschichtsschreibung.

Die defensive Strategie der Athener in diesem Krieg stützte sich auf die gut ausgebauten Befestigungsanlagen der Stadt, auf die Überlegenheit ihrer Flotte, mit deren Hilfe auch eine lange Belagerung gut durchzustehen war, und auf ihre großen finanziellen Reserven, die es ihnen erlaubten, in großem Stil Soldaten anzuwerben. Die Spartaner und ihre Verbündeten hingegen versuchten, durch alljährliche Verwüstung von Attika die Athener in die Knie zu zwingen. Athen konterte mit Angriffen seiner Flotte auf die Küsten der Peloponnes. Diese Taktik blieb erfolgreich, und Sparta musste 424 Frieden schließen. Danach gab es jedoch einen Kurswechsel in Athen; denn Perikles, die bestimmende Figur der athenischen Politik, war 429 gestorben und seine Nachfolger zeigten sich der komplizierten Lage nicht gewachsen, sondern erhöhten erheblich das Risiko, indem sie zu einer wieder aggressiveren Außenpolitik übergingen. Als sich die Athener 415–413 auf eine Expedition nach Sizilien einließen, bei der ein Großteil der Flotte verloren ging, nahm Sparta den Kampf wieder auf und erreichte 404 die bedingungslose Kapitulation des erschöpften Athen.

Verlauf

3 Athen wird den Griechen unheimlich

[89] Die Athener waren nämlich folgendermaßen zu ihrer Machtposition gekommen: Als die Perser, von den Griechen zu Wasser und zu Lande besiegt, aus Europa abgezogen waren und ihre nach Mykale geflüchtete Flotte vernichtet war, zog der Spartanerkönig Leotychides, der die Griechen bei Mykale angeführt hatte, mit den Verbündeten von der Peloponnes nach Hause. Die Athener aber und die Verbündeten vom Hellespont und aus Ionien, die vom Großkönig abgefallen waren, blieben und belagerten das von den Persern gehaltene Sestos den ganzen Winter über, nahmen es ein, nachdem die Barbaren es verlassen hatten, und segelten danach vom Hellespont jeweils in ihre Städte zurück. Inzwischen hatten die Athener, nachdem die Barbaren aus ihrem Land abgezogen waren, sofort Kinder, Frauen und den übrig gebliebenen Besitz herübergeschafft und begannen die Stadt und die Mauern wiederaufzubauen. Von der Ummauerung war wenig übrig und die meisten Häuser zerstört, nur wenige standen noch, in denen die Anführer der Perser gewohnt hatten. [90] Als die Spartaner merkten, was vor sich ging, schickten sie eine Abordnung, teils weil sie es wohl selbst lieber gesehen hätten, wenn weder die Athener noch jemand anderes eine Mauer gebaut hätte, vor allem aber weil ihre Verbündeten sie aufforderten, die Angst hatten vor der nie da gewesenen Größe der athenischen Flotte, und wegen ihres gegen die Perser gezeigten Mutes. Sie forderten sie auf, keine Mauer zu bauen, sondern die Ummauerungen außerhalb der Peloponnes, die noch standen, mit ihnen gemeinsam niederzureißen – wobei sie den Athenern nicht zeigten, was sie wirklich wollten und was sie vermuteten – damit die Barbaren nicht, wenn sie wiederkämen, eine Ausgangsbasis vorfinden sollten, wie jetzt in Theben. Sie sagten, die Peloponnes genüge für alle als Zuflucht und Stützpunkt. Die Athener antworteten den Spartanern auf Antrag des Themistokles, dass sie ihnen in dieser Angelegenheit sofort Gesandte schicken wollten. Themistokles riet ihnen, dass sie ihn selbst schnellstens nach Sparta schicken, die anderen mit ihm ausgewählten Gesandten aber nicht, sondern sie zurückhalten sollten, bis die Mauer eine Mindestgröße erreicht hätte.

Thukydides. 1,89f. Übers. Autor.

4 Athen übernimmt die Führung im Seebund

Schon zu Anfang, bevor man nach Sizilien um Hilfe schickte, war die Rede davon, dass man den Athenern die Führung der Flotte übertragen müsse. Als die Verbündeten dagegen Einspruch erhoben hatten, hatten die Athener nachgegeben, da ihnen viel an der Rettung Griechenlands lag und sie mit Recht glaubten, dass Griechenland verloren sei, wenn sie sich um die Führung stritten. Denn Streit unter Verbündeten ist um so viel schlimmer als ein einträchtig geführter Krieg schlimmer ist als Frieden. Da sie das wussten, widersprachen sie nicht, sondern gaben nach, solange sie sie noch brauchten, wie sie später bewiesen. Als sie aber die Perser vertrieben hatten und um deren Land kämpften, benutzten sie als Vorwand den Hochmut des Pausanias[10] und nahmen den Spartanern den Oberbefehl weg.

Herodot: Historien. 8,3. Übers. Autor.

5 Gründung des Seebunds I

478 greifen die verbündeten Griechen Persien an:
[94] Pausanias, der Sohn des Kleombrotos aus Sparta wurde als Feldherr der Griechen mit 20 Schiffen von der Peloponnes entsendet; es segelten auch die Athener mit dreißig Schiffen mit und eine Menge anderer Verbündeter. Sie zogen nach Zypern und unterwarfen es zum großen Teil, später gegen das von den Persern besetzte Byzanz und eroberten es während dieses Feldzugs. [95] Weil er (Pausanias) aber gewalttätig war, hassten die anderen Griechen ihn und nicht am wenigsten die Ioner und die, die eben erst vom Großkönig befreit worden waren. Sie gingen zu den Athenern und baten sie, die Führung zu übernehmen wegen der gemeinsamen Abstammung und dem Pausanias seine Gewalttätigkeit nicht mehr durchgehen zu lassen. Die Athener akzeptierten und versprachen, nicht mehr darüber hinwegzusehen und alles so einzurichten, wie es ihnen am besten schien. Die Spartaner beriefen daraufhin den Pausanias ab, um zu untersuchen, was ihnen zu Ohren gekommen war. Er wurde von den Griechen, die nach Sparta gekommen waren, angeklagt, sich sehr ungerecht verhalten zu haben, er habe sein Amt als Feldherr so ausgeübt, als wolle er einen Tyrannen imitieren. [...] Er wurde dann zwar einzelner Vergehen schuldig gesprochen, vom Hauptvorwurf aber freigesprochen. Man hatte ihn nämlich angeklagt, mit den Persern zu kollaborieren, und das hatte scheinbar klar auf der Hand gelegen. Man schickte dann nicht mehr ihn als Befehlshaber, sondern Dorkis und andere mit einer kleinen Truppe. Diesen überließen die Verbündeten nicht mehr die Führung. Als sie das merkten, fuhren sie wieder zurück und andere schickten die Spartaner nicht mehr, aus Angst, der Charakter der Leute würde unterwegs verdorben, wie sie es bei Pausanias gesehen hatten, weil sie vom Perserkrieg genug hatten und glaubten, die Athener, mit denen sie im Augenblick gut auskamen, seien in der Lage, die Führung zu übernehmen. [96] So übernahmen die Athener die Führung mit Zustimmung der Verbündeten durch den Hass auf Pausanias. Sie ordneten an, welche Städte Geld für den Krieg gegen die Barbaren zahlen sollten und welche Städte Schiffe zur Verfügung stellen sollten. Der Vorwand war, dass man sich für das Erlittene rächen wollte, indem man das Land

---
10 König von Sparta, der zunächst die Operationen der verbündeten Griechen gegen die Perser geleitet hatte

des Großkönigs verwüstete. Und damals richteten die
Athener die Behörde der Hellenotamiai („Schatzmeister Griechenlands") ein, die den „Beitrag" einzogen. So nannte man nämlich den Tribut.

Thukydides. I, 94–96. Übers. Autor.

6 Gründung des Seebunds II

Der Autor äußert sich zu den politischen Sondierungen in Griechenland nach dem Sieg über die Perser 480/79:
Damals waren sie (die Athener) militärisch erfahren, hatten bei den Griechen hohes Ansehen und übernahmen die Führung auf See gegen den Willen der Spartaner. Anführer der Volkspartei waren bei dieser Gelegenheit Aristeides, der Sohn des Lysimachos, und Themistokles, der Sohn des Neokles, der eine ein angesehener Soldat, der andere ein sehr kompetenter Politiker, der sich durch seine Gerechtigkeit auszeichnete. Daher diente ihnen der eine als Feldherr, der andere als Ratgeber. Den Wiederaufbau der Mauern trieben sie gemeinsam voran, wenn sie auch nicht immer einer Meinung waren. Den Abfall der Ioner aus dem Bündnis mit Sparta betrieb in erster Linie Aristeides, indem er die Gelegenheit nutzte, als die Spartaner sich wegen Pausanias verhasst gemacht hatten. Daher war er es auch, der zuerst den Städten die Beiträge auferlegte, im dritten Jahr nach der Seeschlacht bei Salamis, als Timosthenes Archon war; er ließ auch die Ioner schwören, denselben Feind und denselben Freund zu haben; zum Zeichen dafür versenkten sie Metallklumpen im Meer. Danach ging es der Stadt gut, man nahm viel Geld ein, und er riet, die Führung zu übernehmen und vom Land in die Stadt umzuziehen. Einkommen werde es für alle geben: für die einen als Soldaten, die anderen als Besatzung der Verteidigungsanlagen, andere als öffentliche Bedienstete. So würden sie die Führung in der Hand behalten. Sie ließen sich überzeugen, übernahmen die Herrschaft und behandelten die Verbündeten ziemlich despotisch, außer den Chiern, den Lesbiern und den Samiern (diese benutzten sie als Leibwache ihrer Herrschaft, ließen ihnen ihre Verfassung und das Herrschaftsgebiet, das sie gerade hatten). Für die Masse besorgte man Einnahmequellen im Überfluss, wie Aristeides vorgeschlagen hatte: Man konnte nämlich von den Steuern und Zöllen und von Beiträgen der Verbündeten mehr als 20 000 Leute beschäftigen: Es gab 6000 Richter, 1600 Bogenschützen, dazu 1200 Reiter, der Rat umfasste 500, die Besatzung der Werften 500 […] bis zu 700 Ämter vergab man für die Verwaltung der Stadt, dazu für auswärtige Verwaltung an die 700; als man später Krieg führte noch 2500 Hopliten, 20 Wachschiffe, andere Schiffe, die die Beiträge eintrieben. Dann noch das Prytaneion, die Waisen, die Gefängniswärter. Alle bekamen sie ihren Lebensunterhalt aus der Staatskasse.

Aristoteles: Staat der Athener. 23, 2. Übers. Autor.

7 Spartas Herrschaftsansprüche

Die Spartaner diskutieren im Jahr 475, ob man Athen die Vorherrschaft im antipersischen Seebund streitig machen solle:
Sie beriefen eine Ratsversammlung ein und debattierten über einen Krieg gegen die Athener um die Vorherrschaft zur See. Ebenso beriefen sie eine Volksversammlung ein: Die Jungen und die meisten anderen traten vehement dafür ein, die Seeherrschaft zurückzugewinnen, weil sie glaubten, sie könnten sich, wenn sie sie errungen hätten, viel Geld verschaffen und Sparta größer und ganz allgemein mächtiger machen. Auch könnten dann die Privathaushalte einen Aufschwung nehmen. Sie erinnerten auch an das alte Orakel, in dem ihnen die Gottheit befohlen hatte darauf zu achten, keine unvollständige Herrschaft auszuüben. Und nun behaupteten sie, der Spruch treffe genau auf die gegenwärtige Lage zu. Denn die Herrschaft sei unvollständig, wenn es zwei Herrschaftsbereiche gebe und sie einen davon verlieren würden. Sie überzeugten fast alle Bürger von ihrer Annahme; auch der Rat tagte in dieser Angelegenheit und niemand erwartete, dass einer wagen würde, etwas anderes vorzuschlagen. Aber einer aus dem Rat – er hieß Hetoimaridas und war ein Nachkomme des Herakles; deswegen und wegen seiner Tapferkeit war er bei den Bürgern geachtet – versuchte sie davon zu überzeugen, den Athenern die Vorherrschaft zu lassen. Es werde Sparta keinen Vorteil bringen, um das Meer zu streiten. Weil er trotz dieser merkwürdigen Behauptung genügend treffende Argumente fand, überzeugte er wider Erwarten den Rat und das Volk.

Diodor: Historische Bibliothek. 11,50. Übers. Autor.

8 Vorteile des Seebunds für Athen

Ein Gegner der Demokratie äußert sich:
[14] Wenn bei den Verbündeten […] die Reichen und Vornehmen an der Macht sind, wird es mit der Herrschaft des Volks in Athen sehr schnell vorbei sein. Deshalb also entrechten sie bei den Verbündeten die Vornehmen, nehmen ihnen das Geld weg, verschleppen sie und bringen sie um, die einfachen Leute aber fördern sie. Die Vornehmen in Athen aber schützen die Vornehmen in den verbündeten Staaten. [15] Es könnte einer sagen, dass die Stärke der Athener eben darin besteht, wenn die Verbündeten in der Lage sind, Geld ins Land zu bringen. Den Anhängern der Volkspartei scheint es aber ein größerer Vorteil zu sein, wenn jeder einzelne Athener das Geld der Verbündeten besitzt, diese aber nur so viel haben, wie sie zum Leben brauchen, und immerzu arbeiten müssen, ohne die Gelegenheit, einen Aufstand gegen Athen zu planen. [16] Das Volk der Athener scheint auch darin schlecht beraten zu sein, dass sie die Verbündeten zwingen, zu Gerichtsverhandlungen nach Athen zu fahren. Diese sind sich im Klaren, welche Vorteile dieses Verfahren dem Volk der Athener einbringt. Erstens: durch die

Die attische Demokratie

9 **Die Eule von Athen.** Münze im Wert von vier Drachmen (Tetradrachmon) der Stadt Athen, mit der Göttin Athene auf der Vorderseite und deren heiligem Tier, der Eule, auf der Rückseite. Die Münzen waren durch die attische Vormachtstellung und Wirtschaftskraft im Seebund so verbreitet, dass sich das Sprichwort „Eulen nach Athen tragen" entwickelte.

Richterentschädigung das ganze Jahr hindurch Lohn zu erhalten. Außerdem sitzen sie zu Hause und beherrschen die verbündeten Staaten, ohne mit dem Schiff hinfahren zu müssen; die Anhänger der Volkspartei schützen sie vor Gericht und die Gegner machen sie fertig. Wenn jeder in seiner Heimat Gerichtsverhandlungen abhalten dürfte, dann würden sie aus Hass auf die Athener diejenigen von ihnen vor Gericht fertigmachen, die dort als größte Athenerfreunde gelten [17] Außerdem zieht das Volk der Athener folgende Vorteile, wenn die Gerichtsverhandlungen für die Verbündeten in Athen abgehalten werden: Erstens steigen die Zolleinnahmen im Piräus. Zweitens, wenn einer ein Mietshaus hat, geht es ihm besser. Dann, wenn einer ein Gespann hat oder einen Mietsklaven. Dann geht es auch den Ausrufern besser, weil sich Verbündete im Land aufhalten. [18] Außerdem würden die Verbündeten, wenn sie nicht zu den Gerichtsverhandlungen kämen, nur die Athener respektieren, die zu ihnen fahren würden, die Strategen, die Trierarchen und Gesandten. So ist aber jeder einzelne von den Verbündeten gezwungen, dem Volk der Athener zu schmeicheln, weil er weiß, dass er nach Athen gekommen ist und es jetzt darum geht, Strafe zu zahlen oder Entschädigung zu erhalten, und zwar vor niemand anderem als dem Volk, denn das ist Gesetz in Athen. Und vor Gericht muss man betteln und einen, der gerade reinkommt untertänig an der Hand berühren. Deswegen stehen die Verbündeten eher als Sklaven der Athener da.

Pseudo-Xenophon: Staat der Athener. 1, 14–18. Übers. Autor.

10 Proteste gegen Athen
Im Jahr 428 bittet die Stadt Mytilene auf der Insel Lesbos, ein wichtiges Mitglied im Seebund, um Aufnahme in den Peloponnesischen Bund und wendet sich an Sparta:
Wir werden zunächst über Gerechtigkeit und korrektes Verhalten reden, weil wir ja in erster Linie um Aufnahme in Euer Bündnis bitten, denn wir wissen, dass weder Freundschaft unter Privatleuten noch eine Gemeinschaft von Staaten Bestand haben kann, wenn sie nicht ganz korrekt miteinander umgehen und auch sonst gleichartig sind. Denn wenn die Meinungen auseinandergehen, dann treten auch unterschiedliche Handlungsweisen zutage. Unser Bündnis mit den Athenern kam zustande, als ihr euch aus dem Perserkrieg zurückgezogen hattet, sie aber dabeiblieben, um zu erledigen, was noch zu tun war. Wir sind jedoch nicht Verbündete geworden, um die Griechen zu Sklaven der Athener zu machen, sondern um die Griechen vom Perser zu befreien. Und solange sie uns als Gleiche unter Gleichen führten, sind wir ihnen begeistert gefolgt. Als wir aber sahen, dass sie die Feindschaft mit dem Perser beendeten und die Versklavung der Verbündeten betrieben, bekamen wir es mit der Angst zu tun. Die Verbündeten waren nicht in der Lage, sich zu wehren, weil sie nicht geschlossen auftreten konnten, und sie wurden einer nach dem anderen versklavt außer uns und den Leuten aus Chios. Wir blieben selbstständig, dem Namen nach frei, und beteiligten uns an den Feldzügen. Wir hatten allerdings kein Vertrauen mehr in unsere Vormacht Athen, wenn wir uns die Beispiele der anderen ansahen. Es war nicht sehr wahrscheinlich,

dass sie die, die mit uns dem Bündnis beigetreten waren, unterwarfen, den Übrigen das aber nicht antun würden, wenn sie könnten.

Thukydides. 3,10. Übers. Autor.

11   Ängste der Imperialisten

Perikles spricht zu den Athenern, die nach Ausbruch des Peloponnesischen Krieges Frieden mit Sparta schließen wollen, weil sie unter der Belagerung leiden:

5   Glaubt nicht, wir kämpften nur um das Eine, Freiheit oder Sklaverei, sondern es geht auch darum, dass man uns der Herrschaft berauben will, und um die Gefahr, die von denen ausgeht, bei denen wir uns während unserer Herrschaft verhasst gemacht haben. Diese Herrschaft
10   könnt ihr nicht einfach niederlegen, falls einer in der jetzigen Lage aus Angst seine guten Seiten entdeckt und sich nicht mehr in fremde Angelegenheiten einmischen möchte. Ihr übt die Herrschaft nämlich bereits wie eine Tyrannis aus; es mag zwar ungerecht erscheinen, sie zu
15   behaupten, sie aufzugeben wäre gefährlich.

Thukydides. 2, 63. Übers. Autor.

12   Unfähige Politiker

In der politischen Komödie war es üblich, aktuelle Probleme aufzugreifen und auch Politiker namentlich zu attackieren. Ein Athener spricht zur Volksversammlung über die wahren
5   *Gründe für den Ausbruch des Peloponnesischen Krieges:*
Auch soll mich Kleon nicht verklagen, dass ich mich in Gegenwart der Fremden über unsre Stadt beschwere. An den Lenäen[11] sind wir unter uns. Die Fremden sind nicht da. Es kommt auch kein
10   Tribut, Verbündete sind ebenfalls nicht da. Wir sind im Gegenteil vollständig unter uns, noch nicht einmal Metöken sind hier zugelassen. Ich hasse die Spartaner sehr, Poseidon soll von seiner Wohnung auf dem Tainaron[12] mit einem
15   Erdbeben allen ihre Häuser zu Bruch schlagen. Mir haben sie die Weinstöcke herausgerissen. Jedoch, ich rede hier vor Freunden, sagt mir mal, weswegen ihr euch über Sparta so beklagt. Denn unsre Männer, nein, ich meine nicht den Staat,
20   ich wiederhole: nein, ich meine nicht den Staat, ich meine dies Gesindel, falsche Fuffziger, ehrloses Pack, Betrüger, die nicht zu uns passen, die haben den Megarern unterm Mäntelchen geschnüffelt, ob sie nicht 'ne Gurke sehen, 'n Häschen,
25   ein Ferkel, Knoblauch oder sogar Brei mit Salz. Es war „aus Megara" und wurde gleich beschlagnahmt. Simaitha, eine Hure, wurde dann aus Megara entführt von jungen Männern mit besoffnem Kopf. Und außer sich vor Wut entführen die Megarer
30   von uns zwei Huren, die Aspasia[13] gehören.

Und das war dann der Anlass für den Kriegsausbruch. Ganz Griechenland kämpft um drei leichte Mädchen. Und Perikles, ein Gott, wie vom Olymp, zerschmettert mit Blitz und Donner zornig alle Griechen,
erlässt Gesetze, stimmig wie Gesang im Suff,   35
dass die Megarer nicht in unsrem Land, und nicht auf unsrem Markt, dem Meer, dem Himmel bleiben dürfen. Die Megarer bekamen selbstverständlich Hunger und baten die Spartaner: „Das Drei-Huren-Recht soll wieder abgeschafft und außer Kraft gesetzt sein!"   40
Wir wollten aber nicht, obwohl man uns oft bat. Deswegen fing das Schildgerassel also an. Da könnte einer sagen: „Muss das sein?"

Aristophanes: Acharner. 502ff. Übers. Autor.

13   Perikles ca. 490–429

stammte mütterlicherseits von der mächtigen Familie der Alkmeoniden ab. Er hatte in der athenischen Politik seit Mitte des Jahrhunderts eine so dominierende Stellung, dass der Historiker Thukydides sagte, in Athen habe nur dem Namen nach Demokratie bestanden, in Wirklichkeit sei es die Herrschaft eines Mannes gewesen. Von der Komödie wurde er verspottet, weil er sich wie die Göttin Athene mit in den Nacken zurückgeschobenem Helm hatte abbilden lassen. Er habe das getan, um seinen Eierkopf zu verdecken.

---

11 ein Theaterfestival Ende Januar, bei dem im Gegensatz zu anderen Theaterwettbewerben nur Athener unter den Zuschauern waren
12 Berg bei Sparta
13 Geliebte des führenden athenischen Politikers Perikles

14 Ein Lebenskünstler

Der Sokrates-Schüler Alkibiades (ca. 450–404) war für seinen extravaganten Lebensstil und seine gepflegte Erscheinung bekannt. Nachdem er die Athener zu der verhängnisvollen Sizilien-Expedition verleitet hatte, zog er mit seinen Freunden nachts durch die Stadt und schlug den Statuen des Gottes Hermes die Köpfe ab („Hermenfrevel"). Daraufhin wurde er seines Kommandos enthoben, floh nach Sparta und beriet die Spartaner im Krieg gegen Athen, bevor er erneut die Seite wechselte.

15 Beurteilung der athenischen Demokratie im Nationalsozialismus

Ein junger Althistoriker beurteilt im Nachwort seiner Doktorarbeit abschließend die athenische Demokratie. Der Hauptteil der Arbeit hatte sich sehr kenntnisreich und gewissenhaft mit allen denkbaren Einzelheiten auseinandergesetzt:

Unsere Quellen lassen uns nicht im Zweifel darüber, dass das gleiche Volk, das auf dem Gebiet der Kunst und Dichtung, des Erkennens und Denkens eine wahrhaft einzigartige Fruchtbarkeit entfaltet und Werke hervorgebracht hat, die ihm eine dauernde Führerstellung in der geistigen Kultur des Griechentums gesichert haben, auf politischem Gebiet weitgehend versagte und es nicht vermochte, sich zu einer der geistigen und künstlerischen Kultur entsprechenden politischen Kultur zu erheben. Gewiss war die athenische Demokratie eine der genialsten Schöpfungen des griechischen Genius und unsere Autoren geben ja auch immer wieder, soweit sie nicht dem demokratischen Prinzip grundsätzlich ablehnend gegenüberstehen, dem Glauben an die Ideale der athenischen Volksherrschaft Ausdruck. Aber an dieser Demokratie und der in ihr wirkenden athenischen Staatsgesinnung vollzieht sich ein jäher und erschütternder Verfall, ein schneller Übergang von strahlendem Lichte zu dunkler Nacht. Gerade zur Zeit des Peloponnesischen Krieges wurde es offenbar jedem einsichtigen Beobachter deutlich, dass die Herrschaft der Gesamtheit tatsächlich mehr und mehr zur Herrschaft der großen Masse wurde und dass der städtische Ochlos[14] in zunehmendem Maße der ganzen Politik Athens den Stempel seines Wesens aufdrückte. Allgemein erkennt man nun, dass dieses System der reinen Volksherrschaft sich auf die Dauer den ihm gestellten Aufgaben nicht gewachsen zeigte und dass andererseits die mechanische Gleichmacherei eine Verarmung an kraftvollen, überragenden Führerpersönlichkeiten im Gefolge haben musste, die es allein vermocht hätten, diesen Missstand wettzumachen. Unsere Autoren bestreiten keineswegs, dass es dem athenischen Demos auch in unserer Zeit nicht an Hingabe und Opfermut gebrach. Aber sie geben übereinstimmend der Überzeugung Ausdruck, dass es ihm letztlich an der klaren politischen Einsicht, der nötigen Selbstzucht, der Stetigkeit des politischen Wollens und insbesondere auch an dem festen Vertrauen zu seinen Führern fehlte. Eindeutig geht aus der Darstellung unserer Quellen hervor, dass die alte Staatsgesinnung, die naturhafte Verwurzelung des Einzelnen in der staatlichen Gemeinschaft und die alte innere Geschlossenheit des Volksganzen unwiederbringlich verloren war und dass es keine großen, am Staatsganzen orientierten Gesichtspunkte gab, die stark genug gewesen wären, um die auseinanderstrebenden Kräfte in den Dienst an gemeinsamen Idealen und Zielen zu zwingen und die innere Zerklüftung siegreich zu überwinden. Vielmehr macht uns die Schilderung unserer Autoren deutlich, dass die Selbstsucht des Einzelnen wie der beiden Parteien rücksichtslos ihre Sonderinteressen verfolgt und schließlich zur Zerstörung des Staates führen muss.

Anton Meder: Der athenische Demos zur Zeit des Peloponnesischen Krieges im Lichte zeitgenössischer Quellen. München 1938, S. 229 f.

16 Der Streit um die Demokratie

Ein Politologe nimmt Stellung zu antiken und modernen Urteilen über die athenische Demokratie:

Der Streit um die Demokratie begann schon in der Antike, und die großen Philosophen wie Platon und Aristoteles waren Kritiker der Demokratie. Platon zeichnet von der Demokratie eine Karikatur (rep. VIII, 557a–561e); er karikiert sie als Anarchie und Chaos, als Verlust jeglicher Autorität und jeglicher Ordnung (was schlicht und ein-

14 Pöbel

fach ein Zerrbild ist). Aristoteles steht der Demokratie freundlicher gegenüber, rechnet sie aber gleichwohl zu den entarteten Verfassungen, da sie für ihn eine Herrschaft (nur) der Armen ist (Pol. IV, 4). Das war auch der Tenor der oligarchischen Kritik, wie sie sich etwa bei Pseudo-Xenophon findet. In der Neuzeit wird die Demokratie der Alten zum Gegenstand des Streits. War sie nicht überholt durch das moderne Repräsentativsystem? War sie nicht überholt durch die neuen Ansprüche auf die Rechte des Menschen und Bürgers? Oder sollte man auch und gerade dem modernen Bürger das politische Leben der Alten als Vorbild empfehlen? Dieser Streit um die Vorzüge und Nachteile der attischen Demokratie hält bis heute an. Die attische Demokratie hatte ihre eigenen Gefahren. Sie setzte eine enorme Urteilsfähigkeit der Bürger voraus. Der für sie nötige Zeitaufwand war erheblich. Er lässt sich durch das System der Diäten alleine nicht erklären, er muss auch mit der Sklaverei und der dadurch möglichen Befreiung von Arbeit in Verbindung gebracht werden. Stets bestand die Gefahr der Demagogie, wie sie Thukydides oder Platon analysiert haben. In den Massenversammlungen konnten sich momentane Emotionen Bahn brechen, von denen uns ebenfalls Thukydides mehrere Beispiele berichtet hat (Mytilene 427 v. Chr., Arginusenprozess 406 v. Chr. und andere mehr). Es gab als Kehrseite des allgemeinen Klagerechts ein Sykophantentum selbsternannter Anwälte öffentlicher Interessen, das Aristophanes in den Ekklesiazusen (392 v. Chr.) und im Plutos (388 v. Chr.) verspottet. Seit der Gründung des Attisch-Delischen Seebundes war Athen ein Imperium, das Tribute einzog. Die Demokratie verband sich mit imperialer Politik. Aber zu welchem Mangel der athenischen Demokratie lässt sich nicht die moderne Gegenrechnung aufmachen? Ist es ideal, dass Politik im modernen Staat fast nur von Berufspolitikern und Parteimaschinerien im Sinne des Weber'schen Politik als Beruf gemacht wird? Ist Politik wirklich nur ein Beruf für wenige? Sind nicht alle Bürger zu ihr berufen, und das über das Ankreuzen von Wahllisten hinaus? Ist die Politik moderner Parlamente besonnener als die der athenischen Volksversammlung? Sind die Demokratien der Neuzeit weniger imperialistisch, als Athen es war? Man kann im Blick auf die Kolonialreiche der Neuzeit anderer Meinung sein. Die Polis mag eine vergangene Gestalt der Geschichte sein. Begraben und vergessen ist sie nicht. Vielmehr ist sie ein Stachel im Fleisch der modernen Demokratie, die durchaus mehr Aktivbürger, mehr politische Beteiligung, mehr Bürgerbewusstsein und mehr Identität von Regierenden und Regierten vertragen kann. Die Abgrenzung des Einzelnen vom Staat, das Pochen des Einzelnen auf seine modernen Rechte, der Kampf der Interessen und die ständige Suche nach Vorteilen – das alles hat die moderne Demokratie sowieso. Bedeutsamer ist, was ihr fehlt, wäre sie nur noch modern.

Zit. nach: Henning Ottmann: Geschichte des politischen Denkens, Band 1,1, Die Griechen. Von Homer bis Sokrates. Stuttgart 2001, S. 110.

Arbeitsvorschläge:
a) Zeigen Sie auf, aus welchen Gründen und mit welchen Mitteln Sparta versuchte, den Aufstieg Athens zu verhindern (VT, M 3, M 7).
b) Arbeiten Sie Unterschiede und Gemeinsamkeiten der verschiedenen Versionen heraus, die unsere Quellen uns von der Übernahme der Macht im Seebund anbieten (M 4 – M 6).
c) Nehmen Sie Stellung dazu, ob man von einem „athenischen Imperialismus" sprechen kann (M 8, M 11, M 12).
d) Erläutern Sie die Politikerschelte in M 13 (VT).
e) Stellen Sie die Positionen der modernen Autoren (M 15 und M 16) einander gegenüber und bewerten Sie sie aus eigener Sicht.

Zeittafel: Die griechische Welt in der Antike

750–550	Große Kolonisation
621	Rechtskodifikation durch Drakon
594/3	Verfassungsreform Solons, Einführung einer timokratischen Ordnung
561–510	Tyrannis der Peisistratiden in Athen
508/507	Verfassungsreform des Kleisthenes, neue Phylenordnung
500–494	Ionischer Aufstand
490	Sieg der Athener und Plataier über ein persisches Expeditionskorps bei Marathon
480	Sieg der Athener und ihrer Verbündeten über die persische Flotte bei Salamis
479	Sieg der Spartaner und Thebaner über das persische Heer bei Plataiai und der verbündeten Griechen über die persische Flotte bei Mykale
478	Gründung des Seebunds, Bundeskasse auf Delos
462/461	Begründung der radikalen Demokratie durch Ephialtes
458/457	Öffnung des Archontats für „Zeugiten"
454	Verlegung der Seebundskasse nach Athen
451/450	Beschränkung des Bürgerrechts auf Antrag des Perikles (nur noch wenn beide Eltern Athener sind)
449	Frieden mit Persien, auf Initiative des athenischen Politikers Kallias
446	Dreißigjähriger Friede mit Sparta
443	Perikles wird zum ersten Mal zum Strategen gewählt.
431–404	Peloponnesischer Krieg Infolge des aggressiven Auftretens Athens innerhalb des Attischen Seebundes und seiner zunehmenden Expansionspolitik kommt es zum Peloponnesischen Krieg zwischen Athen und Sparta.
429–425	Eine Seuche in Athen tötet nahezu ein Drittel der attischen Bevölkerung, darunter auch Perikles; sein Nachfolger wird Kleon.
415–413	„Sizilische Expedition" endet mit der nahezu vollständigen Vernichtung der athenischen Flotte und des Heeres bei Syrakus.
412	Bündnis zwischen Sparta und Persien
404	Sieg Spartas; Auflösung des Attischen Seebundes

2 Rom

2.1 Der Adel herrscht, das Volk ist frei, die Welt gehorcht: Die Römische Republik

2.1.1 Politik in Rom

Ein neuer Konsul

Der 1. Januar des Jahres, in dem Marcus Tullius Cicero und Gaius Antonius Konsuln sind, beginnt für die beiden Inhaber des höchsten Amtes, das Rom zu vergeben hat, früh am Morgen. Marcus Tullius Cicero – von ihm soll stellvertretend für beide die Rede sein – empfängt an diesem Tag nicht wie üblich als Erstes in seinem Haus eine große Zahl von Freunden und **Klienten**. Vielmehr erkundet er zunächst mit Hilfe eines Priesters aus der Beobachtung des Vogelflugs, ob die Götter es mit dem neuen Konsul gut meinen. Dann legt er seine Amtstracht an, eine festliche Toga mit einem Purpurstreifen am Saum, und begrüßt die zu ihm gekommenen Besucher: Senatoren, **Ritter** und andere angesehene Bürger. Zwölf Liktoren finden sich ein, Amtsdiener, die ein verschnürtes Bündel mit Ruten (fasces) tragen. Danach findet ein Festzug zum Kapitol statt. Das ist der bedeutendste der sieben Hügel im Stadtgebiet von Rom, denn hier steht der Tempel des höchsten Gottes der römischen Staatsreligion, des Jupiter Optimus Maximus. Ihm werden nun weiße Stiere geopfert. Cicero und sein Mitkonsul verfolgen das Opfer von ihren Amtsstühlen aus. Danach legen sie den Amtseid ab, indem sie geloben, niemals gegen die Gesetze (leges) und das Wohl des Gemeinwesens zu handeln. Ebenfalls auf dem Kapitol leiten beide die erste Sitzung des **Senats** im neuen Jahr. Mehrere Hundert Senatoren, die politische Elite des res publica, haben sich eingefunden, darunter viele junge Nachwuchspolitiker, die noch nicht viel zu melden haben, aber auch höchst angesehene Männer, die bereits Konsuln gewesen sind und nun in der Politik den Ton angeben. Cicero kennt sie fast alle und weiß genau, wie sie zu ihm stehen. Nach der Sitzung geleitet der feierliche Zug den neuen Konsul wieder nach Hause. Dieser hat nun ein ganzes Jahr lang die Leitung des römischen Staates inne. Zu seinen wichtigsten Aufgaben wird es gehören, im Sommer die Konsulwahlen für das nächste Jahr durchzuführen, Versammlungen des Volkes einzuberufen und zu leiten sowie den Senat zu versammeln und Beschlüsse herbeizuführen. Schon in wenigen Tagen wird er sich auch den römischen Bürgern, die sich auf dem Comitium versammeln, mit einer Rede als Konsul vorstellen. Grundsätzlich besaßen die Konsuln auch die militärische Kommandogewalt (imperium), doch in der Zeit Ciceros befehligten sie in ihrem Amtsjahr kein Heer mehr, sondern blieben in Rom. Doch drei Jahrhunderte lang war es die Hauptaufgabe beider Konsuln gewesen, im Namen Roms Krieg zu führen, Ruhm und reiche Beute nach Hause zu bringen. – Cicero ist die Änderung ganz recht. Er verdankt seine politische Karriere vor allem seinen Reden vor Gericht und seinen guten politischen Verbindungen. Kriegführung liegt ihm nicht.

Dem Bericht über den 1. Januar des Jahres, das in unserer Zeitrechnung 63 v. Chr. heißt, sind wichtige Merkmale der politischen Ordnung Roms zu entnehmen. In Rom gab es keine Monarchie, seit in grauer Vorzeit der letzte König vertrieben worden war. Seitdem hatten die Häupter der adligen Familien das Sagen. Diese bildeten die so genannte Nobilität. Rom überstand die schwierigen Jahrzehnte der Bedrohung und besiegte im 3. und 2. Jahrhundert v. Chr. alle Großmächte des Mittelmeerraumes. Die Eigenart der Nobilität in einer Epoche beständiger Kriege war sicher ein Grund für diesen erstaunlichen Erfolg. Die Nobiles interessierten sich anders als griechische Adlige nicht für Sport und schönen Lebensstil, sondern

1 **Liktor mit Rutenbündel** *(fasces)*. Das Beil wurde nur außerhalb von Rom eingesteckt, wo der Konsul unbeschränkte Kommando- und Strafgewalt besaß. Rekonstruktionszeichnung nach antiken Darstellungen.

2 Die Kartenskizze zeigt die Lage einiger wichtiger Gebäude im Zentrum Roms. **Comitium:** Versammlungsplatz des Volkes – **Rostra:** Rednerbühne – **Hütte des Romulus:** sorgsam gehegter Erinnerungsort an den sagenhaften Gründer und ersten König Roms – **Pontifex Maximus:** ranghöchster Priester der römischen Staatsreligion.

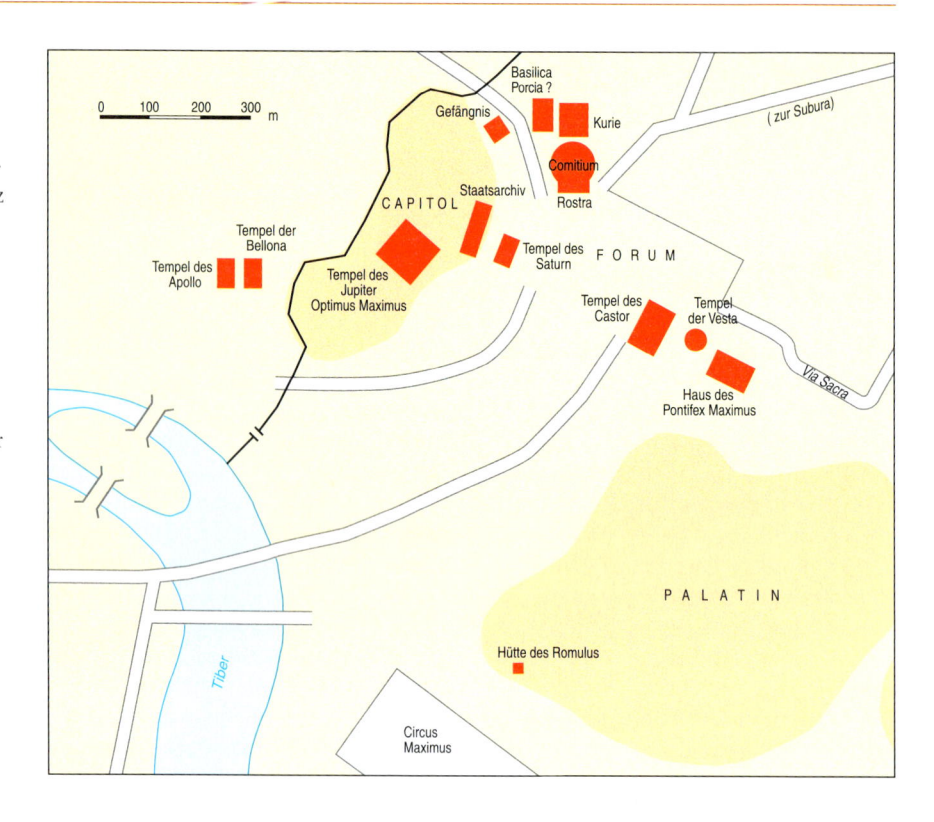

Das politische System der Römischen Republik

konzentrierten sich voll und ganz auf ihre politische Karriere. Die Interessen Roms zu vertreten und zugleich persönlich Erfolg zu haben im scharfen Wettbewerb mit den anderen Nobiles hieß vor allem, Krieg zu führen, Beute zu machen, Triumphe zu feiern, Denkmäler zu setzen, Kolonien zu gründen, dafür Ruhm und Ämter zu gewinnen und in der Erinnerung der Römer über den Tod hinaus als Vorbild lebendig zu bleiben.

Doch Siege werden nicht nur von Heerführern erfochten. Entscheidend war, dass die römischen Bürger ihren Konsuln und Dictatoren zuverlässig gehorchten. Zum einen bestätigten die am Ende – trotz vieler Rückschläge – immer errungenen Siege den Führungsanspruch der Nobilität. Beuteverteilungen und Zuweisungen von erobertem Land linderten die wirtschaftliche Not, von der auch die römischen Bauern betroffen waren. Zudem lernte fast jeder Römer von Kindheit an, wie oben und unten zueinander zu stehen hatten: als Sohn gegenüber dem Vater und Hausvorstand (pater familias) mit seiner lebenslangen Verfügungsgewalt sowie als Klient gegenüber dem adligen Patron. Hinzu kam der von Disziplin geprägte Militärdienst. In keinem Staat der Antike oder des Mittelalters leistete ein so hoher Anteil der Bevölkerung so lange Militärdienst. Deshalb konnte Rom auch nach Niederlagen immer wieder neue Soldaten aufbieten.

Kandidaten

Die einfachen Römer fühlten sich allerdings ganz und gar nicht als Knechte, und sie waren es auch nicht. Immerhin bestimmten sie durch ihre Stimmabgabe, welche Männer aus der Schar der Kandidaten jedes Jahr in die heiß begehrten Ämter gewählt wurden. Vornehme und erfolgreiche Vorfahren waren sicher ein großer Startvorteil bei den Wahlen, und ererbter Reichtum bildete eine notwendige Voraussetzung, die unbesoldeten Ämter ausüben und sich der Politik widmen zu können. Aber niemand saß im Senat, der sich nicht in mindestens einer Wahl durch das versammelte Volk durchgesetzt hatte.

Auch als Rom längst ein „Weltreich" geworden war, war das politische System nach wie vor das eines Stadtstaates: Es gab wenige Amtsträger und keinen großen Regierungs- oder Verwaltungsapparat. Die politische Willensbildung erfolgte

Daten aus Caesars Leben	Reguläre Ämterlaufbahn ab 70 v. Chr. (Aufgaben; Mindestalter)
	2 Zensoren (Alle 5 Jahre für 18 Monate) (Überprüfung der Senatsliste; Volkszählungen)
Prokonsul in Gallien, 58–50 v. Chr.	Nach dem Konsulat in Rom militärisches Kommando als Prokonsul
Konsul in Rom, 59 v. Chr.	**2 Konsuln** (allgemeine Leitung der Politik; 43 Jahre)
Proprätor in Spanien, 61 v. Chr.	Nach der Prätur in Rom militärisches Kommando als Proprätor
Prätor in Rom, 62 v. Chr.	**8 Prätoren** (Vorsitzende von Gerichtshöfen in Rom; 40 Jahre)
Pontifex Maximus (Oberpriester), 63 v. Chr.	
Ädil, 65 v. Chr.	**4 Ädile** (Marktaufsicht; Erhaltung der Tempel; Veranstaltung von Spielen; 37 Jahre. – Diese Stufe kann übersprungen werden.)
(Caesar kann als Patrizier nicht Volkstribun werden.)	**10 Volkstribune** (Schutz der Plebejer; Gesetzesanträge; Verhinderung von Amtshandlungen anderer Amtsträger)
Quästor, 69 v. Chr.	**20 Quästoren** (Zuarbeit für höhere Amtsträger; danach: Eintritt in den Senat; 31 Jahre)
Militärtribun (Offizier), 73 v. Chr.	
erste Auftritte in Rom als Ankläger, 77–76 v. Chr.	
Militärdienst, 80, 78, 75 v. Chr.	
Wahl zum Jupiter-Priester, 84 v. Chr.	
Geburt, 102 oder 100 v. Chr.	

3 Gaius Iulius Caesar als Beispiel für die Ämterlaufbahn in der Römischen Republik – Nicht aufgeführt ist die Dictatur. Dieses alte, zeitlich befristete, nicht der Kollegialität unterworfene Amt für besondere Aufgaben war im 1. Jh. v. Chr. nicht mehr in Gebrauch. Für Sulla (83–80) und Caesar (48–44) diente die Dictatur lediglich als Name für eine faktische Alleinherrschaft.

im Senat, der nur 300 Mitglieder hatte, ab 81 v. Chr. dann 600. Die Amtsträger – auch die formal mit großer Machtfülle ausgestatteten Konsuln – konnten kaum etwas gegen den politischen Willen und die Erfahrung der dort versammelten Führungsschicht unternehmen, denn ihre Amtszeit war auf ein Jahr beschränkt (Prinzip der Annuität, von latein. annus, Jahr), danach waren sie wieder „nur" Senatoren. Allerdings gab es im Senat oft auch Streit und Gruppenbildungen. Insgesamt aber hielt die Nobilität bis zum Ende des 2. Jahrhunderts v. Chr. die res publica fest in der Hand.

Regierende und Bürger begegneten einander täglich. So dachte niemand daran, ein Repräsentativsystem einzuführen, obwohl seit den 80er Jahren des 1. Jahrhunderts v. Chr. alle freien Bewohner Italiens römische Bürger waren – das Volk war immer nur das in Rom gerade versammelte Volk. Das Volk (populus Romanus) fand auch nichts dabei, dass die Stimme eines einzelnen Bürgers wenig zählte, da nur in Abteilungen abgestimmt wurde und bei den Wahlen die reicheren Bürger viel mehr Gewicht hatten. Das war schon immer so gewesen, war Teil der „Gewohnheit der Vorfahren" (mos maiorum). Wichtiger erschien, dass man bei den Wahlen oder an einem Tag wie dem 1. Januar zusammen mit anderen stolz darauf sein konnte, ein Römer zu sein und das Privileg der Freiheit (libertas) zu genießen.

2.1.2 So weit der Befehl reicht: Rom als dominierende Macht

Nach dem Ende der Königszeit (um 500 v. Chr.) suchte Rom zunächst eine gesicherte Vorherrschaft in Mittelitalien zu erringen. Danach erweiterten die Römer schrittweise ihr Herrschaftsgebiet, bis es 270 v. Chr. ganz Italien (bis zum Fluss Po) umfasste. Für den ständig expandierenden Staat kam es dabei vor allem darauf an, aus den unterworfenen Gebieten langfristig neue Kräfte zu schöpfen, da ein dauerndes Besatzungs- und Unterdrückungssystem keinen Bestand gehabt hätte. In der italischen Phase ihrer Expansion entwickelten die Römer daher ein wirksames Instrumentarium, das in der Erweiterung des eigenen Bürgergebietes, aber auch in der Bindung der übrigen Gemeinden an Rom durch unbefristete Bündnisverträge bestand. So entstand ein Bündnis- und Herrschaftssystem, das sich vor allem in den Kriegen gegen Pyrrhos (282–272 v. Chr.) und Hannibal (218–201 v. Chr.) als stabil erweisen sollte und den Römern letztlich den Sieg sicherte, selbst nach verheerenden Niederlagen wie der Schlacht von Cannae (216 v. Chr.), als etwa 50 000 Legionäre umkamen.

Dynamische Expansion

Die römische Herrschaft breitete sich ab der Mitte des 3. Jahrhunderts v. Chr. schrittweise über die ganze Mittelmeerwelt aus. Dem lag freilich kein Eroberungsplan zu Grunde. Vielmehr wurde Rom nicht selten durch einen befreundeten Staat in Konflikte mit Dritten hineingezogen, wich diesen aber auch nicht aus und kämpfte sie dann durch, ohne je einen Kompromiss einzugehen. Schließlich winkten ja fast immer Beute und Ruhm, die ihren sinnfälligen Ausdruck im Triumphzug fanden. Die Dynamik der römischen Expansion erwuchs also in erster Linie aus der Orientierung der Nobilität auf den Krieg. „Unsere Vorfahren", so bemerkt Cicero einmal beiläufig, „griffen nicht nur zu den Waffen, um frei zu sein, sondern auch, um zu herrschen" (8. Philippische Rede, 12). Durch die Beute flossen gewaltige Gelder nach Rom, vornehmlich in die Taschen einzelner Nobiles. Doch einfache Bürger profitierten ebenfalls, durch Beuteverteilungen und Steuerfreiheit (ab 168 v. Chr.). Auch der Horizont weitete sich; die Römer wurden vertraut mit griechischer Kultur und fremden Religionen.

indirekte Herrschaft

Außerhalb Italiens begnügten sich die Römer in den unterworfenen Gebieten teils mit indirekter Herrschaft, teils machten sie die Länder zu Provinzen. Diese waren rechtlich ebenso Ausland wie die Verbündeten in Italien, besaßen aber im Gegensatz zu diesen keine eigene Staatlichkeit mehr und waren zumindest grundsätzlich rechtlose Untertanengebiete. Anders als die Verbündeten waren die Provinzen Rom gegenüber steuerpflichtig. Sie hatten einmal ihre festen Tributen zu zahlen, zudem gab es indirekte Abgaben, Zölle und Ähnliches, und endlich unterlagen sie dem Beschlagnahmerecht des Statthalters für den Bedarf seiner Verwaltung. Hinzu kamen natürlich die Lasten für Kriege, die Rom führte, sowie Zahlungen an den Statthalter, um diesen zu bestimmten Entscheidungen zu bewegen.

System der Steuerpächter

Im Einzelnen war das System der Steuerveranlagung und -erhebung vielfältig. Es beruhte aber auf dem Prinzip, dass die Römer die Steuern nicht selbst eintrieben. Da sie keinen großen Apparat an Finanz- und Zollbeamten in den Provinzen unterhalten konnten und wollten, übertrugen sie das Eintreiben der Gelder an Privatleute bzw. Gesellschaften. Diese erwarben das Recht, die Steuern in einer Provinz zu erheben, indem sie auf einer Versteigerung zu Beginn eines jeden Jahres in Rom die höchste Vorauszahlung boten und auch gleich entrichteten. Der römische Staat hatte so eine gesicherte Einnahme, während die Steuerpächter natürlich versuchten, über den voraus entrichteten Betrag noch möglichst viel an zusätzlichen Profiten zu erzielen. Dazu war es oft nötig, den römischen Statthalter zu bestechen, damit er den Provinzialen auch gegen die ärgste Ausbeutung seinen Schutz verweigerte und die Steuerpächter gewähren ließ. Insgesamt war die römische Herrschaft in der Zeit der Republik für die Bevölkerung der Provinzen oft drückend, weil die römischen Nobiles ihre aus dieser Herrschaft erwachsende Aufgabe und Fürsorgepflicht nicht oder nur unzureichend wahrnahmen. Die Provinzen dienten in erster Linie dazu, Reichtum und militärischen Ruhm für den politischen Wettbewerb in Rom zu gewinnen.

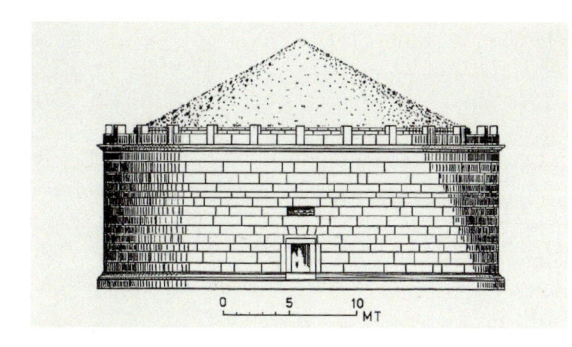

4 Rekonstruktionszeichnung des Grabes von L. Munatius Plancus in Caieta (heute Gaeta).

5 Eine aristokratische Leistungsbilanz

Lucius Munatius Plancus war 42 v. Chr. Konsul und spielte in der Umbruchzeit zwischen Republik und Kaiserzeit eine Rolle. An seinem monumentalen Grabbau in Caieta ließ er folgende Inschrift anbringen:

Lucius Munatius, Sohn des Lucius, Enkel des Lucius, Plancus, Konsul, Zensor, zweimal (von seinen Truppen zum) Imperator (ausgerufen), Mitglied des Priesterkollegiums der sieben Epulones, feierte einen Triumph über die Raeter, ließ aus der Kriegsbeute den Saturn-Tempel (neu) erbauen, verteilte Land bei Benevent, gründete in Gallien die Städte Lugdunum (= Lyon) und (Augusta) Raurica (= Augst).

Inscriptiones Latinae Selectae, hrsg. v. H. Dessau. Berlin 1892–1916, Nr. 886. Übers. Verfasser.

6 Dank eines neuen Konsuls an das Volk

Wenige Tage nach Antritt des Konsulats hielt Cicero vor dem Volk auf dem Comitium eine Rede, in der er gegen die Initiative des Volkstribunen Rullus Stellung bezog; dieser wollte per Gesetz Land beschaffen, um für besitzlose Römer Bauernstellen einzurichten. Doch einleitend spricht Cicero über sich selbst:

Sitte und Herkommen der Vorfahren wollen es so, Bürger: Wer durch eure Gunst das Recht erlangt hat, die Bilder seiner Ahnen aufzustellen, der verbinde in der ersten Ansprache, die er an euch richtet, den Dank für eure Gewogenheit mit dem Preis seiner Väter. In dieser Rede zeigt sich mitunter, dass einige der Stellung ihrer Vorfahren würdig sind. Die meisten aber rufen nur den Eindruck hervor, man verdanke ihren Vorfahren so viel, dass man auch für ihre Nachkommen noch tief in ihrer Schuld stehe. Ich habe keinen Anlass, vor euch über meine Vorfahren zu reden; sie waren gewiss ebenso, wie ihr mich hier seht, der ich von ihnen abstamme und von ihnen erzogen worden bin; doch ihnen wurde nie eine Auszeichnung des Volkes und der Glanz eines von euch verliehenen Amtes zuteil. […] Nach einer sehr langen Unterbrechung, die fast die ganze Zeit unserer Erinnerung ausfüllt, habt ihr mich als ersten Neuling zum Konsul gemacht; ihr habt unter meiner Leitung den Platz freigelegt, den der Adel durch Schanzen gesichert und auf jede Weise versperrt hatte, und so bekundet, dass er auch in Zukunft der Tüchtigkeit offenstehen solle. Und ihr habt mich nicht schlechtweg zum Konsul gemacht, was schon an sich eine hohe Ehre ist, sondern so, wie nur wenige Adlige in diesem Staate Konsuln geworden sind und vor mir kein einziger Neuling. Denn wahrhaftig, wenn ihr einmal die Neulinge durchgehen wollt, so werdet ihr feststellen: Wer ohne vorherige Abweisung (im nächsten Anlauf) Konsul wurde, der wurde es erst nach langwierigen Bemühungen und durch irgendwelche besonderen Umstände, nachdem er sich viele Jahre nach seiner Prätur und erheblich später beworben hatte, als die gesetzlich vorgeschriebenen Altersgrenzen zuließen. Wer sich dagegen zum frühesten Zeitpunkt bewarb, der wurde nicht ohne vorherige Abweisung Konsul; ich bin also der einzige unter allen Neulingen, von denen wir wissen, der sich um das Konsulat bewarb, als es ihm zum ersten Male gestattet war, und der Konsul wurde, als er sich zum ersten Male beworben hatte.

[…] Schon dies ist eine hohe Ehre, […]. Und trotzdem kann nichts großartiger und auszeichnender sein als dies, dass ihr bei meiner Wahl nicht nur die Stimmtafeln als geheime Bürgen eurer Freiheit abgegeben habt, sondern in laute Rufe als Zeichen eurer Geneigtheit und eures Vertrauens zu mir ausgebrochen seid. So hat mich nicht erst der Schluss der Stimmenauszählung, sondern bereits euer erstes Zusammenströmen, nicht das Rufen der einzelnen Herolde, sondern ein einziger Ruf des gesamten römischen Volkes zum Konsul erklärt. Ein so ausgezeichneter, so einzigartiger Gunstbeweis von eurer Seite, Bürger, scheint mir ein gewichtiger Anlass, von tiefer Befriedigung und Freude, aber noch mehr, von Sorge und Bangigkeit erfüllt zu sein. Denn mich beschäftigen viele bedrückende Gedanken, Bürger, die mir weder bei Tage noch bei Nacht irgendwelche Ruhe gönnen. Hierbei geht es hauptsächlich um die Wahrung des Konsulats. Das ist schon für alle eine schwierige und große Aufgabe, doch für mich noch mehr als für andere: Wenn ich einen Fehler begehe, wartet keinerlei Nachsicht auf mich. […] Für mich kommt noch eine sehr große Mühe und ein äußerst schwieriger Grundsatz der Konsulatsführung hinzu: Ich habe mir vorgenommen, nicht dieselbe Regel und Richtschnur zu befolgen wie die früheren Konsuln, die den Zugang zu dieser Stätte und euren Anblick teils peinlich gemieden, teils nicht sonderlich gesucht haben. Ich aber spreche es nicht nur hier aus, wo es sich am leichtesten aussprechen lässt, sondern habe selbst vor dem Senat, der für diese Verlautbarung gar nicht geeignet schien, in meiner Antrittsrede am 1. Januar erklärt, ich wolle ein volkstümlicher (popularis) Konsul sein. Denn ich sehe ja, dass mich nicht das Bestreben Mächtiger, nicht die über-

Rom

ragende Gunst weniger, sondern das Urteil des gesamten römischen Volkes zum Konsul gemacht hat.

<small>Cicero: Zweite Rede gegen das Ackergesetz, §§ 1–5 und 7. Übers. M. Fuhrmann (mit kleinen Änderungen).</small>

7 Die „Verfassung" der römischen Republik

Seit dem Ende des 18. Jahrhunderts bezeichnet „Verfassung" die Gesamtheit der Vorschriften und Gewohnheiten, welche die Grundlage der politischen Organisation eines Staates bilden.
5 *Dazu gehört die tägliche politische Praxis und die Art, wie sich verschiedene politische Machtzentren (etwa: Regierung, Parlament und Parteien oder Bund und Länder) aufeinander einspielen. In den meisten Staaten der Gegenwart meint Verfassung daneben im engeren Sinn auch ein besonderes Dokument,*
10 *einen Text, der häufig die Begründung eines Staates begleitete (wie die Verfassung der Vereinigten Staaten von 1787) oder seine Neugründung besiegelte (wie das Grundgesetz der Bundesrepublik Deutschland von 1949). Ein solches Dokument bestimmt den Rahmen des politischen Lebens, das Zusam-*
15 *menspiel der Gewalten, Institutionen und Verfassungsorgane und es benennt die Grundlagen, Grundüberzeugungen und Grundrechte, welche die Bürger eines Staates verbinden (sollen). Weil das Verfassungsdokument nicht alle möglichen Streitfälle voraussehend regeln kann, bedarf es der Interpretation und der*
20 *Fortentwicklung durch eine eigene Institution. Meist ist es ein Verfassungsgericht/Oberstes Gericht, welches über die Einhaltung und richtige Interpretation der Verfassung wacht. Das Verfassungsdokument zusammen mit dieser Interpretation und Fortschreibung bildet das sog. Verfassungsrecht eines Staates.*
25 *Nur in Großbritannien gibt es keine geschriebene Verfassung; hier meint Verfassung die Summe der Dokumente, Vereinbarungen und traditionellen Regeln, die nach allgemeiner Übereinstimmung das politische Leben steuern. – Eine geschriebene Verfassung kannten auch die Römer nicht. Cicero zählt aber*
30 *auf, was sie miteinander verband:*

a) Viele Dinge sind den Bürgern untereinander gemeinsam: das Forum, die Heiligtümer, die Säulenhallen und Straßen, die Gesetze, das Recht und das Gerichtswesen, die Traditionen, außerdem vielfältige persönliche und
35 geschäftliche Verbindungen.

<small>Cicero: Von den Pflichten. 1,53. Übers. Verfasser.</small>

b) Das Gemeinwesen (res publica) ist zu definieren als die Sache des Volkes (res populi), aber nicht jede irgendwie zusammengescharte Versammlung von Menschen stellt ein Volk dar, sondern nur die Versammlung einer
5 Menge, die durch eine übereinstimmende Rechtsauffassung und gemeinsamen Nutzen verbunden ist. Der erste Beweggrund für eine solche Vergemeinschaftung ist aber nicht die Schwäche, sondern die sozusagen natürliche Geselligkeit des Menschen, ist doch die Gattung nicht auf
10 Vereinzelung angelegt, sondern so geartet, dass sie nicht einmal im Überfluss auf Gemeinschaft verzichten kann.

<small>Cicero: Über den Staat. 1,39. Übers.: Verfasser.</small>

8 Adlige
heben sich bis heute durch eine aktive Erinnerung an ihre Vorfahren von den „gewöhnlichen" Menschen ab. Die abgebildete, 165 cm große Statue (1. Hälfte 1. Jh. n. Chr.) stellt einen vornehmen Römer in der Toga mit zwei Ahnenbildnissen dar. Rom, Konservatorenpalast.

9 Ein römischer Bürger stimmt ab.
Ihr Stimme abgeben konnten römische Bürger nicht nur für Kandidaten bei Wahlen, sondern auch bei Abstimmungen über Gesetzesanträge, die meist von einem Volkstribunen eingebracht wurden. Diese Silbermünze, ein Denar aus dem Jahr 63 v. Chr., zeigt einen Bürger, der eine Ja-Stimme („uti rogas" – „wie du beantragst") in eine Urne einwirft. Die Beischrift nennt den (jungen) Jahresbeamten, der als Tresvir (III VIR, Mitglied eines Dreimännerkollegiums) die Denare im Auftrag des Senats prägen ließ: LONGIN(US) III V(IR).

Rom

10 Das Herrschaftsgebiet Roms im Jahr 44 v. Chr.

11 Ein Grieche staunt

Um 150 v. Chr. schrieb der Grieche Polybios in einem Geschichtswerk, das den Aufstieg Roms zur Weltmacht zum Thema hatte:
Denn das Außerordentliche der Ereignisse, über die wir zu schreiben beabsichtigen, dürfte allein schon für jeden, ob jung oder alt, ein hinreichend starker Anreiz sein, sich dem Studium unseres Werkes zu widmen. Denn wer wäre so gleichgültig, so oberflächlich, dass er nicht zu erfahren wünschte, wie und durch was für eine Art von Einrichtung und Verfassung ihres Staates beinahe der ganze Erdkreis in nicht ganz dreiundfünfzig Jahren (gemeint ist die Zeit von 220 bis 168 v. Chr.) unter die alleinige Herrschaft der Römer gefallen ist?

Die Römer jedoch haben sich nicht nur einzelne Teile, sondern beinahe die ganze Erde untertan gemacht und damit ihre Herrschaft zu einer Höhe erhoben, dass keine frühere Macht sich mit ihnen messen kann, keine spätere wird sie übertreffen können. […]

In den vorangehenden Zeiten (d.h. vor 220 v. Chr.) lagen die Ereignisse der Welt gleichsam verstreut auseinander, da das Geschehen hier und dort sowohl nach Planung und Ergebnis wie räumlich geschieden und ohne Zusammenhang blieb. Von diesem Zeitpunkt an aber wird die Geschichte ein Ganzes, gleichsam ein einziger Körper, es verflechten sich die Ereignisse in Italien und Libyen mit denen in Asien und Griechenland, und alles richtet sich aus auf ein einziges Ziel. Daher haben wir auch diesen Zeitpunkt als den Anfangspunkt unseres Geschichtswerkes gewählt. Denn nachdem die Römer in dem erwähnten Krieg die Karthager besiegt hatten und damit den größten, den entscheidenden Schritt auf dem Wege zur Weltherrschaft glauben durften getan zu haben, da zuerst wagten sie, ihre Hände nach dem Übrigen auszustrecken und mit Heeresmacht nach Griechenland und dem asiatischen Raum hinüberzugehen.

Polybios. 1,1,4–5; 1,2,7; 1,3,3–6. Übers. H. Drexler.

12 Wofür führen Römer Krieg?

Im Jahr 56 wurde in Rom u.a. darüber verhandelt, ob Caesar als Proconsul in Gallien abgelöst werden sollte. Cicero wendet sich dagegen und spricht dabei die beiden großen Kriegsschauplätze der jüngsten Vergangenheit an: den Osten und den Nordwesten:

Schon seit langem sehen wir, dass sich das unendliche Meer, auf dessen wogende Fläche nicht nur die Schifffahrt, sondern auch die Gemeinden und der militärische Nachschub angewiesen sind, dank der Tüchtigkeit des Gnaeus Pompeius vom (Atlantischen) Ozean bis in den äußersten Winkel des Schwarzen Meeres so fest in der Gewalt des römischen Volkes befindet, als handele es sich um einen einzigen sichern und ringsum geschützten Hafen, dass die Völker, die mit der Zahl der Einwohner und allein durch ihre Masse unsere Provinzen hätten überfluten können, von demselben Pompeius teils in ihrem Bestand gemindert, teils zurückgedrängt worden sind und dass demzufolge Asien, bisher die Grenze unseres Reiches, nunmehr von drei neuen Provinzen umschlossen ist. [...] Sämtliche Völker, die es (dort) gibt, sind teils in dem Maße ausgemerzt, dass sie kaum noch existieren, teils derart niedergezwungen, dass sie Ruhe geben, und teils so an den Frieden gewöhnt, dass sie unsere siegreiche Herrschaft freudig hinnehmen.

Der Krieg in Gallien, versammelte Väter, ist erst unter dem Kommando Gaius Caesars ernsthaft geführt, zuvor ist er lediglich hingehalten worden. [...] Gaius Caesar hat sich [...] von ganz anderen Grundsätzen leiten lassen. Er glaubte nämlich, [...] ganz Gallien in unsere Gewalt bringen zu sollen. So hat er die kriegerischen Stämme der Germanen und Helvetier in gewaltigen Schlachten vollständig besiegt und die übrigen eingeschüchtert, zurückgedrängt, niedergezwungen und daran gewöhnt, die Herrschaft des römischen Volkes zu ertragen – Gegenden und Stämme, von denen wir früher durch kein Literaturwerk, keine Nachricht, keine Kunde etwas wussten, erschlossen sich unserem Feldherrn und unserem Heere und den Waffen des römischen Volkes.

Wir haben bisher nur einen Saum von Gallien besessen, versammelte Väter. In den übrigen Gebieten hausten Stämme, die Feinde unseres Reiches oder unzuverlässig oder unbekannt oder jedenfalls furchtbare, kriegerische Barbaren waren – nie kam es jemandem in den Sinn, diese Völkerschaften zu bezwingen und zu unterwerfen. Seit dem Bestehen unserer Herrschaft hat jeder, der gehörig über unseren Staat nachdachte, geglaubt, dass kein Land unserem Reiche so gefährlich sei wie Gallien. Doch wegen der Stärke und der Zahl der dort beheimateten Stämme haben wir nie zuvor gegen alle Krieg geführt; wir haben nur stets zurückgeschlagen, wenn wir angegriffen wurden. Jetzt endlich haben wir erreicht, dass sich unsere Herrschaft ebenso weit erstreckt wie die dort liegenden Landgebiete.

Cicero: Über die konsularischen Provinzen. 31–33. Übers. M. Fuhrmann.

13 Die stabilste Verfassung

Wie schon in seiner Staatsdefinition (M 7b) greift Cicero auch bei seinen Überlegungen, welche Art von Verfassung die beste, weil stabilste sei, auf ältere Theorien der griechischen politischen Theorie zurück:

Am besten ist diejenige Form von Herrschaft, die ausgeglichen und gemäßigt aus den drei reinen Herrschaftsformen hervorgegangen ist. Es ist nämlich richtig, dass es im Staat ein herausragendes und gleichsam monarchisches Element geben sollte, dass andere Aufgaben der Autorität der führenden Männer zugeteilt und übertragen werden und dass bestimmte Dinge dem Urteil und dem Willen des Volkes zugewiesen werden. Diese Verfassung weist erstens eine gewisse Ausgeglichenheit aus, auf die freie Menschen kaum für längere Zeit verzichten können, dann aber auch eine Festigkeit, weil jene reinen Herrschaftsformen leicht (von ihren Vorzügen) in die entgegengesetzten Mängel umschlagen können, und zwar so, dass aus dem König ein Tyrann, aus den Adligen eine Clique, aus dem Volk der wirre Haufen der Masse wird. Außerdem schlägt eine Herrschaftsform oft in eine andere um. Das aber kommt in der verbundenen und maßvoll gemischten Verfassung des Gemeinwesens kaum vor, es sei denn durch große Verfehlungen der führenden Gestalten.

Cicero: Über den Staat. 1,69. Übers. Verfasser.

Arbeitsvorschläge

a) Charakterisieren Sie die politische Ordnung der römischen Republik. Warum ist es gar nicht so leicht, sie auf einen Begriff zu bringen?
b) Tragen Sie zusammen, was Darstellung, Quellen und Materialien über die römische Religion zu sagen haben und informieren Sie sich über deren Eigenart (Nachschlagewerke). Was versteht man heute unter der „Trennung von Religion und Staat"? Gab es in Rom eine solche?
c) Erläutern Sie, was die Römer unter einem „Neuling" (homo novus, M 6) verstanden. Warum gab es nicht viele solcher „Neulinge"?
d) Die Ausschnitte aus Werken Ciceros (M 6 – M 8) entwerfen offenbar unterschiedliche Bilder vom politischen Leben und der Verfassung Roms. Was könnte die Ursache dieser Unterschiede sein?
e) Erarbeiten Sie die Etappen der römischen Expansion.
f) Stellen Sie zusammen, welche Faktoren den Aufstieg Roms zur Weltmacht ermöglichten. Welche Rolle spielte die Nobilität dabei?
g) Charakterisieren Sie, wie die Römer in der Zeit der Republik ihre Herrschaft verstanden und wie sie sie ausübten.
h) Welchen Zusammenhang stellt Polybios zwischen Weltmacht und Weltgeschichte her?

Methode: Ein neues Thema erschließen

Auf den Spuren eines Römers: Marcus Tullius Cicero

Im vorigen Abschnitt haben Sie von einem prominenten Römer gelesen: Marcus Tullius Cicero. Wenn Sie nun aus eigenem Interesse mehr über ihn erfahren wollen oder den Auftrag bekommen, ihn in einem Referat oder einer kleinen Präsentation vorzustellen, dann werden Sie bald feststellen, dass es nicht schwierig ist, dafür Informationen und Material zu finden. Sie werden vielmehr auf eine gewaltige Fülle stoßen, und die beiden wichtigsten Fragen sollten dann lauten: Was ist *wichtig* und was nicht, was ist *richtig* und was nicht?

Der scheinbar einfachste Weg ist natürlich, zunächst einmal zu „googlen", also „Cicero" oder auch „Marcus Tullius Cicero" in eine Internet-Suchmaschine einzugeben. Das Ergebnis werden etwa 581 000 Treffer sein. Die können Sie unmöglich alle der Reihe nach anklicken; außerdem wissen Sie nicht, nach welchen Kriterien die Weblinks angeordnet sind. Sie werden auf seriöse Seiten von Universitäten geführt werden, zu Illustriertenartikeln oder Webseiten von begeisterten Lateinschülern. Grundsätzlich finden Sie im Internet fast alles, aber ein großer „Haufen" von Informationen und Ansichten hat nichts mit Wissen zu tun. Wissen ist in sich geordnet und zugleich vernetzt, da aber jeder Lernende andere Ordnungsmuster, Fragen, Interessen und Querverbindungen hat, stellt Wissen etwas sehr Individuelles und Persönliches dar. Das gilt besonders für geschichtliches Wissen, auch deshalb, weil dieses sehr eng mit der Sprache verbunden ist.

Doch zurück zur Recherche über Cicero. Das Internet hilft in der Regel sehr, wenn es darum geht, Bilder zu finden, also etwa ein antikes Porträt von Cicero. Doch nutzen solche Bilder wenig, wenn nicht seriöse Informationen etwa über die Datierung, Größe und Herkunft beigefügt sind oder wenn Sie zum Beispiel nicht erfahren, ob das Porträt als lebensnah gelten kann. Wenn Sie aber bei der Suche auf die Seite eines Archäologischen Instituts an einer Universität stoßen, sind Sie meist auf der sicheren Seite. Besonders reiches Material bieten hier oft entsprechende amerikanische Institutionen (leicht erkennbar am Adressbestandteil „edu").

Wenn sich Historiker ein neues Gebiet oder eine historische Person erschließen möchten, gehen sie einen anderen Weg. Vereinfacht gesagt hat dieser Weg folgende Etappen, die hier am Beispiel „Cicero" erläutert seien:
- Einen ersten Überblick bieten Artikel in großen und anerkannten **Lexika** und **Enzyklopädien**. Dabei unterscheidet man allgemeine (z. B. Brockhaus; Meyer; Encyclopedia Britannica) und fachspezifische Werke. Letztere nennen zu den meisten Stichwörtern auch weitere Literatur (siehe z. B.: *Stefan Link, Wörterbuch der Antike, 11. Aufl. Stuttgart 2002* oder ausführlicher: *Der neue Pauly, 15 Bände, 1996–2003*). Vorsicht ist bei der viel benutzten Internet-Enzyklopädie „Wikipedia" geboten, weil dort die Artikel nicht von namentlich bekannten Fachleuten, sondern von ungenannten Benutzern verfasst sind!
- Jedes „Fach" hat seine bekannten und anerkannten **Handbücher**; das sind Werke, in denen Kenner gesichertes Wissen und verschiedene Interpretationen (eigene und fremde) kompakt zusammenfassen und dabei die Materialgrundlage verzeichnen. Außerdem gibt es – gerade in der Geschichte – **Darstellungen**, die den weiteren Zusammenhang bieten, etwa eine „Römische Geschichte" oder eine „Geschichte der späten Republik" (Eine gut lesbare neuere Darstellung: *Tom Holland*, Die Würfel sind gefallen. Der Untergang der Römischen Republik, Berlin 2004). Wenn es um eine bekannte Persönlichkeit geht, liegen in der Regel auch mehrere **Biographien** vor.

Dieses **Cicero-Porträt** ist entstanden nach Ciceros Tod und geht wahrscheinlich auf ein zu Lebzeiten entstandenes Original zurück. Ungewöhnlich ist der leicht geöffnete Mund.

Ausschnitt aus der mittelalterlichen Handschrift eines Werkes von Cicero über die Redekunst (11. Jahrhundert). S(A)EPE ET MULTUM HOC MECU(M) COGITAVI bonine an mali plus attulerit hominibus et civitatibus copia dicendi, ac su(m)mu(m) eloquenti(a)e studiu(m). – „Oft und viel habe ich bei mir überlegt, ob das viele Reden und das intensive Studium der Redekunst Menschen und Staaten mehr Gutes oder Schlechtes bringt."

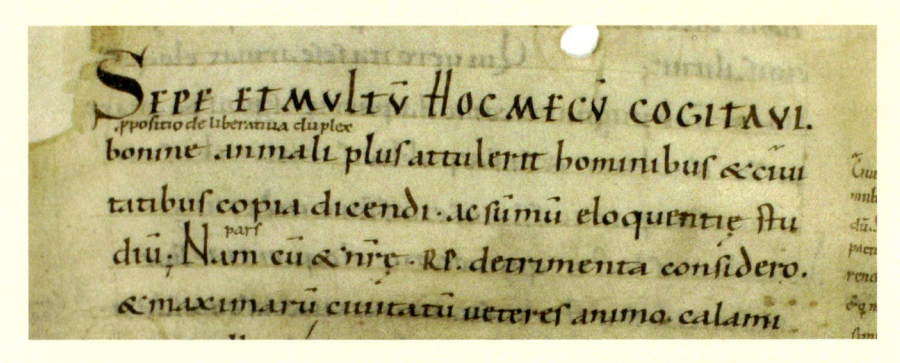

- Kontinuierliche eigene Aufzeichnungen helfen, sich das Gelesene wirklich zu eigen zu machen; das können wichtige Daten sein, ferner Begriffe, Thesen und wörtliche Zitate. Immer im Mittelpunkt sollten aber die **eigenen Fragen** stehen: Was interessiert mich an dem Thema eigentlich? Warum erscheint es mir wichtig? Leuchtet mir ein, was ich lese? Kann ich das Neue mit etwas verbinden, was ich schon weiß?
- Nach dem ersten Einlesen und parallel zur weiteren Lektüre greifen Historiker schon früh zu **Quellen**, um einen eigenen, unverstellten Zugang zum Thema zu gewinnen, um herauszufinden, was wir eigentlich wissen können und worüber Aussagen möglich sind, und um ein Gefühl für die Sprache und die Vorstellungen der jeweiligen Zeit zu gewinnen. Gerade im Falle von Cicero funktioniert das sehr gut, denn er hat zahlreiche Schriften verschiedenster Art hinterlassen: Reden, Briefe sowie Abhandlungen über Redekunst und Philosophie. Es gibt auch eine antike Biographie von Plutarch über ihn, die allerdings erst lange nach seinem Tod verfasst wurde.

Anregungen und Aufgaben

a) Suchen Sie auf einer Buchhandel-Webseite (z. B. www.amazon.de, www.libri.de) nach Cicero. Sie werden Biographien und historische Romane finden, außerdem Werke von ihm selbst. Suchen Sie sich ein Buch aus und stellen Sie es dem Kurs vor.

b) Die folgende Stammtafel gibt Ciceros Familienverhältnisse schematisch wieder. Versuchen Sie, die Stammtafel zunächst zu entschlüsseln und in Worte zu fassen. Wenn Sie eine oder mehrere der Informationen merkwürdig oder interessant finden, versuchen Sie, Näheres herauszufinden.

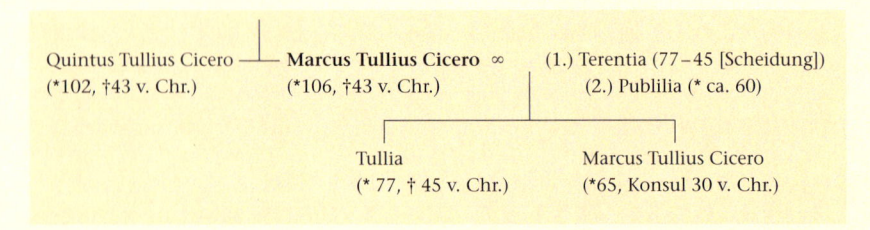

```
Quintus Tullius Cicero ——— Marcus Tullius Cicero  ∞   (1.) Terentia (77–45 [Scheidung])
(*102, †43 v. Chr.)          (*106, †43 v. Chr.)       (2.) Publilia (* ca. 60)
                                      |
                          Tullia                  Marcus Tullius Cicero
                          (* 77, † 45 v. Chr.)    (*65, Konsul 30 v. Chr.)
```

c) Erstellen Sie eine Wandzeitung/Ausstellung/Webpräsentation zum Thema: „Ein rastloser Republikaner: Marcus Tullius Cicero".

d) Wenn an Ihrer Schule Latein unterrichtet wird: Bitten Sie eine Lateinlehrerin/einen Lateinlehrer, die Textauszüge aus Werken Ciceros, die im vorigen und im folgenden Abschnitt zu finden sind, im lateinischen Original vorzutragen. Fragen Sie, warum ihr/ihm Cicero wichtig oder nicht wichtig, sympathisch oder unsympathisch ist.

2.1.3 Die Auflösung der Römischen Republik

Die Römische Republik hat aufgrund ihres historischen Erfolgs immer wieder großes Interesse gefunden. Man beutete ihre Geschichte als Arsenal politischer Klugheit aus, bewunderte ihre Ausdauer im Krieg und pries die Tugend ihrer führenden Männer (und einiger Frauen). Doch am Ende scheiterte die Republik als politisches System. Während die Machtposition Roms nach außen unangefochten blieb, wurde die alte Ordnung durch die Herrschaft von „starken Männern" abgelöst, die wir als römische Kaiser bezeichnen. Und diese Umwälzung verlief spektakulär und gewaltsam, weswegen manche Historiker von einer Revolution sprechen: Auf Totschlagsexzesse mitten in Rom folgten Adlige, die mit militärischer Gewalt ihre Ziele durchzusetzen suchten, folgten Todeslisten, Enteignungen, Straßenschlachten und regelrechte Bürgerkriege, die am Ende mit vierzig und mehr Legionen ausgekämpft wurden.

Das Institutionengefüge bot wenig Halt, im Gegenteil. Es war über einen langen Zeitraum hinweg entstanden und daher nicht frei von Widersprüchen. So besaß das oberste Amt zwar eine starke Machtbefugnis (imperium). Gegen die Zwangsgewalt der Oberbeamten hatten aber einst, im 5. Jahrhundert v. Chr., die Plebejer eine Gegenkraft geschaffen in Gestalt der Volkstribune, die für sich in Anspruch nahmen, Amtshandlungen etwa eines Konsuls zu unterbinden. Als das Volkstribunat nach dem Ausgleich zwischen Patriziern und Plebejern ein „normales" Amt geworden war, behielt es diese negative Kompetenz (veto, „ich verbiete") – und auch etwas von dem Potential, Politik notfalls gegen die Mehrheit des Senats zu machen. Das bereitete so lange keine Probleme, wie innerhalb der politischen Führungsschicht eine unbefragte Übereinstimmung über die Gültigkeit dieses Systems bestand und das Volk sich gut aufgehoben fühlte.

Doch die regierende Aristokratie gehorchte zwei Prinzipien, die miteinander in Widerspruch standen: der prinzipiellen Gleichheit (die lediglich durch die objektiven Amtsränge in sich differenziert war) und dem scharfen Wettbewerb um Ruhm, Ehre, Prestige, Geld und Anhängerschaften. Dieser Wettbewerb aber wurde mit dem zunehmenden Erfolg der Republik nach außen immer härter, die Verteilung der Chancen dabei aber immer ungleicher. Denn einige große Feldherren erfochten so glorreiche Siege und brachten so viel Beute mit nach Hause, dass die Masse der anderen Senatoren mit ihnen kaum mehr konkurrieren konnte. Eine reflexartige Reaktion auf diesen intensivierten und zugleich gestörten Wettbewerb erwies sich auf lange Sicht als verheerend: An sich notwendige sozial- oder herrschaftspolitische Steuerungsmaßnahmen – wir würden heute Reformen sagen – wurden verhindert oder gar nicht erst angepackt, weil man fürchtete, derjenige, der sie anpackte und umsetzte, würde einen persönlichen Karrierevorteil daraus ziehen. Es gab keine Parteien, die sich bestimmter politischer Probleme und Interessen – etwa der Bauern, der armen Stadtbevölkerung Roms oder der Verbündeten – längerfristig hätten annehmen können. So stand hinter jedem Thema zugleich ein ehrgeiziger Proponent. Weil er nur in seinem einen Amtsjahr etwas bewegen konnte, war er bestrebt, rasch Erfolge vorzuweisen. Danach, ohne Amt, hatte er kaum noch Möglichkeiten, sein Vorhaben weiterzuverfolgen – oder er musste die Regeln brechen.

So wurde ein gut begründbares Projekt zwischen individuellem Ehrgeiz und kollektiver Blockade zerrieben. 133 v. Chr. brachte der Volkstribun Tiberius Gracchus (162–133), Sohn eines höchst erfolgreichen und angesehenen Nobilis, einen Gesetzesantrag ein. Dieser sah im Kern vor, Großgrundbesitzern Ackerland wegzunehmen, das dem Staat gehörte, das sie aber schon lange bewirtschafteten

Aufstieg der Volkstribune

Patrizier

1 **Münze mit Feldzeichen.** Der Silberdenar ist durch die Angabe der beiden CO(n)S(uln) L.LEN(tulus) (auf diesem Exemplar nur teilweise erhalten) und C. MARC(ellus) auf 49 v. Chr. datiert. Er zeigt einen Legionsadler (*aquila*), eingerahmt von zwei Standarten (*signa*). Der Adler für jede Legion (6000 Mann) wurde von Gaius Marius eingeführt.

Rom

2 Münze der sezessionistischen Italiker
Rückseite einer Münze der Sezessionisten aus dem Bundesgenossenkrieg (90–88 v. Chr.): Der italische Stier zertrampelt die römische Wölfin. Von rechts nach links ist das oskische Wort VITELIU = Italia zu lesen.

und praktisch als ihr Eigentum betrachteten, dieses Land dann aufzuteilen und es besitzlosen Bürgern zur Verfügung zu stellen, damit sie sich eine eigene Existenz aufbauen und auch wieder Militärdienst leisten konnten – in der römischen Milizarmee mussten sich die Kämpfer selbst ausrüsten, weswegen nur Männer mit einem gewissen Vermögen herangezogen werden konnten. Tiberius war entschlossen, sein durchaus sinnvolles und moderates Projekt auch gegen den teils sachlich begründeten, teils egoistischen Widerstand der Senatsmehrheit durchzusetzen. Man kann im Detail – wofür hier kein Platz ist – sehr schön sehen, wie der Konflikt eskalierte, weil keiner nachgeben wollte und weil sich beide Seiten auf Verfassungsgrundsätze und Gewohnheiten berufen konnten, die gültig, aber im Ergebnis eben einander entgegengesetzt waren. Eine oberste Schiedsinstanz gab es nicht. Nachdem Tiberius das Gesetz durchgebracht hatte, setzten seine Gegner im Senat darauf, ihn nach Ablauf seines Amtsjahres zu belangen und seine Maßnahmen rückgängig zu machen. Tiberius strebte daher gegen alle Regeln seine unmittelbare Wiederwahl an. Vielen sah das verdächtig nach Alleinherrschaft aus, denn ein Dauer-Volkstribun mit seiner Immunität, seinem Recht zur Gesetzesinitiative in der Volksversammlung und dem Volk hinter sich schien kaum zu stoppen. So stürzte sich eine Gruppe entschlossener Senatoren auf Tiberius und schlug ihn tot. Mit ihm starben dreihundert seiner Anhänger.

Damit war die Gewalt in den Binnenraum der Politik in Rom eingebrochen. Auch Gaius Gracchus, der jüngere Bruder des Tiberius, fand einen gewaltsamen Tod, nachdem er die Politik seines Bruders wieder aufgenommen, aber auch zugespitzt hatte. Gaius führte sozusagen weitere Gruppen auf das politische Feld, indem er ihre Interessen zu politischen Themen machte. Das betraf etwa die Ritter oder die Verbündeten. Und es betraf am Ende auch die Soldaten, nachdem Gaius Marius (ca. 158–86) am Ende des 2. Jahrhunderts v. Chr., als sich Rom durch Verbände von germanischen Migranten, den Kimbern und Teutonen, bedroht sah, auch besitzlose Bürger in die Armee aufgenommen und diese insgesamt professionalisiert hatte. Diese erwarteten, nach ihrer Dienstzeit Land und Geld zu erhalten, um sich eine selbständige Existenz aufbauen zu können. Ihre Forderungen und Bedürfnisse fanden jedoch beim Senat meist wenig Aufmerksamkeit; die Augen und Wünsche dieser Legionäre richteten sich folgerichtig auf den Feldherrn, ihren Patron – und ihm allein galt ihre Loyalität, zumal dann, wenn schon der Feldzug beuteträchtig zu werden schien oder bereits gewesen war.

Bundesgenossenkrieg

Schwer wog die wachsende Bereitschaft, Gewalt anzuwenden. In Rom gab es keine Polizei, man stand Unruhen hilflos gegenüber, selbst Konsuln wurden mitunter eingeschüchtert oder sogar verprügelt. Einen furchtbaren Qualitätssprung bedeutete der Bundesgenossenkrieg (91–88), als sich viele der verbündeten Städte und Völker in Italien von Rom lossagten, nachdem sie ihre Interessen und berechtigten Anliegen in der stadtrömischen Politik nicht hatten zu Gehör bringen können. Erst nach blutigsten Kämpfen konnten diese Sezessionisten besiegt werden. In einzelnen Regionen kam es zu regelrechten Gewaltexzessen, und die Hemmschwelle, die eigenen Interessen gewaltsam durchzusetzen, sank für Politiker und Soldaten enorm – und dauerhaft.

Dictatur des Sulla

88 v. Chr. marschierte mit Lucius Sulla (138–78) erstmals ein Konsul mit Truppenmacht nach Rom, nachdem ihm ein Volkstribun das Kommando für einen beuteträchtigen Feldzug im Osten hatte wegnehmen und auf Marius übertragen wollen. Als er 83 zurückkehrte, fegte er die ihm feindliche Regierung in Rom in einer regelrechten Schlacht weg und ließ sich zum Dictator mit umfassenden Vollmachten ernennen. Doch seinem Versuch, nach dem Bürgerkrieg durch Todeslisten, die Beförderung eigener Anhänger und institutionelle Reformen die

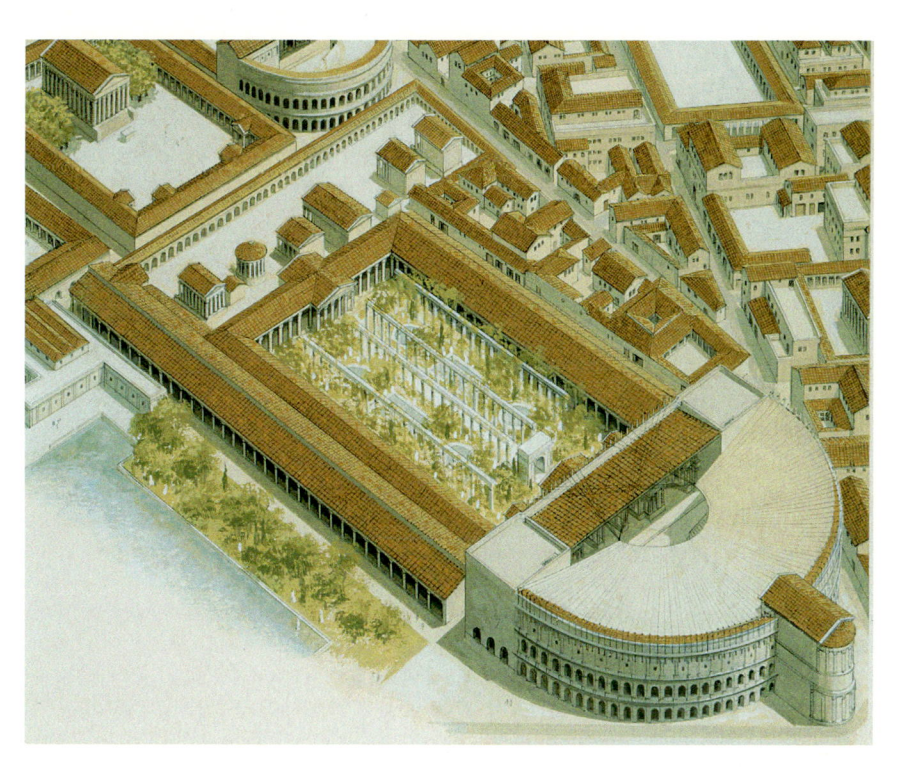

4 Monarchisierungstendenzen in der ausgehenden Republik lassen sich auch in einzelnen großen Bauprojekten in Rom erkennen. Die Rekonstruktionszeichnung zeigt das in den 50er Jahren des 1. Jh. errichtete Theater des Pompeius auf dem Marsfeld mit der angeschlossenen Gartenanlage. Erstmals wurde ein solcher Bau dauerhaft in Stein errichtet; er bot etwa 40 000 Zuschauern Platz. Über den Zuschauern erhob sich ein Tempel der „Siegreichen Venus".

ungeschmälerte Herrschaft des Senats und weniger Familien in ihm zu sichern, war kein dauerhafter Erfolg beschieden – auch wenn es in Rom und Italien selbst erst einmal für mehrere Jahrzehnte ruhiger wurde.

Doch Sullas Vorbild war in der Welt: der Marsch auf Rom, die gewaltsame Durchsetzung individueller Ansprüche und vor allem der Gedanke, die gewaltigen Ressourcen des Reiches des Reiches zu nutzen, um sich überragenden Ruhm, unermessliche Geldmittel sowie loyale Veteranen zu verschaffen und sich damit in Rom durchzusetzen.

Was den Erwerb einer derartigen Sonderstellung anging, so war Gnaeus Pompeius (106–48) Sullas gelehrigster Schüler. Im Bürgerkrieg warb er mit Anfang zwanzig eine Privatarmee an und stellte sie Sulla zur Verfügung; danach bekämpfte er in dessen Auftrag den Widerstand der Gegner in den Provinzen. 70 v. Chr. wurde er mit 36 Jahren Konsul, ohne vorher ein niederes Amt bekleidet zu haben. Kurz danach ließ er sich außerordentliche Heereskommanden mit großer Vollmacht übertragen, um zunächst Seeräuber, dann den König Mithradates zu bekämpfen, der sich in den östlichen Provinzen die verbreitete Erbitterung über die römische Herrschaftspraxis zunutze gemacht hatte. Nach seiner siegreichen Rückkehr besaß Pompeius Geld und Prestige wie kein zweiter Römer vor ihm, doch in der stadtrömischen Innenpolitik konnte sein Kapital kaum Zinsen bringen. Um auch nur seine zukunftsweisende Neuordnung von Kleinasien und dem Nahen Osten sowie die Versorgung seiner Veteranen bestätigt zu bekommen, musste sich Pompeius mit einem anderen überaus ehrgeizigen Aristokraten verbünden – mit Gaius Iulius Caesar (102/100–44).

3 Lebensgroßer Porträtkopf des Pompeius Kopie nach einem um 55 entstandenen Original. Die Darstellung vereint den „Realismus" römischer Porträttraditionen – hier: schmale Augen, Knollennase, Fleischigkeit – mit einer gewollten Botschaft: Die kühne Frisur der Stirnhaare sollte an Alexander den Großen erinnern, als dessen römisches Gegenstück sich Pompeius Magnus (latein. „der Große") gern angesprochen sah.

Caesar war politisch geschickter und hinsichtlich der Durchsetzung seines Ehrgeizes noch unbefangener als Pompeius. Als Konsul scheute er 59 v. Chr. die Konfrontation mit dem Senat nicht und als Prokonsul eroberte er binnen acht Jahren ganz

5 **Rückseite einer Goldmünze**, die Marcus Brutus 43 oder 42 v. Chr. für sein Heer vor der Schlacht von Philippi prägen ließ. Die Buchstaben EID(ibus) MAR(tiis) = „an den Iden des März" zeigt, wofür die Bildsymbole stehen. In der Mitte ist eine phrygische Mütze abgebildet. Recherchieren Sie, was sie bedeutet.

Gallien. Am Ende hatte er sich daran gewöhnt, ungeschmälert zu bekommen, was er beanspruchte. Eine entschlossene Gruppe von Caesar-Gegnern im Senat jedoch sah in ihm einen Tyrannen, weil er gleich wieder Konsul werden und also nicht wieder in die Reihe der anderen Adligen zurücktreten wollte. Es gelang den Caesar-Gegnern, Pompeius auf ihre Seite zu ziehen. Am Ende stand die Eskalation zum Bürgerkrieg, der Anfang 49 v. Chr. ausbrach.

Obwohl die militärische Lage für Caesar am Anfang nicht gut aussah, besiegte er die „Pompeianer", wie die Senatspartei nun hieß, bei mehreren Gelegenheiten in Italien, Griechenland, Spanien und Nordafrika. Das Reich war zum Arsenal und Schlachtfeld der Bürgerkriegsparteien geworden. Am Ende stand Caesar als Sieger dar, und er hüllte seine Alleinherrschaft in den Mantel eines alten Notstandsamtes, der Dictatur. Viele Adlige hegten wie Cicero noch die Hoffnung, die Dinge würden sich mit der Zeit normalisieren. Als aber Caesar sich Anfang 44 zum Dictator auf Lebenszeit und damit zum Monarchen proklamieren ließ, taten sich etwa 60 Verschwörer zusammen und ermordeten ihn während einer Senatssitzung an den Iden des März (15. März).

Doch die Hoffnung, mit dem Tyrannen wäre auch die Tyrannis beseitigt, erfüllte sich nicht. Denn im Sommer 44 trat ein junger Mann in Rom auf, den der Dictator in seinem Testament adoptiert hatte: sein Großneffe Gaius Octavius, der sich nunmehr Gaius Iulius Caesar nannte. Er war erst achtzehn und ohne jede Legitimation – aber er besaß Geld, Ehrgeiz und die Magie seines Namens. Denn die Soldaten hatten Caesar verehrt und wie viele Menschen in Italien und den Provinzen auch erwarteten sie vom zerstrittenen Senat nichts mehr, aber alles von einem großzügigen, respektvollen und charismatischen Patron. Indes spalteten sich die Caesaranhänger in das Lager des Adoptivsohnes und das von Marcus Antonius (82–30), einem Offizier und Freund des Ermordeten. Die beiden und dazu Marcus Lepidus, ein weiterer Caesaranhänger, kamen jedoch wieder zusammen, um die Attentäter unter der Führung von Marcus Brutus und Gaius Cassius zu bekämpfen. Nach dem Sieg in der Schlacht von Philippi (42 v. Chr.) brachen allerdings bald wieder die Rivalitäten zwischen den Potentaten auf. 31 v. Chr. schließlich fand vor der Küste von Actium (Griechenland) die größte Seeschlacht der jüngeren römischen Geschichte statt. Der junge Caesar siegte, und nachdem Antonius, der sich zwischenzeitlich mit der ägyptischen Königin Kleopatra zusammengetan hatte, gemeinsam mit dieser Selbstmord begangen hatte, war er wie sein Adoptivvater Herr über alle Legionen, alle Klientelen und alles Geld. Nur hatten dieses Mal Italien, das Reich, aber auch die Nobilität so furchtbar gelitten, dass sich nun alle Augen mit Bangen und Hoffen auf den neuen Herren richteten. Würde er der Retter sein?

6 Eine tapfere Frau

In der Zeit des sog. Triumvirats (43–33 v. Chr.), der kollektiven Militärdiktatur von Marcus Antonius, Gaius Iulius Caesar (Adoptivsohn Caesars und späterer Kaiser Augustus) und Marcus Lepidus, gab es immer wieder Verbannungen, Gewaltakte und Enteignungen. Daher sahen sich manche Frauen mit Aufgaben konfrontiert, die sonst nicht in ihrem Feld lagen. Ein namentlich nicht bekannter Mann schildert dies in der nach 27 v. Chr. verfassten Grabrede auf seine ebenfalls anonyme Ehefrau:

Verwaist warst du plötzlich vor dem Tag deiner Hochzeit, da deine Eltern in einer verlassenen Einöde gleichzeitig ermordet wurden. Dank dir vor allem – denn ich war in die Provinz Makedonien gegangen, der Mann deiner Schwester, Gaius Cluvius, in die Provinz Africa – blieb der Tod deiner Eltern nicht ungesühnt. Mit solcher Tatkraft erfülltest du, als du beharrlich Sühne fordertest und einklagtest, deine Kindespflicht, dass wir, wenn wir dagewesen wären, nicht mehr hätten tun können. Doch teilst du dieses Verdienst mit einer schlechthin untadeligen Frau, deiner Schwester. Während du dies betreibst, bist du von deinem Elternhaus seines Schutzes wegen nicht gewichen; nachdem aber die Täter hingerichtet waren, begabst du dich augenblicklich in das Haus meiner Mutter, wo du auf meine Ankunft wartetest. […]

Selten sind so langjährige Ehen, beendet erst durch Tod, nicht schon durch Scheidung auseinandergerissen: Beschieden war es uns, dass sie ohne Zwist annähernd 41 Jahre währte. […] Warum soll ich an deine häuslichen Tugenden erinnern, deine Züchtigkeit, deine Nachgiebigkeit, deine Freundlichkeit, deine Umgänglichkeit, deine Handarbeit, deine Hingabe an den Glauben ohne Aberglauben, deine unauffällige Kleidung, deine bescheidene Lebensführung? Warum soll ich von deiner Liebe zur Familie, deiner Anhänglichkeit sprechen, weil du meine Mutter in gleicher Weise wie deine Eltern umhegtest, dich ihr mit keiner anderen Einstellung widmetest als den Deinen, deine übrigen unzähligen Verdienste mit allen auf ihren guten Ruf achtenden Ehefrauen teiltest? Besondere sind es, die ich als deine in Anspruch nehme, und nur wenige Frauen gerieten in ähnliche Lagen, dass sie solches erlitten und geleistet hätten. […]

Vielfältige und beträchtliche Hilfen hast du zu meiner Flucht geleistet, mich mit Schmuckstücken dafür ausgerüstet, als du alles Gold und die Perlen, die du dir angelegt hattest, mir übergabst, und mich alsdann – die Wachposten unserer Gegner hattest du getäuscht – für die Zeit meiner Abwesenheit mit Sklaven, Geld und Vorräten reichlich versorgt. Nachdem du das beschlagnahmte Hab und Gut zurückgefordert hattest – ein Schritt, den zu unternehmen dein Mut dich anspornte –, suchte deine wunderbare Gattenliebe mich mit der Gnade derer zu schirmen, gegen die du diese Maßnahmen ergriffst. Nichtsdestoweniger jedoch ließest du deine Stimme mit Standfestigkeit vernehmen. Eine Bande, die aus wiederaufgefundenen Leuten zusammengelesen worden war von Milo, dessen Haus ich, als er Verbannter gewesen war, durch Kauf in meinen Besitz gebracht hatte, hast du, als sie die günstigen Gelegenheiten des Bürgerkriegs ausnutzen wollte, um einzubrechen und zu plündern, […] verjagt und unser Haus verteidigt. […]

Mit Recht sagte Caesar (Augustus), es sei dir zu verdanken, dass ich, den er seiner Heimat wiedergegeben habe, noch am Leben sei. Denn hättest du keine Vorkehrungen zu meiner Rettung getroffen, hätte er, als er sich für meine Rettung verwandte, seine Hilfe vergebens versprochen. So schulde ich mein Leben deiner Gattenliebe nicht weniger als Caesar. Wozu soll ich jetzt unsere vertraulichen und verborgenen Beratungen, unsere heimlichen Gespräche ausgraben? Wie ich, von überraschenden Nachrichten zu augenblicklichen und drohenden Gefahren aus dem Versteck gerufen, dank deiner Ratschläge gerettet wurde? […] Wie du nicht duldetest, dass ich mein Leben allzu wagemutig blindlings aufs Spiel setzte, mir vielmehr, wenn ich besonnenere Schritte erwog, sichere Schlupfwinkel verschafftest und zu Mitwissern deiner Pläne, um mich zu retten, deine Schwester und ihren Mann, Gaius Cluvius, wähltest, kurz, die gemeinsame Gefahr uns alle verband? Es möchte kein Ende nehmen, wenn ich mich unterfinge, es zu berühren. Genügen soll es für mich und für dich, dass ich mich glücklicherweise verborgen hielt. […]

Doch will ich gestehen, dass mir das Bitterste in meinem Leben durch das Los widerfuhr, das dich traf, nachdem ich dank der gütigen Entscheidung des abwesenden Caesar Augustus meiner Heimat bereits als Bürger wiedergegeben war. Denn als sein in Rom schaltender Kollege Marcus Lepidus von dir […] um die Wiederherstellung meiner Rechte ersucht wurde und du dich ihm zu Füßen geworfen hattest, wurdest du nicht nur nicht vom Boden aufgehoben, sondern der Verhöhnung preisgegeben und auf entwürdigende Weise fortgezerrt. Den Körper voll blauer Flecken, erinnertest du ihn mit beharrlichstem Mut an Caesars Gnadenerlass mitsamt seinem Glückwunsch zur Wiederherstellung meiner Rechte, und als du daraufhin sogar demütigende Beschimpfungen vernahmst und rohe Schläge empfingst, beschwertest du dich öffentlich, damit bekannt würde, wer meine Gefahren zu verantworten hatte. – Ihm hat dieser Vorfall bald darauf geschadet.

So genannte Grabrede auf Turia. I 3–12. 27. 30–36; II 2a–11a. 1–7. 11–18. Übers. D. Flach.

7 Caesar-Porträt

Das aus Tusculum stammende, 33 cm hohe Marmor-Porträt Caesars wurde wohl noch zu Lebzeiten des Dictators angefertigt. Ein antiker Biograph berichtet, der alternde Caesar habe seine Stirnglatze mit dem Lorbeerkranz des Imperators zu verdecken versucht.

8 Die Wahrnehmung des Bürgerkrieges zwischen Gaius Iulius Caesar und Gnaeus Pompeius durch einen Zeitgenossen

Nach Ausbruch des Bürgerkrieges schreibt Cicero Ende Februar 49 v. Chr. an seinen Freund und Vertrauten Atticus. Pompeius hatte mit dem größten Teil des Senats und den beiden Konsuln Italien bereits verlassen, um in Griechenland mit den Hilfsquellen des Ostens eine Machtposition gegen Caesar aufzubauen. – Zunächst erinnert Cicero an sein Werk über den besten Staat (vgl. M 7 und M 13 in Kapitel 2.1). Darin spricht Scipio folgendermaßen:

„Wie das Ziel des Steuermanns ein richtiger Kurs, des Arztes die Rettung des Kranken, des Feldherrn der Sieg ist, so für diesen Staatslenker das Glück seines Volkes. Gesichert soll es sein in seiner Macht, versehen mit allen Quellen des Wohlstandes, reich an Ruhm, geachtet wegen seiner Tüchtigkeit: Diese unter Menschen höchste und edelste Aufgabe hat er zu lösen." Daran hat unser Gnaeus (Pompeius) bisher noch niemals und augenblicklich schon gar nicht gedacht. Beide streben nur nach Gewaltherrschaft, und nicht darauf ist es abgesehen, dass das Volk glücklich und anständig lebe. Fürwahr, nicht weil er die Hauptstadt nicht hätte schützen können, hat er sie geräumt, nicht weil er aus Italien vertrieben wurde, hat er es aufgegeben, nein, von Anfang an hat er nur den einen Gedanken gehabt, die ganze Welt und alle Meere in Bewegung zu setzen, Barbarenfürsten aufzuwiegeln, wilde Völker in Waffen nach Italien zu führen und Riesenarmeen auf die Beine zu bringen. Schon längst geht es auf ein Regiment in sullanischem Stil hinaus, und viele, die auf seiner Seite stehen, sehnen es herbei. Oder meinst Du, ein Abkommen zwischen ihnen sei unmöglich gewesen, sie hätten sich nicht einigen können? Noch heute ist es möglich. Aber beide streben nur nach der Alleinherrschaft, unser Glück ist ihnen gleichgültig.

[…] Verlass Dich drauf, Du wirst es im kommenden Sommer erleben, wie entweder der eine oder auch beide mit riesigen Truppenmassen aus aller Herren Länder unser armes Italien misshandeln. Und die Proskriptionen Einzelner, die dem Vernehmen nach in Luceria schon das Tagesgespräch gebildet haben, sind noch nicht das Schlimmste; angesichts der gewaltigen Streitkräfte, die sie beide in den Kampf führen, müssen wir uns auf den Untergang des ganzen Staates gefasst machen.

Das ist es, was ich kommen sehe. Vielleicht hattest Du ein wenig Trost erwartet; ich finde keinen. Das Schlimmste steht uns bevor, das Heilloseste, Schändlichste.

Cicero: Atticus-Brief. 8, 11, 1–2 und 4. Aus: Cicero: Atticus-Briefe, hrsg. und übers. v. Helmut Kasten: Buch 8, Nr. 11. Düsseldorf/Zürich. 1998.

9 Musste die Republik scheitern?

In der Geschichtswissenschaft ist weitgehend unstrittig, dass die Herrschaft der römischen Nobilität aufgrund der historischen Entwicklungen keinen Bestand haben konnte. Der Althistoriker Martin Jehne erläutert den Zusammenhang aus seiner Sicht:

In der späten Republik existierte ein Krisenbewusstsein in der römischen Oberschicht. Es gab auch durchaus ernsthafte Versuche, Probleme durch Reformen zu lösen, und selbst wenn das Ideal in der Vergangenheit lag, […] so waren doch die Mittel, die Sulla und andere einsetzten, um die erwünschten Verhaltensänderungen zu erreichen, teilweise erstaunlich innovativ. Die Kernprobleme der späten Republik, dass die Macht in Rom auf der Straße lag, so dass sie von ehrgeizigen Politikern bloß aufgeklaubt werden musste, und dass die Fixierung der Politik auf die Hauptstadt angesichts der Machtmittel des Reiches vollkommen artifiziell [künstlich, realitätsfern] war, konnte man allerdings nicht angehen, ohne die Republik grundlegend zu verändern und damit wohl aufzulösen. Als Caesar in den Bürgerkrieg zog und Pompeius dagegenhielt, mobilisierten beide Seiten die Potentiale Italiens und der Provinzen, und die Menschen, die dort lebten, hatten kaum eine Verbindung zu den Spielregeln der stadtrömischen Politik, in die sie nicht integriert waren. Wenn also die römischen Senatoren damals die Freiheit verloren, miteinander um die Ämter zu konkurrieren und Entscheidungen zu treffen, ohne sich dauerhaft an einen Herrscher anpassen zu müssen, dürfte das dem italischen Bauern ebenso wie dem griechischen Händler kaum mehr als ein Achselzucken entlockt haben. Die naheliegende Lösung zur Überbrückung der

Diskrepanz zwischen dem stadtrömischen politischen Raum und dem sich ausweitenden Herrschaftsbereich wäre ein Repräsentativsystem gewesen, das die Griechen ja schon zu hoher Blüte entwickelt hatten, so dass man also durchaus auf erprobte Techniken und Erfahrungen hätte zurückgreifen können. Doch die römische Führungsschicht verhielt sich geradezu verbohrt antirepräsentativ und blockte alle diesbezüglichen Vorstöße ab. Damit war man insofern erfolgreich, als man die durch mangelnde Partizipation forcierten Attacken von außen – vor allem den Bundesgenossenkrieg – militärisch siegreich überstehen konnte; aber man war hilflos gegen das Desinteresse der Unbeteiligten, deren Rolle als reine Herrschaftsobjekte logischerweise nicht die Bereitschaft erzeugte, in der Krise des republikanischen Systems für die Republik aktiv Partei zu ergreifen.

Der Aufstieg der großen Einzelpersönlichkeiten wie Pompeius und Caesar vollzog sich als Folge von Aufgaben und Anforderungen, die große Bewährungschancen boten und den Erfolgreichen einen überdimensionalen Zuwachs an Prestige und Anhängerscharen eintrugen. Daran war letztlich nichts zu ändern, zumal es durchaus dem traditionellen Verhaltensschema entsprach, dass ein römischer Politiker nach einer Mehrung seines Einflusses strebte. Das labile Gleichgewicht der Oligarchie – der Herrschaft der Wenigen – war stets nur mit Mühe aufrechtzuerhalten gegen die Gefährdung, dass einer aus der Schar der Konkurrenten durch außerordentliche Leistungen nachhaltig herauswuchs. Nach dem Trägheitsgesetz von Entscheidungsstrukturen ist es ohnehin nur unter kontinuierlichem Einsatz von entsprechendem Organisationswillen sowie von Zeit und Energie zu erreichen, dass Verfahren offen bleiben für breitere Beteiligungen, statt in die primitive Ordnungsform der Monarchie zurückzufallen. Eben diese Monarchisierungstrends verstärkten sich im letzten Jahrhundert der Republik, ohne dass es möglich gewesen wäre, das System dagegen zu schützen.

Martin Jehne: Die Römische Republik. Von der Gründung bis Caesar. München 2006, S. 121 f.

Arbeitsvorschläge:

a) Welche psychologische Wirkung könnte die einheitliche Ausrüstung der Legionäre/der Legionsadler gehabt haben?
b) Skizzieren Sie das in M 6 entwickelte Frauenbild. Welche verschiedenen Elemente erkennen Sie?
c) Wie beurteilte Cicero als Zeitgenosse zwischen den Fronten Anfang 49 v. Chr. die Ursachen des Bürgerkrieges und die Zukunftsaussichten (M 8)?
d) Tragen Sie zusammen, was Verfassertext und Materialien über Sulla aussagen. Welche unterschiedlichen Einschätzungen zeichnen sich ab?
e) Erläutern Sie den Zusammenhang zwischen der Existenz des Reiches und der Auflösung der republikanischen Ordnung sowie zwischen den Maximen adligen Verhaltens und der Erosion dieser Ordnung.
f) Diskutieren Sie, ob das Ende der Republik notwendig oder vermeidbar war. Was hätte geändert werden müssen (aus der Sicht Ciceros/der modernen Geschichtsforschung) (M 8, M 9)?
g) Wenn vom „Untergang der Römischen Republik" die Rede ist – was bedeutete das für die verschiedenen Personengruppen (Senatoren, Soldaten, Provinzbewohner)?

Methode: Auch Begriffe haben Geschichte

Von der *res publica* zur Republik

Über die soziale und politische Ordnung in der Gegenwart wie in der Vergangenheit kann man sich nur durch Sprache verständigen. Dabei spielen Begriffe eine wichtige Rolle. Begriffe sind Wörter, die eine Fülle von Bedeutungselementen, Vorstellungen und Werten umfassen. So meint etwa „Staat" eine Einheit von Gebiet, Bürgerschaft, Justiz, Militär, Verwaltung, Gesetzgebung u.a.m.; zugleich aber auch eine Abgrenzung von anderen Einheiten („Staat und Kirche") – ein Begriff kann also nur mit Blick auf Neben-, Gegen-, Ober- und Unterbegriffe angemessen untersucht werden. Mitgedacht ist dabei immer Geschichte (wie der Staat entstanden ist), Zustandsbeschreibung (was der Staat ist) und Norm (was der Staat sein soll). Alle drei Ebenen können strittig sein, weswegen Begriffe immer auch Kampfplätze um Deutungshoheiten sind. Sie können auch eine emphatische, Gemeinschaft stiftende Bedeutung haben („Es lebe die Revolution!") und insofern zu Leitbildern werden, welche Wahrnehmung, Erfahrung und Handeln von Menschen beeinflussen. Sie bestimmen ganz maßgeblich mit, was in einer bestimmten Epoche oder Gesellschaft denkbar, sagbar und machbar ist.
Die Geschichte und der Bedeutungswandel von Begriffen lassen sich zunächst am besten durch geeignete Lexika erschließen.

1 REPUBLIK, f(emininum)., aus franz. république, ital. republica. zunächst im sinne von staatswesen überhaupt, dann, und in neuerer sprache ausschlieszlich, von einem staatswesen, an dessen spitze kein monarch steht: „derhalben wäre auch die republic nicht schuldig, ihnen gröszern unterhalt zu schaffen [...] man solte auch nur in andere republicquen sehen, wie sich die von adel weder der kauffmanschafft noch der feder schämeten." (Chr. Weise, erzn. 50 neudruck); „blüht nicht in verschiedenen ländern [...] die gerichtliche beredsamkeit noch, wenn sie auch daselbst eingeschränkter ist, als sie in den griechischen und römischen republiken war?" (Gellert 5, 275); „die republik, die republik! herr gott, das war ein schlagen." (Freiligrath 3, 159).

Jacob und Wilhelm Grimm: Deutsches Wörterbuch, Bd. 14. 1884, Sp. 817.

2 Republik (v. lat. res publica, „Gemeinwesen", Freistaat), Volksherrschaft im Gegensatz zur Einherrschaft oder Monarchie. Die republikanische Staatsverfassung legt der Gesamtheit des Volkes die Souveränität (Volkssouveränität) bei, während diese in monarchischen Staaten dem Fürsten (Fürstensouveränität) zusteht. Je nachdem in einer R. die Regierungsgewalt von einer bevorzugten Klasse des Volkes oder von der Gesamtheit der Staatsangehörigen ausgeübt wird, unterscheidet man Aristokratie (s.d.) und Demokratie (s.d.). Während nach den demokratischen Verfassungen des Altertums, z.B. in Athen, die Gesamtheit des Volkes in den Volksversammlungen über die wichtigern Staatsangelegenheiten entschied (unmittelbare, antike Demokratie), übt das Volk in der modernen Demokratie nur mittelbar durch seine Volksvertreter und durch die von ihm gewählten Organe die Staatsgewalt aus (repräsentative Demokratie). Da die Staatsform der Aristokratie und, von wenigen Schweizer Kantonen abgesehen, auch die unmittelbare Demokratie sich nicht mehr findet, so kann man die repräsentative Demokratie als die moderne R. bezeichnen. Diese repräsentative R. gelangte namentlich in den Vereinigten Staaten von Nordamerika zur Ausbildung, indem sie hier aus den von England mit herübergebrachten Ideen und Grundsätzen der monarchisch-aristokratischen Repräsentativverfassung hervorging. Das amerikanische Vorbild fand dann in Frankreich Nachahmung, wo nach dem Sturz Napoleons III. wiederum eine repräsentative R. errichtet ist. Auch die Schweiz hat eine repräsentativ-republikanische Verfassung, wie denn auch dort die meisten einzelnen Kantone eine solche angenommen haben. Hinter der Bezeichnung rote R. versteht man die von dem äußersten Radikalismus angestrebte R. mit absoluter Gleichstellung der Individuen (soziale R.), die nötigenfalls mit blutiger Gewalt (daher der Name) verwirklicht werden soll.

Meyers Großes Konversations-Lexikon, Leipzig und Wien: 1908, Sp. 816.

3 [...] Auch heute erschöpft sich R. nicht in ihrer negativen Bedeutung. Sie hat positiven Sinn behalten: als Zeichen für die republikanische Tradition Europas, in welcher der Verfassungsstaat steht. Sie weist über den „modernen Staat" der Neuzeit hinaus auf das staatsethische Kontinuum des Christentums und der Antike. R. ist das Gemeinwesen (res publica), das durch das Gemeinwohl (res populi) konstituiert wird. Sie umschließt nicht nur die rechtlichen Institutionen des Verfassungsstaates, son-

4 Die republikanischen Zehn Gebote

Anonymes „Schmuckplakat aus der Zeit der radikalen Jakobinerherrschaft in Paris 1793/94, vertrieben von Pierre-François Palloy, der als Bauunternehmer den Abriss der Bastille organisiert hatte, Holzschnitt, ca. 30x20 cm. Zu erkennen sind einige typische Symbole der Französischen Revolution: das Auge der Vernunft, die Jakobinermütze als Zeichen der Freiheit, Winkel und Senkblei als Zeichen der Gleichheit.

Hier fünf der insgesamt siebzehn Gebote: „Du sollst allein dem Volke heiligen Gehorsam schwören." – „Du sollst jedem König auf ewig Hass und Krieg schwören." – „Du sollst bis zu deinem letzten Atemzug deine Freiheit bewahren." – „Du sollst als Republikaner leben, damit du selig sterben kannst." – „Du sollst die Priester unverzüglich von deinem Grund und Boden vertreiben."

---

dern auch deren ethischen Sinn und ethische Voraussetzungen. Was der Rechtsstaat mit seinen freiheitswahrenden Regelungen trennt, fügt das verfassungstheoretische Prinzip der R. wieder zur Sinneinheit zusammen: Staat und Gesellschaft, Herrschaft und Freiheit.

Die Demokratie, als Staats- und Regierungsform Herrschaft durch das Volk, weist sich in ihrer republikanischen Dimension als Herrschaft für das Volk aus. Die Volkssouveränität bedarf der republikanischen Ämterordnung als Medium treuhänderischer Ausübung der Staatsgewalt im Dienste der Allgemeinheit. Nur über republikanisches Amtsethos kann Mehrheitsherrschaft für die Minderheit legitim und demokratische Repräsentation wirksam werden. Die Verfassung appelliert daher an das Amtsgewissen der rechtlich unabhängigen Abgeordneten, ungeachtet ihrer Parteizugehörigkeit „Vertreter des ganzen Volkes" zu sein (Art. 38 Abs. 1 S. 2 GG), und fordert den Amtseid des Präsidenten, des Kanzlers und der Minister auf das Wohl des Volkes (Art. 56, 64 Abs. 2 GG). Der grundrechtlichen Bürgerfreiheit korrespondiert die metarechtliche Erwartung des republikanischen Bürgerethos eines gemeinwohlgerechten Freiheitsgebrauchs, der verständigen Bürgeraktivität wie des freien Rechtsgehorsams, der Einsicht in die Notwendigkeiten des Zusammenlebens und der Bereitschaft, die Sache des Gemeinwesens zur eigenen Sache zu machen.

Josef Isensee: Artikel „Republik". In: Staatslexikon. Freiburg/Basel/Wien 1988, Sp. 882–885, hier: 885.

Arbeitsvorschläge:

a) Zeigen Sie an den drei Artikeln und dem Plakat verschiedene Aspekte der Begriffsgeschichte auf. Welche Bedeutungsveränderungen hat der Begriff „Republik" durchlaufen?

b) Welche Verbindungen zur Römischen Republik können Sie erkennen?

2.2 Die heilende Monarchie des Augustus

Mit Augustus (63 v. Chr. – 14 n. Chr.), dem Adoptivsohn des Dictators Caesar, begann die Reihe der römischen Kaiser, die es in Rom 500 Jahre lang gab, bis 476 n. Chr., in Konstantinopel, dem „Neuen Rom" sogar fast tausend Jahre länger (bis 1453). Als die Monarchie einmal etabliert war, blieb sie ohne Alternative. Niemand versuchte je ernsthaft, die Adelsrepublik wiederherzustellen, die Rom nahezu fünf Jahrhunderte lang gewesen war, selbst dann nicht, wenn Kaiser versagt hatten und unklar war, wer neuer Herrscher werden sollte. Man kann sagen, dass die Legitimität der Monarchie in Rom unangefochten war, die Legitimität eines bestimmten Kaisers hingegen bestritten werden konnte. Geprägt wurde die Monarchie vom Vorbild ihres ersten Inhabers.

> **Legitimität** meint (vereinfacht gesagt) die „Rechtmäßigkeit" einer politischen Ordnung; sie bedeutet sowohl die tatsächliche Anerkennung der Ordnung als einer angemessenen durch die Beteiligten (Untertanen, Bürger usw.) als auch die normativ festgelegte Anerkennungswürdigkeit auf der Grundlage allgemein verbindlicher Prinzipien (Sendung durch Gott; Einsetzung durch akzeptierte Verfahren wie etwa Wahlen; Besitz rechtlicher Befugnisse; Begrenzung der Machtbefugnisse durch Gesetze o. Ä.). Legitimität macht Herrschaft verbindlich und lässt sie durch Konsens und Akzeptanz, ohne übergroßen Zwangsapparat funktionieren.

Niemand konnte dem jungen Caesar nach dem Sieg von Actium 31 v. Chr. die Alleinherrschaft noch streitig machen. Ihm war die Ergebenheit seiner siegreichen Armee sicher, und er hatte es verstanden, seine eigene Sache demonstrativ zu der ganz Italiens zu machen. Alle Anhängerschaften und Soldaten gehörten nun ihm. Er war Monarch, Alleinherrscher. Aber er war es nur faktisch, denn in der politischen Tradition Roms gab es keine vorzeigbaren Bezeichnungen und Formen für eine Monarchie. Das Königtum war seit alter Zeit tabu, und die Dictatur wurde seit Sulla und Caesar mit illegitimer Herrschaft (Tyrannis) gleichgesetzt. Es galt also, eine Form zu finden, welche die Alleinmacht des Bürgerkriegssiegers mit der Tradition zu verbinden erlaubte, und so die Zustimmung des Adels zu gewinnen. Denn die alten Familien hatten zwar in den Bürgerkriegen schwere Verluste erlitten, ihre Überlebenden waren aber für den neuen Monarchen unentbehrlich, denn sie allein waren in der Lage, durch ihre persönlichen Qualitäten als Heerführer, Richter und Patrone die römische Herrschaft im Reich auch tatsächlich darzustellen und auszuüben sowie im Alltag für Stabilität zu sorgen. Die beiden für eine Monarchie typischen Formen aufzubauen, nämlich einen Hof als Zentrum und eine auf den Herrscher persönlich verpflichtete Verwaltung, brauchte in jedem Fall sehr viel Zeit, selbst wenn man es forciert hätte. Ein Adel war also nötig, der gleichermaßen selbstbewusst, pflichtbewusst und traditionsbewusst war.

Zwar hatten in der Triumviratszeit viele Aufsteiger durch Loyalität und Tüchtigkeit Karriere gemacht, aber es gab auch für sie keine andere Rolle, kein anderes Regel- und Verhaltenssystem als das des alten Adels – mit einer entscheidenden Erweiterung: der Bereitschaft, sich dem Monarchen unterzuordnen. Das freilich fiel manchem hohen Herrn nicht leicht, anders als den anderen Gruppen der Bevölkerung. Die Soldaten hatten sich längst daran gewöhnt, einem einzelnen Imperator zu gehorchen und nicht mehr dem Senat. Die stadtrömische Bevölkerung erwartete von ihrem neuen Patron Zuwendung, Respekt und Unterstützung. Und die Bewohner Italiens und der leidgeprüften Provinzen waren gern bereit, jeden, der den Bürgerkrieg beendete und dafür sorgte, dass man wieder in Frieden leben und arbeiten konnte, als Retter und gegenwärtigen Gott zu verehren.

Der junge Caesar gestaltete die Neuordnung in drei Schritten: Er feierte einen spektakulären Triumph, der an seiner Macht keinen Zweifel ließ (29 v. Chr.), er distanzierte sich demonstrativ von allen Unrechtsakten der Triumviratszeit (28 v. Chr.) und er präsentierte einen Weg, seine Allmacht einzubinden und sie im

Gegenzug anerkennen zu lassen. Obwohl niemand den neuen Herrn dazu zwingen konnte, konstruierte er seine neue Ordnung als „wiederhergestellte Republik" (res publica restituta). Am 13. Januar 27 v. Chr. gab er in einer Erklärung demonstrativ seine Ausnahmegewalt an Senat und Volk zurück und verzichtete auf die quasi-diktatorische Herrschaftsbefugnis, die er seit Beginn des Triumvirats 43 v. Chr. innegehabt hatte. Die Senatoren, die wussten, dass sie unfähig waren, das Reich ohne Konflikte zu verwalten, baten ihn daraufhin, doch wenigstens die Verantwortung für die Provinzen zu übernehmen, die noch nicht befriedet waren oder an der Grenze lagen. Zu diesem Zweck erhielt er das Recht, diese Provinzen und Truppen durch Beauftragte zu führen. In die übrigen Provinzen entsandte der Senat jährlich wechselnde Statthalter aus den eigenen Reihen. Drei Tage später verlieh man dem Machthaber neben anderen Ehrungen den Beinamen Augustus, was so viel wie „der Vermehrer" und „der Erhabene" bedeutet.

In Rom selbst behielt Augustus den politischen Apparat in der Hand, weil er wie schon zuvor jedes Jahr das Konsulat bekleidete. Als über diese unrepublikanische Praxis Unmut laut wurde, gab er das Amt auf und ließ sich stattdessen 23 v. Chr. die Befugnisse eines Volkstribunen verleihen. Damit konnte er Senatssitzungen und Volksversammlungen einberufen und leiten. In den Provinzen agierte er als Prokonsul, und niemand nahm Anstoß daran, dass er auch in die Provinzen regelnd eingriff, die formal Senat und Volk gehörten. Augustus behielt selbstverständlich alle Machtmittel, vor allem die alleinige Verfügung über das Heer, und jeder wusste das auch. Dennoch lehnte sich die Regelung an die republikanische Tradition der Machtteilung und Machtbegrenzung an – auch wenn Augustus ja mehrere Amtsgewalten in sich vereinigte und die zeitlichen Begrenzungen nur eine Formsache waren. Entscheidend war: Die im Bürgerkrieg und damit illegal erworbene Macht war nunmehr in eine rechtliche Form gekleidet. Das war nicht nur ein Spiel mit alten Begriffen. Vielmehr bildete die rechtliche Form einen wichtigen Teil der bewussten Selbstbindung, der sich Augustus unterwarf – eine übergeordnete Instanz gab es ja nicht. Die Selbstbindung bestand politisch in dem Angebot des Monarchen an den senatorischen Adel, mit ihm zusammen und nach Regeln, die zumindest dem Grundsatz nach in der republikanischen Tradition verankert waren, die Herrschaft in berechenbarer Manier auszuüben. Die Amtsträger nahmen ihre traditionellen Aufgaben wahr, die Volksversammlungen wählten (jedenfalls zunächst noch) und verabschiedeten Gesetze, der Senat debattierte. Res publica bedeutete gleichwohl jetzt etwas anderes als zur Zeit der Adelsherrschaft. Sie war nicht mehr der Rahmen, in dem die Auseinandersetzung um die politische Führung stattfand, sondern eine Art Bühne, auf der Eintracht demonstriert wurde. Aber Augustus hatte auch erkannt, dass jede Herrschaft, aber ganz besonders die Alleinherrschaft nur funktionieren konnte, wenn der Herrschende die richtige Einstellung und Haltung hatte, wenn er pflichtbewusst, geduldig, aufmerksam sowie in den jeweils richtigen Momenten streng oder großzügig war. Neu erfunden werden musste dieses Modell nicht. Es war das alte Ideal vom guten Vater und Patron.

Recht und Ethos bildeten also durchaus ein formendes Korsett, das die Ausübung der Macht des Monarchen auch einengte – weswegen es dann manchmal auch gelockert oder ganz abgeworfen wurde von Kaisern, die sich nicht mehr an die Spielregeln halten wollten oder dazu charakterlich unfähig waren. Doch solche Kaiser, die allzu viele gegen sich aufgebracht hatten, wurden am Ende oft nicht mehr akzeptiert und fielen wie Caligula, Nero oder Domitian Attentaten zum Opfer. Es war Augustus' Leistung, die römische Monarchie in einer bestandsfähigen Form errichtet und ein Vorbild für ihren Erhalt gegeben zu haben. Aber Herrschaft zu konstituieren, also die Akzeptanz der Untertanen zu gewinnen und

1 **Aus der Villa der Livia Prima Porta** stammt die 2,04 m große Statue des Augustus. Sie entstand etwa 17 v. Chr. und zeigt den Prinzeps zwischen Mensch und Gott. Brustpanzer und Mantel verweisen auf den Feldherren, doch nackte Füße waren in der Bildsprache der antiken Kunst ein Zeichen von Göttlichkeit. Auf dem Brustpanzer dargestellt ist ein großer außenpolitischer Erfolg des Augustus: 20 v. Chr. konnte er durch Drohungen und Diplomatie von den Parthern, den Konkurrenten Roms im Osten, die Feldzeichen zurückbekommen, die 53 v. Chr. verloren worden waren.

Rom

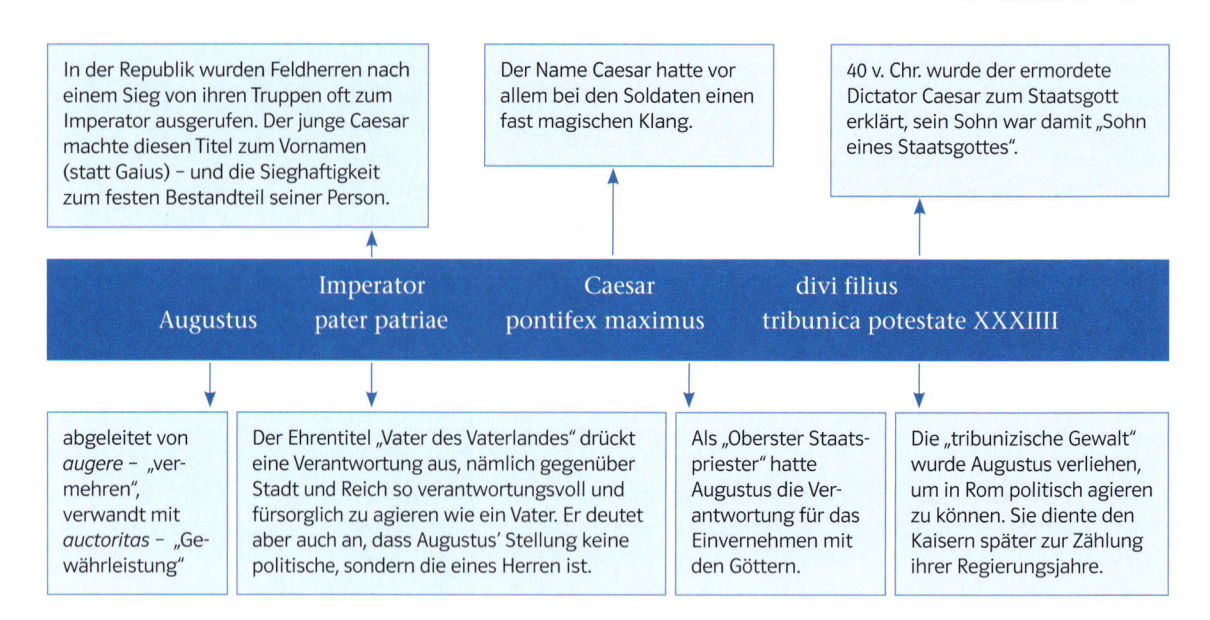

| In der Republik wurden Feldherren nach einem Sieg von ihren Truppen oft zum Imperator ausgerufen. Der junge Caesar machte diesen Titel zum Vornamen (statt Gaius) – und die Sieghaftigkeit zum festen Bestandteil seiner Person. | Der Name Caesar hatte vor allem bei den Soldaten einen fast magischen Klang. | 40 v. Chr. wurde der ermordete Dictator Caesar zum Staatsgott erklärt, sein Sohn war damit „Sohn eines Staatsgottes". |

Augustus · Imperator pater patriae · Caesar pontifex maximus · divi filius tribunica potestate XXXIIII

| abgeleitet von *augere* – „vermehren", verwandt mit *auctoritas* – „Gewährleistung" | Der Ehrentitel „Vater des Vaterlandes" drückt eine Verantwortung aus, nämlich gegenüber Stadt und Reich so verantwortungsvoll und fürsorglich zu agieren wie ein Vater. Er deutet aber auch an, dass Augustus' Stellung keine politische, sondern die eines Herren ist. | Als „Oberster Staatspriester" hatte Augustus die Verantwortung für das Einvernehmen mit den Göttern. | Die „tribunizische Gewalt" wurde Augustus verliehen, um in Rom politisch agieren zu können. Sie diente den Kaisern später zur Zählung ihrer Regierungsjahre. |

2 Augustus und die Macht des Namens. Das konzentrierteste Zeugnis von Augustus' überragender Stellung in der res publica gibt seine vollständige Titulatur in einer Inschrift aus Narbonne (Südfrankreich) von 11 n. Chr. (Inscriptiones Latinae Selectae Nr. 112, hier vom Dativ in den Nominativ versetzt, Abkürzungen aufgelöst).

zu bewahren und damit der Machtausübung Legitimität zu verleihen, das blieb eine dauernde Aufgabe der römischen Caesaren. Dem besonderen Charakter der neuen monarchischen Ordnung, trug Augustus schließlich auch dadurch Rechnung, dass er sich nicht König oder Dictator nannte, sondern princeps, das heißt „der erste Bürger unter den Bürgern"; die neue Staatsordnung nennen Historiker daher Prinzipat.

Augustus hatte sich um sehr verschiedene Gruppen zu kümmern:

- Die Stadt Rom wurde in vierzehn Bezirke organisiert und mit repräsentativen Bauten versehen, darunter einem Forum des Augustus. Sie erhielt ferner neue Wasserleitungen, eine Feuerwehr, eine geregelte Versorgung mit Getreide und mehr Sicherheit durch eine Polizeitruppe.

- Der Armee schenkte Augustus besondere Aufmerksamkeit. Sie war nun eine echte Berufsarmee geworden und versah ihren Dienst an den Grenzen des Reiches. Um seine eigene Sieghaftigkeit zu unterstreichen und die Armee sinnvoll zu beschäftigen, eroberte Augustus – hier ganz in der Tradition von Pompeius und Caesar – gleich mehrere Regionen: Ägypten, das Gebiet südlich der Donau und den gesamten Alpenraum. Auch die von Kelten und Germanen besiedelten Gebiete zwischen Rhein und Elbe wurden nach mehreren Feldzügen zur Provinz Germania gemacht, die jedoch 9 n. Chr. durch einen großen Aufstand unter der Führung des Arminius wieder verloren ging (sog. Varusschlacht).

- Die Verwaltung der Provinzen änderte sich formal betrachtet nicht sehr, doch kam es jetzt viel weniger zu Gewaltakten und Ausbeutung durch römische Statthalter. Denn diese wussten, dass Augustus für Beschwerden der Provinzialen ein offenes Ohr hatte. Außerdem musste jetzt kein Adliger mehr eine Provinz ausplündern, um einen teuren Wahlkampf zu refinanzieren – Wahlkämpfe im alten Sinn gab es nicht mehr.

3 **Augustus' Familie auf der Ara Pacis**

Zu den „Leitmonumenten" der augusteischen Zeit gehört der „Altar des Augustusfriedens" (Ära Pacis Augustae), 9 v. Chr. auf dem Marsfeld geweiht. Auf dem südlichen Reliefband ist eine religiöse Prozession dargestellt; Angehörige des Prinzeps und andere hohe Würdenträger haben die Toga, wie bei Kulthandlungen üblich, über den Kopf gezogen. Der Ausschnitt (1,55 m hoch) zeigt die damals aktuelle „Familie der Hoffnung": In der Mitte neben einem Opferdiener (mit Beil) stehen Agrippa (63–12 v. Chr.), sein halbwüchsiger Sohn Gaius Lucius Caesar (* 20 v. Chr., bereits 17 v. Chr. von Augustus adoptiert, † 4 v. Chr.) und die Kaisergattin Livia.

Doch ein Hauptproblem jeder echten Monarchie zeigte sich auch in Rom: die Nachfolgefrage. Augustus, der sich keiner robusten Gesundheit erfreute, hatte aus einer früheren Ehe lediglich eine Tochter namens Iulia, während seine Ehe mit Livia, die er 38 v. Chr. geheiratet hatte, kinderlos blieb; Livia brachte allerdings ihrerseits zwei Söhne in die Ehe mit. Obwohl der Prinzipat als eine persönliche Rechts-, Macht- und Autoritätsstellung nicht zu vererben war, setzte Augustus alles daran, einen Blutsverwandten durch demonstrative Ehrungen und Aufgaben als Nachfolger aufzubauen. Dafür bediente er sich in ziemlich rücksichtsloser Weise seiner Tochter Iulia. Diese musste nacheinander drei Männer heiraten, die ihrerseits als Platzhalter dienten, bis die jeweils erhofften Enkel des Augustus alt genug waren, um auf die Nachfolge vorbereitet zu werden. Doch Augustus hatte Pech. Iulias erster Mann starb jung, mit dem zweiten, Augustus' engsten Vertrauten Agrippa, bekam sie zwar zwei Söhne, doch diese starben kurz hintereinander mit 15 bzw. 24 Jahren. Als Iulia schließlich wider beider Willen mit Livias Sohn Tiberius (* 42 v. Chr.) verheiratet wurde, war das Maß voll: Sie beteiligte sich an einer Verschwörung gegen ihren Vater, die jedoch aufgedeckt und zu einem Sexskandal umgedeutet wurde. Iulia wurde auf eine einsame Insel verbannt. Augustus war schließlich gezwungen, den tüchtigen, aber ungeliebten Tiberius zu adoptieren und zum Nachfolger zu designieren. Als Augustus am 19. August 14 n. Chr. schließlich starb, zeigte sich das System trotz dieser Belastungen als stabil: Tiberius wurde problemlos als Kaiser anerkannt.

Rom

4 Augustus aus zweierlei Sicht

a) Knapp hundert Jahre nach Augustus' Tod gab der Senator, ehemalige Konsul und Geschichtsschreiber Tacitus einen knappen Überblick über die Anfänge des Prinzipats:

Nach dem Tod des Brutus und Cassius war keinerlei Heeresmacht der res publica mehr vorhanden. Sextus Pompeius war bei Sizilien vernichtet, Lepidus beiseite geschoben und Antonius getötet. So hatte auch die Partei der Iulier keinen anderen Führer mehr als Caesar (den Sohn). Dieser legte nun den Titel eines Triumvirn nieder, wollte nur als Konsul gelten und begnügte sich mit der tribunizischen Gewalt zum Schutz des Volkes. Sobald er aber das Heer durch Geldgeschenke, das Volk durch Getreidespenden, alle zusammen durch die Süßigkeit des Friedens an sich gezogen hatte, erhob er allmählich sein Haupt und nahm die Befugnisse des Senats, der Beamten und der Gesetzgebung an sich.

Dabei fand er keinerlei Widerstand, da gerade die tapfersten Männer auf den Schlachtfeldern oder durch die Ächtung gefallen waren. Der übrige Adel wurde, je bereitwilliger er zur Knechtschaft war, durch Reichtum und Ehrenstellen ausgezeichnet und zog, durch den Umsturz hochgekommen, die gegenwärtige Sicherheit den früheren Gefahren vor. Auch die Provinzen lehnten diesen Stand der Dinge nicht ab, weil ihnen die Herrschaft des Senats und des Volkes durch den Machtkampf der Großen und die Habsucht der Beamten verleidet war. Die Hilfe der Gesetze, die durch Gewalt, durch Einfluss, zuletzt durch Bestechung in Verwirrung gebracht wurden, war unwirksam geworden.

Krieg gab es zu dieser Zeit nirgends mehr, abgesehen von dem Krieg gegen die Germanen, der mehr zu dem Zweck geführt wurde, die Schmach jenes unter Quintilius Varus verlorenen Heeres zu tilgen, als aus dem Verlangen, das Reich weiter auszudehnen, oder wegen eines sonst würdigen Lohnes. [...] Im Innern blieb die Lage ruhig, die Titel der Beamten waren die gleichen. Die jüngeren Leute waren schon nach der Schlacht bei Actium geboren, auch die meisten älteren erst zur Zeit der Bürgerkriege: Wie viele lebten überhaupt noch, die noch den Freistaat gesehen hatten?

So war denn nach dem Umsturz nirgends mehr eine Spur der althergebrachten und reinen Sitte zu finden. Alles hörte nach der Beseitigung der bürgerlichen Gleichheit nur noch auf die Befehle des Herrschers, wobei freilich für den Augenblick keine Furcht herrschte, solange Augustus noch in rüstigem Alter stand und sich, sein Haus und den Frieden aufrechterhielt. Als jedoch sein bereits vorgeschrittenes Greisenalter noch durch Krankheit geschwächt wurde, als sich sein Ende nahte und neue Hoffnungen auftauchten, da erörtern nur wenige ohne Erfolg die Vorteile der Freiheit, mehr fürchten den Krieg, während andere ihn wünschen. Der bei weitem größte Teil aber verbreitete sich in verschiedenen Gerüchten über die kommenden Herrscher.

Tacitus: Annalen. 1,2–4. Übers. Carl Hoffmann (mit Änderungen).

b) Im ganzen Römischen Reich ist Augustus bereits zu Lebzeiten verehrt worden. Der folgende Text aus der Stadt Halikarnassos (heute Bodrum, SW-Türkei) ist Teil der Bestimmungen zur Einrichtung eines Kultes für den Kaiser:

[...] da die ewige und unsterbliche Natur des Alls das größte Gut aus überschäumender Freundlichkeit den Menschen schenkte, indem sie Caesar Augustus hervorbrachte, den Vater für ein glückseliges Leben bei uns und Vater seiner einheimischen Göttin Roma, den heimischen Zeus und Retter des Menschengeschlechtes, dessen Wünsche in allem die Vorsehung nicht nur erfüllte, sondern übertraf; denn Land und Meer leben in Frieden, Städte glänzen in gesetzlicher Ordnung, Eintracht und Überfluss, es ist ein förderlicher Höhepunkt für jedes Gut, für gute Hoffnungen auf die Zukunft, für guten Mut auf die Gegenwart der Menschen, die mit Festen, Standbildern, Opfern und Liedern (die Städte) erfüllen.

V. Ehrenberg, A.H.M. Jones: Documents Illustrating the Reigns of Augustus and Tiberius. Oxford 1955, Nr. 98a. Übers. Helmut Freis.

5 Zwischenfall beim Gastmahl

Augustus' Selbstverständnis als Princeps und sein Verhalten gegenüber dem Adel wird in einer kleinen Episode deutlich. Der hier genannte Vedius Pollio, selbst Sohn eines ehemaligen Sklaven, war zu großem Reichtum gekommen und gehörte seit der Bürgerkriegszeit zu den Anhängern des jungen Caesar, war dann sein Beauftragter in der Provinz Asia:

Ebenso verhielt sich [...] Augustus, als er bei Vedius Pollio speiste. Einer von dessen Sklaven hatte ein Kristallglas zerbrochen. Da befahl Vedius, ihn zu ergreifen; er sollte sterben, und zwar nicht auf gewöhnliche Weise: Er sollte Muränen vorgeworfen werden, wovon (Vedius) besonders große Exemplare in seinem Fischteich hielt. Nach allgemeiner Ansicht tat Vedius das aus Luxusstreben: Tatsächlich war es Grausamkeit. Der Knabe riss sich los und flüchtete zu (Caesar) Augustus, dem er sich zu Füßen warf, um nichts weiter zu erbitten, als auf andere Art zu Tode zu kommen und nicht Fischfutter zu werden. Betroffen durch die neuartige Grausamkeit befahl Caesar (Augustus), den Knaben freizugeben, sämtliche Kristallgläser aber in seiner Gegenwart zu zerbrechen und (mit den Scherben) das Fischbecken anzufüllen.

Seneca: Über den Zorn. 3,40,2–3. Sklaven und Freigelassene in der Gesellschaft der römischen Kaiserzeit. Darmstadt 1993. Übers. Werner Eck, Johannes Heinrichs.

6 Augustus gibt Rechenschaft

Kurz vor seinem Tod verfasste Augustus einen Bericht über seine militärischen, politischen und sozialen Leistungen (res gestae). Der Text rahmte auf zwei Tafeln den Eingang zu seinem monumentalen Grabmal in Rom, Abschriften wurden in Städten des ganzen Reiches aufgestellt:

(5) Die Dictatur, die mir in meiner Abwesenheit und in meinem Beisein sowohl vom Volk als auch vom Senat […] angetragen wurde, habe ich zurückgewiesen. Nicht abgelehnt habe ich aber, als größter Mangel an Getreide herrschte, die Aufsicht über die Getreidebeschaffung, die ich so betrieb, dass ich innerhalb von wenigen Tagen die gesamte Bürgerschaft von Furcht und lastender Gefahr dank meiner Aufwendungen und meiner Fürsorge befreien konnte. Das mir damals angetragene Konsulat auf Lebenszeit habe ich ebenfalls nicht angenommen. […]

(8) Die Zahl der Patrizier vermehrte ich in meinem fünften Konsulat [29 v. Chr.] auf Geheiß von Volk und Senat. Eine Revision der Liste der Senatsmitglieder habe ich dreimal vorgenommen. […]

(9) Gelübde für meine Gesundheit beschloss der Senat durch die Konsuln und die Priester alle fünf Jahre darbringen zu lassen. Aufgrund dieser Gelübde haben öfters bereits zu meinen Lebzeiten das eine Mal die vier obersten Priesterkollegien, das andere Mal die Konsuln Spiele veranstaltet. Auch privat und in Stadtgemeinden hat die gesamte Bürgerschaft einmütig und unablässig bei allen Heiligtümern für meine Gesundheit Bittfeiern abgehalten. […]

(16) Für das Ackerland, das ich in meinem vierten Konsulat [30 v. Chr.] und später im Amtsjahr der Konsuln Marcus Crassus und Gnaeus Lentulus Augur [14 v. Chr.] den Veteranen habe zuweisen lassen, habe ich den Gemeinden Geld bezahlt. Dies ergab eine Summe von ungefähr 600 Millionen Sesterzen, die ich für Grund und Boden in Italien gezahlt habe, und eine solche von ungefähr 260 Millionen, die ich für Ackerland in den Provinzen ausgegeben habe. Das habe ich als erster und einziger von all denen getan, die Veteranen in Italien oder den Provinzen angesiedelt haben, soweit die Erinnerung unseres Zeitalters zurückreicht. […]

(20) Den Tempel auf dem Kapitol und das Pompeiustheater […] ließ ich mit gewaltigem Aufwand wiederherstellen, ohne irgendeine Inschrift mit meinem Namen. Die Wasserleitungen, die an zahlreichen Stellen bereits wegen ihres Alters schadhaft geworden waren, ließ ich wiederherstellen […]. Das Forum Iulium und die Halle, die sich zwischen dem Castor- und dem Saturntempel befindet, Bauten, die von meinem Vater begonnen und fast zu Ende geführt worden waren, habe ich vollendet, und als diese Halle durch einen Brand zerstört worden war, habe ich ihren Grundriss erweitert und unter dem

7 Rekonstruktionszeichnung des Augustus-Mausoleums
Der spätere Augustus ließ bereits mit 30 Jahren ein etwa 45 m hohes Grabmal für sich und seine Familie auf dem Marsfeld errichten – zunächst, um seine Verbundenheit mit der Stadt Rom zu zeigen.

Namen meiner Söhne erneut mit ihrem Bau begonnen. Falls ich sie zu meinen Lebzeiten nicht vollenden kann, habe ich angeordnet, dass sie von meinen Erben fertiggestellt wird. 82 Göttertempel habe ich in Rom in meinem sechsten Konsulat [28 v. Chr.] auf Senatsbeschluss wiederherstellen lassen und keinen ausgelassen, der zu diesem Zeitpunkt erneuerungsbedürftig war. […]

(26) Das Gebiet aller Provinzen des römischen Volkes, die Volksstämme zu Nachbarn haben, die nicht unserem Befehl (*imperium*) gehorchten, habe ich vergrößert. Die Provinzen Galliens und Spaniens, ebenso Germanien habe ich befriedet, ein Gebiet, das der Ozean von Gades bis zur Mündung der Elbe umschließt. […] Meine Flotte fuhr von der Mündung des Rheins über den Ozean in östliche Richtung bis zum Land der Kimbern. Dorthin war zu Wasser und zu Lande bis zu diesem Zeitpunkt noch kein Römer gekommen. […]

(34) In meinem sechsten und siebten Konsulat [28–27 v. Chr.] habe ich, nachdem ich die Flammen des Bürgerkriegs gelöscht hatte und mit Zustimmung der gesamten Bevölkerung im Besitz der staatlichen Allgewalt war, das Gemeinwesen aus meiner Machtbefugnis wieder der Entscheidungsgewalt des Senats und des römischen Volkes übergeben. Für dieses mein Verdienst wurde mir auf Beschluss des Senats der Name Augustus verliehen. […] Seit dieser Zeit überragte ich alle an sozialem und politischem Gewicht (*auctoritas*), an Amtsgewalt (*potestas*) aber besaß ich nicht mehr als die anderen, die auch mir im Amt Kollegen waren.

Augustus: Res Gestae. 5. 8. 9. 16. 20. 26. 34. Aus: Augustus Tatenbericht. Stuttgart 1975. Übers. Marion Giebel.

Arbeitsaufgaben zum gesamten Kapitel

a) Charakterisieren Sie den augusteischen Prinzipat als politisches System und als Form der Herrschaft. Berücksichtigen Sie dabei auch die Vorgeschichte und die relevanten Gruppen der Bevölkerung. – Manche Historiker sprechen von Inszenierung und Fassade, hinter der faktisch eine Militärmonarchie bestanden habe. Tragen Sie zusammen, was für und was gegen diese Ansicht spricht.
b) Setzen Sie die Informationen über den Prinzipat in ein grafisches Verfassungsschema um. Welche Probleme traten dabei auf?
c) Erläutern Sie, warum die Nachfolge im Prinzipat oft ein Problem darstellen musste.
d) Warum können Frauen in monarchischen Systemen eine größere Rolle spielen als in republikanisch-oligarchischen? Erörtern Sie die Frage anhand von Livia und Iulia.
e) Falls Augustus' Verhalten gegenüber Vedius Pollio (M 5) eine „Botschaft" enthalten sollte: Was wollte der Prinzeps damit verstanden wissen? Wie sah die Sache aus Pollios Sicht aus?
f) Gehen Sie die Auszüge aus Augustus' Leistungsbericht (M 6) Satz für Satz durch und ermitteln Sie, welche Botschaft über die faktische Mitteilung hinaus jeweils vermittelt werden sollte. Fassen Sie die Botschaften zu sachlich sinnvollen Gruppen zusammen.
g) Veranstalten Sie ein „Gericht in der Unterwelt" über Augustus. Beide Parteien bereiten sich anhand von VT und Materialien vor. Welche Zeugen rufen sie auf?
h) Verfassen und halten Sie eine Rede (10 Minuten): „Die Geschichte des Augustus lehrt: Eine paternalistische Monarchie ist besser als anarchistische Freiheit!"
i) Augustus ein Medienherrscher? Erörtern Sie diese Frage.

2.3 Die Welt wird römisch: Das Imperium Romanum

Die weitere Geschichte des Römischen Reiches (Imperium Romanum) könnte man entlang den Kaisern nach Augustus erzählen. So wurde unter Claudius (41–56) und Domitian (81–96) Britannien erobert, und unter Trajan (98–117) erreichte das Imperium seine größte Ausdehnung. Hadrian (117–138) bereiste das ganze Reich, und Mark Aurel hatte es als erster Kaiser (161–180) mit bedrohlichen Angriffen auf eine Grenze (die Donau) zu tun. So zu verfahren würde den Akzent auf die äußere Entwicklung und das Handeln der Zentrale in Rom legen. In diesem Kapitel soll aber systematisch gefragt werden, welche Kräfte dieses multiethnische, multireligiösen und multilinguale Reich so lange zusammengehalten haben und welche Rolle die Bewohner der Provinzen dabei spielten.

> So auch der Begründer der wissenschaftlichen Erforschung der römischen Geschichte, Theodor Mommsen (1817–1903): Nicht in Rom und am Kaiserhof, sondern „in den Ackerstädten Afrikas, in den Winzerheimstätten an der Mosel, in den blühenden Ortschaften der lykischen Gebirge und des syrischen Wüstenrandes ist die Arbeit der Kaiserzeit zu suchen und auch zu finden."
>
> (Römische Geschichte, Bd. 5: Die Provinzen von Caesar bis Diocletian, Leipzig 1885, S. 4).

Wäre das Römische Reich in den Bürgerkriegswirren nach Caesars Ermordung zugrunde gegangen, weil sich niemand fand, der den Konflikt in der Nobilität beendete und das Reich auf monarchischer Grundlage neu ordnete, hätte es in den Geschichtsbüchern und in der Landschaft nur wenige Spuren hinterlassen. Wir wüssten von Feldherren, die Städte niederbrannten, Statthaltern, die arm in eine reiche Provinz kamen und eine arme Provinz reich verließen, und von einer politischen Führungsschicht, welche die Aufgaben, die ihr aus der bloßen Existenz eines Reiches zuwuchsen, kaum wahrnahm, geschweige denn bewältigte. Wir müssten den Schluss ziehen, dass mit Rom nur ein weiteres Weltreich zusammenbrach, das militärisch erobert, aber nicht politisch beherrscht werden konnte und schließlich an seiner Unfähigkeit scheiterte, weiträumige Herrschaft unter schwierigen Kommunikationsbedingungen auf lange Dauer zu organisieren. Doch es kam anders. Als politische Organisation wie als Friedens- und Wohlstandsordnung hat es dieses Reich unter seinen Kaisern der damaligen Welt ermöglicht, drei Jahrhunderte lang relativ gut zu leben. Und dies gelang unter den Bedingungen einer vorindustriellen (Land-)Wirtschaft, die nur bescheidene Überschüsse produzierte und somit zur materiellen Beruhigung möglicher sozialer Konflikte nur wenig beizutragen vermochte. Glück hatten die Römer freilich auch: Vor 250 n. Chr. gab es keine ernsthaften Machtbildungen jenseits der Reichsgrenzen.

1 Pachtzahlung auf dem Land
Das Relief aus Neumagen zeigt Bauern, die ihre Pacht in Geld und Naturalien abliefern. Rechts trägt ein Verwalter die Summen in ein Kontobuch ein.

Rom

Reichsaristokratie

Westeuropa und die südlichen Teile Mitteleuropas bildeten in der Römerzeit erstmals und bis heute unwiederholt eine politische Einheit. Diese umfasste darüber hinaus sämtliche Gebiete rund um das Mittelmeer. Die Kultur des Reiches war dabei zweisprachig; im vom Hellenismus geprägten Osten sprach man Griechisch, im Westen Latein; daneben gab es noch zahlreiche Lokal- und Regionalsprachen, z. B. das Aramäische, das Jesus und seine Jünger benutzten. Mitglieder der Reichsaristokratie mussten sich in beiden Sprachen überzeugend und wirkungsvoll ausdrücken können. Das zu erreichen war das wichtigste Ziel der höheren literarisch-historischen Bildung. Aus diesem Grund spielten Fach- und Spezialwissen in der Bildung keine Rolle – dafür hatte man Helfer –; vielmehr ging es darum, als präsente Persönlichkeit die römische Herrschaft darzustellen, zuzuhören, zu schlichten, anzuordnen und durch Autorität Wohlwollen sowohl auszustrahlen als auch einzufordern. Auch der Kaiser blieb für Anfragen, Wünsche und Beschwerden von Provinzen, Städten und einzelnen Bewohnern des Reiches immer der persönliche Ansprechpartner, obwohl im Laufe der Zeit eine große Kanzlei zur Bewältigung der schriftlichen Eingaben aufgebaut wurde. Der Kaiser und sein Apparat waren also keine Zentralverwaltung mit festen Aufgaben- und Entscheidungsbereichen, sondern eher ein riesiger Petitionsausschuss. Nicht jede Eingabe drang bis zum Kaiser bzw. seiner Verwaltung vor. Doch dieses antike Gegenstück der modernen Verwaltungsgerichtsbarkeit funktionierte, wie zahlreiche Inschriften belegen. Sie berichten von erfolgreichen Eingaben und von Schiedssprüchen des Kaisers, die nach den Maximen von Sicherheit, Gerechtigkeit und berechenbarer Stetigkeit erteilt wurden. Aufs Ganze gesehen war die Verwaltung des Reiches in der „guten" Zeit insgesamt vom Geiste der Verantwortung des Stärkeren für den Schwächeren getragen. Für den Schwächeren bedeutete diese Pflicht des Stärkeren zur Selbstkontrolle ein hohes Maß an Sicherheit vor Ausbeutung und Willkür. Gegen Korruption, Bereicherung und Willkürakte in der Verwaltung gibt es heute andere,

2 Größte Ausdehnung des Römischen Reiches unter Kaiser Trajan 117 v. Chr.

3 Die Celsus-Bibliothek in Ephesos
Nutzen für die Allgemeinheit und lange währenden Ruhm für den Stifter und Erbauer verbanden Bibliotheksbauten, repräsentative Tempel der Bildung. Die abgebildete Celsus-Bibliothek in Ephesos (Kleinasien, heute türkische Westküste) wurde nach 100 n. Chr. von Tiberius Iulius Aquila Polemaeanus (Konsul 110) gestiftet und nach seinem Vater benannt; dieser lag auch in dem zentral gelegenen Bau bestattet. Der Unterhalt sollte aus einem Stiftungskapital bestritten werden. Die etwa 20 Meter breite, zweistöckige Fassade war mit Statuen und Inschriften geschmückt.

rechtsstaatliche Instrumente wie die Verwaltungsgerichte. Fraglich ist, ob institutionalisierte Kontrolle ohne verinnerlichte Handlungsnormen und ein Ethos des Herrschens wirksam sein kann.

Auf dieser Grundlage – Verantwortung von oben, Loyalität von unten – konnte der Zwangs- und Verwaltungsapparat vergleichsweise klein bleiben. Die Römer wären vom Personal und von der Organisation her auch niemals in der Lage gewesen, die Verwaltung bis auf die untere Ebene hinunter an sich zu ziehen, und sie strebten das auch gar nicht an. Die römische Herrschaft beruhte vielmehr – neben den genannten Grundsätzen – auf dem Subsidiaritätsprinzip: Alle Gemeinschaftsaufgaben wurden soweit irgend möglich dort wahrgenommen, wo sie entstanden und wo die Betroffenen lebten. Das waren die im Osten des Reiches vorhandenen, im Westen überwiegend erst neu gegründeten Städte; sie bildeten die wichtigsten Bausteine der Reichsorganisation. Erst wenn sich Städte von bestimmten Aufgaben überfordert zeigten, schaltete sich die nächsthöhere Ebene ein, zunächst der Provinzstatthalter, schließlich der Kaiser in Rom. Dadurch wurde gesichert, dass regionale oder lokale Besonderheiten und Traditionen bei der Bewältigung von Gemeinschaftsaufgaben zur Geltung kommen konnten.

Städte

Der im Laufe der Zeit einsetzende Trend zur Zentralisierung war dabei weniger das Ergebnis einer Regelungswut von oben, sondern des Konkurrenzkampfes zwischen Angehörigen lokaler Eliten bzw. ganzen Städten, die sich daran gewöhnten, Entscheidungen der römischen Zentrale einzufordern, um sich einen Vorteil zu verschaffen. Doch auch die Römer hatten ein Interesse daran, dass sich die Provinzialen täglich vor Augen führten, wer das Zentrum ihrer gesamten Welt war. Der Kaiser war allgegenwärtig: auf den Münzen mit seinem Bild, in seinen Statuen, im Kalender und in der religiösen Verehrung, dem so genannten Kaiserkult.

Die Römer hätten ihr Reich indes nie beherrschen können, wenn es nicht für die meisten seiner Bewohner die beste aller – auch denkbaren – Welten gewesen wäre und man sich nicht an dieser neuen Ordnung, die endlich auf das alte Verlangen nach Sicherheit antwortete, beteiligt hätte. Denn woher hätten die

Rom

4 Pont du Gard
Zu den spektakulärsten technischen Leistungen der Römer gehörten ihre Wasserbauten. Das Bild zeigt den 275 Meter langen und 49 Meter hohen Pont du Gard in Südfrankreich, die wohl bekannteste Brücke für eine Wasserleitung. Die Kunst bestand darin, von der Quelle bis zum Sammelbehälter in der Stadt, über oft mehr als 100 Kilometer, ein sehr kleines, aber gleichmäßiges Gefälle zu erreichen (< 50 cm pro km), damit das Wasser immer in Bewegung und damit frisch blieb.

Kräfte kommen sollen, um im ganzen Reich mit nur 25 Legionen widerstrebende Untertanen zu beherrschen? Natürlich wurden die Völker im Moment ihrer Unterwerfung nicht nach Zustimmung gefragt. Ihre soziale und politische Welt wurde zunächst einmal weitgehend zerstört; Ausrottungen, gewaltsame Ansiedlungen und immer wieder materielle Ausbeutung bestimmten das Bild, und nur harte militärische Kontrolle konnte anfangs die Voraussetzungen für eine neue, römische Ordnung schaffen. So herrschte in der Generation der Besiegten mit Sicherheit große Bitterkeit über die Niederlage und den Verlust der angestammten Lebensform. Aber entscheidend war, dass ein Annehmen der römischen Ordnung für die folgenden Generationen insgesamt attraktiver erschien als ein fortdauernder Widerstand. Die Impulse dabei gingen stets von den angestammten Eliten aus. Sie zu stabilisieren, waren die Römer daher stets bestrebt.

Die Grundlage für das Funktionieren der Vielvölkergemeinschaft im Römischen Reich war der innere Friede. Eine florierende Wirtschaft, gegründet auf Handel und eine gute Infrastruktur, war sowohl Ergebnis wie Voraussetzung des friedlichen Zusammenlebens. Friede bedeutete aber mehr als die Abwesenheit von Krieg. Mit der pax Romana breitete sich rasch ein bis dahin noch nicht gekannter Wohlstand für eine breite Bevölkerung aus. Am erstaunlichsten ist, wie gleichmäßig dies in allen Reichsteilen geschah: In den letzten Gebirgswinkeln Anatoliens wie in nur schwer zugänglichen Landstrichen Syriens, Britanniens oder östlich des Rheins begegnen wir sehr ähnlichen, jederzeit wiedererkennbaren Formen von Wohlstand und städtischer Lebenskultur mit Platzanlagen (Fora), Tempeln, Theatern, luxuriösen Bädern (Thermen) und aufwendig errichteten Nutzbauten (Wasserleitungen, Brücken, Straßen, Häfen). Diese Städte ähnelten bald denen der alten Kerngebiete der römischen Zivilisation in Italien, Südfrankreich und Spanien. Mit der Gewöhnung an die Annehmlichkeiten des städtischen Lebens wuchs auch die Bereitschaft, die politischen Voraussetzungen dafür zu akzeptieren.

Bürgerrecht

Die römische Zivilisation hat also gegenüber den vielfältigen Kulturen innerhalb des Reiches eine beträchtliche Integrationskraft entfaltet, d. h. sie war so attraktiv, dass die Provinzialen, allen voran die lokalen Eliten, ihre jeweils angestammte Kultur rasch aufgaben. Dies geschah auch, indem man sie rechtlich besserstellte und ihnen nach der Bekleidung städtischer Ämter das römische Bürgerrecht verlieh. Das war ein echtes Privileg, das um 50 n. Chr. von den etwa 50 Millionen Reichsbewohnern nur knapp 6 Millionen besaßen. Ihre Nachkommen konnten als Bürger vielfach schon in der übernächsten Generation in den kaiserlichen Dienst aufsteigen und mitunter sogar Senatoren werden. Denn nur ein römischer Bürger konnte höhere Ränge in den Legionen und der Verwaltung bekleiden. Abgesehen von weitreichenden Steuerprivilegien bot dieses Bürgerrecht einem Provinzbewohner auch Schutz vor der Willkür eines Provinzstatthalters. Als der Apostel Paulus von einem römischen Tribunen unter der Folter verhört werden sollte, erreichte er mit dem Satz „Civis Romanus sum", dass die Prozedur sofort abgebrochen und er zur nächsthöheren Instanz, letztlich nach Rom geschickt wurde (Apostelgeschichte 22,23 ff.). Zunehmend gelangten Aufsteiger aus den auch in wichtige Führerpositionen. Als erster Römer aus einer Provinz kam Trajan auf den Kaiserthron. Erst als Anfang des 3. Jahrhunderts n. Chr. alle Reichsbewohner das römische Bürgerrecht erhielten (so genannte Constitutio Antoniniana), traten andere Statusunterschiede in den Vordergrund.

Die Aufstiegsmöglichkeiten durch den Dienst für Rom bestanden aber auch weiter unten. Knapp die Hälfte der Berufsarmee des Kaiserreiches, ca. 120 000 Mann, bestand aus so genannten Auxiliartruppen. Deren Soldaten wurden in den Provinzen unter der nichtrömischen Bevölkerung angeworben und dienten 20 Jahre oder länger in der römischen Armee, wo sie zunächst Latein zu lernen hatten. Bei seiner Entlassung aus dem Dienst im Alter von 40–45 Jahren erhielt der Veteran ein Stück Land in einer Provinz angewiesen oder auch Geld, um sich einen Bauernhof zu kaufen oder ein Geschäft zu eröffnen – und dazu das römische Bürgerrecht.

Diese Integrationskraft ging einher mit einer komplementären, sehr energischen Abgrenzung nach außen. Vor allen an den Rhein- und Donaugrenzen, aber auch in Britannien und Nordafrika war die Kluft zwischen dem römischen Provinzialraum und dem „barbarischen" Außenraum durch die Errichtung eines befestigten Grenzsicherungssystems (Limes) mit Mauern, Gräben, Wachtürmen und Militärlagern im Hinterland sehr augenfällig, trotz aller Kontakte und Handelsverbindungen. Diese strikte Abgrenzung wurde immer problematischer, je mehr Verbände jenseits der Grenzen nach Aufnahme ins Reich strebten. Dem Ersuchen nach Wohlstand und Integration konnte und wollte Rom nur sehr begrenzt oder gar nicht entsprechen. Hieraus erwuchsen Spannungen, die sich seit dem Ende des 2. Jahrhunderts n. Chr. in einem wachsenden Druck auf die römischen Grenzen entluden. Als dann im 4. Jahrhundert n. Chr. germanischen Großgruppen gestattet werden musste, sich als „Verbündete" geschlossen im Reichsgebiet anzusiedeln, waren die Schleusen geöffnet, konnten sich faktisch unabhängige Staaten im Staat bilden, für die das Reich nur noch eine leere Hülle war, der man äußerlich Respekt bezeugte – und bald nicht einmal mehr den.

Nur in einer Region gelang die Befriedung und Integration der Provinzbevölkerung nicht: in Judäa, wo knapp zwei Millionen Juden lebten. (In Germanien war bereits die militärische Sicherung fehlgeschlagen.) Während die Römer in hellenistischer Zeit mit dem jüdischen Staat gute Beziehungen pflegten, kam

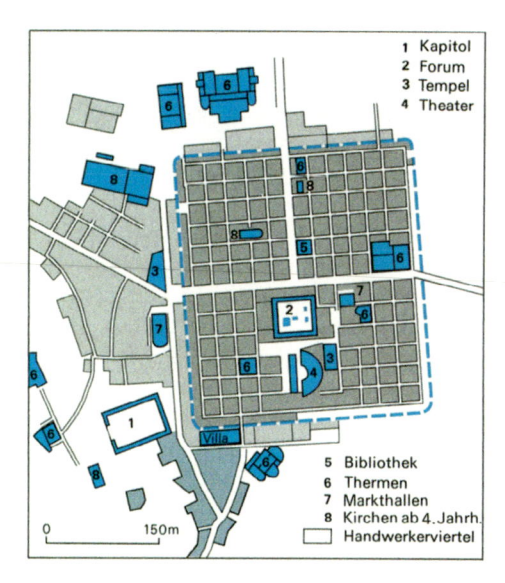

5 Stadtgrundriss von Thamugadi/Timgad
Die Colonia Marciana Traiana Thamugadi (heute Timgad/Algerien) wurde 100 n. Chr. im Auftrag Trajans als Veteranenansiedlung gegründet. Blau gestrichelt: die ursprüngliche Stadtanlage. – *Anregung*: Recherchieren Sie im Internet nach weiteren Informationen und Bildmaterial über Thamugadi.

Widerstand in Judäa

es nach der Eroberung der ganzen Region durch Pompeius (63 v. Chr.) immer wieder zu Konflikten. Die Ursachen waren sehr komplex. Eine Rolle spielte sicher der konsequente Glaube der Juden an ihren eigenen und einzigen Gott (Monotheismus). Wer sich auf den „Götzendienst" an den vielen Göttern der anderen Religionen oder gar den Kaiserkult einließ, konnte kein Jude mehr sein. Außerdem hielten die Juden in ihrer identitätsstiftenden Überlieferung, der Thora (für die Christen: die fünf Bücher Mose), die Erinnerung an den Wechsel von Fremdherrschaft, Aufstand, Befreiung und eigenen Herrschaftsbildungen immer lebendig. Als einziges Volk im Römerreich pflegten sie zudem eine Geschichtstheologie, das heißt sie erwarteten eine göttlich bestimmte Endzeit, in der ein Erlöser (Messias) auftreten würde. Viele Juden hofften in diesem Sinne auf einen Befreier von Fremdherrschaft. Zudem gab es innerhalb der jüdischen Bevölkerung immer starke Spannungen zwischen Stadt und Land, Reich und Arm, Verweltlichten und Frommen, außerdem Konflikte innerhalb der Oberschicht um den Vorrang und um die Frage, welche Familie etwa das Hohepriesteramt besetzen dürfe. Eine stabile Oberschicht, die wie in den anderen Provinzen gleichsam als Bipol zwischen Einheimischen und Römern hätte Brücke sein können, gab es hier nicht,

6   Militärdiplom
Viele Angehörige von Auxiliareinheiten erhielten bei ihrer ehrenvollen Entlassung aus der Truppe Urkunden über den geleisteten Dienst. Das abgebildete Stück stammt aus Weißenburg in Rätien und beginnt so: „Der Imperator Caesar, Sohn des göttlichen Nerva, Nerva Traianus Augustus Germanicus Dacicus, Pontifex Maximus mit tribunizischer Gewalt zum elften Mal, Imperator zum sechsten Mal, Konsul zum fünften Mal, Vater des Vaterlandes, hat den unten namentlich aufgeführten Reitern und Fußsoldaten (...), die in Rätien unter (dem Procurator) Tiberius Iulius Aquilinus Militärdienst geleistet haben, nach 25 oder mehr Dienstjahren unter ehrenvoller Entlassung denen, deren Namen unten aufgeführt sind, ihren Kindern und deren Nachkommen das Bürgerrecht verliehen und das Recht zur Ehe mit den Frauen, die sie bei Verleihung des Bürgerrechtes hatten."

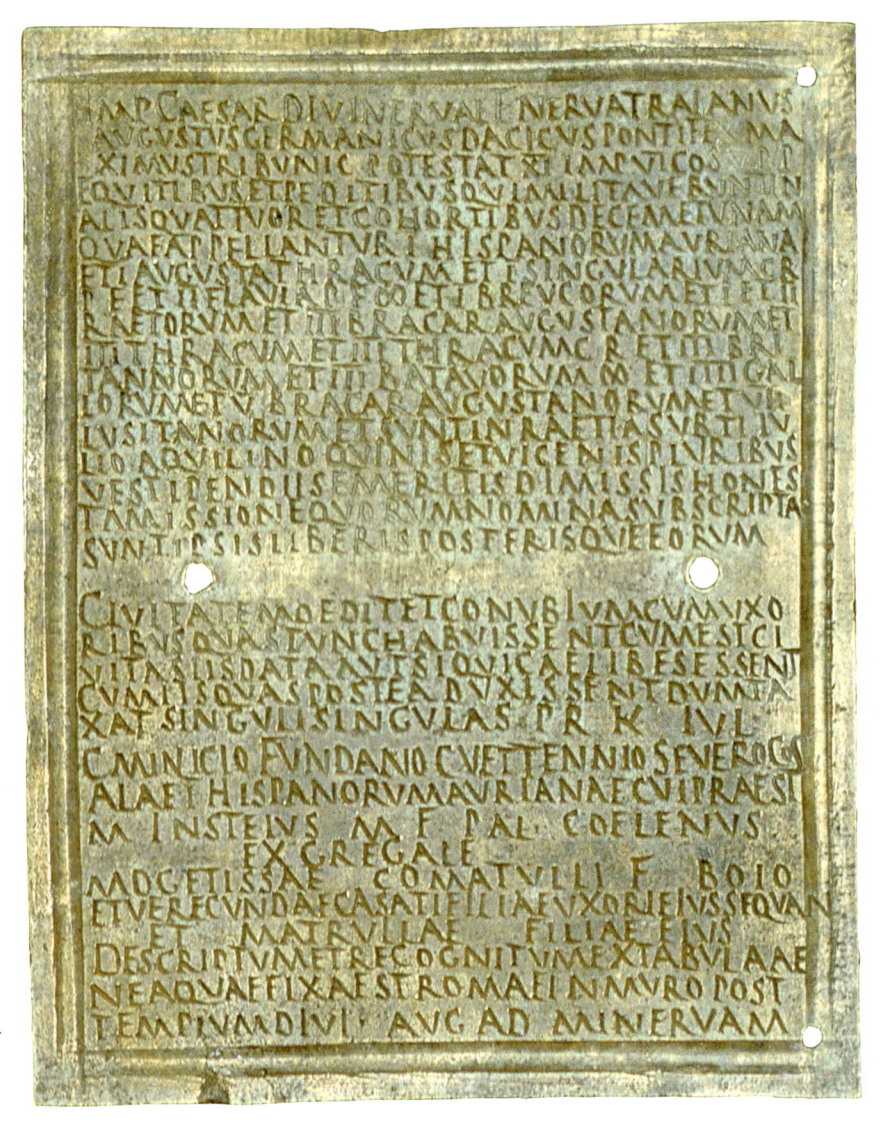

denn Juden, die das betrieben, wurden sofort von radikalen Gruppen attackiert, zeitweise mit terroristischen Anschlägen (Sikarier – „Dolchmänner"). Deshalb funktionierte auch eine regionale jüdische Selbstverwaltung, die sich natürlich an den Römern orientieren musste, auf Dauer nicht; ein Herrscher wie Herodes, der von 40 bis 4 v. Chr. regierte, fand als Römerfreund und „Modernisierer" nie mehrheitliche Zustimmung unter den Juden, obwohl er den Tempel in Jerusalem prachtvoll wiederaufbauen ließ. Schließlich gab es starke Spannungen mit den umliegenden Gebieten, die wie Galiläa oder Samaria in alter Zeit oder jüngst unter den Hasmonäerkönigen (142–63 v. Chr.) einmal zum jüdischen Staat gehört hatten und immer noch jüdische Minderheiten beherbergten. Die römischen Statthalter Judäas hatten es schwer. Jede Ungeschicklichkeit, jeder Übergriff steigerte die Erbitterung der Radikalen, unter denen die Zeloten („Eiferer") die wichtigste Gruppe bildeten. Im Jahr 66 n. Chr. eskalierten die Spannungen, als der Hohepriester in Jerusalem ermordet wurde und in vielen Städten heftige Kämpfe zwischen Juden und Griechen ausbrachen. Jerusalem fiel 70 n. Chr. nach langer Belagerung, der Tempel wurde zerstört, und drei Jahre später erlosch der letzte Widerstand, nachdem die verbliebene Besatzung der Bergfestung Masada kollektiv Selbstmord begangen hatte. Insgesamt lag die Zahl der Umgekommenen deutlich im sechsstelligen Bereich.

Als Folge des jüdischen Krieges verschwanden Tempel und Hohepriester als Zentrum der jüdischen Religion und wurden abgelöst von den gelehrten Rabbinen, den Vorstehern der Ortsgemeinden mit ihren Gottesdiensthäusern, den Synagogen. Diese dezentrale Struktur und die Konzentration auf die niedergeschriebene Überlieferung („Buchreligion") ließen das Judentum zu einer intellektuell sehr lebendigen Religion werden. Als nach einem weiteren Aufstand 132–135 n. Chr. zahlreiche Juden aus Judäa vertrieben worden waren, nahmen auch sie die Lebensform an, die für ihre Glaubensbrüder in Babylon, Alexandria und vielen anderen Städten der antiken Welt schon lange selbstverständlich war: das konfliktreiche Leben als geschlossene Gemeinde in einer andersgläubigen Umwelt. Es begann die Zeit der Diaspora („Zerstreuung"). Doch einen Ruf vergaßen die Juden über die Jahrhunderte nie: „Nächstes Jahr in Jerusalem!"

Im Römischen Reich blieb das Judentum bis zur Christianisierung eine zugelassene Religion (*religio licita*); die Juden genossen sogar einige Privilegien, etwa die Freistellung vom Kaiserkult.

7 Relief vom Titusbogen
Das Relief (ca. 160 cm hoch) zeigt eine Szene aus dem Triumphzug des siegreichen Titus nach der Niederschlagung des Jüdischen Aufstandes (71 n. Chr.). Auf Traggestellen werden Beutestücke präsentiert, darunter die Menora (der Siebenarmige Leuchter) aus dem Jerusalemer Tempel.

8 Lokale Amtsträger erhalten das römische Bürgerrecht

Das Statut für die spanische Stadt Salpensa, erlassen unter Vespasian (69–79 n. Chr.), enthält u.a. folgende Bestimmung:

Alle Personen, die Duovir, Ädil oder Quästor werden gemäß diesem Gesetz, sollen römische Bürger sein, wenn sie nach ihrem Amtsjahr ihr Amt niederlegen, (und zwar) zusammen mit ihren Eltern, Ehefrauen und Kindern, die in gesetzmäßiger Ehe geboren wurden und (noch) unter der elterlichen Gewalt standen, und ebenso den Enkelsöhnen und Enkeltöchtern, die dem Sohn geboren wurden und die (noch) unter der elterlichen Gewalt standen. (Dies gilt unter der Voraussetzung, dass) nicht mehr Personen das römische Bürgerrecht erhalten, als gemäß diesem Gesetz Beamte bestimmt werden müssen.

Inscriptiones Latinae Selectae. Nr. 6088, 21. Übers. Uwe Walter.

9 Romanisierung doppelbödig

Die Wirkung der Romanisierung, die sich in den bisher stadtlosen, von Stammesstrukturen geprägten „barbarischen" Gebieten vor allem in einem Prozess der Verstädterung (Urbanisierung) ausdrückte, wurde bereits von den Zeitgenossen erkannt. Ein scharfsichtiges, dabei durchaus gespaltenes Urteil fällte der römische Geschichtsschreiber Tacitus (ca. 55–120 n. Chr.), der die Machtentfaltung des Reiches unter den Kaisern bejahte, aber zugleich den Verlust an politischem Einfluss und politischer Freiheit für den einst regierenden Adel scharf kritisierte. Die Stelle findet sich in der rühmenden Biographie, die Tacitus seinem Schwiegervater Agricola (40–93 n.Chr.) widmete. Agricola hatte hohe militärische Ämter bekleidet; seine Hauptleistung war die militärische Unterwerfung und weitgehende Befriedung Britanniens bis zur Grenze nach Schottland (77–83 n.Chr.). Tacitus schildert zunächst die militärischen Operationen während des Sommers (in der Antike wurde meist nur im Sommer Krieg geführt) und fährt fort:

Der folgende Winter wurde mit sehr heilsamen Maßnahmen zugebracht. Damit sich nämlich die zerstreut lebenden und rohen und deshalb zum Kriege neigenden Menschen durch Wohlleben an Ruhe und Muße gewöhnten, drängte Agricola sie persönlich und half ihnen von Staats wegen, Tempel, Märkte und Häuser zu errichten, lobte dabei die Bereitwilligen und kritisierte die Trägen: So wirkte anstelle von Zwang der Wettstreit um Ehre und Anerkennung. Fürstensöhne ließ er sogar in den gängigen Schulfächern unterrichten [...], so dass sie, die noch eben die römische Sprache abgelehnt hatten, nun sogar nach der (Unterrichtung in der) kunstmäßigen Rede verlangten. Von jetzt an kam auch unsere Tracht in Ansehen, und häufig trug man die Toga. Allmählich verfiel man auch auf die Reize der Laster: auf Säulenhallen und Bäder und üppige Gelage. Und dergleichen galt den Unerfahrenen für feine Bildung, während es doch ein Stück Knechtschaft war.

Tacitus: Agricola. Kap. 21. Übers. Robert Feger (mit Änderungen).

10 Ein Statthalter entscheidet und gestaltet

a) Grundsätze der römischen Herrschaft in den Provinzen während der Kaiserzeit zeigt der Brief eines römischen Prokonsuls an die von Griechen bewohnte Stadt Chios auf der gleichnamigen Insel vor der Westküste Kleinasiens (heute Türkei). Er stammt aus der Zeit des Augustus (27 v. Chr. bis 14 n. Chr.) und bezieht sich offensichtlich auf einen Streitfall zwischen einem Staphylos und der Gemeinde Chios, die daraufhin eine Gesandtschaft an den Prokonsul entsandte. Der Brief wurde in Chios öffentlich aufgestellt. Anfang und Ende dieser Inschrift sind verloren:

[...] in einem Prozess bezüglich des Eigentums von Staphylos gegenüber den Gesandten von Chios, als diese den Brief des Antistius Vetus, eines ausgezeichneten Mannes, meines Vorgängers im Prokonsulat, vorlasen. Ich folgte meinem allgemeinen Grundsatz, die von meinen Vorgängern im Prokonsulat geschriebenen Entscheide aufrechtzuerhalten, und hielt es für vernünftig, auch den Brief des Vetus zu beachten, der diesbezüglich beigebracht wurde. Später hörte ich in der Gegenüberstellung beide Parteien, die sich beide an mich bezüglich der Streitfragen gewandt hatten, und nach meiner Gewohnheit forderte ich von beiden Parteien sehr genau geschriebene Unterlagen. Als ich sie erhalten und an der entsprechenden Stelle innegehalten hatte, fand ich eine versiegelte Abschrift eines infolge der Zeitangabe sehr alten Senatsbeschlusses, der im zweiten Konsulat des Lucius Sulla (= 80 v. Chr.) verfasst worden war. In ihm bestätigte der (römische) Senat den Bewohnern von Chios, die man dafür rühmt, welch tapfere Taten sie für die Römer gegen Mithridates (Kriegsgegner Roms im Osten) verrichteten und welche Drangsale sie von ihm erlitten, speziell, dass sie die Gesetze, Gewohnheiten und Rechte gebrauchen sollten, die sie besaßen, als sie in Freundschaft mit den Römern traten, dass sie keiner Entscheidung irgendwelcher Magistrate oder Promagistrate unterworfen seien, dass die Römer, die bei ihnen ihren Wohnsitz hätten, den Gesetzen der Chier unterworfen sein sollen. [...]

Zit. nach: Helmut Freis: Historische Inschriften zur römischen Kaiserzeit von Augustus bis Konstantin. Darmstadt (Wissenschaftliche Buchgesellschaft) 1984, Nr. 29. Erläuterungen in Klammern von Uwe Walter.

b) Wenn die Selbstverwaltung der Städte nicht funktionierte, schickte der Kaiser mitunter einen Sondergesandten mit besonderen Befugnissen, der die Dinge wieder in Ordnung bringen sollte. Ein plastisches Bild bietet der Briefwechsel zwischen einem dieser Legaten, dem jüngeren Plinius (ca. 60 – ca. 115 n. Chr.), und Kaiser Trajan etwa aus dem Jahre 112 n. Chr. Es handelt sich dabei um eine amtliche Korrespondenz. Im folgenden Brief geht es um eine Wasserleitung für die Stadt Nicomedia:

Gaius Plinius an Kaiser Trajan:

Herr, für eine Wasserleitung haben die Nicomedenser 3318000 Sesterzen[1] verausgabt, aber sie ist bis jetzt unvollendet geblieben, aufgegeben und sogar abgetragen wor-

den; für eine andere Leitung hingegen sind 200000 ausgeworfen worden. Da auch sie liegen geblieben ist, bedarf es neuer Aufwendungen, damit die Leute, die schon so viel Geld verplempert haben, endlich Wasser bekommen.
Ich selbst bin auf eine sehr reine Quelle gestoßen, deren Wasser man meines Erachtens in die Stadt leiten sollte, wie man es anfangs versucht hatte, und zwar auf Schwibbögen, damit es nicht nur in die ebenen, niedrigeren Stadtteile gelangt. Noch jetzt stehen ein paar Bögen, einige könne auch aus Quadersteinen errichtet werden, die man dem früheren Bau entnimmt; einen Teil wird man, scheint mir, aus Backsteinen aufführen müssen, denn das ist einfacher und billiger. Vor allem aber ist es notwendig, dass Du mir einen Wasseringenieur oder Architekten schickst, damit es nicht wieder so geht wie früher. Das eine kann ich Dir versichern: Der Nutzen und die Schönheit des Bauwerks wären Deiner Regierung würdig.
Trajan an Plinius:
Sicher muss man Sorge tragen, dass die Stadt Nicomedia eine Wasserleitung bekommt, und ich selbst bin überzeugt, dass Du mit der erforderlichen Gewissenhaftigkeit diese Aufgabe angreifen wirst. Aber mit gleicher Gewissenhaftigkeit solltest Du weiß Gott untersuchen, wer dafür verantwortlich ist, dass die Nicomedenser bisher eine solche Summe verschleudert haben, damit die Leute nicht hernach wieder Wasserleitungen begonnen und liegen gelassen haben, indem sie sich gegenseitig in die Tasche arbeiten. Also lass mich wissen, was Du in Erfahrung bringst.

Gaius Plinius Secundus: Briefe 10,37 und 10,38. Aus: Gaius Plinius Caecilius Secundus: Briefe, hrsg. u. übers. v. Helmut Kasten, Buch 10, Nr. 37 und 38. Düsseldorf/Zürich 2003.

11 Kaiser und provinziale Stadt
In einem Brief von Kaiser Hadrian (117–138 n. Chr.) aus dem Jahre 129 an die politische Führung der Stadt Ephesus heißt es:
Der Imperator Caesar Traianus Hadrianus Augustus, Sohn des vergöttlichten Traian, des Siegers über die Perser, Enkel des vergöttlichten Nerva, Oberpriester, im 13. Jahr Inhaber der tribunizischen Gewalt, dreimal Konsul, Vater des Vaterlandes, an die Oberbeamten und den Rat von Ephesus. Seid gegrüßt! Lucius Erastus sagt, dass er euer Mitbürger ist und dass er oftmals das Meer befahren hat, wobei er sich im Interesse eurer Vaterstadt so nützlich wie nur möglich gemacht hat, und dass er jedes Mal den Statthalter der Provinz befördert hat. Er ist auch mit mir schon zweimal gefahren, das erste Mal, als ich von Ephesus nach Rhodos fuhr, und jetzt auf meiner Reise von Eleusis zu euch. Er wünscht, Mitglied eures Rates zu werden. Ich überlasse die Untersuchung seiner Eignung ganz und gar euch, und wenn es keine Einwände gibt und er dieser Ehre für würdig gehalten wird, werde ich bei seiner Wahl das für Ratsherren übliche Eintrittsgeld bezahlen.

Wilhelm Dittenberger: Sylloge Inscriptionum Graecarum Nr. 838. Übers. Uwe Walter.

12 Ehre gegen Wohltat – sozialer Ausgleich zwischen Oben und Unten
In den Städten des Römischen Reiches bestanden ungeheure Besitzunterschiede. Familien von märchenhaftem Reichtum lebten neben armen Schluckern. Dennoch gab es nur sehr selten soziale Unruhen. Warum das so war, erklärt die folgende, um 100 n. Chr. gesetzte Inschrift ein Stück weit. Sie steht hier stellvertretend für zehntausende ganz ähnlicher Inschriften aus dem gesamten Reich:
Der Oberpriester der Kaiser auf Lebenszeit und Agonothet (Ausrichter eines athletischen oder musischen Wettbewerbs) der Provinzversammlung der Makedonen, Quintus Popilius Python, reiste für seine Heimatstadt Beroia als Gesandter zum vergöttlichten Nerva, damit sie allein die Pflege des Kaiserkultes innehabe und den Vorrang als Provinzhauptstadt, und erreichte dies auch glücklich. In der Zeit seiner Oberpriesterschaft bezahlte er die Kopfsteuer für die Provinz und ließ Straßen auf seine Kosten reparieren, und er ließ Theaterspiele und festliche Sportwettkämpfe ausrufen und veranstalten, die denen in Aktium glichen und die als Siegespreis ein Talent (= 25 kg Silber) hatten. Er ließ Kämpfe aller Art einheimischer und fremder Tiere und Gladiatorenkämpfe veranstalten und Getreide unter Marktpreisen verkaufen, um den Preis in Notzeiten zu senken. Er bewirtete durch Geschenkeverteilung an jedermann die ganze Zeit seiner Oberpriesterschaft hindurch die Provinz bei jeder Versammlung. Er zeigte sich nützlich für alle Sportstättenaufseher in der Öffentlichkeit zu jeder Zeit und privat als freundlicher Bürger. Die Phyle Peukastike ehrt ihn (durch diese Statue) als ihren Wohltäter. Die Ausführung überwachte Dioskurides, der Sohn des Alexander.

Supplementum Epigraphicum Graecum XVII, Nr. 315. Übers. Uwe Walter.

13 Zwei aktive Frauen
a) In der Kaiserzeit traten auch Frauen als Amtsträgerinnen und Wohltäterinnen in Erscheinung. In der Öffentlichkeit standen traditionell Priesterinnen, doch speziell in Kleinasien öffneten sich weitere Felder. Die Senatorentochter Plancia Magna stiftete um 120 n. Chr. ihrer Heimatstadt Perge in der heutigen Türkei ein prachtvoll mit Statuen geschmücktes Stadttor. Die Inschrift auf dem Sockel ihrer Bildnisstatue lautet:
Plancia Magna, Tochter von Marcus Plancius Varus und Tochter der Stadt, Priesterin der Artemis sowie erste und einzige Öffentliche Priesterin der Göttermutter. Möge ihr frommes und heimatliebendes Leben lange dauern!

Année Epigraphique 1965, Nr. 209. Übers. Uwe Walter.

---

1 Die Summe kann nicht leicht in heutiges Geld umgerechnet werden. Zum Vergleich: Ein Senator als Mitglied der höchsten Gesellschaftsschicht musste ein Vermögen von 1 Million Sesterzen nachweisen. Ein Arbeiter verdiente am Tage etwa 1 bis 4 Sesterzen, ein Legionssoldat etwa 1200, ein Offizier je nach Rang 10000 bis 40000 Sesterzen pro Jahr. Ein Rind kostete etwa 800 Sesterzen, ein Sklave je nach Fähigkeiten bis zu 4000 Sesterzen, „Spezialisten" auch erheblich mehr.

b) Die Hintergründe erläutert ein moderner Historiker:
Ganz offensichtlich war der Familie daran gelegen, nicht nur im höchsten Stand des Reiches eine Rolle zu spielen, sondern auch die überkommene Position unter den Ho-
5 noratioren von Perge zu wahren oder gar noch weiter auszubauen. Die Zugehörigkeit zum Senatorenstand verschaffte den Plancii nämlich die Möglichkeit, sich vor anderen Honoratiorenfamilien Perges auszuzeichnen. Dieser Wille zur Behauptung der Stellung in der Hei-
10 matstadt setzte das Engagement in dieser voraus. Die senatorische Karriere der männlichen Familienmitglieder führte zu längerer Abwesenheit von der Heimatstadt; hinzu kam, dass der große und weit in Kleinasien verstreute Grundbesitz, wahrscheinlich aber auch andere
15 Geschäfte, längere Reisen bedingten. Mit ihrem vielseitigen Engagement stieß die Familie an die Grenzen ihrer personellen Möglichkeiten. M. Plancius Varus hatte nur einen Sohn […]. Deshalb musste, wollte die Familie der Plancii ihre ehrgeizigen Ziele durchsetzen, Plancia
20 Magna in der Lokalpolitik die Präsenz und Aktivität der Familie demonstrieren. Plancia Magna tat dies durch die Bekleidung des höchsten Stadtamtes, der Demiurgie, und des Amtes einer Kaiserpriesterin wie auch durch reiche Schenkungen und Stiftungen. Mit der Errichtung
25 des Prunktores von Perge setzte sie ihrer Familie ein grandioses Denkmal, wobei sie ihren Vater, ihren Bruder und sich selber in die Reihe der alten mythischen Gründer von Perge einfügte. Das Statuenprogramm des Tores war durch die Bildnisse von Mitgliedern […] des
30 Kaiserhauses und den Gründerheroen Perges der Stadt und dem Reich gleichermaßen verpflichtet; die Statuen der Plancii standen vermittelnd zwischen ihnen, stellten sozusagen die Bindung zwischen Stadt und Reich her und wiesen gleichzeitig auf das zweifache Engagement
35 der Familie hin – auf ein Engagement, das die Familie zwang, auch die weiblichen Mitglieder ihres Hauses zum Dienst in der Öffentlichkeit heranzuziehen.

Johannes Nollé: Frauen wie Omphale? Überlegungen zu „politischen" Ämtern von Frauen im kaiserzeitlichen Kleinasien. In: Maria H. Dettenhofer (Hrsg.): Reine Männersache? Frauen in Männerdomänen der antiken Welt. Köln 1994, S. 229–259, hier: S. 250 und 252.

c) Ebenfalls aus Kleinasien (3. Jh. n. Chr.) stammt die Inschrift, mit der eine jüdische Diasporagemeinde ein Mitglied ehrte:
Tation, Tochter des Straton, des Sohnes von Empedon,
5 ließ mit ihrem eigenen Geld dieses Gebäude und die Hofeinfriedung errichten und machte beides den Juden zum Geschenk. Die jüdische Gemeinde ehrte sie mit einem goldenen Kranz und einem bevorrechtigten Sitzplatz.

Corpus Inscriptionum Iudaicarum Bd. 2. Rom 1952, S. 8, Nr. 738. Übers. Uwe Walter.

14 **Statue der Plancia Magna.** Die lebensgroße Statue der Plancia Magna stand in einer Nische des von ihr gestifteten Prunktores. Plancia trägt eine Krone als Zeichen ihrer Würde als Priesterin.

15 Ein Reich des Friedens, ein Reich der Städte

Publius Aelius Aristides lebte im 2. Jahrhundert n. Chr. und war ein antiker „Intellektueller". Von den zahlreichen öffentlichen Reden, die von ihm überliefert sind, ist die „Lobrede auf Rom" die vielleicht interessanteste, zeigt sie doch bei allen Übertreibungen und aller Schönfärberei, dass die unterworfenen Völker (zu denen auch die Griechen gehörten) die Herrschaft Roms in ihrer zu jener Zeit ausgebildeten Form zu schätzen wussten:

Ihr habt die Menschen in Römer und Nichtrömer eingeteilt und den Namen der Stadt so weit ausgedehnt. Aufgrund einer solchen Einteilung der Menschen gibt es in jeder Stadt viele Bürger eures Namens; ihre Zahl ist nicht geringer als die der Bürger des eigenen Stammes, obgleich manche von ihnen Rom noch nicht gesehen haben. Es bedarf keiner Besatzungen, welche die befestigten Plätze innehaben; denn die angesehensten und mächtigsten Männer überwachen überall in eurem Interesse die eigene Vaterstadt, und so habt ihr die Städte in doppelter Weise in Besitz, einmal von hier aus und jeweils durch die Bürger.

Neid tritt nicht auf in eurem Reich; denn ihr habt selbst damit angefangen, den Neid auszuschalten, da ihr alles allen zugänglich gemacht und es den mächtigen Männern (in den Provinzen) erlaubt habt, weniger beherrscht zu werden als abwechselnd selbst zu herrschen. […]

So sind die Städte frei von Besatzungen; Kohorten und Reiterabteilungen genügen zur Beaufsichtigung ganzer Provinzen, und nicht einmal jene sind in größerer Menge auf die Städte der einzelnen Stämme verteilt, sondern sie leben entsprechend der übrigen Bevölkerung verstreut im Land, so dass viele der Provinzen gar nicht wissen, wo ihre Besatzung steht. Wenn aber irgendwo eine Stadt wegen ihrer übermäßigen Größe aus eigener Kraft die Ordnung nicht aufrechterhalten konnte, so habt ihr auch dieser die Leute, die sie regieren und schützen sollen, nicht vorenthalten. Alle in früheren Zeiten, auch diejenigen, welche einen sehr großen Teil der Erde beherrschten, herrschten (gleichwie über nackte Körper) lediglich über die Völker, ihr aber habt das ganze Reich angefüllt mit Städten und Kostbarkeiten.

Wann gab es denn so viele Städte im Binnenland und am Meer, oder wann wurden sie so mit allem ausgerüstet? Wer reiste früher jemals so, dass er die Städte nach Tagen zählte und bisweilen am gleichen Tag zwei oder drei durcheilte wie Straßen einer Stadt? Daher stehen die früheren nicht nur in der Gesamtausdehnung ihrer Herrschaft so sehr hinter euch zurück, sondern auch darin, dass sie dort, wo sie über die gleichen Völker herrschten wie ihr heute, diesen allen nicht gleiche oder ähnliche Rechte verliehen. Jetzt aber ist es möglich, jedem Volk von damals eine Stadt entgegenzustellen, die in demselben Gebiet liegt. Daher können wir sagen, dass jene gleichsam Könige über leeres Land und feste Burgen waren, während ihr allein Herrscher über Städte seid. […]

Nun blühen alle Städte der Griechen unter eurer Führung auf […]. Die Küsten des Meeres und das Binnenland sind reich besetzt mit Städten, die teils neu gegründet, teils von euch gefördert wurden. […]

Wie bei einem Festtag hat der ganze Erdkreis sein altes Gewand, das Eisen abgelegt und sich dem Schmuck und sämtlichen Freuden zugewandt, um sie zu genießen. Jeder andere Streit ist den Städten fremd geworden, sie alle beherrscht nur dieser eine Ehrgeiz, dass jede von ihnen möglichst schön und einladend erscheine. Überall gibt es Gymnasien, Brunnen, Vorhallen, Tempel, Werkstätten und Schulen. Mit einem klugen Vergleich könnte man sagen, dass der am Anfang gleichsam kranke Erdkreis gesund geworden ist. […]

Städte strahlen nun in Glanz und Anmut, und die ganze Erde ist wie ein paradiesischer Garten geschmückt. Rauchwolken aus den Ebenen und Feuersignale von Freund und Feind sind verschwunden, als hätte sie ein Wind davongetragen, jenseits von Land und Meer. An ihre Stelle sind anmutige Schauspiele aller Art und Wettkämpfe in unbegrenzter Zahl getreten. So hören die Festversammlungen gleich wie ein heiliges, nie erlöschendes Feuer nicht mehr auf, sie gehen bald zu diesen, bald zu jenen, und ständig wird irgendwo gefeiert, denn allen geht es so, dass dies zu Recht geschieht. Daher verdienen allein diejenigen Mitleid, die außerhalb eures Reiches wohnen, wenn es irgendwo noch welche gibt, weil sie von solchen Wohltaten ausgeschlossen sind.

Aelius Aristides: Romrede (oratio 23). Kap. 63–65. 67. 93. 94. 97. 99. Übers. Richard Klein.

16 Der Aufstand der Juden aus römischer Sicht

Über den jüdischen Krieg sind wir durch das gleichnamige Werk des Josephus (37–ca. 100 n. Chr.) gut unterrichtet. Josephus gehörte zur jüdischen Oberschicht und nahm deshalb am Aufstand nur widerwillig teil. Nach seiner Gefangennahme weissagte er dem römischen Kommandeur Vespasian das Kaisertum, wurde daher 69 n. Chr. nach der Ausrufung Vespasians zum Kaiser freigelassen und nahm an der Eroberung Jerusalems 70 n. Chr. durch Titus auf römischer Seite teil. Ab 71 n. Chr. in Rom lebend, erhielt er das Bürgerrecht, eine Jahrespension und Landgüter. In seinem Werk bemühte er sich, radikale jüdische Splitterparteien für die Erhebung gegen Rom verantwortlich zu machen und dadurch sowohl die Masse des jüdischen Volkes und die Oberschicht zu entlasten, als auch die Flavierkaiser zu verherrlichen. – Hier die freie Nachgestaltung einer Ansprache des Titus an die Einwohner Jerusalems nach der Einnahme der Stadt durch römische Truppen:

Titus gebot nun seinen Soldaten, ihren Zorn zurückzuhalten und keinen Schuss auf den Feind zu tun; darauf ließ er den Dolmetscher neben sich treten und nahm dann – zum Zeichen, dass er der Sieger sei – als Erster das Wort: „Habt ihr euch nun endlich gesättigt an dem Elend eurer Vaterstadt, ihr Männer? Ihr habt ja, ohne überhaupt unsere Macht oder eure eigene Schwäche zu bedenken, in blindem Draufgängertum und in Wahnsinn das Volk, die Stadt und den Tempel in den Untergang getrieben, so dass ihr jetzt auch ganz zu Recht der Vernichtung entgegengeht. Ihr habt ja schon früher, seitdem Pompeius euch bezwungen hat, nicht aufgehört, Umsturzversuche zu unternehmen und dann auch ganz offen Krieg mit den Römern angefangen. War es nun die große Zahl, auf die ihr euch dabei verlassen konntet? Tatsächlich hat ein ganz geringer Bruchteil des römischen Heeres gegen euch ausgereicht. Oder etwa das Vertrauen auf Bundesgenossen? Aber welches außerhalb unseres Reiches stehende Volk möchte sich wohl lieber auf die Seite der Juden als auf die der Römer stellen? War es dann die Körperkraft? Nun, ihr wisst selbst, dass auch die Germanen uns dienen müssen. […] War es wohl die Härte eurer Gesinnung und die Schlauheit eurer Führer? Doch sind, wie ihr wusstet, auch die Karthager in unsere Hände gefallen. Demnach hat nichts anderes euch gegen die Römer antreten lassen als deren Güte. Zunächst einmal: Wir gaben euch das Land zum Besitz und setzten Könige aus eurem eigenen Stamme ein; sodann achteten wir eure väterlichen Gesetze und gestatteten euch, nicht nur unter euren Stammesgenossen, sondern auch im Umgang mit den Nichtjuden so zu leben, wie ihr es wünschtet. Die größte Gunst aber war die, dass wir euch gestatteten, Abgaben für euren Gott zu erheben und Weihgeschenke zu sammeln. Wer dafür spendete, den haben wir weder gescholten noch auch davon abgehalten – nur damit ihr reicher würdet auf unsere Kosten und euch mit unserem Gelde gegen uns rüsten könntet. Und als ihr dann im Genuss solcher Vergünstigungen lebtet, habt ihr denen, die sie euch gewährten, euren satten Übermut entgegengekehrt und nach Art unzähmbarer Schlangen euer Gift denen eingespritzt, die euch freundlich entgegenkamen. […]"

Flavius Josephus: Der Jüdische Krieg. 6,328–336. Übers. Otto Michel, Otto Bauernfeind.

18 Ein parteiischer Kaiser?

Unter den anonymen so genannten alexandrinischen Märtyrerakten finden sich Dokumente eines Antijudaismus unter den Griechen der ägyptischen Metropole. Ein Abschnitt schildert aus Sicht dieser Griechen, wie ein lokaler Konflikt Kaiser Trajan (98–117 n. Chr.) vorgetragen wurde:

Der Kaiser erfuhr, dass die Gesandten der Juden und der Alexandriner eingetroffen waren, und er bestimmte den Tag, an dem er beide Parteien anhören wollte. Plotina (Trajans Frau) aber bat die Senatoren im Beraterkreis, gegen die Alexandriner aufzutreten und den Juden zu helfen. Und zuerst traten die Juden ein und begrüßten den Kaiser Trajan. Der aber grüßte sie äußerst zuvorkommend zurück, denn er war schon von Plotina (für die Sache der Juden) gewonnen worden. Nach ihnen traten die Gesandten der Alexandriner ein und begrüßten den Kaiser, der aber ging nicht darauf ein, sondern sagte: „Ihr begrüßt mich, als ob ihr es verdientet, von mir wiedergegrüßt zu werden, obwohl ihr den Juden so viel Schlimmes angetan habt."

Acta Alexandrinorum Nr. 8, Spalte 2. Übers. Uwe Walter.

17 Judaea capta. Römische Messingmünze aus dem Jahr 71, geprägt auf Beschluss des Senats (s[enatus] c[onsulto]).

Arbeitsvorschläge:
a) Tragen Sie alle Faktoren zusammen, die zur Stabilisierung des Römischen Reiches und der Integration der provinzialen Bevölkerungen beitrugen, und erstellen Sie ein Schema, das diese Faktoren in Gruppen zusammenfasst.
b) Erklären Sie die Rolle, welche die lokalen Eliten im römischen Herrschaftsverband spielten (VT, M 8, M 12, M 13).
c) Welchen Stand mochte ein römischer Neu-Bürger gegenüber seinen Mitbürgern in der provinzialen Stadt haben? Diskutieren Sie mögliche Vor- und Nachteile.
d) Wie würden sie die in M 10 a zu Tage tretenden Grundsätze der römischen Verwaltung charakterisieren? Beachten Sie dabei, dass der Prokonsul nach einem Jahr oder maximal einigen wenigen Jahren durch einen Nachfolger ersetzt wurde. Überlegen Sie, warum auch der Prokonsul ein Interesse daran hatte, dass sein Brief in Chios veröffentlicht wurde.
e) Warum musste Trajan ein Interesse daran haben, dass die Nicomedenser sparsamer wirtschaften (M 10b)? Welchen Übelstand vermutete er? Und warum setzte sich Plinius wohl so für die Sache ein?
f) Charakterisieren Sie den Ton von M 11. Beachten Sie dabei auch die Titulatur des Kaisers zu Beginn. Warum schreibt Hadrian nicht einfach: „Ich ordne an, dass Lucius Erastus in euren Rat aufgenommen wird!"? Mit welchen Argumenten macht Hadrian den Ephesiern sein Ersuchen plausibel?
g) Ordnen Sie die von Python (M 12) erbrachten Leistungen und versehen diese mit Überschriften. Wer wäre heute für Vergleichbares zuständig? Was hatte Python von seiner Großzügigkeit? Was könnte mit der Formulierung „er zeigte sich privat als freundlicher Bürger" gemeint sein? Denken Sie daran, dass Python zu den 10 000 reichsten Männern der damaligen Welt gehörte.
h) Welche Umstände ermöglichten es jeweils Plancia Magna (M 13 a/b) bzw. Tation (M 13c), eine so prominente Rolle in ihrer Heimatstadt zu spielen? – Welche Rolle konnten Kaiserfrauen spielen (M 18)? Denken Sie auch an Livia (im Augustus-Kapitel).
i) Listen Sie die Argumente des Redners in Stichpunkten bzw. kurzen Aussagesätzen auf. Welcher Vorzug der römischen Herrschaft spielt eine zentrale Rolle? Wie ist das zu erklären? Welche problematischen Folgen konnten aus dem starken Wettbewerb der Städte (Bautätigkeit, Feste usw.) erwachsen (M 15)?
j) Welche Gründe ließen aus der Sicht des Flavius Josephus den Jüdischen Aufstand so widersinnig erscheinen (M 16)?
k) Vergleichen Sie das Verfahren, das Kaiser Trajan im Streit zwischen alexandrinischen Griechen und Juden (M 18) anwendet, mit dem, was Sie sonst über den Regierungsstil der Kaisers wissen (VT). Sind alle Aussagen der Passage in gleichem Maße glaubwürdig?
l) Was können Sie dem Militärdiplom (M 6) über das Leben der Soldaten während ihrer Dienstzeit entnehmen?
m) Beschreiben Sie den Stadtgrundriss von Thamugadi/Timgad (M 5). Welche Gebäude gehörten zum „Standardinventar" römischer Städte?

Geschichte erinnern: Imperium Romanum – Pax Americana: Antikes Modell und modernes Gegenstück?

Nach dem Zusammenbruch der Sowjetunion 1991 schien es, als sei in Gestalt der USA nur noch eine Macht mit einem weltweiten Gestaltungs- und Ordnungsanspruch vorhanden. Die seitdem immer wieder diskutierte historisch-politische Frage, ob es zwischen dem Imperium Romanum der Antike und den USA in der Welt von heute Parallelen und Ähnlichkeiten gibt, speist sich aus drei Quellen:

- der großen Bedeutung römischer Symbole und Begriffe im politischen System und im Geschichtsbewusstsein der USA – dagegen stand aber auch das lange dominierende Selbstverständnis der USA als anti-koloniale Macht (Traditionsbezug),

- der Hoffnung, durch einen Vergleich beide Phänomene – das antike Rom einerseits und die Geschichte und gegenwärtige Politik der USA andererseits – wissenschaftlich besser verstehen zu lernen (historische Analyse),

- der Hoffnung, durch ein tieferes Verständnis der Mechanismen, Chancen und Irrwege des Römischen Reiches für das künftige Handeln der USA Empfehlungen und Warnungen zu erhalten beziehungsweise geben zu können (politische Prognose und Beratung).

Wegen der unterschiedlichen Perspektiven sowie der differierenden Grundüberzeugungen der Autoren, die sich mit dieser Frage befassen, fallen auch die Analysen nicht einheitlich aus.

1 Lincoln-Sitzstatue
Überlebensgroße Sitzstatue von Präsident Abraham Lincoln im Lincoln-Memorial, Washington D.C.
Erklären Sie den Rom-Bezug der Skulptur.

2 Gemeinsamkeiten und Unterschiede

Der Journalist und politische Autor Peter Bender (* 1923) hat Alte Geschichte studiert und in einem Buch den Aufstieg Roms und der USA zur Weltmacht untersucht:

Amerikas Gründungsväter verehrten das alte Rom. Sie nannten ihr Parlamentsgebäude „Capitol", ihre zweite Kammer „Senat" und ihren Bundesstaat „E pluribus unum" [„aus Vielen eine Einheit"]; an ihren Staatsgebäuden sparten sie nicht mit Säulen, und ihren ersten Staatsmann priesen sie als Augustus – ein wenig kurios: George Washington, der Begründer der Republik, in der Gestalt des Begründers der Monarchie. Heute fällt Historikern und Politikern fast immer Rom ein, wenn sie die gewaltige Macht der Vereinigten Staaten illustrieren wollen. Aber wieweit trägt der Vergleich? Sind die Amerikaner die Römer unserer Zeit?

Unvermeidlich springen als Erstes die Unterschiede ins Auge. Hier der Stadtstaat, der sich mit der Waffe alles erkämpfte, dort die Föderation, die sich vor allem durch Siedlung, Kauf und ökonomische Expansion ausdehnte. Hier die Aristokratie, bei der alle Initiative lag, dort Farmer, Reeder, Händler, Goldsucher und Abenteurer, von denen die stärkste Dynamik ausging. Hier ein Beispiel, was ein Staat vermag, dort der Beweis, wie viel ohne Staat möglich ist. Unterschiedlich auch die politische Gedankenwelt. Hier die Praktiker ohne Sinn für Ideologie, dort die Praktiker mit missionarischem Eifer für Republik, Demokratie und Menschenrechte. Anders auch die Wurzeln ihrer Kraft: hier politischer Instinkt, staatsbürgerliche Disziplin und militärische Stärke, dort unternehmerische Energie, wirtschaftliche Macht und fortschreitende Technik. Anders auch das Endergebnis: hier ein monarchisch regiertes Imperium, dort ein demokratisch und ökonomisch geleitetes informal empire. Und zu alledem noch zweitausend Jahre Abstand.

Dennoch haben Amerikaner und Römer manches Wesentliche gemein, das unabhängig ist von Zeit, Raum und Verfassung. Die erste Ähnlichkeit ergibt sich aus der Geographie: Italien und Amerika sind Inseln, größtenteils oder nur über Meere erreichbar. Meere schützen, Inseln und auch Halbinseln sind fremden Angriffen weniger ausgesetzt als Staaten im Binnenland. Meere schaffen Abstand zur Außenwelt und geben das Gefühl, dass man sich nicht viel um sie zu kümmern braucht. Allerdings muss man Herr der Insel sein. Rom beanspruchte es spätestens 279 vor Christus, als der Senat zum Frieden mit dem Eindringling Pyrrhus nur bereit war, wenn er Italien verlassen habe. Die Amerikaner machten sich schon 1823 mit der Monroe-Doktrin zum Anwalt ganz Amerikas gegen europäischen Kolonialismus. Spätestens nach dem Ende ihres Bürgerkrieges 1865 hatten sie einen Grad von Sicherheit erreicht, von dem die meisten Länder aller Zeiten nur träumen konnten: „Im Norden ein schwaches Kanada, im Süden ein schwaches Mexiko, im Osten Fische und im Westen Fische." Als Insulaner dachten Römer und Amerikaner gleich: Italien allein den Römern, Amerika allein den Amerikanern! Der Senatsbeschluss von 279 und die Monroe-Doktrin wurden zu festen Grundsätzen in der Außenpolitik Roms und Washingtons. [...]

Als sie später überseeische Gebiete in ihre Gewalt nahmen, scheuten sie, wo immer es ging, vor einer Übernahme direkter Herrschaft zurück. Rom errichtete seine erste Provinz im mühevoll eroberten und gefährlich nahe liegenden Sizilien, im Übrigen aber provinzialisierte es zunächst nur Erwerbungen, in denen es vorwiegend mit Stämmen ohne feste staatliche Organisation zu tun hatte, in Sardinien, Korsika und Spanien. In der hellenistischen Welt hingegen, wo ihm hoch entwickelte Staaten und Städte begegneten, zog es nach drei Kriegen seine Legionen wieder zurück und begnügte sich mit der Rolle eines allmächtigen Patrons und Schiedsrichters. Erst nach einem halben Jahrhundert und vier Kriegen machte es Makedonien zur Provinz und herrschte auch in den folgenden hundert Jahren größtenteils durch Machtwort, Drohung und das später sprichwörtliche divide et impera („Teile und herrsche"). Der Senat in Washington lehnte bis zum Ende des 19. Jahrhunderts konsequent jede Annexion außerhalb des amerikanischen Festlands ab. Erst mit dem Krieg gegen Spanien im Jahr 1898 fielen die Hemmungen, die Vereinigten Staaten annektierten eine Reihe von Inseln in der Karibik und im Pazifik, aber dabei blieb es, die einzige größere Kolonie, die Philippinen, entließen sie in den dreißiger Jahren des 20. Jahrhunderts schrittweise in eine halbe Unabhängigkeit.

Die Neigung, lieber zu kontrollieren als zu regieren, erklärt sich bei beiden aus ihrer Verfassung. Als Stadtstaat war Rom unfähig, ein Reich zu verwalten. Die amerikanische Föderation konnte sich nur erweitern, indem sie „Territorien", die schon amerikanisch besiedelt waren, als neue Staaten in die Union aufnahm. Aber das war nicht alles. Beide zogen geographisch und kulturell einen scharfen Trennungsstrich zwischen ihren Stammländern Italien und Nordamerika einerseits und ihren Erwerbungen jenseits der Meere andererseits. Beide unterschieden zwischen Völkern, die romanisierbar oder amerikanisierbar erschienen, und anderen, bei denen keine Aussicht erkennbar war, dass man sie sich anverwandeln könnte. Für beide war klar: Wir brauchen die fremden Inseln und Gegenküsten, aber sie gehören nicht zu uns.

Peter Bender: Das Amerikanische und das Römische Imperium. Ein Vergleich. In: Merkur. Deutsche Zeitschrift für europäisches Denken, 54. Jahrgang, Heft 9/10, Sept./Okt. 2000 (Nr. 617/618), S. 890–900, hier: 890f.

3 Von Rom lernen?

Der amerikanische Politikwissenschaftler Jedediah Purdy (* 1976) zielt in eine andere Richtung als Bender:

Wer heute über Amerikas globale Sonderrolle nachdenkt, benutzt deshalb gern den Begriff der softpower. Das soll

4 US-Dollarnote. Die lateinischen Wendungen auf der Rückseite der Ein-Dollar-Note verweisen auf Rom und sind zugleich Ausdruck eines besonderen Sendungsbewusstseins. Zwei von ihnen stammen von Vergil (75–19 v. Chr.), der die augusteische Erneuerung in seinen Dichtungen als Erfüllung einer von den Göttern gewollten Heilsordnung, als Wiederkehr des Goldenen Zeitalters und als beste aller Zeiten deutete. Annuit coeptis = „(Die Gottheit) nickt dem Unterfangen helfend zu." Vorbild war ein Gebet bei Vergil, Aeneis 9,625: „Allmächtiger Juppiter, nicke unserem kühnen Unterfangen helfend zu!" – Novus ordo seclorum = „neue Ordnung der Epochen". Der Zusammenhang hier (Vergil, Hirtengedichte 4,4–10): „Nunmehr erschien die letzte der Zeiten. Machtvoll entsteht die neue Ordnung der Epochen. Nunmehr […] steigt auch ein neues Menschengeschlecht vom Himmel hernieder, […] endet das Eiserne Zeitalter, leuchtet über die Erde das Goldne." – Im Schnabel des Weißkopf-Seeadlers, der das Große Amerikanische Staatssiegel dominiert: E pluribus unum.

besagen, dass die amerikanische Macht nicht aus Kanonenrohren kommt. „Aber kann denn weiche Macht auch imperiale Macht sein?", fragen die Amerikaner dann ungläubig. Ja, lautet die Antwort, sie kann. Und sie ist es
10 auch. Die amerikanische Idee, dass Imperien stets von der Macht des Schwertes leben, zeugt von historischer Ignoranz. Und sie ist heute weniger richtig denn je.
Nehmen wir das Römische Reich. Müsste ein alter Römer die heutige Lage inspizieren, würde er ohne weiteres im-
15 periale Verhältnisse diagnostizieren. Denn das Römische Reich funktionierte ähnlich: Es herrschte nicht mittels Terror, sondern dadurch, dass es den Geltungsbereich des römischen Rechts ausdehnte. Und dadurch, dass es immer mehr Untertanen das römische Bürgerrecht zusprach. Den
20 Rest leistete die Kultur: Römische Sitten und die lateinische Sprache setzten sich überall im Reich durch. Römische Bürger mögen ihre regionalen Sprachen behalten, ihre lokalen Loyalitäten gepflegt haben. Aber sie waren, qua Gesetz und Kultur, zugleich Angehörige eines universalen
25 Reiches. Sie beteiligten sich am Handel, der das gesamte römische Herrschaftsgebiet verband. Die Autorität des Reiches begann mit dem Schwert, doch sie setzte sich fest im Bewusstsein, in der Sprache, selbst in der Seele.
Ohnehin griff Rom nur zum Schwert, wenn es wirklich
30 nötig schien. Wo immer möglich, bevorzugten römische Gouverneure die indirekte Herrschaft […] „Es war eine langsame Art der Eroberung", schreibt Montesquieu in seiner Geschichte Roms[1]. Neue Loyalitäten und die graduelle Verschiebung von Macht verwandelten Alliierte in beherrschte Völker, „ohne dass irgendwer hätte sagen 35 können, wann diese Herrschaft begann". Jeder, der beobachtet, wie seine Regierung den IWF (= Internationaler Währungsfond) hofiert oder wie in seiner Stadt ein neues Multiplex-Kino eröffnet wird, versteht, was Montesquieu meinte. *Softpower* ist nichts Neues, sondern bloß ein neu- 40 er Begriff für Macht in ihrer wirksamsten Form.
Es ist kein Wunder, dass sich die Formen imperialer Herrschaft im Laufe von 2000 Jahren verändern. Heute, da Wohlstand aus der Macht über Märkte und Ideen hervorgeht, ist die Herrschaft über Territorien keine Bedingung 45 historischer Größe mehr. In einer Welt der ungeduldigen Bürger und rastlosen Minderheiten ist sie oft sogar eine Belastung, wie die ethnischen Konflikte in Russland oder die Probleme Chinas mit seinen armen Regionen zeigen. Der kluge Herrscher der Gegenwart bevorzugt 50 die römische Methode. Er baut ein Reich, in dem alle Märkte nach Rom führen, das seine Wege aber bei Bedarf sperren kann.

Zit. nach: Jedidiah Purdy: Wir und die anderen. Warum die Amerikaner nicht begreifen, dass der Rest der Welt sie als Imperialmacht fürchtet. In: DIE ZEIT Nr. 35 vom 23.8.2001, S. 3.

[1] Der französische Philosoph Montesquieu (1689–1755) schrieb 1734 ein Buch über „Größe und Niedergang Roms" (Considérations sur les causes de la grandeur des Romains et de leur décadence).

Geschichte erinnern:
Geschichte auf der Zunge – der „Prozess" gegen Jesus von Nazareth

Redewendungen und Sprachbilder transportieren Geschichte. Sie gehen in den Wortschatz einer Sprachgemeinschaft ein, die zugleich eine Erinnerungsgemeinschaft ist, und bilden dort Abkürzungen der Verständigung, einen Code gemeinsamer Bildung. Im 19. Jahrhundert wurden aus dem Gedanken der deutschen Nationalkultur nicht nur die höhere Bildung vereinheitlicht (Gymnasium) und die Sprache lexikalisch erfasst („Deutsches Wörterbuch" der Gebrüder Grimm), sondern auch ein Kanon von Redensarten gebildet, die auf einen bestimmbaren literarischen oder historischen Ursprung zurückzuführen sind: die Sammlung „Geflügelte Worte" von Georg Büchmann (1822–1884).

Viele der Zitate im „Büchmann", wie das Werk bald landläufig hieß, stammen aus der Bibel, die wiederum den meistgelesenen und bei weitem folgenreichsten Bericht über eine Gestalt der Antike darstellt: Jesus von Nazareth.

Wer ein Anliegen hat, aber von jeder Stelle, an die er sich wendet, zur nächsten geschickt wird, läuft von **Pontius zu Pilatus**. Die Wendung geht zurück auf die Passionsgeschichte in den vier anerkannten (kanonischen) Berichten über Wirken, Tod und Auferstehung Jesu, den Evangelien der Autoren Markus, Matthäus, Lukas und Johannes. Die Berichte unterscheiden sich nicht unerheblich voneinander, und seit mehr als zwei Jahrhunderten bemüht man sich herauszufinden, was damals wirklich geschehen ist. Sehr schlecht kommen in den Texten die Gremien und Führer des jüdischen „Establishments" weg. Sie lassen Jesus festnehmen, weil sie ihre Stellung durch die Predigten und Wundertaten, die ihm großen Zulauf im Volk bescheren, bedroht sehen. Lukas zufolge wird Jesus zunächst vor dem Hohen Rat, einem religiösen Selbstverwaltungsgremium der Juden, verhört und bekennt dort, der Sohn Gottes zu sein. Daraufhin bringt man ihn vor den römischen Statthalter Pontius Pilatus, der aber hält ihn für unschuldig und schickt ihn zum Fürsten des benachbarten Galiläa, wo Jesus ebenfalls gepredigt hatte. Dieser Fürst verweist ihn nach erfolglosem Verhör zurück an Pontius Pilatus. Der erklärt erneut und mehrmals, er könne an Jesus nichts Strafwürdiges finden, wird aber schließlich von den aufgebrachten Juden dazu gebracht, ihn zur Kreuzigung abführen zu lassen (Lukas 22,66–23,25). Der Evangelist Matthäus malt die Szene detailliert aus (Matthäus 27,22–24): „Pilatus sprach zu ihnen: ‚Was soll ich denn mit Jesus tun, den man Messias nennt?'

1 **Pilatus wäscht seine Hände in Unschuld.** Altarbild des Sebastianaltars im Augustiner-Chorherrenstift Sankt Florian, 1509–1518 Holz, 114 x 96 cm.

2 Filmszene aus „Die Passion Christi": v.l.n.r. der angeklagte Jesus (Jim Caviezel), Pontius Pilatus (Hristo Naumov-Shopov) und Barabbas (Pedro Sarubbi), USA 2004.

Alle riefen sie: ‚Er soll gekreuzigt werden!' Er aber sprach: ‚Was hat er denn Böses getan?' Da schrien sie noch lauter: ‚Er soll gekreuzigt werden!' Als aber Pilatus sah, dass er nichts erreichte, sondern dass der Tumult nur noch größer wurde, nahm er Wasser, wusch vor dem Volk die Hände und sagte: ‚Ich bin unschuldig an diesem Blute. Seht ihr zu!'" Der Wunsch, bei einem offenkundigen Unrecht **seine Hände in Unschuld zu waschen**, wurde durch das geflügelte Wort für alle Zeiten zu einem höchst verwerflichen Bemühen.

Aus kritisch-historischer Sicht verdient die – vielfach auch widersprüchliche – Darstellung der Evangelien keinen Glauben. Für ein regelrechtes Verfahren vor einem jüdischen Gremium gab es gar keine Rechtsgrundlage; Jesus wurde also direkt vor Pilatus geführt (wohl auf Veranlassung des Hohepriesters Kaiphas). Der römische Prokurator sorgte sich vor allem um die Sicherheit in einer ständig aufruhrgefährdeten Provinz. Mit einem potentiellen Aufrührer, der weder römischer Bürger war noch der jüdischen Oberschicht angehörte, hielt er sich nicht lange auf. Ein Prozess fand gar nicht statt, nur ein kurzes Verhör. Mit dem Wissen, dass das Auftreten dieses einfachen Mannes aus Nazareth die Juden in Unruhe versetzt hatte, fragte er ihn: „Bist du der König der Juden?" Als Jesus – nicht ganz eindeutig – antwortete: „Du sagst es" (Markus 15,1; Matthäus 27,11; Lukas 23,3; Johannes 18,37), konnte Pilatus gar nicht anders entscheiden, als mit seiner Amtsgewalt den Agitator, wie so viele zuvor und danach, wegen Beleidigung der Majestät Roms und politischen Aufruhrs hinrichten zu lassen, zusammen mit zwei jüdischen Untergrundkämpfern.

Arbeitsvorschläge:
Arbeiten Sie im Neuen Testament die Schilderungen der Szene „Jesus vor Pilatus" in den vier Evangelien gründlich durch und erstellen Sie eine tabellarische Übersicht: Gemeinsamkeiten und Abweichungen der Berichte. Ziehen Sie zur Klärung des historischen Kontextes heran: Klaus Rosen, Rom und die Juden im Prozeß Jesu (um 30 n. Chr.), in: Alexander Demandt (Hrsg.), Große Prozesse in der Geschichte. München (Verlag C.H. Beck) 1990, S. 39–58.

2.4 Vom Außenseiter zum neuen Partner: Christentum und römischer Staat in der Spätantike

Aus der Kunde über das Leben und Lehren, den Tod und die Auferstehung des jüdischen Wanderpredigers Jesus von Nazareth wurde in einem Zeitraum von drei Jahrhunderten eine Religion, die das Römische Reich umgestalten und eine Weichenstellung für die weitere Geschichte Europas bedeuten sollte. Das Christentum hat zudem die Brücke von der Antike über das Mittelalter in die Gegenwart geschlagen. Solche Dauer provoziert. Die katholische Kirche erregt heute gerade in den westlichen Ländern so viel Anstoß, weil sie ein so langes Gedächtnis hat: Sie reicht nicht wie andere Säulen unserer Welt – Aufklärung, Verfassungsstaat, Demokratie, Industrie, Individualismus – lediglich maximal dreihundert Jahre zurück, sie ruht in einer über 2000-jährigen Tradition.

Ausbreitung und Durchsetzung der Lehre Jesu als Religion waren freilich an zahlreiche Voraussetzungen gebunden. Diese lassen sich unter vier Stichworte gruppieren: Infrastruktur, Personen, Lehre, Organisation.

Infrastruktur

Der Verbreitung von Jesu Botschaft standen keine äußeren Hindernisse entgegen. Missionare konnten sich im Römischen Reich frei bewegen und auf guten Straßen reisen. Eine neue Religion war nichts Ungewöhnliches und wurde vom Staat ignoriert, solange sie keine Probleme bereitete. Anlaufstationen der Mission waren zunächst die jüdischen Gemeinden, die es im ganzen Reich, vor allem in Kleinasien und Syrien gab. Im Osten existierte eine einfache Gemeinsprache, das Griechische, im Westen verstand jedermann Latein; religiöse Angebote in diesen Sprachen konnten weite Verbreitung finden. Doch Jesus hatte einen regionalen Dialekt, das Aramäische, gesprochen.

Personen

Es war die Leistung des Paulus und der vier Evangelisten, die Frohe Botschaft von Anfang an auf Griechisch zu verbreiten und die Erzählungen der Augenzeugen und Begleiter Jesu in dieser Weltsprache niederzuschreiben. Eindrucksvolle, vorbildhafte Persönlichkeiten warben für das Christentum, allen voran Jesus selbst, dann seine ersten Anhänger (Jünger), später die Glaubenszeugen (Märtyrer) und Missionare, die für ihren Glauben Verfolgung und Tod auf sich nahmen, und immer wieder eindrucksvolle Gestalten, die wie die Mönche durch ihre Lebensführung oder wie die Gelehrten durch ihre theologische Wegweisung überzeugten.

Lehre

Je mehr sich die Christen zeitlich von der Lebensspanne Jesu entfernten und je unwahrscheinlicher eine rasche Wiederkunft Christi im Jüngsten Gericht wurde, desto mehr musste man sich mit der gegebenen Welt ins Benehmen setzen und sagen, wie ein Christ zu leben und die Welt zu verstehen hatte. Bereits mit Paulus begann die Ausgestaltung der Botschaft Jesu zu einer Theologie, die am Ende so umfassend war und so viel Verbindlichkeit beanspruchte wie staatliche Gesetze und philosophische Lehrsysteme. Diese Verbindlichkeit herzustellen, brachte die ersten Christen rasch zum Problem ihrer Organisation. Da sich das Christentum über die Städte verbreitete, galt zunächst das Gemeindeprinzip. Diese Gemeinden, zunächst noch im Umkreis der Synagogen (Judenmission), dann von ihnen losgelöst oder von vornherein nicht von ihnen ausgehend (sog. Heidenmission), waren zunächst autonom, d. h. es gab viele Christentümer. Innerhalb der Gemeinden bildeten sich zugleich rasch Hierarchien heraus, mit einem Bischof an der Spitze, einer Gruppe von Priestern und der großen Masse der Laien.

1 Der Säulenheilige
Weltbekannte Superathleten christlicher Lebensführung waren im 5. und 6. Jh. n. Chr. die Styliten (Säulenheiligen). Der erste und bekannteste von ihnen, Symeon, lebte 45 Jahre lang auf einer am Ende 20 Meter hohen Säule, meist mit Stehen, Beten und Fasten beschäftigt. Zahlreiche Menschen kamen, oft von weit her, um den Heiligen Mann zu sehen. Wegen seiner entsagungsvollen Lebensweise und weil man ihm auch Wunder zuschrieb, genoss Symeon hohe Autorität; sogar der Kaiser hörte auf ihn. Um die Säule herum entstand bald ein regelrechter Pilgerpark mit Kloster, Taufkapelle und Hotels. Die meisten Säulenheiligen gab es in Syrien, doch auch nahe Trier lebte einer.
Basaltrelief aus Hama (Syrien), 5./6. Jh. n. Chr.

Organisation

An der Spitze der selbstbewussten Großgemeinden in Städten wie Alexandria, Antiochia, Karthago, Konstantinopel und Rom standen dann mächtige Kirchenführer, die – ganz in der antiken Tradition – miteinander im Wettbewerb um Rang und Einfluss traten. Die Möglichkeit, in der Kirche Prestige zu gewinnen, machte den neuen Glauben auch für Angehörige der Oberschicht attraktiv. Die Verbindung von Gemeindeprinzip und Hierarchieprinzip führte zu einer Regionalisierung, die noch durch theologische Differenzen verstärkt wurde, zuvörderst über die Frage nach der Natur Jesu Christi zwischen Menschsein und Göttlichkeit sowie im Verhältnis zu Gottvater. Zum Problem wurde das freilich erst, als der römische Staat „das Christentum" zu seinem Partner machen wollte.

Doch wäre die – unterschiedlich schnelle und intensive – Verbreitung des Christentums ohne die Macht der Botschaft Jesu selbst nicht möglich gewesen. Diese richtete sich an Männer und Frauen aller Schichten und band die Menschen in lebendige Gemeinschaften ein. „Seht, wie sie einander lieben!", so die Wahrnehmung von außen. Außerdem bot der neue Glaube mit dem Versprechen der Erlösung auch eine Perspektive über die Mühsal des Erdendaseins hinaus. Das Bild eines Gottessohnes, der zum Erlöser wird, indem er als Mensch stirbt und sich wieder mit Gott vereinigt, erschien im Kontext antiker religiöser Vorstellungen zudem durchaus nachvollziehbar.

Der römische Staat zeigte sich gegenüber dem Christentum – das bis etwa 70 n. Chr. als jüdische Sekte galt – zunächst ziemlich gleichgültig, wie gegenüber den zahlreichen anderen Religionen und Kulten im Reich. Allerdings führte die Mission an einigen Orten zu Unruhen, weil sich Personen, die von den traditionellen Kulten ihren Lebensunterhalt bestritten, durch den Erfolg der neuen Lehre bedroht fühlten: Immer weniger Menschen wollten Amulette, Weihgeschenke, Orakelsprüche und Opferfleisch kaufen. Aufruhr in den Städten rief die römische Ordnungsmacht auf den Plan, die in erster Linie an Ruhe und Ordnung interessiert war. In diesen Streitigkeiten hatten die Christen zunächst einen schweren Stand, denn man misstraute ihnen. War ihr „Erlöser" nicht seinerzeit in Jerusalem als Verbrecher gekreuzigt worden? Trafen sie sich nicht heimlich, nachts und in Häusern, anstatt wie anständige Menschen ihren Kult öffentlich auszuüben? Und dann die Lehre: Legte das Wort von der Bruderliebe nicht sexuelle Verirrungen schlimmster Art nahe? Und als Höhepunkt ihrer Riten aßen sie das Fleisch und tranken sie das Blut ihres Jesus – konnte es abscheulichere Exzesse geben? Armutsgebot, Staatsferne und der hohe Anteil von Frauen in den Gemeinden trugen zur Entfremdung von der Umwelt bei. So kam es immer wieder zu Prozesswellen gegen Christen, die allerdings zeitlich und lokal begrenzt waren. Das änderte sich erst, als das Christentum eine Bedrohung für das ganze Reich darzustellen schien.

Ausbreitung des Christentums

Denn das Reich war inzwischen in schwere See geraten. Der Geschichtsschreiber Cassius Dio beklagte Anfang des 3. Jahrhunderts, ein „Zeitalter von Eisen und Rost" habe das „goldene Zeitalter" des Imperiums abgelöst. Die Ursache dafür waren Veränderungen jenseits der Grenzen. Im Osten erwuchs Rom mit dem iranischen Sassanidenreich ein regionaler Rivale, und jenseits von Rhein und Donau begannen sich aus den zersplitterten Stämmen und Kriegergruppen früherer Zeiten nunmehr Großverbände zu bilden. Geplündert wurden die Donauprovinzen, der Balkan, Gallien und Kleinasien, selbst Rom schien nicht mehr sicher zu sein. Die Legionen wehrten sich, so gut sie konnten, und immer öfter erhoben sie ihre Befehlshaber zu Kaisern, weil sie sich davon mehr Erfolg und bessere Entlohnung versprachen. Oft gab es mehrere Kaiser gleichzeitig; allein im Jahr 238 n. Chr. kamen sechs dieser irregulären Caesaren gewaltsam um. Nur der Erfolg entschied darüber, ob jemand „rechtmäßiger" Kaiser war oder nur ein Usurpator.

Das Reich unter Druck

Bereits unter Septimius Severus (193–211) war der militärische Grundzug des Kaisertums wieder zum Vorschein gekommen. Nun konnten verdiente Soldaten beträchtlich aufsteigen, während die Senatoren an Bedeutung verloren. Alle Bemühungen konzentrierten sich jetzt auf die Reichsverteidigung und der Bedürfnisse der Truppen; die Steuern stiegen, der Wert des Geldes fiel ins Bodenlose. Natürlich waren nicht alle Regionen des Reiches in gleicher Weise von Plünderungen, Bürgerkriegen und Epidemien betroffen; so erlebten in Nordafrika und Syrien die Städte eine Blüte, während Gallien und der Donauraum schwer litten. Dennoch wurde die Bedrohung als eine allgemeine Krise wahrgenommen. Als Schuldige wurden die Christen ausgemacht, denn sie kränkten, so glaubten viele Menschen, durch ihre Weigerung, die üblichen Opfer zu vollziehen, die Götter, die dem Reich so lange Zeit Frieden und Sicherheit gewährt hatten. So gab es unter Decius (249–251) und Valerian (253–260) die ersten allgemeinen Christenverfolgungen; sie richteten sich zunächst gegen Einzelpersonen, dann – weit effektiver – gegen die Infrastruktur der Gemeinden (Hauskirchen, Kultgerätschaften, Heilige Schrift). Doch konnte der Zuwachs nicht aufgehalten werden; um 303 n Chr., zu Beginn der letzten und schwersten Verfolgungswelle unter Kaiser Diokletian, waren etwa fünf bis zehn Prozent der Reichsbevölkerung Christen.

Verfolgung der Christen

Ab 270 n. Chr. gelang es, schrittweise die Grenzen wieder zu sichern, die Währung zu stabilisieren, die Provinzen und das Heer neu zu organisieren und das Kaisertum zu festigen. An der Spitze wurde durch Diokletian (284–305) ein Mehrkaisertum etabliert. Die Lage des Reiches verlangte gesteigerte Effizienz, es genügte nicht mehr, auf die freiwilligen Leistungen der Oberschichten zu setzen. Steuern, speziell die Naturalsteuer zur Versorgung des Heeres, wurden streng eingetrieben, die städtischen Gremien hafteten persönlich dafür. Transport- und Handelskorporationen wurden zwangsverpflichtet; und man begann, Söhne auf den Beruf ihres Vaters festzulegen. Das Heer bestand nun aus beweglichen Elitetruppen und weniger effektiven Grenzverteidigungseinheiten. Wenn auch dem Regieren von Diokletian und Konstantin (Kaiser 306–337, alleiniger Kaiser seit 324) kein geschlossenes Reformkonzept zugrunde lag, fügten sich ihre Maßnahmen doch zu einer Struktur zusammen. Das Reich sah um 330 n. Chr. anders aus als ein Jahrhundert zuvor. Vor allem verfügte der Kaiser nun über eine Zentralverwaltung mit 25000 bis 30000 Beamten. Dennoch konnte diese neue Bürokratie angesichts der Größe des Reiches keine umfassende Kontrolle ausüben. Hinzu kam: Wenn in einer Region durch Invasionen und militärische Niederlagen die Zentralgewalt versagte, mussten die Menschen sehen, wie sie zurechtkamen. Was von der römischen Ordnung und Zivilisation blieb, bewahrten dann die geschrumpften Städte mit ihren Bischöfen und Stadträten sowie die Großgrundbesitzer, die sich – etwa in Gallien – auf ihren Gütern zunehmend selbständig machten.

Für die Christen bedeutete die Regierung Konstantins die große Wende. Aus Gründen, die unter den Historikern umstritten sind, verbündete sich dieser Kaiser mit dem Christengott. Die Vorstellung, dass ein Herrscher einen persönlichen Schutzgott hat, war nicht neu. Als Konstantin dann im Jahr 312 eine entscheidende

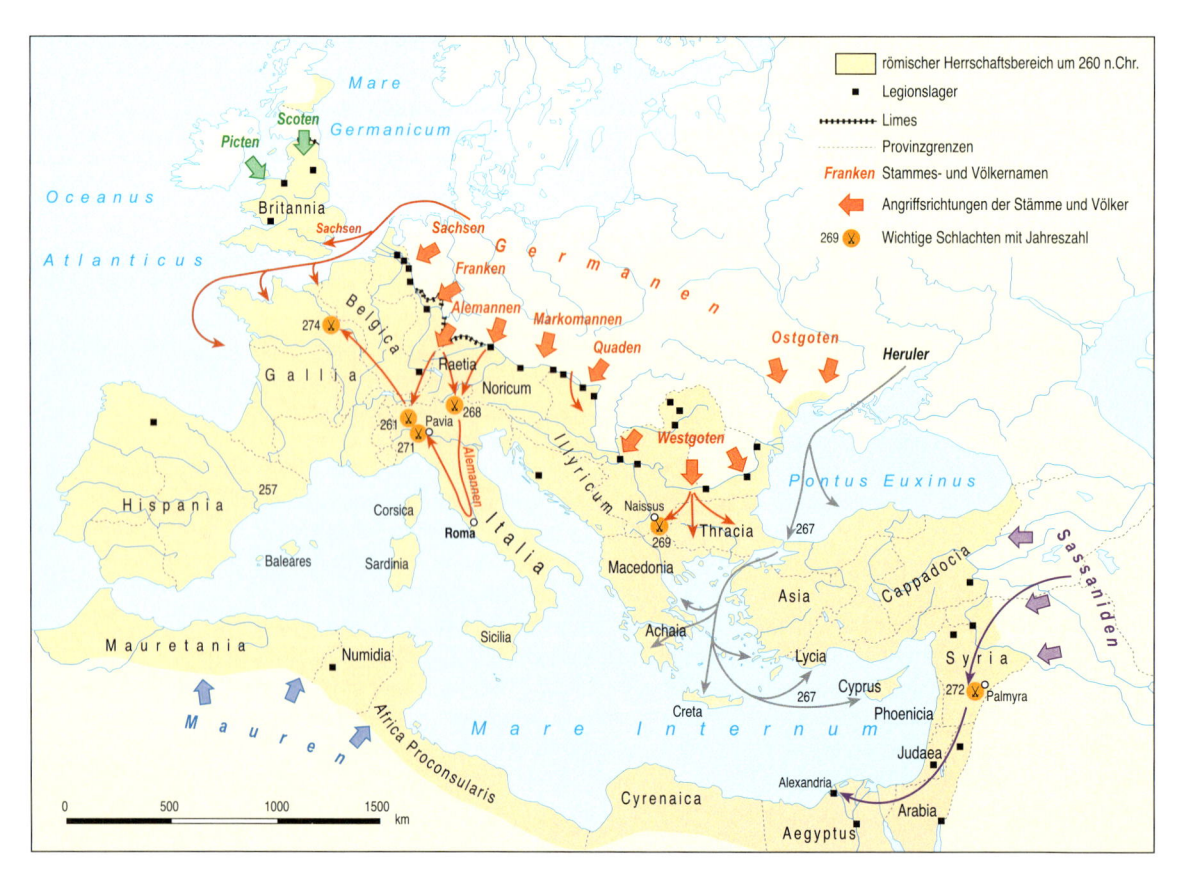

2 Das Römische Reich unter Druck, 3. Jahrhundert

3 **Die Palast-Aula in Trier.** In der Spätantike hatte das Römische Reich mehrere Zentren, bedingt durch das zeitweilige Mehrkaisertum, die Verwaltungsreformen und die Lage an den Grenzen. So war Trier im 4. Jh. n. Chr. Residenz eines führenden Beamten der Großregion Gallien und zeitweise auch des Kaisers. – Der um 310 errichtete Ziegelbau der sog. Palast-Aula in Trier bestand im Innern aus einem einzigen Saal mit Fußbodenheizung. Im Saal fanden Gerichtsverhandlungen, Empfänge und Audienzen statt.

Schlacht an der Milvischen Brücke bei Rom gegen seinen Rivalen Maxentius gewann, glaubte er, der Christengott habe ihm den Sieg geschenkt. 313 teilten Konstantin und der andere noch existierende Kaiser, Licinius, das Reich unter sich auf und beschlossen zugleich, die Christenverfolgungen endgültig einzustellen (Toleranzedikt von Mailand). Das Christentum wurde offiziell zur „erlaubten Religion" und damit den anderen Religionen gleichgestellt. Doch Konstantin fühlte sich dem Christengott besonders verpflichtet. Die Gemeinden erhielten ihren zuvor beschlagnahmten Besitz zurück, der Bau von Kirchen wurde unterstützt, und wegen zahlreicher Privilegien, z. B. Steuerfreiheit, wurde es attraktiv, ein geistliches Amt auszuüben.

Konstantin erkannte in der weitgespannten Organisation der Kirche auch eine Chance, das Reich und seine Herrschaft zu stabilisieren. Die Christen gaben umgekehrt ihre bisher gepflegte Distanz zum Staat auf. Doch die hier angelegte enge Verbindung zwischen Kaiser und Kirche erwies sich als problematisch. Denn innerhalb der Kirche gab es schwere Auseinandersetzungen, die sich um theologische Fragen drehten, aber meist auch eine machtpolitische Komponente hatten. Denn die Vertreter bestimmter Glaubenssätze waren zugleich selbstbewusste Anführer ihrer jeweiligen Gemeinde. Konstantin bemühte sich, die Streitigkeiten auf großen Zusammenkünften (Synoden) möglichst vieler Bischöfe zu lösen, was aber trotz eindeutiger Beschlüsse und Machtsprüche des Kaisers meist nicht vollständig gelang. Die Einbindung des Kaisers in die Glaubenskämpfe blieb ein Grundzug der Spätantike. Künftig gab es ein verbindliches Glaubensbekenntnis, und man unterschied zwischen rechtgläubigen (orthodoxen) und nicht-rechtgläubigen (häretischen) Christen. Immerhin machten die Synoden klar, dass der über das Reich herrschende Kaiser und die reichsweit organisierte Kirche nunmehr zusammengehörten. Die anderen Religionen wurden aber noch geduldet. Erst unter Kaiser Theodosius I. (379–395) begann der Staat, die nichtchristlichen Kulte und Bekenntnisse zu bekämpfen und auszutrocknen.

Das Christentum begünstigte die sakrale Erhöhung des Kaisers, der von den Christen selbst als der von Gott eingesetzte Herrscher stilisiert wurde (Gottesgnadentum). Die Umgebung des Kaisers galt als „heilig" (sacrum) oder gar als „hochheilig" (sacrosanctum). Die Polarisierung der Gesellschaft in wenige Reiche und viele Arme spiegelte sich im Abstand zwischen der Masse der Untertanen und dem fernen, unzugänglichen Kaiser im Palast. Von hier nahm das so genannte byzantinische Kaisertum seinen Anfang. Die Bezeichnung leitet sich ab von der Stadt Byzanz, die Konstantin im Jahr 330 als Metropole mit seinem eigenen Namen – Konstantinopel – neu gründete. Hier entwickelten sich ein Kaiserhof und ein Hofzeremoniell, die Vorbild wurden für spätere Monarchien.

Das Reich bildete nach dem Tode des Konstantins unter seinen zerstrittenen Söhnen eine brüchige Einheit. Die Teilung in Ost- und Westreich deutete sich bereits 364 in der Kompetenzaufteilung zwischen den Brüdern Valentinianus I. (364–375) für den Westen und Valens (364–378) für den Osten an. Die Kluft wurde durch Hofintrigen und Differenzen über den rechten Glauben vertieft.

Doch der entscheidende Stoß kam von außen. Im Norden hatten sich Großverbände von „Germanen" unter dem Namen einzelner Kerngruppen wie Goten, Alanen, Vandalen oder Franken zusammengefunden und auf den Weg ins Reich begeben. Dort suchten sie Beute, aber auch Arbeit (als Soldaten) und dauerhafte Perspektiven (als Siedler). Im römischen Heer waren sie bald unentbehrlich, so dass später Germanen für und gegen das Reich kämpften. Zwischen den angestammten Provinzbewohnern und angesiedelten Germanen kam es immer wieder zu Konflikten, die durch das Versagen römischer Funktionsträger noch verstärkt wurden. Folgenreich war auch der dogmatische Gegensatz: Während die Reichsbevölkerung (Romanen) dem „richtigen" Glaubensbekenntnis folgte, waren die Germanen meist „ketzerische" Arianer.

Untergang Westroms

So waren die Wegmarken römisch-germanischer Auseinandersetzungen zugleich Katastrophen: 378 die Schlacht gegen die Westgoten bei Adrianopel, 410 die Plün-

4 Struktur der Reichsverwaltung nach den Reformen Konstantins im 4. Jahrhundert

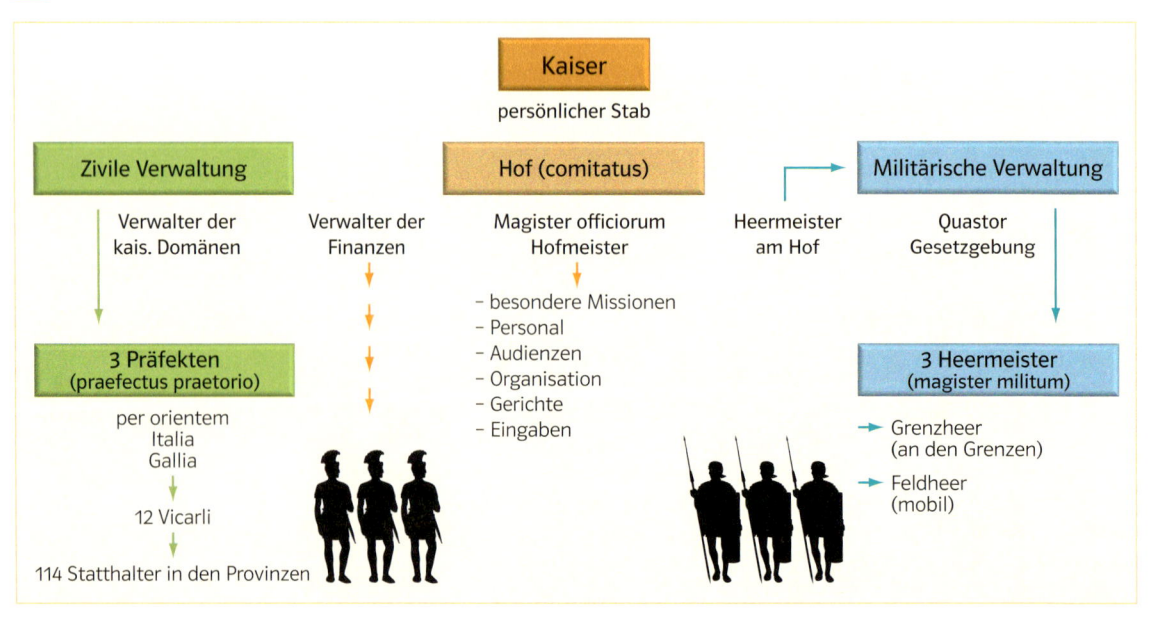

Kaiser
persönlicher Stab

- **Zivile Verwaltung**
  - Verwalter der kais. Domänen
  - Verwalter der Finanzen
  - **3 Präfekten** (praefectus praetorio)
    - per orientem
    - Italia
    - Gallia
    - 12 Vicarii
    - 114 Statthalter in den Provinzen

- **Hof (comitatus)**
  - Magister officiorum Hofmeister
    - besondere Missionen
    - Personal
    - Audienzen
    - Organisation
    - Gerichte
    - Eingaben

- **Militärische Verwaltung**
  - Heermeister am Hof
  - Quastor Gesetzgebung
  - **3 Heermeister** (magister militum)
    - Grenzheer (an den Grenzen)
    - Feldheer (mobil)

Rom

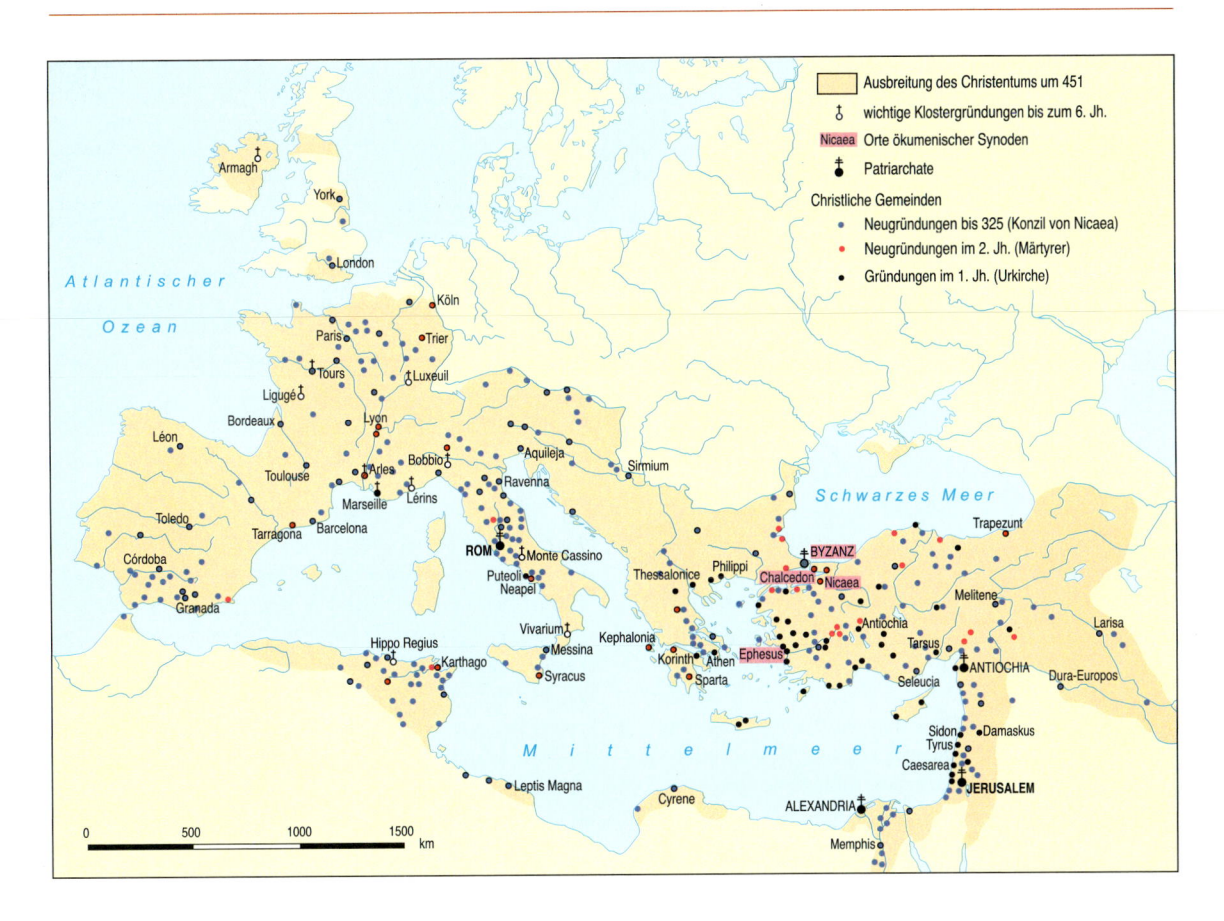

5 Ausbreitung des Christentums zur Zeit des Römischen Kaiserreiches

derung Roms, ab 429 der Verlust ganz Nordafrikas an die Vandalen. Die römische Zentralgewalt im Westen sank zur Bedeutungslosigkeit herab, und 476 erlosch hier das Kaisertum. Im Osten konnte es sich dagegen behaupten und unter Kaiser Justinian (527–565) noch einmal für kurze Zeit große Teile des Westens zurückerobern. Dennoch setzte sich im Westen mit den Germanen auf Reichsboden insgesamt eine neue, zukunftsträchtige Konstellation durch: ein regionales, christliches Königtum eines zugewanderten „Volkes", das aber zumindest teilweise an die Traditionen des Römischen Reiches anknüpfte. So übernahmen die Germanen das aufgezeichnete römische Recht in einer vereinfachten Form (Vulgarrecht). Politisch am wichtigsten waren dabei die spätesten dieser Reichsbildungen: das Königreich der Langobarden in Italien (seit 568) und das der Franken in Gallien (um 500: Übertritt Chlodwigs zum römisch-katholischen Christentum).

Papsttum

Ein weiteres Moment der Kontinuität gelangte zu größter historischer Wirkung: Die vorher im Kaiser repräsentierte Einheit der öffentlichen Gewalt fand einen Nachfolger in Gestalt des römischen Papsttums, das sich als einziges starkes Haupt der Christenheit behaupten konnte, nachdem die anderen großen Bischofssitze durch die islamische Eroberung ausgeschaltet worden waren. Das Verschwinden des römische Kaisers im Westen bildete also auch die Voraussetzung für den Aufstieg des römischen Papstes. Demgegenüber konnte der Patriarch in Konstantinopel neben dem Kaiser keine starke und eigenständige Position entfalten. Der Osten hatte damit keine Möglichkeit, einen so produktives Spannungsverhältnis zwischen Kirche und Herrscher zu entwickeln, wie das im Westen möglich war.

Rom

6 **Christogramm**, Christliche Buchstabensymbolik. Neben dem Fisch war das sog. Christogramm das wichtigste frühchristliche Symbol. Die übereinandergestellten Buchstaben X = chi und P = rho ergaben zusammen den Anfang des Namens Christus (= der Gesalbte), wobei das rho zugleich an einen Hirtenstab erinnerte. Ein weiteres Buchstabenpaar: das Alpha und Omega, der erste und letzte Buchstabe des griechischen Alphabets.

7 **Das Leben in einer frühen Gemeinde**
Der christliche Philosoph Justin beschrieb um 150 n. Chr. den Gottesdienst:
Wir aber erinnern in der Folgezeit einander immer hieran, helfen, wenn wir können, allen, die Mangel haben, und halten einträchtig zusammen. Bei allem aber, was wir zu uns nehmen, preisen wir den Schöpfer des Alls durch seinen Sohn Jesus Christus und durch den Heiligen Geist. An dem Tage, den man Sonntag nennt, findet eine Versammlung aller statt, die in Städten oder auf dem Lande wohnen; dabei werden die Denkwürdigkeiten der Apostel oder die Schriften der Propheten vorgelesen, solange es angeht. Hat der Vorleser aufgehört, so gibt der Vorsteher in einer Ansprache eine Ermahnung und Aufforderung zur Nachahmung all dieses Guten. Darauf erheben wir uns alle zusammen und senden Gebete empor. Und wie schon erwähnt wurde, wenn wir mit dem Gebete zu Ende sind, werden Brot, Wein und Wasser herbeigeholt, der Vorsteher spricht Gebete und Danksagungen mit aller Kraft, und das Volk stimmt ein, indem es das Amen sagt. Darauf findet die Ausspendung statt, jeder erhält seinen Teil von dem Geweihten; den Abwesenden aber wird er durch die Diakonen gebracht. Wer aber die Mittel und guten Willen hat, gibt nach seinem Ermessen, was er will, und das, was da zusammenkommt, wird bei dem Vorsteher hinterlegt; dieser kommt damit Waisen und Witwen zu Hilfe, solchen, die wegen Krankheit oder aus sonst einem Grunde bedürftig sind, den Gefangenen und den Fremdlingen, die in der Gemeinde anwesend sind, kurz, er ist allen, die in der Stadt sind, ein Fürsorger. Am Sonntage aber halten wir alle gemeinsam die Zusammenkunft, weil er der erste Tag ist, an welchem Gott durch Umwandlung der Finsternis und des Urstoffes die Welt schuf und weil Jesus Christus, unser Erlöser, an diesem Tag von den Toten auferstanden ist. Denn am Tage vor dem Saturnustage[1] kreuzigte man ihn und am Tage nach dem Saturnustage erschien er seinen Aposteln und Jüngern und lehrte sie das, was wir zur Erwägung auch euch vorgelegt haben.

Justinus: Erste Apologie. Kap. 67. Aus: Die Apologie. I 67 1932. Übers. G. Rauschen.

8 **Die Christen und das menschliche Leben**
Der christliche Schriftsteller Athenagoras aus Athen wendet sich Ende des 2. Jahrhunderts n. Chr. gegen den verbreiteten Vorwurf, die Christen vollzögen grausige Rituale und Menschenopfer; dabei setzt er christliche Grundpositionen von der Praxis der übrigen Menschen ab:
Wir sagen doch, dass die Frauen, die Abtreibungsmittel anwenden, Mörderinnen sind und vor Gott Rechenschaft für ihre Abtreibung ablegen müssen – wie sollten wir dann fähig sein, Menschen umzubringen? Denn derselbe Mensch kann nicht einerseits glauben, auch das Kind im Mutterleib sei schon ein Lebewesen und liege deshalb Gott am Herzen, und andererseits das Kind, wenn es zur Welt gekommen ist, töten; und er kann auch nicht einerseits verbieten, ein Neugeborenes auszusetzen, weil diejenigen, die Kinder aussetzen, nach unserer Auffassung Kindsmörder sind, es andererseits aber, wenn es aufgezogen worden ist, umbringen. Wir sind aber gleich und konsequent in allen unseren Handlungen, denn wir dienen der Vernunft und tun ihr keine Gewalt an.

Athenagoras: Bittschrift für die Christen. 35,6. Aus: Das frühe Christentum bis zum Ende der Verfolgungen. Eine Dokumentation, Bd. 2. Darmstadt 1994. Übers. Peter Guyot und Richard Klein.

9 **Römer und Westgoten – ein über vierzig Jahre wechselvolles Verhältnis**
In seiner um 550 verfassten „Gotengeschichte" schrieb Jordanes über die Zeit zwischen ca. 370 und 410 n. Chr.:
Als aber Kaiser Theodosius erfuhr, dass Gratian (Kaiser im Westen 367–383 n. Chr.) ein Bündnis zwischen Goten und Römern geschlossen habe, was ihm selbst erwünscht war, freute er sich sehr darüber und gab diesem Frieden seine volle Zustimmung. Den König Aithanarich, der damals Fritigern nachgefolgt war, verband er sich durch Geschenke und lud ihn aufs freundlichste ein, zu ihm nach Konstantinopel zu kommen. Dieser nahm es gerne an und rief bei seinem Eintritt in die Königstadt staunend

[1] Tag vor dem Saturnustag: (Kar-)Freitag
Saturnustag: Samstag (engl. Saturday)
Tag nach dem Saturnustag: (Oster-)sonntag

aus: „Ah! Hier sehe ich, wovon ich oft mit ungläubigen Ohren hörte", den Ruhm nämlich dieser großen Stadt. Hierhin und dorthin ließ er seine Blicke schweifen und bewunderte bald die Lage der Stadt und den Verkehr der Schiffe, dann die berühmten Mauern und den Strudel der verschiedenen Völker, die von verschiedenen Seiten herströmend sich gleichsam in einem Becken hier vereinigten. So staunte er auch die in Reih und Glied aufgestellten Soldaten an und sprach: „Gewiss ist der Kaiser Gott auf Erden, und wer gegen ihn die Hand erhebt, der verwirkt durch eigne Schuld sein Leben." In solcher Bewunderung wurde er noch bestärkt durch höhere Ehren, die ihm der Fürst verlieh. Wenige Monate darauf schied er aus dieser Welt. Die Gewogenheit des Kaisers ging so weit, dass er ihn im Tod fast noch mehr als im Leben ehrte; er veranstaltete ihm ein würdiges Begräbnis und ging beim Leichenzug selbst vor der Bahre. Nach dem Tod des Aithanarich blieb sein gesamtes Heer im Untertanenverhältnis zu Theodosius, stellte sich unter die Herrschaft der Römer und bildete mit den römischen Soldaten gleichsam einen Körper. Jener Kriegsdienst der Verbündeten, wie er schon längst unter Konstantin eingerichtet war, wurde erneuert, und sie selbst „Verbündete" (Foederati) genannt.

Nachdem aber Theodosius, welcher den Frieden und das Gotenvolk lieb hatte, aus dem irdischen Leben geschieden war (395 n. Chr.), begannen seine Söhne durch ihr üppiges Leben, beide Reiche zugrunde zu richten, und ihren Hilfsvölkern, das heißt den Goten, die gewohnten Geschenke zu entziehen. Darauf wurden die Goten ihrer überdrüssig, und da sie fürchteten, ihre Tapferkeit in der langen Friedenszeit einzubüßen, so machten sie den Alarich zum König über sich. Sein Adel war nach dem der Amaler der höchste; denn er stammte aus dem Geschlecht der Balthen, das schon längst wegen seiner Kühnheit den Namen Baltha, das heißt „kühn" bekommen hatte. Sobald daher der besagte Alarich zum König gewählt worden war, beriet er sich mit den Seinigen und schlug ihnen vor, lieber durch eigene Arbeit Reiche zu erobern, als Fremden in Ruhe Untertan zu sein. Er nahm darauf das Heer und rückte unter dem Konsulat des Stilicho und Aurelianus durch Pannonien und Sirmium von der rechten Seite in Italien ein, das sozusagen von Männern ganz entblößt war, und näherte sich ohne Widerstand zu finden der Brücke über den Candidianus, die drei Meilen von der Kaiserstadt Ravenna entfernt war. Als nun das Heer der Westgoten in die Nähe der Stadt gekommen war, schickte es zum Honorius (Kaiser im Westen 393–423 n. Chr.), der drin seine Residenz hatte, eine Gesandtschaft. Durch diese ließen sie anfragen, ob er gestatte, dass die Goten sich friedlich in Italien niederließen. In diesem Fall wollten sie in solcher Eintracht mit den Römern leben, dass man sie für ein Volk halten könne. Andernfalls solle der Stärkere den Schwächern vertreiben und der Sieger in Ruhe die Herrschaft besitzen. Da bekam der Kaiser bei beiden Vorschlägen große Angst und berief den Senat zu einer Beratung, wie man sie vom italischen Boden vertreiben könne. Zuletzt drang die Ansicht durch, dass Alarich mit seinem Volk die weitentlegenen Provinzen Gallien und Spanien als sein Eigentum besetzen solle, wenn er dazu imstande wäre, und diese Schenkung wurde durch eine kaiserliche Verordnung bestätigt. Denn jene Provinzen hatte man auch so verloren, da der Wandalenkönig Geiserich in dieselben verwüstende Einfalle machte. Dieser Abmachung stimmten die Goten bei und zogen in das ihnen übergebene Land. Nach ihrem Abzug lauerte ihnen, obgleich sie in Italien nichts Schlimmes getan, Stilicho, der römischer Adliger und zugleich Schwiegervater des Kaisers Honorius war, [...] bei der Stadt Pollentia in den Kottischen Alpen heimtückisch auf die Goten und überfiel sie, die sich nichts Arges versahen, zum Verderben von Italien und zu seiner eigenen Schande. Da die Goten ihn plötzlich erblickten, erschraken sie zuerst, bald aber fassten sie wieder Mut und feuerten einander an, wie es ihre Gewohnheit war, warfen fast das ganze Heer des Stilicho in die Flucht und schlugen ihn bis zur Vernichtung. Voll Wut gaben sie alsbald den angetretenen Weg auf und zogen zurück nach Ligurien, wo sie schon durchgezogen waren; dort machten sie reiche Beute, verwüsteten dann ebenso die Aemilia und zogen [...] bis zur Stadt Rom und plünderten die anliegenden Gegenden auf beiden Seiten. Endlich rückten sie in Rom ein und plünderten es auf Befehl des Alarich (410 n. Chr.); sie legten jedoch nicht, wie wilde Völker gewöhnlich tun, Feuer an und duldeten nicht, dass die heiligen Orte irgendwie verunehrt wurden.

Jordanes: Gotengeschichte. Kap. 28–30. Übers. Wilhelm Martens.

10 Gotenreich oder Römerreich

Paulus Orosius (ca. 385–420 n. Chr.) verfasste eine Weltgeschichte aus christlicher Sicht. Er schildert eine bezeichnende Begebenheit aus der Zeit kurz nach der Plünderung Roms (M 4):
Im Jahre 1168 von Gründung der Stadt an (= 415 n. Chr.) vertrieb der in der gallischen Stadt Arles sich aufhaltende General Constantius mit außerordentlicher Aktivität die Goten aus der Provinz Narbonensis und zwang sie, nach Spanien abzuziehen, wobei er ihnen vor allem jeden freien Verkehr von Schiffen und Handel mit Fremden verbot und abschnitt. An der Spitze der gotischen Scharen stand damals König Athaulf. Nach dem Einfall in die Stadt und nach dem Tode Alarichs hatte er [...] die gefangen genommene Schwester des Kaisers geehelicht und war Alarich im Königtum nachgefolgt. Wie man oft gehört hat und wie es durch die letzte Stunde seines Lebens erwiesen ist, hat er, ein ganz eifriger Anhänger des Friedens, es vorgezogen, treu dem Kaiser Honorius Kriegsdienst zu leisten und für die Verteidigung des römischen Staates die Streitkräfte der Goten aufzubieten. Ich habe nämlich auch selbst einen gewissen Bürger aus Narbo, der unter Theodosius

eine hohe Stellung im kaiserlichen Dienst bekleidet hatte, [...] gehört, wie er Folgendes erzählte. Er sei in Narbo (Narbonne) mit Athaulf sehr vertraut gewesen und habe oft unter Zeugen vernommen, was jener, da er sehr stark an Mut, Kraft und Geist war, zu beteuern pflegte. Nach Auslöschung des römischen Namens habe er vor allem mit glühendem Eifer danach getrachtet, den ganzen römischen Reichsboden zu einem Reich der Goten zu machen, damit – einfach gesagt – Gotia heiße und sei, was einst Romania gewesen sei, und jetzt Athaulf das werde, was einst Caesar Augustus gewesen sei. Nachdem er aber durch unablässige Erfahrung zur Erkenntnis gekommen sei, dass weder die Goten wegen ihrer zügellosen Wildheit auf irgendeine Weise Gesetzen gehorchen könnten, noch die Gesetze des Staates, ohne die der Staat kein Staat sei, verboten werden könnten, habe er vorgezogen, sich durch die völlige Wiederherstellung und Mehrung des römischen Namens mit Hilfe der gotischen Streitkräfte Ruhm zu erwerben. Er wolle bei der Nachwelt wenigstens als Urheber der Erneuerung Roms gelten, nachdem er nicht Veränderer hatte sein können. Deswegen bot er alle Kräfte auf, vom Krieg abzusehen, deshalb trachtete er nach Frieden, vor allem gelenkt zu allen guten Werken durch Zureden und Rat seiner Gattin Placidia, einer Frau von wahrhaft äußerst scharfem Verstand und rechtschaffener Frömmigkeit. Als er aber mit ganz besonderem Eifer diesen Frieden zu erreichen und herbeizuführen betrieb, wurde er in Barcinona (Barcelona), einer Stadt Spaniens, durch die Tücke der Seinen, wie es heißt, ermordet.

Orosius: Weltgeschichte in christlicher Sicht. 7,43,1–8. Übers. Adolf Lippold.

11 **Der überhöhte Kaiser.** In der Spätantike wurde die neue Auffassung vom Kaisertum auch bildlich ausgedrückt. Der Kaiser thront nunmehr, erhöht und in die Mitte gerückt, mit einem Nimbus um den Kopf. Anders als auf früheren Darstellungen agiert er nicht mehr in erster Linie, sondern hält die Dinge durch sein bloßes Dasein im Lot. Silberscheibe zum 10-jährigen Regierungsjubiläum von Theodosius I. (388 n. Chr.), ursprünglich zum Aufstellen bestimmt. Durchmesser 74 cm, Gewicht ca. 16 kg. Rechts und links, jeweils mit einem Globus, sind die von ihrer Macht her nachgeordneten Kaiser Valentinian II. und Arcadius dargestellt.

Arbeitsvorschläge:

a) Erläutern Sie mit Hilfe von Justins Schilderung des Gottesdienstes sowie des Bildes des Styliten, was den christlichen Glauben für viele Menschen so attraktiv machte, und ergänzen Sie die Liste aus dem Verfassertext.

b) Inwiefern bestand zwischen den Christen und ihrer Umwelt lange Zeit ein „Kommunikationsproblem" (M 8, VT)?

c) Analysieren Sie Tertullians Verteidigung der christlichen Position und diskutieren Sie, wo er eine Brücke zum römischen Staat und Kaiser schlägt.

d) Recherchieren Sie, welche Bedeutung das Christogramm für Kaiser Konstantin hatte. Woher rührt die Bedeutung der Buchstaben A und O für die Christen?

e) Erläutern Sie, welche Veränderungen das Reich zwischen etwa 250 und 330 n. Chr. in politischer und administrativer Hinsicht erfuhr (VT, Schema). Stellen Sie die positiven und negativen Auswirkungen einander gegenüber.

f) Erörtern Sie Notwendigkeit und Gefahren des Mehrkaisertums.

g) Rekonstruieren Sie die Eskalationsstufen in der Beziehung zwischen dem Römischen Reich und den Westgoten (VT, M 9). Berücksichtigen Sie dabei die Interessen beider Seiten, das Verhalten der Römer und die Persönlichkeiten der beteiligten Gotenkönige.

h) Expertendiskussion: Kann man die Germanen als Mörder des Römischen Reiches bezeichnen (VT, M 9, M 10)?

i) Recherchieren Sie, was man unter dem Begriff „Byzantinismus" versteht.

k) Gestalten Sie eine Ausstellung/Internetpräsentation: Die antiken Wurzeln des römischen Papsttums.

2.5 Zeittafel: Das Römische Reich

753 v. Chr.	21. April: Der Legende nach wird Rom an diesem Tag gegründet. Das Datum wurde aber erst im 1. Jh. v. Chr. berechnet und ist fiktiv.
509 v. Chr.	Der Legende zufolge wird der siebte König Roms vertrieben und eine von Adel und Volk getragene Ordnung (Republik) errichtet. An der Spitze stehen jeweils zwei für ein Jahr gewählte Konsuln.
366 v. Chr.	Mit dem ersten Plebeier im Konsulat entsteht ein neuer Adel, die Nobilität. Sie treibt die kriegerische Expansion Roms in Italien energisch voran.
218–201 v. Chr.	In einem schweren Krieg gegen den Karthager Hannibal können sich die Römer behaupten und steigen zur einzigen Großmacht im westlichen Mittelmeer auf.
198–168 v. Chr.	In mehreren Kriegen besiegen die Römer Makedonien und das Seleukidenreich. Sie werden damit zur einzigen Weltmacht im Mittelmeerraum.
133 v. Chr.	Der Versuch des Tiberius Gracchus, ein strittiges Gesetz zur Landverteilung auch gegen den Widerstand des Senats durchzusetzen, führt zur politischen Eskalation und schließlich zum gewaltsamen Tod des Tiberius.
83–79 v. Chr.	Ein regelrechter Bürgerkrieg zwischen verfeindeten Adligen und ihren Heeren mündet in die Diktatur des Sulla.
44 v. Chr.	15. März: Nach einem erneuten Bürgerkrieg versucht Gaius Iulius Caesar, als Dictator auf Lebenszeit eine Monarchie einzurichten, wird aber ermordet.
27 v. Chr.	Caesars Adoptivsohn schließt nach erneuten Bürgerkriegen und nunmehr im alleinigen Besitz der ganzen Macht einen Kompromiss mit dem Adel und der republikanischen Tradition, indem er als starker Mann und Sachwalter des Reiches (Princeps) regiert. Er erhält dafür den Namen Augustus.
ab etwa 35 n. Chr.	Nach der Hinrichtung des Jesus von Nazareth beginnen seine Anhänger die Botschaft zu verbreiten, Jesus sei der jüdische Messias.
117 n. Chr.	Unter Kaiser Trajan erreicht das Römische Reich seine größte Ausdehnung.
3. Jh. n. Chr.	Angriffe von außen und Bürgerkriege erschüttern das Römische Reich.
ab 250 n. Chr.	Die Christen werden für die Probleme des Reiches verantwortlich gemacht und immer wieder verfolgt.
313 n. Chr.	Die Christenverfolgungen werden eingestellt. Kaiser Konstantin (gest. 337 n. Chr.) begünstigt die christliche Kirche und begründet zugleich eine enge, oft aber auch spannungsreiche Zusammenarbeit zwischen Staat und Kirche.
5./6. Jh.	Während im lateinischen Westen die Reichsgewalt immer schwächer wird und sich an ihrer Stelle Königreiche von eingewanderten Germanen bilden (langfristig am wichtigsten: das Frankenreich), kann sich im griechischsprachigen Osten das Römische Reich mit seiner Hauptstadt Konstantinopel bis 1453 behaupten (Byzantinisches Reich).
1806	Auflösung des Heiligen Römischen Reiches; letzter Kaiser: Franz II.

3 Mensch, Zeit und Raum im Mittelalter

Dreiteilung des Mittelmeerraumes

Der Übergang von der Antike zum Mittelalter ist nicht durch eine bestimmte Jahreszahl oder ein bestimmtes Ereignis markiert. Einige Daten und Ereignisse zeigen den tiefgreifenden Wandlungsprozess an, so etwa die Teilung des Römischen Reiches 395 in ein Weströmisches Reich, das 476 unterging, und ein Oströmisches Reich mit der Hauptstadt Byzanz, das noch bis 1453 fortbestand.

Für die Herausbildung neuer Strukturen in Europa wurde es außerordentlich bedeutsam, dass Konstantin der Große das Christentum 313 den übrigen Religionen im Römischen Reich gleichgestellt und Kaiser Theodosius I. dieses 380/81 zur Staatsreligion erhoben hatte. Die ab 633 vordringenden Araber und die damit einhergehende Ausbreitung des Islam bewirkten schließlich, dass die Einheit der einst unter römischer Herrschaft stehenden Mittelmeerwelt verloren ging. Stattdessen bildete sich eine Dreiteilung in eine lateinisch-katholische, griechisch-orthodoxe und arabisch-muslimische Kultursphäre heraus.

Lehnswesen, Grundherrschaft und Städte

Das aufstrebende Frankenreich wurde dabei für West- und Mitteleuropa zur prägenden Macht. Mit seinem Aufstieg verbreiteten sich die Grundherrschaft, das Lehnswesen und die nach Ständen gegliederte Sozialstruktur mit dem König und einer kleinen Adelsschicht an der Spitze.

Die Städte, die seit dem 10./11. Jahrhundert in großer Zahl gegründet wurden, waren mit ihren Bürgern zunächst ein völlig neues Element in dieser agrarisch geprägten Umwelt. Ab dem 12./13. Jahrhundert gaben aber gerade die städtischen Kaufleute wichtige Impulse. Ob als Reichsstadt vom Kaiser gefördert oder in einem Städtebund zusammengeschlossen, gewannen viele Städte im Spätmittelalter nicht nur wirtschaftliches sondern auch politisches Gewicht.

Macht der Kirche

Die Geschichte des europäischen Mittelalters ist stark vom Einfluss des Christentums geprägt, das mit seiner Heilsbotschaft sowohl die Geschichtsauffassung, als auch das Menschen- und Weltbild beeinflusst hat. Der wachsende Einfluss der Kirche („Verchristlichung" der Gesellschaft) führte im Hochmittelalter u. a. immer wieder zu Auseinandersetzungen zwischen dem Papst und dem Kaiser, also zwischen kirchlicher und weltlicher Macht. Diese Rivalität schadete letztlich sowohl der Stellung des deutschen Kaisers gegenüber den Territorialfürsten, als auch dem Ansehen des Papstes.

Siedlungsräume und Bevölkerungszahl

Für die Bevölkerungszahlen des Mittelalters ist der Historiker auf Schätzungen angewiesen. Im frühen Mittelalter war Europa nur dünn besiedelt. Es gab auch riesige Gebiete, die nicht bewohnt waren, und ausgedehnte, oft unzugängliche Wälder, die eine unüberwindliche Barriere zwischen den menschlichen Siedlungen bildeten. Die besiedelten Gebiete glichen daher oft Inseln, die untereinander kaum Verbindung hatten, so dass kein Kontakt stattfand und der Siedlungsraum durch die natürlichen Gegebenheiten eng begrenzt war. Flusstäler und fruchtbare Ebenen bildeten einen bevorzugten Siedlungsraum. Eine hohe Bevölkerungsdichte wiesen die Lombardei, das Gebiet der Niederlande und auch die Ile de France auf. Die Bevölkerung Europas hat bis um das Jahr 1000 offenbar gleichmäßig zugenommen und betrug etwa 42 Millionen. Bis zur Mitte des 12. Jahrhunderts stieg sie auf ca. 50 Millionen, bis um das Jahr 1200 auf etwa 61 Millionen. Die geschätzte Einwohnerzahl des deutschen Reiches betrug in der Mitte des 11. Jahrhunderts ca. 5 bis 6 Millionen, gegen Ende des 12. Jahrhunderts etwa 7 bis 8 Millionen. Frankreich hatte um 1200 eine Einwohnerzahl von 12 Millionen, England nur 2,2 Millionen.

Der „Schwarze Tod"

Pestepidemien im 14. Jahrhundert, die durch die mangelhaften hygienischen Verhältnisse in den dicht bevölkerten Städten begünstigt wurden, führten ebenso wie

Malaria, Pocken, Ruhr und Lungentuberkulose zu einer starken Dezimierung der Bevölkerung. Daneben bewirkten regional begrenzte oder auch europaweite Hungersnöte, oft verursacht durch Missernten, eine hohe Sterblichkeitsrate.

Neues Weltbild

Im Weltbild des Mittelalters vereinen sich griechische Naturwissenschaft und jüdisch-christliches Gedankengut. Eine wichtige Aufgabe der Theologen war es daher, die offensichtlichen Widersprüche zwischen den Aussagen der antiken Philosophen zur Erschaffung der Welt und den Aussagen des Alten Testaments zur Schöpfung theologisch zu lösen. Von Bedeutung sind in diesem Zusammenhang vor allem Platon und Aristoteles, die beide nicht von einem Schöpfer ausgehen, sondern einem göttlichen Wesen lediglich eine ordnende Funktion innerhalb des Kosmos zuschreiben. In der antiken Kosmologie und in der jüdisch-christlichen Überlieferung werden daher unterschiedliche Aussagen zur Dauer der Welt gemacht: Die griechischen Philosophen gehen von der Unendlichkeit des Kosmos aus, die mittelalterlichen Theologen hingegen nehmen im Sinne eines heilsgeschichtlichen Planes eine zeitliche Begrenzung an.
Obwohl hier offensichtlich unterschiedliche Auffassungen bestanden, bestimmte das geozentrische Weltbild, demzufolge die Erde der Mittelpunkt des Sonnensystems ist, bis ins 15. Jahrhundert hinein das Denken. Bereits Ptolemaios (2. Jahrhundert n. Chr.) war von der Kugelform der Erde überzeugt gewesen und hatte sie zum Mittelpunkt eines geschlossenen Planetensystems gemacht. Seine Gedanken wurden in der arabischen Welt aufgenommen, konnten sich aber erst im 13. Jahrhundert auch im christlichen Europa ausbreiten. Mit Kopernikus wurde das geozentrische Weltbild erneut offen radikal in Frage gestellt und ein heliozentrisches Weltbild erschaffen, in dessen Mittelpunkt die Sonne steht.

Konstanten menschlichen Lebens im Mittelalter

Die Zeitvorstellung der Menschen des Mittelalters ist geprägt von dem Glauben an einen göttlichen Heilsplan, dem alles Leben unterworfen ist. Man stellte die Frage nach dem Anfang und Ende der Welt und versuchte zu ergründen, in welcher heilsgeschichtlichen Phase sich die Welt befindet. Verschiedene Endzeitberechnungen wurden aufgestellt; so errechnete der französische Theologe Pierre d'Ailly (gest. 1420) das Jahr 1789 als Ende der Welt, der italienische Humanist Pico della Mirandola (gest. 1494) das Jahr 1994.
Nachahmend vergegenwärtigte der König sich das biblische Heilsgeschehen, indem er am Gründonnerstag zwölf Armen die Füße wusch, so wie Christus es getan hatte; am Karfreitag legte der König sich ins Heilige Grab, auch dies eine Nachahmung Christi. In der Karwoche sollten von Mittwochabend bis zum Montagmorgen – also in der Zeit des Leidens und der Auferstehung Christi – die Waffen ruhen. Auch für Bankgeschäfte und Vertragsabschlüsse gab es bestimmte Termine, die günstig waren, aber auch Tage, die man meiden sollte.
Diese Vorstellung galt auch für die Lebensführung des Menschen. Er galt zwar als „Krone der Schöpfung", Sündenfall und Erbsünde führten jedoch dazu, dass sein Leben keineswegs gottgefällig war. Um die Seelennot zu lindern und Anteil zu haben am göttlichen Heil, musste bereits nach der Geburt streng auf den rechten Zeitpunkt der Taufe geachtet werden. Ein Teufelsaustreiber musste dafür sorgen, dass die Taufe selber nicht durch böse Geister gestört und daher unwirksam wurde.
Die Sorge um die Wirksamkeit kirchlicher Handlungen bestimmte auch die Kommunion, die auf keinen Fall von einem unwürdigen Priester erteilt werden durfte. Ebenso konnte der Umgang mit Exkommunizierten den Verlust des Seelenheils bedeuten.
Über diese ständige Sorge um das Seelenheil hinaus war das Leben der Menschen viel stärker als heute vom Tag- und Nachtrhythmus und vom Wechsel der Jahreszeiten bestimmt.
Die Zeit war daher auch ein physikalisches Phänomen, dem der Mensch nicht entrinnen konnte, das er aber für sich nutzbar machen und im Hinblick auf einen bestimm-

Mensch, Zeit und Raum im Mittelalter

ten Bezugspunkt messen konnte. Das Jahr als Periode des Erdumlaufs um die Sonne war den Menschen bewusst, ebenso der Tag als Zeitraum der Erdumdrehung. Weniger bedeutsam war hingegen der Monat als Mondphase. Die siebentägige Woche und der 24-Stundenrhthmus des Tages waren künstliche, vom Menschen geschaffene Zeiteinteilungen. Der einfache Mensch hingegen wird kaum gewusst haben, in welchem Jahr er geboren wurde und in welchem er jetzt gerade lebte. Für die landwirtschaftlich geprägte Welt des Mittelalters war der Rhythmus der Jahreszeiten und der Wechsel von Tag und Nacht von großer Bedeutung. Das gesamte Alltags- und Arbeitsleben war an den Tag gebunden, der mit dem Sonnenaufgang begann und mit dem Sonnenuntergang endete.

3

Alltagskultur im Mittelalter

Der Mensch im Mittelalter war in viel stärkerem Maße als heute der Natur und den von ihr vorgegebenen Lebensbedingungen ausgesetzt. Diese Bedingungen konnte er zu beeinflussen versuchen, indem er sich seinerseits eine Alltagskultur und eine eng umgrenzte Umwelt schuf, in der er durch technische Hilfsmittel und arbeitssparende Verfahrensweisen sich den Alltag erleichterte.

Über die technischen Erleichterungen hinaus schuf der Mensch sich auch einen institutionellen Rahmen, eine politische Organisation und Rechtsnormen, die das Zusammenleben regeln sollten. Das Dorf als Siedlungseinheit und ab dem 11. Jahrhundert auch die Stadt als Lebensraum vieler Menschen spielten hierbei eine wichtige Rolle.

Bestimmend waren auch die sozialen Bindungen, wie etwa Familie oder auch die Zugehörigkeit zu bestimmten Berufsgruppen. Hieraus erwuchsen wiederum Konventionen, aber auch bestimmte Mentalitäten, Denk- und Verhaltensweisen, die sich aus der Schichten- und Gruppenzugehörigkeit ergaben, denn der Mensch agierte im Mittelalter viel stärker in Gruppen als dies heutzutage der Fall ist.

Auch das Ende des Mittelalters lässt sich nicht mit einer bestimmten Jahreszahl in Verbindung bringen; vielmehr hat man von einem allmählich sich vollziehenden Übergang in die Frühe Neuzeit auszugehen, der durch Ereignisse wie die Erfindung des Buchdrucks (1440/50), die Entdeckung Amerikas (1492) oder den Beginn der Reformation (1517) markiert wird.

1 Das mittelalterliche Weltbild, französische Handschrift des 14. Jahrhunderts
Der Kosmos wurde bereits eingehend vom antiken Astronomen Claudius Ptolemäus beschrieben. Die kugelförmige Erde galt als Mittelpunkt von allem. Um sie kreisten Kristallsphären, die die Sonne, den Mond und die Planeten hielten. Die äußerste Sphäre hielt die Fixsterne, die alle 24 Stunden um die Erde kreisten. Im Mittelpunkt der Erde befand sich die Hölle (verkörpert durch den umgekehrten Kopf Satans), während sich über die Sphäre der Himmel erhebt, dargestellt durch den thronenden Gott. In den Ecken sind die Symbole der Evangelisten als Quelle allen offenbarten Wissens abgebildet.

Mensch, Zeit und Raum im Mittelalter

2 Begriffsfrage „Mittelalter"
Über die Schwierigkeiten, den Begriff „Mittelalter" klar einzugrenzen, äußert sich der Historiker Hartmut Boockmann:
Wer von Mittelalter und von mittelalterlicher Geschichte spricht, der kann viel oder wenig meinen. Er kann ein Zeitalter meinen, das an seinem Anfang und an seinem Ende eindeutig durch einen Einschnitt, durch eine Epoche, von anderen Zeitaltern getrennt ist, durch tiefgreifende Wandlungen, die als identisch erscheinen lassen, was sich innerhalb dieser Epochengrenzen an geschichtlichen Strukturen und Verläufen findet.

Mittelalter – oder ein anderer Zeitalterbegriff – kann aber auch weniger meinen. Auch wer tiefe Epochenschnitte nicht annimmt, sondern den gleichförmigen Wandel der geschichtlichen Verhältnisse für charakteristischer hält als den Wechsel von langsamem Wandel oder gar Stillstand zu jäher Veränderung, wird einen Zeitalterbegriff dennoch für nützlich halten: um einen längeren Zeitraum zu bezeichnen, um eine Reihe von Jahrhunderten zusammenzufassen.

Für einen so begrenzten Zweck ist das Wort Mittelalter geeigneter als andere. Denn es ist für sich genommen ja nichtssagend. Es suggeriert nicht – wie der gewissermaßen konkurrierende Begriff Feudalzeitalter –, dass das gemeinte Zeitalter von einem Grundphänomen her zu begreifen sei, auf das sich die Einzelerscheinungen zurückführen lassen. Es sagt nur, dass in der Geschichte des größeren Teiles von Europa die Zeit nach dem Ende des Weströmischen Reiches und vor dem Beginn der Jahrhunderte, von denen wir meinen, dass sie mehr als frühere auf die Gegenwart hinführen – vor dem Beginn der Neuzeit also – sinnvoll als zusammengehörig verstanden und deshalb mit einem Wort überschrieben werden kann.

Verwendet man das Wort Mittelalter in diesem Sinne, dann gebraucht man es einerseits so, wie es verstanden ist, nämlich als Verlegenheitsbegriff. Auf der anderen Seite verfährt man freilich anders als die, die diesen Zeitalterbegriff zuerst benutzt haben.

Denn eingeführt wurde der Zeitalterbegriff Mittelalter nicht zu einer nur lockeren Zusammenfassung von Zusammengehörigem. Eingeführt wurde der Begriff Mittelalter um 1500 vielmehr aus dem lebhaften Gefühl heraus, dass ein ganz neues Zeitalter begonnen habe, ein Zeitalter neuen Denkens und neuen Sprechens. Mittelalter, das sollte heißen: Ein dunkles Zeitalter war zu Ende gegangen, ein helles Zeitalter begann.

Zit. nach: Hartmut Boockmann: Einführung in die Geschichte des Mittelalters. München 1985, S. 13f.

3 Raum und Zeit im Mittelalter
Über die Vorstellung von Raum und Zeit im Mittelalter äußert sich der Historiker Arno Borst:
Zwar steht die Erde als ganze für mittelalterliche Vorstellung fest; die Sonne geht im Osten auf und im Westen unter, auch die Sterne umkreisen die Erde. Dieses geozentrische Weltbild ist aber nicht eindeutig sinngerichtet. Um auf Erden leben zu können, brauchen die Menschen Luft, Licht, Wärme, Wasser, Wälder für tierische, Felder für pflanzliche Nahrungsmittel, ferner Siedlungsboden. Doch alles an diesem Raum hat ein Doppelgesicht. Das Meer liefert Fische und verschlingt die Fischer; der Wald gibt Brennholz und führt den Sammler in die Irre. Die Erde wird also nicht durch ihre Nutzung bestimmt, sondern durch die Menschen, die von ihr Nutzen und Schaden erfahren. Dass Landschaft eine Geschichte haben und sich von der Naturlandschaft zur Kulturlandschaft wandeln könne, fiel niemandem ein, denn das hätte dem Raum eine Richtung gegeben, und die Erfahrung lehrte, dass auf Fortschritte meist Rückschläge folgten. Deshalb galt die Erde selten als Objekt unbeschwerten Genusses, etwa der Vergnügungsreise oder der Landschaftsmalerei, sondern fast immer als Objekt gemeinsamer Arbeit und Erprobungsfeld verbindlicher Lebensformen. Auch das Mittelalter kennt Utopien, Wunschräume wie die Brendansinseln oder das Schlaraffenland, für die das Gebot an Adam und Eva nicht gilt, dass sie im Schweiße ihres Angesichts ihr Brot essen sollen. Paradiesische Räume liegen auf unserer Erde, wenn auch am Ende der Welt; vielleicht wird man sie eines Tages erreichen, wenn auch am Ende der Zeit. Aber bis dahin ist noch viel zu tun.

Zit. nach: Arno Borst: Lebensformen im Mittelalter. München 2002, S. 150f.

4 Der Lebenslauf eines Menschen
Vom Lebenslauf des Menschen im Mittelalter erzählen die Gesta Romanorum, eine um 1300 vermutlich in England entstandene und in ganz Europa verbreitete Sammlung lateinischer Kurzgeschichten:
Man liest von einem König, der wollte vor allem die Natur des Menschen kennen lernen. In seinem Reich war ein sehr scharfsinniger Philosoph, nach dessen Rat handelten viele. Als der König von ihm hörte, sandte er ihm einen Boten, er solle unverzüglich zu ihm kommen. Der Philosoph vernahm den Willen des Königs und kam. Der König sprach zu ihm: „Meister, ich will von dir Weisheitslehre hören. Sag mir zuerst: Wie geht es dem Menschen?" Jener sprach: „Der Mensch ist elend die ganze Zeit seines Lebens. Betrachte deinen Anfang, deine Mitte und dein Ende, und du wirst finden, dass du voller Elend bist. Darum sagt Hiob (14,1): Der Mensch ist vom Weibe geboren usw. Wenn du den Anfang betrachtest, wirst du finden, dass du armselig und hilflos warst. Wenn du die Mitte betrachtest, wirst du finden, dass die Welt dich ängstigt und vielleicht deine Seele verdammt. Wenn du das Ende betrachtest, wirst du finden, dass dich die Erde aufnehmen wird. Und darum, mein Herr König, richte dein Sinnen nicht auf Hochmut!" Der König sagte: „Meister, nun stelle ich dir vier Fragen; wenn du sie gut löst, will ich

dich zu Würde und Reichtum erheben. Die erste Frage lautet: Was ist der Mensch? Die zweite: Wem gleicht er? Die dritte: Wo befindet er sich? Die vierte: Mit welchen Gefährten lebt er?"

30 Der Philosoph sprach: „Herr, ich will auf die erste Frage antworten. Wenn du fragst, was der Mensch ist, sage ich: Er ist ein Knecht des Todes, ein Gast im Raum, ein Wanderer unterwegs. Ein Knecht heißt er, weil er dem Zugriff des Todes nicht entrinnen kann; weil ihm der Tod alle Arbeiten
35 und Tage wegnimmt; weil er nach Verdienst Lohn oder Marter erhalten wird. Ferner ist der Mensch ein Gast im Raum, weil er dem Vergessen überliefert wird. Ferner ist er ein Wanderer unterwegs; ob er schläft oder wacht, isst oder trinkt oder etwas anderes tut, immer eilt er dem Tode zu.
40 Deshalb müssen wir uns für die Reise mit Lebensmitteln versorgen, nämlich mit guten Eigenschaften.
Die zweite Frage lautet: Wem gleicht der Mensch? Er gleicht dem Eis, weil er sich bei Wärme rasch auflöst. So löst sich der Mensch, der aus Erde und Elementen zusammenge-
45 fügt ist, in der Hitze der Krankheit rasch auf und verdirbt. Ferner gleicht er einem jungen Apfel. Der junge Apfel, der am Baum hängt, soll das gehörige Wachstum erreichen; indessen wird er von einem geringen Wurm im Innern zernagt, fällt plötzlich herunter und ist wertlos. Ebenso
50 wächst der Mensch in seiner Kindheit heran, und plötzlich entsteht drinnen Krankheit, die Seele entweicht und der Leib verdirbt. Warum also ist der Mensch hochmütig?
Die dritte Frage heißt: Wo befindet sich der Mensch? Ich sage: im vielfachen Krieg, nämlich gegen Welt, Teufel
55 und Fleisch.
Die vierte: Mit welchen Gefährten lebt der Mensch? Ich antworte: mit sieben, die ihn ständig bedrängen. Das sind Hunger, Durst, Hitze, Kälte, Müdigkeit, Krankheit und Tod."

Zit. nach: Gesta Romanorum 36, hrsg. v. Hermann Oesterley. Berlin 1872, S. 334f.

5 „Das Elend des menschlichen Daseins"

Papst Innozenz III. (1198–1216) schrieb ein Buch „Über das Elend des menschlichen Daseins", das sehr drastisch das Menschenbild des Mittelalters zeigt:

5 Wer gibt meinen Augen den Tränenquell, dass ich beweine den bejammernswerten Eintritt in das menschliche Dasein, beweine das schuldhafte Fortschreiten menschlichen Lebens, beweine das verdammenswerte Ende menschlicher Vernichtung? [...] Aus Erde geschaffen, in Schuld
10 empfangen, zur Strafe geboren, tut der Mensch Böses, was er nicht soll, Verwerfliches, was sich nicht ziemt, Nutzloses, was sich nicht lohnt, wird er Nahrung für das Feuer, Köder für den Wurm, ein Haufen Dreck. [...] Geschaffen ist der Mensch aus Staub, aus Lehm, aus Asche. [...] Emp-
15 fangen ist er in der Geilheit des Fleisches, in der Glut der Wollust, und was noch niedriger ist: im Sumpf der Sünde. Geboren ist er für die Qual, für die Furcht, für den Schmerz, und was noch elender ist: für den Tod.

Zit. nach: Horst Fuhrmann: Einladung ins Mittelalter. München 1989, S. 39f.

6 Über die Darstellung der Chronisten

Der Historiker Georges Duby äußert sich über die Darstellung des mittelalterlichen Lebens durch Chronisten folgendermaßen:
Diese Schriftsteller waren alle Männer der Kirche. Und wenn sie die Zeiten höchster Not oder die endemischen 5 Krankheiten, die das anfällige Volk langsam dahinrafften und manchmal in regelrechten Sterblichkeitsschüben die schlimmsten Aggressionen auslösten, derart sorgfältig und genau beschrieben haben, taten sie es nur, weil solche Schicksalsschläge in ihren Augen das Elend des 10 Menschen und das Gewicht Gottes deutlich machten. Das ganze Jahr satt zu essen zu haben, erschien damals als ein außerordentliches Privileg einiger Adliger, einiger Priester und einiger Mönche. Alle andern waren Sklaven des Hungers. Sie empfanden ihn als die spezifische Bedin- 15 gung des menschlichen Daseins. Das Leiden, so dachten sie, liegt in der Natur des Menschen. Und dieser Mensch fühlt sich nackt, völlig entblößt, dem Tod, dem Bösen und dem Schrecken ausgeliefert. Weil er Sünder ist. Seit Adams Fall quält ihn der Hunger, und wegen der Erbsün- 20 de kann niemand von sich behaupten, ihn überwunden zu haben. Diese Welt lebt in Angst, insbesondere der Angst vor ihren eigenen Schwächen.

Zit. nach: Georges Duby: Die Zeit der Kathedralen. Kunst und Gesellschaft 980–1420. Frankfurt am Main 1987, S. 11f. Übers. Grete Osterwald.

7 Mensch und Natur

Viele Texte aus dem Frühmittelalter zeigen, wie stark die Ernährungssituation von den klimatischen Bedingungen abhing:
a) Aus einem Capitular Karls des Großen von 805:
Für den Fall, wenn es zu Hungersnot, Unglück, Seuche, 5 Unwetter oder sonstigem Unheil kommt, dass man dann nicht auf eine Verfügung von uns wartet, sondern umgehend die Barmherzigkeit Gottes erfleht. Und zur Hungersnot in diesem Jahr: dass ein jeder die Seinen unterstützt, so gut er kann, und seine Ernte nicht allzu 10 teuer verkauft; und dass keinerlei Lebensmittel außerhalb unseres Reiches verkauft werden.

Zit. nach: Monumenta Germaniae Historica, Capitularia regum Francorum I, Nr. 44, S. 122f.

b) In der Tegernseer Briefsammlung aus dem 10./11. Jahrhundert wird vom Mangel an Brotgetreide im Kloster Tegernsee berichtet:
Den Bischof Theodulus, den Schützer der Kirche Gottes und katholischen Hirten, grüßt W., unbedeutendes Men- 5 schlein, ergeben und eifrig bittend, in Christus.

[...] Über den Mangel an Getreide hatten wir Euch neulich vergeblich berichten lassen, dass im vorigen Jahr die Unfruchtbarkeit des Bodens, die Wechselhaftigkeit der Luft (wie wir es auch heuer wieder kommen sehen), die Kälte des Winters und der klirrende Frost die Feldfrüchte zweier Ländereien, die wir für unseren Unterhalt besitzen, auf beiden mehr als 60 Morgen völlig vernichtet haben. Wir wissen nicht, wie für jene kleine Gemeinschaft gesorgt werden kann, die von jetzt an und in Zukunft an verschiedenen Orten umherirrend zerstreut wird, da sie auch nicht die allernotwendigsten Lebensmittel hat. [...]

Zit. nach: Monumenta Germaniae Historica, Epistulae selectae III, S. 38f.

c) Über die Folgen einer Hungersnot berichtet die Chronik des Ademar aus den Jahren 908–915:

[...] Sieben Jahre lang wurde ebendieser mit einer körperlichen Schlaffheit bestraft, und unter seinem Volk grassierte eine derart schwere Hungersnot, dass, was bis jetzt nicht bekannt geworden war, einer aus dem Volk einen anderen aussuchte, um ihn zu verschlingen, und viele mit der Waffe andere töteten, um sich nach Sitte der Wölfe mit Menschenfleisch zu ernähren. Durch diese Nöte veranlasst, gab Alduinus im Jahr vor seinem Tod das wertvolle Holz an Charroux [...]; und bald endete die Plage, und er selbst starb nach einem Jahr und wurde am 27. März neben seinem Vater bestattet.

Zit. nach: Quellen zur Alltagsgeschichte im Früh- und Hochmittelalter, Erster Teil, hrsg. von Ulrich Nonn. Darmstadt 2003, S. 83.

8 Naturvorstellungen der Menschen

In einer Vision des nordelbischen Bauern Gottschalk zeigt sich folgendes Bild der Natur (1189):

Es war da aber ein Land, das Dornen und Stacheln sprießen ließ, eine wüste Heidelandschaft, zwei Meilen breit, ganz und gar starrend von feinen, unbiegsamen, spitzen Dornen, die sich nicht knicken ließen und dicht an dicht standen. [...] Die Heide sah aus, als wollte sie die, die sie würden durchqueren müssen, ganz und gar zerfetzen und als wollte sie sich, um nur recht weh zu tun, gegen die Kommenden wappnen und sich noch anschärfen – so wie ein Hund, der zum Sprung ansetzt und den kommenden Wolf zerfleischen will, mit seinen am ganzen Leibe sich sträubenden, gleichsam starrenden Haaren Schrecken erregen und mit den Zähnen bleckend und bellend die ihm im Blut liegende Wildheit mit der Schnellkraft aller seiner Glieder in geballter Wut auf einmal entladen will. [...]

[Ein Engel, der Gottschalk in seiner Vision durch das Jenseits führte, zeigte ihm zwei Gruppen von Menschen:]

Nun verwunderte sich Gottschalk [...] und bat seinen Erklärerengel, ihm den Sinn [...] zu deuten. Der Engel entsprach dem sogleich und sagte, diese hier hätten sich stets um das Gemeinwohl bemüht: Zu Nutz und Frommen der Allgemeinheit hätten sie, ohne dazu gezwungen oder angeheuert zu sein, freiwillig und ohne Entschädigung, nur unter dem Trieb ihres guten Willens alle möglichen Arbeiten auf sich genommen. Und jeder, der nach ihrem Beispiel schwierige Wegabschnitte in sumpfigem oder sonst wie grundlosem Gelände durch die Aufschüttung von Dämmen oder durch Brückenschlag über Bäche und Flüsse oder durch die Ausbesserung von verrotteten Brücken in eigener Arbeit oder auf eigene Kosten passierbar mache oder sich alles zu fördern bemühe, was dem Gemeinwohl diene, der solle in der Zeit seiner Not auch eine Tröstung finden, die er nicht erst zu suchen brauche, sondern die sich ihm von selbst anbiete. Jene Jämmerlinge aber, die sich aus Faulheit einer so segensreichen Tätigkeit entzogen und sich in der ganzen Zeit ihrer Schaffenskraft um die Erfüllung nützlicher Aufgaben herumgedrückt hätten, denen solle mit Recht die Gnade fern sein, und in der Zeit ihrer eigenen Not sollten sie einsam bleiben.

Zit. nach: Quellen zur Geschichte Schleswig Holsteins, Teil I: Von den Anfängen Haithabus bis zu den großen Reformen im Zeitalter der Aufklärung. Kiel 1987, S. 27.

9 Geschichtsverständnis im Mittelalter

Im Jahre 1281 widmete der Kölner Kleriker Alexander von Roes (ca. 1225–1300) dem italienischen Kardinal Jakob Colonna eine Denkschrift „Über den Vorrang des Römischen Reiches":

Es entspricht – das ist der Beachtung wert – durchaus einer gebotenen und notwendigen Ordnung, dass die Römer als die Älteren das Papsttum, die Germanen oder Franken als die Jüngeren das Kaisertum, die Franzosen oder Gallier aber als die besonders Scharfsinnigen das Studium der Wissenschaft bekamen, so dass die Römer fest und beständig den katholischen Glauben bewahren, die Deutschen hochgemut mit der Kaisermacht dafür sorgen, dass er gehalten wird, die Gallier aber scharfsinnig und beredt die Gründe nachweisen und aufzeigen, warum er für alle verbindlich ist. In diesen dreien nämlich, Papsttum, Kaisertum und Studium, wie in den drei Kräften der Seele, Leib und Geist, lebt, wächst und gestaltet sich der Sinn der heiligen katholischen Kirche.

[...] Das Christentum, das heißt die römische Kirche, ist der höchste Inbegriff der Menschheit, und deshalb ist an seinen Wandlungen am ersten der Zeitwandel abzulesen. Nun hat die Gemeinschaft der römischen Kirche ihren Sitz in Europa, vor allem aber im Römer- und Frankenreich. Denn der dreieinige Gott, Vater, Sohn und heiliger Geist, hat es so gewollt, dass das Papsttum, das Reich und das Studium die eine Kirche bilden. [...]

Denn der Antichrist wird nicht kommen, solange die Kirche im römischen Kaisertum ihren Beschützer in weltlichen Dingen und im Studium der Franzosen ihren Helfer in geistlichen Dingen hat. Wenn diese beiden aber untergehen, wenn die Kirche nach Vernichtung des Kai-

Mensch, Zeit und Raum im Mittelalter

sertums und der weltlichen Streitmacht in Deutschland sich selbst in weltlichen Dingen wird gegen die Tyrannen
35 wehren wollen und nach Vernichtung des Studiums und der geistlichen Streitmacht in Frankreich sich der Ketzer nicht mehr wird erwehren können, dann wird, wie ich schon sagte, jener Sohn der Verdammnis kommen und ungestraft in der Christenheit tun, was er will. Deshalb
40 sollte der Papst auf der Hut sein, dass das Kaisertum nicht vernichtet werde, und der König von Frankreich sollte auf der Hut sein, dass das Studium nicht verfällt – ist man doch gegen beides schon mit des Teufels Hilfe unter schönen Vorwänden am Werk! Wie Christus nicht kam,
45 ehe nicht das Reich der Juden zerstört war, so wird der Antichrist nicht kommen, ehe nicht das Römische Reich zerstört ist.

Zit. nach: Joachim Leuschner: Das Reich des Mittelalters. Stuttgart 1971, S. 36f.

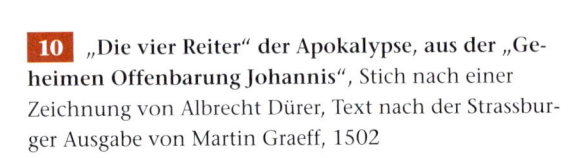

10 „Die vier Reiter" der Apokalypse, aus der „Geheimen Offenbarung Johannis", Stich nach einer Zeichnung von Albrecht Dürer, Text nach der Strassburger Ausgabe von Martin Graeff, 1502

Arbeitsvorschläge:

a) Überlegen Sie, welche weiteren Daten und Ereignisse sich zur Kennzeichnung des Überganges von der Antike zum Mittelalter bzw. vom Mittelalter zur Frühen Neuzeit heranziehen lassen. Beziehen Sie dabei M 2 in ihre Überlegungen ein.

b) Erarbeiten Sie aus M 3 das Weltverständnis des Mittelalters. Stellen Sie in einer Zeitleiste dar, wie sich das Verhältnis Mensch – Welt/Umwelt bis in die Neuzeit hinein entwickelt hat.

c) Die Gesta Romanorum (M 4) geben einen fiktiven Lebenslauf wieder, wohingegen Innozenz III. (M 5) in drastischer Form zeigt, wie zumindest von offizieller kirchlicher Seite der Mensch gesehen wurde. Zeigen Sie, welche wesentlichen Elemente das Leben eines Menschen nach Aussage des Textes bestimmten. Erklären Sie die Aussagen mit Hilfe des Alten Testaments. Welches generelle Problem ergibt sich bei solchen Texten laut Duby (M 6)?

d) Geben Sie an, wodurch im Mittelalter Hungersnöte verursacht werden konnten. Welche Folgen konnten sich daraus für den Einzelnen und für die Gesellschaft ergeben? Überlegen Sie unter Heranziehung von M 7, welche Erklärungen die Menschen für eine Hungersnot suchten und wie sie sie in Zukunft abzuwenden gedachten.

e) Zeigen Sie auf, welches Naturverständnis bei Gottschalk in M 8 beschrieben wird. Überlegen Sie, in welchem Zusammenhang solche Texte eine besondere Bedeutung erlangen konnten.

f) Erarbeiten Sie das Geschichtsverständnis, wie es in M 9 dargestellt wird. Überlegen Sie, welche Folgen sich daraus für die politisch und kirchlich Verantwortlichen ergaben.

4 Reich und Reichsidee

Die mittelalterlichen Gesellschaften waren fast ausschließlich hierarchisch geprägt. An der Spitze stand ein Monarch (griech. Alleinherrscher). Unter diesem lebte eine abgestufte Schicht, die man heute als Adel bezeichnen würde und deren Angehörige zumeist für den Kampf ausgebildet waren. Neben ihnen stand der Klerus, der eine Sonderrolle spielte, da er nur teilweise der „weltlichen" Herrschaft unterstand. Es folgte die große Gruppe derer, die von ihrer eigenen Arbeit lebten: Bauern, Handwerker, Kaufleute, und schließlich darunter die breite Schicht der Unfreien und Sklaven. Im Gegensatz zum neuzeitlichen Territorialstaat, der sich über das von ihm beherrschte Gebiet definiert, funktionierten mittelalterliche Reiche über die persönlichen Abhängigkeiten und Treueverhältnisse zwischen Herren und Untertanen. Der König war allerdings keineswegs ein absoluter Herrscher, sondern an unterschiedliche Regeln und Traditionen gebunden, die sich im Lauf der Zeit auch änderten. Die im Vergleich zu heute langsam erscheinende Entwicklung darf daher auch nicht dazu verführen, das Mittelalter als eine statische Epoche anzusehen, in der sich nichts veränderte.

Geistliche und weltliche Herrschaft

4.1 Die frühmittelalterliche Reichsidee

In den germanischen Reichen der Völkerwanderungszeit gebot der König im Allgemeinen über ein einzelnes „Volk" oder besser: einen Stammesverband. Wurde durch Krieg und Eroberung ein anderes Reich unterworfen, so gliederten dessen Einwohner sich zumeist in das Herrschervolk ein und gingen in ihm auf. Die Herrschaft war in der Regel erblich und auf eine bestimmte Familie beschränkt, der ein besonderes Charisma zugeschrieben wurde, das so genannte „Königsheil". Mitglieder einer anderen Familie konnten nur dann an ihre Stelle treten, wenn diese Familie ausstarb oder sich völlig disqualifiziert hatte. Die germanische Herrschaftsauffassung war somit regional und ethnisch begrenzt. Sie sah nicht zwingend die Herrschaft einer Person oder Familie über mehrere ethnisch unterschiedliche Reiche vor. Man kann dies gut am Beispiel des Langobardenreiches in Italien sehen, das auch nach seiner Eroberung durch die Franken im 8. Jahrhundert weiter ein selbständiges Königreich blieb und mit dem „Hauptreich" im Wesentlichen durch Personalunion verbunden war. Die Führungsschicht dieses Reiches bestand aus Franken und aus langobardischen Familien, die sich mit fränkischen Adelsgeschlechtern durch Heirat verbanden. In ähnlicher Weise versuchten die Deutschen nach der Übernahme der Herrschaft im 10. Jahrhundert, durch die Einsetzung eigener Statthalter und Bischöfe dieses „italienische Reich" *(regnum Italicum)* zu kontrollieren. Aber seine formale Selbständigkeit wurde auch von ihnen respektiert.

Germanische Herrschaftsauffassung

Gegenüber den germanischen Herrschern nahm der römische Kaiser von vornherein einen hervorgehobenen Rang ein. Dies ergab sich aus der Tradition des Römischen Reiches, die das ganze Mittelalter hindurch wirksam blieb. Der römische Kaiser war nicht nur oberster Herrscher gewesen, sondern zugleich als *pontifex maximus* auch oberster Priester. – Diesen Titel übernahm später, allerdings jetzt im christlichen Sinne, der Papst, der noch heute so bezeichnet wird. – Der Kaiser wurde zunächst erst nach seinem Tod unter die Götter aufgenommen, später erhielt er sogar zu Lebzeiten göttliche Ehren und wurde so in gewisser Weise zur Integrationsfigur im Römischen Reich: In Rom durfte im Prinzip jedes Volk seine eigenen, individuellen Götter verehren, solange es durch das Opfer für den Gott-Kaiser seine Übereinstimmung mit Rom unter Beweis stellte. Eine gewisse Ausnahme wurde nur den Juden gestattet, die aber seit 70 n. Chr. (Zerstörung des

Römische Kaiseridee

111

Reich und Reichsidee

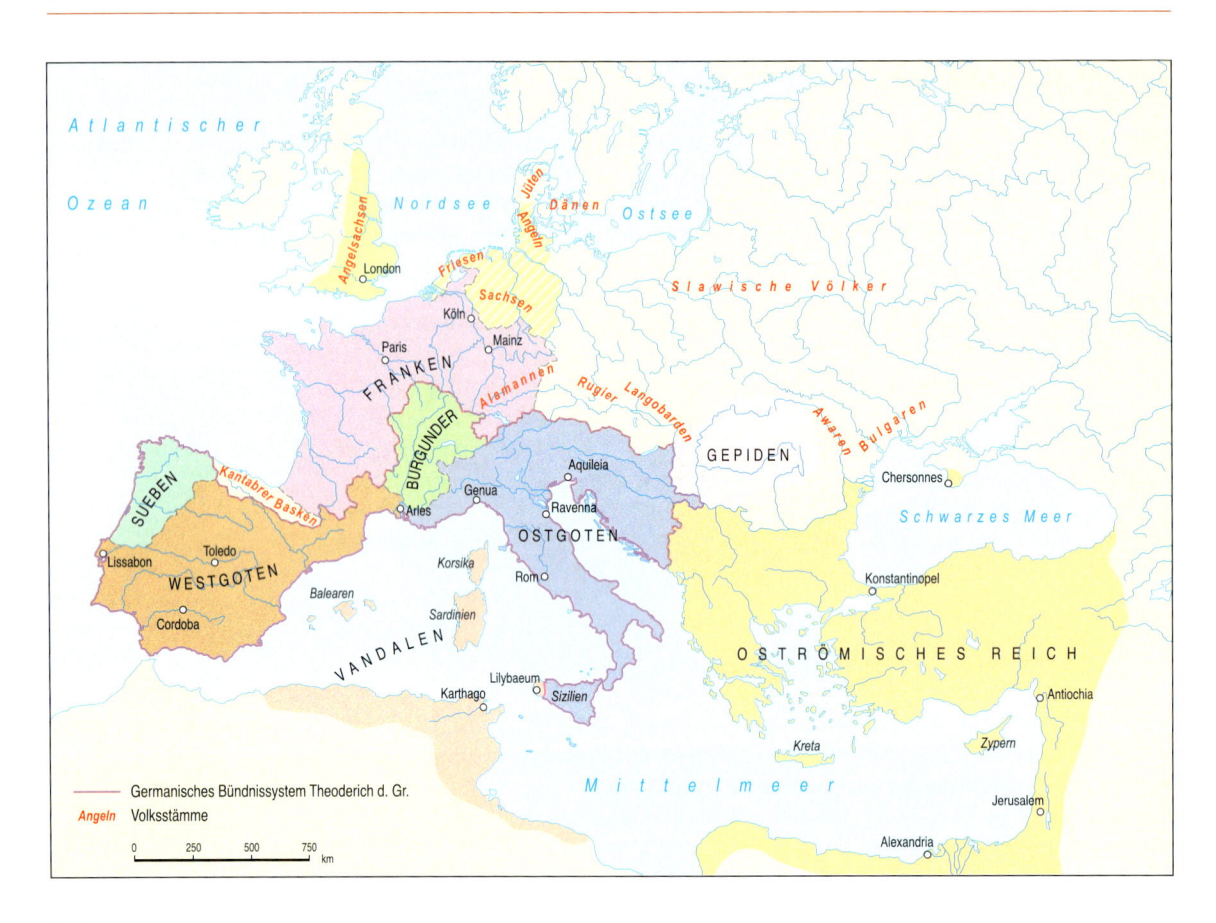

1 Herausbildung germanischer Reiche im 6. Jahrhundert

Tempels durch Titus) bzw. seit dem Ende des Bar-Kochba-Aufstands (ab 132 n. Chr.) kein eigenes geschlossenes Bevölkerungsgebiet mehr besaßen.

Mit dieser Herrschaftsidee wurden auch die Christen konfrontiert, die von römischer Seite aus zunächst als jüdische Sekte angesehen und nicht weiter behelligt wurden, da die Juden in religiöser Hinsicht einen Sonderstatus im Römischen Reich genossen. Erst als die Christen durch ihre Missionstätigkeit zeigten, dass sie die ethnische Begrenzung des Judentums überschritten und auch Nichtjuden zu ihrem Glauben zu bekehren suchten, wurden sie für die Römer zu einem Problem, und es kam, besonders im 3. Jahrhundert, zu den bekannten Christenverfolgungen. Dennoch gewann das Christentum weiter an Anhängern. Unter Konstantin I. (306–327) wurde es durch den Staat toleriert und gewann im Laufe des 4. Jahrhunderts dermaßen an Einfluss, dass es unter Theodosios I. (379–395) zur Staatsreligion wurde. Damit ergab sich aber ein neues Problem: Wie konnte man die bis dahin herausragende Rolle des Kaisers mit dem christlichen Glauben in Einklang bringen, denn ein Gott konnte der Kaiser nun nicht mehr sein. Die Lösung war eine besondere Herausstellung des Kaisers auch in der neuen ideologischen Konstruktion: Der Kaiser war nun nicht mehr Gott, aber dafür von Gott mit besonderen Gnadengaben gesegnet, und ihm wurde Respekt und Gehorsam geschuldet. Für diese besondere Rolle ließen sich bereits im Neuen Testament Belege finden, und schon Konstantin I., der sich selbst erst gegen Ende seines Lebens taufen ließ, hatte eine solche Sonderstellung beansprucht, indem er sich als isapostolos (griech.: apostelgleich), wenn nicht sogar als *isochristos* (griech. christusgleich) verehren ließ. Der Kaiser stand damit in einem besonderen Verhältnis zu Gott. Als Herr des Römischen Reiches war er nicht nur über alle anderen Herrscher gesetzt, sondern nahm auch eine besondere Mittlerrolle zwischen Gott und den Menschen ein, in der er auch über die Kirche gebot. Genau genommen, übte er damit faktisch seine alte Funktion als *pontifex maximus* auch unter den neuen Bedingungen weiter aus. Diese Rolle wurde von den anderen Herrschern der auf dem Boden des Römischen Reiches gegründeten germanischen Reiche prinzipiell anerkannt.

4.2 Die Rolle der Kirche

In den Anfängen der Kirche war das Christentum nicht hierarchisch ausgerichtet, sondern jede Gemeinde war weitgehend autonom, nur den Aposteln kam eine gewisse Weisungs- oder Lehrbefugnis zu. Es war jedoch unvermeidlich, dass sich bei der wachsenden Verbreitung des neuen Glaubens auch eine Ordnungsstruktur entwickelte, die sich, vereinfacht ausgedrückt, mehr oder weniger an der staatlichen Provinzeinteilung ausrichtete. Im Zuge dieser Anpassung an die politischen Verhältnisse gewannen die Bischöfe der bedeutendsten Städte auch besondere Funktionen. Von ihnen waren die wichtigsten die Bischöfe von Alexandria (Ägypten), Antiochia (Syrien), Rom (Italien), Konstantinopel (Balkan/Kleinasien) und Jerusalem (Palästina). Unter den dort residierenden Bischöfen, die man als Patriarchen bezeichnete, beanspruchte der Bischof von Rom (Papst) als Bischof der Hauptstadt den Vorrang. Sein wichtigstes theologisches Argument war, dass der Apostel Petrus die römische Gemeinde begründet hätte, in erster Linie gab aber die Tatsache, dass Rom die Hauptstadt des Römischen Reiches war, den Ausschlag. Im 4./5. Jahrhundert verlangte der Patriarch von Konstantinopel, dem „Neuen Rom" und sozusagen der „Zweiten Hauptstadt" des Reiches, die gleichen Rechte, was zu einem jahrhundertelangen Streit um den Vorrang Roms bzw. um die Gleichstellung Konstantinopels führte. Die anderen drei Patriarchate verloren demgegenüber an Bedeutung, vor allem nachdem ihre Territorien im 7. Jahrhundert unter islamische Herrschaft geraten waren.

Wurzeln

Die Kirche befand sich von Anfang an in einem Spannungsverhältnis zum Kaiser. Auch wenn dieser seinen Anspruch auf Göttlichkeit aufgegeben hatte, so war das Kaisertum doch immer noch eine herausgehobene Institution. Ein Kaiser war mehr als ein „normaler" Mensch und König. In gewisser Weise akzeptierte die Kirche das, da erst das Zusammengehen mit der weltlichen Gewalt es möglich machte, die Unterschiede, die sich in der christlichen Lehre herausgebildet hatten, miteinander in Übereinstimmung zu bringen, und sei es mit Gewalt. Umgekehrt hatten auch die Kaiser ein Interesse daran, dass es keine Auseinandersetzungen gab.
Die Kirche konnte zwar akzeptieren, dass der Kaiser eine besondere Stellung in ihr einnahm, aber nicht, dass er über sie selbst gebot. Hier begann ein Streit, der mehrere Jahrhunderte andauern sollte.
Die Bedeutung der Kirche in dem frühmittelalterlichen Europa zeigt sich in verschiedenen Bereichen: Sie stellte in den auf dem Boden des Römischen Reiches gegründeten neuen Germanenreichen praktisch die einzige arbeitsfähige Organisation dar. Außerdem war sie ein einheitliches kulturell/zivilisatorisches Element, das auch die römische Tradition fortleben ließ. Für eine einheitliche Bildung, ja für Bildung überhaupt war sie unverzichtbar. Man könnte die Zugehörigkeit zu dem lateinischen Europa des Frühmittelalters geradezu danach definieren, ob ein Volk oder Reich den christlichen Glauben angenommen hatte oder nicht.

Verhältnis zu den Kaisern

Exkurs: Häresien

Die spätantike und frühmittelalterliche Kirchengeschichte ist geprägt von zahlreichen religiösen Auseinandersetzungen, die sowohl über formale Fragen (z. B. Liturgie) als auch über zentrale Probleme der Natur Gottes geführt wurden. Dies waren nicht nur theoretische Streitgespräche, sondern sie hatten bis weit in das politische Leben hinein Auswirkungen:

Donatisten: *(nach ihrem Gründer Donatus [4. Jahrhundert])*: Sie lehnten u. a. die Gültigkeit von Sakramenten (v. a. Taufe) ab, die von abtrünnigen Priestern (bes. während der Christenverfolgungen) gespendet worden waren. Verbreitet vor allem in Nordafrika während des 4. bis 7. Jahrhunderts).

Arianer: *(nach ihrem Gründer Arius [4. Jahrhundert])*: Sie behaupteten, dass der göttliche Logos (= der Hl. Geist) Gott dem Vater untergeordnet und das erste von diesem geschaffene Wesen sei. In der Fleischwerdung Christi (Incarnation) habe sich dieser Logos mit dem Leib Christi verbunden. Im Endeffekt läuft das darauf hinaus, dass Christus nicht gottgleich, sondern nur gottähnlich sein soll, also eher menschlich als göttlich. Als Häretiker verboten auf dem Konzil von Nikaia 325, waren sie dennoch im 4. Jahrhundert weit verbreitet. Einige Germanenvölker (West- und Ostgoten, Vandalen, Langobarden) nahmen das Christentum in seiner arianischen Form an. Vandalen und Ostgoten wurden von den Byzantinern unterworfen, die Westgoten (587) und die Langobarden (7. Jahrhundert) traten freiwillig zum katholischen Glauben über.

Monophysiten: *(von griech. mone physis = eine Natur)*: Die Monophysiten gingen davon aus, dass die göttliche und die menschliche Natur in Christus eine Einheit bildeten, bei der freilich die göttliche Natur die menschliche mehr oder weniger in sich aufgesogen habe. Trotz der Verurteilung auf dem Konzil von Chalkedon (451) hielten sich die Monophysiten besonders in den östlichen Reichsteilen bis zur islamischen Eroberung im 7. Jahrhundert.

Monotheleten: *(von griech.: monon thelema = ein Wille)*: Ein Kompromissversuch zwischen Monophysiten und Orthodoxen (griech.: Rechtgläubige). Die Frage, ob ein oder zwei Naturen in Christus seien, sei belanglos, da sie nur nach einem übereinstimmenden Willen handelten. Als Häresie verurteilt auf dem Konzil von Konstantinopel (680/81).

Ikonoklasten: *(griech.: Bilderzerstörer)*: Sie sahen in der als übermäßig empfundenen Verehrung von Heiligenbildern (Ikonen) in den Kirchen eine Form des Götzendienstes. Auf dem Zweiten Konzil von Nikaia 787 und noch einmal 843 in Konstantinopel wurde der Ikonoklasmus als Häresie verurteilt.

Diese religiösen Fragen betrafen nicht nur eine kleine Minderheit (z. B. Theologen), sondern wurden auch in der Öffentlichkeit intensiv diskutiert, wie man an den beiden folgenden Textzeugen sehen kann:

Gregor von Nyssa (Kirchenlehrer, 4. Jahrhundert) beschreibt die manchmal geradezu hysterisch anmutende Parteinahme: „Alles ist voller Leute, die von unbegreiflichen Dingen reden, in Hütten, auf Straßen, Plätzen, Märkten und Kreuzwegen. Frage ich, wie viele Obolen (kleine Geldmünzen) ich zu zahlen habe, antworten sie mit philosophischen Erwägungen über gezeugt und ungezeugt. Wünsche ich den Preis eines Brotes zu erfahren, so antwortet einer: Der Vater ist größer denn der Sohn. Ich frage, ob mein Bad schon fertig ist. Da heißt es: Der Sohn ist aus dem Nichts erschaffen worden."

<small>Gregorius Nyssenus: De deitate filii et spiritus sancti. In: J.-P. Migne: Patrologiae cursus completus (Series Graeca) 46. Paris 1857–1866, Sp. 553–576, 557A-C.</small>

Prokop (Geschichtsschreiber, 6. Jahrhundert) zeigt, dass es auch Stimmen gab, die diesen Streitigkeiten erheblich kritischer gegenüberstanden: „Was die Streitpunkte betrifft, so verstehe ich mich ganz und gar nicht darauf und will deshalb auch nicht weiter davon sprechen; denn ich halte es für vollkommen sinnlos, die Natur Gottes erforschen zu wollen. Sind doch für einen Menschen meiner Ansicht nach nicht einmal menschliche Dinge genau fassbar, daher erst recht nicht die göttliche Natur. So will ich stillschweigend diese Fragen übergehen, um ja nicht den Anschein eines Zweifels an Verehrungswürdigem zu erwecken. Ich möchte von Gott nur das eine behaupten, dass er unendlich gut und mächtig ist. Darüber sollen Priester und Laien ihre Meinung frei aussprechen."

<small>Prokop: Gotenkriege, Griechisch-Deutsch ed. O. Veh. München 1966, Buch I (V), Kap. 3, S. 22/23.</small>

4.3 Das Frankenreich unter den Merowingern

Unter den germanischen Reichen des frühen Mittelalters nahm das Reich der Franken vor allem aus zwei Gründen eine Sonderstellung ein. Erstens haben die Franken ihre Wohnsitze nur relativ wenig verlagert, während die Ostgermanen (v. a. Vandalen, West- und Ostgoten, Langobarden) nach langen Wanderungen, die sie durch große Teile Ost- und Südeuropas führten, den Kontakt zu ihren ursprünglichen Siedlungsgebieten verloren hatten und daher vergleichsweise kleine Volksgruppen bildeten. Vor allem aber nahmen die Franken das Christentum in seiner „katholischen" Form an, d.h. in derjenigen, die von dem Papst in Rom vertreten wurde. Dies war die Glaubensrichtung, die sich im Westteil des Römischen Reiches durchgesetzt hatte. Die ostgermanischen Stämme hingegen waren von arianischen Missionaren bekehrt worden. Vandalen und Ostgoten blieben bis zu ihrem Untergang arianisch, die Westgoten und Langobarden wandten sich erst gegen Ende des 6. und zu Anfang des 7. Jahrhunderts dem Katholizismus zu. Das war mehr als ein Jahrhundert nach der Bekehrung der Franken, die mit der Taufe ihres Königs Chlodwig (wahrscheinlich 498) eingesetzt hatte.

Zwar stand die katholische Kirche auch in den arianischen Reichen nicht in völligem Gegensatz zu den herrschenden Schichten, aber das Verhältnis zwischen Katholiken und Arianern war doch erheblich schwieriger. Vor allem fiel es den Päpsten viel schwerer, Einfluss zu nehmen. So konnte die Kirche in der Gesellschaft des Frankenreiches eine ganz andere Rolle spielen als bei Langobarden und Westgoten.

Chlodwig (482–511) war es gelungen, verschiedene fränkische Teilreiche unter seiner Herrschaft zu vereinigen, so dass die Franken zu einer Großmacht wurden. Trotzdem galt weiter die germanische Herrschaftsauffassung, nach der das Königtum einer Familie zugehörig war. Eine der Folgen dieser Überzeugung waren mehrfache Erbteilungen des Reiches, durch die verschiedene Teilreiche

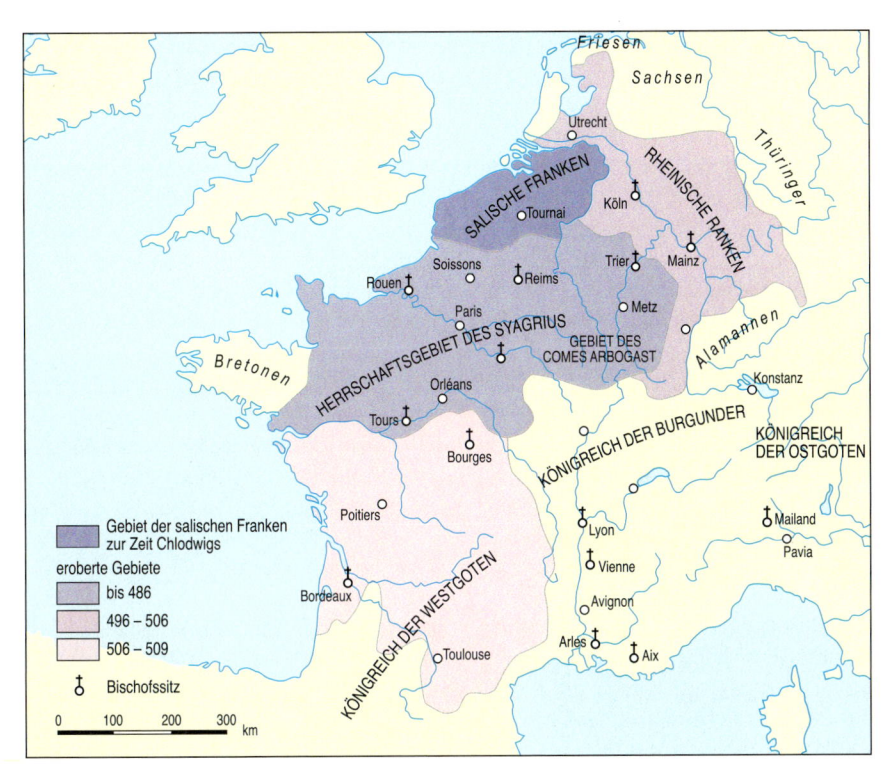

2 Aufstieg des Frankenreiches unter den Merowingern im 6. Jahrhundert

(Neustrien, Austrien, Burgund) entstanden, die sich zeitweilig heftig bekämpften, z. T. aber auch wieder untereinander vereinigten. In diesen Bürgerkriegen gewann nicht nur der Adel an Bedeutung, sondern die merowingische Königsfamilie geriet in Abhängigkeit von Hausmeiern, die für die teilweise noch minderjährigen merowingischen Könige die Regentschaft führten. Diese Hausmeier gehörten der Familie der Karolinger an und übten etwa ab der zweiten Hälfte des 7. Jahrhunderts faktisch die Macht im Frankenreich aus. Trotz der Schwäche der Königsfamilie gelang es ihnen aber nicht, an die Stelle der Merowinger zu treten, da dies der germanischen Auffassung vom Heil der Königsfamilie widersprochen hätte. Obwohl die Karolinger große Erfolge feiern konnten (u. a. Abwehr der Araber bei Tours und Poitiers durch Karl Martell, den Großvater Karls des Großen), blieb ihre Stellung labil, da für sie ein solches Königsheil nicht galt und sie daher immer damit rechnen mussten, dass andere Adelsfamilien versuchen würden, an ihre Stelle zu treten.

Da eine endgültige Verdrängung der Merowinger von den Franken ohne eine ausreichende Begründung nicht hingenommen werden würde – mehrere Versuche dieser Art waren bereits gescheitert –, versuchten die Karolinger, sich eine Legitimation von außen zu holen. Hierfür kamen um die Mitte des 8. Jahrhunderts nur zwei Mächte in Frage: das Papsttum oder der Römische Kaiser, d. h. der Kaiser von Byzanz.

4.4 Byzanz, das Papsttum und das lateinische Europa im 8. Jahrhundert

Westexpansion Ostroms

Das Römische Reich war zwar im 4. und 5. Jahrhundert unter dem inneren und äußeren Druck in zwei Teile zerfallen, aber es war nicht vollständig untergegangen. Der östliche Teil, dem man erst in der Neuzeit den Namen Byzanz gegeben hat, existierte weiter, und seine Herrscher sahen sich weiterhin als römische Kaiser. Im 6. Jahrhundert hatte Kaiser Justinian I. sogar wieder die Initiative ergreifen können und im Westen Italien, Nordafrika und Teile Spaniens zurückerobert. Der byzantinische Einfluss in Westeuropa war in dieser Zeit so groß, dass auch die anderen germanischen Herrscher den Vorrang des Kaisers anerkannten. Byzanz schmeichelte auch geschickt der Eitelkeit der Barbaren – als solche sahen die Byzantiner eigentlich alle anderen außer sich selbst –, indem es reiche Geschenke an sie verteilte und ihren Herrschern Ehrentitel verlieh. Chlodwig beispielsweise war vom Kaiser zum Konsul ernannt worden: ein hoher Ehrentitel, der mit einer entsprechenden Gehaltszahlung verbunden war.

Innere und äußere Konflikte

Trotzdem gab es Schwierigkeiten zwischen Byzanz, den Päpsten und den Germanenreichen in Westeuropa. Am wichtigsten waren die kirchlichen Unterschiede. Der Patriarch von Konstantinopel fühlte sich in seinem Bereich dem Papst in Rom gleichrangig, was dieser grundsätzlich ablehnte. Vor allem aber gab es Differenzen im Glauben: Viele Einwohner vor allem Syriens und Ägyptens waren Monophysiten, und die Kaiser versuchten, zwischen ihnen und den „Orthodoxen" (griech.: Rechtgläubige) einen Ausgleich zu finden, indem sie Kompromissformeln erfanden, die sie aber nicht durchsetzen konnten und die auch von Rom abgelehnt wurden. Dazu kam, dass Byzanz nach dem Entstehen des Islam und der ersten großen islamischen Eroberungswelle nicht mehr so mächtig war wie zuvor. Es musste sich ganz auf die Abwehr der Muslime konzentrieren und hatte für das westliche Mittelmeer keine Kräfte frei. So ging fast der gesamte Balkanraum verloren, und in Italien befanden die Byzantiner sich in der Defensive gegen

Reich und Reichsidee

4 Kaiser Justinian I. und sein Gefolge
Mosaik in der Kirche San Vitale in Ravenna, ca. 6. Jahrhundert.

die Langobarden, die in Norditalien ein Königreich errichtet hatten und auch Teile Mittel- und Süditaliens kontrollierten. 751 eroberten sie endgültig Ravenna, bis dahin die byzantinische Hauptstadt in Italien. Der Papst fühlte sich von den Langobarden bedroht, und die Byzantiner konnten ihm den erbetenen Schutz nicht mehr garantieren. Dazu kam, dass in Byzanz in dieser Zeit der „Bilderstreit" ausbrach. In ihm ging es darum, ob die Verehrung von Heiligendarstellungen (Ikonen) Götzendienst war oder nicht. Kaiser Konstantin V. (741–775) hatte die Verehrung von Bildern in der Kirche verboten. Die Päpste lehnten dieses Verbot ab und die fränkische Kirche folgte ihnen darin. So waren die Beziehungen zwischen dem Papst in Rom und dem Kaiser in Byzanz um die Mitte des 8. Jahrhunderts ziemlich vergiftet, und die Päpste suchten daher eine neue Schutzmacht. Sie fanden sie in den Franken.

4.5 Das Frankenreich unter den Karolingern

Obwohl der Karolinger Pippin III. die stärkste Machtstellung im Frankenreich hatte, musste die Annahme der Krone auf Widerstand stoßen, da sie den germanischen Traditionen widersprach. Die einzige praktikable Lösung war, entweder den Kaiser als höchste weltliche oder den Papst als höchste geistliche Autorität anzurufen. Aber Byzanz war weit entfernt, in den Kampf mit dem islamischen Kalifat verstrickt, und es lag im Streit mit der von Rom vertretenen Lehrmeinung. Der Papst hingegen stand unter dem Druck der Langobarden, die schon lange danach strebten, sich Rom einzuverleiben. Gegen diese Bedrohung konnten die geschwächten Byzantiner nicht helfen, da sie völlig von dem Krieg gegen die muslimischen Araber in Anspruch genommen wurden, wohl aber die Franken, die zu der Zeit selbst noch keine Interessen in Italien hatten. So schickte Pippin eine Gesandtschaft an den Papst, der ihm die gewünschte Erlaubnis erteilte. Auf die päpstliche Autorität gestützt, ließ Pippin sich von den fränkischen Adligen zum König ausrufen. Dem byzantinischen Kaiser blieb nicht mehr, als das Geschehene zu akzeptieren. Um seine Ausschaltung wenigstens etwas zu bemänteln, ernannte er den fränkischen König zum *Patricius* (ein hoher Hoftitel ohne tatsächliche Befugnisse). Als Gegenleistung intervenierte Pippin mit einem Heer in Italien und zwang die Langobarden zur Zurückhaltung.

Pippin wird König

Reich und Reichsidee

5 Monogramm Karls des Großen

Karl der Große

Unter dem Sohn Pippins, Karl, erreichte das Frankenreich seine größte Ausdehnung. Er eroberte das Königreich der Langobarden, kämpfte in Spanien gegen die islamischen Mauren und dehnte das Reich auch im Osten aus. Er beherrschte damit die Kerngebiete des untergegangenen Westrom. Zugleich zog der König zahlreiche Gelehrte an seinen Hof. In jener Zeit hieß Bildung vor allem: Kenntnis der geistlichen und weltlichen Werke der Antike, besonders der römischen Kaiserzeit. So ist es kein Wunder, dass in Karls Umgebung die Überzeugung wuchs, dass er einen höheren Rang besaß als andere Herrscher. Das aber konnte nach der damaligen Auffassung eigentlich nur der Titel eines römischen Kaisers sein. Wir wissen, dass man an Karls Hof schon vor der Kaiserkrönung des Jahres 800 mit solchen Gedanken gespielt hat. Vielleicht hat dazu auch beigetragen, dass die byzantinische Kaiserin Eirene, die ein Bündnis mit den Franken wollte, um die byzantinischen Besitzungen in Unteritalien zu schützen, Karl den Kaisertitel angeboten zu haben scheint. In einer lateinischen Quelle aus dem Jahre 798 heißt es: „Aus Griechenland kamen Gesandte, die Karl das Kaisertum antrugen" – natürlich nicht das Kaisertum insgesamt, sondern das des ehemaligen Westrom. Aber Karl wollte aus eigenem Recht Kaiser werden. Am Weihnachtstag 800 ließ er sich von Papst Leo III. in Rom krönen.

Aber trotz seiner überragenden Stellung hatte Karl die Krone aus der Hand des Papstes erhalten, der daraus ableitete, dass er höher stand als alle weltlichen Herrscher. Das lief nicht nur Karls Selbstbewusstsein zuwider, sondern führte auch zu Spannungen mit Byzanz, dem anderen Kaisertum. Karl trug dem Rechnung, was sich auch in dem Titel zeigt, den er nach 800 bevorzugt verwendete: *Karolus serenissimus augustus, a Deo coronatus magnus pacificus imperator, Romanum gubernans imperium, qui et per misericordiam Dei rex Francorum et Langobardorum* (= Karl, der erlauchteste Augustus, von Gott gekrönter, großer friedenbringender Kaiser, Leiter des Römischen Reiches und durch Gottes Gnade König der Franken und Langobarden). Auch von dem Papst suchte er sich wieder etwas zu lösen. Sein Sohn und Nachfolger Ludwig wurde nicht in Rom, sondern in Aachen gekrönt, und der päpstliche Anteil an der Krönung wurde zurückgedrängt.

Mit Karl dem Großen begann das Kaisertum im Abendland und erlebte zugleich seine größte Blütezeit. Schon unter seinem Nachfolger Ludwig dem Frommen setzte der

6 Reiterstatue, wahrscheinlich von Karl dem Großen, aus Bronze, 24 mm hoch, ca. 870

Reich und Reichsidee

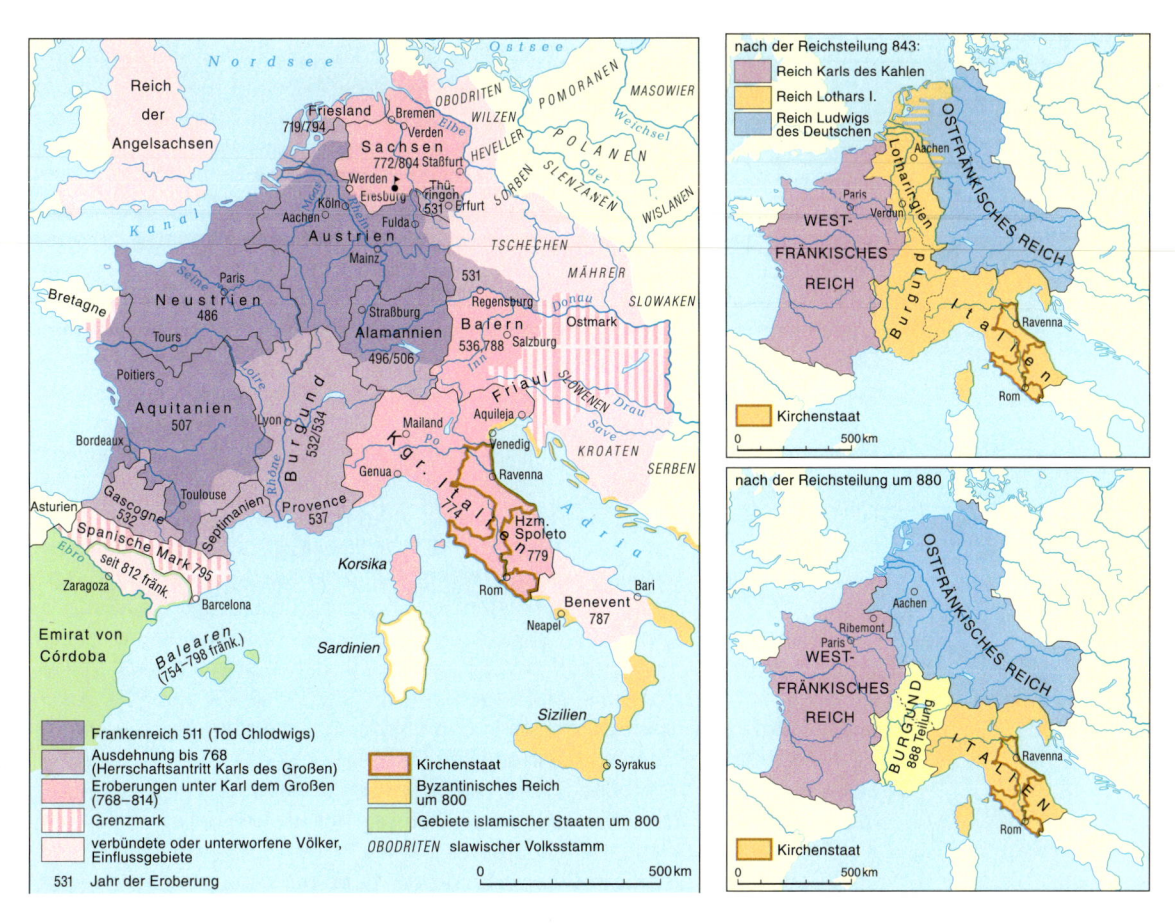

7 Das Frankenreich von den Eroberungen Karls des Großen bis zu den Reichsteilungen

Die Nachfolger Karls

Niedergang ein. Vor allem aber wurde das Kaisertum durch das germanische Erbrecht beeinträchtigt. Unter den Söhnen Ludwigs wurde das Frankenreich geteilt. Damit verlor das Kaisertum, auch wenn es formal weiterexistierte, seine einstige Machtfülle. Der Kaiser wurde zu einem Herrscher unter mehreren und war nicht mehr alleiniger Herr über die anderen. In den Anfängen des 10. Jahrhunderts verschwand der Kaisertitel dann ganz, der ohnehin zuletzt eigentlich nur noch in Italien Geltung gehabt hatte. Er blieb aber weiterhin im Gedächtnis und war nun doch mit dem Besitz Roms verbunden. Insofern hatte der Papst im Endeffekt seine Position behaupten können.

4.6 Das Kaisertum der Ottonen

Aus den Reichsteilungen des 9. Jahrhunderts gingen schließlich ein westliches und ein östliches Reich hervor, aus denen sich das französische und das deutsche Königreich entwickelten. Beide Reiche hatten mit dem von Karl dem Großen begründeten Kaisertum als solchem nichts zu tun. Dies galt auch, als nach dem Aussterben der Karolinger im Ostreich 911 das Königtum dort ab 919 auf das sächsische Geschlecht der Ottonen überging. Heinrich I. und dessen Sohn Otto I. konzentrierten ihre Interessen zunächst auf die Stärkung der königlichen Macht und auf die Abwehr äußerer Feinde, besonders der Ungarn und der Normannen.

Auch wenn bei der Krönung Ottos I. 936 die Tradition Karls des Großen im Krönungszeremoniell ihren Ausdruck fand, kam das Kaisertum für Otto I. erst in Reichweite, als er 951 die Witwe König Lothars I. von Italien heiratete und als Ehegatte Anspruch auf das *Regnum Italicum* (praktisch das alte langobardische Königreich in Nord- und Mittelitalien) erheben konnte. Ebenso wie bei Karl kann man aber auch bei Otto bereits im Vorfeld der Kaiserkrönung imperiale Vorstellungen feststellen, die darauf hindeuten, dass Otto entsprechende Ambitionen hegte. Nach dem Sieg auf dem Lechfeld wurde er von seinen Soldaten als Imperator ausgerufen. Rechtlich war das bedeutungslos, zeigte aber seinen Anspruch. Erleichtert wurden seine Pläne durch die Machtkämpfe in Italien, in denen der Papst in den Deutschen eine Hilfe gegen seine Feinde in Rom und Italien zu finden hoffte. 962 wurde Otto von Papst Johannes XII. in Rom zum Kaiser gekrönt. Weihnachten 967 ließ er seinen Sohn Otto II. zum Mitkaiser krönen. Nach längeren Verhandlungen mit dem byzantinischen Kaiser erreichte er auch einen Ausgleich mit Byzanz. 972 heiratete Otto II. die byzantinische Adelige Theophanu.

Für Otto I. bedeutete das Kaisertum zwar die logische Krönung seiner Karriere, beeinflusste seine Politik innerhalb des deutschen Reiches und gegenüber dessen Nachbarn nördlich der Alpen aber nur wenig. Nur in der Kirchenpolitik engagierte er sich stärker, z. B. indem er das Bistum Magdeburg gründete und die Missionsbemühungen der Kirche unterstützte. Demgegenüber verlegten seine beiden Nachfolger Otto II. und Otto III. den Schwerpunkt ihrer Aktivitäten nach Italien, wo beide auch gestorben sind. Besonders Otto III., der sich als Sohn Ottos II. und der byzantinischen Prinzessin Theophanu beiden Kulturkreisen zugehörig fühlte, dem lateinischen wie dem griechischen, sah in dem Kaisertum nicht nur einen Titel, sondern verband mit ihm die Idee von einer Erneuerung des Reiches *(renovatio imperii Romani)* und der Herstellung einer idealen Balance zwischen weltlicher und kirchlicher Herrschaft, was sich auch in der von ihm selbst gewählten Bezeichnung ausdrückt: *Otto tercius Saxonicus et Italicus, apostolorum servus, dono dei Romani orbis imperator augustus* (Otto III, Herrscher der Sachsen und Italiener, Knecht der Apostel, durch Gottes Gabe Imperator Augustus des römischen Erdkreises).

Mit der Kaiserkrönung Ottos I. 962 ging der „westliche" Anspruch auf das Kaisertum auf die deutschen Könige über, die sich allerdings bis in das Spätmittelalter hinein nur in Rom zum Kaiser krönen lassen konnten. Erst ab dem 16. Jahrhundert fiel der „Romzug" als Voraussetzung fort. Diese Voraussetzung gab dem „deutschen" Kaisertum eine dauerhafte Unsicherheit: Die Basis der Kaiser lag fast immer nördlich der Alpen, aber für die Krönung in Rom mussten sie sich in Nord- und Mittelitalien durchsetzen, was einen sehr starken Kraftaufwand bedeutete. Allerdings war nicht nur der Stellenwert der Kaiserwürde sehr hoch, sondern Italien war auch in ökonomischer Hinsicht von großer Bedeutung, so dass die deutschen Könige während des Mittelalters in einem weitaus stärkeren Maße auf Italien fixiert blieben als auf andere Regionen.

8 Siegel Ottos I.

21 **Kaiser Otto III.**
Miniatur aus dem Evangeliar von Bamberg, ca. 1000.

4.7 Der Herrscher zwischen Anspruch und Realität

Vom ideologischen Anspruch her gesehen war der Herrscher im Mittelalter kein gewöhnlicher Mensch, sondern von einer besonderen Aura umgeben, die über den heute bei Politikern gern benutzten Begriff „Charisma" weit hinausging und die ihn über seine Untertanen hinaushob. Zum Teil war dies auf die germanische Auffassung vom „Königsheil" zurückzuführen, zum Teil auf die alte römische Kaiseridee, die in dem Kaiser zugleich den „Obersten Priester", ja zeitweilig sogar einen Gott gesehen hatte. Von den Christen wurde dies dann in eine besondere Auserwähltheit durch und Verantwortung allein gegenüber Gott umgedeutet.

In der Praxis war die Stabilität der Herrschaft allerdings an weitaus banalere Dinge geknüpft: Der Herrscher musste ein Beziehungsnetz zu den Führungsgruppen seines Reiches aufbauen. Besonders musste er sich den Adel verpflichten. Er musste über genügend Geldmittel verfügen, um seine Kriegszüge bezahlen zu können. Seine Finanzkraft musste groß genug sein, um den notwendigen Hofstaat unterhalten zu können. Nicht umsonst hatten die Herrscher im frühen Mittelalter keine ständige Hauptstadt, sondern zogen in ihrem Reich umher, weil eine Stadt oder Landschaft allein auf Dauer nicht die nötigen Lebensmittel hätte aufbringen können.

10 Germanische Herrschaftsauffassung

Nach dem Tod des Ostgotenkönigs Theoderich wurde dessen Tochter Amalasuntha von ihrem Vetter Theodahad gestürzt. Dieser wiederum gab allen Forderungen der Byzantiner, die das gotische Italien angriffen, nach. Er führte sogar mit Kaiser Justinian Geheimverhandlungen, um ihm gegen die Zusicherung eines ruhigen und komfortablen Lebens in Byzanz das Gotenreich abzutreten:

Die Goten in Rom und Umgebung hatten sich zunächst sehr über Theodahads Untätigkeit verwundert, der, obschon die Feinde vor den Toren standen, keine Schlacht wagen wollte. In ihrem tiefen Argwohn gegen ihn meinten sie unter sich, er werde die gotische Sache bedenkenlos an Kaiser Justinian verraten und nur darauf sehen, wie er selbst in möglichst reichem Besitz ein geruhsames Leben führen könne […] Sobald sich die Goten […] versammelt hatten, wählten sie als ihren und der Italiker König Wittigis, einen Mann nichtadliger Herkunft, der sich aber seinerzeit in den Kämpfen mit den Gepiden sehr ausgezeichnet hatte. Auf diese Nachricht hin ergriff Theodahad die Flucht in Richtung Ravenna (auf der er getötet wurde) […] Wittigis aber eilte mit den um ihn versammelten Goten nach Rom. Als er von Theodahads Schicksal hörte, freute er sich und nahm dessen Sohn Theudegisklus in Haft[…] Nach seiner Ankunft in Ravenna (damals die Hauptstadt des ostgotischen Italien) machte er Amalasunthas Tochter Matasuntha, die schon zur Jungfrau herangewachsen war, trotz ihres Sträubens zu seiner Gemahlin, um durch die Verbindung mit dem Geschlechte Theoderichs seine eigene Herrschaft zu befestigen.

Prokop: Gotenkriege, Buch I Kap. 11, S. 85–93. Übers. Veh.

11 Die Rolle der Kirche

Die Diskussion um das Verhältnis von weltlicher zu geistiger Macht prägte praktisch das ganze Früh- und Hochmittelalter. Während die Kaiser für sich eine herausgehobene Stellung forderten, die ihnen praktisch eine priesterähnliche Stellung gab, versuchte die Kirche, je länger, je mehr diesen Anspruch abzuwehren, indem sie sich als über der weltlichen Macht stehend definierte.

a) Der Kirchenlehrer Tertullian, 2. Jahrhundert:

Wir ehren also den Kaiser, so wie es uns erlaubt ist und wie es ihm dienlich ist, als Menschen, der nach Gott der zweite ist und alles, was er ist, von Gott erhalten hat, und allein an Gott gemessen geringer. Das wird er auch selbst wollen. So nämlich ist er größer als alle, dieweil er nur geringer ist als der wahre Gott allein. So ist er sogar größer als die Götter selbst, dieweil auch sie selbst in seiner Gewalt sind.

Zit. nach: W. Enßlin: Gottkaiser und Kaiser von Gottes Gnaden. In: H. Hunger (Hrsg.): Das byzantinische Herrscherbild, (Wege der Forschung 341). Darmstadt 1975, S. 59.

b) Donatus war der Gründer einer Richtung, die u. a. die Verbindung Kaiser–Kirche streng ablehnte. Berühmt ist sein Ausspruch „Was hat der Kaiser mit der Kirche zu tun?" Bischof Optatus von Mileve (4. Jahrhundert) wirft (dem Häretiker) Donatus vor, sich über den Kaiser erheben zu wollen:

Da über dem Kaiser nur Gott allein ist, hatte Donatus, als er sich über den Kaiser erhob, gleichsam die menschlichen Grenzen überschritten, so dass er sich fast für einen Gott, nicht für einen Menschen hielt, da er ihm (dem Kaiser) nicht die Verehrung erwies, der nach Gott von den Menschen gefürchtet wurde.

Zit. nach: W. Enßlin: Gottkaiser und Kaiser von Gottes Gnaden. In: H. Hunger (Hrsg.): Das byzantinische Herrscherbild, (Wege der Forschung 341). Darmstadt 1975, S. 68.

c) Papst Gelasius I. (492–496)

Im Jahre 497 schrieb Papst Gelasius I. an den byzantinischen Kaiser Anastasios I. über das Verhältnis von Kirche und Staat:

Zwei sind es nämlich, erhabener Kaiser, durch die an oberster Stelle der Welt regiert wird: die geheiligte Autorität der Bischöfe und die kaiserliche Gewalt. Von diesen beiden ist die Last der Priester umso schwerer, als sie auch selbst für die Könige der Menschen vor Gottes Gericht Rechnung abzulegen haben. Denn ihr wisst es, allergnädigster Sohn: Wohl überragt ihr an Würde das ganze Menschengeschlecht; dennoch beugt ihr fromm den Nacken vor den Amtswaltern der göttlichen Dinge und erwartet von ihnen die Mittel zum Seelenheil […] In diesen Dingen seid ihr demnach vom Urteil der Priester abhängig und dürft sie nicht gegen ihren Willen unterjochen wollen. Wenn nämlich im Bereich der staatsrechtlichen Ordnung auch die Vorsteher der Religion willig anerkennen, dass euch die kaiserliche Herrschaft durch göttliche Anordnung übertragen ist, und deshalb auch sie euren Gesetzen Gehorsam zu leisten haben, um nicht etwa in weltlichen Dingen eurer einzig maßgeblichen Befehlsgewalt entgegen zu sein, wie freudig, so frage ich euch, muss man dann denen gehorsam sein, die zur Ausspendung der schauervollen Mysterien gesetzt sind?

Zit. nach: Geschichte in Quellen, Bd. 1. München 1978, S. 820.

d) Der Kirchenlehrer Johannes von Damaskus, 8. Jahrhundert:

Es ist nicht Sache des Kaisers, der Kirche Gesetze zu geben. Achte auf das Wort des heiligen Apostels: „Einige hat Gott in der Kirche eingesetzt: erstlich zu Aposteln, zweitens zu Propheten, drittens zu Lehrmeistern zur Vervollkommnung der Kirche." Er sagt nichts von Kaisern. Und dann: „Gehorchet euren Vorstehern und seid ihnen untertan, denn sie wachen über eure Seelen als solche, die Rechenschaft geben werden", und weiter: „Gedenkt eurer Vorsteher, welche euch das Wort verkündet haben;

seht auf deren Wandel und folgt eifrig ihrem Glauben!" Die Kaiser aber haben uns das Wort nicht verkündet; es waren die Apostel und Propheten, die Hirten und die Lehrer. Als David den Auftrag bekam, es solle für Gott ein Tempel gebaut werden, da sprach Gott zu ihm: „Nicht du sollst mir einen Tempel erbauen, denn du bist ein Mann des Blutes." Der Apostel Paulus rief aus: „Erweist jedem, was ihm gebührt, Ehre wem Ehre, Furcht wem Furcht, Steuer wem Steuer." Den Kaisern obliegt die politische Ordnung; die kirchliche Ordnung aber den Hirten und Lehrern. Anders wäre es ein räuberischer Eingriff. Saul zerriss das Kleid des Samuel, und was widerfuhr ihm dafür? Gott zerriss sein Königtum und gab es David, dem Milden. Jezabel verfolgte den Propheten Elias, und Hunde badeten in ihrem Blut. Herodes ermordete den Johannes, und die Würmer fraßen an ihm, bis er starb. Jetzt wurde der selige Germanos, leuchtend in Leben und Wort, getroffen und musste in die Verbannung und viele andere Bischöfe und Väter mit ihm, deren Namen wir nicht kennen. Ist das nicht räuberisch? Als sich die Schriftgelehrten und Pharisäer versucherisch Christus näherten, um ihn mit einem Wort in ihren Schlingen zu fangen, und ihn fragten, ob es erlaubt sei, dem Kaiser Steuern zu zahlen, da sagte der Herr: „Bringt mir die Steuermünze." Als sie sie brachten, fragte er: „Wessen ist das Bild?" Sie antworteten: „Des Kaisers." Da sagte er: „Gebet also dem Kaiser, was des Kaisers ist, und Gott, was Gottes ist!" Wir sind deine Untertanen, Kaiser, in allem, was das äußere Leben betrifft, Steuern, Zölle, Abgaben. Was all dies anbelangt, sind wir in deiner Hand. In der kirchlichen Organisation aber haben wir unsere Hirten, die uns das Wort verkündet und die kirchliche Rechtsordnung geschaffen haben. Wir heben alte Grenzen nicht auf, die unsere Väter gesetzt haben, sondern halten die Überlieferung ein, wie wir sie empfangen haben. Würden wir auch nur leicht am Bau der Kirche rühren, würde bald alles zusammenstürzen.

Zit. nach: Johannes von Damaskus III, hrsg. von B. Kotter. Berlin 1975, S. 102–104, Übers. nach H.-G. Beck: Byzantinisches Lesebuch München 1982, S. 225 f.

e) *Eine sozusagen „klassische" Definition der Stellung des Kaisers in der mittelalterlichen Vorstellung gibt noch am Ausgang des Mittelalters der byzantinische Patriarch Antonios IV. von Konstantinopel dem russischen Großfürsten Vasilij I. (1394/97):*

Es ist unmöglich, dass Christen eine Kirche haben, aber keinen Kaiser. Denn Kaisertum und Christentum bilden eine Einheit und Gemeinschaft, und es ist unmöglich, das eine vom anderen zu trennen. Die Christen lehnen nur jene Herrscher ab, die häretisch sind, die sich gegen die Kirche auflehnen und falsche, mit der Lehre der Apostel und Väter unvereinbare Dogmen einführen. Mein großer und heiliger Selbstherrscher von Gottes Gnaden ist aber ein rechtgläubiger und sehr gläubiger Herrscher, Vorkämpfer der Kirche, ihr Beschützer und Rächer, und es ist unmöglich, dass ein Erzpriester ihn nicht erwähne. Höre den Apostelfürsten Petrus, der in der ersten Epistel sagt: Fürchtet Gott, ehret den Kaiser. Er sagte nicht „die Kaiser", damit nicht jemand an die so genannten Kaiser gewisser Völker dächte, sondern er sagte „den Kaiser", um so zu zeigen, dass es nur einen oikumenischen (= allgemein anerkannten) Kaiser gibt. Wenn einige andere Christenvölker sich den Kaisernamen angeeignet haben, so geschah das wider die Natur und wider das Gesetz, nach Tyrannenart und durch Gewalt. Welche Väter, welche Konzilien und welche Kanones sprechen denn von ihnen? Immer und überall aber sprechen sie mit lauter Stimme von dem einen natürlichen Kaiser, dessen Gesetze, Erlasse und Urkunden in der ganzen Welt Kraft haben und den allein die Christen allenthalben erwähnen, ohne jemand anderen zu erwähnen. Der heilige Kaiser nimmt einen breiten Platz in der Kirche ein, und überhaupt ist der Kaiser nicht so wie die anderen Herrscher und Lokalgewalten, weil die Kaiser von Anfang an die Religion auf dem ganzen Erdenrund gestützt und gefestigt haben.

Zit. nach: A. Michel: Die Kaisermacht in der Ostkirche. In: H. Hunger (Hrsg.): Das byzantinische Herrscherbild, (Wege der Forschung 341). Darmstadt 1975, S. 215.

12 Die Taufe des Frankenkönigs Chlodwigs nach Gregor von Tours

Der fränkische Bischof und Geschichtsschreiber Gregor von Tours (6. Jahrhundert) berichtet von einem christlichen Standpunkt aus über die fränkische Geschichte bis zum 6. Jahrhundert. Die von ihm erzählte Taufe Chlodwigs nimmt Motive der Bekehrung Konstantins I. auf. Chlodwig ruft in einer Schlacht gegen die Alemannen Gott um Hilfe an und siegt. Daraufhin lässt er sich überzeugen, sich taufen zu lassen:

Mit bunten Decken wurden nun die Straßen behängt, mit weißen Vorhängen die Kirchen geschmückt, die Taufkirche in Ordnung gebracht, Wohlgerüche verbreiteten sich, es schimmerten hell die duftenden Kerzen, und das ganze Heiligtum der Taufkirche wurde von himmlischem Wohlgeruch erfüllt; und solche Gnade ließ Gott denen zuteil werden, die damals gegenwärtig waren, dass sie meinten, sie seien in die Wohlgerüche des Paradieses versetzt. Zuerst verlangte der König, vom Bischof getauft zu werden. Er ging, ein neuer Constantin, zum Taufbade hin, sich rein zu waschen von dem alten Aussatz und sich von den schmutzigen Flecken, die er von Alters her gehabt, im frischen Wasser zu reinigen. Als er aber zur Taufe hintrat, redete ihn der Heilige Gottes [Bischof Remigius von Reims] mit beredtem Mund also an: „Beuge still deinen Nacken, Sicamber [die Sicambrer waren ein alter germanischer Volksstamm und wurden von einigen als Vorfahren der Franken angesehen], verehre, was du verfolgtest, verfolge, was du verehrtest." Es war nämlich der heilige Bischof Remigius ein Mann von hoher Wissenschaft und besonders in der Kunst der Beredsamkeit erfahren, aber auch durch Heiligkeit zeichnete er sich so aus, dass er an Wundertaten dem heiligen Silvester (Papst Sylvester I.) gleich kam [...] Also bekannte der König den allmächtigen Gott als den dreieinigen und ließ sich taufen im Namen des Vaters, des Sohnes und des heiligen Geistes, und wurde gesalbt mit dem heiligen Öl unter dem Zeichen des Kreuzes Christi. Von seinem Heer aber wurden mehr als dreitausend getauft.

Zit. nach: Gregor von Tours: Zehn Bücher Geschichten, Erster Band: Buch 1–5. Auf Grund der Übersetzung W. Giesebrechts neubearbeitet von R. Buchner. In: Ausgewählte Quellen zur Deutschen Geschichte des Mittelalters, Band II. Darmstadt 1977, Buch I Kap. 31, S. 119.

13 Über die letzten Merowinger

Einhard, ein enger Anhänger Karls des Großen und dessen Biograph (Vita Caroli Magni), begründet den Übergang von den Merowingern zu den Karolingern:

Das Geschlecht der Merowinger, aus dem die Franken ihre Könige zu wählen pflegten, endete nach der gewöhnlichen Annahme mit König Hilderich, der auf Befehl des römischen Papstes Stephan abgesetzt, geschoren und ins Kloster geschickt wurde. Aber obwohl es erst mit ihm ausgestorben zu sein scheinen könnte, so war es doch schon längst ohne alle Lebenskraft und hatte außer dem eitlen Königstitel nichts Ruhmvolles an sich; denn die Macht und die Gewalt der Regierung waren in den Händen der Pfalzvorsteher, die Hausmaier hießen und denen die ganze Regierung oblag. Dem König blieb nichts übrig, als zufrieden mit dem bloßen Königsnamen, mit langem Haupthaar und ungeschorenem Bart auf dem Throne zu sitzen und den Herrscher zu spielen, die von überall her kommenden Gesandten anzuhören und ihnen bei ihrem Abgange die ihm eingelernten oder anbefohlenen Antworten wie aus eigener Machtvollkommenheit zu erteilen, da er außer dem nutzlosen Königstitel und einem unsicheren Lebensunterhalt, den ihm der Hausmaier nach Gutdünken zumaß, nur noch ein einziges, dazu noch sehr wenig einträgliches Hofgut zu eigen besaß, auf dem er ein Wohnhaus hatte und Knechte in geringer Zahl, die ihm daraus das Notwendige lieferten und ihm dienten. Überall wohin er sich begeben musste, fuhr er auf einem Wagen, den ein Joch Ochsen zog und ein Rinderhirte nach Bauernweise lenkte. So fuhr er nach dem Palast, so zu der öffentlichen Volksgemeinde, die jährlich zum Nutzen des Reiches tagte, und so kehrte er dann wieder nach Hause zurück. Die Staatsverwaltung aber und alles, was im Innern oder nach außen hin zu tun und zu ordnen war, besorgte der Hausmeier.

Zit. nach: Einhard: Leben Karls des Großen, Kap. 1. In: Quellen zur Karolingischen Reichsgeschichte, Erster Teil. Die Reichsannalen. Einhard: Leben Karls des Großen. Zwei „Leben" Ludwigs. Nithard: Geschichten, Unter Benützung der Übersetzungen von O. Abel und J. v. Jasmund neu bearbeitet von R. Rau. Ausgewählte Quellen zur Deutschen Geschichte des Mittelalters, Band V. Darmstadt 1987, S. 167/169.

15 Ablösung der Merowinger

Die fränkischen Reichsannalen (Annales Regni Francorum) beschreiben die Art und Weise, wie der Karolinger Pippin die Absetzung des letzten Merowingerkönigs und seine eigene Thronbesteigung rechtlich absicherte:

(749) Bischof Burkhard von Würzburg und der Kaplan Folrad wurden zu Papst Zacharias gesandt, um wegen der

14 Chlodwig I.
(466–511) lässt sich am Weihnachtstag 498 von Bischof Remigius in Reims taufen. Zeichnung von A. Zick 19. Jh.

Reich und Reichsidee

Könige in Francien zu fragen, die damals keine Macht als Könige hatten, ob das gut sei oder nicht. Und Papst Zacharias gab Pippin den Bescheid, es sei besser, den als König zu bezeichnen, der die Macht habe, als den, der ohne königliche Macht blieb. Um die Ordnung nicht zu stören, ließ er kraft seiner apostolischen Autorität den Pippin zum König machen.

(750) Pippin wurde nach der Sitte der Franken zum König gewählt und gesalbt von der Hand des Erzbischofs Bonifatius heiligen Andenkens und von den Franken in Soissons zum König erhoben. Hilderich aber, der Scheinkönig, wurde geschoren und ins Kloster geschickt.

(753) […] Im selben Jahr kam Papst Stephan nach Francien, um Beistand und Hilfe zu suchen für die Rechte des hl. Petrus.

(754) Der erwähnte Papst Stephan bestätigte Pippin durch die heilige Salbung als König und mit ihm salbte er auch seine beiden Söhne Karl und Karlmann zu Königen.

Zit. nach: Die Reichsannalen, zu den Jahren 749–755. In: Quellen zur Karolingischen Reichsgeschichte, Erster Teil. S. 15/17. Übers. Abel, v. Jasmund, Rau.

16 Kaiserkrönung Karls des Großen

a) Vorgeschichte der Krönung und Krönung Karls des Großen aus der Sicht der fränkischen Reichsannalen:

(796) Papst Adrian starb und Leo schickte, sobald er an seine Stelle getreten war, Gesandte mit Geschenken an den König. Er ließ ihm auch die Schlüssel zum Grabe des hl. Petrus und das Banner der Stadt Rom übergeben.

(799) Die Römer nahmen den Papst Leo am großen Bittgangstag (25. April 799) gefangen, blendeten ihn und rissen ihm die Zunge aus. Ins Gefängnis geworfen, entkam er bei Nacht über die Mauer, begab sich zu den Gesandten des Königs (Karl), die sich damals in der Kirche des hl. Petrus aufhielten […] und wurde nach Spoleto gebracht.

[…] In diesem Jahr kam ein Mönch aus Jerusalem und überbrachte dem König vom Patriarchen von Jerusalem Segen und Reliquien vom Grabe des Herrn.

(800) *(Mit Hilfe Karls war Papst Leo III. 799 wieder nach Rom zurückgekehrt. Karl selbst zog mit seinem Heer im Herbst 800 nach Italien)* Als er (Karl) aber nach Rom kam, zog ihm der Papst Leo mit den Römern tags zuvor nach Mentana 12 Meilen von der Stadt entgegen und empfing ihn mit höchster Demut und größten Ehren, und nachdem er mit ihm an dem genannten Ort gespeist hatte, zog er sofort ihm voraus in die Stadt. Und am folgenden Tage empfing er ihn, auf den Stufen der Kirche des sel. Apostels Petrus stehend, nachdem er ihm die Fahnen der Stadt Rom entgegengeschickt hatte, auch an den entsprechenden Stellen Scharen von Fremden und Bürgern hinbefohlen und aufgestellt hatte, die dem Ankommenden Lob singen sollten, selbst mit der Geistlichkeit und den Bischöfen, als er vom Pferde abstieg und die Stufen emporschritt, und geleitete ihn nach einem Gebet unter dem Gesang aller in die Kirche des sel. Apostels Petrus. Das geschah am 24. November.

[…] *(Auf einer Versammlung unter Vorsitz Karls reinigte sich Papst Leo durch einen Eid von den Vorwürfen, die ihm seine römischen Feinde, die ihn ja auch 799 geblendet haben sollten, gemacht hatte.)* Am selben Tage kam Zacharias mit zwei Mönchen, einem vom Ölberg und einem vom Kloster des hl. Sabas, aus dem Osten nach Rom zurück. Diese schickte der Patriarch von Jerusalem mit Zacharias zum König und sie brachten als Zeichen des Segens die Schlüssel zum Grab des Herrn und zur Schädelstätte, auch die Schlüssel der Stadt und zum Berge Zion mit einer Fahne.

(801) Als der König gerade am hl. Weihnachtstag sich vom Gebet vor dem Grab des sel. Apostels Petrus zur Messe erhob, setzte ihm Papst Leo eine Krone aufs Haupt und das ganze Römervolk rief dazu: dem erhabenen Karl, dem von Gott gekrönten großen und friedenbringenden Kaiser der Römer Leben und Sieg! Und nach den lobenden Zurufen wurde er vom Papst nach der Sitte der alten Kaiser durch Kniefall geehrt und fortan, unter Weglassung des Titels Patricius, Kaiser und Augustus genannt.

Zit. nach: Die Reichsannalen, zu den Jahren 796, 799, 800 und 801. In: Quellen zur Karolingischen Reichsgeschichte, Erster Teil. S. 65–75. Übers. Abel, v. Jasmund, Rau.

b) Karls Biograph Einhard beschreibt die Krönung Karls und vor allem dessen (angebliche) Reaktion aus der Rückschau:

Seine letzte Reise (nach Rom) […] wurde auch dadurch veranlasst, dass Papst Leo durch die vielen Misshandlungen, die er von seiten der Römer erlitten hatte, indem sie ihm nämlich die Augen ausrissen und die Zunge abschnitten, sich genötigt sah, den König um Schutz anzuflehen. Er kam also nach Rom und brauchte daselbst den ganzen Winter, um die Kirche aus der überaus großen Zerrüttung, in die sie verfallen war, zu reißen. Damals war es, dass er die Benennung Kaiser und Augustus empfing: Das war ihm zuerst so zuwider, dass er versicherte, er würde an jenem Tag, obgleich es ein hohes Fest war, die Kirche nicht betreten haben, wenn er des Papstes Absicht hätte vorherwissen können. Den Hass der römischen Kaiser (d.h. der Kaiser von Byzanz), die ihm die Annahme des Kaisertitels sehr verübelten, trug er mit großer Gelassenheit, und mit der Hochsinnigkeit, in der er ohne alle Frage weit über ihnen stand, wusste er ihren Trotz zu besiegen, indem er häufig durch Gesandtschaften mit ihnen verkehrte und sie in seinen Briefen als Brüder anredete.

Zit. nach: Einhard: Leben Karls des Großen, Kap. 28. In: Quellen zur Karolingischen Reichsgeschichte, Erster Teil. S. 199/201. Übers. Abel, v. Jasmund, Rau.

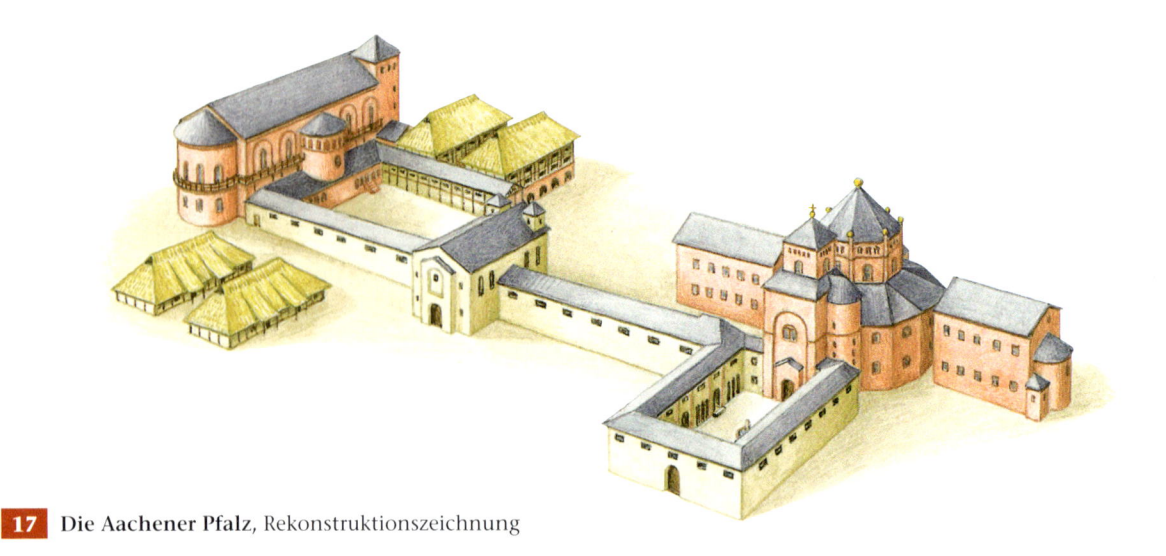

Reich und Reichsidee

17 Die Aachener Pfalz, Rekonstruktionszeichnung

c) Der „liber pontificalis", eine Sammlung von Lebensbeschreibungen der Päpste, schildert die Krönung Karls:

Danach, am Tage der Geburt unseres Herrn Jesu Christi, versammelten sich wiederum alle in der schon genannten Kirche des heiligen Apostels Petrus. Und da krönte ihn [Karl] der ehrwürdige und segenspendende Vorsteher [Papst Leo III.] eigenhändig mit einer sehr kostbaren Krone. Darauf riefen alle frommen Römer, die sahen, mit welcher Liebe er die Heilige Römische Kirche und ihren Vicarius verteidigte, einmütig mit lauter Stimme auf Geheiß Gottes und des heiligen Petrus, des Schlüsselträgers des Himmelreichs: „Karl, dem allfrömmsten Augustus, dem von Gott gekrönten, großen und Frieden bringenden Kaiser, Leben und Sieg!" Vor dem heiligen Grabmal des seligen Apostels Petrus ist das unter Anrufung vieler Heiliger dreimal ausgerufen worden; und von allen ist er als Kaiser der Römer eingesetzt worden. Sogleich salbte der heiligste Vorsteher und Pontifex Karl, seinen hervorragendsten Sohn, an demselben Tag der Geburt unseres Herrn Jesu Christi mit heiligem Öl zum König. [Gemeint ist der ebenfalls anwesende, gleichnamige Sohn Karls, der zum fränkischen König gesalbt wurde].

Zit. nach: L. Duchesne: Le Liber Pontificalis. Texte, introduction et commentaire par, 2 Bde. Paris 1892, Bd. II, S. 7.

d) Die Position der Byzantiner fasst der byzantinische Chronist Theophanes zusammen:

[Zum Weltjahr 6290]: Im selben Jahr erhoben sich in Rom die Verwandten des seligen Papstes Hadrian, die das Volk auf ihre Seite gebracht hatten, gegen Papst Leon, und nachdem sie ihn gefangen genommen hatten, ließen sie ihn blenden. Sie vermochten aber nicht, sein Augenlicht zum Erlöschen zu bringen, da die Leute, die ihn blenden sollten, menschlich mit ihm verfuhren und ihn schonten. Er floh zum Frankenkönig Karl, der grausame Rache an den Feinden des Papstes nahm und ihn wieder auf seinem Thron einsetzte. Seit jener Zeit steht Rom unter der Macht der Franken. Als Belohnung dafür krönte der Papst ihn am 25. Dezember der 9. Indiktion (= 25. 12. 800) zum römischen Kaiser in der Kirche des hl. Apostels Petrus, nachdem er ihn vom Kopf bis zu den Füßen gesalbt und ihm das kaiserliche Gewand angelegt und die Krone aufgesetzt hatte.

[Zum Weltjahr 6293]: In diesem Jahre wurde am 25. Dezember der 9. Indiktion der Frankenkönig Karl vom Papst Leon gekrönt. Obgleich Karl anfänglich den Plan hatte, mit einer Flotte Sizilien zu überfallen, stand er davon ab, weil er sich vielmehr mit Eirene (der byzantinischen Kaiserin) zu verheiraten gedachte. Er schickte zu diesem Zweck im folgenden Jahre [...] Gesandte zu ihr.

Zit. nach: Bilderstreit und Arabersturm in Byzanz. Das 8. Jahrhundert (717–813) aus der Weltchronik des Theophanes, übers., eingeleitet und erklärt von L. Breyer, (Byzant. Geschichtsschreiber, Bd. VI). Graz–Wien–Köln 1964, S. 132 f., 136.

e) Krönung Ludwigs des Frommen 813:

Gegen Ende seines Lebens, als ihn schon sehr Alter und Krankheit schwächten, berief er seinen Sohn Ludwig, den König von Aquitanien, der von den Söhnen der Hildigard noch allein am Leben war, zu sich und erklärte ihn in feierlicher Versammlung der Großen aus dem ganzen Frankenreich mit aller Beistimmung zum Mitregenten im ganzen Reich und zum Erben des kaiserlichen Namens, setzte ihm das Diadem aufs Haupt und ließ ihn Kaiser und Augustus nennen. Diese seine Absicht wurde von allen Anwesenden mit großem Beifall aufgenommen; schien es doch, als wäre ihm dieser Gedanke zum Besten des Reiches vom Himmel eingegeben worden. Diese Tat hob noch seine überragende Stellung und flößte fremden Völkern keine geringe Furcht ein.

Zit. nach: Quellen zur Karolingischen Reichsgeschichte, Erster Teil, S. 201/203. Übers. Abel, v. Jasmund, Rau.

18 Widukind von Corvey über die Krönung Ottos I.

Die Krönung Ottos I. zum deutschen König wird von dem Chronisten Widukind von Corvey beschrieben:

Nachdem nun also der Vater des Vaterlandes und der größte und beste der Könige, Heinrich, entschlafen war, da erkor sich ganze Volk der Franken und Sachsen dessen Sohn Otto, der schon vorher vom Vater zum König bestimmt worden war, als Gebieter. Und als Ort der allgemeinen Wahl bezeichnete und bestimmte man die Pfalz zu Aachen. Es ist aber jener Ort nahe bei Jülich, das nach seinem Gründer Julius Caesar benannt ist. Und als man dorthin gekommen war, versammelten sich die Herzöge und die Ersten der Grafen mit der Schar der vornehmsten Ritter in dem Säulenhof, der mit der Basilika Karls des Großen verbunden ist, und sie setzten den neuen Herrscher auf einen hier aufgestellten Thronsessel; hier huldigten sie ihm, gelobten ihm Treue und versprachen ihm Hilfe gegen alle seine Feinde und machten ihn so nach ihrem Brauche zum König. Während dies die Herzöge und die übrige Beamtenschaft taten, erwartete der Erzbischof mit der gesamten Priesterschaft und dem ganzen Volk innen in der Basilika den Aufzug des neuen Königs. Als dieser eintrat, ging ihm der Erzbischof entgegen, berührte mit seiner Linken die Rechte des Königs, während er selbst in der Rechten den Krummstab trug, bekleidet mit der Albe, geschmückt mit Stola und Messgewand, und schritt dann vor bis in die Mitte des Heiligtums, wo er stehen blieb. Dann zum Volk gewandt, das ringsumher stand – es waren nämlich in dieser Basilika Säulengänge unten und oben rundherum –, so dass er von allem Volk gesehen werden konnte, sprach er also: „Sehet, hier bringe ich euch den von Gott erkorenen und einst vom großmächtigen Herrn Heinrich bestimmten, nun aber von allen Fürsten zum Könige gemachten Otto; wenn euch diese Wahl gefällt, bezeugt dies, indem ihr die rechte Hand zum Himmel emporhebt." Darauf hob das Volk die Rechte in die Höhe und wünschte mit lautem Zuruf dem neuen Herrscher Heil. Sodann schritt der Erzbischof mit dem Könige, der nach fränkischer Art mit enganliegendem Gewand bekleidet war, hinter den Altar, auf dem die Abzeichen des Königs lagen, das Schwert mit dem Wehrgehenk, der Mantel mit den Spangen, der Stab mit dem Zepter und das Diadem. Erzbischof war zu dieser Zeit Hildebert, von Geschlecht ein Franke, seines Standes ein Mönch, erzogen und gebildet im Kloster Fulda und nach Verdienst zu dieser Ehre emporgestiegen, dass er zu dessen Abt bestellt wurde und hernach die höchste Würde des erzbischöflichen Stuhls zu Mainz erlangte […] Dieser trat an den Altar, nahm hier das Schwert mit dem Wehrgehenk und sprach zum König gewendet: „Empfange dieses Schwert und treibe mit ihm aus alle Widersacher Christi, die Heiden und schlechten Christen, da durch Gottes Willen alle Macht im Frankenreich dir übertragen ist, zum bleibenden Frieden aller Christen." Sodann nahm er die Spangen und den Mantel und bekleidete ihn damit, indem er sagte: „Die bis auf den Boden herabreichenden Zipfel deines Gewandes mögen dich erinnern, von welchem Eifer im Glauben du entbrennen und in Wahrung des Friedens beharren sollst bis in den Tod." Darauf nahm er Zepter und Stab und sprach: „Diese Abzeichen sollen dich ermahnen, mit väterlicher Zucht deine Untertanen zu leiten und vor allem den Dienern Gottes, den Witwen und Waisen die Hand des Erbarmens zu reichen; und niemals möge dein Haupt des Öls der Barmherzigkeit ermangeln, auf dass du in Gegenwart und in Zukunft mit ewigem Lohne gekrönt wirst." Darauf wurde er alsbald mit dem heiligen Öle gesalbt und mit dem goldenen Diadem gekrönt von den Bischöfen Hildebert und Wichfrid, und als nun die rechtmäßige Weihe vollzogen war, wurde er von eben denselben Bischöfen zum Thron geführt, zu dem man über eine Wendeltreppe hinanstieg, und er war zwischen zwei marmornen Säulen von wunderbarer Schönheit so errichtet, dass er von da aus alle sehen und von allen wiederum gesehen werden konnte.

Widukind von Corvey: Sachsengeschichte, Buch II, Kpt. 1. Aus: Quellen zur Geschichte der sächsischen Kaiserzeit. Darmstadt 1971. Übers. Albert Bauer/Reinhold Rau.

19 Das Reich zur Zeit Ottos des Großen (936–973)

Reich und Reichsidee

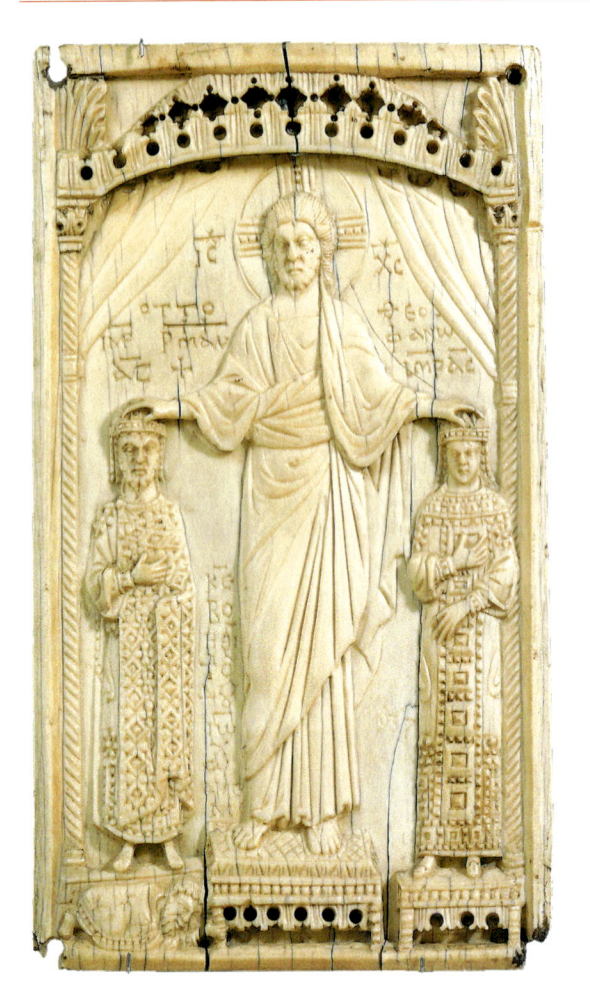

20 Darstellung der Heirat von Kaiser Otto II. mit Theophanu 972, Buchdeckel, ca. 983

21 Die Reformen Kaiser Ottos III. (sog. Renovatio Imperii)

a) Nach der Auffassung seiner Zeitgenossen, hier des Chronisten Thietmar von Merseburg:

In der Absicht, das großenteils verfallene altrömische Brauchtum in seiner Zeit zu erneuern, traf der Kaiser vielerlei Maßnahmen, die eine sehr unterschiedliche Aufnahme fanden. So pflegte er ganz allein an einem halbkreisförmigen, erhöhten Tisch zu tafeln. Da er sich über die Ruhestätte der Gebeine Kaiser Karls im Unklaren war, ließ er an der vermuteten Stelle heimlich den Bodenbelag aufbrechen und nachgraben, bis man sie auf königlichem Throne fand. Nach Entnahme des goldenen Halskreuzes und eines Teils der noch unvermoderten Gewänder legte man das Übrige in tiefer Ehrfurcht wieder hinein.

Zit. nach: Thietmar von Merseburg: Chronik IV, Kap. 47. S. 163/165. Übers. Werner Trillmich.

b) Nach heutiger Auffassung, hier des Historikers E. Eickhoff, 1999:

Otto III. hat das erste Ziel seiner „Erneuerung des Römischen Reichs", nämlich die Kurienreform, mit den von ihm bestellten Päpsten erreicht. Die Festigung einer ständigen Herrschaft in Rom und Italien dagegen misslang […] Aber was sein Regiment hinterließ, war kein verstreutes Trümmerwerk. Es waren die Umrisse eines großen Entwurfs – die Vorstellung einer von Rom und von Aachen aus angeleiteten Gemeinsamkeit christlicher Fürsten im Abendland. Dieses Ordnungsmuster war kein Imperium, wie wir es verstehen. Es verlangte nicht mehr als die Schlichtung von Streitfragen, die man an Kaiser und Papst herantrug.

Zit. nach: E. Eickhoff: Otto III. Die erste Jahrtausendwende und die Entfaltung Europas. Stuttgart 1999, S. 363.

Arbeitsvorschläge

a) Verfolgen Sie die Benennung und den Status des ehemaligen Langobardenreiches im Karolingerreich und später im Deutschen Reich. Wann endet diese Sonderstellung und warum?

b) Suchen Sie im Neuen Testament nach Stellen für die Bedeutung des Römischen Kaisers und diskutieren Sie diese. Ziehen Sie dazu eine Bibelkonkordanz heran.

c) Definieren Sie die Bedeutung der Kirche für die Entstehung des Lateinischen Europa und vergleichen Sie damit die heutige Diskussion um die Erweiterung der EU – besonders im Hinblick auf die Beitrittsverhandlungen mit der Türkei.

d) Diskutieren Sie die moralische Seite der päpstlichen Entscheidung zugunsten Pippins.

e) Vergleichen Sie die verschiedenen Quellenstellen zur Krönung Karls und arbeiten Sie die unterschiedlichen Standpunkte heraus (M 16).

f) Diskutieren Sie die (auch strukturellen) Unterschiede zwischen dem karolingischen Reich und dem heutigen Europa.

i) Wieso ist ein an den Besitz Roms gebundenes Kaisertum problematischer als ein Erbkaisertum?

j) Vergleichen Sie die Unterschiede in den Titeln Karls des Großen und Ottos III. Lassen sie Rückschlüsse auf eine unterschiedliche Konzeption vom Kaisertum zu?

Standpunkte: Karl der Große und Europa

Wie sah man die Kaiserkrönung Karls des Großen in der späteren Zeit, und kann man sein Reich als Vorgriff auf das geeinte Europa sehen?
Bis heute wird die Kaiserkrönung Karls des Großen von vielen als Geburtsstunde des lateinischen Europa gesehen. Frankreich, Deutschland, selbst Belgien und Luxemburg sehen in ihm mehr oder weniger den Begründer ihrer Staatlichkeit. Die „karolingische Renaissance", in der auch bis dahin vergessene antike Elemente wieder aufgenommen wurden, gilt als erste eigenständige „abendländische" Kulturleistung.

1 Zur Bewertung Karls in der späteren Zeit

a) Die Slawenchronik des Helmut von Bosau (12. Jahrhundert):
Nicht viel später verschied Karl aus dem irdischen Dasein, ein im Geistlichen wie im Weltlichen auf das höchste bewährter Mann, der als Erster gewürdigt wurde, vom Frankenreich zum Kaisertum aufzusteigen. Die kaiserliche Würde nämlich, die nach Konstantin lange Zeit ruhmreich in der Stadt Konstantinopel in Griechenland geblüht hatte, war bekanntermaßen, seit es dort an Männern königlichen Geschlechts mangelte, so sehr verfallen, dass das Reich, dem in seiner ursprünglichen Blüte drei Konsuln, Diktatoren oder gar Kaiser zugleich kaum gewachsen waren, schließlich von Weiberhand beherrscht wurde. Als sich nun Empörer von allen Seiten gegen das Reich erhoben, als fast alle Staaten Europas vom Reiche abgefallen waren, als gar Rom selbst, die Mutter des Erdkreises, durch Kriege in nächster Nähe mitgenommen wurde, ohne dass ein Beschützer dagewesen wäre, fand es der apostolische Stuhl für gut, ein feierliches Konzil heiliger Männer zu versammeln und wegen der allgemeinen Not allseits Rat einzuholen. Mit Zustimmung und Beifall aller wurde der hochangesehene Frankenkönig Karl durch die Krone des Römischen Reiches erhöht, weil er an Glaubensverdienst, Machtglanz und auch Kriegsruhm niemanden seinesgleichen in der Welt zu haben schien; und dieserart wurde die kaiserliche Würde (*nomen caesareum*) von Griechenland nach Franken übertragen.

Zit. nach: Helmut von Bosau: Slawenchronik I 3. Übers. Heinz Stoob.

b) Heinrich von Herford, zu der angeblich von Karl festgesetzten Krönungsordnung (14. Jahrhundert):
[Der deutsche König Ludwig der Bayer (1314–1347) zieht nach Italien]. Dort angekommen wurde er durch Johannes, den Erzbischof von Mailand, bei Monza mit großer Pracht zum König der Lombarden gekrönt, gemäß der Ordnung Karls des Großen, die seit dessen Zeit immer unverletzt beachtet worden ist. Denn als die römische Kirche durch die Könige der Lombarden lange Zeit fast völlig verwüstet und beinahe ausgelöscht worden war, war der immer fromme und mitleidige Karl der Große, von Volkszugehörigkeit ein Germane, mit einem starken Heer nach Italien marschiert – was er konnte, da er König der Franken war – und hatte den letzten Lombardenkönig Desiderius in vielen Belagerungen und Schlachten besiegt und getötet. Das Reich der Lombarden nahm er ganz an sich und beanspruchte es laut Kriegsrecht, alles aber, was der römischen Kirche durch Geschenk oder Zueignung durch verschiedene römische Fürsten gehört zu haben schien, gab er ihr fromm zurück und schenkte ihr darüber hinaus wie ein zweiter Konstantin alles von neuem. Er erneuerte auch einzelne Privilegien und fügte viele neue hinzu, soweit es nützlich schien. Das einstige Reich der Lombarden aber, das nun das seine war, vereinigte er mit dem Reich der Deutschen, und als er Kaiser geworden war, vereinigte er beide mit dem Reich der Römer. Er legte durch Gesetz für alle Zeit fest, dass der König der Deutschen auch König der Lombarden und der Römer sein solle, und dass er für Deutschland in Aachen, für die Lombardei bei Monza und als Kaiser der Welt in Rom gekrönt werden solle. Der König (Ludwig der Bayer) brach nach Rom auf und wurde von dem Bischof von Arezzo im Beisein von zahlreichen Bischöfen zum Kaiser gekrönt, von den Römern wurde er Patricius und Augustus genannt.

Zit. nach: Heinrich von Herford: Weltchronik. S. 245. Übers. v. Autor.

c) Der Schriftsteller und Reichstagsabgeordnete Gustav Freytag (1816–1895):
Im Jahre 800 vollendet sich, was nach dem ganzen Zug seines Lebens für ihn erreichbar war, der Papst setzt ihm die römische Kaiserkrone auf das Haupt, er wird Herr einer neuen christlichen Universalmonarchie […]
Am Weihnachtstage des Jahres 800 setzte der Papst dem mächtigsten König der Christenheit die römische Kaiserkrone auf das Haupt und kniete dabei verehrend vor ihm nieder, und die Römer riefen ihm Imperator und Augustus zu. Die höchste Erdenwürde, mit heiligem Nimbus umgeben, wurde ihm zuteil, das alte Römerreich, die große Erinnerung aller Germanenvölker, ward wieder lebendig, und die verhängnisvolle Verbindung der Deutschen mit Italien, des germanischen Königs mit der römischen Kirche wurde aufs Neue geweiht. Alles Große und Gute, was Karl getan hatte: Die Erhebung des Frankenvolks über die Kirche des Abendlandes, das lateinische Gebet seines Kaplans, das Abschreiben römischer Handschriften, die Erör-

Reich und Reichsidee

2 Die Krönung Karls im italienischen Comic „La Storia d'Italia a fumetti", 1978. „Diese Ölung heiligt deinen Glauben und deine Macht."

terungen mit Alkuin (Gelehrter und Berater Karls d. Großen) […], das Standbild Theoderichs, welches er täglich von seinem Palast sah, das alles hatte unablässig zwischen ihm und Rom unsichtbare Fäden gezogen; sie drehten sich jetzt zu einem Seil, durch welches das Schicksal seiner Nachfolger, ja das Schicksal der deutschen Nation bis zur Gegenwart an Italien und die römische Kurie gefesselt wurde. Nicht er fühlte, solange er lebte, die Bande, aber sie haben die Deutschen seit seinem Leben unablässig eingeschnürt.

Zit. nach: Gustav Freytag: Bilder aus der deutschen Vergangenheit. 1859–1867, S. 288, 312 f.

d) Aus einem deutschen Schulbuch 1940:
Der machtvollste Herrscher seiner Zeit ist der Frankenkönig Karl, der die Sachsen unter ihrem Herzog Widukind bezwang. […] Sieg auf Sieg heftete Karl an seine Fahnen. Von Dänemark bis Rom, von Ungarn bis Spanien macht er sich alles Land untertan. Auch die deutschen Stämme sind in seinem Reich zusammengeschlossen. Zum ersten Mal gebietet ein Herrscher über das ganze deutsche Volk. Der Anfang zu einem einigen Deutschland ist gemacht. Aus Österreich vertreibt Karl das asiatische Reitervolk der Awaren. Bayrische Bauern sendet er als Siedler in das verwüstete Land. Durch Karls Siege also wird Österreich dem deutschen Volk gewonnen und zur Ostmark des Reiches. […] Bis zu seinem Tode wirkt Karl unermüdlich zum Wohle seines großen Reiches. In Aachen, wo er so gern lebte, wird er auch zu Grabe getragen. […] Im deutschen Volk aber lebt er weiter als einer seiner größten Männer und Herrscher. Zahllose Sagen ranken sich um seinen Namen. Im Schoße eines Berges soll er mit seinem Heere weilen. Und bricht ein Krieg aus, so tut sich der Berg auf, und an der Spitze seiner Krieger zieht er in den Kampf.

Zit. nach: Geschichtserzählungen, bearb. v. Hermann Funke. Leipzig/Berlin 1940, S. 112–114.

e) Der deutsche Historiker Walter Schlesinger 1966:
Aus der Sicht der mittelalterlichen Verfassungsgeschichte ist das Karlsreich eine Ausnahmeerscheinung, wenn man scharf zuspitzen will, ein Anachronismus.

Zit. nach: Walter Schlesinger: Die Auflösung des Karlsreiches. In: Wolfgang Braunfels: Karl der Große, Bd. I. (1966), S. 826.

f) Der Marburger Historiker Hans Schulze 1987:
„Karl der Große oder Charlemagne?" Ist das eine echte Alternative? Ist die Frage, ob der Herrscher nun Deutscher oder Franzose war, nicht völlig anachronistisch?
Karl der Große war Franke wie alle seine Ahnen, er sprach die Sprache seines Volkes, trug fränkische Waffen und fränkische Tracht und lebte nach fränkischer Sitte. Auf fränkischem Boden, wo seine Lieblingspfalzen Herstal und Diedenhofen, Worms und Aachen lagen, fühlte er sich heimisch. [...] Wieweit unter den Germanen, die die politische Führungsschicht bildeten, am Ende des 8. und zu Beginn des 9. Jahrhunderts Männer waren, die bereits sprachlich romanisiert waren, ist kaum zu ermitteln. Mit einem germanischen „Rassegedanken", wie ihn die Neuzeit hervorbrachte, hatte das alles nichts zu tun, sondern mit Stammesbewusstsein und Stammesstolz, denn die Franken waren nun einmal noch immer der das Reich tragende Stamm und blieben es, bis die zentrifugalen und partikularistischen Kräfte die Oberhand gewannen [...].
Karl der Große ist die mittelalterliche Herrscherfigur schlechthin. Mehr als ein Jahrtausend lang musste er zur Legitimation von Herrschaftsansprüchen und territorialen Forderungen dienen. Französische Könige und deutsche Kaiser beriefen sich auf ihn als ihren Vorgänger. Noch Napoleon Bonaparte verknüpfte seine anachronistische Kaiserwürde höchst theatralisch mit dem Kaisertum Karls des Großen [...] Und auch heute noch dient die Gestalt Karls des Großen den westeuropäischen Staaten als Legitimations- und Integrationsfigur; sie haben ihm sogar eine neue Verantwortung aufgebürdet, die Verantwortung für ein vereinigtes Europa. Das ist eine überraschende Rückkehr zu einem Karlsbild, wie es dem unbekannten Dichter des Paderborner Epos vor Augen stand, der Karl den Großen als den „Vater Europas" verherrlichte.

Zit. nach: Hans K. Schulze: Vom Reich der Franken zum Land der Deutschen. 1987, S. 298, 305.

g) Der damalige Bundeskanzler Helmut Kohl 1996:
Gerne habe ich gemeinsam mit Staatspräsident Chirac die Schirmherrschaft über die Ausstellung „Die Franken – Wegbereiter Europas" übernommen. Sie macht den Menschen, die sie in Mannheim, in Paris und in Berlin besuchen, und all denen, die diesen Katalog zur Hand nehmen, anschaulich, dass wir Deutsche, wir Franzosen, dass wir Europäer gemeinsame Wurzeln und ein gemeinsames Erbe haben. – So leistet diese Ausstellung mit wissenschaftlichen Mitteln und mit beeindruckenden Exponaten einen wichtigen Beitrag zur Vertiefung eines europäischen Geschichtsbewusstseins, dem nach meiner Überzeugung entscheidende Bedeutung für den weiteren Bau Europas zukommt. – Ohne Kenntnis der Geschichte, ohne eine Vorstellung davon, wie das gegenwärtige Europa Gestalt angenommen hat, wären wir alle außerstande, die historische Leistung der europäischen Einigung zu würdigen, die sich mit Namen wie Adenauer, Schuman, de Gasperi, Spaak oder de Gaulle verbindet. In ihrem Zentrum steht die deutsch-französische Freundschaft, die seit ihrer Besiegelung durch den Elysée-Vertrag vor mehr als einer Generation mit zunehmender Selbstverständlichkeit von den Initiativen und dem Zusammenwirken der Menschen beiderseits des Rheins geprägt und getragen wird. Zum Wesen dieser Freundschaft gehört ihre Offenheit, ihr bewusster Verzicht auf Exklusivität.

Zit. nach: Bundeskanzler Helmut Kohl: Grußwort zur Ausstellung „Die Franken. Wegbereiter Europas", Ausstellungskatalog. Mainz 1997, S. XIII.

h) Der Politikwissenschaftler Otto Kallscheuer 2005:
In langen Kriegen hatte Karl im Nordosten die Sachsen geschlagen, im Südosten die Bayern und Awaren, im Süden die Langobarden; seine Herrschaft grenzte nun in Aquitanien ans Emirat von Córdoba und in Italien an den Kirchenstaat und die Vorposten von Byzanz. Aber Karl brauchte noch eine Reichsidee: Er wollte sein fränkisches Königtum zu einer Art von westlichem Byzanz erheben. Papst Stephan II., in Rom eingeklemmt zwischen Langobarden im Norden und byzantinischen Fürstentümern im Süden Italiens, hatte sich nur durch ein Bündnis mit Karls Vater Pippin III. halten können. Karl hingegen gelang sein „coup d'État", als er sich Weihnachten 800 von Papst Leo in Rom zum Kaiser krönen ließ. Doch das karolingische „Europa", in dessen Namen heute Preise vergeben werden, war mehr Ideologie als Wirklichkeit. Solide staatliche Strukturen konnte die winzige Oberschicht nicht ausbilden – schon unter Karls Enkeln verfiel sein Reich.

Zit. nach: Otto Kallscheuer. In: Frankfurter Allgemeine Zeitung vom 27. März 2005.

Arbeitsvorschläge:
a) Diskutieren Sie, ob man Karl den Großen als „Europäer" im heutigen Wortsinn bezeichnen kann.
b) Arbeiten Sie anhand der beigegebenen Materialien die Unterschiede in dem Bild Karls des Großen im Lauf der Geschichte heraus.

5 Das Lehnswesen: Feudale Strukturen und ihre römischen, germanischen und christlichen Wurzeln

Lehnswesen und Feudalismus

Nach nahezu übereinstimmender Meinung der Fachwelt kommt dem Lehnswesen bzw. dem Feudalismus ähnlich wie der ständischen Gliederung der Gesellschaft, dem Gottesgnadentum und der Grundherrschaft eine für die Entwicklung des Abendlandes prägende Bedeutung zu. Dabei gilt es zu beachten, dass der Begriff selbst eine nachmittelalterliche, im Zeitalter der Aufklärung zunächst negativ verwendete Wortschöpfung ist und bis auf den heutigen Tag in ganz unterschiedlichen Kontexten Verwendung findet. Zum einen bezeichnet das Lehnswesen im engeren Sinne das durch das Lehnsrecht geregelte Verhältnis zwischen einem Lehnsherrn und seinem Vasallen, dem Lehnsmann. Es schloss in der Regel ein dingliches, das heißt gegenständliches Element ein und verpflichtete die Gebundenen wechselseitig und persönlich durch Eidesleistung. Als solches stellt sich das Lehnswesen als Entstehungsprodukt einer überaus kompexen historischen Entwicklung dar, die sich vom 6.–8. Jahrhundert vollzog. Dagegen gilt der Feudalismus bzw. das Feudalzeitalter im universalhistorischen Zusammenhang vor allem der marxistisch orientierten Geschichtswissenschaft als eine durch Zwang und Ausbeutung gekennzeichnete Epoche der Menschheitsgeschichte, die als Teil der vormodernen Ordnung Alteuropas erst durch die Errungenschaften von Aufklärung und Französischer Revolution überwunden werden konnte.

Unterschiedliche Ausprägungen mittelalterlicher „Staatlichkeit": Lehnsleute oder Amtmänner?

Stellt die universelle Charakterisierung einer ganzen Epoche durch ein einziges prägendes Element bereits an sich ein Problem dar und bringt die Gefahr verzerrender Geschichtsdeutungen mit sich, so gilt dies insbesondere für die Beschreibung des Mittelalters als Feudalzeitalter. Zum einen war überhaupt nur ein kleiner Teil der mittelalterlichen Gesellschaft – nämlich der Adel und sich diesem annähernde Teile der städtischen Oberschichten – „lehnsfähig", das heißt dazu berechtigt, Lehen zu empfangen oder auszugeben. Zum anderen war diese Form der sozialen und rechtlichen Bindung in Teilen Europas, so etwa in Skandinavien und im osteuropäischen Raum, über weite Abschnitte der mittelalterlichen Epoche schlichtweg unbekannt und hielt dort erst sukzessive Einzug. Und selbst im Kernbereich des christlichen Abendlandes war all dies eingebunden in land- und volksrechtliche Überlieferungen und in jeweils regional geprägte gewohnheitsrechtliche Traditionen. Überdies gab es neben lehnsrechtlichen zumindest in Ansätzen auch dienst- und amtsrechtliche Elemente in den Bindungen zwischen einem Herrn und seinem Umfeld. Während sich im normannischen Sizilien und im normannischen England im Laufe des Hochmittelalters jedoch straff organisierte, zentrale Verwaltungen herausbildeten, in denen regelrecht beamtete Funktionsträger – fest besoldet, durch einen Amtseid zu Gehorsam und Rechenschaft verpflichtet und bei Fehlverhalten absetzbar – ihren Dienst versahen, konnten sich die Herrscher in den ost- und westfränkischen Nachfolgereichen des karolingischen Imperiums nicht auf entsprechende Verwaltungsstrukturen stützen. Hatte Karl der Große sich noch so genannter Königsboten (*missi dominici*) bedienen können, um seine Herrschaft vor Ort durchzusetzen, regionale Große und Grafen zu kontrollieren und auf diese Weise Machtmissbrauch vorzubeugen, so standen diese „verlängerten Arme der herrscherlichen Majestät" den Nachfolgern Karls nicht mehr zur Verfügung. Sie beschritten andere Wege, ließen die nach Lehnsrecht an sie gebundenen Großen des Reiches ganz bewusst an ihrer Herrschaft teilhaben und mussten dabei gleichzeitig auch immer darauf bedacht sein, möglichem Machtmissbrauch durch einzelne dieser Großen und entsprechenden Verselbständigungstendenzen von Teilen ihrer Herrschaft entgegenzuwirken.

Das mittelalterliche Gemeinwesen war kein Staat im modernen Sinne, sondern ein Personenverbandsstaat, der auf persönlichen Bindungen und Beziehungen beruhte. Die Macht des Herrschers endete dort, wo seine Autorität und sein Führungsanspruch nicht mehr anerkannt wurden.

Der mittelalterliche „Personenverbandsstaat"

Während das Lehnsrecht im Königreich Sizilien, in England und etwa auch in Frankreich zentralisierenden Tendenzen Vorschub leistete, trug es im nordalpinen römisch-deutschen Reich entscheidend zur Schwächung der königlichen Macht und Durchsetzungskraft bei. Die Entwicklung führte hier zu einer Regionalisierung der Strukturen, zur Herausbildung von Staatlichkeit innerhalb der Territorien und nicht auf Reichsebene und letztlich zu einem föderalen (= bundesstaatlichen) Prinzip von Staatlichkeit, das als solches bis heute fortwirkt.

Schwächung der herrscherlichen Macht und Regionalisierung der Strukturen

5.1 Die Entstehung einer nach Ständen gegliederten Gesellschaft

Bereits Caesar und Tacitus, antike Schriftsteller, die uns im ersten vor- bzw. im ersten nachchristlichen Jahrhundert Nachrichten über Gallien und über das linksrheinische Germanien mitteilen, lassen Vorstellungen von einer wirtschaftlichen, sozialen und rechtlichen Untergliederung der einheimischen, in Familien- und Stammesverbänden organisierten Gesellschaften aufscheinen. Zwar wird man ihnen in der Regel eine römische Sicht auf diese Gesellschaften unterstellen dürfen, und ihre Schriften dürften zum Teil die Funktion gehabt haben, den eigenen Zeitgenossen in Rom einen idealisierenden Spiegel vorzuhalten.

Antike Nachrichten über das linksrheinische Germanien

Gleichwohl zeugen diese frühen Nachrichten darüber hinaus von hierarchisch strukturierten, traditionalen Gemeinwesen, in denen die Vertreter der führenden Familien den Ton angaben und Entscheidungen in wichtigen politischen Fragen für sich beanspruchten. Die Gesellschaft umfasste Freie (liberi) und Unfreie (servi); unter Minderung der eigenen Freiheit konnte man sich dem Schutz eines Mächtigeren unterstellen. In der Regel kamen die Gemeinwesen im linksrheinischen Germanien ohne monarchische Spitze und ohne zentrale Herrschafts- und Verwaltungsstrukturen aus. Gleichwohl scheinen sich die Großen (lat. principes, potentes oder potentiores) eines Stammes regelmäßig versammelt und über gemeinsame Belange beraten zu haben. Ähnlich wie im wikingerzeitlichen Skandinavien kam es im Rahmen von Kriegs- und Plünderungszügen oder bei der Abwehr äußerer Gefahren zur Bildung übergeordneter Gefolgschaftsverbände. Im Umfeld entsprechender Gefolgschaftsherren scheint sozialer Aufstieg möglich gewesen zu sein. Die Nähe zu einem solchen Herrn versprach Teilhabe an dessen Erfolgen und wurde von diesem in der Regel aus der gewonnenen Beute oder in Form von Landschenkungen vergolten. Manches in den antiken Berichten scheint bereits auf Zustände vorauszuweisen, wie sie in der Quellenüberlieferung des Früh- und Hochmittelalter aufscheinen.

Freie, Unfreie und die Unterstellung unter einen Mächtigeren: das Gefolgschaftswesen

1 Drei-Stände-Lehre
Jesus segnet die drei Stände und weist ihnen ihre jeweiligen Aufgaben zu: *Tu supplex ora* (Du bete demütig!), *Tu protege* (Du beschütze!), *Tuque labora* (Und Du arbeite!), Holzschnitt von Jacob Meydenbach, Mainz 1492.

Die Drei-Stände-Lehre	In der Tat hat sich vor dem Hintergrund dieser Voraussetzungen im Laufe einer langen, kontinuierlichen Entwicklung aus einer zunächst wohl sehr viel breiteren Oberschicht von Freien einerseits ein geburtsständischer Adel und damit die Basis für eine ständisch gegliederte Gesellschaft geformt, an deren Spitze seit der Karolingerzeit ein durch das Gottesgnadentum legitimierter Herrscher stand. Ihren sinnfälligen Ausdruck fand diese Entwicklung in der von Geistlichen wie Adalbero von Laon um die Jahrtausendwende ausformulierten Drei-Stände-Lehre, die unter Verweis auf die gottgewollte Ordnung der Welt zwischen Klerus (den Betenden), Adel (den Beschützenden) und Arbeitenden bzw. Dienenden unterschied.
Gesellschaftsaufbau und soziale Mobilität	Unabhängig davon blieb gerade während des Frühmittelalters in einer durch Personenverbände und Gefolgschaften geprägten und damit eben nicht nur horizontal geschichteten, sondern auch und vor allem vertikal gegliederten Gesellschaft viel Spielraum für soziale Mobilität. Diese konnte einerseits zum Aufstieg in den im Entstehen begriffenen Adel führen, andererseits aber auch die Minderung der persönlichen Freiheit zeitigen und den sozialen Abstieg der Angehörigen und Nachkommen nach sich ziehen. Der Dienst im Gefolge des Königs oder eines Großen konnte in diesem Sinne ebenso adeln wie der Aufstieg eines nahen Verwandten oder ein Ehebündnis mit einer Tochter aus adligem Hause. Dagegen drohten die Distanz zum Herrscher und das konstante Fernbleiben vom königlichen Hof, der im Rahmen einer ausgeprägten Reiseherrschaft nahezu ständig im Reich umherzog, ins gesellschaftliche Abseits zu führen.
Die Änderung der Wehrverfassung	Eine besonders enge Verbindung scheint überdies auch zwischen der Wehrverfassung und dem gesellschaftlichen Aufbau bestanden zu haben. Wir dürfen davon ausgehen, dass vormals alle freien Franken durch den König mittels des Heerbannes als Fußsoldaten in einer Art Volksheer aufgeboten werden konnten. Mit dem Charakter und der Reichweite der Kriegszüge und vor allem mit der Art der Bewaffnung änderten sich im Laufe der Karolingerzeit indes die Möglichkeiten, diese ehrende Pflicht wahrzunehmen. Immer weniger freie Männer konnten sich die Ausrüstung als Panzerreiter leisten. Außerdem überforderten die sich teilweise über mehrere Monate und Hunderte von Kilometern erstreckenden Feldzüge die Masse der fränkischen Bauern: Ihre Arbeitskraft wurde just zur Zeit der Feldzüge auf dem heimischen Hof benötigt, um die Ernte einzufahren oder die Felder für die nächste Aussaat vorzubereiten. So sahen sich zahlreiche freie Bauern dazu gezwungen, sich in die Abhängigkeit eines weltlichen Großen oder eines Klosters zu begeben, um die aus dem Kriegsdienst entspringenden Lasten nicht mehr tragen zu müssen.
Königsdienst und Landleihe	Wie die Anführer von Gefolgschaftsverbänden war auch der fränkische Herrscher darauf angewiesen, die Großen, die ihm die Treue geschworen hatten und denen er seinerseits verpflichtet war, materiell auszustatten und ihnen die wirtschaftliche Basis für ehrenvolles Dienen im Rahmen von Heer- und Hoffahrt zur Verfügung zu stellen. Dies geschah im Frankenreich verstärkt in Form der Landleihe. Das Land wurde mit den darauf lebenden Menschen und den zugehörigen Herrschaftsrechten verliehen. Dabei verblieb dem Herrscher der Idee nach zumindest eine Art Obereigentum, das heißt der Anspruch auf ein übergeordnetes Verfügungsrecht an dem Verliehenen, das im Fall von grober Pflichtverletzung und Untreue auch wieder eingezogen werden konnte.
Lehen werden de facto erblich	In der zeitgenössischen Rechtswirklichkeit und vor allem in der Wahrnehmung der Beliehenen verschmolzen entsprechende Lehnsgüter indes mehr und mehr mit deren Eigengut (Allod) und wurden am Ende gewissermaßen gemeinsam mit

Das Lehnswesen: Feudale Strukturen ...

2 Fränkischer Panzerreiter, Buchmalerei, 9. Jh. Seit fränkischer Zeit setzten sich im Kampf gepanzerte Reiter anstelle von Fußkriegern durch. Die teure Ausstattung konnte nur durch die Gewinne aus einer Grundherrschaft bestritten werden. Weil die Verfügung über ein Lehen vielfach darüber entschied, ob jemand ein freier Krieger und Grundherr oder ein unfreier Bauer war, wird die mittelalterliche Gesellschaftsordnung auch Feudalismus genannt (von lat. „feudum", d. h. Lehen).

diesem vom Vater an den Sohn weitergegeben, wenn dieser in die Lehnsnachfolge seines Vaters eintrat. Obwohl dies dem Grundgedanken der freien Neuvergabe eines durch „Mannfall" (Tod des Lehnsmannes) heimgefallenen Lehens widersprach, an der vor allem der Lehnsherr großes Interesse haben musste und die de iure auch weiter Bestand hatte, setzte sich damit im zeitgenössischen Gewohnheitsrecht doch de facto die Tendenz zur Erblichkeit von Lehnsbesitz durch.

5.2 Adel und Freiheit: Schlüsselbegriffe zum Verständnis der mittelalterlichen Wirklichkeit

In den unterschiedlichsten Kulturkreisen und Epochen lässt sich die Absonderung führender Familien zu einer erblich bevorrechteten Oberschicht beobachten. Diese tendieren in der Regel dazu, sich als gesellschaftliche Gruppe nach unten abzuschließen, und entwickeln ein entsprechendes Standesbewusstsein. Die diesen Familien angehörenden Großen stehen dem eigenen Selbstverständnis nach über den normalen Freien und sind von Gott zur Herrschaft über diese eingesetzt. Dieses Standesbewusstsein schließt neben dem Wettstreit um Ehre und gesellschaftliche Anerkennung die adlige Gleichheit ein, die unter anderem darin ihren Ausdruck findet, dass die adligen Familien untereinander und selbst über sprachliche, ethnische und kulturelle Grenzen hinweg das Konnubium pflegen (= sich untereinander als heiratsfähig akzeptieren) und durch eheliche Bündnisse eng miteinander verflochten sind.

Adel

Adlige Gruppen tendieren im Laufe der Zeit einerseits dazu, sich nach unten abzuschließen. Andererseits ist bisweilen auch eine Untergliederung und Schichtung innerhalb des Adels zu beobachten, der sich in einen Hochadel und in den Niederen Adel ausdifferenziert. Gleichzeitig drängen immer wieder neue soziale

Das Lehnswesen: Feudale Strukturen ...

Gruppen von unten in den Adel hinein. Verstärkt wird diese Tendenz, wenn wirtschaftlich starke gesellschaftliche Kräfte auch Teilhabe an Macht und Herrschaft einfordern oder wenn der Herrscher Verbündete gegen einen allzu selbstherrlich auftretenden Adel sucht und diese ganz bewusst fördert. Dies ist im nordalpinen Reich seit dem Hochmittelalter am Aufstieg führender städtischer Familien und am sukzessiven Verschmelzen der Ministerialität (ursprünglich unfreie Dienstmannen) mit absteigenden Adelsfamilien zum Niederen Adel zu beobachten. Seit der hochmittelalterlichen Epoche wird das adlige Selbstbewusstsein zudem verstärkt von ritterlich-höfischen Elementen durchdrungen.

Ähnlich wie das Gottesgnadentum prägt das geburtsständische Prinzip die gesellschaftliche Wirklichkeit der gesamten vormodernen Epoche. Erst die Aufklärung und die Französische Revolution stellen die geburtsständische Bevorrechtung in Frage und versuchen, sie zu überwinden.

Freiheit

Seit Aufklärung und Französischer Revolution sind wir es gewohnt, Freiheit als einen absoluten Wert an sich zu sehen, der unangefochten, unveräußerlich und von Geburt an einem jeden Menschen eignet. Im Mittelalter verhielt sich das anders. Man konnte auf Teile seiner persönlichen Freiheit verzichten, wenn man sich etwa in den Schutz eines Großen begab. Je nach den vereinbarten Bedingungen gab es unterschiedliche Grade der Freiheit, die mit unterschiedlichen Leistungen und Pflichten korrespondierten. Es ist bezeichnend, dass zeitgenössische Quellen das Wort Freiheit oftmals im Plural (lat. libertates) verwenden und damit dann meist ganz unterschiedliche, konkrete Rechte bezeichnen. Wer das besser verstehen möchte, sollte sich klarmachen, dass es einen Unterschied macht, ob man „von etwas" frei ist (etwa von dem Einfluss eines vormaligen Herrn) oder ob man die Freiheit „zu etwas" besitzt, das heißt berechtigt ist, etwas zu tun, was andere vielleicht nicht dürfen.

Aus diesem differenzierten Wortgebrauch resultieren eine Reihe weiterführender Beobachtungen: So war es etwa durchaus möglich, dass Mitglieder ein und derselben Familie unterschiedliche Grade von Freiheit für sich beanspruchen durften. Galt dies für Eheleute, so warf das die Frage nach dem Status der Kinder auf, die einer solchen Verbindung entsprangen. Dass dies ein Problem darstellte, lässt sich daran ablesen, dass hier oftmals sehr individuelle Regelungen getroffen wurden, obgleich es in der Regel so war, dass die Kinder im Stand der Mutter folgten.

5.3 Das Lehnswesen

Das Lehnswesen: eine Synthese aus gallo-römischer Vasallität und germanischem Gefolgschaftswesen

Von seiner Entstehungsgeschichte her stellt sich das Lehnswesen als eine Synthese unterschiedlicher, einander im Detail zum Teil sogar widersprechender Rechtsinstrumente dar. In einem längeren Vorgang verschmolzen die gallo-römische Vasallität, das germanische Gefolgschaftswesen mit dem wechselseitigen Treueid und die Landleihe mit dem konkreten Lehen (beneficium) zur Zeit der Merowinger und Karolinger zu einer funktionalen Einheit. Die Herausbildung des Lehnswesens war bis zum 8. Jahrhundert abgeschlossen. Es verbreitete sich im 8. und 9. Jahrhundert und erlebte im Anschluss daran zwischen dem 10. und 13. Jahrhundert seine Blütezeit, wirkte aber weit darüber hinaus prägend auf die Struktur der mittelalterlichen Adelsgesellschaft und der Wehrverfassung.

Die Heerschildordnung

In den Rechtsbüchern der Zeit wird die mehrfach abgestufte Folge von Lehnsgebern und Lehnsnehmern als Heerschildordnung beschrieben. Deren Hierarchie beginnt mit dem König, dem der erste Heerschild zugewiesen wird, und endet beim siebten Heerschild, dessen Inhaber selbst keine Lehen mehr weiterverleihen können.

Das Lehnswesen: Feudale Strukturen …

Das Lehnswesen

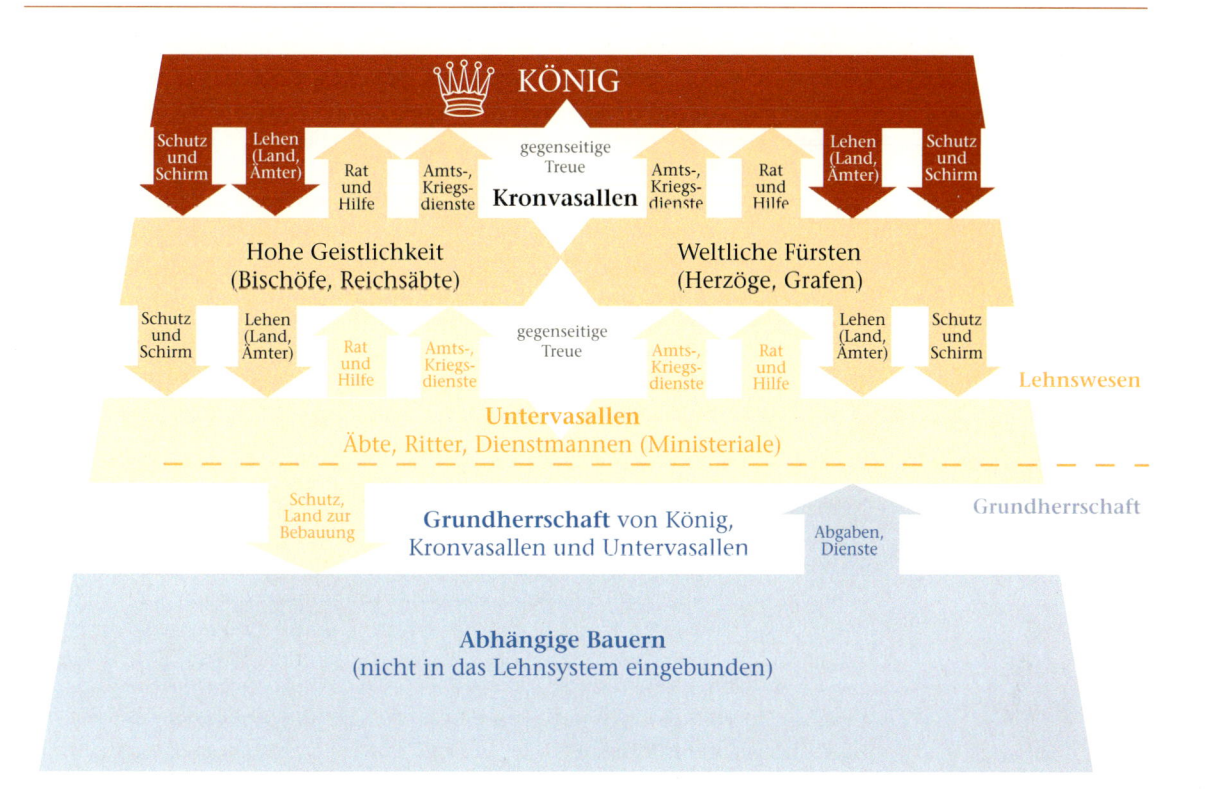

```
                          KÖNIG
        Schutz  Lehen              gegenseitige           Lehen  Schutz
        und    (Land,    Rat   Amts-   Treue   Amts-  Rat (Land, und
        Schirm Ämter)   und   Kriegs-         Kriegs- und Ämter) Schirm
                       Hilfe  dienste  Kronvasallen dienste Hilfe

              Hohe Geistlichkeit        Weltliche Fürsten
             (Bischöfe, Reichsäbte)      (Herzöge, Grafen)

     Schutz Lehen                 gegenseitige              Lehen  Schutz
     und   (Land,  Rat   Amts-,     Treue    Amts-,  Rat   (Land,  und
     Schirm Ämter) und   Kriegs-            Kriegs-  und   Ämter)  Schirm
                  Hilfe  dienste            dienste  Hilfe                 Lehnswesen

                            Untervasallen
              Äbte, Ritter, Dienstmannen (Ministeriale)

            Schutz,                                                  Grundherrschaft
            Land zur   Grundherrschaft von König,   Abgaben,
            Bebauung  Kronvasallen und Untervasallen Dienste

                         Abhängige Bauern
                 (nicht in das Lehnsystem eingebunden)
```

3 Das Lehenswesen. Die Grafik zeigt ein idealtypisches Ordnungsmodell. Die tatsächlichen Lebensbedingungen waren durch zahlreiche Überschneidungen oftmals komplizierter.

Begründet wurde das durch Eid bekräftigte Lehnsverhältnis, das den Lehnsherrn zu „Schutz und Schirm" und den Lehnsmann im Rahmen von „Heer- und Hoffahrt" zu „Rat und Hilfe" verpflichtete, durch einen öffentlich vollzogenen Belehnungsakt. Dieser umfasste neben dem wechselseitigen Treueid und dem Lehnskuss vor allen den Handgang. Dabei handelte es sich ursprünglich um ein symbolisches Unterwerfungsritual, bei dem der Lehnsmann seine Hände in die seines Herrn legte und ihm damit huldigte.

Der Belehnungsakt: Treueid, Lehnskuss und Handgang

Damit der Lehnsmann seinen Pflichten entsprechend nachkommen konnte, wurde ihm im Rahmen des Belehnungsaktes auch das eigentliche Lehen (beneficium), meist in Form eines symbolträchtigen Gegenstandes, etwa einer Erdscholle, eines Stabes oder einer Fahne, übergeben. Bei diesem „dinglichen" Element, das im Laufe der Zeit mehr und mehr in den Mittelpunkt des Lehnsverhältnisses gerückt war, konnte es sich um ein Stück Land, aber durchaus auch um eine Münzstätte, eine Zollstelle oder eine Gerichtsstätte bzw. ein entsprechendes Recht oder Amt handeln. Letzteres erklärt sich daher, dass Amt und Amtsgut den Zeitgenossen im Laufe der Zeit immer mehr als Einheit erschienen und am Ende eben nicht mehr das Amtsgut, sondern das Amt selbst verliehen wurde. Während das Nutzungsrecht an dem Übertragenen an den Lehnsmann überging, behielt sich der Lehnsherr in der Regel eine Art Obereigentum vor.

Das eigentliche Lehen als dingliches Element des Lehnsverhältnisses

Das Lehnsverhältnis war anders als ein Amtsverhältnis zeitlich nicht begrenzt. Es war eine persönliche Bindung, die erst mit dem Tod des Lehnsmannes („Mannfall") oder des Lehnsherrn („Herrenfall") erlosch, oder wenn einer der beiden sich

Erlöschen des Lehnsverhältnisses: „Mannfall", „Herrenfall" und Untreue

Untreue oder eine grobe Verletzung seiner eidlich beschworenen Pflichten hatte zu Schulden kommen lassen. Lehnsuntreue führte zu einem Prozess vor dem Lehnsgericht und zog – im Falle eines Schuldspruches – den Entzug der betreffenden Lehen nach sich. „Heimgefallene Lehen", das heißt solche Lehen, die an den Herrn zurückgefallen oder ihm wieder aufgelassen worden waren, wurden in der Regel nach einer gewissen Zeit wieder ausgegeben.

Zepterlehen für geistliche Fürsten, Fahnlehen für weltliche Große

In der Symbolsprache des mittelalterlichen Lehnsrechts erhielten Geistliche Zepterlehen, weltliche Große Fahnlehen verliehen, was wohl ursprünglich auf deren Funktion in dem vom Herrscher aufgebotenen Heer verweist. Aus einem ursprünglichen Volksheer war dieses durch die von Kron- und Untervasallen bereitgestellten Truppenkontingente zu einem Vasallenheer geworden, das die lehnsrechtlich strukturierte Gesellschaft gleichsam widerspiegelte.

Die Erosion lehnsherrlicher Macht durch Doppel- und Mehrfachvasallität

Entstand dadurch in den unterschiedlichen Bereichen formal eine auf den König ausgerichtete Struktur, so waren lehnsrechtliche Bindungen doch ihrem Charakter nach persönlicher Art und banden jeweils nur den Lehnsherrn und den Lehnsmann aneinander. Das heißt, dass die Untervasallen zwar ihrem Lehnsherrn, nicht aber dem König verpflichtet waren, was – unter wenig durchsetzungsfähigen Herrschern – zu einer Erosion der herrscherlichen Macht führen konnte. Ähnliches galt in Fällen von Doppel- und Mehrfachvasallität, in denen sich Treueverpflichtungen gegenüber mehreren Herren in Konfliktfällen gegenseitig zu neutralisieren drohten.

Stärkung der französischen Königsmacht durch „ligische Lehen"

Um entsprechenden Tendenzen entgegenzuwirken, gab es in Frankreich und in einigen westlichen Territorien des Reiches das Instrument des ligischen Lehens. Derjenige, dem man einen ligischen Eid geschworen hatte, konnte einen Vorrang bei der Einforderung von Lehnspflichten zur Geltung bringen. So waren in Frankreich vom König empfangene Lehen in der Regel ligische Lehen, was dem Lehnsrecht – anders als im nordalpinen deutschen Reich – eine stark auf die herrscherliche Machtposition zentrierende Funktion verlieh.

Die Herausbildung des „jüngeren Reichsfürstenstandes" im Reich

Im Reich unterstützte das Lehnsrecht dagegen seit dem Hochmittelalter die Herausbildung eines fest umrissenen Kreises von Reichsfürsten, des so genannten jüngeren Reichsfürstenstandes.

4 Der römische Historiker Tacitus (ca. 55–120 n. Chr.) berichtet über das Gefolgschaftswesen bei den Germanen

(13) […] Hervorragender Adel oder außergewöhnliche Verdienste der Vorfahren sichern auch schon recht jungen Leuten die Rangstellung eines Gefolgsherrn. Sie werden in den Kreis der anderen, älteren und schon kampferprobten Gefolgsherren aufgenommen. Es ist aber auch keine Schande für sie, als Gefolgsmann eines anderen zu gelten. Jeder Gefolgsherr setzt ja auch nach seinem Ermessen Rangunterschiede für seine Gefolgsleute fest; unter diesen herrscht daher ein großer Wetteifer, da jeder bei seinem Anführer der erste sein will.

Nicht minder stark wetteifern die Gefolgsherren ihrerseits untereinander; denn jeder will die meisten und feurigsten Gefolgsleute haben. Seine Würde und Macht sieht der Gefolgsherr darin, stets der Mittelpunkt einer zahlreichen und heldenhaften Gefolgschaft zu sein: Das ist im Frieden sein Stolz, im Krieg sein Schutz. Wenn ein Gefolgsherr durch die Zahl und Tapferkeit seines Gefolges auffällt, verschafft ihm das nicht nur bei seinem Volk, sondern darüber hinaus bei den Nachbarvölkern einen Namen und Ruhm. Solche Gefolgsherren werden auch von Gesandtschaften umworben und durch Geschenke geehrt; und oft genug hat schon ihr bloßer Ruhm genügt, einen Krieg zu verhüten.

(14) Kommt es zur Schlacht, so ist es für den Gefolgsherrn eine Schande, sich an Tapferkeit übertreffen zu lassen, doch ebenso für die Gefolgschaft, es dem Anführer an Tapferkeit nicht gleichzutun. Vollends aber lädt Schimpf und Schande fürs ganze Leben auf sich, wer ohne seinen Gefolgsherrn aus der Schlacht zurückkommt. Ihn zu schützen, ihn zu schirmen, selbst die eigenen Heldentaten seinem Ruhm zuzurechnen: Darin gipfelt der Treueid der Mannen. Die Gefolgsherren kämpfen um den Sieg, die Mannen für ihren Herrn. Droht einem Stamm in langer Friedensruhe Verweichlichung, so suchen viele dieser jungen Edelinge auf eigene Faust solche Stämme auf, die gerade in irgendeinen Krieg verwickelt sind. Denn ein tatenloses Leben ist den Germanen nun einmal verhasst. Auch kommt man in Kampf und Gefahr leichter zu Ruhm. Zudem lässt sich eine zahlreiche Gefolgschaft auf Dauer auch nur durch Krieg und Raubzüge zusammenhalten. Denn neben der gewöhnlichen Verpflegung und den zwar einfachen, aber sehr reichlichen Gastmählern, die an die Stelle einer Soldzahlung treten, erwarten die Gefolgsleute von der Freigebigkeit ihres Gefolgsherrn jenes Streitross und jene Frame [ein lange Lanze mit kurzer Eisenspitze], mit der sie den blutigen Sieg zu erkämpfen gedenken. Die Mittel für solche Freigebigkeit werden durch Kriegs- oder Raubzüge aufgebracht.

Zit. nach: Publius Cornelius Tacitus: Germania. Kapitel 13–14. Übers. Verfasser.

5 Auszug aus einem karolingischen Kapitular über die Aufstellung des Heeres (808)

Kurze Anweisung, welche die Königsboten *(missi dominici)* besitzen müssen, um das Heer aufstellen zu können.

1. Jeder freie Mann, der vier Hufen bestelltes Land zu Eigen oder von irgendjemandem zu Lehen hat, muss sich bereithalten und in eigener Person ins Feld ziehen, und zwar entweder mit seinem Herrn, wenn dieser nämlich mit auszieht, oder mit seinem Grafen. Wer drei Hufen als Eigen besitzt, werde mit einem anderen verbunden, der nur eine Hufe hat und ihm Unterstützung geben soll, damit dieser für beide marschieren kann. Wer aber nur zwei Hufen als Eigen hat, werde mit einem anderen zusammengetan, der ebenfalls zwei Hufen hat, und einer von ihnen rücke mit Unterstützung des anderen aus. Wer aber eine einzige Hufe besitzt, mit dem sollen drei andere zusammengetan werden, die auch nur eine haben, und einer soll ausrücken, die anderen aber ihn unterstützen. Die drei aber, die diese Unterstützung leisten, sollen zu Hause bleiben.

2. Wir wollen und befehlen, dass Unsere Boten sorgfältig untersuchen, wer sich im vergangenen Jahr der Dienstpflicht entzogen hat über die Anordnung hinaus, die Wir oben für Freie und Arme anzuwenden befohlen haben; und wer dabei betroffen wird, dass er seinen Mann beim Ausmarsch nicht Unserem Befehl entsprechend unterstützt hat, der soll Strafe für Unseren Heerbann zahlen, und er soll die volle Buße nach dem Gesetz erlegen. […]

4. Über die reisigen Knechte des Grafen: Diese sollen [von den oben ausgeführten Bestimmungen] ausgenommen werden und kein Bußgeld zahlen, und zwar zwei, die mit der Ehefrau des Grafen zurückgelassen werden, und zwei andere, die man zurückgelassen hat, um die Geschäfte des Grafen wahrzunehmen und Unseren Dienst zu versehen. In diesem Zusammenhang ordnen Wir an, dass jeder Graf ohne Rücksicht auf die Zahl seiner Geschäfte im ganzen nur zwei Mann zurücklassen darf zu ihrer Wahrnehmung außer den beiden, die bei seiner Frau bleiben. Alle anderen soll er vollzählig mit sich führen oder, wenn er selbst zu Hause bleibt, mit dem Manne hinausschicken, der an seiner Stelle ins Feld zieht. Ein Bischof oder ein Abt kann insgesamt zwei seiner Knechte und Laien zu Hause zurücklassen. […]

6. Wir wünschen, dass Unsere Boten sorgfältig untersuchen, wo das, was vor Unsere Ohren gelangt ist, geschehen ist: dass nämlich Leute auf Geheiß des Grafen oder seiner Dienstleute einen Betrag gezahlt haben, um sich loszukaufen, obwohl sie bereits aus ihren Mitteln ihren Wehrpflichtgenossen, die ins Feld ziehen mussten, Unserer Verordnung entsprechend Beistand geleistet hatten. Darauf hin durften sie zu Hause bleiben, weil sie ja nicht ins Feld ziehen mussten, da sie schon ihren Beitrag geleistet hatten, indem sie ihren Wehrpflichtgenossen unterstützten: Das muss untersucht werden, und es ist Uns Bericht zu erstatten.

Das Lehnswesen: Feudale Strukturen …

7. Unsere Boten, die in dieser Gesandtschaft tätig sind, sollen eine Aufstellung von Leuten anfertigen, die dienstpflichtig waren und die nicht ausgerückt sind. Ebenso sollen sie eine Liste aufstellen auch von den Grafen oder Stellvertretern oder Centenaren [nachgeordnete Beauftragte eines Grafen], die einverstanden waren, dass diese Dienstpflichtigen zu Hause bleiben, außerdem von allen, die den in vergangenen Jahren von Uns erlassenen Marschbefehl unwirksam gemacht haben.

8. Wir ordnen an, dass vier Exemplare dieses Kapitulars geschrieben werden; eines sollen Unsere Boten erhalten, das zweite der Graf, in dessen Amtsbereich solches geschehen ist, damit weder der Bote noch der Graf anders handele, als es von Uns in den vorstehenden Kapiteln verordnet ist. Das dritte sollen diejenigen Unserer Boten erhalten, die über Unser Heer eingesetzt werden sollen. Das vierte behalte Unser Kanzler.

9. Wir wollen, dass die Leute Unserer Vasallen, denen Wir zu Unserem Dienst zu Hause zu bleiben befohlen haben, nicht zum Heerdienst aufgerufen werden, sondern zum Dienste ihrer Herren zu Hause bleiben. Es sollen diejenigen keine Heerbannstrafe zahlen, die im vergangenen Jahre bei Uns geblieben sind.

Zit. nach: Geschichte in Quellen, Bd. 2. S. 75 f. (mit leichten Änderungen).

6 Bericht Karls des Großen auf einem Hoftag über den Widerstand der Bauern gegen die Heeresfolge (811)

1. Vor allem wehren sie sich und erklären, die Bischöfe, Äbte und deren Vögte hätten keine Herrschaftsgewalt über ihre Geistlichen und übrigen Leute; ähnlich hätten auch die Grafen über ihre Gaugenossen [Einwohner eines gräflichen Zuständigkeitsgebietes] keine Herrschaftsgewalt.

2. Die Armen [Bauern] klagen, sie würden aus ihrem Eigentum vertrieben; und diese Klage erheben sie gleichermaßen gegen die Bischöfe, Äbte und deren Vögte wie gegen die Grafen und deren Centenare [nachgeordnete Beauftragte der Grafen].

3. Sie sagen auch: Wenn jemand sein Eigen dem Bischof, Abt, Grafen, Richter oder auch dem Amtmann oder Centenar nicht geben will, suchen sie Gelegenheit, diesen Armen zu verurteilen und ihn immer wieder gegen den Feind ziehen zu lassen, bis er, verarmt, sein Eigentum wohl oder übel übergibt oder verkauft; andere aber, die es schon übergeben haben, bleiben ohne Belästigung durch irgendjemanden zu Hause.

4. Die Bischöfe und Äbte oder Grafen, ähnlich auch die Äbtissinnen, lassen ihre freien Männer zu Hause im Ministerialenstand zurück: Sie sind Falkner, Jäger, Zolleinnehmer, Vorsteher, Aufseher und andere, die die Sendboten und deren Gefolge aufnehmen.

5. Es sagen auch andere, dass sie jene Ärmeren zwingen und gegen den Feind ziehen lassen und die Besitzenden zum Eigengut entlassen.

6. Es sagen die Grafen selbst, dass einige ihrer Gaugenossen ihnen nicht gehorchen und dem Heerbann des Herrn Kaisers nicht folgen wollen mit der Erklärung, sie seien den Sendboten des Herrn Kaisers für den Heerbann Rechenschaft schuldig, aber nicht den Grafen; auch wenn der Graf jenem sein Haus unter Bann legte, empfange er von daher keinen Gehorsam, wenn er nicht in dessen Haus eindringe und tue, was ihm gut dünkt.

7. Einige aber sagen, sie seien Männer Pippins und Chlodwigs, und melden sich dann, sie gingen zum Dienst ihrer Herren, wenn die anderen Bauern zum Heer einrücken müssen.

8. Wieder andere bleiben zurück und sagen, ihre Lehnsherren blieben zu Hause und sie müssten mit ihren Lehnsherren ausrücken, was auch immer der Befehl des Herrn Kaisers sei. Einige aber begeben sich deshalb unter den Schutz von Lehnsherren, die, wie sie wissen, nicht gegen den Feind ziehen werden.

9. Überhaupt gehorchen die Gaugenossen selbst weniger dem Grafen und den außerordentlichen Sendboten, als es früher geschah.

Zit. nach: Quellen zur Geschichte des deutschen Bauernstandes im Mittelalter, hrsg. von G. Franz. Darmstadt 1967. S. 73 f.

7 Interpretation eines modernen Historikers zu den sozialen und verfassungsrechtlichen Folgen der Neuordnung des karolingischen Militärwesens

Vor allem wurde die Entwicklung der Adelsherrschaft unterstützt durch jene bedeutsame Innovation im Kriegswesen in karolingischer Zeit, die im Übergang vom Volksaufgebot zu einer gepanzerten, mit Lanzen kämpfenden Reiterei bestand. Diese militärische Reform – ermöglicht durch die Einführung des Steigbügels und die Benutzung schwerer, ebenfalls durch einen Panzer geschützter Pferde – erhöhte die Mobilität und Schlagkraft der Truppe gegen Normannen, Sarazenen und Ungarn erheblich, erforderte aber gleichzeitig einen speziell geübten Reiter, der über genügend materielle Ressourcen verfügte, um die kostspielige Rüstung, um Pferde, Panzer und Reitknechte zu stellen. Zu diesem Zweck wurden Krieger in vermehrtem Maße mit Ländereien zu Lehen ausgestattet – nach Erschöpfung des Fiskus vor allem aus dem Vermögen der in früheren Zeiten reich beschenkten Kirche. […] Die Kirche erhielt dagegen eine allgemeine Abgabe, den Zehnten, zur Entschädigung. Die so etablierten fränkischen Reiterkrieger bildeten bald eine neue, rittermäßig lebende Adelsschicht, einen kriegerischen Berufsadel, den die das Land bewirtschaftenden Bauern zu alimentieren [ernähren] hatten.

Parallel dazu, die Entwicklung verstärkend, lief ein allgemeiner Verfall der älteren Schicht bäuerlicher Freier, die sich angesichts der Großräumigkeit des Reiches mit seinen Erfordernissen eines mobilen Berufsheeres und angesichts der in jener Zeit ebenfalls eintretenden Intensivierung der Landwirtschaft (Übergang zur Dreifelderwirtschaft) immer weniger in der Lage sahen, die zeitraubenden Pflichten und Rechte eines freien Mannes wahrzunehmen. [...] Überkommene Vorzugsstellung und Großgrundbesitz, Bewährung auf den Eroberungszügen, im Königsdienst und in der Reichsverwaltung, Neuerungen im Kriegswesen und eine allgemeine, der Freiheit des kleinen Mannes wenig günstige soziale Problemlage – das alles macht das Syndrom aus, das zum typisch fränkischen Feudalismus führte, zur Adelsherrschaft in Gestalt der Grundherrschaft und des Lehnswesens, die uns beide seit dem 9. Jahrhundert deutlich entgegentreten.

Zit. nach: H. Boldt: Deutsche Verfassungsgeschichte, 2. Aufl., Bd. 1. München 1990, S. 102 f.

8 Aus der hochmittelalterlichen Urkundenüberlieferung des Klosters St. Emmeram bei Regensburg

a) [zwischen 1044 und 1048:] Wir machen allen Gläubigen den Vertrag bekannt, den eine freie Frau namens Gisela und ihre Tochter Villa schlossen, die sich selbst dem Altar des heiligen Emmeram übergaben, und der Abt Perngerus und Immo, der Vogt dieses Ortes, aufnahmen und der diese gegen alles Unrecht ihrer Feinde zu verteidigen und vor ihnen zu stehen versprachen. Sie haben sich aber dorthin unter der Bedingung übergeben, dass in jedem Jahr sie selbst wie ihre Nachfolger sechs Pfennige zahlen. Und wenn ein Abt oder ein anderer Mächtiger ihnen diesen Vertrag brechen wollen, soll es ihren Nachfolgern wie ihnen selbst erlaubt sein, in die frühere Freiheit zurückzukehren.

b) [zwischen 1060 und 1068:] Ich, Perchtram, der ich ein Leibeigener des heiligen Emmeram bin, habe als Gattin eine Freie namens Gotta empfangen und habe mit ihr eine Tochter namens Hizila gezeugt. Und Abt Eberhard hat auf meine mit Zustimmung der genannten Frau erfolgte Forderung zur Sicherheit diese Urkunde schreiben lassen, damit die Nachkommen wissen, dass diese Frau und alle ihre Nachkommenschaft jährlich an den Altar des vorgenannten Märtyrers fünf Pfennige zahlen müssen.

Zit. nach: H. Boockmann: Das Mittelalter. München 1997, S. 58 f.

9 Drei zeitgenössische Stimmen zur Ständelehre

a) Bischof Burchard von Worms (um 1010):
Wegen der Sünde des ersten Menschen ist dem Menschengeschlecht als Strafe die Knechtschaft auferlegt worden. Gott hat jenen, für die die Freiheit nicht passt, in großer Barmherzigkeit die Knechtschaft auferlegt. [...] Die einen hat er zu Knechten, die anderen zu Herren eingesetzt. Die Macht der Herren soll verhindern, dass die Knechte Frevel begehen.

b) Bischof Adalbero von Laon (1016):
Das Haus Gottes ist dreigeteilt: die einen beten, die anderen kämpfen, die dritten endlich arbeiten. Diese drei miteinander lebenden Schichten [...] können nicht getrennt werden. Die Dienste des einen sind die Bedingung für die Werke der beiden anderen. Jeder trachtet danach, das Ganze zu unterstützen.

c) Hildegard von Bingen (12. Jahrhundert):
Gott achtet bei jedem Menschen darauf, dass sich nicht der niedere Stand über den höheren erhebe, wie es einst Satan und der erste Mensch getan. [...] Wer steckt all sein Viehzeug zusammen in einen Stall: Rinder, Esel, Schafe, Böcke? Da käme alles übel durcheinander! So ist auch darauf zu achten, dass nicht alles Volk in eine Herde zusammengeworfen werde. [...] Es würde sonst eine böse Sittenverwilderung einreißen [...], wenn der höhere Stand zum niedrigen herabgewürdigt und dieser zum höheren aufsteigen würde. Gott teilt sein Volk auf Erden in verschiedene Stände, wie die Engel im Himmel in verschiedene Gruppen geordnet sind, in die einfachen Engel und in die Erzengel [...].

Zit. nach: H. D. Schmid: Fragen an die Geschichte, Bd. 2. S. 11.

10 Erörterungen über die Ständelehre in Eike von Repgows Sachsenspiegel (um 1225)

1. Gott hat den Menschen nach seinem Ebenbild geschaffen und hat ihn durch sein Martyrium erlöst, den einen wie den anderen. Ihm steht der Arme so nahe wie der Reiche.

2. Nun wundert euch nicht darüber, dass dieses Buch so wenig vom Recht der Dienstleute enthält. Aber dies ist so mannigfaltig, dass niemand damit zu Ende kommen kann. Unter jedem Bischof und Abt und unter jeder Äbtissin haben die Dienstleute besonderes Recht. Deshalb kann ich es auch nicht darstellen.

3. Als man zum ersten Mal Recht setzte, da gab es keinen Dienstmann und da waren die Leute frei, als unsere Vorfahren hierher in das Land kamen. Mit meinem Verstand kann ich es auch nicht für Wahrheit halten, dass jemand des anderen Eigentum sein sollte. Auch haben wir keine Beweise hierfür. Doch behaupten manche Leute, die an der Wahrheit vorbeigehen, dass die Unfreiheit mit Kain begann, der seinen Bruder erschlug. Kains Geschlecht wurde vertilgt, als die Welt durch Wasser unterging, so dass nichts davon übrig blieb. – Es behaupten auch einige Leute, dass die Unfreiheit von Ham, dem Sohn Noahs, käme. Noah segnete zwar nur zwei seiner Söhne, doch erwähnt er vom dritten keine Leibeigenschaft. Ham besetzte mit seinem Geschlecht Afrika. Sem blieb in Asien. Japhet, unser Vorfahre, besetzte Europa. Es gehörte also keiner von ihnen dem anderen. – Dann behaupten einige Leute, die Unfreiheit käme von Ismael. Die Heilige Schrift bezeichnet Ismael als Sohn der Magd. Sonst lässt sie nichts über ihn in Bezug auf Unfreiheit verlauten. – So behaupten einige Leute, sie komme von Esau. Jacob wurde zwar von seinem Vater gesegnet und dabei geheißen,

Das Lehnswesen: Feudale Strukturen …

Herr über seine Brüder zu sein. Doch weder verfluchte er Esau, noch erwähnte er irgendetwas von seiner Unfreiheit. – Wir haben auch in unserem Recht den Satz, dass sich niemand in die Leibeigenschaft begeben kann, wenn dem sein Erbe widerspricht. Wie konnte da Noah oder Isaak einen anderen in die Leibeigenschaft geben, wenn sich selbst niemand zu Eigen gegen kann, wenn sich sein Erbe dem widersetzt?

4. Auch haben wir noch mehr Beweise. Gott ruhte am siebten Tage. Er gebot auch die siebte Woche zu halten, als er den Juden das Gesetz gab und uns den Heiligen Geist. Den siebten Monat gebot er uns auch zu halten und das siebte Jahr, das das Jahr der Freilassung heißt. Da sollte man alle, die da gefangen und in die Unfreiheit geraten waren, mit dem Stande ledig und frei lassen, den sie besaßen, als man sie fing – wenn sie ledig und frei sein wollten. Nach sieben mal sieben Jahren kam das fünfzigste Jahr, das nennt man das Jahr der Freuden. Da musste jedermann ledig und frei sein. Er wollte es oder er wollte es nicht.

5. Auch gab uns Gott noch einen Beweis mehr mit einem Pfennig, mit dem man ihn versuchte, wozu er sag-

11 **Das Lehnswesen nach den Abbildungen aus der im 14. Jahrhundert entstandenen Heidelberger Handschrift des Sachsenspiegels**

In den Abbildungen sind abstrakte Rechtsbegriffe für die damaligen Zeitgenossen in anschaulichen Verbildlichungen zum Ausdruck gebracht. Wer die Abbildungen richtig „lesen" möchte, sollte Folgendes beachten: Durch die Übergabe von konkreten Gegenständen wird die an sich abstrakte Übertragung eines Lehens symbolisiert. Ähre und Zweig stehen in diesem Sinne für Land, die Übergabe von Fahne und Zepter symbolisiert die Übertragung von Herrschaftsgewalt an weltliche bzw. geistliche Große. Die zeichnerisch hervorgehobenen Hände und Kopfbedeckungen dienen zur Verdeutlichung der Aussage und unterstreichen den Stand und den Status einer Figur.

a) Abt und Äbtissin verteilen Güter als Lehen.
b) Abt und Äbtissin huldigen dem König.
c) Eine Burg wird als Lehen vergeben.
d) Eine Kirche wird als Lehen vergeben.
e) Ein Vasall legt vor seinem Herrn den Lehenseid ab. Er schwört über einem Reliquienkästchen (vgl. Grundbegriff „Reliquien").
f) Ein Vasall gibt seinem Lehensherrn Ratschläge.
g) Ein Ritter als Lehensmann eines Adligen.
h) Ein adliger Herr als Vasall des Königs; die Geste des Adligen wie auch die des Ritters drücken aus, dass sie Waffenhilfe leisten werden.

te: „Lasst den Kaiser über sein Bild Gewalt haben, und Gottes Bild gebt Gott." Daran wird uns aus Gottes Wort offenbar, dass der Mensch, Gottes Ebenbild, Gott gehören soll, und dass der, welcher ihn jemand anderem zuspricht als Gott, gegen Gott handelt.

6. Nach rechter Wahrheit hat Unfreiheit ihren Ursprung in Zwang und Gefangenschaft und unrechter Gewalt, die man seit alters zu unrechter Gewohnheit hat werden lassen und die man nun als Recht haben möchte.

Zit. nach: Deutsche Geschichte in Quellen und Darstellung, Bd. 1. (1995), S. 447ff.

12 Standesgrenzen – Standesdünkel – Standesbewusstsein

Das satirische Versepos vom „Meier Helmbrecht" aus der zweiten Hälfte des 13. Jahrhunderts beschreibt Abstieg und Untergang des Bauernsohnes Helmbrecht. Dieser war der Landarbeit überdrüssig geworden und wollte stattdessen ein rittermäßiges Leben bei Hofe führen. Dort trank man Wein statt Wasser, man aß Fleisch statt Brei, feines Weizenbrot statt grobem aus Hafer. Helmbrecht trug sein Haar nach adliger Sitte schulterlang und kleidete sich wie ein Adliger. Auf der Haube, die sein Haar zusammenhielt, waren Motive von der Eroberung Trojas durch die Griechen und von den Kämpfen Karls des Großen gegen die Sarazenen abgebildet. Überdies trug er ein Gewand mit silbernen Knöpfen, er führte ein Schwert und kaufte sich – für den Gegenwert von vier Kühen und vier Scheffeln Korn – ein Pferd.

Im Bewusstsein, seinem Leben eine ehrenvolle Wende zu geben, schickte sich Helmbrecht an, den elterlichen Hof zu verlassen. Sein Vater aber versuchte, ihn von seinem Vorhaben abzubringen.

Helmbrecht antwortete: „Liebster Vater, sei still und sag nichts mehr! Es kann nun nicht anders sein, als dass ich mir unbedingt einmal die Luft bei Hofe kräftig um die Nase wehen lassen muss. Deine Säcke jedenfalls sollen mir niemals mehr auf dem Buckel reiten. Auch werde ich niemals mehr auf deinen Wagen für dich Mist laden. Ja, Gott soll mich strafen, wenn ich dir jemals wieder die Ochsen ins Joch spannen und für dich Hafer aussäen würde. Das gehörte sich wirklich nicht bei meinen langen blonden Haaren und meinen gekräuselten Locken und meinem prächtigen Rock und meiner kostbar-kunstvollen Kappe und den seidenen Tauben, die Edelfrauen darauf gestickt haben. Nein, ich helfe dir niemals wieder ackern." Der Vater bat: „Bleib doch bei mir! Ich weiß genau: Der Pächter Ruprecht will dir seine Tochter zur Frau geben, dazu viele Schafe, Schweine und zehn Rinder, Kühe und Kälber. Am Hofe dagegen wirst du hungern und dich auf hartem Lager betten und auf alle Bequemlichkeit verzichten müssen. Folge doch meinem Rat: Davon wirst du Nutzen haben und Ansehen gewinnen; denn niemals hat der Glück, der sich gegen seinen Stand auflehnt. Du bist nun einmal für den Pflug bestimmt. Hofleute findest du in Hülle und Fülle. Wohin du auch gehst, du wirst deine Schande nur noch vergrößern. Junge, das schwöre ich dir bei Gott: Zum Gespött der richtigen Hofleute wirst du werden, liebster Sohn. Du musst auf mich hören: Lass doch von deinem Vorsatz ab!"

Helmbrecht schlug indes alle Warnungen seines Vaters in den Wind und verließ den Bauernhof, auf dem er ein ehrenvolles Auskommen gehabt hätte. Im Folgenden wurde er indes nicht zu einem edlen Ritter, sondern plünderte an der Spitze eines Haufens von Raubrittern wehrlose Bauern aus. Als man seiner schließlich habhaft wurde, entging er nur um Haaresbreite der Hinrichtung, weil man ihn als zehnten Verurteilten nicht aufknüpfte, sondern blendete und verstümmelte. In dieser Situation fand er vor seinem Vater keine Gnade mehr, sondern wurde von den betroffenen Bauern selbst aufgehängt.

Zit. nach: Wernher der Gärtner: Helmbrecht, hrsg., übers. und erläutert von Tschirch. Stuttgart 1974, Verse 259–298.

13 Aus der Erklärung der Menschen- und Bürgerrechte der Französischen Revolution (26. August 1789)

Art. 1 Die Menschen sind und bleiben von Geburt frei und gleich an Rechten. Soziale Unterschiede dürfen nur im gemeinen Nutzen begründet sein.

Art. 2 Das Ziel jeder politischen Vereinigung ist die Erhaltung der natürlichen und unveräußerlichen Menschenrechte. Diese Rechte sind Freiheit, Eigentum, Sicherheit und Widerstand gegen Unterdrückung. [...]

Art. 4 Die Freiheit besteht darin, alles tun zu können, was einem anderen nicht schadet. So hat die Ausübung der natürlichen Rechte eines jeden Menschen nur die Grenzen, die den anderen Gliedern der Gesellschaft den Genuss der gleichen Rechte sichern. Diese Grenzen können allein durch das Gesetz festgelegt werden. [...]

Zit. nach: Staatsverfassungen. Eine Sammlung wichtiger Verfassungen der Vergangenheit und Gegenwart in Urtext und Übersetzung, hrsg. v. G. Franz. München 1964, S. 303ff.

14 Über eine Lehnsvergabe zwischen einem Grafen und seinem Vasallen im Jahre 1127

Zuerst leisteten sie ihm auf folgende Weise Mannschaft: Der Graf fragte den zukünftigen Vasallen, ob er ohne Vorbehalt sein Mann werden wolle, und dieser antwortete: „Ich will es." Alsdann umschloss der Graf die zusammengelegten Hände des anderen mit seinen Händen, und sie besiegelten den Bund durch einen Kuss. Zweitens gab derjenige, der Mannschaft geleistet hatte, dem „Vorsprecher" des Grafen mit folgenden Worten sein Treueversprechen: „Ich verspreche bei meiner Treue, von nun an dem Grafen Wilhelm treu zu sein und ihm gegen alle

Das Lehnswesen: Feudale Strukturen ...

anderen meine Mannschaft unwandelbar zu erhalten, aufrichtig und ohne Trug." Drittens bekräftigte er sein
15 Versprechen durch einen Eid, den er auf die Reliquien der Heiligen leistete.

Zit. nach: F. L. Ganshof: Was ist das Lehnswesen? Darmstadt 1961, S. 72f.
Übers. Ruth und Dieter Groh.

Arbeitsvorschläge

a) Vergleichen Sie, was einen Lehnsmann von einem Amtmann (Beamten) unterscheidet.
b) Beschreiben Sie das Verhältnis zwischen einem Gefolgschaftsherrn und seinen Gefolgsleuten, wie es uns in der Beschreibung des römischen Historikers Tacitus (M 4) entgegentritt.
c) Erörtern Sie auf der Basis von M 5 – M 7, welche Vorteile und welche Nachteile es für einen Zeitgenossen des Frühmittelalters mit sich bringen konnte, sich in die schützende Abhängigkeit von einem Mächtigeren zu begeben und dabei seine persönlich Freiheit zu mindern.
d) Rekonstruieren Sie auf der Basis von M 5 – M 7 eine fiktive Diskussion zwischen fränkischen Großen, die auf einer Stammesversammlung über das Für und Wider eines möglichen Plünderungs- bzw. Eroberungszuges beraten.
e) Arbeiten Sie aus M 5 und M 6 heraus, welche Möglichkeiten es gab, den Kriegsdienst im Falle eines Heereszuges zu umgehen.
f) Diskutieren Sie auf der Grundlage des Textes von Hans Boldt (M 7) die folgende These: „Die Erfindung des Steigbügels [eine Voraussetzung für die Aufstellung eines gepanzerten Reiterheeres] hat tiefgreifende soziale und rechtliche Veränderungen nach sich gezogen."
g) Rekonstruieren Sie eine Diskussion zwischen einem Lehnsherrn und dem Sohn eines seiner verstorbenen Lehnsleute, in der es um die Einsetzung in das Lehen des Verstorbenen geht.
h) Wipo, der Biograph Konrads II., bemerkt im Vorwort seiner in der ersten Hälfte des 11. Jahrhunderts entstandenen Lebensbeschreibung des Herrschers: „Oft adelt Tüchtigkeit den gemeinen Mann, aber ebenso macht immer wieder Adel ohne Tüchtigkeit Edle gemein." Wie passt diese Aussage in ihr zeitliches Umfeld? – Interpretieren Sie.
i) Stellen Sie aus dem Helmbrecht-Text (M 12) zusammen, was im Hochmittelalter adlige Lebensart ausmachte. Welche Vorzüge hätten sich Helmbrecht beim Verbleib in „seiner Welt" geboten?
j) Arbeiten Sie aus M 9 den Zusammenhang zwischen wirtschaftlichen, rechtlichen und sozialen Faktoren in der Lebenswirklichkeit der Zeitgenossen heraus.
k) Geben Sie den Gang der Argumentation bei Eike von Repgow (M 10) wieder. Entwerfen Sie einen Dialog, in dem sich ein Aufklärer und einen fest in der Ordnung des ancien régime verwurzelter Geistlicher über die Texte in M 9, M 10 und M 12 austauschen. Beziehen Sie dabei auch M 13 ein.
l) Durch welche Attribute sind die einzelnen Stände auf dem spätmittelalterlichen Holzschnitt (M 1) gekennzeichnet? Ist unter ihnen eine Hierarchie erkennbar? – Interpretieren Sie.
m) Beschreiben Sie anhand der Grafik M 3 die Funktion des Lehnswesens.
n) Beschreiben Sie anhand der Abbildungen aus dem Sachsenspiegel (M 11) und anhand des Berichts über die Belehnung (M 14) die konkreten Schritte des Belehnungsaktes und arbeiten Sie ihre jeweilige Funktion heraus.

6 Christianisierung und Kirche in der mittelalterlichen Gesellschaft

Als monotheistische Buchreligion beruht das Christentum dem Verständnis der Gläubigen nach auf dem offenbarten Wort Gottes. Es blickt in seinen unterschiedlichen Organisationsformen auf eine Jahrtausende alte Tradition zurück. Diese ist in ihren Ursprüngen eng mit dem vorderorientalischen Umfeld verbunden, aus dem auch Judentum und Islam erwachsen sind. Unabhängig davon hat das Christentum die Geschichte Europas in den unterschiedlichsten Bereichen grundlegend geprägt. Dabei erfolgte die sukzessive Christianisierung des Kontinents seit der Spätantike in mehreren Phasen zugleich von Westen und von Osten und ließ eine römisch-katholische und eine orthodoxe Sphäre entstehen. Diese Zweiteilung wurde durch das Schisma von 1054 und durch die osmanische Expansion im Spätmittelalter noch vertieft. Sie hat ihre Spuren in religiösen und kulturellen Praktiken, im Denken und Fühlen der Menschen und in den gesellschaftlichen Verhältnissen der betreffenden europäischen Regionen hinterlassen und wirkt bis heute nach.

Die christlichen Wurzeln Europas: Trennendes und Verbindendes

Wie bei anderen historischen Gegenständen kommt es nicht zuletzt auch bei diesem entscheidend auf den Blickwinkel an, aus dem heraus man sich ihm nähert. So ergibt sich aus der Perspektive der römischen Kurie sicher ein grundlegend anderes Bild von Kirche als aus den Augen eines Pfarrgeistlichen in der norddeutschen Tiefebene oder eines Muselmanen von der Iberischen Halbinsel, der von seinen christlichen Gegnern zum Glaubenswechsel gezwungen wurde. Auch wird ein heidnischer Skandinavier die Dinge anders gesehen haben als ein westfränkischer Ordensgeistlicher, der im 9. Jahrhundert in ständiger Angst vor den Wikingern lebte und deren Plünderungen als eine strafende Geißel Gottes empfand.

Die Wahrnehmung von Kirche und Christentum – eine Frage der Perspektive

6.1 Christianisierung und Kirche im Frühmittelalter

Noch in provinzialrömischer Zeit hatte das Christentum in Gallien, in Britannien und im linksrheinischen Germanien Fuß gefasst. So gab es auch in den städtischen Zentren an Rhein, Mosel und Donau christliche Gemeinden. In Anlehnung an römische Verwaltungsstrukturen waren zahlreiche römische Civitates zu Bischofssitzen erhoben und auf der Ebene der gallischen Kirchenprovinz in übergeordnete kirchliche Strukturen eingebunden geworden. Eine hierarchische Unterordnung unter das römische Papsttum war dieser frühen gallischen Kirche, die selbstbewusst eigene Synoden abhielt, gleichwohl noch fremd. Das mag nicht zuletzt daran gelegen haben, dass den geistlichen Hirten der Bistumsgemeinden oftmals die Aufgabe zufiel, die öffentliche Ordnung aufrechtzuerhalten, militärischen Schutz zu organisieren und soziale und wirtschaftliche Not zu lindern, als an der Wende von der Antike zum Mittelalter die provinzialrömische Verwaltung vielerorts zusammenbrach. All dies geschah in einem Umfeld, in dem seit dem 4. Jahrhundert frühe Klöster entstanden waren, das aber durchaus auch noch asketisch lebende Wandermönche und Einsiedler kannte.

Das Christentum in provinzialrömischer Zeit: Bischofssitze, frühe Klöster und Wandermönche

Mit diesen Verhältnissen sahen sich auch die Germanenstämme konfrontiert, die im 5. Jahrhundert als Eroberer an die Stelle der römischen Herren traten. Während nun die meisten anderen dieser Stämme im Laufe der Zeit das Christentum arianischer Prägung übernahmen, traten die Franken unter ihrem König Chlodwig gegen Ende des 5. Jahrhunderts zum christlichen Glauben römisch-katholischer

Der Übertritt der Franken zum römisch-katholischen Christentum

Prägung über. Die Verbindung der römischen Kirche mit dem fränkischen Königtum, die in den folgenden Jahrhunderten verschiedentlich weiter vertieft werden sollte, erwies sich für beide beteiligte Parteien als äußerst segensreich: So trug die weltliche Macht nicht unwesentlich zur Verbreitung des christlichen Glaubens in den fränkischen Eroberungsgebieten bei und leitete aus diesem ihrerseits eine religiös überhöhte Legitimation ab.

Das benediktinische Mönchtum: ora et labora!

Von ähnlicher historischer Bedeutung wie die römisch-katholische Taufe des Frankenkönigs war die Gründung des Klosters Monte Cassino in Mittelitalien durch Benedikt von Nursia (529). Benedikts Mönchsregel, in der neben Keuschheit und Armut die Ortsgebundenheit (lat. stabilitas loci), Gotteslob, Gebet und Schriftlektüre sowie der Gehorsam gegenüber dem Abt betont wurden und die heutzutage gerne in die einfache Formel ora et labora! („Bete und arbeite!") gefasst wird, sollte dem abendländischen Mönchtum den Weg weisen. Nachdem im Frankenreich bis zur Zeit Karls des Großen insgesamt mehr als 1000 Klöster gegründet worden waren, hat Benedikt von Aniane (gest. 821) die auf seinen Namensvetter zurückverweisende Regel zu Beginn des 9. Jahrhunderts im Rahmen einer Klosterreform für die Klöster im karolingischen Herrschaftsbereich verbindlich festgeschrieben und damit seinerseits zur weiteren Verbreitung des benediktinischen Mönchtums im christlichen Abendland beigetragen.

Alltag im Kloster

Über den Alltag in einem entsprechenden Kloster wissen wir relativ gut Bescheid. Neben der Mönchsregel, die vorschrieb, wie man sich zu verhalten hatte und wann man zu essen, zu beten, zu arbeiten und zu ruhen hatte, besitzen wir Güter-, Einkünfte- und Ausgabenverzeichnisse, die uns Einblick in die Klosterwirtschaft gewähren. Darüber hinaus berichten die Verfasser von Klosterchroniken – bisweilen ehrfurchtsvoll, bisweilen aber durchaus auch mit einem gewissen Augenzwinkern – über das Leben der Mönche und der ganzen Klostergemeinschaft.

Das iro-schottische Mönchtum und die Mission der Angelsachsen

Bereits vor der Gründung von Monte Cassino hatte seit den 430er Jahren in Irland der später zum Nationalheiligen erhobene Patrick ein eigenes Mönchtum begründet. Die Klöster von Bangor, Iona und Lindisfarne wurden auf den britischen Inseln zu Zentren einer erfolgreichen iro-schottischen Missionstätigkeit. Parallel dazu kam es unter Papst Gregor dem Großen (590–604) von Rom aus zur Mission der Angelsachsen, die sich mit den von Irland ausgehenden Impulsen überschnitt und sich zum Teil sogar in Konkurrenz zu ihnen vollzog. Beide Entwicklungen begannen schon sehr bald auf das europäische Festland auszustrahlen.

Bonifatius missioniert im deutschen Raum und wird in Friesland zum Märtyrer

Von zentraler Bedeutung für die Missionierung des deutschen Raumes wurde der aus Wessex stammende Winfrid-Bonifatius (ca. 672–754). In päpstlichem Auftrag missionierte er bei Thüringern und Hessen und fällte in diesem Zusammenhang die Donareiche zu Geismar (724), die heidnischen Kräften ein Symbol des Widerstandes geboten hatte. 732 wurde er zum Erzbischof ernannt und reorganisierte die Kirche im bayerischen Raum. Er gründete die Bistümer Würzburg, Büraburg und Erfurt, erlitt aber 754 im friesischen Dokkum den „Märtyrertod" und wurde im Anschluss daran in dem von ihm selbst gegründeten Kloster Fulda bestattet.

Die christliche Legitimation der karolingischen Herrschaft

Vermittelte die römisch-katholische Kirche den karolingischen Herrschern durch die Salbung zum einen die religiöse Legitimation ihrer Herrschaft, die das Fehlen des merowingischen Geblütsheils kompensierte, so trug die christliche Durchdringung der hinzugewonnenen Gebiete zum anderen nicht unwesentlich zur inneren Konsolidierung des unter Karl dem Großen erheblich erweiterten fränkisch-karolingischen Herrschaftsraumes bei.

Christianisierung und Kirche in der mittelalterlichen Gesellschaft

1 **Szenen aus dem Leben des Bonifatius.** Links die Taufe von Heiden, rechts sein Märtyrertod durch heidnische Friesen. Auf Grund seines erfolgreichen Wirkens für die Verbreitung des christlichen Glaubens erhielt er den Titel „Apostel der Deutschen". Illustration auf Sakramentar, Fulda ca. 975

Unterwerfung und Missionierung der Sachsen

Weltliche Herrschaft und kirchliche Organisation gingen etwa bei der Unterwerfung und Eingliederung Sachsens in enger Abstimmung miteinander vor. Nachdem man dabei zunächst sehr harte Gesetze erlassen hatte, versuchte man in einem zweiten Schritt, die einheimischen Eliten für die Sache des Christentums und des fränkischen Gemeinwesens zu gewinnen.

Die Herausbildung einer fränkischen Reichskirche

Auf diesem Wege entstand mit der Zeit eine dem Königtum eng verbundene fränkische Reichskirche. Die Bischöfe und die Äbte der bedeutenden Klöster wurden wichtige Stützen des fränkischen Königtums. Sie übernahmen unter anderem Aufgaben in der Verwaltung und wurden dafür großzügig mit Reichs- und Königsgut ausgestattet.

Klöster als Stätten von Kultur und Bildung

Neben den von herrscherlichen Domänen versorgten Pfalzen waren es vor allem die großen Reichsabteien, die aus ihren Grundherrschaften zum Unterhalt des Königs und seines Hofes beitrugen und die im Rahmen der königlichen Reiseherrschaft zu viel besuchten Orten wurden. Diese geistlichen Zentren waren indes nicht nur Zentralisationspunkte für Wirtschaft, Verwaltung und herrschaftliches Handeln, sondern sie entwickelten sich auch zu Orten der Bildung und des intellektuellen Austausches. In den Bibliotheken von St. Gallen, Fulda und Lorsch wurden die Werke antiker Schriftsteller bewahrt und vervielfältigt, und in den Skriptorien der Reichenau und andernorts blühte die Handschriftenmalerei. Bis zum Aufstieg der Domschulen im 10. Jahrhundert waren die Klosterschulen die wichtigsten Ausbildungszentren für den geistlichen Nachwuchs und mithin die einzigen Orte, an denen ein gewisses Maß an Lese- und Schreibfertigkeiten sowie insbesondere auch Kenntnisse der lateinischen Sprache vermittelt wurden.

Geistliche Karrieremuster

Das Königtum war stets bemüht, die zentralen Abteien und Bistümer mit Leuten aus dem eigenen Umfeld zu besetzen. So begann manch geistliche Karriere in der Hofschule, und zahlreiche geistliche Würdenträger rekrutierten sich aus der Hofkapelle und dem persönlichen Umfeld des Herrschers. Überdies scheint es dem König ein Anliegen gewesen zu sein, dass Geistliche gewissen intellektuellen und fachlichen Mindestanforderungen genügten. Dies wurde nicht nur gefordert, sondern es sollte vor Ort überprüft werden. An den entsprechenden Fragekatalogen lässt sich ablesen, wie weit Ideal und Wirklichkeit bisweilen voneinander entfernt gelegen haben mögen.

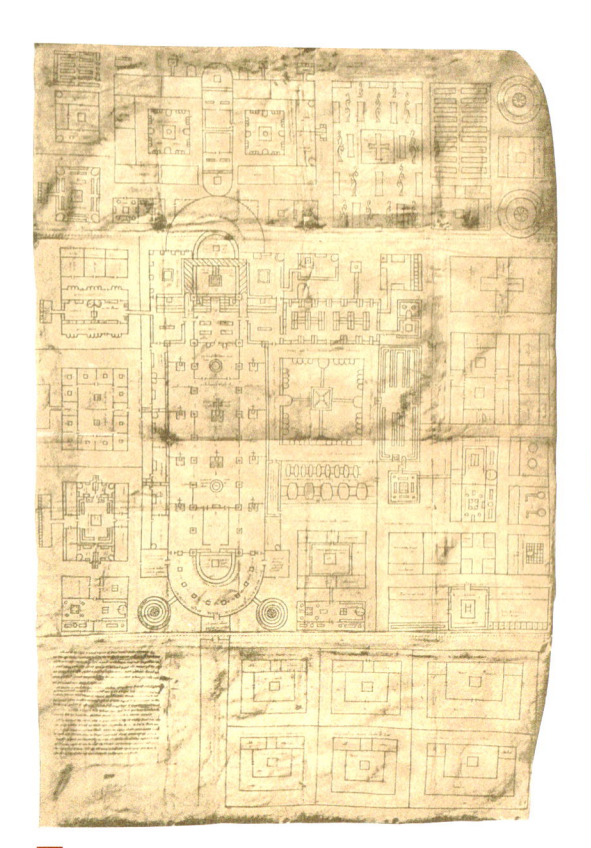

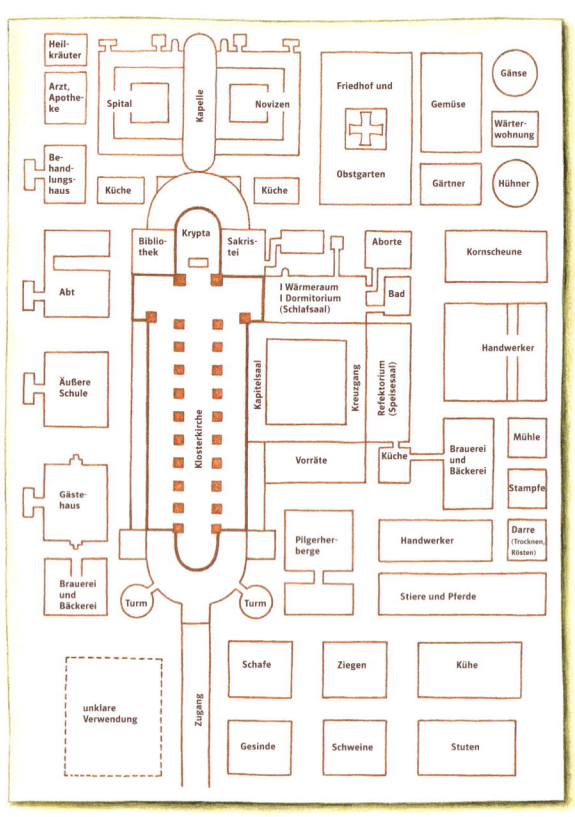

Christianisierung und Kirche in der mittelalterlichen Gesellschaft

2 Grundriss des Klosters Sankt Gallen. Der Plan wurde in der Zeit um 820 entworfen, er gibt allerdings keine tatsächlichen Verhältnisse wieder, sondern diente als Musterbauplan. Die gesamte Anlage ist 145 x 205 Meter groß. Der Originalplan (links) hat eine Größe von 112 x 77 cm; heute wird er in der Stiftsbibliothek in Sankt Gallen (Schweiz) aufbewahrt. Rechts eine Nachzeichnung aus heutiger Zeit.

6.2 Verweltlichung der Kirche

Reichtum statt Askese: die Kirche als Stütze der ständisch gegliederten Gesellschaft

Im Laufe der Zeit hatte die Kirche auf den unterschiedlichsten Ebenen an Bedeutung und Einfluss gewonnen, sich damit aber gleichzeitig von charakteristischen Idealen aus ihrer Frühzeit verabschiedet. Askese und Mittellosigkeit waren – was die Institutionen der Kirche und zahlreiche ihrer führenden Vertreter betrifft – vielfach der Verfügung über ausgedehnten Grundbesitz und dem selbstverständlichen Umgang mit großen Vermögen gewichen. Die Kirche war von den Rändern des Gemeinwesens in dessen Zentrum gerückt, elementarer Bestandteil der ständisch gegliederten Gesellschaft geworden und stellte politisch wie wirtschaftlich eine wichtige Stütze von Königtum, Fürsten und Adel dar. So war manchem Kloster durch Schenkung und aus dem Nachlass begüterter Adliger umfangreicher Grundbesitz zugefallen.

Die weltliche Lebenswirklichkeit geistlicher Fürsten

Gleichzeitig machten Stifterfamilien aus dem regionalen Adel ihren Anspruch darauf geltend, über die Leitung von Abteien und Bistümern und über die Besetzung von Kanonikerstellen zu verfügen. Zumindest behielt man sich vor, bei der Vergabe entsprechender Posten ein gewichtiges Wort mitzureden und sich diesbezügliche Unterstützung in barer Münze versilbern zu lassen. Andererseits war, wer einen solchen Posten übertragen bekam, in der Regel standesgemäß versorgt. Und was den Lebensstandard und die Lebensverhältnisse angeht, stand ein

Adliger, dem solches zuteil wurde, seinen weltlichen Verwandten in nichts nach. So konnte etwa der Zölibat, der Geistlichen auch außerhalb der Klostergemeinschaften Ehelosigkeit und Keuschheit auferlegte, erst in einem längeren Prozess und gegen den zum Teil erbitterten Widerstand der Betroffenen durchgesetzt werden. Auch gab es durchaus geistliche Fürsten, die sich aktiv an der Führung von Fehden beteiligten und an der Spitze der von ihnen gestellten Kontingente selbst in den Krieg zogen. Während für die meisten dieser Adligen ein solches Verhalten als Teil ihres adligen Selbstverständnisses völlig normal gewesen zu sein scheint, stießen sie damit bei Vertretern der Reformkirche mehr und mehr auf Kritik.

Ihr Verhalten wurde als umso verwerflicher angesehen, als entsprechende geistliche Stellen von den Inhabern als Pfründen bisweilen regelrecht gesammelt wurden. Sie strichen die Einkünfte ein, während die mit den Stellen verbundenen geistlichen Pflichten von niedriger dotierten und bisweilen sicher auch wenig qualifizierten Geistlichen vor Ort wahrgenommen wurden. All dies führte dazu, dass kritische Zeitgenossen, die in der Regel selbst dem geistlichen Stand angehörten, der Kirche übermäßigen Reichtum (lat. luxuria), den Inhabern geistlicher Würden einen allzu weltlichen Lebenswandel und Königtum und Adel gar Stellenschacher, Laieninvestitur (Einsetzung geistlicher Würdenträger durch Laien) und Ämterkauf (Simonie) vorwarfen.

Vorwürfe der Reformkirche: Luxuria, Stellenschacher und Simonie

In der Tat stellte die Errichtung einer Kirche oder die Gründung eines Klosters für die kritisierten Adligen eine Art gottgefälliger Investition dar, die regelmäßige Einnahmen versprach: Wer auf seinem eigenen Land eine entsprechende Einrichtung begründete, sah diese als Teil seines persönlichen Besitzes an und wollte sie durch eine ihm genehme Person betrieben wissen. Diese so genannten Eigenkirchen bzw. Eigenklöster stießen bei den Vertretern der Reformkirche, die auch in diesem Bereich die Freiheit der Kirche von weltlichen Einflüssen (lat. libertas ecclesiae) propagierten, auf entschiedene Ablehnung.

Eigenkirchen und Eigenklöster

Konflikte entwickelten sich oftmals auch aus dem Ringen darum, wer einer entsprechenden geistlichen Einrichtung Schutz gegen die territorialen Begehrlichkeiten benachbarter Adelsherrschaften gewähren und wer innerhalb der aus den gräflichen Amtsbezirken herausgelösten und damit immunen geistlichen Besitzungen weltliche Gerichts- und Herrschaftsfunktionen ausüben sollte beziehungsweise durfte. Die Übernahme der betreffenden Verpflichtungen war kirchlichen Würdenträgern generell verboten, zumal diese sich aller Tätigkeiten zu enthalten hatten, bei denen Blut vergossen werden konnte: ecclesia non sitit sanguinem („die Kirche trinkt kein Blut"), hieß es damals ganz allgemein, und daran pflegte man sich in der Regel auch zu halten. Diese Tätigkeiten wurden im Rahmen der Vogtei von Vögten (lat. advocati) wahrgenommen. Diese entstammten zumeist benachbarten Adelsfamilien und eröffneten diesen damit die Möglichkeit zu einer umso nachhaltigeren Einflussnahme auf die Geschicke der betreffenden geistlichen Einrichtungen.

Konflikte um die Ausübung der Vogtei

Indes war, was regionale Große in ihrem Umfeld betrieben, den Herrschern des 10. und 11. Jahrhunderts nur billig. Auch sie stifteten und förderten geistliche Einrichtungen, in ihrem Falle Klöster und Bistümer, die sie großzügig mit Reichsgut ausstatteten. Im Gegenzug beanspruchten die Herrscher die zugehörigen Vogteirechte für sich und stützten sich zur Versorgung ihres Hofes und bei der Aufstellung des Reichsheeres ihrerseits maßgeblich auf diese Einrichtungen. Den mächtigen Reichsbischöfen und Reichsäbten fiel in diesem Zusammenhang eine zentrale Rolle zu. Die reiche Ausstattung des Erzbistums Magdeburg durch Otto I.

Das symbiotische Miteinander zwischen Königtum und Reichskirche

3 Klosterschule, mittelalterliche Buchmalerei, 15. Jh.

(968) und des Bistums Bamberg durch Heinrich II. (1007) sind nur die wichtigsten aus einer Fülle von Beispielen für die herrscherliche Förderung geistlicher Einrichtungen. Die historische Forschung hat für das symbiotische Miteinander zwischen Königtum und Reichskirche den Begriff des „ottonisch-salischen Reichskirchensystems" geprägt.

6.3 Kirchenreform im 10. und 11. Jahrhundert

Die römisch-deutschen Herrscher tragen die Reform nach Rom

Die kaum übersehbaren Tendenzen zur Verweltlichung der Kirche in den unterschiedlichsten Bereichen provozierten seit dem 10. Jahrhundert heftige Kritik aus den eigenen Reihen. Stimmen, die einer Verinnerlichung des Glaubens das Wort redeten und die eine Rückbesinnung der Kirche auf ihre ursprünglichen Werte und Ideale propagierten, wurden immer lauter. So kam es ausgehend von entsprechend reformorientierten Kreisen in Lothringen und Burgund zur Gründung neuer Konvente. Diese hatten sich in enger Anlehnung an die von Benedikt von Aniane propagierten Ideale der Erneuerung des benediktinischen Mönchstums verschrieben. Zentren der Reform wurden neben der im Jahre 909 gegründeten burgundischen Abtei Cluny, die nur wenig jüngere Abtei Brogne bei Namur in Niederlothringen und die 933 in der Diözese Metz restaurierte Abtei Gorze. Vor allem vom lothringischen Gorze aus strahlten Impulse ins römisch-deutsche Reich aus und entfalteten dort eine nachhaltige Wirkung.

Die Erneuerung der Kirche in Burgund und Lothringen: Cluny und Gorze

Darüber hinaus ging von den in Anlehnung an die Benediktinerregel entwickelten Consuetudines („Gewohnheiten") und Statuten Clunys eine bis dato nicht gekannte Wirkung auf Konvente und Abteien im gesamten Abendland aus. Innerhalb weniger Generationen bildete sich ein Verband von ca. 3.000 Abteien und Prioraten heraus, die alle in mehr oder weniger enger Abhängigkeit vom cluniazensischen Mutterkonvent standen. Auf diese Weise entstand ein weiter untergliederter Verbund von Reformkonventen, als deren gemeinsames ideelles und geistliches Gravitationszentrum Cluny wirkte. Indes wirkte die Reformidee über die in dem Verbund zusammengeschlossenen Konvente hinaus in die weltliche Lebenssphäre und Gedankenwelt hinein. Am Ende wurde Cluny gar zu einem wichtigen Zentrum der abendländischen Politik. Hier wurde über die Wahl neuer Päpste befunden und über Krieg und Frieden gegen die Mauren auf der Iberischen Halbinsel und gegen die Moslems im Heiligen Land entschieden. Darüber hinaus unterstützte man von Cluny aus innerhalb der abendländischen Welt die Bewegung der Gottesfrieden tatkräftig und setzte sich für die Durchsetzung der libertas ecclesiae, der Freiheit der Kirche von weltlichen Einflüssen, ein.

Auch die römisch-deutschen Herrscher aus der Dynastie der Salier blieben davon nicht unberührt. Sie ließen sich von den cluniazensischen Kreisen für die Sache der Reform gewinnen und führten am Ende einige ihrer entschiedensten Vertreter auf den päpstlichen Stuhl nach Rom. Dieser wichtigste abendländische Bischofssitz war im Laufe der Jahrhunderte immer mehr zu einem bloßen Spielball in der Interessenpolitik der großen stadtrömischen Adelsfamilien geworden und hatte den Kritikern aus den Reihen der Reformer immer wieder reichlich Anlass gegeben, gegen die Verweltlichungstendenzen innerhalb der Kirche, gegen Pfründenschacher und Ämterkauf zu wettern. Vor diesem Hintergrund hatte sich etwa der römisch-deutsche König Heinrich III. in den Dienst der Reform gestellt. Im Umfeld der Synode von Sutri (1046) hatte er gleich drei konkurrierende Päpste ab- und mit Bischof Suidger von Bamberg als Clemens II. seinen eigenen Kandidaten durchgesetzt, der ihn nur wenig später seinerseits zum Kaiser krönte.

Wirkung und Reichweite der cluniazensischen Reformen

6.4 Der Investiturstreit

Bei dem Ringen um Freiheit und Reform der Kirche, das die Diskussion um Laieninvestitur, Priesterehe, Simonie und Pfründenschacher einschloss und dem letztlich die Kritik an den geschilderten Verweltlichungstendenzen der Kirche zugrunde lag, handelte es sich zunächst einmal um einen innerkirchlichen Konflikt. Dieser entzündete sich vor allem an der Frage der Einsetzung geistlicher Würdenträger in ihre Ämter. In diesem Zusammenhang bezeichnet die Investitur (lat. investitura, von vestis = Kleidungsstück) die mit einem feierlichen Einkleidungsakt und mit der Verleihung entsprechender geistlicher und weltlicher Amts- und Herrschaftssymbole verbundene Einführung eines Bischofs oder Abts in sein Amt. Vor allem der Anteil des Königs an dieser zeremoniellen Amtseinführung stieß in Reformkreisen auf Widerstand, zumal die Verleihung von Ring und Stab aus weltlicher Hand der nach kanonischem, das heißt kirchlichem Recht, vorgeschriebenen freien Wahl und Unabhängigkeit kirchlicher Amtsträger entgegenstand.

Ein theologisches Problem: das Ringen um die Einsetzung von Geistlichen

Aus dem vordergründig recht konkreten Streit um die Investitur entwickelte sich innerhalb weniger Jahre ein allgemeines Ringen zwischen Königtum (regnum) und Papsttum (sacerdotium). Dieser säkulare Konflikt, der durch das persönliche Aufeinanderprallen von Heinrich IV. und Gregor VII. sicher noch weiter geschürt wurde, lief am Ende auf die Frage hinaus, welcher dieser beiden Universalgewalten der Vorrang gebühre; und in dieser Frage gab es genau genommen keinen Spielraum für Kompromisse.

Königtum (regnum) gegen Papsttum (sacerdotium)

Die im letzten Viertel des 11. und im ersten Viertel des 12. Jahrhunderts um Fragen der Investitur ausgetragenen Konflikte waren in ein weites Feld äußerst komplexer politischer, sozialer und geistlicher Auseinandersetzungen eingebunden:

Das politische und militärische Umfeld des Konfliktes

Christianisierung und Kirche in der mittelalterlichen Gesellschaft

Hierzu gehörten unter anderem das seit 1054 währende Schisma zwischen östlicher und westlicher Christenheit, die militärischen Auseinandersetzungen der päpstlichen Macht mit Normannen und Byzantinern in Süditalien, ferner die Politik der römisch-deutschen Könige im nord- und mittelitalienischen Raum, das Ringen der salischen Herrscher mit den nordalpinen Fürsten und der sächsischen Opposition und nicht zuletzt die sozialen Spannungen in den oberitalienischen Kommunen, die sich in Mailand in der Aufstandsbewegung der Pataria entzündeten.

Die Zuspitzung des Konflikts: Heinrich IV. und Gregor VII.

In Rom war 1073 der einflussreiche Diakon Hildebrand als Gregor VII. zum Papst erhoben worden. Mit diesem entschiedenen Anhänger der cluniazensischen Reform bestieg ein ebenso zupackender wie kompromissloser Mann die Kathedra Petri. Hatte er in seinem Dictatus Papae (1075) bereits die Unterordnung der weltlichen unter die geistliche Gewalt gefordert, so sprach die maßgeblich von ihm bestimmte Römische Fastensynode des Jahres 1075 ein generelles Verbot der Laieninvestitur aus. Damit nahm er dem römisch-deutschen König die Möglichkeit der Einflussnahme auf die Erhebung geistlicher Fürsten, von der dieser zuvor nur allzu häufig Gebrauch gemacht hatte. Außerdem hätte der Verzicht auf die wirtschaftlichen und militärischen Leistungen der Reichskirche dem Königtum einen Großteil seiner politischen Wirkungsmöglichkeiten genommen. Überdies wären von einem solchen Schritt aber auch die kirchlichen Würdenträger betroffen gewesen, wären ihnen doch dadurch ihre gerade aus der Bindung an das Königtum erwachsenden reichsrechtlichen Privilegien verloren gegangen. So nimmt es kaum Wunder, dass die in Worms versammelten weltlichen und geistlichen Großen des Reiches Gregor VII. für abgesetzt erklärten. Zur Begründung verwies man auf Unregelmäßigkeiten bei dessen Erhebung. Der Papst drehte den Spieß indes kurzerhand um, bannte Heinrich und entband dessen Getreuen von dem ihrem König geleisteten Eid. Angesichts der politischen Schwierigkeiten, mit denen sich Heinrich im nordalpinen Reich konfrontiert sah, ließ eine Wirkung nicht lange auf sich warten. Und am Ende konnte er dem massenhaften Abfall von seiner Person nur dadurch Einhalt gebieten, dass er auf einem Fürstentag in Tribur Gehorsam und Genugtuung gegenüber dem Papst gelobte. Unabhängig davon beschlossen die Fürsten, Heinrich seines Thrones zu entheben, wenn es ihm nicht binnen Jahresfrist gelänge, eine Lösung vom Bann zu erreichen.

Canossa: ein Bußgang erschüttert die Welt

Da für das kommende Frühjahr eine Entscheidung der Fürsten in Anwesenheit des Papstes anberaumt war, sah sich Heinrich gezwungen, rasch zu handeln. Um ein Zusammengehen von Fürstenopposition und Papst zu verhindern, zog er Gregor VII. entgegen, der sich bereits auf dem Weg in Richtung Norden befand. Mitten im Winter überquerte Heinrich die Alpen und erreichte Ende Januar 1077 durch eine dreitägige Bußleistung vor den Toren der Burg Canossa am Nordabhang des Apennin die Lösung vom päpstlichen Bann. Damit hatte der König vordergründig einen Erfolg errungen, war es ihm doch zunächst einmal gelungen, die von der nordalpinen Fürstenopposition gestellten Bedingungen zu erfüllen. Gleichwohl hatte das Königtum als solches durch den Unterwerfungsakt von Canossa einen Gutteil der ihm zuvor eigenen Sakralität eingebüßt,

4 Die zwei Gewalten. Christus mit Papst und Kaiser, französische Buchmalerei, 14. Jh.

was sich auf längere Sicht als eine umso schwerere Bürde erweisen sollte.

Ungeachtet der Lösung vom Bann erklärte die Fürstenopposition Heinrich für abgesetzt und wählte Mitte März 1077 den Schwabenherzog Rudolf von Rheinfelden zum neuen König. Dieser verzichtete auf das Erbrecht innerhalb seiner Familie und bekannte sich zur freien kanonischen Wahl der Bischöfe. Man kann nur darüber spekulieren, welche Richtung die verfassungsrechtliche Entwicklung des Reiches eingeschlagen hätte, wenn Rudolf nicht 1080 seinen in der Schlacht an der Weißen Elster empfangenen Verwundungen erlegen wäre.

Auch wenn Heinrich die Initiative im Ringen mit Fürstenopposition und Papsttum dadurch wieder zurückgewinnen konnte und die erneute Bannung durch Gregor VII. wenig Eindruck bei seinen nordalpinen Getreuen hinterließ, war durch den Bußakt von Canossa die Sakralität des Königtums generell beschädigt. Doch auch das Papsttum war keinesfalls als Sieger aus dem Konflikt hervorgegangen, sondern hatte in ihm einen Großteil der Autorität eingebüßt, die man ihm zuvor allerorten im Abendland zuerkannt hatte.

5 **Abt Hugo von Cluny, Mathilde von Tuzien und Heinrich IV.** Miniatur aus der Mathilde Vita des Mönches Donizo von 1115, Rom, Vatikanische Bibliothek.

Der Sturz Heinrichs und die Fortsetzung des Ringens um die Investitur

Heinrichs gleichnamigem Sohn, der sich gegen den eigenen Vater erhoben und ihn vom Thron gestürzt hatte, blieb es vorbehalten, den Konflikt mit dem Papsttum einer wenn auch nur vorläufigen Lösung zuzuführen. Nachdem vorausgehende Verhandlungen bereits verschiedentlich gescheitert waren, schloss er im Jahre 1111 einen Vertrag mit Papst Pascalis II., der eine Trennung zwischen dem Bischofsamt auf der einen und dem Reichsgut und den Regalien auf der anderen Seite vorsah. Die öffentliche Verlesung des Vertrages in Heinrichs römischem Krönungsgottesdienst führte indes zum Eklat, und die Umsetzung der Bestimmungen scheiterte am entschiedenen Widerstand der geistlichen Fürsten.

Das Wormser Konkordat

Einen neuen Anlauf zur Lösung des Problems unternahm man unter Papst Calixtus II. Mit ihm konnte Heinrich V. unter maßgeblicher Mitwirkung der Fürsten das Wormser Konkordat schließen. Nach dem in Worms gefundenen Kompromiss sollte Heinrich zugunsten des Papstes auf das Investiturrecht verzichten. Gleichzeitig wurde ihm zugestanden, dass die Wahl von Bischöfen und Äbten in seiner Gegenwart stattfinden und dass ihm im Falle von unentschiedenen Wahlen ein gewisses Mitentscheidungsrecht zufallen sollte. Die kanonisch gewählten Kandidaten würden von ihm die Regalien, das heißt die nutzbaren Herrschaftsrechte, durch das Zepter verliehen bekommen, und zwar im nordalpinen Reich vor und in Burgund und Reichsitalien nach der Weihe. Ferner sollte das Verhältnis von Königtum und Reichskirche hinfort lehnsrechtlich interpretiert werden. Dies führte dazu, dass sich die reichsrechtliche Stellung der Bischöfe der der weltlichen Reichsfürsten anglich. Auch wenn damit das Problem der Investitur vordergründig geklärt schien, so wurde doch im Kräftefeld zwischen König, Fürsten und Papsttum weiter um die Verfasstheit des römisch-deutschen Reiches und um die Rolle des Königs und der Reichweite seines ihm letztlich durch die Wahl der Fürsten zuerkannten Herrschaftsanspruches gerungen.

Christianisierung und Kirche in der mittelalterlichen Gesellschaft

6 **Die zwei Gewalten Papst und Kaiser,** Handschrift des Heidelberger Sachsenspiegels, 14. Jh.

schen Namen die Donarseiche hieß, zu Geismar im Beisein der Gottesknechte zu fällen. Als er nun voll starker Entschlossenheit [...] [einige Axthiebe gegen den Baum geführt hatte] – es stand aber eine große Heidenmenge dabei, die den Feind ihrer Götter heftig verfluchte –, da wurde nach kurzem Anhieb sogleich die ungeheure Masse der Eiche durch göttliches Wehen von oben her bewegt, die Enden der Äste brachen, und sie stürzten zur Erde. Wie durch höheres Wirken zerbarst sie in vier Teile, und vier gewaltig große, gleichlange Stücke waren zu sehen, ohne dass die dabeistehenden Brüder mitgeholfen hätten. Bei diesem Anblick priesen die Heiden, die zuvor geflucht hatten, den Herrn, ließen von ihrem früheren bösen Willen ab und glaubten. Nun baute der hochheilige Bischof nach Beratung mit seinen Brüdern aus dem festen Holze dieses Baumes ein Bethaus und weihte es zu Ehren des heiligen Apostels Petrus.

Zit. nach: H. D. Schmid: Fragen an die Geschichte, Bd. 1. S. 176 (mit leichten Änderungen).

7 **Papst Gregor der Große in einem Brief an Augustin, den Bischof der Angeln (6. Jahrhundert)**
Man soll die heidnischen Tempel des Volkes nicht zerstören, sondern nur die Götzenbilder darin; dann soll man die Tempel mit Weihwasser besprengen, Altäre errichten und Reliquien dort niederlegen; denn wenn diese Tempel gut gebaut sind, so können sie ganz wohl aus einer Stätte der Dämonen zu Häusern des wahren Gottes umgewandelt werden, so dass [...] das Volk, wenn es seine Tempel nicht zerstört sieht [...], von Herzen seinen Irrtum ablegt, den wahren Gott anerkennt und anbetet und sich an den gewohnten Orten nach alter Sitte einfindet [...]. Unmöglich darf man nämlich harten Gemütern alles auf einmal nehmen.

Zit. nach: H. D. Schmid: Fragen an die Geschichte, Bd. 1. S. 174.

8 **Christianisierung durch Bonifatius (gest. 754) nach der zeitnah entstandenen Lebensbeschreibung des Willibald**
Viele Hessen, die dem katholischen Glauben ergeben und durch die Gnade des [...] Geistes gestärkt waren, empfingen nun die Handauflegung [d. h. Firmung]; andere aber, deren Geist noch nicht erstarkt war, wiesen des reinen Glaubens unversehrte Wahrheiten zurück. Einige opferten heimlich, andere offen an Bäumen und Quellen; [...] andere betrieben teils offen, teils geheim Seherei, Weissagung, Zauberei und Beschwörungen; wieder andere beobachteten Zeichen und Vogelflug und pflegten mancherlei Opferbräuche; andere schließlich [...] taten nichts dergleichen.
Auf deren Rat hin unternahm er [Bonifatius] es, eine Eiche von seltener Größe, die mit ihrem alten heidni-

9 **Karolingische Sondergesetzgebung für Sachsen (Capitulatio de partibus Saxomiae, um 785)**
1. Alle stimmten zu, dass den Kirchen, die in Sachsen gebaut werden und Gott geweiht sind, nicht nur keine geringere, sondern größere und vorzüglichere Ehre erwiesen werde als den Heiligtümern der Götzen.
2. Sucht einer Zuflucht in der Kirche, so nehme sich keiner heraus, ihn mit Gewalt daraus zu vertreiben, sondern jener habe Frieden, bis er vor Gericht gestellt wird; zum Preise Gottes und der Heiligen und aus Ehrfurcht vor seiner Kirche werde ihm die Unverletzlichkeit seines Lebens und seiner Glieder zugesichert. Dem Urteil gemäß soll er aber, soweit er kann, die Sache wieder gutmachen, und so werde er vor den Herrn König geführt, und jener mag ihn schicken, wohin es seiner Milde gefällt.
3. Wenn einer mit Gewalt in eine Kirche eindringt und dort raubt oder stiehlt oder die Kirche in Brand steckt, so soll er des Todes sterben.
4. Wenn einer die heiligen vierzigtägigen Fasten aus Missachtung des Christentums nicht hält und Fleisch isst, so soll er des Todes sterben; doch soll der Priester entscheiden, ob nicht für jenen vielleicht eine Notlage bestand, die ihn zwang, das Fleisch zu essen. [...]
7. Verbrennt jemand den Körper eines Toten nach heidnischem Brauch und lässt dessen Gebeine zu Asche werden, so soll er an Haupt und Leben gestraft werden.
8. Wer sich fortan vom Stamme der Sachsen ungetauft unter seinen Stammesgenossen verbirgt, zur Taufe zu kommen verachtet und freiwillig Heide bleibt, der soll des Todes sterben.
9. Opfert einer dem Teufel einen Menschen und bringt ihn den Dämonen zum Opfer nach Art der Heiden dar, so soll er des Todes sterben.

10. Lässt sich einer im Bunde mit Heiden auf Beschlüsse gegen Christen ein, oder verharrt er mit ihnen zusammen in Feindschaft gegen die Christen, so soll er des Todes sterben. Auch wer zu irgendeinem hinterlistigen Anschlag auf den König oder das Volk der Christen seine Zustimmung gibt, der soll des Todes sterben.
11. Wer sich gegen den Herrn König untreu erweist, soll an Haupt und Leben gestraft werden. [...]
16. Auch dies wurde mit der Gnade Christi beschlossen: dass von jeder Fiskalabgabe, sei es Friedens- oder Banngeld oder sonst eine an den König gehende Abgabe, der zehnte Teil den Kirchen und Priestern gegeben werde.
17. In gleicher Weise setzen wir dem Gebot Gottes folgend fest, dass alle, Edle, Frei wie Liten [= Halbfreie], den zehnten Teil ihres Besitzes und ihres Erwerbs den Kirchen und den Priestern geben; so wie Gott jedem Christen gab, sollen sie Gott ihren Teil geben.
18. An Sonntagen darf keine Versammlung noch ein öffentliches Gericht stattfinden, außer in großer Not oder Feindesgefahr, sondern alle sollen zur Kirche kommen, um Gottes Wort zu hören, zu beten und gute Werke zu tun. In gleicher Weise sollen sie auch an den hochheiligen Festtagen Gott und der Kirche dienen und weltliche Versammlungen unterlassen.
19. Ebenso beschloss man auch unter diese Verordnungen einzureihen, dass alle Kinder innerhalb eines Jahres getauft werden müssten, und wir bestimmen, dass, wenn einer dies ohne Rat und Erlaubnis des Priesters unterlässt, er als Edler 120, als Freier 60 und als Lite 30 Schillinge an den Fiskus zu zahlen hat.
20. Geht einer eine verbotene oder unerlaubte Ehe ein, so soll er als Edler 60, als Freier 30 und als Lite 15 Schillinge zahlen.
21. Legt einer an Quellen, Bäumen oder in Hainen Gelübde ab, bringt irgendetwas nach heidnischer Art dar und hält ein Mahl ab zu Ehren der Dämonen, so soll er als Edler 60, als Freier 30 und als Lite 15 Schillinge zahlen. Haben sie wirklich nichts, womit sie sofort zahlen können, so werden sie der Kirche zum Dienst überwiesen [als Hörige], bis sie die Schillinge abgezahlt haben.
22. Die Leichen der christlichen Sachsen sollen auf die Friedhöfe der Kirchen, nicht an die Heidenhügel gebracht werden. [...]
34. Wir untersagen allen Sachsen, öffentliche Versammlungen abzuhalten, außer wenn unsere Boten sie auf unseren Befehl hin einberufen. Jeder Graf aber soll in seinem Amtssprengel Gerichtstage abhalten, und die Priester sollen darauf achten, dass er nicht anders handele.

Zit. nach: Deutsche Geschichte in Quellen und Darstellung, Bd. 1. S. 42ff. (mit leichten Änderungen).

10 Alkuin, Hofgelehrter zur Sachsenmission (796)
a) Aus einem Brief an Karls Kämmerer Meginfried:
Wenn dem rauen Volk der Sachsen das sanfte Joch Christi und die süße Last des Evangeliums mit der gleichen Beharrlichkeit gepredigt worden wäre, mit der die Bezahlung des Kirchenzehnten und die Einhaltung der gesetzlichen Bestimmungen für jedes noch so geringe Vergehen durchgesetzt wurde, so wären sie nicht vor dem Sakrament der Taufe zurückgeschreckt.

b) Aus einem Brief an Bischof Arn von Salzburg:
Jesus Christus befahl, zuerst den katholischen Glauben zu lehren und erst nach der Annahme des Glaubens im Namen der heiligen Dreieinigkeit zu taufen. [...] Was nützt die Taufe ohne Glauben? [...] Das elende Volk der Sachsen hat deshalb oft das Taufsakrament verletzt, weil es niemals ein Fundament des Glaubens im Herzen hatte. Doch man muss wissen, dass der Glaube [...] durch Freiwilligkeit, nicht durch Zwang entsteht. [...] Zur Taufe kann man den Menschen zwingen, nicht aber zum Glauben.

c) Aus einem Brief an Bischof Arn, bevor dieser mit dem fränkischen Heer gegen die Awaren zog:
Sei [bei den Awaren] ein Prediger der Liebe, kein Eintreiber der Zehnten, weil eine junge Seele mit [...] apostolischer Liebe genährt werden muss [...]. Die Zehnten haben [...] den Glauben der Sachsen vergiftet. Wie kann man Unwissenden ein Joch auferlegen, das weder wir noch unsere Brüder tragen könnten?

Zit. nach: H. D. Schmid: Fragen an die Geschichte. Bd. 1. S. 194.

11 Mindestforderungen an das Wissen der Priester in karolingischer Zeit
1. Folgendes müssen alle Kleriker lernen: den katholischen Glauben nach dem Athanasius und alles Übrige über den Glauben.
2. Das apostolische Glaubensbekenntnis.
3. Sie müssen das Gebet des Herrn mit seiner Erklärung völlig verstehen. [...]
5. Den Exorzismus über Täuflinge und über Besessene.
6. Die Fürbitten für die Seele eines Verstorbenen.
7. Das Buch der Kirche über die Buße.
8. Den Kalender.
9. Den römischen Gesang für die Nacht.
10. Ebenso den Messgesang.
11. Sie müssen das Evangelium verstehen und die Lektionen des Liber Comitis [d. h. eine Textsammlung für das Kirchenjahr].
12. Sie müssen die Predigten für Sonn- und Feiertage beherrschen und den Kanon predigen; dazu müssen die Mönche die Mönchsregel beherrschen und ganz fest den Kanon.
15. Sie müssen Urkunden und Briefe schreiben können.

Zit. nach: Geschichte in Quellen, Bd. 2. S. 85.

12 Eigentumsrecht von Laien an Kirchen nach den Bestimmungen der Frankfurter Synode (794)

[…] Kap. 54 Von den Kirchen, die von freigeborenen Männern erbaut werden:
Sie können übertragen oder auch verkauft werden. Nur darf die Kirche nicht zerstört werden, sondern muss täglich für den Gottesdienst zur Verfügung stehen. […]

Zit. nach: Geschichte in Quellen, Bd. 2. S. 223.

13 Gerichtsstreit um das Recht an einer Kirche im Hochstift des Bistums Freising (15. September 818)

Als die Edlen, vor allem Bischof Hitto, dazu Graf Liutbald, am Orte des Gerichtes an der Pfettrach zusammengekommen waren […], da erhob sich Wichart, der Vogt des Bischofs, und erhob gegen den Mann Waldger Klage. Er behauptete, dieser sei widerrechtlich in den Hof und das Kirchengebäude zu Langenbach eingedrungen und habe einen eigenen Mann der heiligen Maria [d. h. einen Hörigen des Bistums] geschlagen. Der aber erklärte, dass die Kirche mit allem, was dazu gehöre, sein Eigentum sei.
Da fragte ihn der Graf Liutbald, ob er die Gewere [= Verfügungsgewalt] habe oder der Bischof. Er sagte vor allen Leuten dreimal, er habe die Gewere. Da holten der Bischof und Graf Liutbald die Männer, die am besten über den Rechtsstreit Bescheid wussten, und sie ließen sie auf Reliquien schwören und allen öffentlich die Wahrheit in diesem Rechtsfall weisen: […] [hier folgen die Namen von 17 Zeugen]. Und als sie geschworen hatten, sagten sie aus, zu Zeiten des Kaisers Karl habe Bischof Atto die Kirche besessen, und er habe seinen Priester Tato damit belehnt, und ebenso sei Bischof Hitto unter Karls Herrschaft und dann später unter Kaiser Ludwig verfahren, bis Waldger ihm widerrechtlich die Gewere entzogen habe. Als sie das gehört hatte, fällte die Gerichtsgemeinde das Urteil, dass dem Bischof Hitto als dem Schutzherrn auch das Besitzrecht zustehe. Da sah Waldger ein, dass er gar keine Aussicht habe, zu erhalten, was er wollte; er unterwarf sich dem gerechten Spruch des Gerichtes und gab die Kirche mit allem, was dazu gehört, in die Hände des Bischofs und seines Vogtes zurück. Wolfleoz bekräftigte als Bürge die Erfüllung des Urteils und gelobte sie; auch verbürgte er sich für eine Buße von 40 Schillingen.
Noch an demselben Tage überreichte er dem rechtmäßigen Boten des Bischofs durch das Seil, mit dem die Glocke geläutet wird, die Gewere mit Häusern, Gebäuden, Hofleuten, Knechten und Vieh und verzichtete selbst für immer auf jeden Anspruch.

Zit. nach: Geschichte in Quellen, Bd. 2. S. 223f. (mit leichten Änderungen).

14 Aus einem fränkischen Kapitular über Kircheneigentum und Eigentum an Kirchen (818–819)

Kap. 6 Es wurde beschlossen, dass kein Bischof Unfreien die heiligen Weihen verabreichen dürfe, bevor sie von ihren Herren die Freiheit erhalten haben. Falls ein Unfreier seinem Herrn entflieht oder sich versteckt hält oder durch Zeugen, die er durch Geschenke gewonnen, bestochen oder mit anderer List oder mit Betrug gewonnen hat, zum Priesteramt gelangt, dann soll er, so wurde beschlossen, abgesetzt werden, und sein Herr soll ihn wieder in seine Gewalt nehmen […]. Was aber die Unfreien der Kirchen angeht, so wurde einmütig beschlossen, dass die in den einzelnen Provinzen eingesetzten Metropolitane unsere Ermächtigung, ihre Suffragane aber eine Abschrift davon haben sollen; wenn sich nun in der familia [= Haus- und Hofgemeinschaft] einer Kirche ein [zum geistlichen Stand] Geeigneter findet und ordiniert werden soll, dann soll vor allem Volke diese unsere Ermächtigung vorgelesen, […] der Betreffende ohne Hinterlist freigelassen und erst dann in den Priesterstand erhoben werden. […]
Kap. 9 Ohne Ermächtigung und Zustimmung der Bischöfe dürfen an keiner Kirche Priester eingesetzt oder entlassen werden. Sollten aber Laien Kleriker, deren Lebensführung und Bildung ausgezeichnet ist, den Bischöfen vorstellen, um sie weihen und in ihren Kirchen einsetzen zu lassen, dann dürfen die Bischöfe diese Männer unter keinen Umständen zurückweisen.
Kap. 10 Es wurde auch angeordnet, dass jede Kirche eine ganze Hufe erhalte ohne andere Abgaben, und die dort investierten [= eingesetzten] Priester sollen weder vom Zehnten noch von den Oblationen [= Abgaben, von denen ein Drittel an den Priester, zwei Drittel an den Eigenkirchenherrn gingen] der Gläubigen irgendeinen anderen Dienst leisten als den geistlichen, weder von den Pfarrgebäuden noch vom Hofe oder von den Gärten, die zu der Kirche gehören, und auch nicht von der genannten Hufe. Sollten sie aber darüber hinaus Besitz haben, dann sind sie ihren Herren den schuldigen Dienst pflichtig.

Zit. nach: Geschichte in Quellen, Bd. 2. S. 224 (mit leichten Änderungen).

15 Eigenkirchenrecht nach der römischen Synode vom 15. November 826

Kanon 21: Ein Kloster oder Bethaus, das nach den Vorschriften der Kirche errichtet worden ist, soll der Gewalt seines Erbauers nicht gegen dessen Willen weggenommen werden. Er darf es vielmehr jedem ihm beliebigen Priester der betreffenden Diözese zur Ausübung des heiligen Dienstes Gottes verleihen oder auch einem fremden, der einen ordentlichen Entlassungsbrief besitzt; auf dass nicht ein schlechter Priester eingesetzt werde, mit Zustimmung des Bischofs. Der Priester soll aber an Gerichtstagen und immer dann, wenn es der Gehorsam vor dem Bischof erfordert, gehorsam bei diesem erscheinen.

Zit. nach: Geschichte in Quellen, Bd. 2. S. 225.

Christianisierung und Kirche in der mittelalterlichen Gesellschaft

16 Zwei Schreiber, ein Mönch und ein Laie, bei der Arbeit, Ausschnitt aus einer Buchmalerei 1039

17 Der Chronist Thietmar von Merseburg berichtet über eine Erzbischofserhebung in Magdeburg (1012)
Nach dem Tode Erzbischof Waltgards versammelten wir Domgeistlichen uns zu einer Kapitelsitzung und wählten einmütig meinen Vetter Thiederich zum Nachfolger des Verstorbenen. […] Währenddessen kam der König Heinrich II. vom Feldzug im Westen zurück und setzte durch, dass sein Kapellan Gero [er war von Adel, Domherr in Hildesheim und Mitglied der Hofkapelle] in die offene Stelle eingesetzt wurde.

Zit. nach: H. D. Schmid: Fragen an die Geschichte, Bd. 2. S. 29.

18 Petrus Damiani über das Leben im Kloster Cluny (um 1063)
Was soll ich sagen von der strengen Abtötung der Sinne, von der Disziplin im Einhalten der Regel, von der Ehrfurcht vor dem Kloster und vom Stillschweigen? Außer im Notfall wagt es niemand, zur Zeit des Studiums, der Arbeit oder der geistlichen Lesung im Kreuzgang umherzugehen oder zu reden.
Die gottesdienstlichen Handlungen füllen derart den Tag aus, dass neben den notwendigen Arbeiten den Brüdern kaum eine halbe Stunde zu ehrbarer Unterhaltung und zu den notwendigen Besprechungen übrig bleibt. Sie reden selten. Während des nächtlichen Silentiums aber, und in bestimmten Räumen auch während des Tages, spricht man nur durch Zeichen, die so gewählt und ernst sind, dass der Leichtsinn dabei keinen Zugang findet.
Die gemeinsamen Räume wie Kreuzgang, Schlafsaal, Speisesaal und Bibliothek sind ausgedehnt und würdig, doch ohne Prunk und bei aller Geräumigkeit bemerkenswert durch Ernst und würdevolle Einfachheit.

Zit. nach: Geschichte in Quellen, Bd. 2. S. 225f.

19 Kirchenrechtliche Grundsätze Gregors VII. (Dictatus papae, 1075)
Diktat des Papstes
1. Einzig und allein von Gott ist die römische Kirche gegründet.
2. Nur der römische Papst trägt zu Recht den Titel des universalen Papstes.
3. Er ganz allein kann Bischöfe absetzen und auch wieder einsetzen.
4. Sein Legat, auch wenn er einen geringeren Grad bekleidet, führt auf jedem Konzil den Vorsitz vor den Bischöfen; er kann diese absetzen. […]
6. Von anderer Gemeinschaft ganz abgesehen, darf man sich mit Exkommunizierten nicht einmal in demselben Hause aufhalten.
7. Nur er darf, wenn es die zeitliche Notwendigkeit verlangt, neue Gesetze erlassen, neue Gemeinden gründen, aus einer Kanonie eine Abtei machen und umgekehrt, ein reiches Bistum teilen und arme [Bistümer] zu einem einzigen zusammenlegen.
8. Nur er verfügt über die kaiserlichen Insignien.
9. Alle Fürsten haben die Füße einzig und allein des Papstes zu küssen.
10. Nur sein Name darf in der Kirche genannt werden.
11. In der ganzen Welt gilt nur dieser Papsttitel.
12. Der Papst kann den Kaiser absetzen. […]
14. Er kann in der ganzen Kirche, wie er will, Kleriker ordinieren.
15. Wer von ihm ordiniert ist, kann wohl eine andere Kirche leiten, aber nicht in ihr dienen; von einem anderen Bischof darf er keinen höheren Rang empfangen. […]
17. Gegen seine Autorität kann kein Kapitel und kein Buch als kanonisch gelten.
18. Sein Entscheid kann von niemandem aufgehoben werden; er selbst aber kann Urteile aller anderen Instanzen aufheben.
19. Über ihn besitzt niemand richterliche Gewalt.
20. Niemand darf den verurteilen, der an den apostolischen Stuhl appelliert.
21. Wichtigere Rechtsfälle aller Kirchen müssen vor ihn gebracht werden.
22. Die römische Kirche hat nie geirrt und wird nach dem Zeugnis der heiligen Schrift auch in Ewigkeit nicht irren.
23. Wenn der römische Papst in kanonischer Wahl erhoben ist, dann wird er ohne Zweifel nach dem Zeugnis des heiligen Ennodius von Pavia heilig durch die Verdienste des heiligen Petrus, wie auch viele Kirchenväter bestätigen und wie es auch in den Dekreten des heiligen Symmachus enthalten ist. […]
26. Wer nicht mit der römischen Kirche übereinstimmt, kann nicht als katholisch [= rechtgläubig] gelten.
27. Er kann Untertanen vom Treueid gegen unbillige Herrscher entbinden.

Zit. nach: Geschichte in Quellen, Bd. 2. S. 291f. (mit leichten Änderungen).

157

20 **Vier Szenen aus dem Mönchsleben.** (1) Entgegennahme des Habits, (2) Einzelstudium in der Zelle, (3) gemeinsame Mahlzeit im Refektorium, (4) Erfahren von Weisheit, hier durch eine allegorische Frauenfigur (die Theologie) symbolisiert. Das vierte Bild ist untertitelt mit: Lignum vite est his qui apprehenderint eam et qui tenuerit eam beatus (Sie [die göttliche Weisheit] ist ein Baum des Lebens [symbolisiert durch das Kreuz] für die, die sie ergreifen, und wer sie festhält, ist glückselig.) Flämische Buchmalerei. 1. Hälfte des 15. Jahrhunderts.

21 Schreiben Heinrichs IV. an „Hildebrand" (= Papst Gregor VII.) (24. Januar 1076)

Heinrich, von Gottes Gnaden König, an Hildebrand. Während ich bisher das von dir erwartete, was dem Verhalten eines Vaters entspricht, und dir zur großen Entrüstung unserer Getreuen in allem gehorchte, habe ich von dir eine Vergeltung erfahren, wie sie nur von jemandem zu gewärtigen war, der der verderblichste Feind unseres Lebens und unserer Herrschaft ist. Denn nachdem du mir zunächst die gesamte erbliche Würde, die mir jener Stuhl schuldet, in vermessenem Beginnen entrissen hattest, gingst du noch weiter und versuchtest, mir das italische Reich durch die schlimmsten Machenschaften zu entfremden [gemeint sind hier das Investiturverbot für Mailand, die Haltung gegenüber den von Heinrich eingesetzten Bischöfen von Fermo, Mailand und Spoleto sowie die allgemeine Unterstützung von Aufstandsbewegungen]. Und auch damit nicht zufrieden, hast du dich nicht gescheut, an die verehrungswürdigen Bischöfe Hand anzulegen, die als die liebsten Glieder mit uns vereint sind; und gegen göttliches und menschliches Recht hast du sie, wie sie selbst sagen, mit den hochmütigsten Beleidigungen und den bittersten Schmähungen traktiert. Da ich alles mit einiger Geduld geschehen ließ, hieltest du dies nicht für Geduld, sondern für Feigheit und wagtest es, dich gegen das Haupt selbst zu erheben, und ließest verbreiten, was dir ja bekannt ist, nämlich – um deine eigenen Worte zu gebrauchen – dass du entweder sterben oder mir Seel und Herrschaft nehmen wolltest. Diese unerhörte Verhöhnung glaubte ich nicht mit Worten, sondern durch die Tat zurückweisen zu müssen, und ich hielt einen Hoftag mit allen Fürsten des Reiches auf deren eigene Bitten hin ab. Sobald das an die Öffentlichkeit gebracht wurde, was man bisher aus Scham und Ehrfurcht verschwiegen hatte, da wurde auf Grund der wahrheitsgetreuen Darlegungen dieser Fürsten verkündet – du kannst sie aus ihrem eigenen Schreiben entnehmen –, dass du auf keinen Fall mehr auf dem apostolischen Stuhl bleiben kannst. Da ihr Spruch vor Gott und den Menschen gerecht und billigenswert schien, stimmte auch ich zu und spreche dir jedes Recht, das du bisher am Papsttum zu haben schienest, ab; auf Grund des Patriziats über die Stadt Rom, der mir als von Gott gewährt und infolge der beschworenen Zustimmung der Römer zusteht, befehle ich dir, von ihrem Thron herabzusteigen.

Zit. nach: Geschichte in Quellen, Bd. 2. S. 296f. (mit leichten Änderungen).

22 Privileg Papst Paschalis' II. (12. Februar 1111), das bei der Verlesung während der Krönungsfeierlichkeiten für Heinrich V. in Rom einen Tumult unter den anwesenden nordalpinen Bischöfen auslöste:

Bischof Paschalis, Knecht der Knechte Gottes, seinem geliebten Sohn Heinrich und seinen Nachfolgern, für immer und ewig.

Es ist sowohl durch das Gebot des göttlichen Rechtes verfügt als auch durch die heiligen Kanones untersagt, dass die Priester sich mit weltlichen Sorgen abgeben oder die Führung des Grafenamtes übernehmen, es sei denn zur Befreiung von Verurteilten oder für andere, die Unrecht erleiden. […] In den Gebieten Eures Reiches aber geben sich die Bischöfe und Äbte so sehr mit weltlichen Geschäften ab, dass sie ständig gezwungen sind, immer wieder das Grafenamt wahrzunehmen und Kriegsdienst zu leisten. Dies kann aber nun wahrhaftig kaum oder gar nicht ohne Raub, Kirchenschändung, Brand oder Mord geschehen. Denn die Diener des Altars sind zu Dienern des Hofes geworden, weil sie Städte, Herzogtümer, Markgrafschaften, Münzen, Pfalzen und sonstiges, was zum Reichsdienst gehört, von den Königen übernommen haben. Und darum hat sich der für die Kirche unerträgliche Brauch herausgebildet, dass gewählte Bischöfe keinesfalls die Weihe empfingen, es sei denn, sie wären zuvor durch die Hand des Königs investiert worden. Aus diesem Grunde hat sowohl die Sünde der simonistischen Ketzerei als auch Begünstigung oftmals so sehr überhand genommen, dass Bischofsstühle ohne vorherige Wahl gewaltsam in Besitz genommen wurden. Bisweilen wurde noch zu Lebzeiten des bisherigen Bischofs der neue investiert.

Durch diese und recht viele andere Übel, die sich häufig aus der Investitur ergaben, wurden Unsere Vorgänger, die Päpste seligen Angedenkens, Gregor VII. und Urban II., wachgerüttelt, und auf häufig einberufenen Bischofssynoden haben sie diese Investituren von Laienhand verurteilt; und sie haben entschieden, dass, wer dadurch eine Kirche erlangt habe, abgesetzt werden müsse und dass den Verleihern die Gemeinschaft der Kirche entzogen werden müsse […]. Deren Spuren folgend, haben auch Wir auf einer Bischofssynode deren Urteil bestätigt.

Daher gebieten Wir, es sollen Dir, geliebter Sohn Heinrich, König – und nun durch Unsere Amtswaltung von Gottes Gnaden Römischer Kaiser –, Dir und dem Reich die Regalien überlassen werden, die offensichtlich zum Reich gehörten in den Zeiten Karls, Ludwigs, Heinrichs und Deiner übrigen Vorgänger. Wir untersagen auch und verbieten bei der strengen Strafe des Anathems [Kirchenbannes], dass irgendein Bischof oder Abt, weder ein jetziger noch ein künftiger, diese Regalien an sich reißt, also Städte, Herzogtümer, Markgrafschaften, Grafschaften, Münzen, Zoll, Markt, Reichsvogteien, Zentgerichte und offenkundig dem Reich gehörende Pfalzen – einschließlich deren Zubehör –, Heerdienst und Burgen des Reiches; ferner sollen sie sich künftig keinesfalls, es sei denn mit der Huld des Königs, auf diese Regalien einlassen. Aber auch Unseren Nachfolgern […] soll es nicht gestattet sein, Dich oder das Reich in dieser Angelegenheit zu belästigen.

Andererseits erklären Wir, dass die Kirchen mit ihren Stiftungen und erblichen Besitzungen, soweit sie offenkundig nicht dem Reich zugehörten, frei bleiben sollen, so wie Du

Christianisierung und Kirche in der mittelalterlichen Gesellschaft

es am Tage Deiner Krönung dem allmächtigen Gott im Anblick der ganzen Kirche versprochen hast. Es müssen nämlich die Bischöfe, frei von weltlichen Sorgen, Sorge tragen für ihre Leute und dürfen nicht länger von ihren Kirchen fern bleiben. Sie sind nämlich, gemäß dem Apostel Paulus, wachsam, da sie Rechenschaft für deren Seelen geben müssen.

Zit. nach: Deutsche Geschichte in Quellen und Darstellung, Bd. 1. S. 326 ff. (mit leichten Änderungen).

23 Geistliche Fürsten in zeitgenössischen Darstellungen

a) **Ein Bischof als Territorialherr: Grabplatte des Bischofs Otto I. von Hildesheim** (gest. 1279; Hildesheim, Domkreuzgang). Statt eines Gotteshauses trägt der Bischof die von ihm beim Ausbau des bischöflichen Territoriums erworbene Burg Wohldenberg.

b) **Ein Erzbischof als Königsmacher: Grabplatte des Mainzer Erzbischofs Siegfried III. von Eppstein** (gest. 1249, Dom zu Mainz) mit den Königen Heinrich Raspe und Wilhelm von Holland

c) Ein Bischof als Krieger: Bischof Odo von Bayeux, Bruder Herzog Wilhelms von der Normandie, während der Eroberung Englands (1066), auf dem zeitnah entstandenen Teppich von Bayeux

Arbeitsvorschläge

a) Beschreiben Sie das Vorgehen des Bonifatius in Geismar (M 8). Setzen Sie es in Beziehung zu den entsprechenden Empfehlungen Gregors des Großen (M 7).

b) Kommentieren Sie die fränkische Sondergesetzgebung für Sachsen von 785 (M 9) aus der Perspektive Alkuins, wie sie in den aus seiner Feder überlieferten Briefen (M 10) zum Ausdruck kommt.

c) Beschreiben Sie den Konflikt, der am 15. September 818 vor einem Gericht im Hochstift des Bistums Freising ausgetragen wurde (M 13). Wie ging man vor, um diesen Konflikt zu lösen? Welche Personen und Personengruppen waren in diese Lösung einbezogen?

d) Ein auf adlige Repräsentation und höfische Lebensart bedachter geistlicher Fürst des 10. Jahrhunderts trifft auf einem Hoftag mit einem Anhänger der Kirchenreform zusammen. Schreiben Sie einen Dialog, wie er sich Ihrer Einschätzung nach zwischen den beiden entwickelt haben könnte.

e) Der universale päpstliche Machtanspruch ist wohl nirgends deutlicher zu greifen als im Dictatus Papae Gregors VII. (M 19). Arbeiten Sie anhand der einschlägigen Bestimmungen heraus, was für ein Verständnis von der Rolle der beiden Universalgewalten dem Schriftstück zugrunde liegt.

f) Arbeiten Sie aus Abb. 5 (Heinrich IV., Abt Hugo von Cluny und Markgräfin Margarethe von Tuszien im Vorfeld des kaiserlichen Bußaktes von Canossa) das Verhältnis zwischen den drei dargestellten Figuren heraus. Wer von ihnen konnte zur Lösung des Konfliktes zwischen König und Papst beitragen?

g) In einer 1106 entstandenen Lebensbeschreibung Heinrichs IV. wird dessen Zug nach Canossa als „ein schlauer Plan" beschrieben. Kommentieren Sie diese Interpretation der Ereignisse.

h) Warum war bereits im Vorfeld der Krönungsfeierlichkeiten für Heinrich V. absehbar, dass das Privileg Papst Paschalis' II. (M 22) auf den entschiedenen Widerstand der nordalpinen Bischöfe stoßen würde?

i) Diskutieren Sie folgende Thesen: 1. Beim Investiturstreit handelt es sich zunächst einmal um eine innerkirchliche Auseinandersetzung. – 2. Beim Investiturstreit handelt es sich um einen weit ausgreifenden Konflikt, der alle gesellschaftlichen Gruppen erfasst und das Leben und Denken der Menschen grundlegend verändert hat. – 3. Beim Investiturstreit geht es nur ganz am Rande um die eigentliche Investitur, im Zentrum stehen ganz andere Probleme.

7 Islam und Kreuzzüge

7.1 Die Ausbreitung des Islam

Anfänge

Historisch gesehen entstand der Islam am Ausgang der Antike, deren Ende er mit herbeiführte. Sein Begründer war Mohammed, ein Kaufmann aus Mekka, der in einer Reihe von Visionen von Allah (Gott) belehrt und mit der Verkündigung beauftragt wurde. Diese Visionen gab er an seine Anhänger weiter. Erst um die Mitte des 7. Jahrhunderts wurden sie niedergeschrieben und im Koran zusammengestellt. Der Koran weist u. a. christliche, jüdische und auch persische Einflüsse auf, was nicht verwundert, da die Region am Roten Meer (Hedschas), in der Mohammed lebte und lehrte, zwar von keinem der beiden großen benachbarten Reiche Byzanz und Persien direkt beherrscht wurde, aber doch mit beiden in engem Handelsaustausch stand. Auch jüdische Gemeinden waren dort zahlreich. Da Mohammed in seiner Heimatstadt Mekka auf Widerstand stieß, ging er mit seinen Anhängern in das benachbarte Medina, wo er rasch Zulauf fand und seinen Einfluss vergrößern konnte. Die „Flucht" (Hedschra) nach Medina im Jahre 622 bildet daher den Beginn der islamischen Zeitrechnung. Von Medina kehrte Mohammed 630 nach Mekka zurück, das sich ihm unterwarf. Als er im Jahre 632 starb, beherrschte er einen Großteil der arabischen Halbinsel.

Ausdehnung und innere Aufspaltung

Der Prophet hatte seine Nachfolge nicht geregelt, was dazu führte, dass ein Teil der Unterworfenen sich wieder frei von den eingegangenen Verpflichtungen fühlte. Es kam zu einem heftigen Bürgerkrieg, nach dessen Ende der Nachfolger Mohammeds, der erste Kalif (arabisch: Nachfolger, Stellvertreter) Abu Bakr, eine gewisse Beruhigung herbeiführte, indem er die Energien gegen die benachbarten Reiche richtete. Die muslimischen Armeen erzielten überragende Erfolge: In kürzester Zeit wurden Palästina und Syrien erobert, es folgten Ägypten und Persien, und nach kaum zwanzig Jahren war das islamische Kalifat zur stärksten Macht im Vorderen Orient geworden. In den folgenden knapp 100 Jahren sollte es im Osten bis an die Grenzen Indiens und Chinas ausgreifen, im Westen bis an den Atlantik. Das westgotische Spanien wurde von den Muslimen erobert, und erst der Franke

1 Die „Kaaba" in Mekka war schon vor dem Islam ein viel besuchtes Heiligtum. Im Islam führte man diese Tradition fort, so dass die Kaaba bis heute als wichtigstes Ziel für muslimische Pilger gilt.

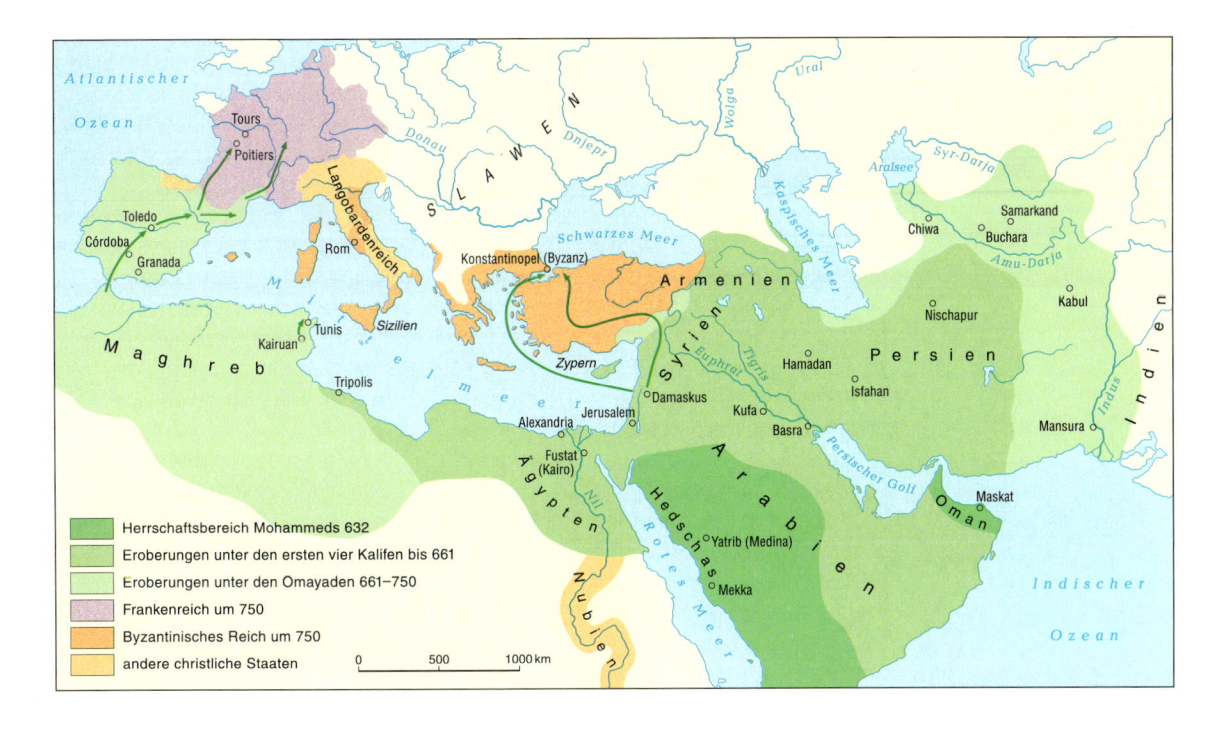

Islam und Kreuzzüge

2 Die Ausbreitung des Islam im 7. und 8. Jahrhundert

Legende:
- Herrschaftsbereich Mohammeds 632
- Eroberungen unter den ersten vier Kalifen bis 661
- Eroberungen unter den Omaijaden 661–750
- Frankenreich um 750
- Byzantinisches Reich um 750
- andere christliche Staaten

Karl Martell konnte den muslimischen Vormarsch 732 in der Schlacht bei Tours und Poitiers stoppen. Auch im Norden kam es gegenüber Byzanz zu einem Stillstand der Expansion, da es den Byzantinern gelang, Kleinasien und die Hauptstadt Konstantinopel gegen die arabischen Angriffe zu verteidigen.

Den äußeren Erfolgen entsprach allerdings nicht die innere Entwicklung. Hier waren schon unter Mohammed selbst die Keime für innere Auseinandersetzungen gelegt worden: Der Prophet hatte weder seine Visionen selbst schriftlich niedergelegt noch hatte er seine Nachfolge geordnet. So musste es geradezu zum Streit um die Nachfolge kommen. Der zweite (Omar ibn al-Chattab) und der dritte Kalif (Otman ibn Affan) wurden 644 bzw. 656 ermordet. Danach brach ein heftiger Bürgerkrieg zwischen Ali abi Talib, dem Schwiegersohn des Propheten, und Mu'awiya aus, der zu der einflussreichen Familie der Omaijaden gehörte und Statthalter von Syrien war. Zwar konnte Mu'awiya sich durchsetzen, doch die Partei (Schia) Alis erkannte Mu'awiya nicht an. Hier begann die bis heute währende Spaltung des Islam in Sunniten und Schiiten, die vor allem im Irak eine Basis fanden. Die eigentlichen theologischen Unterschiede zwischen Sunniten und Schiiten sind eher marginal, aber eine Vereinigung beider scheint selbst heute nicht möglich zu sein.

Die Omaijaden bestimmten an Stelle von Mekka Damaskus als neue Hauptstadt. Von dort wurde sie nach dem Sturz der Omaijaden 751 durch die Dynastie der Abbasiden nach Bagdad verlegt, wo der Kalif bis zu der mongolischen Einnahme der Stadt 1258 residieren sollte, wenn auch mit nachlassendem Einfluss.

Tatsächlich führte das Fehlen einer zentralen religiösen Autorität dazu, dass sich immer wieder einzelne muslimische Gemeinschaften abspalteten und eigene Reiche errichteten, die das Kalifat in Bagdad nicht anerkannten. So konnte nach 751 ein Vertreter der Omaijaden nach Spanien fliehen und dort das Emirat von Cordoba errichten, allerdings zerfiel es schon im 11. Jahrhundert. Der Zerfall des muslimischen Spanien (al-Andalus) ging so rapide voran, dass es vielleicht schon damals von den Christen endgültig beseitigt worden wäre, wenn nicht im 11. Jahrhundert mit den Almoraviden und im 12. Jahrhundert mit den Almohaden von Nordafrika aus weitere muslimische Mächte nach Spanien gekommen wären, die die christliche Rückeroberung (Reconquista) zwar nicht vereitelt, aber doch erheblich aufhalten konnten. Erst 1492 konnte Granada als letztes muslimisches Teilreich in Spanien zur Aufgabe gezwungen werden.

In Nordafrika errichteten im 10. Jahrhundert die schiitischen Fatimiden ein Reich, von dem aus sie auch Ägypten eroberten und bis in die zweite Hälfte des 12. Jahrhunderts hinein zur muslimischen Vormacht im Vorderen Orient wurden. Jedoch war zu dieser Zeit die militärische Expansionskraft der eigentlichen muslimischen Staaten bereits gebrochen. Eine weitere Ausdehnung erfuhr der islamische Machtbereich erst durch weitere, zum Teil neu bekehrte Nomadenstämme, die aus Innerasien nach Westen vorstießen, wie etwa die türkischen Seldschuken, die im Jahre 1071 über die Byzantiner siegten und in der Folge Kleinasien eroberten. Aus ihnen entwickelten sich ab dem 13. Jahrhundert die Osmanen, die 1453 Konstantinopel (heute Istanbul) einnahmen und ihren Machtbereich über den ganzen Balkan ausdehnen konnten.

Die osmanischen Sultane beanspruchten auch die religiöse Autorität und verlegten das Kalifat in ihre Hauptstadt Konstantinopel, das heutige Istanbul, wo es bis zur Abschaffung des Sultanats und der Errichtung der modernen Türkei durch Atatürk 1924 seinen Sitz haben sollte.

Im Osten endete die islamische Expansion im 14./15. Jahrhundert, als die muslimischen Moguln (eine Verballhornung des Namens Mongolen) von Afghanistan aus nach Indien eindrangen und den größten Teil des indischen Subkontinents unterwerfen konnten. Ihre Herrschaft fand erst mit der Errichtung des englischen Kolonialreiches in Indien im 18./19. Jahrhundert ein Ende.

Der Glaube des Islam

Der Koran, das heilige Buch des Islam, enthält in 114 Kapiteln (Suren) die von dem Propheten Mohammed verkündeten Offenbarungen. Die einzelnen Suren haben verschiedene Themen: Prophezeiungen, Ermahnungen, Predigten und direkte Verhaltensmaßregeln. Offiziell zusammengestellt wurde der Koran erst im Jahre 653 auf Befehl des Kalifen Otman ibn Affan. Neben den Koran tritt die Sunna (Brauch, Überlieferung), die neben dem Koran auch die unabhängig überlieferten Reden und Taten Mohammeds als verbindliche Glaubensquellen anerkennt. Zunächst wurden sie mündlich überliefert, nach ca. 200 Jahren dann auch in Sammlungen festgehalten. Die Anhänger dieser Tradition sind die Sunniten, die heute etwa 90 Prozent aller Muslime ausmachen.

Abgesehen von den Vorschriften des Korans hat der gläubige Muslim fünf Grundregeln zu befolgen: 1. das Glaubensbekenntnis („Es gibt keinen Gott außer dem einen Gott, und Mohammed ist der Gesandte Gottes"); 2. das tägliche Gebet; 3. die Zahlung der Abgabe für die Armen; 4. das Fasten im Fastenmonat Ramadan; 5. die Pilgerreise nach Mekka.

7.2 Die Kreuzzüge

In der öffentlichen Meinung werden die Kreuzzüge oft als Reaktion auf die Ausbreitung des Islam gesehen. Aber zwischen der islamischen Expansion und dem Beginn der Kreuzzüge lagen mehr als vier Jahrhunderte, und die wenigsten Kreuzfahrer hatten vor dem Kreuzzug jemals einen Muslim gesehen oder waren durch Muslime bedroht worden. Als „Antwort" können sie allenfalls insofern gesehen werden, als in der Atmosphäre, die durch die innere Erneuerung der Kirche im 11. Jahrhundert und durch die Zunahme der Wallfahrt nach Jerusalem entstanden war, nicht mehr so leicht hingenommen wurde, dass die Gebiete, in denen Jesus Christus einst gelebt hatte, jetzt von Nichtchristen beherrscht wurden, und dass die Christen dort nur eine geduldete Minderheit waren. Krieg um des Glaubens willen war vor den Kreuzzügen selten.

Islam und Kreuzzüge

3 Tempelberg in Jerusalem mit der al-Aqsa-Moschee, dem Felsendom und der Klagemauer

Definition und Herkunft

Die „offizielle" wissenschaftlich anerkannte Definition besagt, dass ein Kreuzzug ein von dem Papst ausgeschriebener und für gerecht befundener Kriegszug ist, bei dem der Teilnehmer einen Ablass erhält, also eine Vergebung der zeitlichen Strafen für die von ihm begangenen Sünden. Die ersten Kreuzzüge führten ins Heilige Land, um Jerusalem den Muslimen zu entreißen, und dann, um es zu verteidigen. Später wurden auch Feldzüge gegen Heiden, gegen Häretiker und schließlich gegen Feinde des Papstes oder der mit ihm verbündeten Herrscher als Kreuzzüge ausgeschrieben. In der Neuzeit hat der Begriff eine allgemeinere Bedeutung bekommen: Kreuzzug gegen die Armut, gegen den Terrorismus usw. Eine offizielle Bestätigung durch den Papst ist nicht mehr erforderlich.

Die Kreuzfahrer sahen sich zunächst als Wallfahrer. Sie selbst nannten sich Pilger (lat. *peregrini*). Der Begriff Kreuzfahrer (lat. *crucesiguati* = mit dem Kreuz gezeichnete) wurde erst sehr viel später gebräuchlich. Wallfahrten zu heiligen Orten und Reliquien gab es seit der Spätantike, auch solche nach Palästina. Im 11. Jahrhundert wurde aufgrund der politischen Situation das Pilgern dorthin allerdings gefährlicher.

Ursachen

Für den überraschenden Erfolg der Kreuzzugswerbung waren mehrere Faktoren, religiöse wie nichtreligiöse, verantwortlich. Die kirchlichen Reformen des 11. Jahrhunderts stärkten den Einfluss der Kirche und dämmten in den Staaten des lateinischen Europa auch die Streitsucht des Adels ein (Gottesfriede). Die Gesellschaft stabilisierte sich, was im Umkehrschluss zu einer Unterbeschäftigung der herrschenden Schicht führte, die sich durch Kampf definierte (Fehdewesen). Die Kreuzzüge boten hier ein Ventil und zugleich die Möglichkeit, im Dienste Gottes für eine, wie man glaubte, gerechte Sache zu kämpfen. Für den Papst waren sie zudem ein Mittel, seinen Einfluss stärker zur Geltung zu bringen.

Der Erste Kreuzzug (1096–1101)

Der Anlass des Ersten Kreuzzuges war eine Bitte um Hilfe aus Byzanz. Das Byzantinische Reich hatte in der zweiten Hälfte des 11. Jahrhunderts unter schweren Angriffen von außen zu leiden, die seine Existenz in hohem Maße gefährdeten. Die türkischen Seldschuken hatten die byzantinische Armee 1071 im Osten Kleinasiens vernichtend geschlagen und in der Folge fast die ganze Halbinsel erobert. Byzanz besaß nicht die Mittel, sie von dort wieder zu verdrängen, und der byzantinische Kaiser Alexios I. Komnenos (1081–1118) wandte sich daher um Hilfe an den Westen. Er dachte hierbei an Söldner, die unter byzantinischem Befehl kämpfen sollten, nicht an das, was tatsächlich kam. Alexios hatte schon früher Söldner im Abendland angeworben, nun schickte er eine Gesandtschaft an den Papst, von dem er glaubte, dass dieser am besten für die Verbreitung seiner Bitte sorgen könnte. Das brachte allerdings mit sich, dass um des Propagandaeffektes willen die religiösen Aspekte des Kampfes gegen die islamischen Seldschuken stärker betont wurden, als man es in Byzanz selbst empfand.

Papst Urban II. nahm die byzantinische Anfrage freundlich auf und versuchte, sie weiter zu verbreiten. Ein erster Aufruf während der Synode von Piacenca 1095 fand kein Gehör, aber als der Papst etwas später auf der Synode in Clermont die Hilfe für Byzanz mit der Aufforderung verband, Jerusalem aus der Hand der Muslime zu befreien, muss er bei seinen Zuhörern einen Nerv getroffen haben. Die Reaktion war ungeheuer, und der Kreuzzug wuchs sich so zu einem Massenunternehmen aus. Aber die Einbeziehung Jerusalems führte auch zu einem fast unlösbaren Problem: Die Eroberung Jerusalems wurde zu einem Anliegen aller Christen gemacht, während die Hilfe für Byzanz nur noch ein Nebenaspekt war.

Für Byzanz ergab sich damit ein doppeltes Problem. Die Byzantiner betrachteten das Heilige Land als ihre Interessensphäre, die ohne ihre Zustimmung nicht von anderen zu beanspruchen war. Dazu kam, dass der Durchzug so zahlreicher Heere enorme logistische Probleme aufwarf, die für einen mittelalterlichen Staat kaum zu lösen waren. Die Kreuzfahrer erwarteten aber Unterstützung und sahen alles andere als Verrat an dem gemeinsamen christlichen Ziel, eben dem Besitz Jerusalems.

Konstantinopel war zum Sammelpunkt der verschiedenen Verbände bestimmt worden. Schon dort kam es zu Schwierigkeiten, da die Kreuzfahrer die Länge und die Kosten des Zuges weit unterschätzt hatten. Alexios Komnenos auf der Gegenseite war nicht bereit, selbständige Reichsgründungen der Kreuzfahrer zu akzeptieren, und zwang sie daher, ihm den Lehnseid zu leisten und zu versprechen, etwaige Eroberungen an ihn abzutreten, was zu einer ernsthaften Verstimmung führte. Aber ohne oder gar gegen Byzanz war ein Erfolg unmöglich.

Von Konstantinopel aus durchzogen die Kreuzfahrer Kleinasien und eroberten schließlich nach großen Mühen Antiochia in Nordsyrien. Schon hier kam es zum Bruch mit Byzanz, das nach Auffassung der Kreuzfahrer nicht die versprochene Hilfe leistete. Der Zug wurde ohne byzantinische Hilfe bis Jerusalem fortgesetzt, das man am 15. Juli 1999 mit viel Glück eroberte.

Die Kreuzfahrerstaaten im Vorderen Orient

Die Kreuzfahrer errichteten im Vorderen Orient vier unabhängige Herrschaften: das Fürstentum Antiochia, die Grafschaft Edessa, das Königreich Jerusalem und die Grafschaft Tripolis. In diesen Reichen bildeten die Ritter aus dem Abendland aber nur eine geringe Führungsschicht, während der Großteil der Bevölkerung weiterhin aus einheimischen Christen und aus Muslimen bestand, die nur wenige oder keine Rechte besaßen. Weil die Eroberer zahlenmäßig schwach blieben und es nur in geringem Maße zur Kooperation mit den Einheimischen kam, blieben sie immer auf Hilfe aus ihren Herkunftsländern angewiesen. Das aber verschärfte den Gegensatz zu den muslimischen Nachbarreichen, da sich der religiöse Gegensatz auf diese Weise nicht vermindern konnte. Die Kreuzfahrerstaaten blieben daher zeit ihrer Existenz ein Fremdkörper im Vorderen Orient, und schon bald setzten muslimische Versuche ein, die „Lateiner" wieder zu vertreiben. 1187 schlug Sultan Saladin die Kreuzritter bei Hattin und eroberte den größten Teil des Königreichs Jerusalem sowie Jerusalem selbst zurück. 1291 ging schließlich mit der Einnahme ihrer Hauptstadt Akkon auch der Rest ihrer Besitzungen an die Muslime verloren.

Die späteren Kreuzzüge

Die späteren Kreuzzüge hatten entweder das Ziel, die christlichen Besitzungen im Heiligen Land gegen die muslimischen Angriffe zu verteidigen oder verloren gegangenes Gebiet zurückzugewinnen. Dauerhafte Erfolge hatten sie nicht. Einen Sonderfall bildet der Vierte Kreuzzug, auf dem Konstantinopel, die Hauptstadt des Byzantinischen Reiches, erobert wurde.

Islam und Kreuzzüge

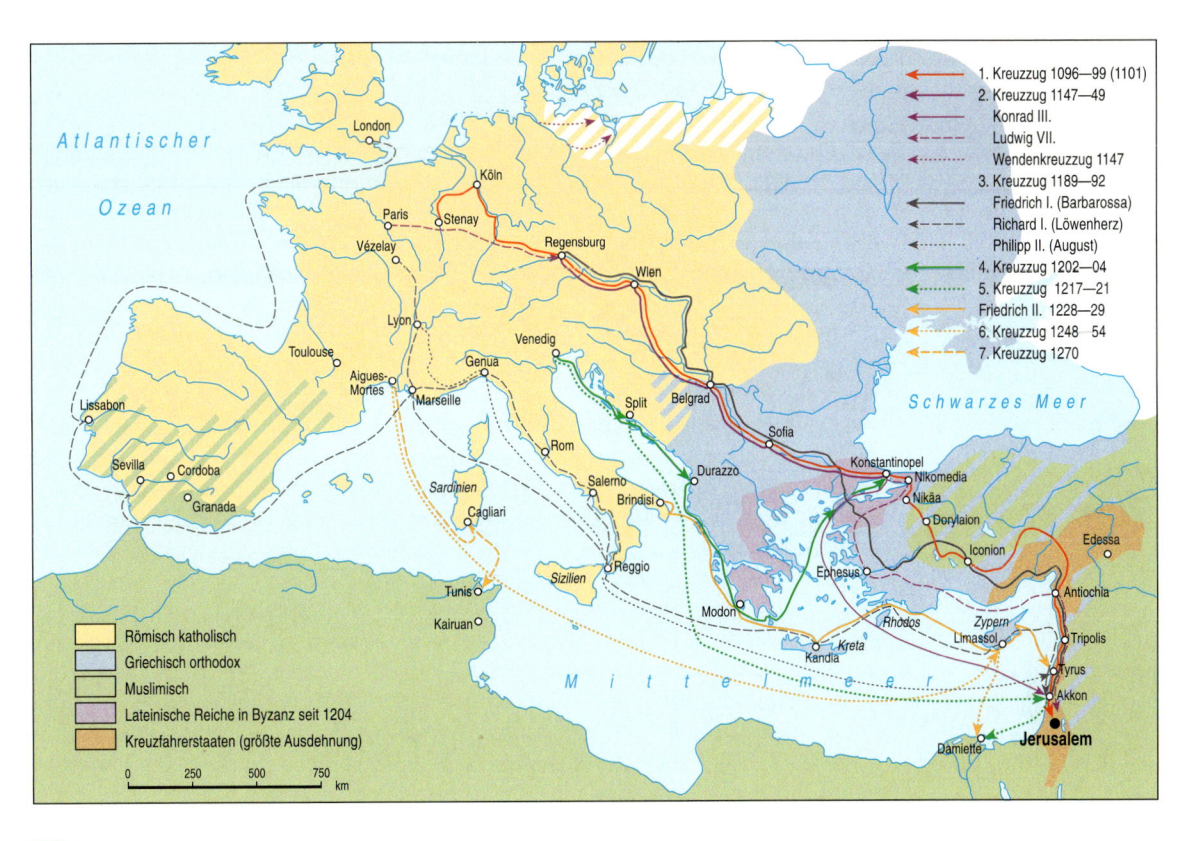

4 Verlauf der Kreuzzüge 1096–1270

Neben den angeführten Kreuzzügen, deren traditionelle Zählung übrigens willkürlich und erst in der Neuzeit erfolgte, gab es noch eine ganze Reihe anderer Unternehmungen, die von den Päpsten als Kreuzzüge anerkannt wurden. So wurde z. B. während des Zweiten Kreuzzuges Lissabon von friesischen Kreuzfahrern erobert. Ebenso konnte der deutsche Herzog Heinrich der Löwe Papst Eugen III. dazu bringen, einen Kreuzzugsablass für einen Krieg gegen die heidnischen Wenden zwischen Elbe und Oder zu erlassen (Wendenkreuzzug). Später wurden die Kreuzzüge immer weiter ausgedehnt: gegen Häretiker (z. B. gegen die Katharer in Südfrankreich), schließlich gegen alle Feinde des Papsttums und der weltlichen Mächte, die den Papst dazu bringen konnten, ihre jeweilige Sache zu unterstützen. Für die Akzeptanz der Kreuzzüge sollten sich diese Ausweitungen als verhängnisvoll erweisen, zumal im Lauf der Zeit auch ganz andere Interessen unter dem Zeichen des Kreuzzuges verwirklicht wurden.

Kreuzzüge gegen andere Ziele

Die Kreuzzüge endeten keineswegs mit dem Verlust des Heiligen Landes 1291. Auch danach gab es noch Eroberungspläne, aber sie kamen nicht mehr zur Ausführung. Dagegen wurden zur Verteidigung gegen die expandierenden Muslime immer wieder Kreuzzüge ausgeschrieben, besonders im Balkanraum, wo die osmanischen Türken immer weiter vordrangen. Dieser Kampf gegen die Osmanen auf dem Balkan dauerte bis in die Neuzeit hinein an. Auf christlicher Seite war besonders das habsburgische Österreich Träger zunächst der Verteidigung und später, ab dem 18. Jahrhundert, auch des Angriffs.

Spätere Kreuzzüge

Islam und Kreuzzüge

Folgen

Lange Zeit wurden gerne die Kulturkontakte hervorgehoben, die durch die Kreuzzüge vermittelt worden seien. Aber diese Kontakte wurden eher über Spanien, zum Teil auch über Unteritalien vermittelt.

Auf der anderen Seite gab es ungeheure Verluste an Menschen und Ressourcen. Nur eine Minderheit kehrte in die Heimat zurück. Bisweilen wird behauptet, dass die Kreuzzüge die Feindschaft zwischen Christen und Muslimen vertieft hätten. Aber das war allenfalls kurzfristig der Fall, und spätestens mit dem Ende der Kreuzfahrerstaaten geriet der ganze Konflikt in Vergessenheit. Nach dem Ende der Kreuzzüge gingen die „normalen" Pilgerreisen ins Heilige Land ebenso ungestört weiter, wie es in den ersten Jahrhunderten der islamischen Herrschaft der Fall gewesen war.

Für die Juden im lateinischen Europa waren die Kreuzzüge hingegen verhängnisvoll. In der religiös aufgeheizten Atmosphäre wurden die „Mörder Jesu Christi", als die man sie gerne verunglimpfte, immer wieder zu Opfern von Pogromen und Plünderungen. Allerdings waren diese Verfolgungen im Allgemeinen nicht von Fürsten oder der Kirche organisiert, sondern eher eine Folge der allgemeinen Kreuzzugspropaganda, nicht zuletzt verursacht auch durch die schlichte Gier der ärmeren Kreuzfahrer nach jüdischem Besitz.

Das „Image" der Kreuzzüge

Die Kreuzzüge waren nie unumstritten. In einer Welt, die Erfolg als Beweis für die moralische Richtigkeit des eigenen Tuns wertete, mussten die fortgesetzten Misserfolge desillusionierend wirken. Tatsächlich hat mit Ausnahme des Ersten Kreuzzuges ja keines der Nachfolgeunternehmen wirklich Erfolg gehabt. Trotz ungeheuren Aufwands war das lateinische Europa nicht einmal in der Lage, ein paar Landstriche im Vorderen Orient zu verteidigen. Das gab schon während der Kreuzzüge Anlass zu herber Kritik – und zu Aktionen, die aus heutiger Sicht geradezu pervers anmuten: etwa dem so genannten Kinderkreuzzug des Jahres 1212, der damit begründet wurde, dass keine sündhaften Erwachsenen, sondern nur unschuldige Kinder das heilige Land gewinnen würden. Von der Kirche wurde der „Kinderkreuzzug", bei dem neben Kindern auch viele, zumeist ärmere Erwachsene mitzogen, nicht gebilligt, und später galt er bezeichnenderweise als Teufelswerk. Schon seit dem 12. Jahrhundert war die Verweltlichung des Kreuzzugsgedankens Anstoß für Kritik, wobei Papstkritik und Kreuzzugskritik oft miteinander verschmolzen.

7

5 1204 in Konstantinopel geraubte byzantinische Kunst, Reliquiar des hl. Demetrios in Halberstadt

Stark ins Negative geriet das Bild der Kreuzzüge dann in der Aufklärung: Nun galten sie als typisch für das dunkle Mittelalter. Die oft grausamen Ereignisse wurden abgelehnt und die religiöse Motivation in Zweifel gezogen. Diese Meinung hat auch heute noch viele Anhänger. Zum Teil ist dies sicher auf Missverständnisse zurückzuführen: Die Kreuzfahrer haben sich nicht schlimmer benommen als die meisten „normalen" Kriegführenden jener Zeit. Das berühmte „Massaker" in Jerusalem nach der Einnahme der Stadt 1099, als die Kreuzfahrer bis zu den Knien im Blut der Erschlagenen gewatet sein sollen, war in Wirklichkeit nicht schrecklicher, als andere gewaltsame Eroberungen in jener Epoche. Allerdings wird der Bericht darüber in den Chroniken mit Berichten aus dem Alten Testament verglichen. Um die gottgewollte Bestimmung des Kreuzzuges herauszustellen, griffen die Chronisten zu solchen Beispielen und erhöhten die Zahlen der Erschlagenen, was man bis in die jüngste Zeit hinein geglaubt hat. In gewisser Weise ist die Verurteilung der Kreuzzüge, deren dunkle Seiten durchaus nicht verschwiegen werden sollen, eine Folge unserer Angewohnheit, die heutigen Moralvorstellungen auf andere Epochen zu übertragen und damit absolut zu setzen. Das hat viel mit unserem eigenen Selbstverständnis zu tun, aber wenig mit den realen Verhältnissen, die im Mittelalter geherrscht haben.

6 Brief des Papstes Urban II. an die Fürsten von Flandern 1096

Wir denken, dass eure Bruderschaft schon durch viele Berichte erfahren hat, wie barbarisches Wüten die Kirchen Gottes im Orient durch unglückselige Verwüstung zerstört hat; mehr noch, dass die heilige Stadt Christi, berühmt geworden durch Sein Leiden und Seine Auferstehung, unerträgliche Knechtschaft erdulden muss […] Deshalb sind wir nach Frankreich gefahren […] und haben die Fürsten und Untertanen dieses Landes zur Befreiung der Kirchen des Orients angetrieben, und auf dem Konzil von Clermont haben wir gegen Vergebung aller Sünden diese Fahrt beschlossen und unseren lieben Sohn Adhémar, Bischof von Puy, als Führer dieser Reise und dieses Unternehmens auserschen […] Wenn Gott einigen von euch eingibt, dieses Gelübde abzulegen, so mögen sie wissen, dass sie sich mit ihrer Truppe dieser Abreise anschließen können, die mit Gottes Hilfe auf den Tag der Himmelfahrt der seligen Jungfrau festgesetzt ist.

Zit. nach: Brief des Papstes Urban II. an die Fürsten von Flandern 1096. In: Die Kreuzzüge in Augenzeugenberichten, hrsg. von R. Pernoud, Deutsch von H. Thürnau. München 1975, S. 23f.

7 Der Chronist Fulcher von Charles (12. Jh.)

Wir, die wir Abendländer waren, sind Orientalen geworden; dieser, der Römer oder Franke war, ist hier Galiläer oder Bewohner Palästinas geworden; jener, der in Reims oder Chartres wohnte, betrachtet sich als Bürger von Tyrus oder Antiochia. Wir haben schon unsere Geburtsorte vergessen; mehrere von uns wissen sie schon nicht mehr, oder wenigstens hören sie sie nicht mehr davon sprechen. Manche von uns besitzen in diesem Land Häuser und Diener, die ihnen gehören wie nach Erbrecht; ein anderer hat eine Frau geheiratet, die durchaus nicht seine Landsmännin ist, eine Syrerin oder Armenierin oder sogar eine Sarazenin, die die Gnade der Taufe empfangen hat; der andere hat seinen Schwiegersohn oder seine Schwiegertochter bei sich oder seinen Schwiegervater oder seinen Stiefsohn; er ist umgeben von seinen Neffen oder sogar Großneffen; der eine bebaut Weingärten, der andere Felder; sie sprechen verschiedene Sprachen und haben es doch alle schon fertiggebracht, sich zu verstehen. Die verschiedensten Mundarten sind jetzt der einen wie der anderen Nation gemeinsam, und das Vertrauern nähert die entferntesten Rassen einander an.

Zit. nach: Die Kreuzzüge in Augenzeugenberichten, a.a.O., S. 125.

8 Der Chronist Guibert von Nogent (12. Jh.)

Kreuzzugskritik und Massenhysterie:

Was ich jetzt erzählen will, ist recht lächerlich, und doch beruht die Sache auf Zeugnissen, über die man nicht spotten kann. Eine ärmliche Frau hatte sich der Reise nach Jerusalem angeschlossen. Hinter dieser Frau watschelte eine Gans her, die nach ich weiß nicht welcher neuen Methode abgerichtet war und viel mehr anstellte, als ihre vernunftlose Natur mit sich bringt. Sogleich verbreitete sich in den Schlössern und Städten die Nachricht, auch die Gänse würden von Gott zur Eroberung Jerusalems ausgeschickt, und man gestand der unglücklichen Frau nicht einmal zu, dass sie es war, die ihre Gans führte, im Gegenteil, es sei die Gans, sagte man, die selber sie führe. Man machte in Cambrai die Probe. Während das Volk sich auf beiden Seiten aufstellte, schritt die Frau in der Kirche bis zum Altar, und die Gans, die ihr immer auf den Fersen blieb, ging hinter ihr her, ohne dass jemand sie stieß. Bald darauf, so erfuhren wir, starb die Gans im Lande Lothringen. Gewiss wäre sie viel sicherer nach Jerusalem gelangt, hätte man sie ihrer Herrin am Vorabend der Abreise gegeben, damit sie sie als Festschmaus verzehre. In dieser Geschichte, die dazu bestimmt ist, die Wahrheit festzustellen, habe ich alle Einzelheiten nur berichtet, damit alle gewarnt sind und Acht geben, dass sie den Ernst ihrer Eigenschaft als Christen nicht herabsetzen, indem sie sich leichtfertig Lügengeschichten zu eigen machen, die im Volke verbreitet sind.

Zit. nach: Die Kreuzzüge in Augenzeugenberichten, a.a.O., S. 48.

9 Wilhelm II. als Kreuzfahrer
Karikatur, Punch 15.10.1898. Als der deutsche Kaiser Wilhelm II. 1898 Palästina besuchte, sah er sich als Kreuzfahrer in der Tradition Friedrich Barbarossas, während die Engländer ihn als Touristen verspotteten.

Islam und Kreuzzüge

10   Eine jüdische Chronik über den Ersten Kreuzzug
Als sie [die Kreuzfahrer] die Städte passierten, in denen Juden lebten, geschah es, dass sie zueinander sagten: Seht nur, wir haben einen langen Weg vor uns, um den entweihten Schrein [das hl. Grab] zu suchen und uns an den Ismaeliten [den Muslimen] zu rächen, während hier, mitten unter uns, die Juden leben, deren Vorväter ihn [Jesus] ohne Grund ermordet und gekreuzigt haben. Lass uns zunächst an ihnen Rache üben und sie aus den Völkern auslöschen, so dass sich niemand mehr an den Namen Israels erinnert, oder lasst uns sie zwingen, unseren Glauben anzunehmen und den Sprössling der Promiskuität anzuerkennen [hier wird darauf Bezug genommen, dass Joseph laut dem christlichen Glauben nicht der Vater Jesu war].

Zit. nach: Chronik des Solomon bar Simson. In: Shl. Eidelberg: The Jews and the Crusaders. Madison, Wisc. 1977, S. 22. Übers. Autor.

11   Muslimische Quelle über Sultan Saladin und den Dritten Kreuzzug
Drei Monate Kampfes sind verflossen zwischen den Anhängern der Dreieinigkeit und der Einheit; mehr als 20000 Feinde […] sind gefallen, ohne dass man eine Spur von Abnahme unter ihnen bemerken kann; denn das Meer im Rücken ergänzt ihren Verlust durch neue Verstärkungen; keine Stadt, noch Provinz, noch Insel, keinen kleineren oder größeren Ort gibt es dort, wo man für sie nicht Schiffe ausrüstet und Unterstützungen sammelt; für sie leert man die Schatzkammern, beutet die Minen aus, trägt Vorräte zusammen, gibt man Wertsachen, leeren sich die Kirchenschätze, werden die vergrabenen Kleinodien hervorgesucht; Bischöfe und Patriarchen kommen mit ihren Kreuzen heraus, und die Menge strömt herzu; dadurch sind sie gegen Unglück gefeit; dann schreien sie, dass dieses unser Land ihnen gehört, und dass ihre Brüder in Kuds [Jerusalem] vom Islam umgebracht worden sind; von Haus und Hof weg, in diesen Krieg gegen den Islam zu ziehen, sei ein verdienstliches Werk, das Sündenvergebung erwirke; hierauf legen sie die Eisenrüstung an. Wer zu schwach ist, die Reise selbst zu machen, trägt nach Vermögen und Kraft bei […].
Auch eine andere große und reiche Frau langte zur See an, mit 500 Reitern, Pferden, Reitknechten und Ausrüstung, sowie jeglichen Kriegsvorräten; sie musste sämtliche Auslagen ihrer Leute decken; jene Frau ritt mit aus und beteiligte sich bei den Angriffen. In dem Heer der Feinde gab es auch noch sonstige Weiber zu Pferde mit Panzern und Eisenhelm, welche nach Männerweise kämpften; sie stürzten sich in's Kampfgewühl an der Seite der Männer, nur die Schmucksachen an den Füssen verrieten das Weib; sie glaubten, Allah einen Dienst zu erweisen, und hofften auf seinen Beistand; Lob dem, der sie täuschte! Am Tage der Schlacht fanden wir manche starke Weiber, welche den Reitern ähnlich nur herabwallende Kleider trugen; der Tatbestand trat erst zu Tage, als sie geplündert und entkleidet wurden. Alte Weiber gab es eine Menge, welche die Kämpfenden anfeuerten; sie sagten, dass das Kreuz nur Wohlgefallen am Widerstand und dem Verschwinden [des Islam] habe. Das Grab des Messias müsse den Feinden entrissen werden, ein Irrtum, den die Männer mit den Frauen teilten.

Zit. nach: Abu Shama aus Boha ad-Din. In: Arabische Quellenbeiträge zur Geschichte der Kreuzzüge, übers. und hrsg. von E. P. Goergens. Berlin 1879 [Nachdruck Hildesheim – New York 1975], S. 128f. (hier sprachlich leicht an heutige Lesegewohnheit angepasst).

12   Der Kreuzfahrerchronist Robert von Clari (13. Jh.)
Robert von Clari berichtet über die Vorbereitungen zum Sturm auf Konstantinopel 1204:
Darauf ließ man in dem Heer verkünden, dass am Sonntagmorgen alle zu einer Predigt kommen sollten, sowohl die Venezianer als auch alle anderen. Und das taten sie. Dann predigten die Bischöfe dem Heer […] Und sie zeigten den Kreuzfahrern auf, dass der Kampf ein rechtmäßiger sei, denn sie [die Griechen] seien Verräter und Mörder und treulos, denn sie hätten ihren rechtmäßigen Herrn [den byz. Kaiser Alexios IV.] ermordet und sie seien schlimmer als die Juden. Und die Bischöfe sagten, dass sie im Namen Gottes und des Papstes allen denjenigen, die sie [die Griechen] angriffen, die Absolution erteilten. Und die Bischöfe forderten die Kreuzfahrer auf, zu beichten und würdig das heilige Sakrament zu empfangen [Kommunion bzw. Abendmahl]. Sie sollten auch überhaupt keine Bedenken haben, die Griechen anzugreifen, denn die seien Gottes Feinde. Und man gab Befehl, alle Dirnen ausfindig zu machen und sie aus dem Heer zu entfernen und sie weit von dem Heer wegzuschicken. Das tat man und brachte sie alle auf ein Transportschiff und sandte sie sehr weit von dem Heer weg.
Die Beute der Kreuzfahrer überstieg alle bisherigen Erfahrungen, was auch nicht verwunderlich war, da die byzantinische Hauptstadt bis dahin noch nie von einem äußeren Feind erobert worden war:
Als die größte Beute dorthin [zum Sammelplatz] getragen worden war, die so reich war, dass es da kostbare Gefäße von Gold und Silber gab und golddurchwirkte Stoffe und so viele kostbare Juwelen, dass es ein großartiges Wunder war, wie große Beute da herbeigetragen wurde, da wurde seit Erschaffung der Welt keine so große, so herrliche und so reiche Beute weder gesehen noch erobert, nicht zur Zeit Alexanders und auch nicht zur Zeit Karls des Großen, weder zuvor noch danach. Noch glaube ich, nach meinem besten Wissen, dass man in den fünfzig reichsten Städten der Welt nicht so viele Güter findet wie innerhalb von Konstantinopel. Das bezeugen die Griechen, dass nämlich zwei Drittel der Besitztümer der Welt in Konstantinopel sind und ein Drittel über die ganze Welt verteilt ist.

Zit. nach: Robert von Clari. Übers. in: Gerhard E. Sollbach (Übers.): Chroniken des 4. Kreuzzugs: Die Augenzeugenberichte von Geoffroy de Villehardouin und Robert de Clary, (Bibliothek der historischen Forschung, 9). Pfaffenweiler 1998, S. 119, 126.

Islam und Kreuzzüge

14 Papst Benedict XVI. im Gespräch mit Ali Bardakoglu, Präsident des Amtes für religiöse Angelegenheiten in der Türkei, 28. November 2006

13 Der byzantinische Chronist Niketas Choniates (12.–13. Jahrhundert)

Der byzantinische Chronist berichtet über eine deutsche Gesandtschaft des Kaisers Heinrich VI. 1195/96 an Kaiser Alexios III. Angelos und über die Unterschiede zwischen Deutschen und Byzantinern:

Als der Tag der Geburt Christi anbrach, legte der Kaiser sein edelsteingeschmücktes Kleid an und befahl auch den anderen, ihre golddurchwirkten, breitgesäumten Gewänder anzuziehen. Die Alamannen (= Deutsche) waren jedoch weit davon entfernt, vor Staunen über den Anblick außer sich zu geraten […] Einige Byzantiner standen neben ihnen und riefen ihnen zu, sie sollten doch auf die Pracht der Edelsteine blicken, die an dem Kaiser wie Blumen auf einer Wiese blühten und glühten, sie sollten doch mitten im Winter ihre Augen an dem Liebreiz dieses Frühlings weiden und ergötzen. Die Gesandten aber sagten zu ihnen: „Was sollen wir Alamannen mit so einem Schauspiel anfangen? Wir pflegen uns nicht hinzustellen und uns an dem Anblick solcher Spangenkleider und Überwürfe zu berauschen, die doch nur für Weiber passen, für puderbeschmierte, mit Kopfbinden und glänzenden Ohrgehängen aufgeputzte, gefallsüchtige Wesen."

Zit. nach: Nicetae Choniatae: Historia 477, dt. Übersetzung von F. Grabler: Die Kreuzfahrer erobern Konstantinopel, (Byzantinische Geschichtsschreiber, Band IX) Graz–Wien–Köln 1958, S. 44.

15 H. Wollschläger (1973)

Eine antikirchliche Streitschrift aus dem 20. Jahrhundert:

Über 22 Millionen Tote […] nur eine Phase dieser Geschichte, und die letzte nicht […] Wie ließe sich Bilanz ziehen? Über 22 Millionen Tote –: Gibt es überhaupt eine andere Bilanz? Eine Geschichtsschreibung, die in den Kreuzzügen „ein besonderes Charakteristikum für den religiös-kirchlichen Aufschwung" im Mittelalter erblickt – mit ihr ist, ob sie nun in Schulen ausliegt, ja Hoch-Schulen, oder nur in den Kirchen, in denen „die Wahrheit" ohnehin auf sehr eigene Art behandelt wird, schwerlich zu streiten: – man kann ihr nur zustimmen. Über 22 Millionen Tote –: in der Tat „ein besonderes Charakteristikum". Wofür? Nur für die Tätigkeit einer Institution, eines gigantischen Syndikats, das einst die Welt terrorisierte? Nicht für noch weitaus mehr? Wie wenig Sie immer bereit und fähig sein mögen, darüber nachzudenken – die Frage sei Ihnen zum Schluss doch nicht erspart.

Zit. nach: H. Wollschläger: Die bewaffneten Wallfahrten gen Jerusalem. Zürich 1973, S. 224.

Arbeitsvorschläge

a) US-Präsident Bush bezeichnete seit 2001 seine Außenpolitik u. a als „Kreuzzug gegen den Terrorismus". Diskutieren Sie, ob dies mit mittelalterlichen Kreuzzügen vergleichbar ist?

b) Könnte man die Situation des heutigen Israel mit derjenigen der mittelalterlichen Kreuzfahrerstaaten gleichsetzen? Was sind die Ähnlichkeiten und Unterschiede?

d) Islam und Kreuzzüge in der Literatur: Vergleichen Sie den „realen" Sultan Saladin mit der Darstellung in Lessings „Nathan der Weise".

Islam und Kreuzzüge

Standpunkte: Der Djihad

Wenn heutzutage vom Islam die Rede ist, fällt häufig der Begriff Djihad, der in den Medien oft mit einem grundsätzlichen Krieg gegen den Westen gleichgesetzt wird, während islamfreundliche Quellen mitunter jede militärische Definition ablehnen. Beides ist in der jeweiligen Ausschließlichkeit schon deshalb falsch, weil auch der Begriff des Djihad im Lauf der Zeit Änderungen erfahren hat. Wörtlich übersetzt ist Djihad ein arabisches Wort und bedeutet so viel wie „Bemühen".

Der Djihad gehört zwar nicht zu den fünf Grundregeln des Islam. Dennoch gehört er zu den Pflichten des gläubigen Muslim, die ihm im Koran auferlegt werden.

1 Der Koran über den Djihad

Die Aussprüche über den Djihad im Koran sind widersprüchlich. Oft sind es bildhafte Aussagen, die verschieden interpretiert werden können.

Suren 190–193:

Und kämpft um Gottes Willen gegen diejenigen, die gegen euch kämpfen! Aber begeht keine Übertretung (indem ihr den Kampf auf unrechtmäßige Weise führt)! Gott liebt nicht, die Übertretungen begehen.

Und tötet sie (die Ungläubigen), wo (immer) ihr sie zu fassen bekommt, und vertreibt sie, von wo sie euch vertrieben haben! Der Versuch (Gläubige zum Abfall vom Islam) zu verführen ist schlimmer als töten […]

Wenn sie jedoch (mit ihrem gottlosen Tun) aufhören (und sich bekehren), so ist Gott barmherzig und bereit zu vergeben.

Und kämpft gegen sie, bis niemand (mehr) versucht (Gläubige zum Abfall vom Islam) zu verführen, und bis nur noch Gott verehrt wird! Wenn sie jedoch (mit ihrem gottlosen Treiben) aufhören (und sich bekehren), darf es keine Übertretung geben, es sei denn gegen die Frevler.

Zit. nach: B. Lewis: Der Islam von den Anfängen bis zur Eroberung von Konstantinopel. Zürich – München 1981, Bd. I, S. 297 f.

2 Ausspruch Mohammeds

Ein weiterer Mohammed zugeschriebener Spruch über den Djihad lautet:

Im Islam gibt es drei Stufen, die untere, die höhere und die höchste. Die untere ist der Islam der Muslime im Allgemeinen. Wenn du irgendeinen fragst, wird er antworten: „Ich bin Muslim." Auf der höheren Stufe sind ihre Verdienste anders; denn manche Muslime sind besser als andere. Die höchste Stufe ist der Djihad um Gottes Willen; und diesen erlangen nur die Besten.

Zit. nach: Lewis, a.a.O., S. 300.

3 Kitab al Uyun (arabische Quelle des 10. Jahrhunderts)

Als sich nach den ersten beiden Jahrhunderten der islamischen Expansion die Dinge wieder normalisierten, kam es natürlich auch zu friedlichen Kontakten zwischen Muslimen und Andersgläubigen. Dennoch war ein dauerhafter Friedenszustand nach Ansicht der muslimischen Rechtsgelehrten nicht zulässig, wie diese Antwort des fatimitidischen Kalifen al–Muizz von Ägypten aus dem Jahre 958/59 auf ein Friedensgesuch des byzantinischen Kaisers zeigt:

Religion und Sharia erlauben keinen dauerhaften Frieden. Allah hat seinen Propheten Mohammes gesandt und nach ihm unter seinen Nachkommen die Imame eingesetzt, um die Menschheit zu Seiner Religion zu rufen und Djihad gegen die Widerspenstigen zu führen, bis sie die Religion annehmen oder als Unterworfene die Kopfsteuer zahlen, die Herrschaft des Imams (geistliches muslimisches Oberhaupt) der Muslime annehmen und sich unter seinen Schutz stellen. Friede war nur für eine festgesetzte Zeit erlaubt, je nachdem was nach Meinung des Imams der Muslime nützlich für sie war und den Interessen der Religion diente. Würde man einen dauerhaften Frieden schließen, würde der Djihad, der eine religiöse Pflicht für alle Gläubigen ist, ungewiss, die Verbreitung des Islam würde schwinden und man würde gegen den Befehl des Koran verstoßen.

Kitab al Uyun, übersetzt vom Autor auf Basis der englischen Übersetzung von Stern 1950.

4 Vita des Heiligen Antonios des Jüngeren aus dem 9. Jahrhundert

Im täglichen Miteinander gab es allerdings auch ein wesentlich pragmatischeres Verhalten, wie wir z. B. aus der Lebensbeschreibung des byzantinischen Heiligen Antonios des Jüngeren wissen:

Der hl. Antonios war Befehlshaber der Stadt Attaleia (an der türkischen Küste), als diese eines Tages von einer muslimischen Flotte aus Syrien angegriffen wurde. Antonios verhandelte mit dem arabischen Admiral und warf ihm vor, ohne Not Attaleia anzugreifen, eine Stadt, deren Einwohnerschaft ihm nichts getan habe und deren Einnahme ihm kaum Ruhm und Beute einbringen würde. Der Araber erwiderte, nur byzantinische Angriffe auf Syrien hätten ihn zu einer solchen Handlungsweise gezwungen: „Ihr selbst habt uns hierzu gezwungen, als ihr Soldaten auf Raub ausschicket und die ganze Küste Syriens plündertet." Hierauf entgegnete Ioannes: „Der Kaiser der Rhomäer befiehlt seinen Hauptleuten, was er will, und es geschieht, und er entsendet Flotten und rüstet Armeen aus für den Kampf gegen diejenigen, die seiner Herrschaft Widerstand leisten, ob wir das nun wollen oder nicht wollen." Dann bietet er Tribut und Geschenke an, wenn die Muslime die Stadt verschonen. Die Araber lassen sich überzeugen und ziehen gegen eine Tributzahlung ab, ohne die Stadt anzugreifen.

Zit. nach: Bios ... tou hagiou Hosiou Antoniou tou Neou. In: Sylloge palaistines kai syriakes hagiologias, hrsg. von A. Papadopoulos–Kerameus. St. Petersburg 1907, Kap. 18, S. 199f. Zusammengefasst und übersetzt vom Autor.

5 Marxistische Interpretation
In der marxistischen Geschichtsschreibung trat der Djihad hinter ökonomischen Motiven zurück:
Sehr lange hat man die arabischen Eroberungen unter dem Einfluss einer religiös bestimmten Geschichtsschreibung als Religionskriege angesehen, bei denen die Muslime mit dem Schwert in der Hand den Islam verbreiteten. Erst seit dem Ende des 19. Jh. erkannte man [...] immer klarer die materiellen Gründe. Die neue Religion, die sich in den wenigen Jahren ihrer Existenz in Arabien kaum umfassend hatte verbreiten könne, bildete – und das war das Neue bei diesen Eroberungen – jetzt ein einigendes ideologisches Band, gab den Kriegszügen eine ideelle Begründung. Die Muslims betrachteten die militärischen Expeditionen als Djihad, „heiligen Krieg", der gegen alle Ungläubigen geführt werden musste, um sie zum Islam zu bekehren oder – und darum ging es den Eroberern hauptsächlich, die Andersgläubigen zu unterwerfen und von ihnen Tribut zu verlangen.

Zit. nach: Lothar Rathmann/Armia Börner (Hrsg.): Geschichte der Araber, Bd. 2. Akademie-Verlag Ost-Berlin 1971, S. 91.

6 Modernes Lexikon
Heutzutage wird Djihad eher allgemeiner definiert, wobei der „Heilige Krieg" nur eine Möglichkeit des Djihads unter mehreren ist:
Der Djihad ist im Islam der allumfassend geforderte unbedingte Einsatz eines gläubigen Moslems für die Sache Gottes (Allahs). Des Weiteren wird mit diesem Begriff auch die Verbreitung des Islam und die Verteidigung des islamischen Herrschaftsgebiets gegen seine Feinde beschrieben; gegebenenfalls in einem so genannten „Heiligen Krieg". Den am Djihad Beteiligten wird ein hoher Lohn im Jenseits verheißen.

Zit. nach: Lexikon der Religionen. Freiburg i.B 1987, S. 124 (Günter Riße).

7 Der Islamwissenschaftler Richter-Bernburg
Sind der Djihad im Islam und die Kreuzzüge im Christentum nur zwei Seiten ein- und derselben Medaille?
(Zum Djihad): In der frühislamischen Geschichte hat der Begriff (Djihad) eindeutig den Inhalt der bewaffneten Anstrengung. Schon im Koran ist vom Einsatz mit eigenem Reichtum und dem eigenen Leben auf dem Wege Gottes die Rede, das bedeutet Kampf gegen andere, die als der Gemeinschaft der Muslime feindlich gesonnen und gegen sie agierend vorgestellt werden. Seit mindestens 1000 Jahren besteht im Islam auch der Begriff des so genannten größeren Djihad, dem Kampf und Bemühen um die Selbstvervollkommnung des Gläubigen oder besser gesagt der gläubigen Seele oder der gläubigen Person [...] gegen die bösen Impulse der eigenen Seele, wie es in der traditionellen Terminologie heißt [...] Man kann mit dem Begriff Djihad sehr schön jonglieren und die militärische Komponente mit der Bemühung des Gläubigen um die Selbstvervollkommnung verdecken. Aber: Djihad ist im islamischen Recht und im Religionsgesetz immer die bewaffnete Selbstverteidigung des Gemeinwesens und der Gemeinde [...]

(Zum Kreuzzug): Der Begriff ist (bei den Muslimen) extrem negativ besetzt. „Kreuzzug" ist immer der Angriff gegen die geheiligtesten Güter – nicht der Nation, sondern der muslimischen Gemeinde, der muslimischen Ökumene schlechthin. Doch wird „Kreuzzug" nicht mehr gelesen im mittelalterlichen Kontext, sondern im Kontext der Geschichte der letzten zwei Jahrhunderte, und dann zusammen gesehen mit dem europäischen Imperialismus. „Kreuzzug" bedeutet den Versuch, den Islam zu unterminieren. Wenn jemand etwas diskreditieren will, muss er es nur mit dem Begriff Kreuzzug verbinden. Wenn man genau hinschaut, dann ist „Kreuzzug" als Versuch, die Heiligen Stätten politisch zu beherrschen, auch von dem heutigen Streit um Jerusalem nicht weit entfernt.

Zit. nach: Interview mit L. Richter-Bernburg, Prof. für Islamkunde. In: Welt und Umwelt der Bibel 3. Stuttgart 2003, S. 42f.

Arbeitsvorschlag:
a) Erörtern Sie, ob es Übereinstimmungen zwischen den angeführten Definitionen des Djihad und dem modernen islamischen Fundamentalismus gibt. Benennen Sie Übereinstimmungen und Unterschiede zwischen Djihad und Kreuzzügen.

8 Die politische Gestalt Europas im Hochmittelalter (11.–13. Jahrhundert): Aufbruch und Konsolidierung

Das römisch-deutsche Reich im hochmittelalterlichen Europa

Die Geschichte des nordalpinen römisch-deutschen Reiches ist im Hochmittelalter eng mit der anderer Gemeinwesen des christlichen Abendlandes verbunden. Sie lässt sich adäquat nur im universalen Zusammenhang beschreiben. Zum einen hatte das Reich Anteil an den wirtschaftlichen, sozialen und mentalen Wandlungsprozessen der Zeit, die sich in der Summe als „Aufbruch Europas im Hochmittelalter" deuten lassen. Zum anderen gab es enge politische Bündnisse und dynastische Verbindungen zwischen den führenden Adelshäusern des Reiches und seiner nahen und fernen Nachbarn. Aus diesen Verbindungen resultierten bisweilen Konflikte, die mitunter sogar in militärische Auseinandersetzungen einmündeten. Andererseits eröffneten sich aus ihnen neue politische Perspektiven. Vor dem Hintergrund eines allgemeinen kulturellen Gefälles von Westen nach Osten und Süden nach Norden förderten sie den kulturellen Austausch zwischen den Höfen und Regionen.

Romzug und Kaiserwürde

Unabhängig davon sahen sich die römisch-deutschen Könige ihrem Herrschaftsanspruch und Selbstverständnis nach darauf verwiesen, die Kaiserwürde zu erlangen. Zu diesem Zweck mussten sie einen Romzug unternehmen. Auf dem Weg nach Rom zog der römisch-deutsche König über die Alpenpässe und dann durch Norditalien, das als regnum Italiae Teil des von ihm beanspruchten Herrschaftsraumes war. So unternahm etwa Friedrich I. Barbarossa insgesamt sechs Italienzüge und verbrachte rund ein Drittel seiner Herrschaftszeit südlich der Alpen.

Der Konflikt mit den norditalienischen Stadtgemeinden

Hier führte die Einforderung von Herrschaftsrechten und Abgaben immer wieder zu Konflikten zwischen dem König und den mächtigen norditalienischen Stadtgemeinden. Diese sahen sich durch das Wirken von Amtsleuten des Königs in ihrem Freiheitswillen und in ihren Unabhängigkeitsbestrebungen beeinträchtigt und scharten sich gegen den königlichen Herrschaftsanspruch in überregionalen Bündnissen.

Der Konflikt mit dem Papsttum

Überdies prallten bei der Begegnung der römisch-deutschen Herrscher mit dem Papsttum zwei universale Herrschaftsansprüche hart aufeinander. Am Ende des zwischen ihnen entbrennenden Konfliktes stand ein mehr oder weniger entsakralisiertes Königtum einem Papsttum gegenüber, dessen vormals gefürchtete Waffen wie Kirchenbann und Interdikt durch allzu häufigen Gebrauch stumpf geworden waren. Die Zeitgenossen sahen in diesem Konflikt die gottgewollte Ordnung der Welt zerbrechen und den Weltuntergang herannahen.

Das Römische Recht und die kulturelle Vielfalt Süditaliens

Darüber hinaus führten die Italienzüge aber auch zur Auseinandersetzung mit dem wiederentdeckten Römischen Recht, dessen eingängigen Formulierungen die Herrscher nur allzu gerne zur Rechtfertigung ihres kaiserlichen Herrschafts- und Gesetzgebungsanspruches heranzogen. Ferner sah man sich südlich der Alpen mit der städtisch geprägten Kultur des Mittelmeerraumes konfrontiert, mit dem noch lange Zeit byzantinisch geprägten Süditalien und mit der ethnischen, religiösen und kulturellen Vielfalt im normannischen Sizilien. All dies blieb nicht ohne Rückwirkungen auf das Reich, das zwischen dem 11. und dem 13. Jahrhundert selbst in einem grundlegenden Wandel begriffen war.

Die politische Gestalt Europas im Hochmittelalter …

8.1 Das Reich unter der Herrschaft der Salier und Staufer: Zwischen universalem Anspruch und territorialer Konzentration

Unter den Herrschern aus der Dynastie der Salier hatte das römisch-deutsche Reich eine bis dahin nicht gekannte Machtfülle erreicht. Dabei hatte es während dieser Zeit an inneren Konflikten beileibe nicht gemangelt: So kam es nach der brutalen Unterwerfung des sächsischen Aufstandes und der Brüskierung der Fürsten unter Heinrich IV. auf der Höhe des Konfliktes mit Gregor VII. 1077 erstmals in der deutschen Geschichte zur Erhebung eines Gegenkönigs. Und wenn Rudolf von Rheinfelden in der Schlacht an der Weißen Elster nicht symbolträchtig seine rechte (Schwur-)Hand verloren hätte und seinen Verletzungen erlegen wäre, hätte dies wohl das Ende der salischen Dynastie bedeutet. Heinrich selbst wurde 1106 durch seinen gleichnamigen Sohn vom Thron gestoßen, eine Erniedrigung, die von Zeitgenossen als göttliches Strafgericht für sein unrühmliches Verhalten in den Konflikten mit dem Reformpapsttum gedeutet wurde.

Opposition der Fürsten und Gegenkönigtum Rudolfs von Rheinfelden

1 Mumifizierte nach lokaler Überlieferung vermutliche „Schwurhand" Rudolfs von Rheinfelden, Domstiftung Merseburg

Mit dem Tod Heinrichs V. erlosch die salische Dynastie 1125 im Mannesstamm. Das salische Hausgut fiel an Herzog Friedrich II. von Schwaben aus der Familie der Staufer und an dessen Bruder Konrad. Dies erklärt sich daraus, dass der Vater der beiden, Herzog Friedrich I. von Schwaben, mit Agnes, einer Tochter Heinrichs IV., verheiratet gewesen war, wodurch sich eine verwandtschaftliche Verbindung zwischen Saliern und Staufern ergab.

Bei den folgenden Königswahlen hatten die Fürsten jeweils zwischen mehreren möglichen Kandidaten zu entscheiden. Dabei ließen sie sich keinesfalls nur von der Sorge um das Wohl des Reiches, sondern maßgeblich von ihren eigenen Interessen leiten: So wurde 1125 nicht etwa der mächtige schwäbische Herzog Friedrich II. zum König erhoben, sondern Heinrichs sächsischer Gegenspieler Lothar von Süpplingenburg. 1138 entschieden sich die Fürsten dann handstreichartig für den Staufer Konrad und übergingen die Ansprüche von Lothars Schwiegersohn Heinrich dem Stolzen. Dieser entstammte der Familie der Welfen und war Herzog von Sachsen und Bayern. Als er 1139 starb, übernahmen in Sachsen und Bayern zunächst seine Mutter, die Kaiserinwitwe Richenza, bzw. sein Bruder Welf VI. die Regentschaft für seinen unmündigen Sohn Heinrich. Dieser sollte einige Jahrzehnte später als „Heinrich der Löwe" zunächst zum engen Verbündeten und später zum unversöhnlichen Gegner seines Vetters Friedrich I. Babarossa werden. Friedrich war Sohn des gleichnamigen schwäbischen Herzogs, der bei der Königswahl des Jahres 1125 unterlegen war. Seine Mutter Judith entstammte der Dynastie der Welfen und war eine Schwester Heinrichs des Stolzen. Die Zeitgenossen hofften, Friedrich würde aufgrund seiner Verwandtschaft mit beiden großen Adelshäusern vermittelnd und integrierend auf diese einwirken können.

Staufer und Welfen: Konkurrenz um den Thron und fürstliches Wahlrecht

Im Vorfeld der Königswahl des Jahres 1152, bei der Friedrich von den Fürsten auf den Thron gehoben wurde, kam es zu politischen Absprachen. In diesem Zusammenhang erhielt Heinrich der Löwe die Zusage über die Rückgabe des Herzogtums Bayern, das mit der Hand seiner Mutter in zweiter Ehe an den Babenberger Heinrich II. Jasomirgott gefallen war. Auch räumte ihm Friedrich offenbar umfassende landesherrliche Rechte und weitgehende Handlungsfreiheit in seinem sächsischen Herzogtum und in der daran anschließenden nordelbischen Sphäre ein. Heinrich nutzte die sich bietenden Freiräume zur Mediatisierung der sächsischen Großen und zum Ausbau einer

Friedrich I. Barbarossa und Heinrich der Löwe

Die politische Gestalt Europas im Hochmittelalter ...

2 **Ein Herzog von Gott gekrönt.** Ausschnitt aus einer Buchmalerei, die Herzog Heinrich der Löwe um 1175 in Auftrag gegeben hatte.
In der Mitte Heinrich und seine Gemahlin Mathilde. Links davon die Eltern Heinrichs und der welfische Kaiser Lothar III. (gest. 1137) mit seiner Gemahlin. Rechts die englische Königsfamilie, aus der Mathilde stammte.

königsähnlichen Herrschaft in diesem Raum. Die Pfalz Dankwarderode in Braunschweig wurde in Anlehnung an das königliche Goslar zu einer repräsentativen Residenz ausgebaut. Heinrich demonstrierte, dass er ein Fürst von europäischem Rang war. 1168 heiratete er die Tochter König Heinrichs II. von England.

Von der Kooperation zur Konfrontation: der Sturz des Löwen

Nachdem König Friedrich Heinrich lange Zeit in Sachsen hatte gewähren lassen und den Klagen der sächsischen Großen und vor allem der geistlichen Fürsten kein Ohr geschenkt hatte, muss es im Laufe der Zeit zu einer nachhaltigen Entfremdung, ja zu einer ernsthaften Verstimmung zwischen den Vettern gekommen sein. 1176 brach der schwelende Konflikt offen aus. Als Friedrich seinen Vetter Heinrich auf seinem fünften Italienzug inständig um Waffenhilfe bat, wurde ihm diese von Heinrich verweigert. In der Folge nahm sich Friedrich nun der Klagen der sächsischen Großen an, strengte einen zunächst landrechtlichen und dann, als der Welfe den Ladungen vor das königliche Hofgericht nicht nachkam, einen lehnsrechtlichen Prozess gegen Heinrich an. Nach Spruch der Fürsten wurde die Reichsacht über den Welfen verhängt, und ihm wurden seine Herzogtümer aberkannt. Sachsen wurde aufgeteilt, Bayern erhielt Pfalzgraf Otto von Wittelsbach; die Steiermark wurde ein eigenständiges Herzogtum. Bezeichnenderweise waren es in erster Linie die Fürsten, die aus dieser Auflösung der Stammesherzogtümer Vorteile zogen. Heinrich ging zu seinem Schwiegervater Heinrich II. ins anglonormannische Exil.

Die Aussöhnung mit dem Papsttum und den norditalienischen Städten

Friedrich I. Barbarossa hatte sich 1177 im Frieden von Venedig mit Papst Alexander III. ausgesöhnt und 1183 mit den norditalienischen Städten den Frieden von Konstanz geschlossen. Drei Jahre später heiratete Friedrichs Sohn Heinrich Konstanze, die Tochter König Rogers II. von Sizilien. Durch diese Verbindung eröffnete sich für die Staufer der Anspruch auf das Erbe der normannischen Dynastie im Königreich Sizilien.

Die Blüte der ritterlich-höfischen Kultur

Bereits zu Pfingsten 1184 hatte Friedrich anlässlich der Schwertleite für seine Söhne Heinrich und Friedrich gemeinsam mit den Großen des Reiches das Mainzer Hoffest gefeiert. Was sich hier an ritterlich-höfischer Pracht entfaltete, fand seine Entsprechung auch andernorts an den Höfen der Fürsten. Unter deren aktiver Förderung blühte eine adlige Laienkultur, deren Vertreter in Fest und

Turnier die ritterlich-höfischen Ideale vorlebten und sie in Epik und Minnesang hochleben ließen.

Selbst schon in hohem Alter nahm Friedrich dann 1188 in Mainz das Kreuz und brach 1190 von Regensburg aus zum Kreuzzug auf. Ohne Palästina erreicht zu haben, ertrank er in Kleinasien im Fluss Saleph.

Kreuzzug und Tod

Durch den erbenlosen Tod König Wilhelms II. des Bösen von Sizilien war bereits im Jahr zuvor der sizilische Erbfall eingetreten. In den folgenden Jahren setzte Friedrichs Nachfolger Heinrich VI. nach seinem Herrschaftsantritt im Reich seine Erbansprüche im süditalienischen Königreich der Normannen militärisch durch. Mit der Eroberung Siziliens deutete sich ein staufisches Großreich an, das in Italien eine machtpolitische Klammer um Rom und die päpstliche Einflusssphäre in Mittelitalien zu legen drohte, eine Konstellation, die auch Heinrichs Nachfolger in dauerndem Konflikt mit den Päpsten halten sollte. Heinrich ordnete zunächst die Verwaltung in Reichsitalien neu und bemühte sich darum, das nordalpine Reich aus einer Wahl- in eine Erbmonarchie zu überführen. Dem verweigerten sich die Fürsten, wählten jedoch Heinrichs zweijährigen Sohn Friedrich zum König. Heinrichs früher Tod während der Vorbereitungen zu einem Kreuzzug ließ 1197 indes all dies zur Makulatur werden. Die Reichsherrschaft in Italien brach vollends zusammen.

Die Eroberung des sizilischen Erbes und der Traum von einem staufischen Großreich

Im nordalpinen Reich kam es in dieser Situation zu einer Doppelwahl: Während staufertreue Kreise Heinrichs jüngeren Bruder Philipp von Schwaben zum König erhoben, entschied sich eine norddeutsche Fürstengruppe für den Welfen Otto IV., einen Sohn Heinrichs des Löwen. Philipp, der sich mit der Zeit mehr und mehr gegenüber seinem Kontrahenten durchsetzen konnte, fiel 1208 in Bamberg einem Mordanschlag Ottos von Wittelsbach zum Opfer. Dies ließ auch stauferfreundliche Kreise zu Otto umschwenken, der von Papst Innozenz III. 1209 zum Kaiser gekrönt wurde. Als er jedoch gegen anderslautende Versicherungen die Reichshoheit in Mittelitalien wiederherzustellen begann und sich an die Eroberung des Königreichs Sizilien machte, provozierte er damit eine heftige Gegenreaktion des Papstes. Dieser bannte den Welfen und ließ den jungen Friedrich im nordalpinen Reich als Gegenkönig aufstellen. Als Friedrich 1212 selbst ins Reich kam, gewann er rasch Anhänger, konnte sich jedoch endgültig erst gegen den Welfen durchsetzen, als dieser 1214 im englisch-welfischen Bündnis in der Schlacht bei Bouvines gegen König Philipp II. August von Frankreich unterlag. Auf diese Weise wurde der deutsche Thronstreit durch die Einbindung der Parteien in den Konflikt zwischen der englischen und der französischen Monarchie von außen entschieden.

Die Doppelwahl von 1198 und der staufisch-kapetingische Triumph bei Bouvines (1214)

3 Kniefall des Kaisers Friedrich Barbarossa vor Heinrich dem Löwen in Chiavenna, Wandbild in der Kaiserpfalz Goslar (19. Jahrhundert)

Friedrich II.: ein „moderner Herrscher"?

Anders als im Reich konnte sich Friedrich II. im Königreich Sizilien auf einen wohlorganisierten, streng hierarchisch gegliederten Verwaltungsapparat und auf zentrale Behörden stützen. Er führte die Verwaltungstraditionen seiner normannischen Vorfahren fort, die selbst vielfach nur bestehen gelassen hatten, was sie an muselmanischen Einrichtungen vorgefunden hatten. Wenn Friedrich II. bisweilen überschwänglich als ein „moderner Herrscher" gepriesen wird, der seiner Zeit und vor allem seinen nordalpinen Zeitgenossen in mancher Hinsicht voraus war, gilt es, dies vor dem Hintergrund dieser normannisch-sizilischen Traditionen zu relativieren.

Der Konflikt mit Heinrich (VII.) und Ansätze zu einer Reform des nordalpinen Reiches

Im Reich hat er mit den Gesetzen für die geistlichen und die weltlichen Fürsten von 1220 und 1232 dem Ausbau der fürstlichen Macht hin zur Landesherrschaft Vorschub geleistet. Dort trieb sein Sohn Heinrich (VII.), der seit 1220 als Regent im nordalpinen Reich fungierte und deshalb bei der Herrscherzählung auch stets mit Klammern versehen wird, eine zunehmend eigenständige Politik, die in einen offenen Konflikt einmündete. Nachdem Friedrich den Aufstand Heinrichs niedergeschlagen hatte, verkündete er 1235 in Mainz ein umfassendes Landfriedensgesetz. Darüber hinaus versuchte er, auch nördlich der Alpen zentrale Gerichts- und Verwaltungsstrukturen einzuführen. All dies ist indes niemals wirklich umgesetzt worden, was insbesondere daran liegen mag, dass Friedrich seine ganze Aufmerksamkeit bereits kurze Zeit später wieder auf seine Auseinandersetzungen mit den lombardischen Städten und den Päpsten konzentrieren musste.

Der Tod Friedrichs II. und das Ende der staufischen Dynastie

Mehrfach gebannt und auf dem Konzil von Lyon 1245 als Ketzer und Verfolger der Kirche gebrandmarkt, ist Friedrich II. 1250 in Castel Fiorentino unweit von Lucera in Apulien gestorben. Mit seinen Söhnen Konrad IV. (gest. 1254) und Manfred (gest. 1266, gefallen in der Schlacht von Benevent) und seinem Enkel Konradin (gest. 1268, nach der Schlacht von Tagliacozzo in Neapel hingerichtet) ist die staufische Dynastie in den nachfolgenden Auseinandersetzungen mit dem Papsttum und mit Karl von Anjou, dem Bruder des französischen Königs, erloschen.

Landesherrschaft und Territorialisierung

Die Entwicklung im Reich verlagerte sich während des anschließenden Interregnums, der vermeintlich königslosen Zeit zwischen dem Erlöschen der staufischen Dynastie und dem Herrschaftsantritt Rudolfs von Habsburg im Jahre 1273, von der Reichsebene in die Territorien. Nach Lesart des 19. Jahrhunderts, das selbst lange um die Begründung eines deutschen Nationalstaates gerungen hat und dabei die als „Partikularismus" und „Kleinstaaterei" gescholtenen politischen Verhältnisse der eigenen Zeit mit denen des spätmittelalterlichen Reiches verglich, handelte es sich bei diesem Interregnum um eine beklagenswerte Zeit des Niedergangs, in der Reichsgut in großem Stil entfremdet wurde und der Eigensinn der Fürsten als Landesherren über die Interessen des Reiches triumphierte. Heute sieht man dies anders und misst der Zeit eine wichtige Rolle für die weitere Ausformung der Fürstenherrschaft in einem föderal geprägten Gemeinwesen bei.

8.2 Die Struktur des hochmittelalterlichen Reiches: Im Spannungsfeld herrscherlicher, fürstlicher und adliger Interessen

Neben dem nordalpinen Reich selbst umfasste die Herrschaft der Salier und ihrer Nachfolger Reichsitalien und seit 1033 auch das burgundische Königreich. Mit der Ende des 12. Jahrhunderts errichteten staufischen Herrschaft im Königreich Sizilien, durch Lehnsauftragungen auswärtiger Fürsten und in Form der Privilegierung des Deutschen Ordens in Preußen (1226) griff sie zeitweise auch über die Grenzen des Reiches hinaus. Bereits 1122 hatte das durch den inneren Aufbruch der Reformkirche provozierte Ringen um die Rolle des Königs bei der Erhebung von Bischöfen und Äbten im Wormser Konkordat einen vorläufigen Abschluss gefunden.

Der Herrschaftsanspruch des römisch-deutschen Königs

All dies hatte sich vor dem Hintergrund eines fundamentalen Wandels im wirtschaftlichen und sozialen Bereich vollzogen. Die Einführung neuer Techniken und Fruchtfolgen in der Landwirtschaft sowie die Ausweitung der Ackerflächen und Siedlungsräume, die mit einem spürbaren Anwachsen der Bevölkerung einherging, gehören ebenso in diesen Zusammenhang wie das Erwachen städtischer Freiheit, das Ringen um die rechte Form des christlichen Glaubens und – speziell im römisch-deutschen Reich – der Aufstieg von Vertretern der vormals unfreien Dienstmannschaft (Ministerialität) in den Niederen Adel. Obwohl es schwer fallen dürfte, Ursache und Wirkung klar zuzuweisen, spielen in diesem Zusammenhang zweifellos auch die Reformkirche und die Kloster- und Kathedralschulen Frankreichs eine entscheidende Rolle. Von ihnen gingen Impulse für mentale Neuerungen aus, die der „Renaissance des 12. Jahrhunderts" den Weg bereiteten und weit ins Reich ausstrahlten.

Der Wandel der hochmittelalterlichen Welt und die „Renaissance des 12. Jahrhunderts"

Vor diesem Hintergrund zieht sich das Ringen um einige grundlegende verfassungsrechtliche Probleme wie ein Roter Faden durch die Geschichte des hochmittelalterlichen Reiches. Manches von dem, was sich dabei aus der rückschauenden Perspektive als eine klare Linie darstellt, wurde von den Zeitgenossen nachdrücklich in Frage gestellt und ließ sich erst nach intensiven Auseinandersetzungen durchsetzen. Zum Teil berichten uns zeitgenössische Chronisten über entsprechende Konflikte und über die Ziele und Konzepte der Konfliktparteien, zum Teil müssen wir sie aus urkundlichen Dokumenten durch Interpretation erschließen. Dazu ist es hilfreich, sich den Charakter, den Aufbau und die Entstehung entsprechender Dokumente zu vergegenwärtigen.

Das Ringen um die „Verfasstheit" des Reiches

4 **Der thronende Kaiser Friedrich II. mit Jagdfalken**, Buchmalerei aus einer vom Kaiser selbst verfassten Schrift über die Falkenjagd. Friedrich II., der Gespräche mit arabischen Gelehrten suchte, galt als sehr belesen, naturwissenschaftlich und philosophisch interessiert.

Methode: Charakter, Aufbau und Entstehung einer mittelalterlichen Urkunde

Form und Aufbau einer Urkunde

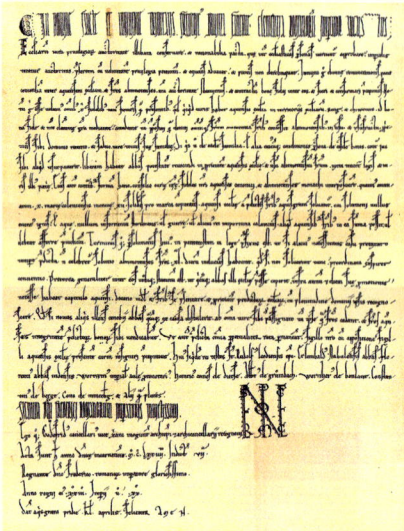

Nach der herrschenden Lehre der Diplomatik (Urkundenlehre) stellt eine mittelalterliche Urkunde „ein unter Beachtung bestimmter Formen ausgefertigtes und beglaubigtes Schriftstück über Vorgänge von rechtserheblicher Natur" dar (Ahasver von Brandt). Ein solches Dokument, das von den Zeitgenossen mit den unterschiedlichsten Bezeichnungen (u. a. Brief, Carta, Diplom, Handfeste, Mandat, Notiz, Präzept, Privileg) bedacht wurde, ist unabhängig davon, ob es sich um eine auf purpurnem Pergament verfasste Prachturkunde oder ein eher schlichtes Mandat handelt, gemeinhin in drei Teile gegliedert. Vor allem der Anfang und der Schluss einer Urkunde sind in der Regel stark normiert und enthalten stets bestimmte Informationen: Nach dem Anruf Gottes oder der unteilbaren Dreieinigkeit erfahren wir zu Beginn eines Urkundentextes zunächst, wer die Urkunde ausgestellt hat (Aussteller) und an wen sie sich richtet (Adressat). Bisweilen hat der Aussteller auch noch einige allgemeine Gedanken über seine eigene Rolle und über den Sinn des Beurkundens zu Pergament bringen lassen. Am Ende finden sich unter anderem die Reihe der Zeugen, Beglaubigung und Besiegelung, außerdem die Datierung, oftmals aufgeschlüsselt nach dem Datum, an dem das Beurkundete verhandelt wurde, und dem Datum der Beurkundung. Hier sind bisweilen parallel die Angabe der Tage nach dem Römischen Kalender sowie die Datierung der Jahre nach christlicher Zeitrechnung, Datierungen nach den jeweiligen Amtsjahren eines Herrschers und die Datierung nach Indiktionen aufgeführt. Letztere geht auf einen antiken Steuerschätzungszyklus von jeweils 15 Jahren zurück. Besonders wichtig für die Interpretation eines als authentisch eingestuften Urkundentextes sind meist die Angaben in dessen Mittelteil. Hier erfahren wir bisweilen näheres über die Umstände, die der Beurkundung vorausgingen. Vor allem aber wird dem Leser mitgeteilt, welche rechtlich relevanten Regelungen vom Aussteller getroffen und beurkundet worden sind.

5 Schenkungsurkunde von Friedrich I. Barbarossa an das Kloster Hautmont, Aachen 31. März 1174. Faksimile 19. Jahrhundert.

Der Entstehungsprozess einer Urkunde: von der Petition zur Ausfertigung

Eine entsprechende Beurkundung steht in der Regel am Ende eines (gerichtlichen) Streites oder der Beratung über ein Problem, das von einem Petenten (Bittsteller) zur Prüfung, Beratung und Entscheidung an den Aussteller und sein Umfeld herangetragen wurde. Das Ergebnis wurde zunächst als Spruch formuliert und von den Beteiligten gebilligt, bevor es – nach Erstattung einer Gebühr – ausgefertigt, d. h. ins Reine geschrieben, besiegelt, von den Zeugen unterschrieben und dem Petenten übergeben wurde. Für die Ausfertigung der Urkunde war die Kanzlei des Ausstellers zuständig, die im Extremfall aus einem einzigen schreibkundigen Geistlichen bestehen konnte. Anders als die Päpste und Herrscher Westeuropas ließen die Aussteller im nordalpinen Reich in der Regel weder das Konzept aufbewahren noch eine Zweitausfertigung anfertigen und verfügten bis ins 14. Jahrhundert auch über keine Listen ausgehender Urkunden. Das erschwerte die Kontrolle über das Verfügte erheblich, und es führte die Zeitgenossen nicht selten in Versuchung, die von ihnen beanspruchten Rechte auf der Basis von ge- oder verfälschten Urkunden einzufordern.

Ganz besonderer Aufmerksamkeit bedarf die Interpretation solcher Urkunden, in denen der Aussteller selbst Beklagter war oder einer der Konfliktparteien angehörte und am Ende zu Zugeständnissen gezwungen wurde, die seinen eigenen Interessen zuwiderliefen. Einem Herrscher abgezwungene Zugeständnisse etwa kommen sprachlich in der Regel nicht als solche, sondern in der Form „huldvoller Zuwendungen" oder feierlicher Privilegierungen daher. Wer entsprechende Formulierungen allzu wörtlich nimmt und sie nicht aus ihrem Entstehungszusammenhang heraus deutet, wird der zeitgenössischen Rechtswirklichkeit deshalb schwerlich gerecht werden.

Die Interpretation von Urkundentexten

Hatte ein Petent nun ein entsprechendes Dokument erlangt (oder sich ein vergleichbares Stück nach seinen Bedürfnissen fälschen lassen), so war das in diesem Verfügte noch lange nicht in die rechtliche Wirklichkeit überführt; er hatte – lediglich – einen Anspruch erlangt, den es in der Rechtswirklichkeit vor Ort erst noch durchzusetzen galt. Ob eine Urkunde in dem Problemfeld Wirkung erlangte, für das sie erwirkt worden war, erfahren wir mit einigem Glück aus der parallelen chronikalischen Überlieferung. Anhaltspunkte kann bisweilen auch die archivalische Überlieferung eines entsprechenden Dokuments liefern. Ein im Archiv des Petenten verbliebenes Dokument spricht von daher betrachtet eine andere Sprache als ein Dokument, das einem Beklagten als Adressaten zugestellt wurde und sich in dessen Archiv erhalten hat. In der Summe sind mittelalterliche Urkunden – vor dem Hintergrund ihres Entstehungs- und Wirkungszusammenhanges adäquat interpretiert – ein verlässliches Hilfsmittel zur Erschließung der zeitgenössischen Verfassungs- und Rechtswirklichkeit.

Das eigentliche Problem: die Durchsetzung von Ansprüchen in der Rechtswirklichkeit

6 Urkunde zur Beilegung eines Streits zwischen dem Bürger Heinrich von Nordhausen und der Stadt Halle vom 21. Oktober 1327, Stadtarchiv Halle a.d. Saale

Die politische Gestalt Europas im Hochmittelalter …

Das Ringen um das Verhältnis zwischen König und Fürsten

Während des gesamten Hochmittelalters stand das Verhältnis des Königs gegenüber den Großen des Reiches und den sich von diesen im Verlauf des 12. Jahrhunderts immer deutlicher absondernden (Reichs-)Fürsten (lat. principes regni; mittelhochdt. des riches fürsten) wiederholt auf dem Prüfstand. Hierbei ging es um den Charakter von Königtum und adliger bzw. fürstlicher Herrschaft und um die Struktur des Reiches und seiner Regionen. Es wurde etwa darum gestritten, ob der Herrscher – wie bislang üblich – durch (Fürsten-)Wahl in sein Amt gelangen sollte oder ob man nach westeuropäischem Vorbild eine Erbmonarchie errichten wollte. Wenn ein Herrscher noch zu Lebzeiten seinen Sohn zum Mitregenten einsetzte, geschah dies wohlgemerkt nicht ohne Zustimmung der Fürsten, die ihre Mitsprache bei der Königserhebung während des gesamten Mittelalters nie ernsthaft in Frage stellen ließen. Dass Herrscher, die in diesem Punkt ein Entgegenkommen der Fürsten zu erlangen suchten, diesen zur Kompensation etwas bieten mussten, liegt auf der Hand. Schließlich waren sie es, denen ihr bis dahin entscheidender Einfluss auf die Reichspolitik zu entgleiten drohte. Die Unteilbarkeit der Fürstentümer als Territorien und deren Erblichkeit, sofern es sich um weltliche Herrschaften handelte, stellten in diesem Zusammenhang verlockende Angebote dar, die man am Ende indes auch ohne Zugeständnisse in der Frage der Königswahl erreichte.

Die Herausbildung der Landesherrschaft: Territorialisierung und Mediatisierung

Der damit einhergehende Territorialisierungsprozess lief auf die Konzentration der unterschiedlichsten Herrschaftsrechte in der Hand eines Großen oder Fürsten hinaus, der dadurch zum Landesherrn wurde. Dies schloss die Verfügung über die Regalien, vormals dem Herrscher vorbehaltene bzw. direkt von diesem verliehene Rechte (Gericht, Geleit, Münze, Mühlen usw.), ein. Dass am Ende niemand entsprechende Herrschaftsrechte ausüben durfte, ohne dafür vom Landesherrn autorisiert zu sein, führte zur vollständigen Mediatisierung, d. h. zu Unterwerfung der innerhalb dieser Territorien liegenden Adelsherrschaften unter die im Entstehen begriffenen Landesherrschaften. Als Vasallen der Fürsten drohte den Adligen auf diese Weise die vollständige Abschottung und Entfremdung vom Königtum, woran indes auch diesem nicht gelegen sein konnte. Die Frage nach der Struktur des Reiches bezog folglich nicht nur den Herrscher und die Fürsten ein, sondern betraf auch die von diesen belehnten Adligen. Hier ging es um Prinzipielles, und es bot sich auf den unterschiedlichen Ebenen schier unendlicher Stoff für Konflikte, zumal eine Mediatisierung zur Minderung der Ehre führte, die einer Person zugemessen wurde bzw. von ihr beansprucht werden konnte. All dies ging an den Nerv adligen Selbstverständnisses, führte am Ende aber doch zum Triumph der Fürsten, die sich ihre Ansprüche seit Mitte des 12. Jahrhunderts in herrscherlichen Urkunden bestätigen ließen. Ende des 12. Jahrhunderts gab es im Reich 92 geistliche und 22 weltliche (Reichs-)Fürsten.

Ein engerer Kreis von Königswählern: die Kurfürsten

Nur einige Jahre später kristallisierte sich ein engerer Kreis von einigen besonders ausgewiesenen Königswählern, den so genannten Kurfürsten, heraus. Zu diesen zunächst sechs, später sieben Königswählern gehörten neben den Erzbischöfen von Mainz, Trier und Köln der Pfalzgraf bei Rhein, der Herzog von Sachsen, der Markgraf von Brandenburg und der König von Böhmen.

Lehnsleute oder „Beamte" nach normannischem Vorbild

Mit dem Problemfeld um Königs-, Fürsten- und Adelsmacht unmittelbar verbunden war auch die Frage nach dem Charakter der Bindungen zwischen dem König und den Großen des Reiches bzw. den herrscherlichen Funktionsträgern. Es herrschte bis ins 13. Jahrhundert hinein keineswegs Einigkeit darüber, ob man dabei das Lehnsrecht favorisieren oder ob man sich nicht vielleicht doch besser auf amtsrechtlich bestallte Funktionsträger stützen sollte, wie es der englische König und die Herrscher im Königreich Sizilien erfolgreich taten. Beide Varianten

7 Der römisch-deutsche König („Keyser") im Kreise der Kurfürsten, Buchmalerei, Augsburg 1370.

brachten für die auf Reichsebene, aber auch innerhalb der einzelnen Territorien um eine Lösung Ringenden Vor- und Nachteile mit sich. So hatte etwa bereits Heinrich IV. zur Empörung der gegen ihn verbündeten Fürsten verstärkt Dienstmannen (Ministeriale) in die Verwaltung der königlichen Aufgaben einzubinden versucht, um sich aus der Abhängigkeit von seinen Gegnern zu lösen.

Die Verwaltung der Reichsterritorien

Solche ministerialischen Amtsleute zog in der zweiten Hälfte des 12. Jahrhunderts auch Friedrich I. Barbarossa zur Verwaltung der im Entstehen begriffenen staufischen Reichsländer heran. Ein sich zunehmend verdichtender Gürtel solcher Reichsterritorien, mehr oder weniger geschlossener Komplexe von Reichsgut und staufischen Familienbesitzungen, erstreckte sich von der Oberrheinebene über Schwaben und Ostfranken bis ins Elbe-Saale-Gebiet. Diese Komplexe wurden nicht zu Lehen ausgegeben, sondern verblieben unter der direkten Kontrolle des Herrschers, der auf diese Weise eine eigene Territorialpolitik betrieb und damit ein Gegengewicht gegenüber entsprechenden Aktivitäten der Fürsten schuf.

Die Zerschlagung der älteren Stammesherzogtümer

Parallel zur Etablierung eines Reichsfürstenstandes neuen Typs kam es überdies zur Zerschlagung der älteren Stammesherzogtümer. So eröffnete etwa die Entmachtung Heinrichs des Löwen im Jahre 1180 die Gelegenheit, auch in Sachsen und im bayerischen Raum neue Strukturen zu schaffen. Diese waren nicht mehr auf die älteren Personen- und Stammesverbände zugeschnitten. Die Vermutung liegt nahe, dass dadurch die Bindung der neu installierten Fürsten gegenüber dem König betont und ihre Verantwortung als Vertreter und Interessenwahrer des Stammes- bzw. Untertanenverbandes in den Hintergrund gedrängt werden sollte.

In der Verantwortung des Königs: Frieden und Recht

Über all dem blieb den Zeitgenossen stets bewusst, dass es eine der vornehmsten Aufgaben des Herrschers war, für die Sicherung des inneren und äußeren Friedens (lat. pax) zu sorgen und die Wahrung des Rechts (lat. iustitia) zu gewährleisten. Dies betonten die Könige seit Beginn des 12. Jahrhunderts durch eine Folge von allerdings zunächst zeitlich begrenzten Landfriedensgesetzen, mit denen sie an die auf bestimmte Personengruppen, Orte und Zeiträume begrenzten französischen Gottesfrieden (lat. pax Dei bzw. treuga Dei) des 11. Jahrhunderts anknüpften.

8 Ein Landfriede Heinrichs IV. (1103) nach einem zeitgenössischen Bericht

Im Jahre der Fleischwerdung des Herrn 1103 setzte Kaiser Heinrich zu Mainz einen Frieden ein und bekräftigte ihn eigenhändig, und auch die Erzbischöfe und Bischöfe bekräftigten ihn eigenhändig. Der Sohn des Königs schwor wie auch die Großen des ganzen Reiches, Herzöge, Markgrafen, Grafen und viele andere. Herzog Welf und Herzog Berthold und Herzog Friedrich beschworen diesen Frieden bis Pfingsten und danach auf vier Jahre. Sie schworen, sage ich, Frieden den Kirchen, Geistlichen, Mönchen und Laien – Kaufleuten, Frauen (dass sie nicht mit Gewalt entführt werden sollten) und Juden. – Dies ist der Schwur: Keiner soll in jemandes Haus feindlich eindringen noch es durch Brand verwüsten. Keiner soll jemanden um Geldes willen fangen noch verwunden, noch durchbohren, noch töten. Und wenn einer das tut, der soll die Augen oder die Hand verlieren. Wenn einer ihn schützt, der soll die gleiche Buße erleiden. Wenn er in eine Burg flieht, soll sie drei Tage belagert und von den Schwurbrüdern zerstört werden. Wenn einer dies Gericht flieht, soll, wenn er ein Lehen hat, sein Herr es ihm nehmen; das Eigen sollen ihm seine Verwandten nehmen. Wenn einer einen Diebstahl begangen hat im Werte von 5 Schillingen oder mehr, der soll die Augen oder die Hand verlieren. Wenn er einen Diebstahl begangen hat im Werte von weniger als 5 Schillingen, der soll die Haare verlieren und mit Ruten fortgetrieben werden und das Gestohlene zurückgeben, und wenn er dreimal einen solchen Diebstahl begangen hat oder Raub zum dritten Male, soll er die Augen oder die Hand verlieren. Wenn dich auf der Straße dein Feind berennt, magst du ihm schaden, wenn du ihm schaden kannst; wenn er in jemandes Haus oder Hof flieht, soll er unverletzt bleiben. – Dieser Schwur dient den Freunden des Königs als Schild, den Feinden aber nützt er keineswegs.

Zit. nach: Deutsche Geschichte in Quellen und Darstellung, Bd. 1. S. 321f. (mit leichten Änderungen).

9 Anonymer Bericht über die Königswahl des Jahres 1125

Von allen Seiten versammelten sich die Fürsten: Legaten des apostolischen Herrn, Erzbischöfe, Bischöfe, Äbte, Pröpste, Kleriker, Mönche, Herzöge, Markgrafen, Grafen und die sonstigen Edlen, und das so zahlreich, wie sich bis zu unserer Zeit noch niemals ein Reichstag versammelt hat. Denn nicht der Befehl des Kaisers hatte sie […] herbeigeführt, sondern die gemeinsame Pflicht ihrer höchsten Aufgabe. […]

Als nun die Fürsten in eigener großer Versammlung zusammentraten, nahm Herzog Friedrich von Schwaben nicht an deren Rate teil […]. Denn er hatte seine Gedanken schon auf die Herrschaft eingestellt und beanspruchte sie mit einer Hoffnung, die freilich trügen sollte; er war zwar bereit, zum König gewählt zu werden, aber nicht, selbst zu wählen, und er wollte zuerst erkunden, welchen Mann die Stimmen der Fürsten zu erheben gesonnen seien.

Außer Friedrich und seinen Leuten kamen also alle Reichsfürsten zusammen. Auf die Ermahnung des Herrn Kardinals hin riefen sie die Gnade des Heiligen Geistes an […]. Dann schlugen sie aus den Landschaften Bayern, Schwaben, Franken und Sachsen je zehn umsichtige Fürsten vor, die eine Vorwahl vornehmen sollten, der beizustimmen alle übrigen versprachen. Diese Wähler bezeichneten in der Versammlung aus der Zahl aller Fürsten drei, welche die anderen an Macht und Tüchtigkeit übertrafen: den Herzog Friedrich, den Markgrafen Luitpold und den Herzog Lothar; und sie schlugen vor, einen von diesen dreien, der allen recht sei, zum König zu wählen. Herzog Friedrich war abwesend, und die beiden anderen erklärten, demütig unter Tränen niederkniend, sie würden die ihnen angebotene Würde nicht annehmen. […] Geblendet durch seinen Ehrgeiz, hoffte Herzog Friedrich, ihm sei nun sicher bestimmt und vorbehalten, was jene in ihrer Demut ausgeschlagen hatten. Ohne Geleit betrat er jetzt dieselbe Stadt, die sogar mit Gefolge zu betreten er sich vorher gescheut hatte, kam in die Fürstenversammlung und stand da, bereit, sich zum König wählen zu lassen. Aber da stand der Erzbischof von Mainz auf und richtete an die drei genannten Fürsten die Frage, ob jeder von ihnen bereit sei, ohne Widerspruch, Zögern und Neid dem dritten zu gehorchen, den die Fürsten zusammen wählen würden. Daraufhin bat Herzog Lothar demütig wie vorher, von seiner Wahl abzusehen, und versprach, jedem Gewählten zu gehorchen, den die Fürsten zusammen wählen würden. Auch Markgraf Luitpold gab für seine Person dieselbe Erklärung ab und war bereit, durch einen Eid allem Ehrgeiz nach der Königswürde und aller Eifersucht gegen den künftigen König zu entsagen. Nun wurde auch an Herzog Friedrich die Frage gestellt […]. Da erklärte er, er wolle und könne nicht antworten, ohne den Rat seiner Freunde, die er im Lager zurückgelassen habe, eingeholt zu haben. Und weil er überhaupt erkannte, dass die Fürsten keineswegs einmütig ihn zu wählen beabsichtigten, so entzog er von jetzt ab der Versammlung seinen Rat und sein Antlitz.

Die Fürsten erkannten aus seinem Betragen, wie groß der Ehrgeiz und das gewaltige Machtstreben des Herzogs war, und sie weigerten sich einstimmig, einen Mann zum Herrn zu wählen, der sich schon vor der Erhöhung stolz und herrschsüchtig zeigte.

Dann am nächsten Tag versammelten sich die Fürsten zu der Wahl, und nur Herzog Friedrich war nicht anwesend, [und] mit ihm der Herzog von Bayern; da fragte der Erzbischof von Mainz, ob jeder von den beiden genannten [Anwärtern], die bei der Königswahl zugegen waren, falls er trotz der erfolgten Vorwahl abgelehnt werden sollte, einmütig und gutwillig jeder anderen Person zustimmen wolle, welche durch den Willen der Fürsten erhoben werden würde. Beide zugleich willigten ein, demütig und fromm […]. Als sie nun gesprochen hatten, wurden die Fürsten aufgefordert, sorgfältig in gemeinsamem Rate den Mann zu suchen, den sie mit Gott und zur Ehre der Kirche an die höchste Stelle des Reiches stellen könnten. Auf einmal riefen viele Laien: „Lothar soll König sein!" Sie ergriffen ihn, setzten ihn auf ihre Schultern und hoben ihn hoch, während er sich gegen den Königsruf sträubte und widersprach.

Viele Fürsten, vor allem die bayerischen Bischöfe, zürnten aber, dass man das große Werk ohne gehörigen Rat und so tumultuarisch vollbringe […], und zornig wollten sie schon die anderen verlassen […]. Aber da gab der Mainzer Erzbischof mit einigen anderen Fürsten den Befehl, wohl auf die Türen zu achten und niemanden hinaus oder hinein zu lassen. Denn drinnen trugen die einen ihren König unter gewaltigem Lärm herum, andere aber drängten von draußen unter lautem Geschrei heran, um den König, den sie noch gar nicht kannten, zu preisen. […] Endlich war es wieder möglich zu sprechen. Der Erzbischof von Salzburg und der Bischof von Regensburg […] bemühten sich, die Parteien zu einigen, und sie erklärten, dass sie ohne den Herzog von Bayern […] nicht über die Königswürde beschließen könnten. […] Also wurde der Herzog von Bayern herbeigeholt, und nun einte die Gnade des Heiligen Geistes den Sinn aller Wähler in einem gemeinsamen Geiste, und König Lothar, der Gott so wohlgefällig war, wurde durch allgemeine Übereinstimmung und die Bitten der Fürsten zur Königswürde erhoben. […]

Da nun endlich Lothar von allen gewählt und allen angenehm war, saß er am nächsten Tage im Rate der Fürsten nieder und empfing zuerst nach Brauch die gebührende Huldigung von allen anwesenden Bischöfen, vierundzwanzig an der Zahl, und von vielen Äbten, und zwar aus Ehrfurcht vor dem Reiche und zur Bestätigung der Eintracht und des ewigen Friedens zwischen Königtum und Priestertum; aber von keinem der Geistlichen empfing oder forderte er den Vasalleneid, wie es früher der Brauch gewesen war. Darauf strömten von allen Seiten die Fürsten des Reiches zusammen, bestätigten ihre Treue dem Herrn König sowohl durch Vasalleneid wie durch Huldigung, und nachdem sie dem König die gebührende Ehre erwiesen hatten, empfingen sie von dem König, was zu geben dem König recht war. Da sah auch Herzog Friedrich, dass Menschenrat und Macht nichts vermochten gegen den Herrn, der den Sinn so vieler und großer Fürsten über alle Hoffnung auf einen gesammelt hatte. Und der Herzog wurde durch Rat und Bitten des Bischofs von Regensburg und der übrigen Fürsten bekehrt und erschien endlich am dritten Tage wieder in dem Reichstag. Die zweihundert Mark, deren Spende ihm der König vorher verheißen, lehnte er mit Würde ab, erwies dem König, der jetzt sein Herr war, die gebührende Ehrfurcht und vereinigte sich so mit ihm in Gunst und Freundschaft, die umso fester sein wird, da sie freiwillig war. […] Da verkündigte der König einen festen Frieden in königlicher Majestät, Schutz durchs ganze Reich bis zum Geburtsfest des Herrn und von da auf ein Jahr für jedermann.

Zit. nach: Geschichte in Quellen, Bd. 2. S. 377 ff. (mit leichten Änderungen).

10 Die Entmachtung Heinrichs des Löwen und die Zerschlagung seiner Machtbasis nach der Gelnhäuser Urkunde (1180)

Im Namen der heiligen und unteilbaren Dreifaltigkeit. Friedrich, durch Gottes gnädigen Willen Kaiser und Augustus der Römer.

Weil das menschliche Gedächtnis schwach ist und nicht gewachsen dem Schwarm der Ereignisse, hat die Autorität der erhabenen Kaiser und Könige, die Unserem Zeitalter vorausgegangen sind, anbefohlen, alles das aufzuzeichnen, was das hohe Alter der dahinflutenden Zeiten der menschlichen Erinnerung zu entreißen pflegt. Also sollen es alle Diener des Reiches, die gegenwärtigen wie die zukünftigen, wissen, wie Heinrich, ehemals Herzog von Bayern und Westfalen, weil er die Freiheit der Kirchen Gottes und des Adels Unseres Reiches durch Wegnahme ihrer Güter und durch Kränkung ihrer Rechte schwer verletzt hat, auf dringende Klage der Fürsten und der Mehrzahl der Adligen hin für das Unrecht, das er ihnen zugefügt hat, wie auch für die Uns verschiedentlich bewiesene Nichtachtung, vor allem aber wegen offenbarer Majestätsverletzung nach Lehnrecht dreimal entsprechend der Vorschrift des Gesetzes vor Unser Auge gerufen, sich ferngehalten und auch keinen Bevollmächtigten entsandt hat, in die Acht erklärt worden ist und dadurch seine Herzogtümer Bayern und Westfalen und Engern [Ostfalen] wie alles Reichslehen ihm auf einem feierliche Hoftag zu Würzburg abgesprochen und Unserem Recht und Unserer Macht übergeben worden sind. Er wurde vor Unsere Majestät gerufen und verschmähte es zu erscheinen. Durch dieses Versäumnis verfiel er dem Urteilsspruche der Fürsten und der Schwaben seines Standes [Heinrich gehörte als Welfe dem schwäbischen Stamm an, hatte also ein Recht darauf, nach schwäbischem Recht und vor den schwäbischen Großen angeklagt zu werden] und Unserem Banne; aber selbst daraufhin ließ er nicht davon ab, gegen die Kirchen Gottes und Recht und Freiheit der Fürsten und des Adels hart anzugehen.

Wir hielten mit den Fürsten Rat und haben auf ihren einmütigen Vorschlag hin das Herzogtum, das Westfalen und Engern genannt wird, in zwei Teile zerlegt und haben in Ansehung der Verdienste, durch die Unser geliebter Fürst Philipp, Erzbischof von Köln, der, um die Ehre der Kaiserkrone zu erhöhen und zu behaupten, weder Opfer noch persönliche Gefahren gescheut hat, eine

Gabe kaiserlicher Gnade verdient, den Teil, der sich ins Bistum Köln und das ganze Bistum Paderborn erstreckt, mit allen Rechten und voller Rechtsgewalt, mit Grafschaften und Vogteien, mit Höfen, Pfalzen, Lehen und Ministerialen, mit Geleitrechten, mit Unfreien und mit allem, was zu dem Herzogtum gehört, der Kirche zu Köln von Rechts wegen geschenkt und es ihr aus Unserer kaiserlichen Machtvollkommenheit übertragen.

Wir haben die Meinung der Fürsten erforscht, ob dies so geschehen solle, und da sie und der ganze Hof einmütig beipflichteten und auch Unser lieber Verwandter, Herzog Bernhard, dem Wir den anderen Teil des Herzogtums [Sachsen] verliehen haben, öffentlich zustimmte, haben Wir den vorerwähnten Erzbischof Philipp in dem seiner Kirche überwiesenen Teil des Herzogtums mit der kaiserlichen Fahne feierlich eingesetzt. Wir bestätigen diese gesetzliche Schenkung Unserer kaiserlichen Majestät der Kirche von Köln und die Investitur dem schon wiederholt genannten Fürsten, Unserem Erzbischof Philipp, und allen seinen Nachfolgern und wollen, dass sie in alle Zukunft hinein gültig bleibe. Und auf dass niemand es frech unternehme, das zu verletzen oder zu stören, verbieten Wir das durch kaiserliches Gesetz und bestätigen diese Unsere Urkunde, indem Wir sie durch die goldene Bulle Unserer Exzellenz siegeln lassen. Auch sollen alle, die bei diesem Rechtsakt dabei gewesen sind, dessen Zeugen sein. Es sind aber dies: Arnold, Erzbischof von Trier; Wichmann, Erzbischof von Magdeburg; [...] [es folgte eine lange Liste von weiteren Zeugen]. Zeichen des Herrn Friedrich, des unbesiegbaren Kaisers der Römer.

Ich, Gottfried, Kanzler des kaiserlichen Hofes, habe an Stelle von Christian, des Stuhles von Mainz Erzbischof und Erzkanzler für Deutschland, gegengezeichnet.

All das ist geschehen im Jahre 1180 nach der Fleischwerdung des Herrn, in dem 13. Jahre der Indiktion, unter der Herrschaft des Herrn Friedrich, des unbesiegbaren Kaisers der Römer, im 29. Jahre seiner Königsherrschaft, im 26. [Jahr] seines Kaisertums; mit Glück, Amen.

Gegeben auf dem feierlichen Hoftag zu Gelnhausen, am 13. April auf dem Territorium von Mainz.

Zit. nach: Geschichte in Quellen, Bd. 2. S. 444f. (mit leichten Änderungen).

11 **Das Mainzer Hoffest zu Pfingsten 1184 nach der Schilderung in der Chronik des Hennegaus des Gislebert von Mons (1196)**

Graf Balduin von Hennegau machte sich mit wackeren und erfahrenen Männern [...], die prunkvolle seidene Gewänder trugen, zu dem Hoftage von Mainz auf. Er kam über Namur, Lüttich, Aachen und Koblenz und traf mit einer großen und köstlichen Ausrüstung, vielen silbernen Geräten und allem, was man braucht, sowie einer würdig geschmückten Dienerschaft an der Vigil von Pfingsten [Tag vor Pfingsten] in Mainz ein. [...]

Wegen der großen Menschenmenge, die zu diesem Feste herbeiströmte, hatte der Kaiser auf den Wiesen vor Mainz auf dem rechten Rheinufer seine und aller Fremden Zelte aufschlagen und große Behelfsbauten errichten lassen. Die Zelte des Herrn Grafen von Hennegau übertrafen die aller übrigen Großen an Zahl und Schönheit. Aus dem ganzen Reiche nördlich der Alpen war zu diesem Hoftage eine solche Menge von Fürsten, Erzbischöfen, Bischöfen, Äbten, Herzögen, Markgrafen, Pfalzgrafen, Edelleuten und Dienstmannen erschienen, dass nach einer glaubwürdigen Schätzung siebzigtausend Ritter zugegen waren, wozu dann noch die Kleriker und Leute aus den verschiedensten Ständen kamen.

Am heiligen Pfingsttage trugen Herr Friedrich, Kaiser der Römer, und seine Gemahlin, die Kaiserin, mit großer Feierlichkeit Kaiserkronen und ihr Sohn, König Heinrich, die Königskrone. Als es bei dieser Gelegenheit die mächtigsten Fürsten als ihr Recht beanspruchten, das Kaiserschwert tragen zu dürfen, [...] ward es dem Grafen von Hennegau überlassen. Niemand erhob dagegen Einspruch, weil sein Name in allen Landen hochgefeiert war, er erstmals auf einem Hoftage erschien und dazu viele der mächtigsten Fürsten und Edelleute, die zugegen waren, mit ihm verwandt waren.

Am Pfingstmontage wurden der Herr Heinrich, König der Römer, und der Schwabenherzog Friedrich, Söhne des Herrn Kaisers Friedrich, zu Rittern geschlagen. Diese Ehrung veranlasste diese sowie alle Fürsten und viele Edelleute, den Rittern, Gefangenen, solchen, die das Kreuz genommen hatten [dadurch verpflichtete man sich äußerlich sichtbar zur Teilnahme am Kreuzzug], Spielleuten, Gauklern und Gauklerinnen, reiche Geschenke zu übergeben: Pferde, kostbare Kleider, Gold und Silber. Die Fürsten taten dies nicht bloß zur Ehre des Kaisers und seiner Söhne, sondern sie spendeten auch, um ihren eigenen Ruhm weitum bekannt zu machen, mit freigebiger Hand.

Am Pfingstmontag und Pfingstdienstag begannen die Söhne des Kaisers nach dem Morgenmahl das Turnier, an dem sich schätzungsweise zwanzigtausend oder mehr Ritter beteiligten. Die Turniere wurden ohne eigentlichen Kampf abgehalten, die Ritter ergötzten sich bloß am Schild-, Lanzen- und Fahnenschwingen sowie an ihrer Reitkunst. Auch der Herr Kaiser beteiligte sich daran, und wenn er auch an Größe und Schönheit nicht alle übertraf, so führte er doch seinen Schild am besten. Der Graf von Hennegau diente ihm beim Turnier und trug seine Lanze [...].

Zit. nach: Geschichte in Quellen, Bd. 2. S. 446f. (mit leichten Änderungen).

12 **Der so genannte Erbreichsplan Heinrichs VI. nach den Marbacher Annalen (1196)**

Im Jahre 1196 hielt der Kaiser [Heinrich VI.] zu Mittfasten einen Hoftag zu Würzburg ab, auf dem zahlreiche Menschen das Kreuz nahmen. Auf demselben Hoftag wollte der Kaiser ein neues und im römischen Reich einfach unerhörtes Gesetz mit den Fürsten festsetzen: Es sollten im römischen Reiche wie in Frankreich und in anderen Reichen die Könige einander nach Erbrecht folgen. Die anwesenden Fürsten stimmten dem zu und bekräftigten das durch ihr Siegel. Im gleichen Jahr zog der Kaiser nach Apulien, aber nur mit einem kleinen Gefolge, weshalb ihn denn auch die Italiener verachteten.

Inzwischen verhandelte er durch Boten mit dem Papst, durch den er seinen bisher ungetauften Sohn taufen und zum König salben lassen wollte. Hätte dies der Papst getan, so würde, wie man glaubte, der Kaiser öffentlich von ihm das Kreuz genommen haben. [...] Drei Wochen hatte sich der Kaiser in Tivoli [Ort in der Nähe von Rom] aufgehalten, doch nahmen die Verhandlungen mit dem Papst trotz mehrmaligem gegenseitigem Gesandtenwechsel und kostbaren Geschenken des Kaisers an den Papst keinen guten Fortgang; so trat der Kaiser schwer verstimmt seine Reise nach Sizilien an. Unterdessen erkoren auf Betreiben des Erzbischofs Konrad von Mainz und Herzog Philipp von Schwaben fast alle Fürsten in Deutschland das Söhnchen des Kaisers unter Eidesleistung zum König.

Zit. nach: Geschichte in Quellen, Bd. 2. S. 470 (mit leichten Änderungen).

13 Ein Ritter erweist einer adligen Dame einen **Minnedienst**, Heidelberger Liederhandschrift, um 1320

13 **Urkunde Heinrichs (VII.) über die Rechte der Vornehmen und Großen eines Landes (1. Mai 1231)**
Heinrich, von Gottes Gnaden Römischer König und allzeit Augustus, entbietet allen Getreuen des Reiches seine Gnade und alles Gute. Wir wollen, dass allen bekannt sei, dass in Unserer Gegenwart, als Wir zu Worms einen feierlichen Hoftag hielten, gefordert wurde zu definieren, ob ein Landesfürst irgendwelche Normen setzen oder neue Rechte schaffen dürfe, wenn er die Vornehmen und Großen seines Landes gar nicht gefragt habe. Über diese Sache wurde nach Einholung der Zustimmung der Fürsten so entschieden: Dass weder Fürsten noch irgendwelche anderen Personen irgendwelche Normen oder neue Rechte setzen dürfen, wenn nicht von Anfang an die Zustimmung der Vornehmen und Mächtigen des Landes vorhanden ist. Deshalb haben Wir zur Bekräftigung dieses Urteils die vorliegende Urkunde, die auf Dauer gelten soll, niederschreiben und mit Unserem Siegel befestigen lassen. [...] [hier folgt die Liste der Zeugen]. Gegeben zu Worms, im Jahre des Herrn 1231, an den Kalenden des Mai [= 1. Mai], in der vierten Indiktion.

Zit. nach: H. Boockmann: Das Mittelalter. Ein Lesebuch, 3. Aufl. München 1997, S. 115 (mit leichten Änderungen).

14 **Gesetz zu Gunsten der Fürsten (Statutum in favorem principum, 1232)**
Im Namen der heiligen und unteilbaren Dreifaltigkeit. Friedrich II., durch Gottes gnädige Fügung Kaiser der Römer und immer Augustus, König von Jerusalem und Sizilien.

Hoch erhaben ist der Thron Unseres Reiches, und in Gerechtigkeit und Frieden handhaben Wir seine Regierung, wenn Wir mit gebotener Aufmerksamkeit an das Recht Unserer Fürsten und Magnaten denken, durch die, wie das Haupt auf kräftigen Gliedern ruht, blüht und feststeht, Unsere Herrschaft und Unsere gewaltige kaiserliche Größe gebietend aufsteigt, von ihren Schultern gestützt und getragen. Unsere Zeit und die fernste Zukunft soll also wissen, dass Wir gemeinsam mit Unserem sehr geliebten Sohne Heinrich, dem König der Römer, auf Unserem Hoftag in Cividale auf Bitten der Fürsten und Magnaten, von denen eine große Zahl aus Liebe zu Uns erschienen war, beschlossen haben, die Gnadenerweise, die Unser geliebter Sohn ihnen auf dem großen Hoftag zu Worms gewährt hatte, durch die Kraft Unserer Autorität für gültig zu erklären. Wir haben ihren Bitten gnädige Gewährung gegönnt, weil Wir erwarten, in ihrer wohlverdienten Erhöhung auch Uns und das Reich gebührend zu fördern.

1. Wie schon Unser königlicher Sohn, so gestehen auch Wir ihnen für immer zu, dass keine neue Burg oder Stadt auf geistlichem Gebiet, sei es auch unter dem Vorwand der Vogtei, von Uns oder einem anderen [Fürsten] errichtet werden darf, ganz gleich unter welchem Vorgeben.

187

2. Neue Märkte sollen alte in keiner Weise stören.
3. Niemand darf gegen seinen Willen zum Besuche eines Marktes gezwungen werden.
4. Alte Straßen sollen nicht ohne den Willen der Benutzer verlegt werden.
5. In Unseren neuen Städten soll die Bannmeile beseitigt werden.
6. Ein jeder Fürst habe freien Gebrauch seiner Freiheiten, Gerichtsbefugnisse, Grafschaften und Zehnten, nach den Gewohnheitsrechten seines Landes, sie seien sein Eigentum oder ein Lehen.
7. Die Zentgrafen sollen ihre Gerichtsrechte vom Landesherrn [dominus terrae] oder von dem empfangen, den der Landesherr mit ihnen belehnt hat.
8. Ohne Zustimmung des Landesherrn darf niemand eine Gerichtsstätte verlegen.
9. Kein Semperfreier [hatte seinen Gerichtsstand vor dem bischöflichen Sendgericht] darf vor das Zentgericht geladen werden.
10. Die Bürger, die man „Pfahlbürger" nennt [sie genießen Bürgerrecht, wohnen aber außerhalb der Stadtbefestigung], sollen ganz und gar vertrieben werden.
11. Die Abgaben an Wein, Geld, Korn und anderen Waren, die alle Bauern bisher zu leisten hatten, sollen abgeschafft und nicht mehr erhoben werden.
12. Eigenleute der Fürsten, Edlen, des Dienstadels und der Kirchen sollen in Unseren Städten keinen Schutz mehr finden.
13. Eigentum und Lehen der Fürsten, Edlen, des Dienstadels und der Kirchen, das sich in den Händen Unserer Städte befindet, soll zurückgegeben werden und darf nicht wieder weggenommen werden.
14. Weder Wir noch Unsere Leute sollen das Geleitrecht der Fürsten in ihrem Lande, das sie von Uns zu Lehen haben, beeinträchtigen oder stören dürfen.
15. Niemand soll durch Unsere Schultheißen gezwungen werden, Dinge herauszugeben, die er schon vor sehr langer Zeit von irgendeinem Menschen empfangen hat, bevor sie in Unseren Städten angesiedelt waren; sind sie aber unmittelbare Untertanen des Kaisertums, dann müssen sie ihnen vor dem zuständigen Gericht zu ihrem Rechte verhelfen.
16. Unsere Städte sollen nicht wissentlich einen Landschädling oder gerichtlich Verurteilten oder einen Geächteten aufnehmen; bereits Aufgenommene sollen ausgewiesen werden.
17. Im Lande eines Fürsten wollen Wir keine neue Münze schlagen lassen, durch welche die Münze des Fürsten im Werte gemindert werden könnte.
18. Unsere Städte sollen ihre Gerichtsbarkeit nicht über ihren Umkreis hinaus ausdehnen, es sei denn, dass Uns eine Sonderjurisdiktion zukommt.
19. In Unseren Städten soll der Kläger sich an den Gerichtsort des Beklagten wenden, wenn nicht der Beklagte oder Hauptschuldige auch dort ergriffen wird; in diesem Falle muss er sich auch dort verantworten.
20. Ohne Zustimmung und aus der Hand des fürstlichen Lehnsherrn soll niemand Güter zu Pfand nehmen, mit denen ein anderer belehnt ist.
21. Zu städtischen Arbeiten können nur Leute gezwungen werden, die durch das Recht dazu verpflichtet sind.
22. Bewohner Unserer Städte sollen von ihren außerhalb der Städte gelegenen Gütern ihren Herren und Vögten die schuldigen und gewohnten Abgaben leisten, aber nicht mit ungebührlichen Beitreibungen belästigt werden.
23. Eigenleute, Leute der Vögte und der Lehen, die zu ihren Herren gehen wollen, dürfen durch Unsere Beamten nicht zum Bleiben gedrängt werden.

Wir haben zum Gedächtnis und für die Beständigkeit dieser Konzession und Bekräftigung die vorliegende Urkunde ausfertigen und durch Unserer Majestät Siegel sichern lassen. [...] [es folgt die Zeugenliste].
Ich, Siegfried von Regensburg, Bischof, habe anstelle des Herrn Erzbischofs Siegfried von Mainz, des Erzkanzlers für ganz Deutschland, als Kanzler des kaiserlichen Hofes gegengezeichnet.
Dies ist geschehen im Jahre nach der Fleischwerdung des Herrn 1232, im Monat Mai, in der fünften Indiktion unter der Herrschaft unseres kaiserlichen Herrn Friedrich II., des unbesiegbaren Kaisers der Römer von Gottes Gnaden, immer Augustus, König von Jerusalem und Sizilien, im zwölften Jahr seiner römischen Herrschaft, im siebenten seiner Macht zu Jerusalem und im vierunddreißigsten seines Regimentes in Sizilien. Mit Gott, Amen. Gegeben zu Cividale im genannten Jahre und Monat, in der angegebenen Indiktion.

Zit. nach: Geschichte in Quellen, Bd. 2. S. 568f. (mit leichten Änderungen).

15 Aus einem zeitgenössischen Bericht über die Wahrnehmung Friedrichs II. im nordalpinen Reich

Er [Friedrich II.] aber fuhr, wie es der kaiserlichen Majestät geziemt, in großer Pracht und Herrlichkeit einher, mit vielen Wagen, beladen mit Gold und Silber, Battist und Purpur, Edelsteinen und kostbaren Geräten, mit vielen Kamelen und Dromedaren. Viele Sarazenen und Äthiopen, die verschiedener Künste kundig waren, mit Affen und Leoparden, bewachten sein Geld und seine Schätze. So gelangte er inmitten einer zahlreichen Menge von Fürsten und Kriegsleuten bis nach Wimpfen.

Zit. nach: Klaus J. Heinisch (Hrsg. u. Übers.): Kaiser Friedrich II. in Briefen und Berichten seiner Zeit. Darmstadt 1978, S. 302 f.

16 Der geistliche Chronist Matthäus von Paris über den Empfang Graf Richards von Cornwall am Hofe Friedrichs II. (1241)

Und auf Befehl des Kaisers sah er [Graf Richard von Cornwall] mit großem Ergötzen mannigfaltige, ihm unbekannte Spiele und Vorstellungen mit Hilfe musikalischer Instrumente, die zur Erheiterung der Kaiserin aufgeführt wurden. Zwei schöngestaltete sarazenische Mädchen nämlich stellten sich auf dem glatten Estrich mit ihren Füßen auf vier Kugeln, jede auf zwei, und auf diesen Kugeln, sie fortrollend, bewegten sie sich, in die Hände klatschend, hierhin und dorthin und wohin es ihnen einfiel, die Arme im Spiel und unter Gesang verschiedentlich bewegend und den Körper nach der Melodie wendend, indem sie tönende Zymbeln oder Becken mit den Händen zusammenschlugen und allerhand Scherze in wunderbarer Weise darstellten.

Zit. nach: Klaus J. Heinisch (Hrsg. u. Übers.): Kaiser Friedrich II. in Briefen und Berichten seiner Zeit. Darmstadt 1978, S. 326 f.

Arbeitsvorschläge

a) Kommentieren Sie die folgende Aussage des Historikers Eduard Meier: „Vor einer richtig interpretierten Urkunde stürzen alle ihr widersprechenden Angaben einer Tradition [d.h. der chronikalischen Überlieferung], mochte sie sonst noch so zuverlässig scheinen, rettungslos zusammen. Denn in ihr redet die Vergangenheit unmittelbar, nicht durch Vermittlung Fremder zu uns."

b) Erschließen Sie aus den im Abschnitt über Charakter, Aufbau und Entstehung einer mittelalterlichen Urkunde (S. 180 f.) mitgeteilten zeitgenössischen Bezeichnungen für urkundliche Dokumente, welche Aspekte des Dokuments und seiner Verwendung jeweils herausgestrichen wurden. Dabei hilft ein Blick ins lat., frz. und engl. Wörterbuch.

c) Entwerfen Sie eine genealogische Übersicht (Stammtafel), aus der die verwandtschaftlichen Verhältnisse zwischen Saliern, Staufern und Welfen hervorgehen.

d) Stellen Sie auf der Basis des Landfriedensgesetzes Heinrichs IV. (M 8) zusammen, wer in die Initiative des Herrschers eingebunden war, wer durch sie geschützt wurde, wogegen sie sich konkret richtete und wer für die Kontrolle der verfügten Maßnahmen zuständig war.

e) Skizzieren Sie auf der Basis des anonymen zeitgenössischen Berichts (M 9) die Schritte der Königserhebung von 1125.

f) Machen Sie an den Punkten, an denen sich die Kandidaten nach dem anonymen Bericht über die Königswahl von 1125 (M 9) unterschiedlich verhielten, fest, welche Eigenschaften ein Kandidat haben musste, um sich ernsthafte Hoffnungen auf die Erlangung des Thrones machen zu dürfen.

g) Skizzieren Sie die in der Gelnhäuser Urkunde (M 10) fassbaren Regelungen. Arbeiten Sie heraus, in welcher Weise hier der Territorialisierung und der Herausbildung der Landesherrschaft Vorschub geleistet wurde.

h) Hätte Heinrich der Löwe dem Verfahren durch alternatives Verhalten Ihrer Meinung nach eine andere Wendung geben können?

i) Im Rahmen der ritterlich-höfischen Kultur wurde Politik in Ritualen und zeremoniellen Akten vermittelt. Belegen Sie dies auf der Basis des Berichts über das Mainzer Hoffest (M 11). Arbeiten Sie in diesem Zusammenhang auch die Beteiligung der unterschiedlichen Personen und Personengruppen an den einzelnen Akten des Festzusammenhanges heraus. Welche Rückschlüsse lassen sich daraus auf das Verständnis von der Rolle des Herrschers ziehen?

j) Hätte es für Heinrich VI. Ihrer Meinung nach einen Weg gegeben, seine Vorstellungen von einem staufischen Erbreich (vgl. M 12) nördlich der Alpen durchzusetzen? Diskutieren Sie das Problem und entwickeln Sie eine Strategie.

k) Definieren Sie auf der Basis des Fürstengesetzes Friedrichs II. (M 14), was Landesherrschaft für die Zeitgenossen des Hochmittelalters bedeutet.

l) Wie mag das Auftreten Friedrichs II. und die in seinem Umfeld gelebte Kultur auf seine nordalpinen Zeitgenossen gewirkt haben? Argumentieren Sie mit den in M 15 und M 16 fassbaren Informationen.

8.3 Die Herrschaftsbildung des Deutschen Ordens in Preußen

Vom Hospital vor Akkon zum Ritterorden

Im Verlauf des Dritten Kreuzzuges hatten deutsche Pilger 1190 vor den Toren der belagerten Stadt Akkon im Heiligen Land zur Pflege von Kranken und Verwundeten ein Hospital gegründet. Aus der zugehörigen Bruderschaft war nur wenige Jahre später ein von Kaiser und Papst privilegierter, streng hierarchisch strukturierter geistlicher Ritterorden geworden, der sich im Kampf gegen die Ungläubigen engagierte. Treibende Kraft war dabei vor allem der vierte Hochmeister, Hermann von Salza, ein enger Vertrauter Kaiser Friedrichs II. Der Deutsche Orden erwarb in der Folgezeit umfangreiche Besitzungen in Palästina, aber auch in West- und Mitteleuropa, so dass er um 1300 bereits 300 Kommenden (Niederlassungen) umfasste. Der Schwerpunkt lag dabei in den Territorien des Reiches, das durch großzügige Güterschenkungen bereits recht bald mit einem dichten Netz von Kommenden überzogen wurde.

Gescheiterte Ansiedlung im Burzenland

Bereits vor dem Verlust der letzten christlichen Besitzungen im Heiligen Land im Jahre 1291 versuchte der Orden, sich neue Aufgabenfelder zu erschließen. So war er zu Beginn des 13. Jahrhunderts einem Hilfsgesuch König Andreas' II. von Ungarn gefolgt. Für ihn sollten die Ordensritter das im inneren Karpatenbogen um Kronstadt im heutigen Rumänien gelegene Burzenland gegen die heidnischen Kumanen verteidigen. Die Ansiedlung im Burzenland blieb jedoch Episode, weil der Orden eine allzu eigenständige Herrschaftsbildung betrieb und deshalb 1225 wieder des Landes verwiesen wurde.

Das Hilfsgesuch Konrads von Masowien und die Etablierung in Preußen

1225/26 wandte sich dann Herzog Konrad von Masowien an den Orden und bot ihm das an die heidnischen Prussen (auch Pruzzen) verlorene Kulmer Land an, wenn er dort erfolgreich gegen die Prussen kämpfen würde. Nachdem sich der Hochmeister Hermann von Salza in der Goldenen Bulle von Rimini 1226 von Kaiser Friedrich II. die volle Landeshoheit über die zu erobernden Gebiete hatte verbriefen lassen und auch den Papst für die Förderung des Ordens in Preußen hatte gewinnen können, begann man 1230 mit der systematischen Eroberung des Landes. Diese war trotz verschiedener Aufstände der prussischen Bevölkerung 1283 abgeschlossen. Obwohl das preußische Territorium nicht zum römisch-deutschen Reich gehörte, nahm der Hochmeister des Ordens aufgrund der herrscherlichen Privilegierung gleichsam wie ein Reichsfürst entsprechende Rechte an den Regalien für sich in Anspruch.

Die Eroberung Preußens in Auseinandersetzung mit Litauen und der polnischen Monarchie

Entgegen den Erfolgen im eigentlichen Preußenland hatte der Orden 1242 in der Schlacht auf dem Peipussee eine empfindliche Niederlage gegen das Heer Alexander Newskis erlitten und war mit dem Versuch gescheitert, die russischen Großfürstentümer von Pleskau und Nowgorod zu erobern. In der Folgezeit sah sich der Ordensstaat vor allem mit den – bis 1386 – heidnischen Litauern und mit dem bereits seit der Jahrtausendwende christianisierten polnischen Gemeinwesen konfrontiert. Vor allem gegen die Litauer rief man immer wieder Hilfe aus Westeuropa ins Land. So machten sich jedes Jahr zahlreiche mit Kreuzzugsablass ausgestattete Ritter aus dem gesamten Abendland auf den Weg nach Preußen, um sich an den Litauerzügen zu beteiligen. Nach der Eroberung Pommerellens wurde die Marienburg an der Nogat seit 1309 zur Residenz des Hochmeisters ausgebaut. Dieser entwickelte eine prächtige Hofhaltung, die im gesamten Abendland Beachtung fand.

Landesausbau und Städtegründungen im „Ordensstaat"

Im Rahmen des Landesausbaus gründete der Orden zahlreiche Städte, rief seit 1300 planmäßig deutsche Siedler ins Land und baute das Ordensterritorium zu einem für mittelalterliche Verhältnisse straff organisierten, effektiv verwalte-

Die politische Gestalt Europas im Hochmittelalter ...

1 **Kaiser Friedrich II. entlässt deutsche Ordensritter aus Marburg zur Kolonisierung Preußens.** Wandgemälde für die Aula der Universität Marburg 19. Jahrhundert.

ten Gemeinwesen aus. In diesem „Ordensstaat" gab es zentrale Ämter, die von Großgebietigern geleitet wurden: dem Großkomtur (Versorgung), dem Marschall (Pferde/Krieg), dem Spittler (Hospital), dem Trapier (Kleider) und dem Tressler (Ausgaben/Ordenskasse). Für die Zeit um 1400 ist das Marienburger Tressler-Buch erhalten, das Einblick in das Alltagsleben am hochmeisterlichen Hof gewährt.

Im Laufe von Siedlung und Landesausbau wurden einheimische Prussen und deutsche Neusiedler mit der Zeit zu Preußen. Als einer der deutschen Neustämme entwickelten diese – insbesondere auch auf Grund der Wirtschaftskraft der preußischen Städte – ein entsprechendes Eigenbewusstsein, das sich im 15. Jahrhundert bisweilen sogar gegen den Orden richtete.

Aus Prussen und deutschen Siedlern werden Preußen

Nach der Blüte im 14. Jahrhundert kam es im 15. Jahrhundert zu einer Krise des Ordens. Hierfür gab es mehrere Ursachen: Zum einen entwickelte sich der Orden selbst mehr und mehr zu einer reinen Versorgungsinstitution für den mittel- und niederdeutschen Adel. Das ließ die ursprünglichen Ziele und Ideale des Ordens in den Hintergrund treten und war seinem Wirken vor Ort in Preußen nicht unbedingt zuträglich. Überdies war mit dem Übertritt der Litauer zum Christentum und der polnisch-litauischen Union von 1386 die eigentliche Legitimation für das Wirken des Ordens, nämlich der Heidenkampf, entfallen. All dies führte dazu, dass sich der Orden von der 1410 gegen Polen erlittenen Niederlage bei Tannenberg (poln. Grunwald) nicht mehr recht erholen konnte. Kam er im Ersten Thorner Frieden (1411) noch relativ glimpflich davon, so verlor er im Zweiten Thorner Frieden (1466) wichtige Teile seines Territoriums, darunter Pommerellen mit der Marienburg sowie Danzig, Elbing und Thorn, an den König von Polen. Die hochmeisterliche Residenz wurde daraufhin in das 1255 gegründete Königsberg verlegt.

Der Niedergang des Ordens

8

Die politische Gestalt Europas im Hochmittelalter ...

2 Expansion des Deutschen Ordens

Die Umwandlung des Ordensstaates in ein weltliches Herzogtum

Im Rahmen der Reformation trat der letzte Hochmeister Albrecht von Brandenburg aus dem Hause Hohenzollern zum evangelisch-lutherischen Bekenntnis über und wandelte den Ordensstaat 1525 in ein weltliches Herzogtum unter polnischer Lehnshoheit um. Endet damit auch die Ordensgeschichte in Preußen, so stellt doch das aus dem Ordensterritorium hervorgegangene Herzogtum den Ausgangspunkt für eine Entwicklung dar, die sich in einen weiten Bogen bis ins 21. Jahrhundert erstreckt und von Betrachtern nachfolgender Jahrhunderte nur allzu gerne in übergeordneten Zusammenhängen ausgedeutet wurde.

Der Aufstieg Preußens und die Ausdeutungen der preußisch-deutschen Geschichte

Die Entwicklung führte über die Begründung einer hohenzollerschen Monarchie 1701 zunächst „in Preußen" und später „von Preußen" und den Aufstieg Preußens zu einer der militärisch, wirtschaftlich und kulturell führenden Mächte Europas bis zur kleindeutsch-preußischen Reichsgründung von 1871. Je nach politischer Gesinnung wurde die Gründung Birmarcks sehr unterschiedlich von den Zeitgenossen interpretiert: Den einen war die Kaiserproklamation am 18. Januar 1871 im Spiegelsaal von Versailles der patriotisch mystifizierte Höhepunkt einer preußischen Erfolgsgeschichte, die für die Zukunft noch Größeres erwarten ließ. Dagegen traten hier für die anderen die militaristisch-autoritären Züge der preußischen Monarchie nur allzu offen zutage. Für die Kritiker des preußischen Militarismus setzte sich diese Linie in der aggressiv-imperialistischen Politik Wilhelms II. fort, die direkt in den Ersten Weltkrieg und über Versailles zu Hitler und in den nationalsozialistischen Vernichtungskrieg führte.

Obwohl der preußische Monarch Friedrich II. seinen Nachfolgern ins Stammbuch geschrieben hatte, niemals Krieg mit Russland zu beginnen, und obwohl der enge Schulterschluss mit dem Zaren ein Eckpfeiler in Bismarcks Bündnissystem gewesen war, lag es für die Befürworter und für die Kritiker der preußisch-deutschen Expansionspolitik nahe, die Ereignisse der vorausgegangenen Jahrhunderte – von der Landnahme des Deutschen Ordens in Preußen bis zu dem unter dem Codenamen „Barbarossa" durchgeführten deutschen Überfall auf die Sowjetunion im August 1941 – vor dem Hintergrund eines der deutschen Geschichte immanenten „Dranges nach Osten" auszudeuten. Den Nationalsozialisten wurde dieser Drang zum ideologischen Unterfutter für ihre auf neuen Lebensraum in den Weiten Osteuropas und Asiens zielende Propaganda. Den sozialistischen Gegnern völkischer Weltanschauung und Geschichtsausdeutung diente der „deutsche Drang nach Osten" – negativ ausgedeutet – zur Rechtfertigung des sowjetischen Gegenschlages gegen die deutsche Aggression und der Umgestaltung Osteuropas nach dem Zweiten Weltkrieg. Gerade weil die Vorstellung vom „deutschen Drang nach Osten" die Geschichtsbilder in Ost- und Westdeutschland sowie auch und vor allem bei den östlichen Nachbarn Deutschlands lange Zeit geprägt hat, scheint es geboten, die sich daraus ergebenden Brüche für eine kritische Auseinandersetzung mit der gemeinsamen Vergangenheit zu nutzen.

Der „deutsche Drang nach Osten"

3 Polnisches Denkmal zur Schlacht bei Grunwald/Tannenberg 1410, errichtet 1966 in der Nähe des historischen Schlachtfeldes.

4 Aus der „Goldenen Bulle von Rimini", einem Privileg Kaiser Friedrichs II. für den Deutschen Orden (1226)

Im Namen der heiligen und ungeteilten Dreifaltigkeit, Amen. Friedrich II., von Gottes Gnaden Kaiser der Römer, zu allen Zeiten Augustus, König von Jerusalem und Sizilien. Gott hat darum Unser Kaisertum über alle Könige der Erde erhöht und den Machtbereich Unserer Herrschaft über verschiedene Zonen ausgedehnt, damit sein Name in dieser Welt verherrlicht und der Glaube unter den Heidenvölkern verbreitet werde. Wie er das Heilige Römische Reich zur Verkündigung des Evangeliums geschaffen hat, so haben Wir Unsere Sorge und Aufmerksamkeit ebenso der Unterwerfung wie der Bekehrung der Heidenvölker zuzuwenden. [...]

Aus diesem Grunde tun Wir mit diesem Schreiben allen jetzt lebenden und allen künftigen Angehörigen Unseres Reiches kund und zu wissen: Bruder Hermann, der ehrwürdige Meister des heiligen Deutschen Hospitales der heiligen Maria zu Jerusalem und Unser Getreuer, hat Uns in aller Ergebenheit vorgetragen, dass Unser getreuer Konrad, Herzog von Masowien und Kujawien, für das Kulmerland und das Land zwischen seiner Mark und dem Gebiet der Preußen für ihn und seine Brüder Vorsorge treffen will. Demnach sollen die Brüder die Mühe auf sich nehmen und bei günstiger Gelegenheit zur Ehre und zum Ruhme des wahren Gottes in das Preußenland einziehen und es besetzen. Hermann verschob die Annahme dieses Angebotes und wandte sich zuerst an Unsere Erhabenheit mit seinem ergebenen Gesuch; falls Wir Uns würdigten, dies zu genehmigen, wolle er im Vertrauen auf Unsere Vollmacht das gewaltige Werk in Angriff nehmen. Unsere Erhabenheit solle dann ihm und seinem Hause das Land, das ihm genannter Herzog überlassen, wie auch das Land, das sie in Preußen durch ihre Bemühung gewinnen, bestätigen und außerdem seinem Haus hierfür kraft eines Privilegs alle Rechte und Freiheiten gewähren. Dann wolle er die Schenkung des genannten Herzogs annehmen und die Güter und Personen seines Hauses für den Einmarsch und die Eroberung des Landes in unermüdlicher, immerwährender Arbeit einsetzen.

In Erwägung der tatbereiten Frömmigkeit dieses Meisters, mit der er im Herrn die Erwerbung jenes Landes für sein Haus heiß begehrt, und weil jenes Land zu Unserem Reiche gehört, im Vertrauen auch auf die Klugheit dieses Meisters, eines Mannes mächtig in Wort und Tat, der mit seinen Brüdern die Sache kraftvoll in Angriff nehmen, die Eroberung mannhaft durchführen und das Begonnene nicht unverrichteter Dinge aufgeben wird, wie vor ihm so viele, die so manche Mühe erfolglos auf dieses Unternehmen verwandt haben, erteilen Wir diesem Meister die Vollmacht, mit den Kräften seines Hauses unter Aufgebot aller Mittel in das Preußenland einzurücken.

Wir genehmigen und bestätigen diesem Meister, seinen Nachfolgern und seinem Hause für alle Zeit, dass sie das genannte Land, das sie vom Herzog Konrad nach dessen Versprechen erhalten werden, ferner jenes Gebiet, das ihnen dieser vielleicht sonst noch überlässt, schließlich das, was sie mit Gottes Gnade in Preußen erobern, dass sie das mit den Gerechtsamen in Bergland, Ebenen, auf Flüssen, in Wäldern und auf See wie ein altes Reichsrecht in Freiheit ohne Dienstleistung und Steuerpflicht ohne irgendwelche gemeine Lasten innehaben und dass sie niemandem für dieses Land Rechenschaft schuldig sind. Es soll ihnen ferner gestattet sein, zum Vorteil ihres Hauses Weg- und andere Zollstätten zu errichten, Messen und Märkte zu bestimmen, Geld zu schlagen, Steuern und andere Abgaben zu erheben, auf den Flüssen und auf dem Meer, wie es gut scheint, Fahrtordnungen aufzustellen; ferner sollen sie immer das Bergwerksrecht haben auf Gold, Silber, Erz und andere Metalle und Salz, falls dergleichen sich in ihren Ländern findet oder sich noch finden wird. Außerdem verleihen Wir ihnen das Recht, Richter und Verwaltungsbeamte einzusetzen, die das ihnen untertänige Volk, die zum Glauben Bekehrten wie die in ihrem Wahnglauben Lebenden, gerecht regieren und leiten, die Vergehen der Übeltäter vernünftig bestrafen, die Zivil- und Strafsachen untersuchen und nach Maßgabe der Vernunft entscheiden. Wir fügen dem aus Unserer besonderen Gnade hinzu, dass dieser Meister und seine Nachfolger in ihren Ländern die Obrigkeitsrechte haben und ausüben, wie sie einem mit den besten Rechten ausgestatteten Reichsfürsten in seinem Lande zukommen, auf dass sie gute Gepflogenheiten einführen und Satzungen geben, durch die der Glaube der Christen gestärkt werde und ihre Untertanen sich in allem des Friedens und der Ruhe erfreuen.

Kraft dieses Privilegs verbieten Wir jedem Fürsten, Herzog, Markgrafen, Grafen, Ministerialen, Schulzen, Vogt, jeder Person hohen oder niederen, kirchlichen oder weltlichen Standes, sich irgendetwas gegen diese Vergünstigung und Bestätigung herauszunehmen. Sollte jemand solches wagen, so wisse er, dass er einer Strafe von tausend Pfund Goldes verfällt, wovon er die eine Hälfte Unserer Kammer, die andere den Geschädigten zu zahlen hat.

Zit. nach: Deutsche Geschichte in Quellen und Darstellung, Bd. 1. S. 396 ff.

5 Klage der Samogiten, eines heidnischen Stammes aus der Gegend nördlich von Memel, über die Eroberungspolitik des Deutschen Ordens (1399)

Unterdrückt und durch Qualen erschöpft bitten wir Euch, Ihr geistlichen und weltlichen Fürsten, uns anzuhören. Der [Deutsche] Orden will nicht unsere Seelen für Gott, sondern unsere Felder für sich selbst gewinnen. Er hat uns dazu gebracht, dass wir entweder Bettler oder Räuber werden müssen, um unser Leben zu erhalten, und wie wagten sie es nach alledem, sich unsere Brüder zu nennen und uns zu taufen? Wer andere waschen will, sollte selber sauber sein. Es ist wahr, dass die Preußen schon getauft sind; aber hinsichtlich des Glaubens sind sie ebenso unwissend wie zuvor. Wenn sie zusammen mit den Ordensrittern in ein fremdes Land eindringen, benehmen sie sich ärger als die Türken, und je schlimmer sie wüten, desto größeres Lob wird ihnen seitens des Ordens zuteil. Alle Früchte unseres Landes und alle Bienenvölker haben uns die Ritter genommen. Sie gestatten uns weder zu jagen noch zu fischen, noch mit den Nachbarn Handel zu treiben. Jedes Jahr führen sie unsere Kinder als Geiseln weg. Unsere Ältesten haben sie nach Preußen verschleppt, andere samt ihren Familien durch Feuer ausgerottet; unsere Schwestern und Töchter haben sie mit Gewalt weggeführt – und da tragen sie noch das heilige Kreuz auf ihrem Mantel! Habt Erbarmen mit uns! Wir bitten darum, getauft zu werden; aber denkt daran, dass wir Menschen sind, nach dem Bilde Gottes geschaffen, und nicht irgendwelche Tiere. [...] Von ganzem Herzen wollen wir Christen werden, aber wir wollen mit Wasser, nicht mit Blut getauft sein.

Zit. nach: Geschichte in Quellen, Bd. 2. S. 680.

6 **Auszüge aus dem Marienburger Tressler-Buch (1399–1407)**
1399, Dezember 5 – Das hierunter Geschriebene hat der Marschall an Johann den Bernsteinschneider für unseren Hochmeister ausgegeben; und er hat es uns abgerechnet am Freitag vor dem Sankt-Nikolaus-Tage: Zum ersten 14 Mark für eine [Bild-]Tafel, die auf des Meisters Altar steht.
Item: 2 Mark für ein Paar runder Tafeln mit des Herzogs von Burgund Tracht [= Wappen].
Item: 2 Mark für ein großes Bild in einem silbernen Gehäuse.
Item: 3 Mark für ein Bildchen auf zwei Täfelchen, die wir dem Meister gebracht haben.
Item: ein Holztäfelchen, mit einem Bernsteinbild von 5 Engeln, für 5 Mark.
Item: 4 Mark für 3 silberne Täfelchen [...] mit Bernsteinbildern und einer Veronika, für Gold und Silber und Macherlohn.
Item: 2 Paternoster mit zwei Reliquienbüchsen, für 4 Mark. [...]
1399, Mai 1 – Item: 1 Mark für den französischen Herold, der mit den Franzosen in Marienburg war.
Item: 20 Mark und 4 Scot für den Apotheker in Elbing für den Meister noch für das Jahr 1398; das Geld nahm seine Frau am Donnerstag Philippi und Jacobi an, als Meister Bartholomäus, der Pfarrer zu Elbing, mit ihr abgerechnet hatte, in Übereinstimmung mit den Briefen.
1400, April 20 – Item: ½ Mark für Peter, den Hofnarren des Herrn Bischofs von Heilsberg.
1400, Juli 18 – 2 Scot für die Schüler, die in der Kapelle des Herzogs eine Messe vor der Frau des litauischen Herzogs Witowd gesungen haben.
1400, November 14 – Falken austragen. Item: 4 Mark für einen Käfig Falken zum Herzog Wilhelm von Österreich zu tragen.
Item: 4 Mark für einen Käfig Falken zu dem König von Böhmen zu tragen, und 2 Mark für den Knecht, der die Falken zu tragen hatte, zumal der König dem Knechte nichts gegeben hat.

7 **Die Schlacht bei Grunwald (Tannenberg) 1410**, Gemälde von Jan Matejko, 19. Jahrhundert

Item: 4 Mark für einen Käfig Falken nach Nürnberg zu tragen zum Herzog Leopold von Österreich.
Item: 4 Mark für einen Käfig Falken zu tragen nach Sachsen, Meißen und Württemberg.
Item: 4 Mark für einen Käfig Falken zu tragen zu dem Herzog Clem, dem Pfalzgrafen [Kurfürst Ruprecht III., genannt Clem, war im August 1400 zum König im Reich gewählt worden].
Item: 4 Mark für einen Käfig Falken zu tragen nach Mainz zum Grafen Eberhard.
Item: 4 Mark für einen Käfig Falken zu tragen nach Köln und Bayern.
Item: 4 Mark für einen Käfig Falken zu tragen zu dem Herzog von Berg und dem Komtur [des Deutschen Ordens] zu Koblenz.
Item: 2 Mark für einen halben Käfig Falken zu tragen nach Holland.
Item: 17 Mark für zwei Käfige Falken nach Frankreich zu tragen.
1401, April 28 – An Herrn David [Priesterbruder zu Marienburg]: Zum ersten 6 Mark 1 Vierdung für ein Buch, ein Antiphonarium [Sammlung von Kirchengesängen], zu schreiben und 3 ½ Mark für einen Psalter, 1 Mark für ein Martyrologium [Sammlung von Märtyrerlegenden].
Item: 4 Mark für eine Legende „von der Zeit" und „von den Heiligen" als Schriftkosten, für weißgegerbtes Leder und für Fell 7 Scot und dem Kleinschmied 1 Vierdung und für die Wiederherstellung des alten Antiphonariums 16 Scot. Für die Zubereitung eines neuen Antiphonariums 1 Mark.
Item: 20 Scot für den Schreiber Jacob, weil er die Bücher gebunden und korrigiert hat, für Binden und Illuminieren des Psalters 1 Mark, Binden und Notieren ½ Mark. [...]
1401, Januar 24 – Dezember 15 – An den Goldschmied: Zum ersten 2 ½ Mark ½ Vierdung, um die silberne Kanne des Meisters zu vergolden, lötiges Gold.
Item: 2 Mark weniger 1 Scot an Wilhelm den Goldschmied, um dem Meister einen Kelch zu machen, von der Mark 3 Vierdung und dazu 5 ungarische Gulden zum Vergolden.
Item: 2 Mark für Gold, um dem Meister eine Fassung für einen Saphir zu machen, und 1 Mark Macherlohn, auch für Wilhelm.
Item: 9 Mark ½ Vierdung für Meister Wilhelm, um dem Meister 4 Schüsseln zu machen. [...]
1404, September 15 – Trapier [Großgebietiger des Ordens mit Zuständigkeit für die Gewänder]: Item 3 Mark weniger 8 Scot für goldene Borten an dem Zobelüberkleide.
Item: 1 Mark für Fuchspelz zu Handschuhen.
Item: 1 Mark, um unserem Hochmeister 11 Russische Hüte zu machen. [...]
1404, Oktober 20 – Item: 1 Mark für Nünecken, den Hofnarren des Hochmeisters, gegeben.

1405, September 8 – Item: ½ Mark an einen Sänger gegeben, der wie eine Nachtigall gesungen hat.
1406, November – Item: 8 Schillinge für die Ausbesserung der gemalten Heiligen in unseres Hochmeisters Kapelle, die die Affen abgebrochen hatten.
1407, April 12 – Keller des Hochmeisters: Zum ersten 15 Mark 19 Scot 6 Pfennige fü 3 Lasten Elbinger Bieres und für die Unkosten des Transportes nach Marienburg.
Item: 8 Mark für den Wein unseres Hochmeisters, der von Koblenz geschickt worden ist, für Fuhrleute von Danzig nach Marienburg.
Item: 220 Mark und 1 Vierdung für 6 Fass Rheinwein für den Bürgermeister Konrad Letzkow in Danzig.

Zit. nach: Geschichte in Quellen, Bd. 2. S. 701 ff. (mit leichten Änderungen).
Erläuterung zu den verwendeten Währungseinheiten und Begrifflichkeiten: 1 preußische Mark = 4 Vierdung = 24 Scot = 45 Halbscot = 60 Schillinge = 720 Pfennige; Item (lat.) = ebenso/außerdem.

8 Film-Plakat „Alexander Newski" (1938)
Unter Regie von Sergej Eisenstein und mit der Filmmusik von Sergej Prokofiew entstand ein Jahr vor Ausbruch des Zweiten Weltkrieges der sowjetische Historienfilm „Alexander Newski" über den Sieg des russischen Nationalhelden über die deutschen Invasoren. Nach dem deutsch-sowjetischen Nichtangriffspakt 1939 wurde der Film aus den Kinos genommen und 1941–1945 wieder zu Propagandazwecken eingesetzt.

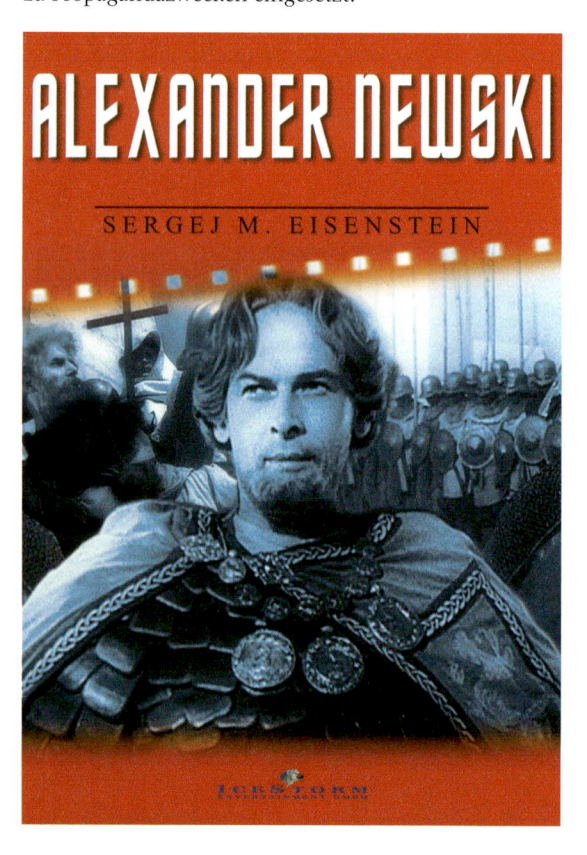

9 Aus einem deutschen Schulbuch (1940)
Ostpreußen wird ein deutsches Land: Die Ordensritter
Über 700 Jahre ist es her, da liegt fern hinter der Weichsel am Ostseestrand ein geheimnisvolles Land. Viel Sumpf und Urwald gibt es dort und endlose Heide. Hier haust das wilde, trotzige Volk der Preußen. Nur mit Schaudern spricht man ihren Namen aus. Uralte heilige Haine soll es bei ihnen geben, wo weißbärtige Priester in wallendem Gewande ihres Amtes walten, wo Bernsteinfeuer aufflammen und wo man in ihrem Schein Sklaven und Gefangene als blutige Opfer darbringt. [...] Und oft schon sind die Preußen in wilder Kampfeslust ins Nachbarland Polen eingebrochen. Die Polen sind verzweifelt. Sie wissen: Nie können sie aus eigener Kraft diesen furchtbaren Feind bezwingen.

Da schickt einer ihrer Herzöge Boten an den Deutschen Ritterorden (1226). Das ist ein Bund von deutschen Rittern, der einst auf den Kreuzzügen gegen die Türken gegründet wurde. Der Führer des Ordens, Hermann von Salza, vernimmt den Hilferuf aus dem fernen Polen und entscheidet: „Auf gegen die Preußen!" [...]

Langsam, Stück für Stück erobern die Ritter das Preußenland. Nach jedem Sieg singen sie in wildem Frohlocken: „Wir wollen alle fröhlich sein. Die Heiden sind in großer Pein." Und nach jeder Eroberung errichten sie an der äußersten Grenze des besetzten Gebietes, mit dem Blick ins Feindesland, aus Holz und Erde ein Bollwerk. Dann werden rote Backsteine herangeschafft, und bald ragt in wuchtigem Viereck eine Burg auf. Hart ist das Leben in diesen Burgen. Mit dem Schwert an der Seite legen sich die Ordensbrüder zur Ruhe. Im düsteren Gemach, auf hölzernem Schemel, nehmen die Ritter schweigend ihr karges Mahl. Schlicht ist ihre Kleidung. Nur ein schwarzes Kreuz ziert den weißen Mantel. [...]

Hundert Jahre später! Fest ist Preußen in der Hand der Ordensritter. Deutsch ist es geworden; deutsche Siedler aller Stände wurden ins Land gerufen. Deutsche Bauern, harte, wetterfeste Gestalten, schreiten hinter dem Pflug. Auf saftigen Wiesen weiden Rinder und Pferde. Umrahmt von wogenden Kornfeldern, liegen stattliche Dörfer. Unter dem Schutz der Ordensburgen sind mächtig aufblühende Städte entstanden: Kulm, Thorn, Elbing, Danzig, Königsberg und viele andere. Zwischen den Giebelhäusern ihrer geradlinigen Straßen, am Rathaus auf dem Marktplatz herrscht ein emsiges Treiben. Handwerker und Kaufleute, sogar Künstler und Gelehrte, haben sich hier niedergelassen. Auf den Landstraßen, die diese Städte verbinden, ziehen die schweren Planwagen, hoch beladen mit Waren aller Art, ihres Weges. Was haben die Deutschen aus diesem einst so rauen und öden Lande gemacht! [...]

Wenn Ostpreußen heute ein blühendes Land ist, bewohnt von prächtigen, kerndeutschen Menschen, dann gebührt den Ordensrittern der Dank, die dieses Land mit ihrem Blute erkämpften.

Dem schwarzen Kreuz auf ihrem weißen Mantel ist das Ehrenzeichen nachgebildet, das Millionen Helden des Weltkrieges und des gegenwärtigen Krieges schmückt: das Eiserne Kreuz. Und aus ihren Farben Schwarz und Weiß, den Farben der selbstlosen, treuen Pflichterfüllung, wurde die Fahne des Königreichs Preußen, das Deutschland einigte und zu neuer Macht und Größe empor führte.

Zit. nach: Geschichtserzählungen. Bearb. von H. Funke (Volkwerden der Deutschen. Geschichtsbuch für höhere Schulen). Leipzig/Berlin 1940, S. 92ff.

10 Der „Deutsche Drang nach Osten" in der Interpretation von DDR-Politikern

„So schmerzlich es ist, so können wir es doch den anderen Völkern nicht verdenken, dass sie sich jetzt Sicherheiten verschaffen, nachdem unser Volk nicht imstande war, im eigenen Land die notwendigen Sicherheiten gegen die Kräfte des preußischen Militarismus und gegen die reaktionären Vertreter des ‚Dranges nach Osten' zu treffen." Mit diesen Bemerkungen aus dem Sommer des Jahres 1945 rief Walter Ulbricht seine Landsleute dazu auf, sich auf die spezifisch deutschen Voraussetzungen des Nationalsozialismus zu besinnen und für die Reaktionen der Sieger bzw. Befreier Verständnis aufzubringen. Damit waren die Zerschlagung Preußens und die Oder-Neiße-Grenze gemeint, die dann von der DDR im Görlitzer Vertrag von 1950 anerkannt wurde und anerkannt werden musste.

Alexander Abusch, der spätere Kultusminister der DDR, wies ebenfalls auf den „deutschen Drang nach Osten" als Teil eines Irrwegs der deutschen Nation hin, den er in einem 1946 veröffentlichten Buch beschrieb. So behauptete er, dass der „Drang nach Osten [...] der Junkerkaste seit den Tagen der askanischen Kurfürsten und des Deutschen Ordens eigen" gewesen sei. Die Vorläufer Preußens, die Mark Brandenburg und der Ordensstaat, seien als „Militärkolonien" im Verlaufe des „kriegerischen Vordringens in das Gebiet der slawischen Völker" entstanden. „Der brandenburgisch-preußische Staat fühlte sich also traditionell als Vorkämpfer gegen das Slawentum, das seit der Jahrtausendwende in der Verteidigung gegen das gewaltsame Vordringen deutscher Ritterheere stand und ihnen auf ihrem ‚Ritt gen Ostland' so viele harte Schläge zugefügt hatte."

Die Hohenzollern hätten diesen „Drang nach Osten" fortgesetzt. „Um jeden Konflikt mit Russland zu vermeiden", habe jedoch Bismarck nicht geduldet, „dass an die Stelle des von ihm gestoppten ‚Dranges nach Osten' ein Drang Preußen-Deutschlands nach Südosten" getreten sei. Doch in der „Ära Wilhelms II. sollte der von Bismarck modifizierte ‚Drang nach Osten' mit scharfer antirussischer Spitze neu vorwärts stoßen". Die „preußischen Junker" hätten dann „in dem Krieg von 1914 auch das Mittel" gesehen, „gemeinsam mit der adligen deutschen Herrenschicht in Lettland und Estland den

Die politische Gestalt Europas im Hochmittelalter …

45 alten ‚Drang nach Osten' fortzusetzen, um die lettischen, estnischen, litauischen und polnischen Bauern zu ihren Sklavenarbeitern zu machen". Diese Politik sei unter der Führung der „Junkergenerale" im Baltikum „auf dem alten Schlachtfeld ihres Dranges nach Osten" fortgesetzt
50 worden. Nach den Freikorps seien schließlich die Armeen Hitlers gekommen.

Zit. nach: W. Wippermann: Der „Deutsche Drang nach Osten". Ideologie und Wirklichkeit eines politischen Schlagwortes. Darmstadt 1981, S. 117 ff.

11 Aus einer populärwissenschaftlichen Geschichte Polens (1976)

1230 kam der Deutsche Orden, auch Ritterorden genannt, mit der Absicht in polnische Lande, den Vorstel-
5 lungen des polnischen Wohltäters zuwider mit Feuer und Schwert einen eigenen Staat zu schaffen. Noch vor ihrer Ansiedlung in Polen brachten sich die Kreuzritter in den Besitz einer goldenen kaiserlichen Bulle [= Urkunde], die ihnen das Land der Pruzzen als Lehen überließ. [...] Ihre
10 Macht festigten sie mit Hilfe päpstlicher Protektion. Sie gingen dazu über, die heidnische pruzzische Bevölkerung systematisch und grausam zu unterwerfen; sie führten Verstärkung aus der westeuropäischen Ritterschaft heran und errichteten Burgen. Sie verschafften sich die ständige
15 Unterstützung der norddeutschen Städte. Trotz verschiedener Aufstände der unterworfenen Bevölkerung war die Eroberung des Landes der Pruzzen 1283 abgeschlossen. Im Norden Polens entstand ein mächtiger, stark zentralisierter, hierarchischer Ordensstaat, der Polen und Litauen
20 gegenüber eine feindliche Politik verfolgte. In das Land mit seiner stark, aber nicht völlig ausgerotteten pruzzischen Bevölkerung strömten ab Ende des 13. Jahrhunderts, Anfang des 14. Jahrhunderts deutsche Siedler.

Zit. nach: Unsere Geschichte, Bd. 2., Frankfurth/M. 1987, S. 37.

12 Grunwald-Denkmal in Krakau, errichtet zur 500-Jahrfeier der Schlacht 1910. Von der deutschen Besatzungsverwaltung 1939 zerstört, wurde es 1976 wiedererrichtet.

Arbeitsvorschläge

a) Charakterisieren Sie auf der Basis von M4 die dem Orden 1225/26 von Kaiser Friedrich II. in Aussicht gestellten Rechte in dem noch zu erwerbenden Gebiet.
b) Der Hochmeister des Deutschen Ordens stand an der Spitze eines geistlichen Ritterordens, der den Gelübden von Armut, Keuschheit und Gehorsam verpflichtet war. – Was irritiert in diesem Zusammenhang, wenn man die im Marienburger Tresser-Buch (M6) aufgeführten Ausgaben analysiert?
c) Informieren Sie sich über den polnischen und den deutschen Umgang mit der Schlacht von Tannenberg (poln. Grunwald). Legen Sie einer vergleichenden Betrachtung u. a. auch M7, M11 und M12 zugrunde.
d) Im Februar 1947 wurde Preußen durch ein Gesetz des alliierten Kontrollrates für Deutschland aufgelöst. Erkundigen Sie sich über den Verlauf der preußischen Geschichte vom Mittelalter bis dahin und insbesondere darüber, wofür Preußen steht, positiv wie negativ. Recherchieren Sie im Internet und diskutieren Sie in der Klasse darüber, ob man einem neuen Bundesland, das aus der Fusion von Berlin und Brandenburg hervorgehen könnte – wie von führenden deutschen Politikern vorgeschlagen –, den Namen Preußen geben sollte oder nicht.

8.4 Das hochmittelalterliche Reich und seine Nachbarn: Alternative Modelle hochmittelalterlicher Staatlichkeit

Um die politische und verfassungsrechtliche Entwicklung des Reiches besser verstehen und beurteilen zu können, ist es hilfreich, sich zumindest in Umrissen über die Geschichte wichtiger anderer Gemeinwesen der Zeit zu orientieren. Auf diese Weise kann man sich des übergeordneten historischen Rahmens vergewissern. Dabei geht es wohlgemerkt nicht darum, den vielfach bemühten „deutschen Sonderweg" der neueren Geschichte aus einer mittelalterlichen Vorgeschichte abzuleiten. Vielmehr erscheint es sinnvoll, das hier in der Quellenüberlieferung Fassbare mit dem andernorts Angedachten und Realisierten zu vergleichen, um dadurch vor dem Hintergrund der Zeit realistische Entwicklungsmöglichkeiten der jeweiligen Gemeinwesen auszuloten.

8.4.1 Frankreich: Der Aufstieg der französischen Monarchie

Nach der Aufspaltung des Karolingerreiches in ein westfränkisches und ein ostfränkisches Teilreich hatte sich in West und Ost die jeweils eigenständige Entwicklung fortgesetzt. An den Küsten und entlang der großen Flüsse des westfränkischen Reiches wirkten sich die Wikingerzüge des 9. Jahrhunderts besonders verheerend aus. 911 war dann durch die Belehnung Rollos mit der Normandie die Einbindung der Wikinger in das westfränkische Gemeinwesen gelungen.

Das westfränkische Reich

Nach dem Aussterben der Karolinger begründete Herzog Hugo Capet 987 die Herrschaft der Kapetinger, die in direkter Linie bis 1328 und über der Nebenlinie des Hauses Valois bis ins späte 16. Jahrhundert regieren. Den Kapetingern gelang es, in der Ile de France, der zentralen Königslandschaft um Paris, eine wohlorganisierte, zentrale Verwaltung einzurichten. Darüber hinaus trieben sie den Feudalisierungsprozess im ganzen Land voran. Obwohl die großen Kronvasallen in ihren Fürstentümern (u. a. Normandie, Anjou, Aquitanien, Blois-Champagne, Flandern) ebenfalls effektive Verwaltungsorganisationen schufen und sich eine weitgehende Eigenständigkeit gegenüber der Krone erhielten, stellten sie das christlich überhöhte kapetingische Königtum niemals grundlegend in Frage. So gelang es den Kapetingern, die sich dabei unter anderem auf die Reste der karolingischen Kirchenherrschaft stützen konnten, die Feudalisierung zu ihren Gunsten zu nutzen und die Fürstentümer als Bausteine in die im Entstehen begriffene Staatlichkeit Frankreichs einzupassen.

Die Begründung der kapetingischen Monarchie

Anders als im römisch-deutschen Reich blieben die Untervasallen der Kronvasallen in ligischen Lehnsverhältnissen stets auch dem Königtum verbunden. Bischöfe entstammten zudem nicht mehr unbedingt dem Hochadel, und die Könige wurden von einem Rat unterstützt, in dem Niederadlige aus der Ile de France mit der Zeit die geistlichen und weltlichen Würdenträger aus dem Hochadel ersetzten. Dadurch dass bei den Kapetingern die Söhne noch zu Lebzeiten ihrer Väter zu Mitregenten erhoben wurden, konnte sich die ursprüngliche Wahl- schon sehr bald zu einer Erbmonarchie entwickeln, der Reims als Krönungsort und St. Denis vor den Toren von Paris als Grablege diente.

Von der Wahl- zur Erbmonarchie

Die Eigenständigkeit der Kronvasallen schlug sich auch in auswärtigen, zum Teil gegen den kapetingischen Herrscher gerichteten Bündnissen nieder. So kam es in der ersten Hälfte des 11. Jahrhunderts zu einem Bündnis Graf Gottfrieds von Anjou mit Kaiser Heinrich III., der Gottfrieds Tochter Agnes in die Ehe führte.

Die Eigenständigkeit der großen Kronvasallen

Die politische Gestalt Europas im Hochmittelalter ...

Diesem Bündnis, zu dem auch noch der dänische und der angelsächsische König gehörten, stand eine Koalition zwischen dem Kapetinger Heinrich I., Graf Balduin von Flandern und Herzog Wilhelm II. von der Normandie („dem Eroberer") gegenüber. Die weiten Perspektiven der kapetingischen Politik dieser Zeit erhellen unter anderem auch daraus, dass Heinrich I. in dritter Ehe mit Anna, der Tochter Großfürst Jaroslavs von Kiew, verheiratet war.

Die anglo-normannische Herausforderung

Eine kaum zu unterschätzende Herausforderung brachte nur einige Jahrzehnte später die normannische Eroberung Englands mit sich. Aus der Personalunion zwischen dem englischen Königreich, dem Herzogtum Normandie und weiteren Festlandsbesitzungen erwuchsen den französischen Königen in den anglo-normannischen Herrschern wirtschaftlich und militärisch schier übermächtige Gegner, die ihnen zwar in der Regel den Lehnseid leisteten, aber ansonsten einen eigenständigen Faktor in der französischen Politik darstellten.

Konsolidierung unter Philipp II. Augustus

Allerdings konnte König Philipp II. (1180–1223) im Bündnis mit den Staufern in der Schlacht von Bouvines 1214 über die englisch-welfische Koalition triumphieren. Endgültig zur Großmacht wurde Frankreich unter Ludwig IX. (1226–1270), dem Heiligen, der die Rückeroberung des englischen Festlandsbesitzes durch den englischen König Heinrich III. verhindern konnte und die innere Konsolidierung Frankreichs weiter vorantrieb.

Frankreich als kultureller und intellektueller Impulsgeber

Während der gesamten hochmittelalterlichen Epoche gingen von Frankreich kulturelle und intellektuelle Impulse aus. Die Herausbildung und Verfeinerung der ritterlich-höfischen Kultur, die Gelehrsamkeit der französischen Kloster- und Kathedralschulen, die sich im Wirken der Pariser Universität fortsetzte, und nicht zuletzt die Entstehung der Gotik mit ihren beeindruckenden Kathedralbauten haben nachhaltig auf das römisch-deutsche Reich wie auf die gesamtabendländische Entwicklung eingewirkt.

8.4.2 England: Die angevinische Herrschaft von der schottischen Grenze bis zu den Pyrenäen

Die normannische Eroberung (1066) und ihre Folgen

In der mittelalterlichen Geschichte Englands stellt die normannische Eroberung des Jahres 1066 einen tiefen Einschnitt dar. Von den Ereignissen ist uns in der Bilderfolge des zeitnah entstandenen Teppichs von Bayeux ein eindrucksvolles Panorama überliefert. Nach ihrem Sieg bei Hastings errichteten die Normannen eine starke, finanziell äußerst leistungsfähige Königsherrschaft. Dabei knüpften sie, was die Institutionen angeht, zum Teil an angelsächsische Einrichtungen an, setzten aber von Anfang an auch eigene Akzente. Wer sich dem neuen Herrscher und seinem frankophonen Umfeld nicht unterwarf, verlor Besitz und Herrschaft. Bistümer, geistliche Würden und weltliche Ämter wurden an auswärtige Große ausgegeben, was die angelsächsische Bevölkerung als Ausdruck einer drückenden Fremdherrschaft empfand.

Die normannische Verwaltung: Domesday Book und zentrale Finanzverwaltung

Noch unter Wilhelm I. dem Eroberer (1066–1087), der in Personalunion England und die Normandie unter seiner Herrschaft vereinigte und damit Lehnsmann des französischen Königs blieb, entstand das so genannte Domesday Book („Buch des Jüngsten Gerichts"). In dieser statistischen Erhebung sollten für jede noch so kleine Herrschaft Besitzungen, Bevölkerungszahlen und Einkünfte festgehalten werden. Nachdem Wilhelm die Regierungszentrale von Winchester nach Westminster (London) verlegt hatte, kam es unter Heinrich I. Beauclerk („dem Gelehrten", 1100–1135) zur Einrichtung des Schatzamtes (Exchequer) als zentraler

1 Der Teppich von Bayeux (70 m lang, 0,5 m hoch). Dieser Ausschnitt zeigt den Sieg der Normannen in der Schlacht von Hastings im Jahr 1066. Der Begleittext zu diesem Ausschnitt lautet: „Hier ist König Harald getötet worden. Und die Engländer ergriffen die Flucht." Normannische Stickerei, Ende des 11. Jahrhunderts.

Finanzbehörde. Hier hatten die Verwalter der Grafschaften (Sheriffs) zweimal jährlich Rechenschaft über ihre Einnahmen und Ausgaben abzulegen.

Die Begründung der angevinischen Herrschaft

Da Wilhelm, der Sohn Heinrichs I., 1120 bei einem Schiffsunglück ums Leben kam, stellte sich die Frage, wer Heinrich auf den Thron folgen sollte. Die Königstochter Mathilde war mit Kaiser Heinrich V. verheiratet. Als dieser 1125 verstarb, ließ Heinrich I. ihr 1127 kurzerhand als seiner Nachfolgerin huldigen, um sie im darauf folgenden Jahr – ohne Rücksprache mit den Baronen – mit Gottfried Plantagenet, dem Grafen von Anjou, zu verheiraten. Ihrer beider Sohn Heinrich bestieg nach der von inneren Unruhen gekennzeichneten Herrschaft König Stephans von Blois (1135–1154) als Heinrich II. (1154–1189) den englischen Thron und begründete damit das angevinische Königtum des Hauses Anjou-Plantagenet (1154–1399). Heinrich erwies sich als bedeutender Staatsmann und Organisator. Durch seine Ehe mit Eleonore von Aquitanien, der „Königin der Troubadoure", fielen ihm bedeutende Festlandsbesitzungen zu, so dass sich sein Reich von der schottischen Grenze bis zu den Pyrenäen erstreckte.

Heinrich II. und Thomas Becket

Einen Schatten auf seine Herrschaft warf schon nach Meinung der Zeitgenossen der Konflikt Heinrichs mit Thomas Becket, dem Erzbischof von Canterbury und vormaligen Kanzler Heinrichs. 1164 hatte Heinrich die Konstitutionen von Clarendon erlassen, die die Verhältnisse zwischen Kirche und Königtum auf eine neue Basis stellten. Unter anderem wurde in ihnen festgeschrieben, dass Kleriker sich auch vor der weltlichen Gerichtsbarkeit zu verantworten hatten. Daraufhin kam es zum Bruch zwischen Heinrich und Becket. Der Erzbischof verbrachte im Folgenden sechs Jahre im französischen Exil. 1170 kehrte er zurück und söhnte sich scheinbar mit dem König aus, wurde aber in seiner eigenen Kathedrale von Rittern des Königs erschlagen.

Bereits 1168 hatte Heinrich II. seine Tochter mit dem Welfen Heinrich dem Löwen verheiratet, was der Blüte der ritterlich-höfischen Kultur am Braun-

2 Die Ermordung Thomas Beckets, des Erzbischofs von Canterbury (1170), flämische Miniatur, 15. Jh.

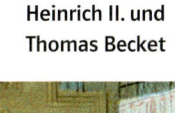

schweiger Welfenhof zusätzliche Impulse verlieh und die historische Verbindung der Welfen zu England begründete. Durch diese Verbindung bot sich dem Welfen nach seiner Entmachtung 1180 die Möglichkeit eines standesgemäßen Exils am Hofe seines Schwiegervaters. Auch war es englischer Einfluss, der seinem Sohn Otto, der im angevinischen Machtbereich die Würde eines Grafen von Poitou bekleidet hatte, 1198 den Weg auf den römisch-deutschen Königsthron ebnete. Dafür besiegelte die englische Niederlage von Bouvines 1214 für diesen das endgültige Aus im welfisch-staufischen Ringen um die Macht im nordalpinen Reich.

Richard I. Löwenherz

Heinrichs Nachfolger Richard I. Löwenherz (1189–1199) hat einen Großteil seiner Regierungszeit außerhalb des englischen Königreiches verbracht. So beteiligte er sich am Dritten Kreuzzug und geriet auf dem Rückweg in die Heimat in die Gefangenschaft des Herzogs Leopold V. von Österreich. Dies geschah im Einverständnis mit Richards französischem Gegner und wahrscheinlich auch unter Billigung seines Bruders Johann, der sich während Richards Abwesenheit an die Spitze eines Aufstandes der englischen Barone gesetzt hatte. Am Ende lieferte Leopold seinen Gefangenen dann an Kaiser Heinrich VI. aus, der ihn 1194 erst gegen beträchtliches Lösegeld und gegen eine Lehnshuldigung für England wieder in die Freiheit entließ. Unmittelbar im Anschluss daran nahm Richard den Krieg mit der französischen Krone um die angevinischen Festlandsbesitzungen wieder auf. Bis zu seinem Tod hat er England nicht wieder betreten. Obwohl Richard kein Englisch sprach und auch nur wenige Monate im Königreich England verbrachte, wurde er bereits zu Lebzeiten eine legendäre Gestalt. Im Bewusstsein der Engländer ist er bis heute der große mittelalterliche König Englands.

Johann „ohne Land" verliert die Normandie an Frankreich

In gewisser Weise ein Gegenbild zu dem edlen Ritter Richard zeichnet die historische Tradition von seinem glücklos und oftmals ohne rechtes Gespür für die Situation agierenden Bruder und Nachfolger Johann (1199–1216). Dieser war bei der Abfindung und Ausstattung der Königssöhne durch den Vater leer ausgegangen und erhielt deshalb den Beinamen „ohne Land". Im Jahre 1204 musste er nach einer Niederlage gegen Philipp II. von Frankreich die Normandie an diesen abtreten. Johanns harsches Regiment und seine Haltung in den Auseinandersetzungen um die Wahl eines neuen Erzbischofs von Canterbury führten nur einige Jahre später zur Bannung des Königs durch Papst Innozenz III. 1213 wurde er zwar wieder vom Bann gelöst, musste England aber vom Papst zu Lehen nehmen, um dessen Hilfe gegen eine drohende französische Invasion des Konigreiches zu erlangen. Schließlich endete der angevinisch-welfische Zangenangriff auf die französische Monarchie 1214 in einer doppelten Niederlage.

Die Magna Carta Libtertatum (1215)

In England selbst führte diese bittere außenpolitische Niederlage des Königtums zum Aufstand der Barone. Sie trotzten Johann in der Magna Carta Libertatum („Große Urkunde der Freiheiten") weitgehende verfassungsrechtliche Zugeständnisse ab. Hierdurch wurde die unter Johanns Vorgängern erheblich ausgeweitete königliche Machtposition auf ein für die Großen erträgliches Maß zurückgestutzt. Insbesondere die Bestimmungen darüber, wie die geplanten Reformen verwirklicht werden sollten, brachten grundlegend neue Elemente ins englische Verfassungsrecht ein: Hier wurde die Kontrolle königlichen Handelns regelrecht institutionalisiert. Die Mitglieder des betreffenden Kontrollorgans sollten bezeichnenderweise nicht vom König bestimmt werden, was dessen Machtvollkommenheit erheblich relativierte. Gerade die eigenständige Kontrolle der Königsherrschaft und die aktive Einbindung der Großen stellten in diesem Zusammenhang Neuerungen dar, die von ihrer Idee her bereits auf die weitere Entwicklung hin zum Parlamentarismus vorausweisen.

8.4.3 Italien: Reichsitalien, der Kirchenstaat und das Königreich Sizilien

Die Apenninenhalbinsel bot im Hochmittelalter ein uneinheitliches Bild. Im Norden, der als Reichsitalien formal zur Herrschaftssphäre der römisch-deutschen Könige zählte, setzten aufstrebende städtische Kommunen dem herrscherlichen Anspruch auf Dauer erfolgreich Widerstand entgegen. Auch wenn Friedrich I. Barbarossa 1158 auf dem Reichstag von Roncaglia mit Hilfe Rechtsgelehrter von der Universität Bologna den Versuch unternahm, den Anspruch des Reiches auf die Regalien zu unterstreichen, konnten er und seine Nachfolger sich damit doch niemals ganz gegenüber den Stadtgemeinden durchsetzen. Diese wurden gegen den Herrscher durch das Papsttum gestützt und schlossen sich ihrerseits zu Bündnissen wie dem Veroneser Städtebund (1164) und dem Lombardischen Städtebund (1167) zusammen. Einzelne dieser Städte entwickelten mit der Zeit machtvolle Herrschaften, die in Konkurrenz zueinander weit in ihr Umland ausgriffen und sich erbitterte Auseinandersetzungen lieferten.

Die norditalienischen Städte trotzen dem König

In der Mitte der Apenninenhalbinsel entwickelte sich aus den Besitzungen der römischen Kirche und dem so genannten Patrimonium Petri nach und nach ein in sich geschlossenes Territorium. Hier beanspruchten die Päpste nach Art von Landesherren am Ende auch die weltliche Herrschaft für sich.

Das Patrimonium Petri als Kirchenstaat

Im Süden der Halbinsel hatte sich im Laufe des 11. Jahrhunderts eine zunehmend expansive normannische Herrschaft herausgebildet. Mitglieder des Hauses Hauteville errichteten im Kampf gegen Byzanz und zunächst auch gegen päpstliche Ansprüche fürstliche Herrschaften. Unter König Roger II. (1130–1154) wuchsen die normannischen Besitzungen zu einem unteritalisch-sizilischen Reich zusammen. Unter weitgehender Toleranz gegenüber seinen muselmanischen Untertanen stützte sich dieser in Anlehnung an seine muselmanischen Vorgänger auf einen disziplinierten Beamtenapparat und auf eine wohlorganisierte zentrale Verwaltung. Auch blühten im Umfeld des Hofes von Palermo orientalische Kunst, Kultur und Gelehrsamkeit. Die Aufnahme und Fortentwicklung von Elementen ganz unterschiedlicher Herkunft spiegelt sich auch in der dreisprachigen Hofkultur wider, in der westliche, griechische und orientalische Traditionen miteinander verschmolzen. Dasselbe gilt für den Bereich der Gesetzgebung. Durch die Verbindung zwischen dem römisch-deutschen Thronfolger Heinrich und der Tochter Rogers II. fiel der Anspruch auf das normannische Erbe 1189 dem Staufer Heinrich VI. zu.

Ethnische Vielfalt und kulturelle Blüte im normannischen Süditalien

3 **Arabische Ärzte** am Krankenbett des christlichen Normannkönigs Wilhelm II. von Sizilien (1166–1189). Rechts ist der König gestorben. Ausschnitt aus einer Bilderchronik, 1196.

Die politische Gestalt Europas im Hochmittelalter ...

Die Seerepubliken Venedig und Genua

Eine gewisse Sonderstellung kommt im Zusammenhang der Apenninhalbinsel den Seerepubliken Amalfi, Pisa, Genua und Venedig zu. Sie hatten bereits früh eine relativ unabhängige Stellung erlangt und waren durch ihre maritimen und merkantilen Interessen im Orienthandel eng mit den Kreuzfahrerstaaten und mit der byzantinischen Welt des östlichen Mittelmeeres verbunden. Mit der Zeit stiegen die Konkurrentinnen Genua und Venedig zu Herrinnen des westlichen Mittelmeeres bzw. der Adria auf. Beide versuchten, aus den abendländischen Kreuzzugsunternehmungen möglichst große Vorteile zu ziehen. Überdies war klar, dass am Ende derjenige obsiegen würde, dem es gelänge, das byzantinische Erbe anzutreten und den Orienthandel vollends unter seine Kontrolle zu bringen. In diesem Zusammenhang stellt die Eroberung Konstantinopels auf dem Vierten Kreuzzug (1204) und die anschließende Errichtung eines Lateinischen Kaiserreiches unter venezianischer Kontrolle (1204–1261) einen gelungenen Schachzug des venezianischen Dogen Enrico Dandolo dar.

4 Der Aufstieg der oberitalienischen Seestädte bis etwa 1400. Dieser vollzog sich nicht zuletzt auf Kosten des zerfallenden byzantinischen Reiches

8.4.4 Die Iberische Halbinsel: Al-Andalus und die christlichen Herrschaften der Reconquista

Nach der Eroberung des Westgotenreiches im Jahre 711 war das weitere islamische Vordringen nach Westeuropa 732 in der Schlacht von Tours und Poitiers durch ein fränkisches Heer unter dem karolingischen Hausmeier Karl Martell gestoppt worden.

Die islamische Eroberung

Auf der Iberischen Halbinsel hatte sich in der Folgezeit das blühende muselmanische Gemeinwesen von Al-Andalus entwickelt. Hier errichtete Abd ar-Rahman I. (756–788) ein Emirat mit dem Zentrum Cordoba. Dieses konnte sich nach und nach immer mehr von der Herrschaft der orientalischen Kalifen emanzipieren. Anderthalb Jahrhunderte später baute Abd ar-Rahman III. (912–961) die muselmanische Herrschaft im Inneren wie auch nach außen weiter aus und beanspruchte 929 für sich den Titel eines Kalifen. Er empfing Gesandtschaften aus dem Reich der Ottonen, die von dem kulturellen Reichtum des reichen, wohlorganisierten Landes beeindruckt waren. Die Gäste aus dem hohen Norden dürften vor allem die bevölkerungsreichen städtischen Zentren mit ihren Moscheen und prachtvollen Palastanlagen bewundert haben, mit ihren künstlich bewässerten Gärten, ihren öffentlichen Bibliotheken und Hochschulen, in denen – unbeschränkt durch kirchliche Dogmen – philosophische Studien getrieben, griechische und lateinische Texte antiker Gelehrsamkeit übersetzt und diskutiert und die Gesetze der Natur und des menschlichen Körpers erforscht wurden.

Kulturelle Blüte in Al-Andalus

Im 11. Jahrhundert zerfiel die Macht des Kalifats von Cordoba wohl gerade aufgrund des Widerstandes gegen die übermäßige Zentralisierung in kleinere, sich gegenseitig bekämpfende Taifa-(Klein-)Königreiche. Das tat der kulturellen Blüte indes keinen Abbruch, erleichterte den christlichen Königreichen aber die Reconquista, die Wiedereroberung des vormals christlichen Landes.

Zerfall des Kalifats von Cordoba

Im Norden der Iberischen Halbinsel in den asturischen und kantabrischen Bergen sowie im Schutz der Pyrenäen hatten sich seit dem 8. Jahrhundert im Widerstand gegen die muselmanischen Eroberer christliche Herrschaften gebildet. Asturien, Leon, Kastilien, Pamplona (später Navarra), Aragon und die zunächst von Leon lehnsabhängige Grafschaft Portugal erzielten – bisweilen in Konkurrenz zueinander – beachtenswerte Erfolge im Kampf gegen die Muselmanen. Schon bald beanspruchten ihre Herrscherfamilien, zwischen denen zum Teil enge verwandtschaftliche Verbindungen bestanden, die aber zunächst auf ihrer Eigenständigkeit beharrten, Königstitel für sich.

Christliche Herrschaften beginnen mit der Reconquista (= Rückeroberung)

Eine wichtige Funktion für die Herausbildung einer gemeinsamen Identität der christlich-iberischen Königreiche spielte seit Beginn der Reconquista der Apostel Jakobus, dessen Grab im äußersten Nordwesten der Iberischen Halbinsel in Santiago di Compostela verehrt wurde. Als Santiago Matamoros („der Maurenschlächter") wurde er zum Heiligen der Reconquista und später zum Nationalheiligen Spaniens.

Der Apostel Jakobus wird zum Nationalheiligen Spaniens

Im Jahre 1212 erstritten die erstmals erfolgreich vereinten Heere Kastiliens, Aragons und Navarras bei Las Navas de Tolosa (nahe Jaén) einen entscheidenden Sieg über die Muselmanen. Darauf aufbauend gelang es König Ferdinand III. von Kastilien (1217–1252) im Jahre 1230, die beiden Königreiche Kastilien und Leon miteinander zu vereinigen. Er eroberte die muselmanischen Herrschaften von Cordoba, Murcia, Jaén und Sevilla, wodurch die Reconquista zu einem vorläufigen Abschluss kam. Auf der Iberischen Halbinsel blieb einzig das Reich von

Die Vereinigung der christlichen Reiche

Die politische Gestalt Europas im Hochmittelalter ...

5 **Kapitulation des letzten muslimischen Reiches Granada auf der Iberischen Halbinsel (1492)**, Gemälde von Francisco Padillay Ortiz 1882

Granada weiterhin muselmanisch und wurde erst 1492 von den katholischen Königen Ferdinand II. von Aragon und Isabella von Kastilien erobert. Sie wiesen im Folgenden die jüdische Bevölkerung aus ihrem vereinigten Königreich aus und beendeten damit die Jahrhunderte währende friedliche Durchdringung zwischen muselmanischer, jüdischer und christlicher Kultur und Gelehrsamkeit, die unter der muselmanischen Herrschaft zu einem einzigartigen kulturellen Reichtum geführt hatte.

8.4.5 Skandinavien und Ostmitteleuropa: Emanzipation und Konsolidierung der jungen christlichen Monarchien

Die Begründung christlicher Monarchien und die Emanzipation vom römisch-deutschen Reich

Mit der Herausbildung christlicher Monarchien bei den Polen, Böhmen, Ungarn und im skandinavischen Raum waren um das Jahr 1000 weitere Völker und Regionen in den christlich-abendländischen Kulturkreis einbezogen worden. Die Annahme des römisch-katholischen Christentums, die sukzessive Formierung kirchlicher und weltlicher Organisationsstrukturen und die Herausbildung einer christlich legitimierten Königsdynastie standen meist in engem Zusammenhang miteinander und liefen überall in ähnlicher Weise ab. Christianisierung und Herrschaftsbildung vollzogen sich in diesem Sinne oftmals in enger Anlehnung an das Reich. Bei der Begründung und Behauptung von Herrschaftsansprüchen wurden Legitimation und Schutz wohl nicht zuletzt deshalb häufig von außen gesucht. Dies äußerte sich etwa in engen Kontakten zum Herrscher und zu den Fürsten des nordalpinen Reiches und in Lehnshuldigungen gegenüber den römisch-deutschen

Königen. Überdies schickten einheimische Große ihre Söhne schon sehr bald an westliche Fürstenhöfe oder ließen sie in den Zentren der gelehrten Bildung in Frankreich und Italien eine aufwendige Erziehung genießen. Mit der Zeit gewannen die relativ jungen Gemeinwesen an Eigenständigkeit und emanzipierten sich durch die Herausbildung einer eigenen Königsideologie, durch die Propagierung historischer Gründungs- und Heroenmythen sowie durch die Abfassung historischer Werke und durch die Kodifikation von Gesetzessammlungen. All dies trug zur Selbstvergewisserung bei und diente in diesem Sinne der inneren Integration und der äußeren Emanzipation der skandinavischen und ostmitteleuropäischen Gemeinwesen.

Was sich diesbezüglich am besonders gut dokumentierten dänischen Beispiel aufzeigen lässt, dürfte in etwa auch auf andere dieser Gemeinwesen übertragbar sein: Noch der dänische König Waldemar I. der Große (1157–1182), der als junger Mann gemeinsam mit Friedrich I. Barbarossa am römisch-deutschen Königshof das Ritterhandwerk erlernt hatte, leistete dem Staufer 1162 einen solchen Lehnseid, während seine Nachfolger von dieser Tradition abrückten. So verweigerte Knut VI. (1182–1202) einen entsprechenden Eid, nahm vielmehr selbst 1185 nach einem erfolgreichen Kriegszug die Huldigung Herzog Bogislaws von Pommern entgegen, der bis dahin vom Reich lehnsabhängig gewesen war. Zur Betonung der Eigenständigkeit hatten wohl nicht zuletzt die Begründung eines eigenen Erzbistums in Lund (1104), die erfolgreiche Abwehr der Slaweneinfälle von der südlichen Ostseeküste und die Vergewisserung der eigenen Tradition und Geschichte im gelehrten Werk des Saxo Grammaticus (1150–1220) beigetragen. Knuts Bruder Waldemar II. der Sieger (1202–1241) konnte die Wirren des welfisch-staufischen Thronstreites dazu nutzen, seinen Herrschaftsbereich nach Süden bis zur Elbe auszudehnen und sich dies von Friedrich II. 1214 urkundlich bestätigen zu lassen. Damit beherrschte Waldemar ein die Ostsee umspannendes Großreich, das sich auf weite Teile der südlichen Ostseeküste erstreckte und umfangreiche Gebiete im Baltikum umfasste. Und nicht von ungefähr flatterte einer sagenhaften Überlieferung nach im Jahre 1219 während der Eroberung Estlands eine rote Flagge mit weißem Kreuz vom Himmel, die als Danebrog dänische Nationalflagge wurde und bis heute eines der wichtigsten nationalen Symbole Dänemarks ist.

Das Beispiel Dänemark: Dynastiegründung und Großreichsbildung

Im Jahre 1223 stürzte die Entführung und Gefangensetzung Waldemars II. und seines Sohnes durch Graf Heinrich von Schwerin die dänische Königsherrschaft in eine schwere Krise. Gegen hohes Lösegeld wieder in die Freiheit entlassen, holte Waldemar zu einem Gegenschlag aus, erlitt aber 1227 bei Bornhöved gegen eine Koalition norddeutscher Fürsten und die von Lübeck und Hamburg gestellten Truppen eine vernichtende Niederlage. Dies führte am Ende zur Zerschlagung des dänischen Ostseeimperiums.

Die Schlacht von Bornhöved (1227) und die Zerschlagung des dänischen Ostseeimperiums

8.4.6 Byzanz: Niedergang und Fall einer Weltmacht

Trotz militärischer Rückschläge und nicht unerheblicher territorialer Verluste blieb der kaiserliche Hof in Konstantinopel für die abendländischen und für die osteuropäischen Gemeinwesen ein wichtiger politischer und kultureller Orientierungspunkt. Obwohl das byzantinische Hofzeremoniell, das einem strengen Protokoll unterworfen war und unter anderem die Proskynese (Unterwerfungsritual inklusive Fußkuss) einschloss, manch abendländischen Beobachter befremdete, bemühten sich im 10. Jahrhundert unter anderem die Ottonen und die Herrscher in der Kiewer Rus erfolgreich um Eheschließungen mit byzantinischen Prinzessinnen.

Konstantinopel bleibt politischer und kultureller Orientierungspunkt

Machtpolitischer Niedergang: der Verlust Süditaliens und Kleinasiens

Auch nach dem Schisma von 1054 rissen die Kontakte nach Westen nicht ab, obwohl es jetzt in der Regel die Byzantiner waren, die um Hilfe gegen Normannen oder Seldschuken nachsuchten. So brachten die 1070er Jahre für die byzantinische Machtstellung herbe Rückschläge. Zum einen musste man 1071 mit Bari den letzten Stützpunkt in Süditalien räumen und vor der expansiven Herrschaftsbildung der Normannen zurückweichen, die 1081 sogar nach Nordgriechenland übersetzten. Zum anderen verlor man durch die Niederlage von Mantzikert 1071 gegen die türkischen Seldschuken zentrale kleinasiatische Besitzungen, die bis dahin wichtigste Kornkammer und Rekrutierungsbasis für das Heer gewesen waren. Dies hatte weitreichende Folgen. So musste man Getreide für die Versorgung der Hauptstadt hinfort aus dem Balkanraum und aus Südrussland importieren und sich militärisch zunehmend auf Söldner stützen. Ein weiteres Vorstoßen der Normannen konnte am Ende nur mit Hilfe Venedigs zurückgewiesen werden, das dafür im Gegenzug umfangreiche Zoll- und Handelsprivilegien eingeräumt bekam. Verträge mit Genua und Pisa verschafften Kaiser Manuel I. 1169/70 zumindest eine gewisse Handlungsfreiheit gegenüber Venedig, dessen Einfluss angesichts eigener machtpolitischer Ambitionen in der Adria als allzu drückend empfunden wurde. Trotzdem konnte das byzantinische Gemeinwesen seinen zunehmenden Machtverlust nicht mehr aufhalten.

Die Plünderung im Vierten Kreuzzug (1204) und die Begründung des Lateinischen Kaiserreiches

Die innere und äußere Schwäche der byzantinischen Herrschaft trat für alle Welt immer offener zutage. Schließlich gelang es dem venezianischen Dogen Enrico Dandolo, den Vierten Kreuzzug nach Konstantinopel umzulenken. Die Eroberung der Stadt durch das Kreuzfahrerheer führte 1204 zu schweren Plünderungen und zur Zerstörung unschätzbarer Werte. Von dieser Katastrophe sollte sich die alte Kaiserstadt am Bosporus nie mehr erholen. Im Folgenden errichteten die Sieger ein Lateinisches Kaiserreich, das von 1204 bis 1261 bestand, sowie mehrere kleinere Herrschaften von venezianischen Gnaden. Die Dogenstadt Venedig, die 1204 bereits durch die Plünderungen unermessliche Reichtümer gewonnen hatte, sicherte sich die wichtigsten Inseln sowie Hafenstädte auf der Peloponnes, am Hellespont und im Marmarameer und Teile Konstantinopels. Im Wettstreit mit ihrer Konkurrentin Genua hatte sie sich damit zunächst durchgesetzt und kontrolliert weite Teile der Ägäis und den Zugang zum Schwarzmeerhandel.

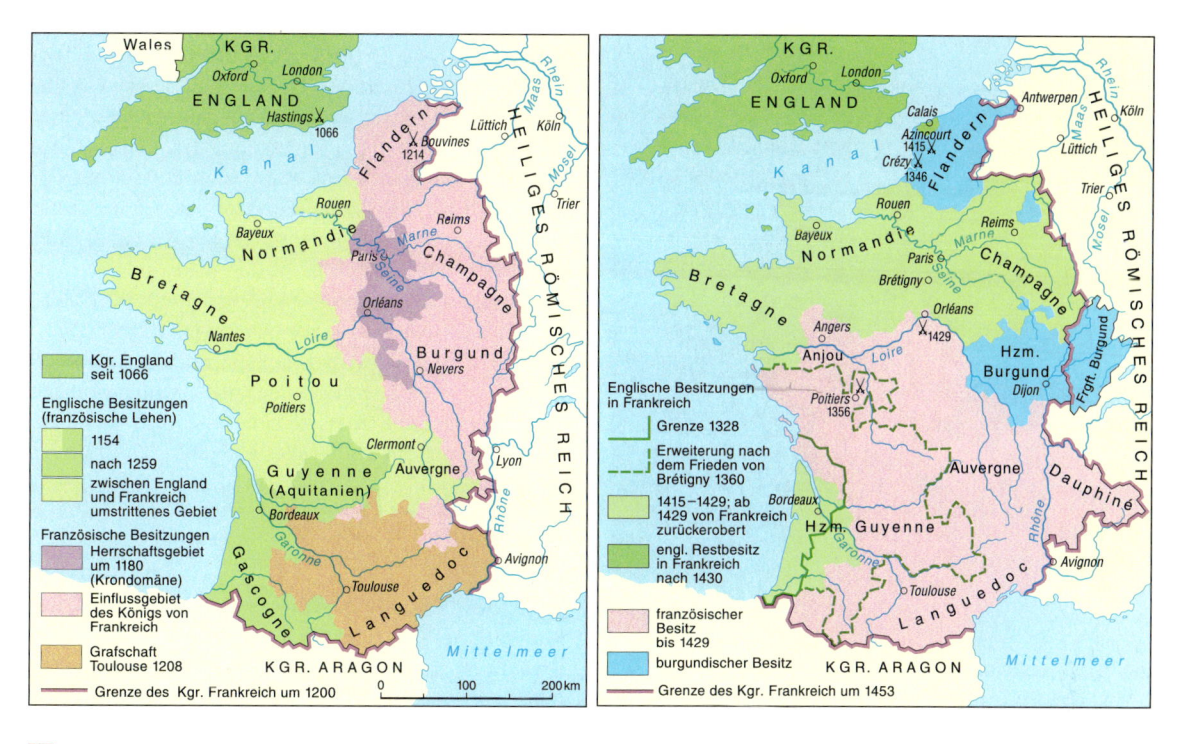

Die politische Gestalt Europas im Hochmittelalter ...

6 England und Frankreich im Hoch- und Spätmittelalter

7 Die französische Monarchie am Ende des Hochmittelalters (13. Jahrhundert)

In Frankreich gelang es dem Königtum, mit Mitteln des Lehnsrechts die Krondomäne ständig zu erweitern und in
5 den Lehnsfürstentümern Einfluss zu gewinnen; die Konzentration der staatlichen Gewalt, die in diesen bereits eingetreten war, kam schließlich gleichfalls der Zentralgewalt zugute. Die Präsumption [Voraussetzung] „Nulle terre sans seigneur" [Kein Land ohne Herrn] unterstell-
10 te schließlich alles Land und alle Gerechtsamen dem Lehnsnexus [banden es in die lehnsrechtliche Struktur ein] und verschaffte dem König das Obereigentum; die Behauptung allodialen [eigenen] Besitzes wurde zumindest aufs Äußerste erschwert. So bereitete die dingliche
15 und persönliche Bindung des Lehnsrechts die volle Herrschaft über Land und Leute vor. Zugleich entstand die politische Grundlage für jene Einheit des Lebensgefühls, die den Zauber der französischen Kultur ausmacht. [...]
In den Ländern der Mitte dagegen, Deutschland und Ita-
20 lien, entwickelte sich das Lehnsrecht immer mehr nach der Seite der Vasallen hin und verstärkte deren Position gegenüber der Zentralgewalt. An die Stelle der zentripetalen trat zentrifugale Wirkung. Es gelang den großen Kronvasallen, sich selbst an die Spitze von Lehnspyrami-
25 den zu setzen und dadurch die Verbindung des Königs mit den Untervasallen zu durchbrechen, diese zu mediatisieren. [...]

In den Staaten des Westens [...] hat sich der Adel [...] schließlich unter das Joch einer königlichen Verwaltung beugen müssen. Überall war es der Hof des Königs, der 30 sie aus sich heraus erzeugt hat und von wo aus sie sich allen Widerständen des Adels zum Trotz immer wieder durchsetzte. Zugleich gelang es dem Königtum, eine Lokalverwaltung aufzubauen, indem es breitere Kreise der Bevölkerung für die Teilnahme an den öffentlichen 35 Geschäften gewann. In England und Sizilien waren es die Ritter, in Frankreich bürgerliche Legisten [studierte Juristen], die zu Vorkämpfern der neuen Staatsauffassung wurden. [...]
In Frankreich [...] wirkte die königliche Gerichtsbarkeit in 40 gleicher Richtung; die baroniale Justiz wurde ausgehöhlt und der königlichen Aufsicht unterworfen, ebenso die Ämter, soweit sie im 13. Jahrhundert noch Lehnsämter waren. Die Legisten griffen aber auch in die feudalen Beziehungen selbst ein; sie lieferten dem Königtum 45 die Waffen zum Kampfe gegen die hohe Feudalität [den Hochadel]; schließlich glückte es ihm, die ungeordneten vasallitischen Verhältnisse zu regulieren und eine streng hierarchische Ordnung mit der Spitze im Königtum herzustellen, wie sie in England praktisch schon seit der 50 normannischen Eroberung bestand. So wurde in beiden Ländern das Lehnsrecht zum Pionier der Staatseinheit. [...]

Zit. nach: H. Mitteis: Der Staat des hohen Mittelalters. Köln 1953, S. 425 ff. und S. 428 ff.

8 Der englische König nimmt seine Gebiete in Frankreich zum Lehen. Den französischen König erkennt man an der Lilie und der Farbe Blau; den englischen König am Löwen und der Farbe Rot. Französische Buchmalerei, 13. Jahrhundert.

9 Gesteigertes Selbstbewusstsein des französischen Königtums um 1300 nach einem zeitgenössischen Rechtsgutachten

Der König von Frankreich hat alle Gewalt in seinem Königreich, die der Kaiser im Kaiserreich hat, und ihm steht eine mindestens ebenso große Menge ausgezeichneter Männer in der Ritterschaft wie in der Geistlichkeit zur Seite, wie sie jemals irgendein Kaiser hatte; überdies gibt es auf der Welt niemanden, der ihm in weltlichen Dingen übergeordnet wäre, und es kann von ihm gesagt werden, was man vom Kaiser sagt, dass nämlich alle Rechte, und zwar insbesondere die, die sein Königreich betreffen, in seiner Brust beschlossen sind. Daher muss von ihm wie von seinem Handeln und seiner Überzeugung das erwartet werden, was vom Kaiser geschrieben steht [...] Der König von Frankreich ist in seinem Königreich Kaiser [lat. rex est imperator in regno suo], und zwar sowohl an Stelle des Kaisers als auch in dem Sinne, wie der Kaiser Herr der Welt ist, soweit sich seine Herrschaft erstreckt [...]: er ist Kaiser oder an Stelle des Kaisers in seinem Königreich, und aus demselben Grund ist er völlig zurecht Herr seines Reiches, so wie der Kaiser Herr der Welt ist im Kaiserreich (imperium). Denn das Königreich Frankreich und andere Königreiche der Welt gab es bereits früher als das Kaiserreich. Denn vom allerersten Recht, das heißt vom Völkerrecht, „waren die Völker unterschieden und die Königreiche gegründet" [...] Und erst seit kurzer Zeit, das heißt nach den Reichsgründungen, gab es einen Kaiser; überdies gab es auch zu Rom vor ihm viele Könige, durch die die Stadt regiert wurde. [...] Und weil der König von Frankreich vor dem Kaiser da war, kann er gewissermaßen umso vornehmer genannt werden [...] Umso mehr nämlich haben die Könige in ihren Königreichen und vor allem der König von Frankreich, der unter den anderen der bedeutendste ist, alle Gewalt. [...] Denn wenn es heißt, dass allein der Kaiser im Kaiserreich und allein der König in seinem Königreich die volle Jurisdiktion habe, weist das darauf hin, dass sie eine Obergewalt haben, da vollste Jurisdiktion in sich alles enthält.

Zit. nach: Handbuch des Geschichtsunterrichts, Bd. 3. Wolfgang Kleinknecht/Herbert Krieger: Das Mittelalter. Frankfurt/M. 1985, S. 256 (mit leichten Änderungen).

10 Eine statistische Erfassung des englischen Königreiches (aus dem Domesday Book, 1086)

Hier unten ist die Nachforschung der Ländereien beschrieben, wie sie Barone des Königs unternehmen, nämlich durch Eid des Sheriffs, aller Barone und ihrer Freigeborenen und des ganzen Zenturiats, der Priester, des Praepositus und von sechs Bauern aus jedem Dorf. Ferner wie der Herrenhof genannt wird, wer ihn zur Zeit König Edwards [des Bekenners] besessen hat, wer ihn gegenwärtig besitzt: Wie viele Hufen, wie viele Gespanne in der Grundherrschaft, wie viele Vasallen, wie viele Bauern, wie viele Unfreie, wie viele freie Menschen, wie viele sochemanni [der Gerichtsbarkeit eines Herrn Unterworfene], wie viel an Wald, wie viel an Wiese, an Weideland, wie viele Mühlen, Fischteiche; wie viel hinzu- und weggebracht worden ist, wie viel alles zusammen wert war, wie viel es jetzt wert ist; wie viel dort jeder freie Mann und jeder sochemannus hatte oder hat. Dies alles dreimal: zur Zeit König Edwards nämlich und als König Wilhelm [der Eroberer] den Herrenhof verliehen hat und jetzt; und ob er mehr einnehmen kann, als er jetzt hat.

Zit. nach: Werner Grütter, Wilhelm Borth: Zeiten und Menschen, Ausgabe G, Bd. 1. Paderborn 1976, S. 292.

11 Zugeständnisse des englischen Königs Johann an die Großen des Reiches nach der vernichtenden Niederlage in der Schlacht von Bouvines (aus der Magna Carta Libertatum, 1215)

1. In erster Linie haben Wir Gott zugestanden und durch diese Unsere vorliegende Urkunde bestätigt, für Uns und Unsere Erben auf ewige Zeiten, dass die englische Kirche frei sei und ihre Rechte unversehrt und ihre Freiheiten unverletzt haben soll [...]

12. Es soll kein Schildgeld oder Hilfsgeld in Unserem Königreiche ohne Genehmigung durch den Gemeinen Rat des Königreiches auferlegt werden, ausgenommen es

handle sich um den Loskauf Unserer Person oder um den Ritterschlag Unseres ältesten Sohnes oder um die einmalige Verheiratung Unserer erstgeborenen Tochter, und es soll in diesen Fällen nur ein mäßiges Hilfsgeld erhoben werden, und ähnlich soll es gehalten werden mit den Hilfsgeldern der Stadt London.

13. Die Stadt London soll alle ihre alten Privilegien und freien Gewohnheiten sowohl zu Lande als auch zu Wasser behalten. Außerdem wollen Wir und gestehen zu, dass alle anderen Städte, Flecken, Höfe und Häfen alle ihre Privilegien behalten.

14. Und zur Tagung des Gemeinen Rates des Königreiches [Versammlung aller Barone], wenn es sich um die Festsetzung des Hilfsgeldes in einem anderen als den drei genannten Fällen oder um die Festsetzung des Schildgeldes handelt, werden Wir die Erzbischöfe, Bischöfe, Äbte, Grafen und größeren Barone einzeln durch gesiegelte Briefe aufbieten, und außerdem werden Wir durch unsere Vizegrafen [Sheriffs] und Balliven [Mehrzahl zu Baiulus; die Balliven waren Vorsteher der Hundertschaften, einer Verwaltungseinheit] alle anderen unmittelbaren Vasallen in ihrer Gesamtheit aufbieten lassen auf einen bestimmten Tag, und zwar mindestens vierzig Tage vorher, und an einen bestimmten Ort; und in allen jenen Schreiben werden Wir den Grund des Aufgebots zum Ausdruck bringen, und so soll nach erfolgtem Aufgebot das betreffende Geschäft an dem festgesetzten Tage erledigt werden, auch wenn nicht alle Aufgebotenen erschienen sind. [...]

20. Kein freier Mann soll verhaftet oder eingekerkert oder um seinen Besitz gebracht oder geächtet oder verbannt oder sonst in irgendeiner Weise ruiniert werden, und Wir werden nicht gegen ihn vorgehen oder gegen ihn vorgehen lassen, es sei denn auf Grund gesetzlichen Urteils von Standesgenossen oder gemäß dem Gesetze des Landes. [...]

61. Nachdem Wir aus Liebe zu Gott und zur Wiederherstellung geordneter Zustände in Unserem Königreich und zur besseren Beilegung Unseres Streites mit den Baronen alle die genannten Dinge bewilligt haben, so wollen Wir nunmehr auch, dass sie sich ihrer in voller und fester Beständigkeit auf ewige Zeiten erfreuen können, und geben und gewähren ihnen daher die nachstehende Sicherheit. Die Barone sollen unter ihren Standesgenossen im Königreich fünfundzwanzig auswählen, welche sie wollen, und diese fünfundzwanzig sollen nach all ihren Kräften den Frieden und die Freiheiten, die Wir ihnen gewährt und durch die gegenwärtige Urkunde bestätigt haben, wahren und festhalten und dafür sorgen, dass sie auch von anderer Seite gewahrt werden, und zwar in folgender Weise: Falls Wir oder Unser Justitiar oder Unsere Balliven oder sonst einer von Unseren Amtsleuten sich in irgendeiner Sache gegen irgendjemanden vergeht und irgendeine der Bestimmungen des Friedens und der Sicherheit übertritt, und falls dieses Vergehen vieren unter den fünfundzwanzig genannten Baronen bekannt wird, so sollen diese vier Barone zu Uns oder, im Falle Unserer Abwesenheit außer Landes, zu Unserem Justitiar kommen und Uns über die Übertretung vorlegen, und sie sollen fordern, dass Wir diese Übertretung unverzüglich wiedergutmachen [...]; diese fünfundzwanzig Barone sollen dann zusammen mit der Gemeinde des ganzen Landes Uns auf jede mögliche Weise pfänden und bedrängen, durch Wegnahme unserer Schlösser und Länder und Besitzungen und wie sie es sonst noch können, bis die Sache nach ihrem Gutdünken ins Reine gebracht ist; nur soll dabei Unsere Person und die Königin und die Unserer Kinder unangetastet bleiben. Und wenn die Sache in Ordnung ist, sollen sie Uns wieder gehorchen wie bis dahin.

Zit. nach: Grundzüge der Geschichte, Oberstufe, Quellenband I. Bearb. von Rudolf Weirich, Gehart Bürck, Richard Dietrich. S. 201 f. (mit leichten Änderungen).

12 König Johann Ohneland presst seine Siegel auf die Magna Carta 1215. Historienbild aus dem 19. Jahrhundert.

13 Ein arabischer Chronist berichtet über den Aufenthalt Friedrichs II. in Jerusalem (1229)

Der Kaiser bat auch um die Erlaubnis, Jerusalem betreten zu dürfen; el-Kamil erlaubte ihm auch das und beauftragte mit seinem Dienste den Kadi Schams ed-Din von Nablus. Dieser ging mit dem Kaiser in die Moschee von Jerusalem und machte mit ihm den Rundgang durch alle Heiligtümer. Der Kaiser bewunderte die Moschee el-Akscha und die Reste der Sakhra sehr und stieg die Stufen der Kanzel hinauf. […]

Und der Kadi von Nablus hatte den Muazzin befohlen, in dieser Nacht den Ruf zum Gebete zu unterlassen […] Am nächsten Morgen sagte der König zum Kadi: „Warum haben die Muazzin nicht von den Minaretten zum Gebete gerufen?" Jener antwortete: „Euer Diener hat es ihnen verboten aus Rücksicht und Ehrerbietung gegen den König." Friedrich sagte zu ihm: „Bei Gott, du hast Unrecht! Der hauptsächlichste Grund, weswegen ich die Nacht in Jerusalem verbrachte, war, den Ruf zum Gebete und die Lobsprüche zu hören, die die Muslime des Nachts singen."

Zit. nach: Klaus J. Heinisch (Hrsg. u. Übers.): Kaiser Friedrich II. in Briefen und Berichten seiner Zeit. Darmstadt 1978, S. 191 f.

14 Friedrich II. und sein Umfeld aus der Sicht eines Gegners, aus einem Brief des Patriarchen von Jerusalem an den Papst (1229)

Mit brennender Scham müssen wir ferner beichten, dass der Sultan dem Kaiser, von dem er gehört hatte, er lebe wie ein Sarazene, Sängerinnen, Tänzerinnen und Gaukler übersandte, übelbeleumundete Personen, von denen Christen nicht einmal sprechen sollten. Der Fürst dieser Welt hielt es mit ihnen des Nachts, bei Gelagen, in der Kleidung und sonst in jeder Beziehung wie ein Sarazene. […]

Zit. nach: Geschichte in Quellen, Bd. 2. S. 525.

Arbeitsvorschläge

a) Stellen Sie sich vor, der römisch-deutsche König hätte einen Vertrauten an den Hof des französischen Königs Philipp II. August entsandt. Lassen Sie diesen Gesandten in einem Brief über die Zustände in Frankreich berichten und seinem Herrn Vorschläge für eine Umgestaltung des nordalpinen Reiches unterbreiten. Stützen Sie sich dabei auf die Materialien M 7 und M 9.

b) Die Magna Carta Libertatum („Große Urkunde der Freiheiten") ist als ein Dokument der Befreiung von herrscherlicher Bevormundung in die englische Verfassungsgeschichte eingegangen. Stellen Sie die in dem Auszug mitgeteilten Regelungen zusammen und interpretieren Sie sie (M 11).

c) Vor dem britischen Parlamentsgebäude steht ein bronzenes Standbild König Richards I. Löwenherz. Auf Deutschland übertragen bedeutete dies, dass man vor dem Reichstag ein entsprechendes Denkmal Friedrichs I. Barbarossa aufstellte. Stellen Sie in zwei Gruppen jeweils Argumente für und gegen ein entsprechendes Denkmal zusammen und diskutieren Sie anschließend im Plenum.

d) Jedes Jahr pilgern Tausende von Menschen aus nah und fern nach Santiago di Compostela. Erkundigen Sie sich mit einer kleinen Expertengruppe über die Pilgerwege und über die Jakobspilgerschaft im Spätmittelalter und heute. Bereiten Sie dazu eine eigene kleine Unterrichtseinheit vor.

e) Die einzelnen Abschnitte des vorausgehenden Kapitels haben sehr unterschiedliche Bilder hochmittelalterlicher „Staatlichkeit" gezeichnet. Gibt es darüber hinaus Faktoren, die als gemeinsame Strukturmerkmale einer gesamteuropäischen Entwicklung festgemacht werden könnten?

f) Verfassen Sie als Abschluss der Beschäftigung mit der hochmittelalterlichen Epoche einen Essay von nicht mehr als 400 Wörtern zu einem der folgenden Themen: „Das römisch-deutsche Reich im hochmittelalterlichen Europa" oder „Friedrich II: ein Herrscher zwischen Orient und Okzident" – oder formulieren Sie selbst ein ihrer Meinung nach sinnvolles Thema für einen entsprechenden Essay. (Beziehen Sie M 13 und M 14 mit ein.)

9 Bäuerliches Leben

9.1 Von der Haus- zur Landwirtschaft: Agrarrevolution des Mittelalters

Der Hauptteil der Bevölkerung des Frühmittelalters war in der Landwirtschaft tätig. Um 800 lebten etwa 95 % der Bevölkerung auf dem Lande, auch um 1200 waren es noch schätzungsweise 90 %.

Man betrieb im Frühmittelalter die Landwirtschaft extensiv, d. h. die Böden wurden zur Viehhaltung und zum Ackerbau nur jeweils wenige Jahre genutzt. War der Boden erschöpft, so wurden durch Brandrodung neue Flächen erschlossen, die man dann ebenfalls nach wenigen Jahren wieder aufgab, um neue Böden in Betrieb zu nehmen. Aufgrund der dünnen Besiedlungsdichte in Mitteleuropa war genügend landwirtschaftlich nutzbare Fläche vorhanden.
Die Landwirtschaft wurde nicht von Bauern betrieben, die über mehrere Generationen einen Hof bewirtschafteten, vielmehr muss man davon ausgehen, dass Siedlungen nach einigen Jahren wieder aufgegeben und an einen anderen Ort verlegt wurden.

Extensive Landwirtschaft

In der Zeit von 800 bis 1200, also im Übergang vom Früh- zum Hochmittelalter, kam es zu einem starken Anstieg der Bevölkerung. Um den größeren Bedarf an Nahrungsmitteln decken zu können, wurden bisher ungenutzte Flächen urbar gemacht und landwirtschaftlich genutzt. Gefördert wurde dies zusätzlich durch tiefgreifende technologische Veränderungen. Während im Frühmittelalter der Boden oftmals mit dem Spaten umgegraben werden musste, setzte sich allmählich der Hakenpflug durch. Doch erfand man nun eine ganz neue Methode des Pflügens, denn mit dem bisherigen Hakenpflug konnte man den Boden nur an der Oberfläche auflockern; der Wendepflug hingegen, der ab dem 11. Jahrhundert immer häufiger benutzt wurde, drang tiefer in den Boden ein und führte zu einer Steigerung der Getreideproduktion. Die Verwendung des viel schwereren Wendepfluges wurde aber erst möglich durch die Erfindung des Kummets, einer gepolsterten Halskrause für die Zugtiere, die auch den Einsatz von Pferden erlaubte.
Auch bei den Erntegeräten, die anstatt aus Holz nun immer häufiger aus dem wesentlich haltbareren Metall gefertigt wurden, kam es zu Veränderungen, die wiederum die Arbeit der Bauern wesentlich erleichterten: So wurde ab dem 12. Jahrhundert die Sichel, mit der sich nur der halbe Halm ernten ließ, allmählich durch die Sense ersetzt. Vor allem in Nordeuropa kam immer häufiger der zweigeteilte Dreschflegel zum Einsatz, mit dessen Hilfe sich das Getreide im Herbst und Winter in den Scheunen dreschen ließ. Außerdem setzten sich ab dem 12./13. Jahrhundert zum Mahlen des Getreides allmählich Windmühlen durch, was die Arbeit sehr erleichterte; die Handmühle mit dem Mahlstein wurde dadurch abgelöst.

Technische Innovationen

Eine weitere Neuerung war die Verbreitung der Dreifelderwirtschaft. Ein Feld wurde mit Sommergetreide, ein anderes mit Wintergetreide bepflanzt, während ein drittes brachlag. Im folgenden Jahr wurde dann das brachliegende Feld kultiviert, während ein anderes ungenutzt blieb. So ließen sich die Erträge steigern, denn der Wechsel der verschiedenen Getreidesorten entzog dem Boden nicht einseitig Nährstoffe. Eine Ertragssteigerung ließ sich aber nur erreichen, wenn die Fruchtfolge auf den Feldern für alle Bewohner eines Dorfes verbindlich festgelegt wurde (Flurzwang). Das Brachland diente als Weide; es wurde als eine allen Bewohnern zur Verfügung stehende Nutzfläche angesehen (Allmende).

Dreifelderwirtschaft

Die Erträge in der Landwirtschaft waren insgesamt nicht sehr hoch, bei den Getreidesorten betrugen sie nur das 2,5- bis 3-fache der Aussaatmenge (Zum Vergleich: In der Bundesrepublik betrug das Verhältnis von Aussaat zu Ernte in den 1990er Jahren 1:35 bis 1:40). Da ein Drittel der Erntemenge an den Grundherrn abgeführt wurde, ein weiteres Drittel für die Aussaat zurückgelegt werden musste, stand nur ein Drittel der Erntemenge für die Ernährung der bäuerlichen Familie zur Verfügung.

Intensive Landwirtschaft und ihre Folgen für die Bauern

Die Intensivierung der Landwirtschaft hatte zur Folge, dass der Bauer mehr Zeit aufwenden musste und somit kaum noch für andere Tätigkeiten zur Verfügung stand, etwa für den Kriegsdienst, der zu den Rechten und Pflichten eines freien Mannes gehörte.

Viele freie Bauern konnten keinen Kriegsdienst mehr leisten und änderten ihren Rechtsstatus, indem sie sich einem Herrn unterstellten; das konnte ein Adliger sein, aber auch die Kirche. Der Bauer war damit aber kein freier Mann mehr, sondern ein höriger „Grundhold", d. h. eine Person mit eingeschränktem Rechtsstatus; er erhielt von seinem Herrn ein Landgut zur Bewirtschaftung und musste ihm dafür Abgaben und Dienste leisten. Seit dem 11. Jahrhundert lebte die Mehrzahl der Bauern in Abhängigkeit von einem Grundherrn. Das hatte vor allem eine Änderung der Produktionsweise zur Folge, denn die Landwirtschaft, bestand nun überwiegend aus Ackerbau auf dauernd bewirtschafteten Flächen; die Bauern siedelten in festen Gehöften, die auf Dauer angelegt waren und so konnten sich durch das Zusammenfassen mehrerer Höfe allmählich Dörfer bilden. Da die Bauern somit nicht mehr nur für sich wirtschafteten, waren vor allem Regelungen und Abmachungen nötig, um die Probleme des bäuerlichen Alltags als Dorfgenossenschaft zu lösen. Gemeinsame Aufgaben waren etwa die Streitschlichtung oder die Nutzung von Weideland und Wald oder auch – was zunehmend an Bedeutung gewann – die gemeinsame Interessenvertretung gegenüber dem Grundherrn.

Innerhalb der Dörfer entstand eine Rangordnung; die Vollbauern bildeten dabei die Oberschicht, Tagelöhner und Dienstboten hingegen gehörten nicht zur Dorfgemeinschaft. Der Grundherr setzte als Dorfherrn einen Schultheiß oder Schulzen ein oder es wurde von den Vollbauern ein Bauernmeister gewählt; das war vor allem bei den Neugründungen im Rahmen der Ostkolonisation von Bedeutung. Die Schultheißen bekamen im Laufe der Zeit vom Grundherrn immer mehr Rechte übertragen, etwa als Vorsitzende der Dorfversammlung oder bei Gericht.

Die rechtliche, soziale und wirtschaftliche Ordnung hatte sich also gegenüber dem Frühmittelalter grundlegend geändert. Zwar gab es nach wie vor freie Bauern, beispielsweise die Dithmarschener Bauern im westlichen Holstein oder die Stedinger Bauern bei Bremen. Die überwiegende Zahl der Bauern im Hoch- und Spätmittelalter lebte jedoch – wie die modernen Historiker es nennen – in einer Grundherrschaft.

1 Dreifelderwirtschaft. Trotz ihrer offensichtlichen Vorteile wurde die Dreifelderwirtschaft nur zögernd eingeführt, weil sie tiefgreifende Konsequenzen für die dörflichen Lebensverhältnisse hatte: Der Boden musste umverteilt werden, und mit der Festlegung des Fruchtwechsels waren die Bauern gezwungen, ihre Arbeit zu koordinieren. Mit diesem Flurzwang waren neue Regelungen und Abmachungen nötig, die aus Dörfern Dorfgenossenschaften werden ließen.

9.2 Funktion und Organisation einer Grundherrschaft

Der Begriff „Grundherrschaft" beinhaltet Herrschaftsrechte, die sich aus dem Grundbesitz herleiten und sich auf die Personen beziehen, die auf diesem Grund und Boden leben.

Obwohl die mittelalterliche Grundherrschaft eine Neuschöpfung war, hatte sie in gewisser Weise ein Vorbild in der spätantiken Wirtschaft mit ihren großen Landgütern, denn auch dort bestand bereits eine Schutzherrschaft des Herrn gegenüber den abhängigen und schollengebundenen Bauern. Diese Agrarverfassung, die aus spätrömischer Zeit stammte, hatte den Untergang des Weströmischen Reiches überdauert und verband sich nun mit der germanischen Herrschafts- und Sozialordnung. So entstand ein System aus persönlichen Schutz- und Unterwerfungsverhältnissen. Nach den Anfängen im 6. bis 9. Jahrhundert lässt sich zwischen dem 9. und 12. Jahrhundert eine Phase der Verfestigung und Ausbreitung der Grundherrschaft erkennen.

Spätantike und germanische Wurzeln

Es gab verschiedene Grundherren: König, Kirche und Adel, die oft umfangreichen Grundbesitz hatten und diesen von abhängigen Bauern bewirtschaften ließen. Ein besonderes Merkmal dieser Art von Bewirtschaftung ist die Trennung von Eigentum und Arbeit: Der Eigentümer, also der Grundherr, bewirtschaftet seinen Besitz nicht selbst, sondern überlässt es zur Bewirtschaftung abhängigen Bauern, die dafür Abgaben und Frondienste leisten müssen. Für die Bauern bedeutete dies, dass sie genügend Überschüsse erwirtschaften mussten, um nicht nur die eigene Familie, sondern auch den Grundherrn ernähren zu können. Vor allem das allmähliche Anwachsen des kirchlichen Grundbesitzes führte dazu, dass das Land ganz unterschiedlich verteilt war und es innerhalb einer Gegend oder auch in einem Dorf mehrere Grundherren gab.

Verschiedene Grundherren

Den Mittelpunkt eines solchen Verbandes bildete der Herren- oder Fronhof mit seinem unfreien Gesinde. In der Umgebung eines solchen Betriebes gab es die abhängigen, aber selbstständig wirtschaftenden Bauern mit ihrem Land, der Hufe. Es gab dabei ganz verschiedene Abstufungen der Freiheit:

Verschiedene Abstufungen der Freiheit

- Der *freie Hörige* brachte sein eigenes Gut in die Grundherrschaft ein und stand unter dem Schutz des Grundherrn. Er bewirtschaftete sein Gut weiter, konnte aber auch grundherrlichen Besitz zur Nutzung bekommen.
- *Unfreie Hörige* waren Leibeigene ihres Herrn; er konnte sie sogar mitsamt dem Hof weiterverkaufen.
- Außerdem gab es noch die *Halbfreien*, von ihren Herren freigelassene ehemalige Hörige.

Die Hufenbauern mussten für den Herrenhof Frondienste leisten auf dem zum Hof gehörenden Land, dem Salland, das ansonsten vom Gesinde bearbeitet wurde. Fronhof, Salland und Hufen bildeten zusammen eine Wirtschaftseinheit, die sich auf einen Ort konzentrieren, teilweise aber auch weit ins Umland erstrecken konnte. Größere Grundherrschaften verfügten über eine ganze Reihe von Fronhofverbänden, die jeweils von Amtsträgern, dem maior (Meier) oder villicus, verwaltet wurden. So konnte ein weit verzweigtes System von Ober-, Haupt- und Nebenhöfen entstehen, die ihrerseits wiederum den Mittelpunkt für abhängige Bauernstellen und auch für ganze Dörfer bildeten.

Dieses System wird heute als Villikationssystem bezeichnet, benannt nach den Leitern der Fronhöfe, den villici.

Das Villikationssystem

Bäuerliches Leben

2 Fronhofverband Friemersheim (um 900). Nach Schätzungen gehörten zu Friemersheim 180 Personen, zu Rumeln 120, Asterlagen 75, Östrum 55, Essenberg 50, Asberg 55, Atrop 45, Bergheim 50 Personen.

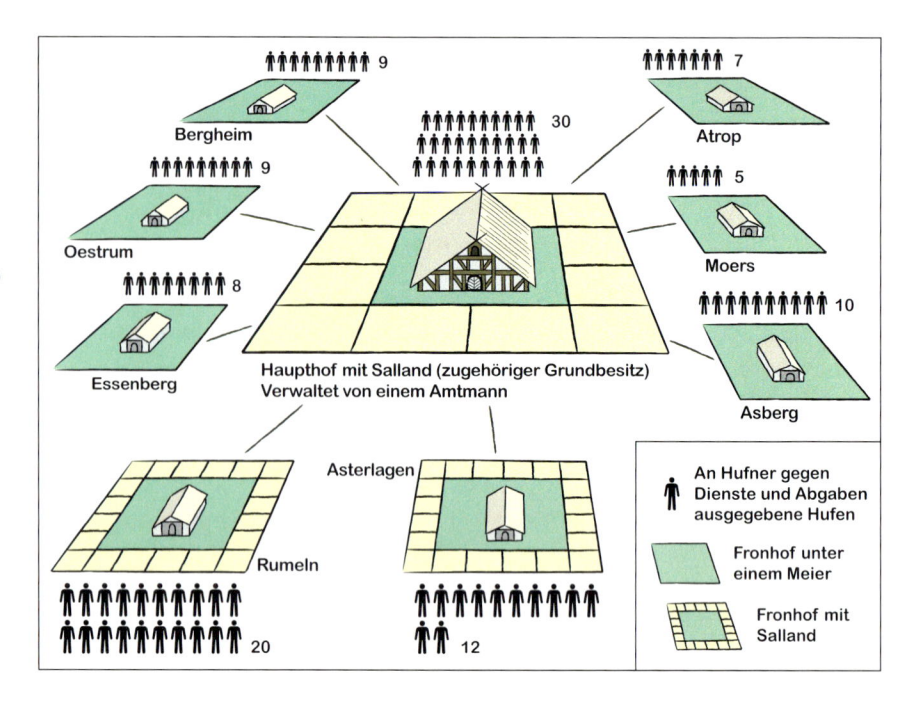

Im hohen Mittelalter erlebte die Villikationsverfassung einen tiefgreifenden Wandel und seit dem 12. und 13. Jahrhundert zeigten sich Auflösungserscheinungen. Die Herreneinnahmen sanken zu dieser Zeit, ebenso setzte eine Landflucht vieler Bauern in die zu dieser Zeit aufstrebenden Städte ein, was ihre Stellung gegenüber dem Grundherrn stärkte. Das Salland wurde daher in Hufenland umgewandelt oder es wurden ganze Fronhöfe zu Lehen oder zur Pacht ausgegeben, um eine weitere Bewirtschaftung zu gewährleisten. Vor allem die Pacht wurde damit zum bestimmenden Element der Grundherrschaft. Mit dem Aufstreben der Städte, in denen sich auch die handwerkliche Produktion konzentrierte, und dem Aufkommen der Geldwirtschaft nahm die Bedeutung der Märkte zu, was auch Auswirkungen auf die Grundherrschaft hatte, denn der Grundherr ließ nun nicht mehr alles auf seinem Hof produzieren, sondern kaufte teilweise auf dem städtischen Markt.

9.3 Binnenkolonisation und Ostsiedlung

Bevölkerungswachstum zwischen dem 11. und 14. Jahrhundert

Westeuropa war im frühen Mittelalter äußerst dünn besiedelt. Auch war der Anteil der landwirtschaftlich genutzten Fläche sehr gering.
Ungefähr seit der Mitte des 11. Jahrhunderts setzte jedoch ein außerordentliches Bevölkerungswachstum ein, das bis in das 14. Jahrhundert hinein andauerte. In den Gebieten Frankreichs und Englands verdreifachte sich die Bevölkerung in diesem Zeitraum, im zuvor dünn besiedelten Sachsen stieg sie sogar auf das Zehnfache. Obwohl neuartige landwirtschaftliche Methoden eine intensivere Bodennutzung erlaubten, reichte die Steigerung der Ernteerträge nicht aus, eine stets wachsende Zahl von Menschen zu ernähren. Durch Rodung von Wäldern wurden daher immer neue Flächen geschaffen, die landwirtschaftlich genutzt werden konnten. Als Rodungsland dienten zunächst die Waldgebiete und Gebirge in Westeuropa; durch Eindeichung der Küstenebenen und Trockenlegung der Sumpfgebiete wurden auch im Norden neue Gebiete hinzugewonnen, auf denen sich Landwirtschaft betreiben ließ.

3 Raum der deutschen Ostsiedlung im 12.–14. Jahrhundert

Allmählich begannen die Menschen aber auch, ihre angestammte Heimat zu verlassen und neue Siedlungsgebiete im Osten zu suchen. Bereits Heinrich der Löwe warb für die Erschließung Mecklenburgs und Holsteins flämische, holländische und niederdeutsche Bauern an. Ungefähr hundert Jahre später warb der Deutsche Orden Siedler für das Prussenland (Ostpreußen) und für Litauen an, da auch hier die Bevölkerung für eine weitere Erschließung und Bewirtschaftung des Landes nicht ausreichte. Ebenso förderten polnische Fürsten die Ansiedlung von Bauern aus dem bevölkerungsreichen Westeuropa.

Die mittelalterliche Ostkolonisation ist Teil eines Prozesses, bei dem es den Landesherrn um die Erschließung des Landes und um den weiteren Ausbau ihrer Herrschaft ging. Hierzu sollten der Arbeitseinsatz und die Steuern der Neusiedler beitragen. Dabei wurden Einheimische und Fremde in den neuen Dörfern in gleicher Weise sesshaft. So war die Ostsiedlung Teil des Landesausbaus, eines Prozesses, der im Spätmittelalter nahezu ganz Europa erfasste.

Neues Siedlungsland im Osten

9.4 Dorf und Dorfgemeinschaft

Im 14. Jahrhundert vollzog sich ein allmählicher Auflösungsprozess der Grundherrschaften, wie sie seit dem Frühmittelalter bestanden hatten. Diese Entwicklung hatte vor allem für das Leben auf dem Lande Folgen, denn die Menschen strebten nun nach kleineren Wirtschafts- und Siedlungseinheiten, in denen sie auch selbständiger wirtschaften konnten.

Auflösung der Grundherrschaft

Bäuerliches Leben

Dörfer als neue Siedlungsform

Im Hochmittelalter kam es im Rahmen des Landesausbaus verstärkt zur Bildung von Dörfern als neuer Siedlungsform. Die Grundherren wollten ihre Herrschaft über weitere Gebiete ausdehnen, was allerdings dazu führte, dass ihr Grundbesitz weiträumig verstreut lag und von ihnen nur schwer zu kontrollieren war. Um die Bauern zur Einhaltung ihrer Abgabepflichten anzuhalten, setzten die Grundherren daher Meier ein, welche die Herrenhöfe der Fronhofverbände bewirtschafteten. Für die Hörigen und die Grundherren ergab sich daher die Notwendigkeit, die Höhe der Abgaben schriftlich festzulegen, um ein selbstherrliches Walten der Meier zu verhindern. Die Bauern mussten sich daher zusammenschließen, um dem Grundherrn als Gemeinschaft gegenüberzutreten. Hier sind die Anfänge der Dorfgemeinde zu suchen. Als Vorsteher einer solchen Dorfgemeinde amtierte ein Schulze, der entweder vom Grundherrn ernannt oder von den Bauern gewählt wurde; das war vor allem notwendig, wenn in einem Dorf mehrere Grundherrschaften aufeinandertrafen. Waren die Dörfer zunächst noch Teil der Grundherrschaft, so sorgten sie schließlich für eine Stärkung der in ihnen lebenden Bauern gegenüber dem Grundherrn und leiteten den Prozess der Auflösung der Grundherrschaft ein.

9.5 Lebensverhältnisse auf dem Lande

Ernährung

Das Leben auf dem Lande war im Mittelalter hart und entbehrungsreich. Schon die Ernährung war sehr einseitig und bestand meist nur aus dem, was die Bauern selbst anbauen konnten, also vor allem Getreide. Mahlzeiten bestanden meist aus Brei. Als Gewürze dienten die im eigenen Garten angebauten Kräuter oder Salz, welches auch zur Konservierung von Lebensmitteln verwendet wurde. Gewürze aus dem Orient, wie etwa Pfeffer, Zimt und Muskat, gab es nur in den Städten und waren teure Luxusprodukte.

Gesundheit

Der Gesundheitszustand der Landbewohner war durch die einseitige Ernährung, harte körperliche Arbeit und mangelnde Hygiene sehr schlecht. Seuchen hatten dadurch immer wieder verheerende Folgen. Die Sterblichkeit war generell sehr hoch; jedes zweite Kind starb schon in den ersten Lebensjahren. Die Kinder arbeiteten bereits sehr früh auf dem Feld mit. Frauen wurden kaum älter als Ende Zwanzig, Männer wurden durchschnittlich Mitte Dreißig.

Die Landbevölkerung war zudem in weit höherem Maße als die adligen Grundherren den Einflüssen von Krieg, Seuchen und Witterung ausgesetzt. Das führte in manchen Gegenden zu einem Rückgang der Bevölkerung und im Spätmittelalter auch zur Aufgabe von Siedlungen und Dörfern.

9.6 Krisen des Spätmittelalters

Hungersnöte und Naturkatastrophen im 14. Jahrhundert

In der ersten Hälfte des 14. Jahrhunderts wurden große Teile Europas von einer Reihe von Naturkatastrophen und Epidemien heimgesucht, die sich insgesamt zum Bild einer allgemeinen Krise zusammenfügten. So häuften sich in dieser Zeit die Hungersnöte aufgrund von Missernten vor allem in den Jahren 1315 bis 1317. Zwanzig Jahre später vernichteten in Südostdeutschland Heuschreckenschwärme in nie gekanntem Ausmaß die Ernte. Hinzu kamen im östlichen Alpengebiet und in Süddeutschland Erdbeben in ungewöhnlicher Stärke. Zur selben Zeit wurde Europa von einer schweren Pestwelle heimgesucht, die bis zum Jahre 1351 etwa ein Drittel der Bevölkerung hinwegraffte. Andere Krisenphänomene traten hinzu und ließen die Menschen glauben, das Ende der Zeiten sei gekommen.

Landflucht und ihre Folgen: Entstehung von Wüstungen

Erst nach der Mitte des 15. Jahrhunderts begann die Bevölkerungszahl wieder zu wachsen, wobei die Städte sich von dem Bevölkerungsschwund schneller erholten als das Umland. Auf dem Lande setzte allerdings ein Bevölkerungsschwund ein, der durch die Abwanderung der Menschen in die Städte verursacht wurde und dauerhafte Folgen für die Siedlungsverhältnisse hatte. Ein großer Teil des bearbeiteten Bodens wurde aufgegeben, viele Dörfer wurden verlassen, es entstanden so genannte Wüstungen. Die Siedlungsverluste waren vor allem in den Regionen groß, wo ungünstige Voraussetzungen für die Landwirtschaft herrschten, etwa in den Mittelgebirgslandschaften. In den fruchtbaren Zonen an der Nordseeküste hingegen waren die Verluste sehr viel geringer. Dort konnte

4 „Frucht der drei Stände"
Buchmalerei aus dem Speculum Virginum (Jungfrauenspiegel) etwa um 1140.
Die Lehrschrift, die Mitte des 12. Jahrhunderts eine breite Rezeption erfuhr, gilt als frühes Zeugnis für den großen Anteil der Frauen an der damaligen geistigen Reformbewegung.
Die „drei Stände" werden von unten nach oben beschrieben mit 1) Fructus tricesimus coniugatorum (dreißigfacher Lohn der Ehefrauen); 2) Fructus sexagesimus viduarum (sechzigfacher Lohn der Witwen); 3) Fructus centesimus virginum (hundertfacher Lohn der Jungfrauen). Als Paare werden im unteren Drittel benannt: Rahel und Hiob, Abel und Noa, Adam und Eva.

Bäuerliches Leben

5 Flagellanten, (Selbstgeißler), in Köln von 1349

die Wüstung beispielsweise auch einen Konzentrationsprozess bedeuten, indem nämlich die Äcker von verschwundenen Dörfern von anderen, sich ausweitenden Dörfern weiter bewirtschaftet wurden.

Durch diese Veränderungen der Bevölkerungszahlen geriet im Spätmittelalter auch das Wirtschaftsgefüge aus dem Gleichgewicht, denn die geistlichen und weltlichen Grundherren mussten bei den Abgaben oft über Jahrzehnte schwere Einbußen hinnehmen, was auch nicht durch eine Leistungssteigerung der noch verbliebenen Bauern ausgeglichen werden konnte. Viele der Bauern, die Abgaben zu leisten hatten, waren durch die Pest umgekommen oder in die Städte abgewandert. Wiederholte Naturkatastrophen und Klimaveränderungen taten ein Übriges, die Ernteerträge zu schmälern. Die dadurch hervorgerufenen Ertragseinbußen konnten nur in geringem Umfang durch Handel ausgeglichen werden, was zu großen Preisschwankungen und zu Armut in breiten Bevölkerungsschichten führte.

Untergangsängste der Menschen

Viele Menschen spürten, dass sie in einer Zeit krisenhafter Umbrüche lebten und gingen ganz unterschiedlich damit um. Neben Geißlerzügen und einer frommen Religiosität ließen andere wiederum ihren Ängsten freien Lauf, so dass es zu Plünderungen kam.

Neben diesen von Untergangsängsten ausgelösten Ausschweifungen bot das späte Mittelalter aber auch die Entscheidung zu bewusstem Umgang mit dem Phänomen der Krise. Wollte der Mensch den Zügellosigkeiten nicht freien Lauf lassen, so musste er seine passive, duldsame Religiosität überwinden und Eigeninitiative zeigen, sein Schicksal nicht mehr als gottgegeben hinnehmen, sondern versuchen, selbst aktiv zu werden.

Mit diesem Umbruch in der Religiosität ging daher eine Veränderung in der Philosophie einher. Bis ins hohe Mittelalter hinein hatte man nicht das Individuum und sein Schicksal als bedeutsam angesehen, sondern das wichtigere Allgemeine und die dahinterstehenden Entwicklungen. Nicht die Katastrophe an sich war bedeutsam, sondern die göttliche Mahnung, die sich in ihr ausdrückte; nicht der einzelne sündige Priester, sondern sein Stand und das Heil, das er spenden konnte, waren wichtig.

Nun begannen viele Gelehrte, den Einzelerscheinungen größere Bedeutung beizumessen und sie nicht mehr als Teil eines göttlichen Heilsplanes zu sehen, sondern die Ursachen für Katastrophen zu erforschen und nach Maßnahmen zur Vorbeugung und zur Bewältigung der Katastrophe zu suchen.

6 Verordnung über die Krongüter und Reichshöfe unter Karl dem Großen

Von Karl dem Großen ist eine Verordnung über die Krongüter und Reichshöfe überliefert, das sog. Capitulare de villis; das Dokument stammt vermutlich aus den Jahren 792/93:

1. Wir befehlen: Unsere Krongüter, die wir eingerichtet haben, unseren Hofhalt zu beliefern, sollen allein unserem Bedarf dienen und niemandem sonst.
2. Unsere Hofleute sollen wohl versorgt und von niemand in Schuldknechtschaft gebracht werden.
18. Bei unseren Mehlmühlen halte man der Größe der Mühle entsprechend Hühner und Gänse, je mehr, desto besser.
19. Bei den Scheunen auf unseren Haupthöfen halte man mindestens 100 Hühner und 30 Gänse, auf den Vorwerken mindestens 50 Hühner und 12 Gänse. [...]
21. Auf unseren Gütern soll jeder Amtmann die Fischteiche, soweit vorhanden, erhalten und wenn möglich erweitern; wo sie fehlen, aber doch sein könnten, soll man sie neu anlegen. [...]
23. Auf jedem unserer Krongüter sollen die Amtmänner einen möglichst großen Bestand an Kühen, Schweinen, Schafen, Ziegen und Böcken halten; fehlen darf dies Vieh niemals. Außerdem sollen sie Kühe bereithalten, um mit Hilfe unserer Knechte die anfallenden Arbeiten zu verrichten, so dass sich der Bestand an Kühen und Pflug und Wagen für unsere Wirtschaft auf keinen Fall verringert. Zur Zeit des Hofdienstes müssen sie zur Fütterung der Hunde Vieh stellen; lahmende, aber nicht kranke Ochsen, Kühe und Pferde, doch ohne Räude, oder anderes, nicht krankes, kleineres Vieh. Wie gesagt: Den Bestand an Kühen und Fuhrwerk darf man deshalb nicht vermindern. [...]
34. Mit ganz besonderer Sorgfalt ist darauf zu achten, dass alles, was mit den Händen verarbeitet und zubereitet wird, – wie Speck, Rauchfleisch, Sülze, Pökelfleisch, Wein, Essig, Brombeerwein, Würzwein, Most, Senf, Käse, Butter, Malz, Malzbier, Met, Honig, Wachs, Mehl –, dass dies alles mit der größten Sauberkeit hergestellt wird. [...]
36. Unsere Wälder und Forsten sind sorgsam zu beaufsichtigen. Zur Rodung geeignetes Land soll man roden und verhindern, dass Ackerland wieder von Wald bewachsen wird, und nicht dulden, dass Wälder, wo sie nötig sind, übermäßig ausgeholzt und geschädigt werden. Unser Wildstand in den Forsten ist gut zu hegen. Auch muss man Jagdfalken und Sperber für unseren Gebrauch abrichten und uns den Waldzehnt pünktlich entrichten. Treiben unsere Amtmänner, Meier oder deren Leute ihre Schweine zur Mast in unseren Wald, so mögen sie als Erste den Zehnt dafür entrichten, um ein gutes Beispiel zu geben, auf dass daraufhin auch ihre Leute alle den Zehnt voll zahlen. [...]
42. Jedes Krongut soll in seinem Lagerraum vorrätig haben: Bettdecken, Matratzen, Federkissen, Bettlinnen, Tischtücher, Bankpolster, Gefäße aus Kupfer, Blei, Eisen und Holz, Feuerböcke, Ketten, Kesselhaken, Hobeleisen, Spitzhauen, Bohrer, Schnitzmesser – kurzum, alles nötige Gerät, so dass man es nicht anderswo zu erbitten oder zu entleihen braucht. Auch das eiserne Kriegsgerät muss man hier verwahren, damit es gut erhalten bleibt; [...]
63. Unsere Amtmänner mögen es nicht für eine Zumutung halten, wenn wir all das Obengenannte von ihnen fordern. Denn wir wollen, dass sie selbst ähnlich von ihren Untertanen all dies fordern, ohne Unwillen zu erregen, und dass sie auf unseren Krongütern alles vorrätig haben, was man in seinem Haus oder auf seinen Gütern haben muss.

Zit. nach: Geschichte in Quellen Bd. 2, hrsg. und übers. v. W. Lautemann. München 1970, S. 95ff.

7 Das Besitzverzeichnis des Klosters Prüm aus dem 9. Jahrhundert

Wichtige Quellen zur mittelalterlichen Grundherrschaft sind die „Urbare", also systematische Verzeichnisse dessen, was den Besitz und die Herrschaftsrechte einer großen geistlichen Grundherrschaft ausmachte. Das Urbar des Klosters Prüm in der Eifel, das im Jahre 893 niedergeschrieben wurde, ist besonders wertvoll, weil zu ihm ein Kommentar aus dem Jahre 1222 überliefert ist, in dem die alten Angaben erläutert und ergänzt, zum Teil auch aktualisiert werden. Auf diese Weise wird die jahrhundertelange Rechtskontinuität sichtbar; andererseits zeigt sich aber auch, wo es Veränderungen gab:

Abgaben und Dienste der Bauern. Es beginnt die Beschreibung von Rommersheim. Es sind in Rommersheim 30 volle Unfreien-Hufen (1) und 7 Hufen Herrenland. Widrad hat eine vollständige Hufe. Er leistet als Schweinezins (2) ein Schwein im Wert von 20 Pfennigen, vom Leinen ein Pfund, 3 Hühner, 18 Eier. In jedem Jahr führt er vom Wein eine Fuhre, die Hälfte im Mai, die andere Hälfte im Oktober. Er führt von seinem Mist 5 Fuhren. 5 „Daurastufen" (3), vom Holz (4) einen Klafter, in der Breite 6 Fuß und in der Länge 12 Fuß, zu 12 Fuhren. Er liefert Brot (5) und Bier. Er liefert Latten (6) zum Kloster, und jeder leistet im Wald bei den Schweinen eine Woche (Hirtendienst) gemäß seiner Ordnung. Er bestellt 3 Joch (7) Land im ganzen Jahr, in jeder Woche drei Tage. Er fährt von Holler zum Kloster 5 Scheffel Getreide. Er leistet Wachdienst (8). Wenn er 15 Nächte Dienst leistet und Heu erntet und Handdienste erbringt, wird ihnen Brot (9) und Bier und Fleisch zu geeigneter Zeit gegeben, zu anderen Zeiten nichts. Er umzäunt die Ernte im Umfang von 6 Ruten, das Weideland (im Umfang von) 3 (10). Er säubert eine Fläche im herrschaftlichen Garten. Seine Frau muss Beinkleider (11) nähen. Als Kriegssteuer eine Fuhre und 4 Rinder von Mitte Mai bis Mitte August.

Reinald hat an Land 3 Joch und einen Hof. Davon muss er in jeder Woche 2 Tage leisten und für 15 Nächte eine Woche und ein Huhn.

Die Frauen der Pfründner müssen jede Woche 2 Tage leisten, einen mit Brot und den anderen ohne Brot. Sonst aber liefern sie ein halbes Pfund Leinen oder einen halben Hemdenstoff. Die Frau Alduins hat einen Hof und Land. Sie leistet Dienst und liefert einen halben Hemdenstoff. Nantcher hat einen Hof und eine Wiese. Seine Frau hat von der Kirche einen Hof und zahlt 4 Pfennige.

Kommentar. (1) Man muss beachten, dass in diesem Buch sehr oft vier Arten von Hufen genannt werden, nämlich Unfreien-Hufen, Liten-Hufen, Freien-Hufen und unbesetzte Hufen. Die Unfreien-Hufen sind die, die uns täglich Dienst zu leisten gehalten sind, das heißt das ganze Jahr hindurch in jeder Woche an drei Tagen. Außerdem leisten sie viele andere Abgaben, wie es in dem Buch aufgezählt ist. Die Liten-Hufen sind die, die uns viele Abgaben leisten, jedoch nicht so fortwährend dienen, wie die Unfreien-Hufen. Freien-Hufen sind die, die in den Ardennen liegen, das heißt im Oisling, wo Bleialf, Holler und Vilance liegen. Jede dieser Hufen, die wir in der Volkssprache „Königshufen" nennen, hat 160 Joch. Unbesetzte Hufen sind die, die keine Bebauer haben, aber der Herr hat sie in seiner Gewalt. Sie werden in der Volkssprache „Fronland" genannt. Außerdem findet man in dem Buch auch etwas von Hufen auf Herrenland. Das sind die Hufen des Hofes, die wir in der Volkssprache „Salland" oder „atten" oder „cunden" nennen.
[…]
(3) „Daurastufen" sind Rinden, die von den Bäumen geschält werden, die man in der Volkssprache „Lohe" nennt Und von diesen Rinden gibt eine Hufe 5 Bündel. Jedes Bündel hat 15 nennenswerte Rinden. Mit diesen Bündeln wird für die Beleuchtung im Haus des Herrenhofes gesorgt, den wir in der Volkssprache „Fronhof" nennen. Wenn außerdem die Hufen-Inhaber das herrschaftliche Getreide im Dezember dreschen, wird auch für ihre Beleuchtung gesorgt, weil dann die Tage kurz sind.
(4) Jede Hufe muss nach Prüm einen Klafter fahren, das ist ein Holzstoß oder -haufen. Dieser Haufen hat 12 Fuß in der Länge und 6 Fuß in der Breite, und für einen solchen Holzstoß fährt jede Hufe 12 Fuhren. Dieses Holz wird in der Volkssprache „Königsholz" oder „wideglage" genannt. Dieses Holz empfängt der Kämmerer des Konvents, und davon sorgt er für die Brüder im Wärmeraum für ein reichliches Feuer den ganzen Winter hindurch vom Allerheiligen-Fest bis Ostern. Und dieses Feuer wird zur Matutin angezündet und hält an bis zur Complet.
(5) Auf jedem Herrenhof kann der Herr Abt seine „camba" sowie auch eine Mühle haben. Die Camba nennen wir in der Volkssprache „Backhaus" und „Brauhaus". In dieser Camba müssen die dort ansässigen Leute gesäuertes Brot backen und Bier brauen. Wenn der Abt außerdem dorthin kommt und wenn es den Hufen-Inhabern von dem Vorsteher, das heißt dem Meier, oder von dem Boten des Abtes befohlen wird, müssen sie Getreide vom Herrenhof zur Mühle fahren und mahlen und zur Camba des Herrn zurückbringen und Teig machen und backen und ebenso Bier brauen. Diese Camba bringt der Kirche nicht geringe Einnahmen, wie es auch die Mühle tut.
(6) Jede Hufe ist verpflichtet, jährlich 50 Latten oder 100 Schindeln für die Reparatur der Kirchendächer zu liefern. Die Latten werden in der Volkssprache „esselinge" und die Schindeln „scundelen" genannt.
[…]
(8) Wachdienste leisten ist: Nachdem die Ernte in die herrschaftliche Scheuer eingebracht ist, müssen die Hufen-Inhaber, wie das alte Buch es sagt, sie dreschen. In der Zwischenzeit, bevor gedroschen wird, müssen die Leute in ihrer Reihenfolge die Ernte bewachen und bei Nacht Wächter abordnen, damit sie nicht von bösen Menschen abgebrannt wird. Wird etwas durch Nachlässigkeit versäumt, müssen sie es der Kirche wiedererstatten. Wenn außerdem der Herr Abt kommt, und es ihnen befohlen wird, müssen sie ihn selbst und sein Gefolge, damit nichts Böses geschieht, wegen der nächtlichen Gefahren bewachen.
(9) Man muss wissen, dass alle Menschen, die unsere Dörfer und unser Gebiet bewohnen, verpflichtet sind,

8 Fronende Bauern und ein Meier, Buchmalerei, 14. Jahrhundert

uns Handdienste zu leisten, und zwar nicht nur die Hufen-Inhaber, sondern auch die Scharmannen, das heißt die Dienstleute, und die Haistalden, das heißt jene, die keinen erblichen Besitz vom Herrenhof haben, weil sie Nutzungsrechte bei unseren Weiden und Gewässern besitzen.

Handdienste leisten heißt sowohl für uns wie für sich selbst pflügen, welche Handdienste in der Volkssprache „atepluge" genannt werden. Wer nämlich keine Tiere oder kein Tier hat, das dazu tauglich ist, kommt, wenn es ihm von unserem Aufseher befohlen wird, mit seinem Grabscheit und arbeitet mit anderen Leuten an dem, was ihm aufgetragen worden ist. [...]

(11) Die Regel erlaubt es den Mönchen, die auf Reisen sind, Beinkleider zu tragen, und deshalb ist von alters her festgelegt, wie das alte Buch sagt, dass unsere Hufen jährlich Hemdenstoffe machen. Hemdenstoff nämlich ist ein leinenes Tuch aus reinem Flachs, das in der Länge acht Ellen und in der Breite acht Ellen hat. Die Hosen müssen die Frauen unserer Leute nähen, und die Meier oder Aufseher müssen aufgrund ihrer Dienstpflicht die genähten (Hosen) dem Kämmerer des Konvents übergeben. Der Kämmerer muss sie regelmäßig und nach der Vorschrift seines Abtes verteilen und aufbewahren.

(12) Jeder Herrenhof muss dem Herrn Abt die Kriegssteuer leisten. Kriegssteuer wird in der Volkssprache „natselde" genannt. Wenn der Herr Abt die Höfe seiner Kirche besuchen will, müssen die vorgenannten Höfe ihm Wagen zum Transport der notwendigen Dinge von Hof zu Hof stellen, oder vielleicht, wie es von altersher Brauch war, als diese Rechte festgelegt wurden, wenn die Herren durch die Ländereien reisen wollten, ließen sie ihre Wagen bespannen und setzten sich oder ihre Leute hinein. Die Rinder, die auf den Höfen für die Kriegssteuer gestellt werden, müssen geschlachtet und verzehrt werden. Wenn der Herr Abt aber einen Loskauf (in Geld) verlangt, zahlt jede Hufe 5 Pfennige. Die 30 Hufen von Rommersheim geben nämlich, wie gesagt, 4 Rinder, und so geben 7 ½ Hufen ein Rind, und wenn sie sich loskaufen, zahlen sie 37 Pfennige und einen Obolus, wofür man in jenen Tagen, als dies festgelegt wurde, ein Rind oder ein auf der Brache gemästetes und zum Verzehr besonders gut geeignetes Kalb kaufen konnte.

Summe: In Rommersheim sind 30 Hufen. Sie liefern 30 Schweine oder ebenso viel Unzen, vom Flachs 30 Pfund, 90 Hühner, 540 Eier, 30 Fuhren, 150 Fuhren Mist, ebenfalls 150 „Daurastufen", 30 Klafter Holz, 1500 Latten, 3000 Schindeln, 90 Joch. Sie schaffen von Holler 150 Scheffel Weizen herbei. Als Kriegssteuer geben sie 4 Rinder und einen Wagen.

Zit. nach: Das Prümer Urbar, hrsg. v. I. Schwab (Rheinische Urbare 5). 1983, S. 166ff.

9 Rechtsbestimmungen in einem Dorf im 13. Jahrhundert

Im niederdeutschen Sachsenspiegel Eikes von Repgow findet sich ein Abschnitt über dörfliche Rechtsbestimmungen, der in der ältesten Fassung von 1221/24 folgendermaßen lautet:
Wenn immer einer eines anderen Mannes Land unabsichtlich bestellt oder ein anderer es ihm übergeben hat und er deshalb beschuldigt wird, während er es pflügt, verliert er seine Arbeit daran, wenn es jener behält. Wenn es aber einer ihm übergeben hat, soll der ihm seinen Schaden erstatten. Wenn er das Land besät, während er verklagt wird, verliert er seine Arbeit und sein Saatgut. Wenn er sät und nicht verklagt ist, behält er die Saat und gibt seinen Zins an den Halter des Landes. Jeder, der eingesätes Land eines anderen Mannes umpflügt, soll ihm den Schaden nach Recht erstatten und Buße zahlen. Wer immer sein Vieh auf eines anderen Mannes Korn oder Gras treibt, soll ihm seine Schaden nach Recht erstatten und drei Schilling Buße zahlen. Wenn der Halter nicht dort anwesend ist, wo das Vieh Schaden anrichtet, kann es gepfändet werden; den Schaden sollen die Viehhalter erstatten, soweit er ihnen sofort nachgewiesen wird, und zwar nach Schätzung der Bauern; außerdem zahlt jeder für sein Vieh sechs Pfennig Buße. Wenn das Vieh in solchem Zustand ist, dass man es nicht heimtreiben kann, wie ein brünstiges Pferd, eine Gans oder ein Eber, soll der Geschädigte zwei Männer dazubitten und ihnen seinen Schaden zeigen und dann dem Vieh ins Haus seines Halters folgen und ihn deshalb beschuldigen; dann muss der Halter für das Vieh Entschädigung leisten, wie wenn es gepfändet wäre. Wenn immer einer sein Vieh in eine andere Gemarkung auf die Gemeindewiese treibt und es gepfändet wird, zahlt er sechs Pfennig. Jeder, der über unbestelltes Land fährt, bleibt straffrei, außer wenn es eine umzäunte Wiese ist. Alles, was der Hirt in seiner Hut verliert, muss er erstatten. Wenn ein Mann sein Korn draußen stehen lässt, während alle Leute ihr Korn eingefahren haben, und es ihm gefressen oder zertreten wird, erhält er keine Erstattung. Niemand darf seine Dachtraufe in eines anderen Mannes Hof hängen lassen. Jedermann soll auch seinen Hofteil einhegen; wenn er es nicht tut und daraus Schaden erwächst, muss er ihn bessern. Geschieht ihm selber Schaden, bleibt er straflos. Jeder, der Malbäume oder Grenzsteine setzt, soll den hinzuziehen, der das Land auf der anderen Seite hat. Jeder, der einen Zaun setzt, soll die Äste in seinen Hof kehren. Ofen, Abtritte und Schweinekoben sollen drei Fuß Abstand vom Zaun haben. Jedermann soll auch seinen Ofen und seine Feuermauern verwahren, dass die Funken nicht in eines anderen Mannes Hof fliegen und dort Schaden stiften. Abtritte soll man bis zum Boden beplanken, wenn sie zu eines anderen Mannes Hof hin stehen. Rankt sich der Hopfen über den Zaun, dann darf der, der die Wurzeln in seinem Hof hat, so nahe wie möglich an den Zaun treten, hinübergreifen und den Hopfen herüberziehen; was

Bäuerliches Leben

er erreicht, gehört ihm; was auf der anderen Seite hängen bleibt, gehört seinem Nachbarn. Die Zweige seiner Bäume sollen auch nicht über den Zaun hängen, seinem Nachbarn zum Schaden. Alles, was ein Mann auf fremdem Gut baut und wofür er Zins zahlt, kann er abbrechen, wenn er davonfährt, und nach seinem Tod darf es sein Erbe; ausgenommen bleiben der Zaun vorn und hinten, das Haus und der Mist. Das kann der Hausherr nach Schätzung der Bauern einlösen; tut er es nicht, führt der Zinsmann auch dies mit dem Übrigen davon.

Niemand darf Vieh zu Hause lassen, das dem Hirten folgen kann, ausgenommen Sauen, die ferkeln; die soll man sichern, dass sie keinen Schaden tun. Niemand darf auch einen eigenen Hirten halten, der dem Gemeindehirten seinen Lohn mindern würde, es sei denn, dass einer drei Hufen oder mehr hat, die sein Eigen oder sein Lehen sind; dann darf er einen eigenen Schafhirten halten. Überall, wo dem Hirten der Lohn nicht nach Viehzahl, sondern nach Hufenzahl versprochen ist, darf ihm niemand den Lohn vorenthalten, damit das Dorf nicht seinen Hirten verliert. Alles, was man vor den Hirten treibt und er nicht wieder ins Dorf bringt, muss er erstatten. Wenn immer es ihm Wölfe oder Räuber nehmen, muss er sie, solange er nicht selbst gefangen ist, mit dem Hilferuf anschreien, so dass er dafür Zeugen bringen kann, sonst muss er es erstatten. Wenn ein Vieh ein anderes vor dem Hirten verletzt und man den Hirten deshalb beschuldigt, muss Herd das Vieh, das den Schaden getan hat, nachweisen und das beschwören. Dann muss der Viehhalter das verwundete Vieh in seine Pflege nehmen, bis es wieder gut aufs Feld gehen kann. Wenn es stirbt, muss es der Halter nach seinem festgesetzten Wert erstatten. Wenn man den Hirten beschuldigt, dass er ein Vieh nicht zu Dorfe gebracht hat, und er seine Unschuld beschwören will, ist er die Klage los. Wenn immer aber jemand etwas von seinem Vieh vermisst, sofort zum Hirten geht und ihn vor zwei Zeugen deshalb beschuldigt, darf der Hirt in seiner Sache nicht schwören, sondern muss dem Halter sein Vieh erstatten. Wenn aber der Hirt sagt, dass es nicht vor ihn getrieben wurde, muss es der Halter mit zwei Männern besser bezeugen können, die sahen, dass man es in seine Hut trieb; sonst gilt der Hirt als unschuldig.

Was immer der Bauermeister zum Nutzen des Dorfes mit Zustimmung der Mehrheit der Bauern anordnet, dagegen darf die Minderheit nicht Einspruch erheben. Jedes von den Dörfern, die am Wasser liegen und einen Damm haben, der sie vor der Flut sichert, muss seinen Teil des Dammes vor der Flut befestigen. Wenn aber die Flut kommt und den Damm einreißt und die innerhalb des Landes Ansässigen zu Hilfe gerufen werden, dann hat jeder, der bei der Ausbesserung des Dammes nicht mithilft, dasjenige Erbe verwirkt, das er innerhalb des Dammes besitzt.

Zit. nach: Sachsenspiegel, Landrecht II, 46, 1–65, hrsg. v. Karl August Eckhardt. 2. Aufl. Göttingen 1955, S. 169ff.

10 Fälligkeitstermine

Im „Sachsenspiegel" des Eike von Repgow findet man das sächsische Stammesrecht, wie es um 1230 bestand. Es werden die Rechtsbräuche aus ganz verschiedenen Gebieten aufgezeichnet und mit Illustrationen versehen, da nicht alle Menschen lesen konnten.

Auf den Bildern sind in chronologischer Reihenfolge die Fälligkeitstermine für Abgaben und für den Fruchterwerb dargestellt:

a) Der Lämmerzehnt ist am Walpurgistag (1. Mai) fällig.
b) Die Abgaben aus den Obst- und Weingärten werden am Urbanstag (25. Mai) überbracht.
c) Der Termin für den Fleischzehnt ist der Johannistag (24. Juni).
d) Der Kornzehnt ist am Margaretentag (13. Juli) fällig.
e) Der Gänsezehnt wird am Tage von Mariä Himmelfahrt (15. August) geleistet.
f) Geldabgaben sind am Bartholomäustag (24. August) fällig.

Im Sachsenspiegel sind auch verschiedene Rechtsbestimmungen dargestellt:

h) Überhangrecht: Rankt der Hopfen über den Zaun, dann soll der, in dessen Hof er wurzelt, daran ziehen, wie es auf dem Bild dargestellt ist. „Was ihm folgt, das ist sein". Äste eines Baumes dürfen nicht über den Zaun auf das Nachbargrundstück ragen.

i) Mit drei Schilling leistet eine Bauernschaft der anderen Genugtuung und ersetzt den Schaden. Beide Bauernschaften stehen einander gegenüber. Auf dem Bild ist allerdings nicht ersichtlich, wer Gläubiger und wer Schuldner ist.

Zit. nach: Der Sachsenspiegel in Bildern, hrsg. von Walter Koschorrek. Frankfurt am Main 1977, S. 118.

11 Auswanderung

Naturkatastrophen erleichterten vielen Menschen den Entschluss, auszuwandern, wie wir aus Chroniken des 12. Jahrhunderts erfahren:

1144. Dieses Jahr brachte einen harten Winter mit viel Regen und Sturm. Starke Waldbäume wurden entwurzelt, Kirchen, Türme und andere Gebäude, die man für fest gehalten hatte, größtenteils von Grund aus zerstört. […] Eine schwere Hungersnot bedrückte viele, und die Sorge ums tägliche Brot ließ die meisten Leute verarmen. In England sollen viele Leute verhungert sein. Aber nicht nur Arme und mäßig Begüterte, sondern auch solche, von denen man glaubte, sie seien wohlhabend genug, zwang das alle durchbohrende Schwert des Hunger, abzuwandern, um dem Mangel, wenn auch nicht gänzlich auszuweichen, so doch besser widerstehen zu können.

1163. Von St. Lorenz (10. August) bis auf den Martinstag (11. November) regnete es ununterbrochen, so dass auf den Feldern beinahe alle Frucht verkam, besonders Hafer, Bohnen und Erbsen. Auf St. Thomastag (21. Dezember) brach eine ungeheure Sturmflut herein. In den Dörfern an der Küste blieb kein Haus heil. Gebäude und Getreideschober wurden von der Gewalt des Wassers fortgerissen. Das Eis eines schweren Hagelsturms zerschlug und bedeckte vollends alles. Auch Friesland und sogar Sachsen wurden zur selben Zeit von einer solchen Flut heimgesucht. Weder Kirchen noch andere feste Häuser vermochten die Menschen vor dem Untergang zu bewahren. Was sich nicht zu Schiffe retten konnte, wurde mit seiner Habe vom Wasser verschlungen.

1183. Besonders im Bistum Utrecht und in der Grafschaft Holland wurden viele Orte von einer Flut getroffen. Sie wurde durch andauernde Regenfälle noch derart verstärkt, dass viele Menschen Leben und Gut verloren. Andere verließen, vom Hunger getrieben, Haus und Hof und wanderten aus.

Zit. nach: Geschichte in Quelle, Bd. 2. München 1970, S. 623 f. Übers. Heinz Quirin.

12 Deutsche und Slawen in Holstein

Der Chronist Helmold von Bosau berichtet, wie Graf Adolf II. von Holstein Deutsche und Slawen in Holstein ansiedelt (1143):

Als diese Dinge so geordnet waren, begann Adolf die Burg Segeberg wieder zu errichten und umgab sie mit einer Mauer. Da das Land verlassen war, schickte er Boten in alle Lande, nämlich nach Flandern und Holland, Utrecht, Westfalen und Friesland, dass jeder, der zu wenig Land hatte, mit seiner Familie kommen sollte, um den schönsten, geräumigsten, fruchtbarsten, an Fisch und Fleisch überreichen Acker nebst günstigen Weidegründen zu erhalten. Den Holsten und Stormarn ließ er sagen: „Habt ihr euch nicht das Land der Slawen unterworfen und es mit dem Blute eurer Brüder und Väter bezahlt? Warum wollt ihr als Letzte kommen? Seid die Ersten, wandert in das liebliche Land ein, bewohnt es und genießt seine Gaben, denn euch gebührt das Beste davon, die ihr es der Feindeshand entrissen habt." Daraufhin brach eine zahllose Menge aus verschiedenen Stämmen auf, nahm Familie und Habe mit und kam zu Graf Adolf nach Wagrien, um das versprochene Land in Besitz zu nehmen. Und zwar erhielten zuerst die Holsten Wohnsitze in dem am besten geschützten Gebiet westlich Segeberg, an der Trave, in der Ebene Schwentinefeld und alles, was sich von der Schwale bis zum Grimmelsberg und zum Plöner See erstreckt. Das Dargauner Land besiedelten die Westfalen, das Eutiner die Holländer und Süsel die Friesen. Das Plöner Land aber blieb noch unbewohnt. Oldenburg und Lütjenburg sowie die anderen Küstengegenden ließ er von den Slawen besiedeln, und sie wurden ihm zinspflichtig.

Zit. nach: Geschichte in Quellen, Bd. 2. München 1970, S. 623. Übers. H. Stoob.

Bäuerliches Leben

13 **Neuansiedler unter kaiserlichem Schutz**
Kaiser Friedrich I. nimmt die Ansiedler in den auf beiden Seiten der Ochtum bei Bremen gelegenen Brüchen (Stedingen) in seinen Schutz (16. März 1158):

Friedrich, von Gottes Gnaden Kaiser der Römer, Mehrer des Reiches. [...] Es sei daher dem Eifer aller Getreuen Christi wie unseres Reiches, den Gegenwärtigen wie den Zukünftigen, bekannt, dass wir den Nutzen der Hamburger und Bremer Kirche mit allem Eifer zu fördern bestrebt sind. Wir haben daher die Brüche bei Bremen, den Weyherbruch, den Brimkumer Bruch und den Huchtinger Bruch, die früher unbebaut waren, innerhalb folgender Grenzen zu bewohnen und zu bebauen gestattet: von Weyhe und Dreyhe zwischen Ochtum und Weser bis dahin, wo sie zusammenfließen, und jenseits der Ochtum zwischen Brimkum und Hasbergen. Wir nehmen alle, die diese Brüche mit Erlaubnis unseres sehr geliebten Hartwig, Erzbischofs von Hamburg und Bremen, bewohnen, in unseren kaiserlichen Schutz auf, erkennen alle Rechte, die dieser Erzbischof ihnen gesetzt hat, an und bestimmen, dass sie ihnen jederzeit erhalten bleiben sollen. Weil aber der Erzbischof den Bovo als Verkäufer des Bruches und Richter der Ansiedler mit unserer und unseres Verwandten, des Herzogs Heinrich [des Löwen] Zustimmung eingesetzt hat, wollen und befehlen wir kraft kaiserlicher Verordnung, dass kein Sterblicher wagen soll, einem, der von Bovo oder dessen Stellvertreter in diesem Bruchland eine Besitzung kauft, oder seinen Erben, ein Unrecht zuzufügen. Damit aber den Ansiedlern des vorbezeichneten Bruchlandes alle ihre Rechte unvermindert bleiben, haben wir die vorliegende Urkunde schreiben und mit dem Aufdruck unseres Siegels kennzeichnen lassen, unter Hinzuziehung folgender Zeugen [9 Herren]. Zeichen des Herrn Friedrich, des unbesieglichen Kaisers der Römer. Ich, Rainald [von Dassel], Kanzler, habe an Stelle des Erzbischofs und Erzkanzlers Arnold von Mainz die Rekognition vollzogen.
Gegeben zu Frankfurt am 16. März während der 6. Zinszahl im Jahre der Fleischwerdung des Herrn 1158, während der Regierung Herrn Friedrichs, des erhabenen Kaisers der Römer, im 6. Jahre seines Königtums, aber im 3. seines Kaisertums.

Zit. nach: Geschichte in Quelle, Bd. 2. München 1970, S.624. Übers. G. Franz.

14 **Massenbegräbnis infolge der Pestepidemie 1349**, zeitgenössische Zeichnung

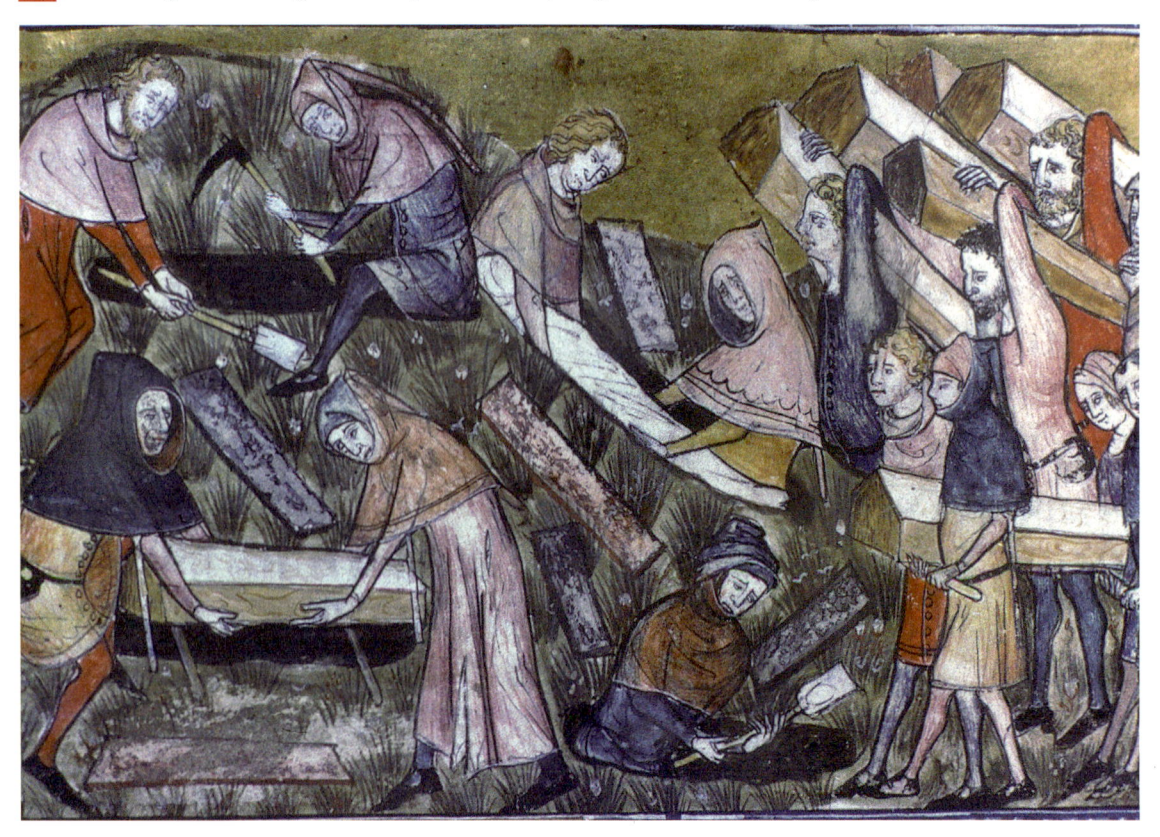

15 Die Krise des Spätmittelalters im Urteil des Historikers

Der Göttinger Historiker Hartmut Boockmann (1934–1998) beurteilt die Krise des Spätmittelalters folgendermaßen:

Wie es scheint, liegen die Ursachen dieser vermeintlichen generellen Krise mehr in den Hoffnungen moderner Historiker auf die Aufdeckung eines biologisch-genetischen Ablaufs der Geschichte als in der Vergangenheit selbst. Die zeitgenössischen Dokumente, die von so etwas wie einer allgemeinen Krise der Zeit sprechen, sind in aller Regel nicht kritisch genug danach befragt worden, ob sie nicht nur Beispiele dafür geben, dass das Gefühl des Zerfalls und der Dekadenz in vielen, wenn nicht in allen Zeiten zu beobachten ist. Dazu kommt dann die Vermehrung der Quellen; viele Texte, die im späteren 14. und 15. Jahrhundert von Krisenerscheinungen reden, hat es in früherer Zeit nicht gegeben.

Weiterhin würde eine Generalkrise im späteren Mittelalter eine in allen ihren Gliedern miteinander kommunizierende Gesellschaft voraussetzen. Die aber gab es nicht. Das Subjekt, das damals eine Generalkrise erlitten haben könnte, verdankt seine Existenz offensichtlich erst den Bemühungen späterer Historiker.

Schließlich verdeckt die Suche nach einer allgemeinen Krise entgegengesetzte Erscheinungen. Auf dem Lande wurden nicht nur weite Flächen, die bisher bewirtschaftet worden waren, aufgegeben, sondern es fand auch ein Konzentrationsprozess statt. Hätte man die steinigen Äcker in hohen Lagen, die am Ende der großen Expansionsperiode unter den Pflug genommen worden waren und die ein paar Jahre lang auch Frucht getragen hatten, auf Dauer bewirtschaften können? Die vielen neuen Kulturen, die nun an die Stelle des Getreideanbaus traten, waren nicht nur das Resultat von Anpassung, sondern auch von wirtschaftlicher Stärke. Noch wichtiger aber war die Dynamik der Stadtwirtschaft. Wenn Deutschland in der ersten Hälfte des 16. Jahrhunderts das wirtschaftlich am weitesten entwickelte Land der Welt war, dann wäre das ohne eine jedenfalls partielle Prosperität der vorangegangenen Jahrzehnte nicht erklärlich.

Aus: Hartmut Boockmann: Stauferzeit und spätes Mittelalter. Deutschland 1125–1517. Berlin 1994, S. 245 f.

Arbeitsvorschläge

a) Stellen Sie mit Hilfe von M 4 dar, welche gesellschaftliche Stellung die Frau jeweils einnahm.
b) Listen Sie stichpunktartig auf, welche Lebens- und Wirtschaftsbereiche in M 6 angeführt werden.
c) Geben Sie einen Überblick über die Verpflichtungen, die ein abhängiger Bauer dem Kloster Prüm gegenüber hatte (M 7).
d) Verdeutlichen Sie mit Hilfe des Verfassertextes die Darstellung M 8. Verdeutlichen Sie in Form einer Wandzeitung, wie sich das Leben der Bauern im Laufe der Jahrhunderte bis ins 20. Jahrhundert hinein gewandelt hat.
e) Überlegen Sie unter Heranziehung von M 11, welche Gründe Menschen im Mittelalter dazu bewogen haben können, ihre Heimat zu verlassen. Auch heute noch verlassen viele Menschen ihre Heimat. Können Sie sich vorstellen, aus welchen Motiven dies geschieht?
f) Analysieren Sie, welche Rechtsbereiche in M 9 und M 10 angesprochen werden.
g) Mit welchen Argumenten versucht Graf Adolf II. von Holstein Neusiedler zu gewinnen (M 12)?
h) Überlegen Sie, welche Vorteile der kaiserliche Schutz für die Stedinger Bauern hatte (M 13). Recherchieren Sie die weitere Geschichte der Stedinger Bauern und stellen Sie diese in einem Kurzreferat vor.
i) Stellen Sie mit Hilfe von M 15 dar, inwiefern der Begriff „Krise" für das Spätmittelalter zutrifft bzw. nicht gerechtfertigt ist.

10 Städtisches Leben

10.1 Entstehung und Entwicklung der europäischen Stadt des Mittelalters

Merkmale einer Stadt

Da die Welt des Mittelalters überwiegend agrarisch geprägt war und die Mehrheit der Menschen auf dem Lande lebte, blieben die Städte zunächst ein Fremdkörper. Sie wurden im frühen und hohen Mittelalter noch gar nicht als eigener, streng geschiedener Lebensbereich erkannt. Ein ausgeprägtes städtisches Leben mit verschiedenen sozialen Schichten und unterschiedlichen Rechten entwickelte sich erst im späten Mittelalter. Ab dem 12. Jahrhundert lässt sich schließlich deutlicher beschreiben, was eine Stadt ausmacht: Im Innern herrschte der Stadtfrieden; das bedeutete, dass das Zusammenleben der Bürger rechtlich geregelt war. Die Stadtfreiheit bedeutete, dass die Bürger keine Unfreien waren, wie vorher die Bauern im Lehnswesen und im Fronhofverband. Außerdem gehörten das Stadtrecht, Gericht und eine Stadtverfassung, Markt- und Münzrecht zu den charakteristischen Merkmalen; die Stadt war somit gegenüber dem Umland ein Bezirk eigenen Rechts.

Neben diesen rechtlichen Kriterien ist es vor allem das äußere Erscheinungsbild, durch das sich eine Stadt von einem Dorf unterschied: Eine große Zahl Menschen lebte auf engem Raum. Im Gegensatz zu anderen Siedlungsformen war eine Stadt vor allem seit dem hohen Mittelalter meistens von einer Mauer umgeben. Weitere Merkmale einer Stadt lassen sich im Bereich der Wirtschaft finden: In einer Stadt waren Handel und arbeitsteiliges Gewerbe ansässig. Für den Verkauf der Waren und Produkte war der Markt von großer Bedeutung. Als Handels- und Verwaltungszentrum übte die Stadt erhebliche Anziehungskraft auf die Umgebung aus, ebenso beherbergte sie kirchliche, kulturelle und andere gemeinschaftliche Einrichtungen.

Anfänge in der Antike

Städte und Stadtkulturen gab es bereits im östlichen Mittelmeerraum seit dem 2. Jahrtausend v. Chr. Dort hatten sich Städte wie etwa Damaskus zu kulturellen und geistigen Zentren entwickelt, die oft auch eine Universität beherbergten.

Viele Städte in Mitteleuropa haben antike Wurzeln und gehen auf Römerlager zurück, an die sie sich als Versorgungsbasis anschlossen. Das zeigt sich in Deutschland an Rhein und Donau, wo Städte wie Regensburg, Bonn, Augsburg, Köln und Mainz bereits seit der Antike bestanden. Eine Kontinuität zwischen der antiken und mittelalterlichen Stadt lässt sich aber vor allem in Italien zeigen, das größtenteils städtisch geprägt blieb. Vor allem im frühen Mittelalter wirkten die Städte als Überreste aus der Antike fremd in einer landwirtschaftlichen geprägten Umwelt. Oft war die Einwohnerzahl fortbestehender Städte im Frühmittelalter erheblich geringer als in der Antike; erhaltene Gebäude wurden vielfach zweckentfremdet, antike Bauwerke verfielen, weil man keine Verwendung mehr für sie hatte. Teilweise wurde auch die antike Stadt ganz aufgegeben und in unmittelbarer Nähe mit dem antiken Baumaterial eine neue Siedlung errichtet, wie beispielsweise in Xanten.

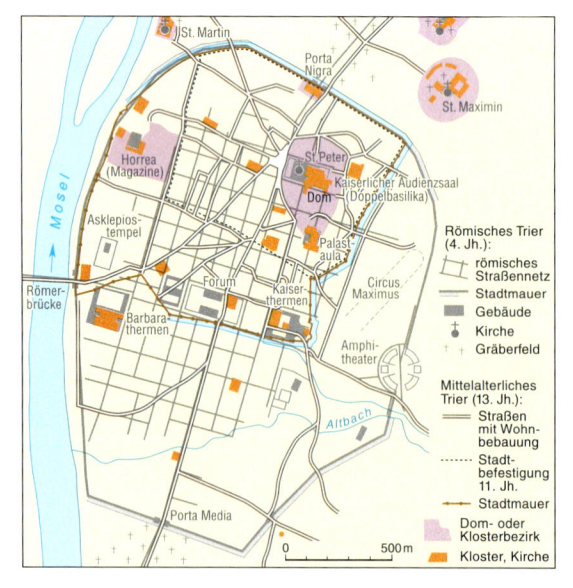

1 Trier, 4. bis 13. Jahrhundert

Städtisches Leben

Verschiedene Faktoren der Stadtentstehung im Mittelalter

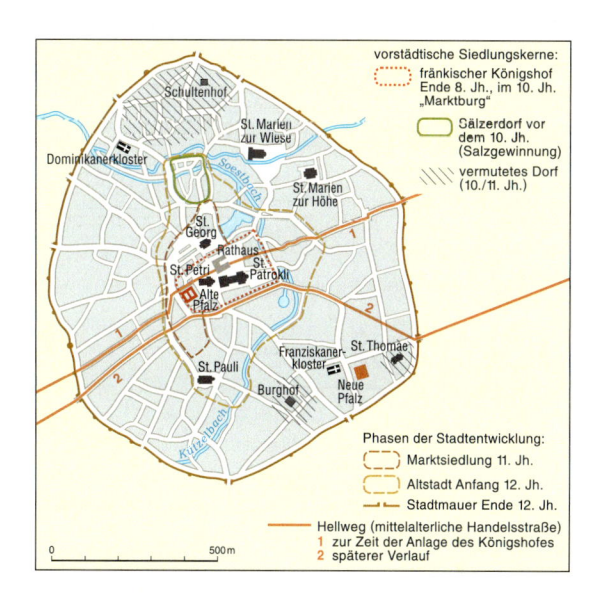

Eine Kontinuität zwischen antiker und mittelalterlicher Stadt ist vor allem dort gegeben, wo die Stadt Bischofssitz war. Der mittelalterliche Dom wurde an der Stelle errichtet, wo bereits eine spätantike Bischofskirche gestanden hatte. Der ummauerte Dombezirk wurde allmählich zur Keimzelle einer neuen Siedlung; die antike Stadt schrumpfte dabei erheblich, so dass die mittelalterliche Stadt ganz neue Formen annehmen konnte. So ließen sich etwa bestimmte Berufsgruppen in bestimmten Stadtteilen nieder.

Außer einem Bischofssitz zogen Klöster oder eine Wallfahrts- oder Stiftskirche Händler und Gewerbetreibende an. Außerdem wurden in der Nähe einer Bischofskirche oft weitere Kirchen errichtet, um die herum Siedlungen entstanden; hierfür ist Köln ein Beispiel.

Zu weiteren Keimzellen späterer Städte wurden herrschaftliche Einrichtungen wie eine Pfalz oder eine Burg. Hier konnte aus der ehemals grundherrschaftlichen familia, die sich um den Herrensitz angesiedelt hatte, eine Stadt entstehen. In Deutschland gehen die Städte Frankfurt am Main und Dortmund auf ehemalige Gutshöfe und Königspfalzen zurück.

Ein weiterer Faktor, der zur Bildung einer Stadt führen konnte, war die Herausbildung von Märkten, die große Anziehungskraft auf die Händler einer Region ausübten. Der Markt zeigt auch bereits eine Arbeitsteilung zwischen Stadt und Land. Zunächst waren die Produzenten und Händler noch identisch, aber es gab im späten Mittelalter auch schon „Großhändler", die Waren vom Produzenten kauften, um sie weiterzuverkaufen. Zur Abhaltung eines Marktes bedurfte es allerdings eines Privilegs durch den Stadtherrn.

Zu einem stadtbildenden Element konnte auch eine Brücke werden, die an einer verkehrsgünstigen Stelle über einen Fluss führte, etwa wo sich eine größere Landstraße und ein für Transporte geeigneter Wasserweg kreuzten, dessen Wasserkraft sich ebenfalls nutzen ließ. Die Lage der Stadt an einer solchen „Furt" lässt sich heute noch an Namen wie Frankfurt oder auch Oxford erkennen.

Im Norden Deutschlands und im übrigen nördlichen Europa entwickelten sich viele Wike (Singular Wik = Dorf) zu Städten, wie vielfach noch am heutigen Ortsnamen zu erkennen ist (Schleswig, Braunschweig). Im Frühmittelalter waren die Wike vor allem Handelsplätze, die einen Hafen besaßen und dem Fernhandel dienten. Die überwiegend aus Kaufleuten bestehende Bevölkerung dieser Orte wurde vom König durch Privilegien geschützt. Im Einzelfall war aber nicht nur eines der genannten Elemente für die Entstehung wichtig, vielmehr trafen meist mehrere Faktoren zusammen.

Die Anfänge vieler mitteleuropäischer Städte liegen in der Zeit der Franken und der Ottonen, die eigentliche Phase des Wachstums und des Ausbaus ist das 11. Jahrhundert, so dass in vielen Städten im 12. Jahrhundert ein geschlossenes Stadtbild mit dichter Bebauung erreicht war. Das Bevölkerungswachstum ergab sich vor allem aus der Landflucht vieler Höriger, die sich der Herrschaft des Grundherrn entziehen und in den Genuss städtischer Freiheiten kommen wollten. Diese Zunahme der Bevölkerung ließ auch eine berufliche Spezialisierung zu; verschiedene Handwerksberufe entstanden und für den Verkauf der Produkte war der städtische Markt von großer Bedeutung. Hier konnten auch die Bauern aus dem Umland ihre landwirtschaftlichen Produkte anbieten und umgekehrt die Erzeugnisse städtischer Handwerker erwerben.

2 Soest, 10. bis 12. Jahrhundert

Die Initiative zur Gründung von Städten ging zunächst von den Stadtherren, also von den Königen und Bischöfen, später auch von den Territorialfürsten aus. Dabei nahmen die jeweiligen Landesherren als Gründer zwar Einfluss auf die Städte, trotzdem genossen ihre Bürger weitgehende Freiheiten und Privilegien. Als Zentren der wiederenstehenden Geldwirtschaft, als Fertigungsstätte von Handwerk und Umschlageplatz gehandelter Güter bedeuteten Städte zunächst jedoch für den Landesherrn eine Vermehrung seines Wohlstandes.

Prägende Elemente der Topografie

Die Topografie einer mittelalterlichen Stadt war ganz wesentlich durch den Kern geprägt, von dem aus sie ihren Ursprung nahm, also z. B. von einem Kloster, einer Burg oder einer Kirche. Das Nebeneinander verschiedener Stadtherren führte dazu, dass es verschiedene Herrenbauten gab, beispielsweise eine königliche oder gräfliche Pfalz und eine bischöfliche Kirche. Auf diese Weise bildeten sich innerhalb der Städte Bezirke unterschiedlichen Rechts heraus.

Für die Entstehung einer Stadt war von großer Bedeutung, dass herrschaftliche und bürgerschaftliche Elemente vorhanden waren: ein Herrensitz, der früh befestigt wurde, und eine Marktsiedlung, die um einen Handelsplatz herum entstanden war. Dieses Nebeneinander von Stadtherrschaft und Bürgerschaft zeigte sich häufig auch im Vorhandensein einer eigenen Bürgerkirche (Marktkirche), die gegenüber dem Dom lag. Durch die Ummauerung der Burg und der Immunitätsbezirke der Kirchen und Klöster entstanden die für viele mittelalterliche Städte charakteristischen „Domstädte", die in heutigen Stadtplänen oft noch gut zu erkennen sind.

Der Markt als Mittelpunkt

Den Mittelpunkt des städtischen und bürgerlichen Lebens bildete der Markt, der regional unterschiedliche Formen haben konnte. Neben dem Marktplatz im eigentlichen Sinne gab es vor allem im Süden auch Märkte an breiten Hauptstraßen, die eine Stadt durchzogen. Die Marktplätze mit öffentlichen Gebäuden und geschlossener Bebauung, die heute noch in alten Städten zu sehen sind, stammen meist aus ottonisch-salischer Zeit. Hier befand sich auch der öffentliche Brunnen für die Wasserversorgung. Die zunehmende Differenzierung des Warenangebotes führte in vielen Städten zur Entstehung verschiedener Märkte für die unterschiedlichen Waren; so gab es den Fischmarkt, Salzmarkt, Pferdemarkt usw.

Stadtmauer als Kennzeichen

Der eigentliche Kern der Städte, der aus den Immunitätsgebieten und Burgen bestand, wurde schon sehr früh ummauert und zu einer Einheit zusammengefügt. Die Mauern, die noch heute in zahlreichen Städten erhalten sind, stammen meist aus dem 11. und 12. Jahrhundert und stellen nicht mehr die ursprüngliche, wesentlich enger gefasste Ummauerung dar, sondern bereits die um zahlreiche Vororte erweiterte Stadt.

Die Straßen innerhalb der Stadt waren meist nicht systematisch angelegt, vielmehr wurde der Verlauf durch topografische Gegebenheiten, etwa die Beschaffenheit des Geländes oder die Wasserversorgung, bestimmt. In vielen Städten bildeten sich einzelne Viertel oder Straßenzüge heraus, in denen sich beispielsweise bestimmte Handwerkszweige oder Bevölkerungsgruppen konzentrierten.

Charakteristische Bauten

Geprägt wurde das Stadtbild durch eine Vielzahl von Kirchen und oft auch durch eine Burg; diese waren auch die ersten Steinbauten in der Stadt. Weitere Steinbauten waren allenfalls noch die teilweise erhaltenen Wohntürme („Geschlechtertürme"), die es seit dem 11. Jahrhundert vor allem in Italien, aber vereinzelt auch in Deutschland (z. B. in Regensburg) gab, und die mehrstöckigen Saalgeschosshäuser, die ebenfalls Herrenbauten waren und in einigen Regionen neben die Wohntürme traten. Die Mehrzahl der Häuser aber waren einfache, hölzerne Fachwerkhäuser, die regional unterschiedlich aussehen konnten.

4 „Geschlechtertürme" im toskanischen San Gimignano

Die öffentlichen Bauten waren um den Marktplatz zentriert; vor allem seit die Bürgerschaft ein Mitspracherecht bei der Verwaltung durchgesetzt hatte, konnte sie ihr gestiegenes Selbstbewusstsein und die bürgerliche Freiheit durch so genannte „Bürgerhäuser", später durch prächtig ausgestaltete Rathäuser zeigen.

In vielen Städten gab es seit dem hohen Mittelalter ein „Kaufhaus" mit einem oder zwei Geschossen, in dem die durchfahrenden Händler ihre Waren anbieten mussten; auf diese Weise bekam die Stadt eine zusätzliche Einnahmequelle. Außerdem gab es in der Stadt Speicherräume für die Händler; Windmühlen hingegen lagen meist außerhalb der Mauern. Auch die Handwerkervereinigungen und Kaufmannsgilden hatten ihre eigenen Häuser. Gegen Ende des 12. Jahrhunderts sind in vielen Städten die ersten Spitäler bezeugt, die – meist am Stadtrand gelegen – als Kranken- und Armenhaus, aber auch als Gast- und Pilgerhaus dienten. Anhand der Verteilung der Bauten in der Stadt lassen sich auch Rückschlüsse auf die sozialen Verhältnisse ziehen. Die Burg geriet durch die weitere Besiedlung der Stadt meist in eine Randlage, was damit zusammenhängt, dass die Stadt allmählich von der Herren- zur Bürgerstadt wurde, in der andere Gebäude, etwa das Rathaus, im Vordergrund standen.

10.2 Herrschaft und Freiheit in der mittelalterlichen Stadt

Die mittelalterliche Stadt war kein herrschaftsfreier Raum; vielmehr wurde die Herrschaft ausgeübt durch den Stadtherrn, also durch den König, einen Bischof oder einen weltlichen Herrn – je nachdem, von wem die Initiative zur Gründung der Stadt ausgegangen war. Die Herrschaft beruhte auf Eigenrechten des Stadtherrn, er konnte aber auch bestimmte Sonderrechte an die Bewohner vergeben. Mit gewährten Privilegien wurde beispielsweise versucht, Fachkräfte zur Ansiedlung zu bewegen. Auf diese Weise entstanden u. a. viele jüdische Gemeinden, die vielerorts das zur Stadtentwicklung nötige Know-how im Fernhandel und in der Geldwirtschaft, aber auch wichtige technische Innovationen mitbrachten. So waren besonders die rheinischen Bischöfe bemüht, jüdische Kaufleute für ihre Herrschaftssitze in Worms, Köln oder Speyer zu werben. 1182 sollte schließlich Kaiser Friedrich I. die jüdische Bevölkerung unmittelbar dem kaiserlichen Schutz unterstellen.

Verschiedene Stadtherren

Städtisches Leben

Die Stadt als Bezirk eigenen Rechts

Die Stadtbewohner unterstanden somit nicht mehr einem Grundherrn, sondern genossen eine gewisse Freiheit („Stadtluft macht frei"). Damit wurden sie aber auch als Rechtskörper anerkannt und die verliehenen Privilegien und Freiheiten konnten als Stadtrechte zusammengefasst werden. Darin waren das Zusammenleben der Bürger untereinander und ihr Verhältnis zum Stadtherrn geregelt; ebenso beruhte die gesamte Stadtverwaltung auf solchen Stadtrechten. Im Laufe der Zeit entstanden Gruppen von Stadtrechten, die dann auch auf andere Städte übertragen wurden, etwa das Magdeburger Stadtrecht, auf dessen Grundlage viele Städte im Rahmen der deutschen Ostkolonisation gegründet wurden, oder das Lübecker Stadtrecht, das für den Ostseeraum bestimmend wurde.

Kampf der Bürger um Mitbestimmung

Die Verleihung der Privilegien und Rechte an die Bürger führte dazu, dass die städtischen Bewohner immer stärker als Stadtgemeinde neben den Stadtherrn traten und an der Verwaltung beteiligt wurden. Diese Beteiligung am Verfassungsleben einer Stadt konnte gemeinsam mit dem Stadtherrn erfolgen, aber auch gegeneinander, was zu teilweise heftigen Konflikten führte. Die Ursprünge solcher (politischen) Gemeinden liegen möglicherweise in den Kaufmannsgilden, die sich seit dem 11. Jahrhundert herausbildeten, oder in den kirchlichen Pfarrsprengeln und Kirchspielen. Denkbar sind auch Ursprünge im 11. Jahrhundert, als sich Teile der Stadtbevölkerung zu Schwurvereinigungen (coniurationes) zusammenschlossen, mit denen sie offenbar den Stadtfrieden und die Stadtfreiheit sichern wollten. In vielen Städten erkämpften sich die Bürger zunächst eine Beteiligung am Stadtregiment und übernahmen später sogar die Stadtverwaltung. Die Bürgerschaft war damit zu einem eigenen Rechtskörper neben dem Stadtherrn geworden, dessen Herrschaft sie nach und nach selbst übernahm. Sie erlangte damit eine Stellung, die weitgehend der kirchlichen und adligen Immunität entsprach. Als Zeichen dieses neu erlangten Rechtsstatus diente das Siegel der Bürgerschaft. Damit die Bürger auch als Rechtsgemeinschaft auftreten konnten, wurde ein Stadtrat gewählt, der in vielen Städten aus zwölf Ratsherren bestand, die nur für eine kurze Amtszeit, meist für ein Jahr, gewählt wurden.

5 Stadtsiegel von Hamburg, 13. Jahrhundert

Stadttypen

Entsprechend den Beziehungen zum Stadtherrn lassen sich drei Stadttypen unterscheiden:

- Die Reichsstädte unterstanden unmittelbar dem König und waren ihm zu Diensten und Abgaben verpflichtet. Sie waren entweder auf Reichs- oder Hausgut der Herrscher errichtet worden oder erlangten ihren Status durch Vertrag, gewaltsame Verselbstständigung oder Erlöschen einer Landesherrschaft.
- Davon zu unterscheiden sind die Freien Städte. Sie waren ursprünglich bischöfliche Städte, später auch Städte unter weltlichen Stadtherren, die während des 13. und 14. Jahrhunderts in teilweise erbitterten Kämpfen die Herrschaft abgeschüttelt hatten. Sie waren – im Gegensatz zu den Reichsstädten – von bestimmten Reichspflichten (Heeresfolge, Jahressteuern) frei.
- Die übrigen Städte unterstanden einem Landesherrn und waren ihm steuerpflichtig, besaßen dabei aber ein unterschiedliches Maß an kommunaler Unabhängigkeit.

6 Stadtsiegel von Rostock, 13. Jahrhundert

Einwohnerzahl

Über die Bevölkerungszahl der mittelalterlichen Städte lassen sich kaum verlässliche Angaben machen. Während das muslimische Cordoba in Spanien oder Konstantinopel im frühen Mittelalter mehr als eine halbe Million Einwohner zählten, entwickelten sich im nordalpinen Deutschland erst im Hochmittelalter Zentren mit mehreren tausend Einwohnern. Die größte Stadt im deutschen Raum war Köln, das zu Beginn des 14. Jahrhunderts rund 30 000 Einwohner besaß, gefolgt von Lübeck mit ca. 25 000 Einwohnern. Im Heiligen Römischen Reich gab es zahlreiche Mittelstädte mit 2 000 bis 10 000 Einwohnern, nur etwa 50 Städte überschritten jedoch die Einwohnerzahl von 5 000. Paris, die größte Stadt des christlichen Abendlandes, umfasste zu Beginn des 14. Jahrhunderts ca. 80 000 Einwohner.

Anfangs wurde das städtische Leben stark durch ständische Unterschiede geprägt. Einen großen Prozentsatz der Einwohnerschaft machte der Klerus aus, der auch einige Sonderrechte besaß. Die übrige Stadtbevölkerung wurde aus Freien und Unfreien gebildet. Diese stammten entweder aus dem Umkreis, aus der familia des Stadtherrn oder waren vom Lande zugezogen. Dann verblieben sie solange im Status eines Unfreien, bis sich allmählich ein Stadtrecht herausgebildet hatte, das die Standesunterschiede aufhob und getreu dem Satz „Stadtluft macht frei" alle zu freien Bürgern machte.

„Stadtluft macht frei"

Inwieweit die einzelnen Stadtbewohner diese Freiheit aber auch ausleben konnten, hing ganz wesentlich von ihrer persönlichen Situation ab. Nicht alle Einwohner einer Stadt waren „Bürger" im strengen Sinne, denn das Bürgerrecht war an einen Eid gebunden und setzte ein Mindestvermögen und eine nicht geringe Aufnahmegebühr voraus. So war etwa in Frankfurt am Main im 14. Jahrhundert von den knapp 10000 Einwohnern nur gut ein Drittel im Besitz des Bürgerrechtes. Klöster oder die dem kaiserlichen Juden-Regal unterworfene jüdische Bevölkerung bildeten eigene Rechtsbereiche innerhalb der Stadt.

Neben dieser Rechtsgleichheit, die aber nicht jedem in gleicher Weise zugute kam, war vor allem der Schwurverband ein gemeinschaftsstiftendes Element, denn mit ihm trat die Bürgerschaft entweder dem Stadtherrn entgegen, wenn es um die Durchsetzung der Interessen der Bürger ging, oder die Bürger setzten sich für einen Stadtherrn ein, der ihnen relative Freiheit garantierte. Obwohl die Einwohnerschaft auf diese Weise enger zusammenwuchs, bildete sich noch kein einheitliches Bürgertum heraus, denn die Gemeinsamkeit war vor allem durch den Lebensraum gegeben; innerhalb der Stadt jedoch gab es eine soziale Aufsplitterung.

Zur Oberschicht gehörten seit dem 11./12. Jahrhundert vor allem die Kaufleute und die Ministerialen. Eine wichtige Voraussetzung für die Teilnahme am städtischen Leben war für die Kaufleute die Sesshaftwerdung. Während sie vorher stets umherzogen, führten sie nun ihre Geschäfte von der Stadt aus. Auf diese Weise wurden sie zu einem wichtigen Faktor im städtischen Leben, das sie entscheidend mitgestalteten.

Verschiedene soziale Schichten

Die Ministerialen waren Funktionsträger und Bedienstete des Stadtherrn; sie spielten in vielen Städten bei der Gemeindebildung eine wichtige Rolle. Da diese sich oft gegen den Stadtherrn richtete, waren die Ministerialen einerseits Bürger, andererseits aber auch Bedienstete des Stadtherrn. In vielen Städten waren sie entscheidend beteiligt am Kampf um die Unabhängigkeit vom Stadtherrn und um bürgerliche Selbstbestimmungsrechte. Besonders in kleineren Städten zählten auch reichere Handwerker zur städtischen Oberschicht.

In den größeren Städten schlossen sich die Handwerkszweige zu Zünften zusammen, die über die Qualität der Waren und die Ausbildung der Lehrlinge wachten; ebenso verhinderten sie durch Zunftzwang unerwünschte Konkurrenz. In manchen Fällen war es auch Frauen möglich, einer Zunft beizutreten. Hingegen war der Beitritt zu einer Zunft für jüdische Handwerker durch die zunehmende „Verchristlichung" der mittelalterlichen Gesellschaft bald unmöglich.

Entstehung von Zünften

Ihre zunehmende Organisierung führte aber auch zu einem gestiegenen Selbstbewusstsein der Schicht der Handwerker und zu einem regelrechten Kampf um

Mitbestimmung und Einfluss, denn die Zünfte forderten Sitze im Rat. Da ihnen dies oft verweigert wurde, kam es vielerorts zu blutigen Auseinandersetzungen zwischen Zünften und Patriziern.

Zur Unterschicht, die etwa 40 % der städtischen Bevölkerung ausmachte, gehörten Gesellen, Gehilfen, Tagelöhner, Prostituierte, Gesinde und die Dienstbotenschaft in den reicheren Bürgerhäusern. Die Angehörigen dieser Schicht wohnten oft zur Miete, zum Teil aber auch in den Häusern ihrer Herrschaften oder als Gesellen im Hause des Meisters. Vor allem die finanzielle und soziale Abhängigkeit der Gesellen von den Meistern und ihre schlechte materielle Situation führten immer wieder zu heftigen Konflikten. Den Meistern hingegen war vor allem daran gelegen, ihre Interessen gegenüber dem Rat durchzusetzen und nicht allzu großen Reglementierungen und Einschränkungen bei der Ausübung ihres Gewerbes ausgesetzt zu sein. Als sich die Zünfte im Spätmittelalter immer stärker nach außen abschotteten, führte dies vielerorts zu wiederholten Konflikten mit den Gesellen, denen der Aufstieg zum Meister nahezu unmöglich gemacht wurde.

7 **Städtisches Badehaus.** Neben Wannen-, Schwitz- und Dampfbädern gab es meist auch Musik, Speisen und käufliche Liebe, 1. Hälfte des 15. Jahrhunderts.

10.3 Gewerbe und Handel in der Stadt

Die überwiegende Zahl der Menschen lebte im Mittelalter zwar von der Landwirtschaft, dennoch gab es auch bereits in den Städten spezialisierte gewerbliche Produzenten. In den Teilen Deutschlands, die einst zum Römischen Reich gehört hatten, bestand teilweise sogar eine Kontinuität in der handwerklichen Produktion. Im Hochmittelalter führte der wachsende Warenaustausch innerhalb bzw. zwischen den städtischen Siedlungen zu einer immer stärkeren Spezialisierung der einzelnen Gewerbe. Zudem wurden seit dem 13. Jahrhundert immer mehr die Bürger selbst zu Konsumenten, während vorher vor allem Adel und hohe Geistlichkeit die Waren abnahmen. Dies brachte zugleich eine wachsende Vielfalt an Produktangeboten hervor.

Spezialisierung der Produktion

Die Handwerker begannen, sich in Zünften zu organisieren, die man sich aber nicht im Sinne heutiger Berufsverbände oder freiwilliger Interessenvertretungen vorstellen darf. Eine wichtige Voraussetzung dazu wäre die Gewerbefreiheit gewesen, die es für den ehemals grundherrlich gebundenen Handwerker auch in der Stadt nicht gab. War es auf dem Lande der Grundherr, so schrieb in der Stadt der Stadtherr oder der Rat die Arbeitsbedingungen und die Preise vor und fasste die Handwerker zu diesem Zweck in Vereinigungen zusammen, die sich erst allmählich zu autonomen Organisationen entwickelten.

Zünfte als Kontrollinstanz

Durch die Zünfte wurden die Herstellung und der Vertrieb der Produkte kontrolliert und reglementiert, ebenso wurden die Betriebsgröße und die Menge des zu verarbeitenden Materials oder die Art der Produktionsstätte festgelegt. So konnte es auch vorkommen, dass neue Zeit sparende Produktionsmethoden untersagt wurden. Außerdem wurden die Tätigkeitsbereiche der einzelnen Gewerbe genau gegeneinander abgegrenzt. So kam es im späteren Mittelalter zu einer spezifischen Art von Arbeitsteilung: Ein Handwerker stellt nur eine kleine Gruppe von Produkten her und die Zahl der Spezialgewerbe nahm erheblich zu. Durch die Zünfte wurden außerdem Preise, Löhne und Arbeitszeiten festgesetzt. Mit derartigen Regelungen wurde eine gewisse Gleichheit unter den Handwerkern erreicht; jeder hatte sein Auskommen und niemand sollte mehr erwerben; von einer gewinnorientierten Tätigkeit konnte also kaum die Rede sein. Auf diese Weise wurde zwar eine gleich bleibende, geprüfte Qualität erreicht, eine technische Fortentwicklung aber oft verhindert.

Wurden auch die Städte von den Pestepidemien des 14. Jahrhundert getroffen, so konnten sie doch von der Agrarkrise des Spätmittelalters profitieren. Die sinkenden Erträge in der Landwirtschaft führten vielerorts zum Verkauf von Land an die Städte. Der einsetzende Zuzug von Migranten vom Land glich die Verluste durch die Pest wieder aus. Steigende Preise im Handwerk und im Handel kamen der Stadt zusätzlich zugute, so dass besonders die Reichsstädte an Macht gewannen.

Städte und die spätmittelalterliche Agrarkrise

Als wichtige vorindustrielle Produktionsform entwickelte sich – oft gegen den heftigen Widerstand der Zünfte – das marktorientierte Verlagssystem. Dabei sorgten die Unternehmer (Verleger) für die Lieferung der Rohstoffe und für Vorfinanzierung und Absatz der Waren. Diese wurden allerdings wie bisher von selbstständigen Handwerkern gefertigt. Durch das Verlagssystem wurde auch die Bildung von überregionalen, frühkapitalistischen Handelsgesellschaften gefördert. Nicht zuletzt die Pestjahre führten infolge von Erbschaften zu raschen Kapitalkonzentrationen. Diese verschaffte z. B. den Augsburger Fuggern die Grundlage, zu führenden Kreditgebern und Fernhändlern Europas zu werden.

Verlagssystem

Verlierer dieser Prozesse waren u. a. die Juden in den Städten, wo im sich wandelnden Wirtschaftsleben eine neue, erdrückende Konkurrenz im Fernhandel und im Kreditgeschäft entstanden war, während die sich abschottenden Zünfte jüdische Handwerker verdrängten. Als dann noch der kaiserliche Judenschutz kommerzialisiert und immer öfter an Städte und Territorialfürsten als Einnahmequelle verpfändet wurde, gerieten die Juden ins wirtschaftliche Abseits. Angesichts der sich verbreitenden Weltuntergangsängste während und nach der großen Pest und der zunehmenden Religiosität, mussten Juden als „Mörder Christi" immer öfter als Sündenböcke herhalten. 1397 begann schließlich als erstes Basel mit der Vertreibung seiner städtischen Juden. Diesem Beispiel folgten in den folgenden vier Jahrzehnten nahezu alle Städte. Auch wenn viele bald wieder versuchten, jüdische Gemeinden zurückzurufen, so endet zu Beginn des 15. Jahrhunderts doch die jüdische Kultur in den Städten. Stattdessen entstand das Landjudentum.

8 **Verfolgte Juden fliehen aus einer fränkischen Stadt.** Illustration in einer Handschrift hebräischer Klagelieder, 14. Jh.

10.4 Handelsgesellschaften, Städtebünde, Stadtrepubliken

Fernhandel

Spätestens seit der großen Welle der Stadtgründungen im 12. Jahrhundert begann sich die Art des Handels erheblich zu wandeln. Wurden zuvor zumeist Luxusgüter über weite Entfernungen ausgetauscht, kam es im 12./13. Jahrhundert zu einem verstärkten Handel mit Massengütern. Gleichzeitig wurde der Kaufmann sesshaft und entsandte stattdessen Handelsvertreter.

Wie bereits in der Spätantike, so lag zunächst auch im frühen Mittelalter der Handel in Mitteleuropa zu einem nicht geringen Teil in den Händen jüdischer und orientalischer, aber auch friesischer, flämischer oder italienischer Kaufleute. In vielen Städten bildeten sich eigene Viertel für die verschiedenen Gruppen von Händlern heraus, so gab es in Köln und Mainz ein Viertel der jüdischen, in Worms bereits im 9. Jahrhundert auch einen Geschäftsbezirk der friesischen Kaufleute.

Entstehung eines Handelsnetzes

Als Luxusgüter kamen aus dem Nordosten vor allem Bernstein, Felle, Wachs und Honig, in umgekehrter Richtung wurde mit Edelmetallen, Seide und Brokat, Wein, Gewürzen und auch mit Salz gehandelt. Im hohen und späten Mittelalter kamen noch andere Handelswaren hinzu, etwa Wolltuche und Leinengewebe. Vor allem im Ostseeraum betrieb ab dem 12. Jahrhundert die Hanse Handel mit Massengütern, darunter auch Getreide, gepökeltes Fleisch und Fisch.

Entstehung der Hanse

Die Unsicherheit des Fernhandels und fremder Märkte führte dazu, dass sich west- und niederdeutsche Fernkaufleute zu einer genossenschaftlichen Vereinigung zusammenschlossen, die von der Mitte des 12. bis zum 14. Jahrhundert den Nord- und Ostseebereich beherrschte. Älteste Spuren regional begrenzter Zusammenschlüsse von Kaufleuten finden sich in England; in Köln schlossen sich bereits im 11. Jahrhundert Kaufleute zusammen. Der entscheidende Impuls ging aber vom Ostseeraum aus, wo sich um 1160 eine Genossenschaft von westfälischen, sächsischen und lübischen Fernkaufleuten gebildet hatte. Diese Genossenschaft vertrat ihre Mitglieder gegenüber fremden Gewalten und führte auch

Städtisches Leben

9 Russische Pelzjäger im Hansekontor von Nowgorod, Gestühlswangen in der Nikolaikirche Stralsund, 2. Hälfte 14. Jahrhundert

ein eigenes Siegel. Einzelne bereits bestehende Kaufmannshansen konnten vor allem deshalb sehr leicht zu einem genossenschaftlichen Großverband zusammenwachsen, weil die Fernkaufleute ein Personenkreis waren, der durch gleichen Beruf, vergleichbare soziale Herkunft und weit verzweigte verwandtschaftliche Beziehungen verbunden war. Das aufblühende Städtewesen, die fortschreitende Ostsiedlung und die in rascher Folge gegründeten deutschen Ostseestädte führten dazu, dass die Hansekaufleute sich im Wettbewerb mit ihren skandinavischen Konkurrenten schnell durchsetzen konnten.

Der Einsatz eines neuen Schiffstyps mit großem Fassungsvermögen (Kogge) und eine überlegene, See- und Landhandel kombinierende Handelskonzeption trugen dazu bei, dass die Kaufleute der Hanse den Markt an Nord- und Ostsee beherrschten. Dabei entstand ein nahezu geschlossener Wirtschafts- und Produktionskreislauf, der arbeitsteilig organisiert war und verschiedene Städte an der Herstellung und am Transport der Ware beteiligte. So kam beispielsweise das Salz für den Fischtransport aus Lüneburg, das Holz für die Fässer aus den Städten Nordeuropas, zum Drehkreuz vieler Waren entwickelte sich Lübeck. Wichtige Stützen des auf diese Weise entstehenden Handelsimperiums bildeten die Kontore im russischen Nowgorod, im norwegischen Bergen und in London und Brügge. Gegen Ende des 13. Jahrhunderts hatte die Reichsstadt Lübeck eine dominierende Position innerhalb der Kaufmannsgenossenschaft erlangt. Immer mehr drängten jetzt die Städte in die Rolle der Kaufleute, so dass um die Mitte des 14. Jahrhunderts aus der Kaufmannshanse eine Vereinigung von Hansestädten und ein militärisch-politischer Machtfaktor geworden war.

Mit dem Erstarken der Territorialfürsten und einer zunehmend innovativen Handelskonkurrenz aus Holland und England begann im 15. Jahrhundert der allmähliche Niedergang der Hanse. Weitere ungünstige ökonomische Entwicklungen taten ein Übriges. So erleichterten neue Schiffstypen mit größerer Transportkapazität das Eindringen billigerer Waren aus anderen Regionen Europas in die Kernmärkte der Hanse. Auf diese Weise verdrängte beispielsweise das kostengünstige südfranzösische und norditalienische Meersalz das kostenintensive norddeutsche Salinensalz. Die Hanse verlor bald ihre Rolle als Wirtschaftsmacht. Im Jahre 1494 wurde das Kontor in Nowgorod, 1603 die Handelsniederlassung in

Niedergang der Hanse

Städtisches Leben

London geschlossen. Mitte des 17. Jahrhunderts löste sich die Hanse auf.

Obwohl in der Goldenen Bulle von 1386 im Interesse der Landesherren Städtebünde untersagt worden waren, schlossen sich im Laufe des Spätmittelalters immer wieder Städte zu gegenseitigen Bündnissen zusammen. Ging es dabei anfangs noch um die Friedenssicherung, so war das Ziel späterer Bündnisse die Durchsetzung machtpolitischer Interessen der Städte gegenüber dem Landesherrn oder auch gegenüber dem König. Nach einer ersten Phase von Städtebünden im 13. Jahrhundert in Sachsen, Westfalen, dem Rheinland und in der Schweiz, schlossen sich in der 2. Hälfte des 14. Jahrhunderts in einer zweiten Phase erneut zahlreiche Städte in Bündnissen zusammen (1346 Oberlausitzer Sechsstädtebund, 1354 der Elsässer Zehnstädtebund usw.). Der bedeutendste war der Schwäbische Städtebund, der im Jahre 1376 als Reaktion auf die Abgaben- und Verpfändungspolitik Karls IV. gegenüber den Reichsstädten gegründet wurde. Er wurde zwar vom Kaiser für rechtswidrig erklärt, konnte sich aber militärisch behaupten. 1381 vereinigte er sich mit dem Rheinischen Städtebund und erreichte in der „Heidelberger Stallung" 1384 die faktische Anerkennung des Königs. Nach einer erneuten militärischen Konfrontation im Jahre 1388 kam es zur Niederlage des Städtebundes; darauf erneuerte König Wenzel im Egerer Landfrieden (1389) das Verbot der Städtebündnisse, konnte dies jedoch nicht überall durchsetzen.

10 Rekonstruktion einer Bremer Kogge aus dem Jahr 1380

Besonderheiten der italienischen Stadtrepubliken

Die italienischen Stadtrepubliken entstanden seit dem 11. Jahrhundert. Im Jahre 1080 ist zuerst für Pisa eine Konsularverfassung nachweisbar, die bis 1125 von den meisten italienischen Kommunen zunächst übernommen wurde. Ebenso sind für die meisten Städte im 12. Jahrhundert auch eine Bürgerversammlung und ein Rat belegt. Um zu verhindern, dass die Stadtpolitik von wenigen Familien oder von Interessengruppen beherrscht wurde; bediente man sich vor allem der Wahl durch das Los und der indirekten Wahl. Trotzdem kam es in den Städten häufig zu Parteikämpfen und viele Städte vertrauten als neutraler Instanz einem einzelnen die Exekutivgewalt an. Dieser „podestà" (Machthaber) war oftmals ein Adliger aus einer anderen Stadt, der sein Amt nach den Weisungen der Ratsgremien auf Zeit ausübte. Diese neue Verfassung hatte sich um 1200 in den meisten Städten durchgesetzt und war an die Stelle der alten Konsularverfassung getreten.

Widerstand gegen den Kaiser

Den deutschen Herrschern, die als Könige von Italien und als römische Kaiser auch die oberste Herrschergewalt über die Städte Oberitaliens beanspruchten, setzten diese Städte Widerstand entgegen. Das bekam insbesondere Friedrich Barbarossa zu spüren, als er 1158 versuchte, die Herrschaftsverhältnisse in Italien neu zu ordnen. Friedrich forderte von den Städten die finanziell ertragreichen Regalien (vom König vergebene Hoheitsrechte) zurück, vor allem das Münzrecht, die Zölle und auch die Gewinne aus Strafen und Bußen. Vor allem das damals mächtige Mailand widersetzte sich den Forderungen und wurde nach erbitterten Kämpfen 1162 zerstört. Gegen die Italienpolitik des Kaisers bildete sich 1164 der Veroneser und 1167 der Lombardische Städtebund. Die in ihnen zusammengeschlossenen Städte konnten sich trotz mehrfacher Rückschläge gegen die Stauferkönige behaupten und ihre Unabhängigkeit gegenüber der Krone verteidigen.

11 Die Gründung der Stadt Lübeck

Über die Gründung der Stadt Lübeck sind wir durch den Bericht des Pfarrers Helmold von Bosau informiert:
Danach kam Graf Adolf (Graf von Holstein, Vasall Heinrichs des Löwen) an einen Ort namens Bukow und fand dort den Wall einer verlassenen Burg, die Kruto, der Feind Gottes, erbaut hatte, und eine sehr große, von zwei Flüssen umrahmte Halbinsel. An der einen Seite floss die Trave, an der anderen die Wakenitz vorbei, beide mit sumpfigem, unwegsamem Ufer. Dort aber, wo sie landfest ist, liegt ein ziemlich schmaler Hügel, der dem Burgwall vorgelagert ist. Da nun der umsichtige Mann sah, wie passend die Lage und wie trefflich der Hafen war, begann er dort eine Stadt zu bauen und nannte sie Lübeck, weil sie von dem alten Hafen und Hauptort, den einst Fürst Heinrich angelegt hatte, nicht weit entfernt war. […]
Eines Tages (1152) sprach der Herzog von Sachsen, Heinrich der Löwe, den Grafen mit den Worten an: „Schon seit geraumer Zeit wird uns berichtet, dass unsere Stadt Bardowick durch den Markt von Lübeck zahlreiche Bürger verliert, weil die Kaufleute alle dorthin übersiedeln. Ebenso klagen die Lüneburger, dass unsere Saline zugrunde gerichtet sei wegen des Salzwerks, das ihr zu Oldesloe angelegt habt. Darum ersuchen wir euch, uns die Hälfte eurer Stadt Lübeck und des Salzwerks abzutreten, damit wir die Verödung unserer Stadt leichter ertragen können. Sonst werden wir verbieten, dass weiter zu Lübeck Handel getrieben wird. Denn wir können es nicht hinnehmen, dass um fremden Vorteils willen unser väterliches Erbe Schaden leidet." Als nun der Graf ablehnte, da ihm solche Übereinkunft unvorteilhaft schien, verordnete der Herzog, dass zu Lübeck kein Markt mehr stattfinden und keine Gelegenheit zu Kauf und Verkauf mehr sein dürfe, außer für Lebensmittel. Die Waren befahl er nach Bardowick zu überführen, um seiner Stadt aufzuhelfen. […]

Um jene Zeit (1157) wurde die Stadt Lübeck von einer Feuersbrunst verzehrt, und die Kaufleute und übrigen Einwohner schickten zum Herzog und ließen sagen: „Lange schon dauert es, dass der Markt zu Lübeck auf euren Befehl verboten ist. Wir sind zwar bisher in der Stadt geblieben, da wir hofften, den Markt durch euer gnädiges Wohlwollen zurückzubekommen, und uns auch nicht entschließen konnten, unsere mit großen Kosten errichteten Gebäude zu verlassen; nachdem nun aber unsere Häuser verbrannt sind, erscheint es sinnlos, an einem Orte wieder aufzubauen, wo kein Markt sein darf. Gib uns also Raum für die Gründung einer Stadt an einem Orte, der dir genehm ist."
Daraufhin bat der Herzog den Grafen Adolf, ihm Hafen und Werder in Lübeck abzutreten. Das wollte dieser nicht tun. Da errichtete der Herzog eine neue Stadt jenseits der Wakenitz, nicht weit von Lübeck, im Lande Ratzeburg, und begann zu bauen und zu befestigen. Und er nannte sie nach seinem Namen „Löwenstadt" (Lewenstadt), also Stadt des Löwen. Weil dieser Platz aber sowohl für einen Hafen wie für eine Festung wenig günstig und nur mit kleinen Schiffen erreichbar war, nahm der Herzog die Verhandlungen mit dem Grafen Adolf über Werder und Hafen von Lübeck nochmals auf und versprach viel, falls er seinem Wunsche nachgebe. Endlich gab der Graf nach, tat, wozu die Not ihn zwang, und trat ihm Burg und Werder ab. Alsbald kehrten auf Befehl des Herzogs die Kaufleute freudig zurück, verließen die ungünstige neue Stadt und begannen, Kirchen und Mauern der Stadt wieder aufzurichten. Der Herzog aber sandte Boten in die Hauptorte und Reiche des Nordens, Dänemark, Schweden, Norwegen und Russland, und bot ihnen Frieden, dass sie Zugang zu freiem Handel in seine Stadt Lübeck hätten. Er verbriefte dort auch eine Münze, einen Zoll und höchst ansehnliche Stadtfreiheiten.

Zit. nach: Ausgewählte Quellen zur Deutschen Geschichte des Mittelalters, hrsg. von R. Buchner, Bd. 19. Darmstadt 1963, S. 212f., 265, 303.

12 Stadtsiegel von Lübeck, 1466.

13 Lübeck wird Reichsstadt

Kaiser Friedrich II. stellte im Jahre 1226 zwei Privilegien für die Stadt Lübeck aus, von denen eines die Reichsfreiheit verlieh. Lübeck war 1159 unter Heinrich dem Löwen auf einer älteren Gründung wiederaufgebaut worden. Durch Fernhandel blühte die Stadt rasch auf. Nach dem Privileg von 1226 war Lübeck bestrebt, im Bund mit Hamburg die Macht zur praktischen Anwendung der Zoll- und Handelsfreiheiten zu erlangen. Im Innern setzte sich die Stadt siegreich gegen ihren bischöflichen Stadtherrn durch. Damit waren die Voraussetzungen geschaffen, die Lübeck seit der zweiten Hälfte des 13. Jahrhunderts zur führenden Stadt im Ostseehandel machten:
Im Namen der heiligen und ungeteilten Dreieinigkeit. Friedrich II., von Gottes Gnaden römischer Kaiser, Mehrer des Reiches, König von Jerusalem und Sizilien.

Städtisches Leben

Wenn die kaiserliche Majestät ihre freigebige Hand den getreuen Untertanen entgegenhält, und diejenigen, die sich wohlverdient gemacht haben, mit würdigen Gaben belohnt, so stärkt sie dieselben in der Beständigkeit ihrer Treue und fesselt ihren Willen und den anderer Getreuen noch stärker zum Gehorsam. Deswegen wollen wir allen Getreuen des Reiches zu wissen tun, gegenwärtigen und künftigen, dass wir uns die reine Treue und aufrichtige Ergebenheit vor Augen gehalten haben, welche wie bekannt alle Bürger von Lübeck, unsere Getreuen, gegen unsere Hoheit hegen, dass wir die rühmlich bekannten und willkommenen Dienste wohlbedacht haben, die sie uns und dem Reiche allzeit geleistet haben und die sie künftig noch zu verbessern bedacht sein werden. Indem wir sie als Wohlverdiente mit freigebiger Gnade bedenken wollen, verleihen wir ihnen und bestimmen, dass die vorgenannte Stadt Lübeck für alle Zeiten frei sein soll, nämlich eine unmittelbare Stadt und Ortschaft des Reiches, die unmittelbar zum Reiche gehören und niemals von dieser unmittelbaren Herrschaft getrennt werden soll; wir bestimmen ferner, dass wenn zur Regierung der Stadt vom Reiche ein Rector bestimmt wird, zu diesem Amte niemand bestellt werde, er stamme denn aus benachbarten Orten und Gebieten der Stadt; so dass die Burg, die Travemünde genannt wird, von demselben Rector zugleich befehligt werde. Da wir außerdem das Gebiet der Stadt unter unserer glücklichen Regierung zu erweitern wünschen, so fügen wir ihrem Gebiete hinzu und verleihen, dass die Stadt folgendes Land fortan innehabe: (Es folgt eine genaue Abgrenzung des Gebietes mit Hilfe von Bächen und Flussläufen).
Wir verleihen ferner den genannten Bürgern, dass von keinem von ihnen ein Oldesloer Zoll gefordert werden soll. Wir verleihen ihnen weiter, dass sie in der Stadt selbst eine Münze unter unserem Bild und Namen schlagen dürfen, welche Zeit unseres Lebens und dem des römischen Königs Heinrich VII., unseres erlauchten und geliebtesten Sohnes, gelten soll; dafür werden sie jährlich 60 Mark Silbers an unseren Hof abführen. Kommt später ein neuer Nachfolger, so wird die Münze bei gleicher Abgabe und gleichem Recht erneuert werden und Zeit seines Lebens Gültigkeit haben; und wir bestimmen, dass es mit der Münze von allen unsern jeweiligen Nachfolgern so gehalten werde, wie vorsteht. Wir bestimmen und verleihen ihnen außerdem, dass weder wir noch einer der anderen Kaiser, unserer Nachfolger, von ihnen Geiseln fordern soll; vielmehr soll allein ihrem Treueide gegen das Reich Glauben beigemessen werden. Ferner sollen alle getreuen Kaufleute, die nach der Stadt zu Wasser oder zu Lande um ihrer Geschäfte willen kommen, jederzeit sicher kommen und sicher gehen, wenn sie ihre Gebühr erlegen, zu der sie verpflichtet sind. Ferner lösen wir die genannten Bürger von Lübeck, die nach England reisen, gänzlich von jener ihnen missbräuchlich auferlegten Steuer, die die Leute von Köln und Tiel und ihre Genossen gegen sie ausgedacht haben sollen, und tilgen diesen Missbrauch ganz und gar; sie sollen vielmehr dieselben Rechte und Vergünstigungen genießen, deren die von Köln und Tiel und ihre Genossen teilhaftig sind. Wir verleihen ihnen weiter, die Insel, die der Burg Travemünde gegenüberliegt und Priwolc heißt, nach Stadtrecht, Wicbelede genannt, zu besitzen. Wir wünschen ferner und befehlen zur bestimmtesten Beachtung, dass niemand, hoch oder niedrig, geistlich oder weltlich, sich jemals erkühne, eine Befestigung oder eine Burg neben dem Traveflusse zu erbauen, von der Stadt stromaufwärts bis zur Quelle des Flusses, und von der Stadt stromabwärts bis zum Meere, und auf beiden Ufern bis zu zwei Meilen; und verbieten auf das gemessenste, dass ein fremder Vogt im Gebiete der Stadt die Vogtei auszuüben und Recht zu sprechen sich erdreiste. Und da wir im Übrigen besagte Bürger vor allen falschen und ungerechten Auflagen schützen wollen, verbieten wir nachdrücklich, dass im ganzen Herzogtum Sachsen jene Steuer, die Ungelt genannt wird, von ihnen erhoben werde. Außerdem soll sich kein Fürst, Herr und Edelmann der umliegenden Gebiete erdreisten, zu verhindern, dass das Notwendige von überallher in die Stadt Lübeck gebracht werde, es sei von Hamburg, von Ratzeburg, von Wittenburg, von Schwerin, auch aus dem ganzen Lande Borwins und seines Sohnes, und in denselben Ländern darf ein jeder Bürger von Lübeck, er sei arm oder reich, ohne Hinderung kaufen und verkaufen. Weiter verbieten wir mit Nachdruck, dass irgendjemand, vornehm oder gering, weltlich oder geistlich, irgendjemandem freies Geleit in besagte Stadt gewähre, so dass derselbe vor Gericht sich nicht zu verantworten braucht, wenn jemand Ansprüche gegen ihn erhebt. Es ist weiter unser Wille und wir befehlen auf das bestimmteste, dass wann und wo im ganzen Reiche die genannten Bürger in Zukunft Schiffbruch erleiden sollten, ihnen dann alles und jedes von ihren Sachen verabfolgt werde, was sie aus dieser großen Gefahr retten können, ohne jede Hinderung und ohne Widerspruch. Wir verleihen ihnen weiter den Grund und Boden Travemündes, neben dem Hafen, wo das Hafenzeichen gehalten wird, und geben ihnen Macht, den Grund und Boden frei und unbehindert zum Nutzen und zum Vorteile der Stadt Lübeck zu gebrauchen. Aus der Überfülle unserer Gnade verleihen und bestätigen wir ihnen für alle Zeiten die Rechte, allen guten Nutzen und alle guten Gewohnheiten, deren sie sich seit der Zeit Kaiser Friedrichs, unseres Großvaters, glücklichen Angedenkens, bis jetzt, wie bekannt, bedienet haben, bestimmen und fügen kraft dieser Urkunde mit Nachdruck hinzu, dass durchaus keine Person, sie sei vornehm oder gering, geistlich oder weltlich, die genannten Bürger von Lübeck, unsere Getreuen, in allem Vorgeschriebenen zu hindern oder zu stören mit frevlem Mute sich unterstehe. Wer das doch unternimmt, wisse, dass er

für seine Frevelmut sich unsere Ungnade und eine Strafe von 500 Pfund reinen Goldes zuziehen wird, wovon die Hälfte unserer Kammer, die andere Hälfte denjenigen zu zahlen ist, die das Unrecht erlitten haben.

Damit das alles aber allzeit ungestört in Kraft bleibe, haben wir befohlen, gegenwärtige Urkunde auszufertigen und mit einer Goldbulle, die das Bild unserer Majestät trägt, zu bekräftigen.

(Es folgt eine Liste der Zeugen und das Zeichen Friedrichs II.)

Das ist geschehen im Jahre der göttlichen Menschwerdung 1226, im Monat Juni, XIV. Indiktion, unter der Regierung unseres Herren Friedrichs II., von Gottes Gnaden unüberwindlichsten römischen Kaisers, Mehrers des Reichs, Königs von Jerusalem und Sizilien, im 6. Jahre seines römischen Kaiserreiches, im ersten seines jerusalemitanischen und im 29. seines sizilschen Königreiches. Amen.

Zit. nach: Deutsche Geschichte in Quellen und Darstellung Bd. 1, hrsg. von Wilfried Hartmann. Stuttgart 1995, S. 400 ff.

14 Freiburg im Breisgau erhält Autonomie und Freiheit

Um 1130 erhielt die Stadt Freiburg im Breisgau durch Konrad von Zähringen Privilegien, die ihr städtische Autonomie und Freiheit sicherten:

Bekannt sei allen Künftigen und Gegenwärtigen, dass ich, Konrad, in einem Ort meines Eigentums, nämlich Freiburg, im Jahre nach der Fleischwerdung des Herrn 1120 einen Markt gegründet habe. Mit den von überall her zusammengerufenen angesehenen Kaufleuten habe ich in einer beschworenen Vereinbarung beschlossen, diesen Markt zu beginnen und auszubauen.

Deshalb habe ich in dem gegründeten Markt jedem Kaufmann ein Grundstück zum Hausbau als Eigentum zugeteilt und entschieden, dass mir und meinen Nachfolgern als Zins jedes Jahr am Fest des heiligen Martin von jedem Grundstück ein Schilling öffentlicher Münze zu zahlen sei. So sei allen bekannt, dass ich gemäß ihrer Bitte und Hoffnung die Privilegien, die folgen, bewilligt habe. Und es erschien mir ratsam, wenn sie in einer Urkunde niedergeschrieben würden, damit sie während langer Zeit im Gedächtnis gehalten würden, so dass meine Kaufleute und ihre Nachkommen von mir und meinen Nachfahren dieses Privileg in aller Zeit behaupten können.

1. Ich verspreche Frieden und Sicherheit des Weges allen, die meinen Markt aufsuchen, in meinem Machtbereich und Herrschaftsgebiet. Wenn jemand von ihnen in diesem Gebiet beraubt wird, werde ich, wenn er den Räuber namhaft macht, dafür sorgen, dass ihm das Geraubte zurückgegeben wird, oder ich werde es bezahlen.

2. Wenn einer meiner Bürger stirbt, soll seine Frau mit seinen Kindern alles besitzen und ohne jede Einschränkung behaupten, was ihr Mann hinterlassen hat.

3. Allen Besitzern am Markt verleihe ich, dass die der Rechte meines Volkes und der Landsleute teilhaftig werden, soweit ich es vermag, das heißt, dass sie frei von Herrschaftsrechten die Weiden, Flüsse, Gehölze und Wälder benutzen.

4. Allen Kaufleuten erlasse ich den Zoll.

5. Niemals werde ich meinen Bürgern einen anderen Vogt, niemals einen anderen Priester ohne Wahl vorsetzen, sondern wen immer sie dazu wählen, sollen sie unter der Bedingung meiner Bestätigung haben.

6. Wenn ein Zwist oder Rechtsstreit unter meinen Bürgern entsteht, soll er nicht nach meinem Gutdünken oder dem ihres Rektors entschieden, sondern soll gerichtlich verhandelt werden nach der Gewohnheit und nach dem Recht aller Kaufleute, besonders aber der von Köln.

7. Wenn jemand durch Mangel am Lebensnotwendigen dazu genötigt wird, soll er seinen Besitz verkaufen, wem immer er will. Der Käufer aber soll von dem Grundstück den festgelegten Zins zahlen.

8. Damit meine Bürger den vorgenannten Versprechungen keinen geringen Glauben zuwenden, habe ich ihnen Sicherheit geleistet, indem ich mit zwölf meiner namhaftesten Ministerialen auf die Reliquien der Heiligen geschworen habe, dass ich und meine Nachfolger das Obengenannte immer erfüllen werden. Und damit ich nicht in irgendeiner Notlage diesen Eid breche, habe ich mit meiner Rechten dem freien Manne (es fehlt ein Name) und denen, die den Markt beschworen haben, unverletzlich Treue in dieser Sache geschworen. Amen.

Zit. nach: Walter Schlesinger: Das älteste Freiburger Stadtrecht. In: Zeitschrift der Savigny-Stiftung für Rechtsgeschichte. Germanistische Abteilung 83. 1966, S. 96 ff. Übers. Walter Schlesinger.

15 Der Amtsbeginn eines neu gewählten Rates im Mittelalter

Etwa im Jahre 1430 wurden in Göttingen die vom Rat erlassenen Gesetze und Verordnungen noch einmal abgeschrieben und in alphabetischer Reihenfolge angeordnet. Unter dem Buchstaben R findet sich das Stichwort Ratswahl. Der Text gibt in Form eines Regiebuches eine Art von Grundriss nicht nur der Göttinger, sondern überhaupt einer typischen spätmittelalterlichen Verfassung:

Den Rat wählen. Am Sonntag nach der Gemeinwoche sollen die Kämmerer oder Schreiber veranlassen, dass ein Priester am Montag nach der Gemeinwoche nach Tagesanbruch eine Messe vom Heiligen Geist zu Sankt Johannes lese, und sie sollen den Sitzenden Rat am Sonntag aufbieten lassen, dass er am Montag vollständig zur Messe komme. Und wenn die Messe aus ist, soll der Sitzende Rat zusammen auf das Rathaus gehen, und sie sollen das Rathaus und das Kaufhaus ganz zuschließen und alle Winkel kontrollieren lassen, dass sich niemand verborgen oder versteckt halte, der die geheime Rede hören und erfahren will, die sie bei der Wahl führen. […]

Und wenn das Rathaus abgeschlossen und kontrolliert ist, dass kein Horcher da ist, setzen sie sich zusammen, und derjenige, der das Jahr hindurch für den Rat das Wort geführt hat, soll fragen, ob die Ratleute Steuern gezahlt und alle ihre Schuld beglichen haben, sei sie neu oder alt. Und wenn sie das in Ordnung gebracht haben, so dankt er den anderen, dass sie willig ausgeführt hätten, womit sie beauftragt waren. [...]

Und er fordert den Rat dann auf, in Gottes Namen zu wählen, und bittet unseren Herrgott um seine Gnade und um den Heiligen Geist, dass sie so wählen, dass es unserem Herrgott dienlich sei und die Stadt und das gemeine Gut von ihnen wohl versehen würde. [...]

Sobald dann der Rat gewählt ist, wählt man Vormünder des neuen Hospitals und der Hospitäler zu St. Bartholomäus, zum Heiligen Geist und zum Heiligen Kreuz, Meister der Gilden und gleich auch der Knochenhauer und die Feldgeschworenen, wie es von alters Gewohnheit war, und man setzt Schneider- und Schmiedemeister, und man verliest ihre Namen nicht (einfach) im Gericht, sondern sendet nach ihnen und lädt sie vor. Und wenn sie auch gewählt sind, so lässt man dann das Essen auftragen und das Kaufhaus zugeschlossen bleiben. [...] Und dann geht der Rat wieder auf das Rathaus. [...]

So schwört dann der alte Rat in Anwesenheit des Schultheißen und des Volkes, jeweils in Dreiergruppen, dass sie ihre Steuer rechtmäßig gezahlt haben, wie sie der Rat festgesetzt hat, und zwar bei Gott und den Heiligen. Den Eid spricht ihnen der Ratsknecht vor, und er hält auch die Heiligen, auf die sie schwören. [...]

Nun fordert der Ratsschreiber den Knecht auf, die Vormünder des Spitals zum Heiligen Kreuz, zum Heiligen Geist und zu St. Bartholomäus herbeizurufen. Denen spricht der Schultheiß den Eid vor. [...]

Nun ruft der Knecht den neugewählten Meister der Kaufgilde, dem spricht der Schultheiß diesen Eid vor. [...] Danach ruft der Knecht die neuen gewählten Gildemeister der Schuhmacher und Bäcker, denen spricht der Schultheiß denselben Eid vor. Danach ruft er dann die neuen gewählten Gildemeister der Wollenweber und Leineweber, die schwören denselben Eid. So fordert man den neuen Meister der Knochenhauer, der schwört allein. [...] Danach ruft man die Feldgeschworenen auf, die leisten (den) Eid. [...] Danach ruft man die Garbrater, denen spricht der Schultheiß (den) Eid vor. [...]

Wenn all das geschehen ist, dann sagt der Älteste in dem Sitzenden Rat in Gegenwart des Volkes, dass alle alten Verordnungen und Gesetze der Stadt solange, bis der Rat neue mache, bestehen bleiben. Dann gehen der alte Rat und der neue Rat durch das Rathaus in einen besonderen Raum, und man lässt ausschenken. Dann halten Schultheiß und Rat ein ordentliches Gericht, wo die Bewohner aus dem alten Dorf hinzukommen und dort als Rügezeugen tätig werden, wie es üblich ist. [...] Wenn das geschehen ist, so tut der Rat, was er zu tun hat.

Danach, am Donnerstagabend nach der Gemeinwoche, sollen die Kämmerer und Schreiber ausrichten lassen, dass ein Priester Freitagmorgen eine Messe zu St. Johannes lesen lasse, und man bittet den Sitzenden Rat (gemeint ist der alte Rat), dass seine Mitglieder die Messe hören und dann sofort auf das Rathaus kommen sollen. Und dann setzt man Stühle, Tische und ein Rechenbrett auf den Tisch. Wenn der Rat kommt, so liest der Schreiber die Abrechnung, und zwei andere, die nicht Kämmerer sind, kontrollieren diese mit dem Rechenbrett und zählen zusammen und ziehen Einnahmen von den Ausgaben ab. [...]

Wenn das geschehen ist, ruft man den neuen Rat in die Küche. Wenn sie dort zusammenkommen, bittet man sie, in den Ratssaal zu gehen. Sind erstmals gewählte Ratleute dabei, lässt man sie beim Ofen stehen. Und es sagt ihnen, der während des abgelaufenen Jahres Wortführer des Rates war: „Nach alter Gewohnheit pflegt der Neugewählte einen Eid zu tun, den soll Euch der Schreiber vorlesen." Den Eid suche man im Rauhen Buch; wenn er gelesen ist, so lässt man den jüngsten Ratmann das Heiligtum halten, wo sie die Finger darauf legen, und der einstige Wortführer des Rates spricht ihnen den Eid vor: „Wie es Euch der Schreiber vorgelesen hat, dass Ihr das so tun und einhalten sollt." [...]

Wenn das alles geschehen ist, lässt man den Schreiber hinausgehen und spricht über ihn und über die Ratsknechte, und ruft sie nacheinander hinein und sagt ihnen: „Herr Schreiber usw., der Kämmerer hat treu für Euch gebeten, dass Euch der Rat weiterhin anstellen soll", und er lässt sie dann auf die Heiligen schwören, jeden seinen Eid. [...]

Am [...] Freitagabend sollen die Kämmerer und Schreiber dafür sorgen, dass ein Priester abermals zu St. Johannes eine Messe lese, sobald man zum zweiten Mal zur Frühmesse am Sonnabendmorgen läutet, und sie sollen dazu den neu gewählten Rat aufbieten, dass er die Messe höre, und sie sollen nach der Messe sofort aufs Rathaus kommen. Wenn sie dann alle dort sind, so rechnet man abermals, wie es am Vortage geschah, und der Schreiber liest die Rechenschaft wie gestern. Wenn das geschehen ist, kann man nach Hause gehen. [...]

Am Sonntagnachmittag kommen die Herren abermals aufs Rathaus und lassen dann Gildebier bei den Bäckern, Schuhmachern, Wollenwebern und Leinewebern holen, jede Gilde sendet eine große Kanne Bier, einen neuen Becher, Birnen und Nüsse; und das holen die Ratsknechte. [...]

Am Freitag [...] spricht man im Rat über Steuer und Braurecht, wie sie es damit im künftigen Jahr halten wollen, ob man die Steuer vermindern oder erhöhen wolle, ob das der Stadt nützlich und für sie nötig sei, und wie oft jeder brauen solle, und andere Bestimmungen, die man am Sonntag nach dem Freitag bekannt gibt. Und wenn man etwas am Sonntagnachmittag verkündigen will, dann läutet man zunächst für den Rat und danach dreimal die große Glocke für die Bürger.

Am nächsten Freitag [...] spricht der Rat über Kleidung und weitere Dinge, und sie lassen diese am nächsten Sonntag nach dem Freitag bekannt geben, und da läutet man abermals für den Rat und danach für die Bürger, und man verkündigt dann Bestimmungen über Kleider, Schmuck, Würfelspiel usw.

Zit. nach: Göttinger Statuten, hrsg. v. G. Frhr. v. d. Ropp. Göttingen 1907, S. 306 ff.

16 Zwei Straßburger Stadtrechte aus dem 13. Jahrhundert

a) Über die Entwicklung des Stadtrechts sind wir durch zwei Privilegien für die Stadt Straßburg vom Ende des 12. Jahrhunderts und aus dem Jahre 1214 informiert. Das ältere der beiden Dokumente, das zugleich das älteste Straßburger Stadtrecht enthält, ist ein Gnadenbrief des bischöflichen Stadtherrn, in dem er seine Rechte gegenüber den Einwohnern festlegt:

1. In der Weise anderer Städte ist Straßburg zu jenem Rechtszweck gegründet, dass jedermann – er sei ein Fremder oder ein Eingeborener – dort zu aller Zeit und gegenüber allen Leuten Frieden genieße.

2. Wenn einer sich außerhalb etwas zuschulden kommen lässt und aus Angst vor Strafe in die Stadt flieht, soll er in Sicherheit sein und nicht ausgeliefert werden. Keiner darf gewaltsam Hand an ihn legen; doch muss er sich gehorsam und bereitwillig dem Stadtgericht stellen.

3. Niemand darf Geraubtes oder Gestohlenes in die Stadt bringen und dort aufbewahren, es wäre denn, um es für den aufzuheben, der darüber Rechenschaft verlangt.

4. Keiner darf einen Schuldner gefangen in die Stadt bringen, wenn er ihn nicht umgehend dem Stadtrichter vorführt, der ihn bis zu seiner Gerichtsverhandlung inhaftiert.

5. Alle Beamten dieser Stadt unterstehen der Herrschaft des Bischofs, der sie entweder selbst einsetzt oder bestätigt. Denn die höheren Amtsträger sollen die niederen Beamten ernennen, so wie sie ihnen untergeordnet sind.

6. Keinem darf ein öffentliches Amt gegeben werden, er gehöre denn zur familia des Bischofs.

7. Jene vier Beamten, aus denen das Stadtregiment besteht, setzt der Bischof selber in ihr Amt ein, nämlich den Schultheißen, den Burggrafen, den Zolleinnehmer und den Münzmeister.

10. Der Schultheiß soll bei Diebstahl, Frevel und Geldschulden über alle Bürger der Stadt und alle aus dem Bistum Hereingekommenen richten [...] ausgenommen die Ministerialen und zur Kirche gehörigen sowie vom Bischof beauftragten Leute.

44. Zum Amt des Burggrafen gehört die Bestellung der Meister für fast alle Gewerbe in der Stadt [...] Über diese hat er die Gerichtsbarkeit, wenn sie in ihrer Amtsführung etwas vernachlässigen.

88. Dem Bischof steht das Recht auf 24 Boten aus der Stadt zu – und zwar ausschließlich aus dem Stand der Kaufleute. [...]

92. Wenn der Kaiser oder König kommt, sind dessen Pferde überall aufzunehmen und zu betreuen.

93. Es müssen alle Bürger jährlich fünf Tage Herrendienste leisten [...]

103. Nach dem Schmiede-Recht muss jeder Schmied die Eisenteile für die Ausrüstung von vier Pferden geben, wann immer der Bischof auf einen Heereszug des Kaisers geht [...]

106. Wenn der Bischof eine Burg belagert oder selber belagert wird, sollen sie (= die Schmiede) dreihundert Pfeile liefern [...]

107. Sie sollen die Schlösser und Ketten für die Stadttore herstellen [...]

115. Die Müller und Fischer sollen den Bischof zu Wasser fahren [...]

Zit. nach: Friedrich Keutgen: Urkunden zur städtischen Verfassungsgeschichte. Aalen 1965, S. 93 ff.

b) Im zweiten Straßburger Stadtrecht aus dem Jahre 1214 heißt es:

Allen gegenwärtigen und zukünftigen Christgläubigen sei bekannt, dass die weiseren und vornehmeren Bürger von Straßburg in ihrer Liebe zu Recht und Gerechtigkeit, geleitet von vernünftiger Überlegung, übereingekommen sind und mit Zustimmung und Rat des Herrn Bischofs, des Vogtes und aller Besseren, die in der Stadt leben, folgende Bestimmungen niederschreiben ließen:

1. Es wurde festgesetzt, dass zwölf oder notfalls auch noch mehr ehrenwerte und geeignete Personen – sowohl bischöfliche Ritter wie Bürger – jährlich als Ratsherren der Stadt eingesetzt werden sollen. Aus ihrer Mitte soll man einen Bürgermeister wählen oder auch zwei, wenn es nötig ist. Alle sollen schwören, dass sie das Ansehen der Diözese, des Bischofs und der Stadt getreulich fördern wollen, Stadt und Bürger – die Vornehmen und die Geringen, die Reichen wie die Armen – nach bestem Können und Wissen vor allem Übel bewahren und gemäß dem Recht gerecht richten.

2. Sie sollen aber jede Woche zweimal zur Gerichtssitzung zusammentreten, nämlich am dritten und am fünften Wochentag, falls diese nicht wegen eines Kirchenfestes entfällt. Der Bürgermeister soll die Gerichtssitzung in gerechter Weise leiten; die Ratsherren haben das Urteil zu sprechen. Keiner der Ratsherren darf für einen anderen Fürsprache einlegen und keiner ohne Erlaubnis des Bürgermeisters und der Räte zur Rechtsberatung eines seiner Freunde die Gerichtssitzung verlassen.

30 4. Es ist nicht erlaubt, dass Vater und Sohn oder zwei Brüder zugleich zu Ratsherren gewählt werden.
5. Wenn besonders schwierige Angelegenheiten vor dem Bischof oder sonstwo zu besprechen sind, werden zuvor die Ratsherren zusammenkommen und, wenn es nötig
35 ist, auch die Gerichtsgeschworenen zur Ratsversammlung beiziehen.
6. Die Ratsherren sollen nicht nach dem Recht der Provinz, das man „Landrecht" nennt, richten, sondern entsprechend der nachfolgend aufgezeichneten Rechtsord-
40 nung und den Satzungen der Stadt [...]

Zit. nach: Keutgen, a. a. O., S. 102 ff.

17 Ansiedlung von Juden in Speyer durch ein Privileg von 1084

Im Jahre 1084 siedelte der Speyerer Bischof Rüdiger Huzmann (1072–1090) eine größere Gruppe Mainzer Juden in
5 *Altspeyer an:*

Als ich [...] das Dorf Speyer in eine Stadt verwandelte, glaubte ich, den Wert unseres Ortes tausendfach zu vergrößern, wenn ich auch Juden zusammenführte. Ich siedelte die Versammelten also außerhalb der Gemeinschaft
10 und des Wohnbereichs der übrigen Bürger an und umgab sie mit einer Mauer, damit sie nicht durch den Übermut des Pöbels beunruhigt würden. Ihr Wohngebiet habe ich rechtmäßig erworben [...]. Ich übergab ihnen diesen Ort [...] unter der Bedingung, dass sie jährlich 3 ½ Pfund
15 speyerischen Geldes zum gemeinsamen Nutzen der Brüder zahlen. Innerhalb ihres Wohnviertels und außerhalb bis zum Schiffshafen selbst gab ich ihnen das Recht, Gold und Silber frei zu wechseln und alles Beliebige zu kaufen und zu verkaufen, und dieselbe Freiheit gab ich ihnen
20 im gesamten Stadtgebiet. Außerdem gab ich ihnen vom Besitztum der Kirche einen Begräbnisplatz mit Erbrecht. Auch gestattete ich, dass ein fremder Jude, der sich bei ihnen vorübergehend aufhält, keinen Zoll zu zahlen habe; sodann, dass ihr Synagogenvorsteher Klagen zu entschei-
25 den habe, die zwischen oder gegen die Juden erhoben werden, wie der Stadttribun unter den Bürgern [entscheidet]. Kann dieser aber den Streit nicht schlichten, so soll die Sache vor den Bischof oder seinen Kämmerer gebracht werden. Für nächtliche Wachen, Verteidigung
30 und Befestigungsarbeiten haben sie nur innerhalb ihres Gebietes zu sorgen, für die Verteidigung aber gemeinsam mit den Bediensteten. Ammen und Knechte auf Miete können sie von den Unsrigen haben. Schlachtfleisch können sie, wenn es ihnen nach ihrem Gesetz nicht ge-
35 stattet ist, es zu essen, an Christen verkaufen und diesen ist es erlaubt, es zu verkaufen.

Zit. nach: Europas Juden im Mittelalter. Die Juden im Rheinland. PZ-Information 13/2004, Heft 3, S. 40. Übers. Karl Heinz Debus.

18 Jüdischer Arzt und sein Patient, Holzschnitt, 1487

19 Die Ansiedlung von Juden in Speyer 1084 aus jüdischer Sicht

Die Juden, die in Speyer eine neue Heimat fanden, kamen aus Mainz, das sie nach einer Brandkatastrophe im Judenviertel 1084 aus Furcht vor Pogromen verlassen hatten. Salomo bar
5 *Simson schildert als Zeitzeuge die Stimmung im späten 11. Jahrhundert in den beiden Städten:*

Anfangs kamen wir nach Speyer, um unser Zelt aufzuschlagen – mögen diese Pflöcke niemals herausgerissen werden. Dies geschah in der Folge des Brandes, welcher
10 in Mainz ausgebrochen war, der Stadt unseres Sitzes, der Stadt unserer Geburt, dem Ort unserer Eltern, der ältesten, gepriesensten und berühmtesten Gemeinde unter allen Gemeinden des Reiches. Das ganze Viertel der Juden brannte ab, auch die Gasse der Christen. Und wir waren
15 in großer Angst vor den christlichen Stadtbewohnern. Damals kam ein Freund aus der Gemeinde von Worms, ein Buch in der Hand haltend, und sie glaubten, es wäre Gold oder Silber und erschlugen ihn. [...] Unser Rabbiner sagte zu den geängstigten Juden: Jetzt fürchtet euch
20 nicht mehr, dieser wiegt alle auf [d. h.: Sein Tod wird den Verfolgern genügen]. Und damals beschlossen wir, von dort auszuwandern und uns niederzulassen, wo wir eine befestigte Stadt finden würden. [...] Der Bischof [Rüdiger Huzmann] nahm uns freundlich auf, schickte sogar un-
25 seretwegen seine Obersten und Ritter [als Geleit]. Darauf

wies er uns die Enden der Stadt an und versprach uns, uns mit einer Mauer mit Toren und Riegeln zu umgeben, um uns vor den Verfolgern zu schützen, indem uns diese als
30 Festung dienen sollte. Und er liebte uns, wie ein Mensch sein Kind liebt. Wir verrichteten unser Gebet vor unserem Schöpfer morgens und abends Tag für Tag.
Und durch den Bischof Johann wurden die Speyerer Juden gerettet [vor den Verfolgern während des 1. Kreuz-
35 zuges]; es wurden nur elf Seelen getötet, die übrige Gemeinde wurde verschont – gelobt und erhoben sei sein Andenken in Ewigkeit. Darauf kehrten wir [aus den befestigten Zufluchtsorten] wieder in die Stadt zurück, jeder in sein Haus und an seinen Platz.

Zit. nach: Johannes Bruno/Lenelotte Möller: Der Speyerer Judenhof und die mittelalterliche Gemeinde: eine Einführung für junge Besucher Speyer Verkehrsverein 2001, S. 30.

20 Heinrich IV. übernimmt das Privileg von Speyer auch für andere Städte (1090)

Heinrich IV. nahm im Jahre 1090 die Juden der rheinischen Städte in seinen besonderen Schutz. Er übernahm damit das
5 *Privileg von 1084 und übertrug es auf andere Städte. Für Speyer legte er Folgendes fest:*
Im Namen der heiligen und unteilbaren Dreiheit. Heinrich, von Gottes Gnaden der dritte Kaiser der Römer, Augustus. Allen Bischöfen, Äbten, Herzögen, Grafen und al-
10 len den Gesetzen unseres Reiches Unterworfenen tun wir kund, dass einige Juden, [nämlich] Judas, Sohn des Calonim, David, Sohn des Massulam, und Moyses, Sohn des Guthihel, mit ihren Genossen vor unsere Person gekommen sind zu Speyer und darum gebeten haben, dass wir
15 sie mit ihren Kindern und mit allen denen, die durch sie offenkundig ihr Recht vertreten lassen, in unseren Schutz nehmen und darin erhalten möchten. Dass wir dies getan haben, das möge der Eifer aller unserer Getreuen erkennen. Deswegen haben wir gemäß der Vermittlung
20 und Bitte des Bischofs Huzman von Speyer diese unsere Urkunde bewilligen und aushändigen lassen. Daher befehlen und wollen wir mit königlicher Weisung unserer Hoheit, dass hinfort niemand, der unter unserer königlichen Gewalt mit irgendeiner Würde oder einem Amt be-
25 kleidet ist, er sei klein oder groß, frei oder unfrei, sie mit irgendwelchen ungerechten Zufällen zu beunruhigen oder anzufallen oder ihnen irgendetwas fortzunehmen wage von ihren Sachen, die sie zu erblichem Recht besitzen, seien es Hausstätten, Häuser, Gärten, Weinberge,
30 Äcker, Sklaven oder sonst irgendetwas Bewegliches oder Unbewegliches. Wenn aber jemand entgegen diesem Erlass ihnen irgendeine Gewalt antut, so soll er gezwungen werden, zum Schatze unseres Palastes oder zur Kammer des Bischofs ein Pfund Gold zu entrichten und die den
35 Juden fortgenommene Sache doppelt zu ersetzen. Sie sollen auch die unbeschränkte Fähigkeit haben, ihre Grundstücke mit jedem beliebigen Menschen im rechtmäßigen Umwechseln zu verändern, im Umfang unseres Reiches frei und friedlich herumzureisen, ihr Geschäft und Warenhandel zu betreiben, zu kaufen und zu verkaufen, und
40 niemand soll von ihnen Zoll fordern oder irgendeine öffentliche oder private Abgabe nehmen. In ihren Häusern sollen Gäste ohne ihre Zustimmung nicht einquartiert werden. Niemand darf von ihnen ein Pferd zum Heerzuge des Königs oder des Bischofs oder Fuhrdienste für könig-
45 lichen Heerzug eintreiben. Wenn aber eine gestohlene Sache bei ihnen gefunden wird und der Jude sagt, er habe sie gekauft, so soll er unter Eid nach seinem Recht erweisen, wie teuer er sie gekauft hat, und dafür die Sache dem letzten Besitzer zurückgeben. Niemand maße sich an,
50 ihre Söhne und Töchter gegen deren Willen zu taufen; wer sie unter Zwang oder heimlich entführt oder mit Gewalt gefangen genommen tauft, soll 12 Pfund Gold zum Schatze des Königs oder des Bischofs entrichten. Wenn welche von ihnen freiwillig getauft werden wollen, soll
55 man sie drei Tage warten lassen, damit man genau erkenne, ob sie wirklich wegen der christlichen Religion oder wegen eines [ihnen] angetanen Unrechts ihrem Gesetze entsagen wollen. Und so, wie sie das Gesetz ihren Vätern zurücklassen, so auch deren Besitz. Auch soll niemand ih-
60 re heidnischen Sklaven unter dem Vorwand christlicher Religion taufen und [dadurch] ihrem Dienst entziehen; wer das tut, soll den Bann, das sind 3 Pfund Silber, von der richterlichen Gewalt bezwungen, entrichten und außerdem den Sklaven seinem Herrn unverzüglich zurück-
65 geben. Der Sklave aber soll in allem die Befehle seines Herrn erfüllen, unbeschadet jedoch der Befolgung des christlichen Glaubens, mit dessen Sakramenten er bekleidet worden ist. Es soll [ihnen] auch erlaubt sein, Christen zur Verrichtung ihrer Arbeiten zu mieten, ausgenommen
70 an Fest- und Sonntagen, und es soll ihnen nicht erlaubt sein, einen Christen als Sklaven zu kaufen. Wenn aber ein Christ gegen einen Juden oder ein Jude gegen einen Christen einen Prozess oder Streit wegen einer Sache hat, soll jeder von beiden, nach Beschaffenheit der Sache, ge-
75 mäß seinem Recht zu Recht stehen und seine Ansprüche beweisen. Und niemand soll einen Juden zum glühenden Eisen oder zum Kesselfang oder zur Wasserprobe zwingen noch mit Geißeln schlagen oder einkerkern, sondern [der Jude] soll lediglich schwören gemäß seinem Recht nach
80 40 Tagen, und mit keinerlei Zeugen soll man ihn wegen irgendeiner Sache überführen können [wenn nicht mit jüdischen oder christlichen zugleich]. Und wer immer sie entgegen diesem Erlass zu Weiterem zwingen will, der soll einmal den Bann, das sind 3 Pfund Silber, zu entrichten
85 gezwungen werden. Wenn er ihn verwundet hat, jedoch nicht tödlich, soll er 1 Pfund Gold büßen, und wenn es ein Unfreier ist, der ihn getötet oder verwundet hat, soll dessen Herr entweder die oben festgesetzte Buße erfüllen oder den Unfreien zur Bestrafung ausliefern. Wenn aber
90 jemand wegen Armut das Vorgeschriebene nicht bezah-

len kann, soll er mit derselben Strafe büßen, mit der zur Zeit Kaiser Heinrichs, meines Vaters, der Mann bestraft worden ist, der den Juden namens Vivus getötet hatte: Es
95 sollen ihm die Augen ausgerissen und die rechte Hand abgeschlagen werden. Wenn aber die Juden einen Streit oder Prozess unter sich zu entscheiden haben, sollen sie von ihresgleichen und nicht von anderen überführt und verurteilt werden. Und wenn ein Treuloser unter ihnen
100 die Wahrheit über eine zwischen ihnen geschehene Sache verbergen will, dann soll er von dem, der im Auftrag des Bischofs der Synagoge vorsteht, nach seinem Recht gezwungen werden, so dass er über das, was untersucht wird, die Wahrheit sagt. Wenn aber einmal zwischen
105 ihnen oder gegen sie schwierige Klagen oder Prozesse aufgekommen sind, sollen [diese], bei unverletzlichem Frieden für sie, vor die Person des Bischofs gebracht werden, damit sie von dessen Urteil beendet werden können. Außerdem sollen sie die Erlaubnis haben, ihren Wein oder
110 ihre Farbstoffe und Arzneien an Christen zu verkaufen, und wie zuvor gesagt, darf niemand von ihnen Mancusen oder Dienstpferde oder Fuhrdienste oder irgendeine öffentliche oder private Abgabe fordern. Damit diese Konzession jederzeit unverletzt Bestand habe, haben wir
115 diese Urkunde darüber schreiben und mit dem Aufdruck unseres Siegels kennzeichnen lassen.
Zeichen Herrn Heinrichs, dritten römischen Kaisers, Augustus.

Ich, Kanzler Humbert, habe in Vertretung des Erzkanzlers Ruthard die Richtigkeit geprüft.
Gegeben am 19. Februar im Jahr der Fleischwerdung des Herrn 1090, 13. Indiktion, im 36. Königs- und 6. Kaiserjahre Herrn Heinrichs. Geschehen zu Speyer. In Christi Namen glückauf! Amen.

Zit. nach: Leben im Mittelalter. Ein Lesebuch, hrsg., eingel. und übers. von Ernst Pitz. München 1990, S. 319 ff.

22 Erfolgreiche Frauen im Spätmittelalter

Über erfolgreiche Frauen in Handel und Gewerbe des Spätmittelalters äußert sich die Historikerin Edith Ennen:

Der Anteil der Frauen am Kölner Gewürzimport lag 1460/68, je nach Gewürz verschieden, zwischen 1,2 und 19,6 Prozent. Auch im Handel mit Metallen und Metallwaren fällt der Frauenanteil ins Gewicht. Unter den Messinghändlern machten fünf Frauen 14 Prozent der Importeure aus und bestritten 19,2 Prozent der Messingeinfuhren, für die 1452–80 Akzise gestundet wurde. Für den Zeitraum von 1452 bis 1459 beträgt der Frauenanteil 30,3 Prozent. Der Stahlimport der Cathringen Broellmann (1497–1501; 1506–1509) stand mit einem Marktanteil von 19,8 Prozent nur geringfügig dem des größten Stahlimporteurs Gerhard Betgin mit 22 Prozent nach. Hohen Anteil an den Importen der Metalle und

21 Hostienschändung als Ritualmordlüge vom Knaben Simon von Trient, Holzschnitt 15. Jahrhundert

Metallwaren haben oft Handwerkerfrauen, die für ihre Ehemänner die Rohstoffe besorgten. Es ergibt sich also eine Arbeitsteilung in dem Sinne, dass die kaufmännischen Aktivitäten den Frauen, denen das Schmiedehandwerk kaum praktische Arbeitsmöglichkeiten bot, obliegen, die in anderen Gewerbezweigen (Garnbereitung, Goldspinnerei, Seidengewerbe) den Männern zufielen, während die Frauen das Handwerk ausübten. Beträchtlich war der Anteil der Frauen am Gewandschnitt, das bedeutet die Berechtigung zum Tuchverkauf en détail. Unter den sieben Frauen, die für mehr als 100 Tuche Akzise zahlten, sind fünf Nachfolgerinnen ihrer Ehemänner; Stina van Waveren hat über 20 Jahre lang den Tuchhandel ihres Mannes Willhelm auf voller Höhe unterhalten; ihr durchschnittlicher Anteil am Kölner Gewandschnitt lag bei 19,2 Prozent im Jahr; sie war auch im Weinhandel tätig […] Ein Überblick über die Organisationsformen der weiblichen Handelstätigkeit belegt häufig Beteiligungen an Handelsgesellschaften, Handelsreisen – allerdings mit engerem Reisehorizont als dem der Männer – und eine der männlichen ebenbürtige Führung von Rechnungs- und Haushaltungsbüchern.

Zit. nach: Edith Ennen: Frauen im Mittelalter. München 1987, S. 163 f.

23 **Die Rechte von Frauen in Handwerkerzünften**
Eine Osnabrücker Urkunde aus dem Jahre 1474 gewährt einen Einblick in die Rechte der Frauen in Handwerkerzünften, hier besonders im Schuhmacheramt:

[…] sind wir, Gildemeister und das ganze Amt des ehrlichen Schuhmacheramtes zu Osnabrück, einträchtig und alle gemeinsam uns einig geworden und geben aus dringender Ursache […] allen ehrlichen Frauen, die derzeit zum Amt gehören und Gebrauch davon machen, folgende Zusicherung:

1. als Erstes setzen wir also fest und gedenken es fortan zu halten, wenn einer Frau aus unserem Amt der Mann gestorben ist und sie Witwe ist, dass sie dann von der Gnade Gebrauch machen kann und jemanden in das Amt hineinheiraten kann; dieser Geselle oder Mann soll frei und ehelich geboren sein; die Bedingung ist jedoch, dass die Frau ihren Witwenstand unbescholten und ehrbar gehalten hat. […]

4. Als Viertes sodann folgende Regelung: Wenn eine Frau aus unserem Amt in der Öffentlichkeit in übles Gerede gekommen ist – zu ihres Mannes Lebzeiten oder nach dessen Tod – und wenn sie diese Anwürfe vor den Gildemeistern und vor dem Amt nicht entkräften konnte, dann soll sie die Freiheit und Mitgliedschaft unseres Amtes verlieren.

Zit. nach: Friedrich Keutgen: Urkunden zur städtischen Verfassungsgeschichte. Aalen 1965, S. 399 f.

24 **Frauen beim Spinnen und am Webstuhl**, Italien, frühes 15. Jahrhundert

25 **Umstrittene Geldwirtschaft**
Nachdem Geldwirtschaft mit dem Untergang des Römischen Reiches in Mitteleuropa weitgehend verschwunden war, löste diese im hohen Mittelalter die Tauschwirtschaft wieder ab. Die Frage des Kreditgeschäfts und der damit verbundenen Zinsen war allerdings umstritten, wobei die Kirche wiederholt ein Zinsverbot aussprach, dieses aber in der Praxis nicht umsetzen konnte.

Der Historiker Spufford zur Geldwirtschaft im Mittelalter (2004):

Der Schlüssel zu dieser neuen Sichtweise war lucrum cessans. Dies war der Gewinn, den der Kreditgeber selbst durch Handel mit dem Geld erwirtschaftet hätte, worauf er aber verzichtete, damit er es dem Kreditnehmer leihen konnte, so dass dieser stattdessen damit Handel treiben konnte. Der bedeutendste der frühen Kommentatoren dieses Sachverhalts war der lombardische Kirchenrechtler Heinrich von Susa. 1271 schrieb er: „Wenn irgendein Kaufmann, der es gewohnt ist, dem Handel und Geschäft auf den Messen nachzugehen und dort viel Gewinn zu erzielen, [mir …] Geld geliehen hat, mit dem er sonst Geschäfte gemacht hätte, dann bleibe ich aufgrund dessen seinem Interesse verpflichtet, ihn für den Gewinn zu entschädigen, den er sonst erzielt hätte, wäre er selbst dem Geschäft nachgegangen." Papst Innozenz IV. stimm-

Städtisches Leben

26 **Italienische Bankiers bei ihrer Tätigkeit** Illustration in einem Traktat über die sieben Todsünden, symbolisierend den Geiz. Spätes 14. Jahrhundert.

te dem zu, viele Kanoniker hingegen waren anderer Meinung. Doch Anfang des 15. Jh. war Bernhard von Siena noch weitergegangen: „Geld hat nicht nur das Wesen von Geld; es hat daneben auch einen fruchtbaren Charakter den wir gemeinhin Kapital nennen." Sich Geld auszuleihen sei deshalb wie das Ausleihen eines Pfluges, der noch eine von sich selbst getrennte Verwendung besitze, im Gegensatz zum Ausleihen von Wein, der keine solche Funktion habe. Daher sollte für das Ausleihen von Geld ein Preis bezahlt werden, vorausgesetzt, der Preis sei gerecht. […]
Um 1200 gewährten Bankiers in Genua Geschäftskredite zu einem Jahreszinssatz von 20 Prozent, 1211 in Florenz zu 22 Prozent, und in Venedig verlieh Pietro Ziani, der Doge von 1205 bis 1229, Geld zu 20 Prozent, genau wie sein Vater vor ihm.

Zit. nach: Peter Spufford: Handel, Macht und Reichtum. Kaufleute im Mittelalter. Darmstadt 2004, S. 33 f. Übers. Horst M. Langer, Erwin Fink.

27 **Gründung eines Städtebundes im 14. Jahrhundert**
Im Bundesbrief des Schwäbischen Städtebundes vom 4. Juli 1376 heißt es:

Wir, die unterschreibenden Städte des Heiligen Reiches Ulm, Konstanz, Überlingen, Ravensburg, Lindau, Sankt Gallen, Wangen, Buchhorn, Reutlingen, Rottweil, Memmingen, Biberach, Isny und Leutkirch, bekennen allen öffentlich mit diesem Brief Folgendes:

Wenn es göttliche Weisheit gebietet und auch das natürliche Recht anweist, dass alle Leute gebunden sind, gemeinen Nutzen und Frieden zu fördern und Schaden des gemeinen Gutes abzuwenden, so haben wir überlegt und haben […] übereinstimmend und mit gutem Vorbedacht sowie mit Eiden, die wir Gott und den Heiligen geschworen haben, uns in Freundschaft freiwillig und ohne böse Absicht versammelt und sind im Folgenden miteinander übereingekommen:

1. Wenn es wäre, dass irgendein Heer, Ritter oder Knecht, Geselle oder wie er auch genannt wäre, die Städte allgemein, eine oder mehrere, welche in dieser Gemeinschaft sind, in Not bringen, angreifen, bedrängen, oder Schaden anwenden würde an unseren Rechten, Freiheiten, Briefen und Gewohnheitsrechten, die wir von Königen oder von Kaisern erhalten haben, es wäre mit Tribut, mit Versetzen (als Pfand) oder mit anderen Sachen; wer der wäre, der uns (in diesen Rechten) beschädigt, niemand ausgenommen, außer allein dem heiligen Reich sein Recht zu tun und zu haben, diese Sache sollen wir, die oben genannten Städte, miteinander getreulich beraten und der Stadt oder den Städten zu Hilfe kommen, die dann betroffen und geschädigt sind, als ob es unsere eigene Sache wäre und uns allen geschehen wäre.

2. Und geschähe, dass keine Unterstützung oder Abmahnung erfolge durch unseren Herrn, den Kaiser, die römischen Könige oder jemand anderen, der von ihm oder ihnen beauftragt worden ist, dann soll doch keine Stadt

Städtisches Leben

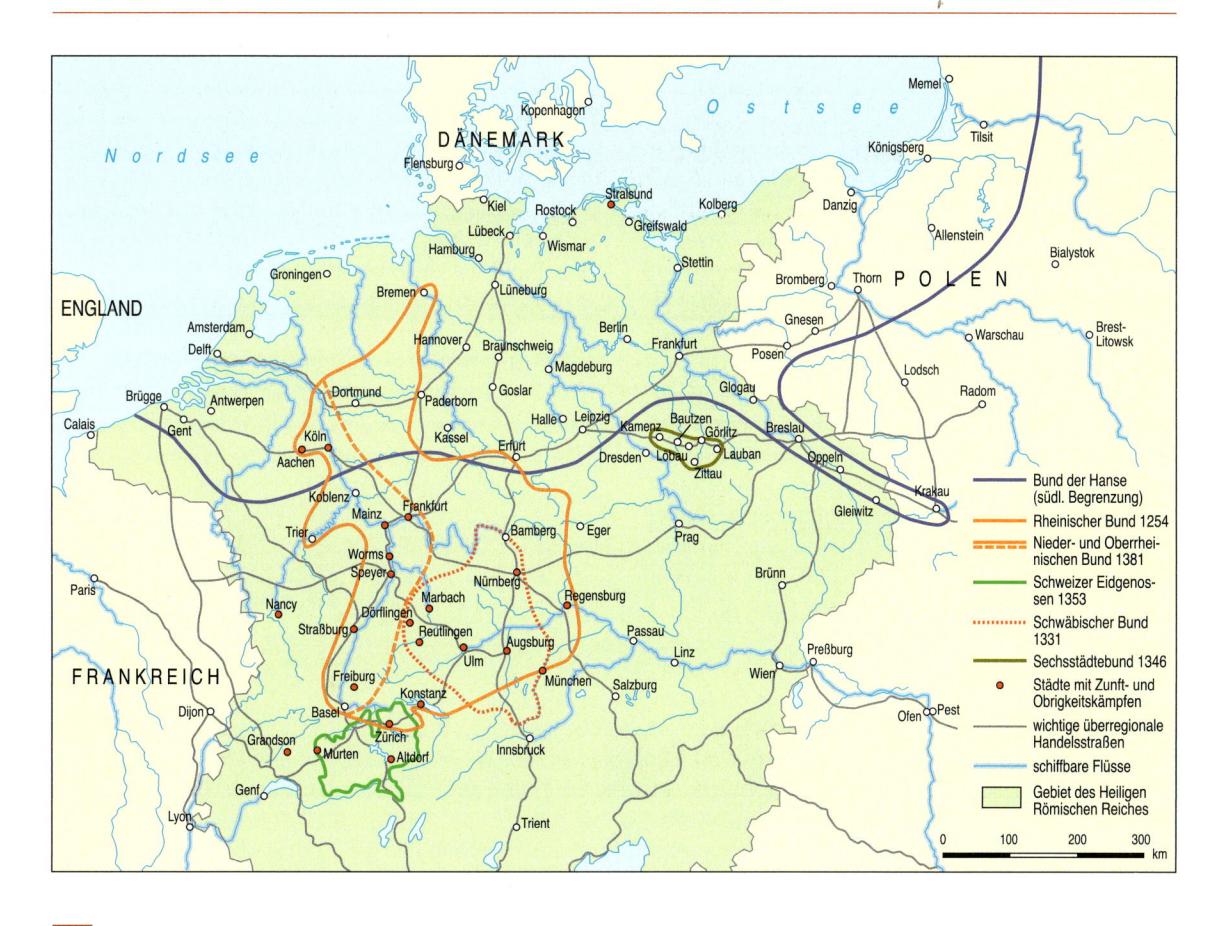

28 Städtebünde im Heiligen Römischen Reich im 13. und 14. Jahrhundert

um eine solche Sache vorsprechen, noch einen Vorteil darin suchen, sondern sie berufe die Städte dann alle zu diesem Bündnis und Gelübde zusammen; dann soll die Sache nach allgemeinem Rat der Städte oder der Mehrheit in Erkenntnis ihrer Verantwortung und Beachtung der Eidleistungen behandelt werden.

3. Wäre aber, dass irgendeine der Städte von jemandem angegriffen würde, so sollen die Städte gemeinsam einen Kriegszug gegen die Herren oder deren Diener durchführen, und sollen sie alle die, die den Schaden getan hätten oder noch tun wollten, angreifen an Leib und an Gut, soweit ihr Vermögen ist. [...]

5. Wäre aber, dass irgendeine Stadt von einem oder von mehreren angegriffen würde, die den andern Städten nicht bekannt wären, wenn dann die beschädigte Stadt uns Städten den Fall verkündigt und diejenige meldet, die den Schaden getätigt hätten oder behilflich dabei gewesen sind, den und die sollen dann dieselben Städte, denen es gemeldet wird, ebenfalls angreifen und schädigen an ihren Leuten und an ihrem Gut, unbeschadet, als ob ihnen selbst der Schaden geschehen wäre.

6. Und wäre, dass irgendein Herr, Ritter oder Knecht, irgendjemandem Haus, Hof oder Kost gäbe, die uns schädigen oder verwehren wollten, dass man den Städten Nahrungsmittel zuführte, den sollen die Städte ebenso schädigen und angreifen, als vorgeschrieben steht. [...]

8. Wäre auch, dass eine Stadt durch Belagerung oder Besetzung angegriffen würde, soll sie die nächsten drei Städte anrufen, dass diese ihr unverzüglich zu Hilfe kämen mit ihren Leuten, Reisigen, Nahrungsmitteln und mit anderen Sachen, damit sie die Stadt aus der Notlage befreien möchten; und wäre es, dass es notwendig wäre, so sollen sie die anderen nächstgelegenen Städte ebenfalls um Hilfe ersuchen; und was auch an Kosten daraufginge, diese sollten wir, die Städte, allgemein tragen, jegliche Stadt nach Ertrag ihrer gewöhnlichen Steuer; und es sollen auch die Städte die Kosten, die daraufgingen, in zwei Monaten nach Anfall [...] begleichen.

9. Geschähe auch, dass eine Stadt, ein Herr, ein Ritter oder Knecht begehren würde, in dieses Bündnis und Freundschaftsbund einzutreten, der oder die möchten ihr Ansinnen bringen an welche Stadt sie wollen. [...]

10. Falls aber von den vorgenannten Städten eine oder mehrere Rache üben oder Feindschaft antragen wollte [...], sollen wir, die vorgenannten Städte, alle bei guter Treue und aufgrund unserer Eide beraten und helfen, bis

Städtisches Leben

zum Zeitpunkt, wo das Bündnis ein Ende hat, und bis die Sache ausgerichtet ist.

11. Wir haben uns allesamt gelobt: Sei es, dass wir irgendein Stück oder einen Artikel in diesem Bündnis und Freundschaftsbund bessern wollten, wollen und können wir das tun, wenn sich die Mehrzahl dazu bekennt. Dieses Bündnis und diese Freundschaft sollen (prinzipiell) überdauern; (daher) wollen wir kein Stück mindern, es geschehe denn mit dem Einverständnis der vorgenannten Städte. […]

13. Es sollen auch Ulm und Konstanz zwei von ihren Räten in das Leitungsgremium entsenden, die anderen Städte ihrer lediglich einen; und wenn wir gemahnt werden, wäre dann, dass eine Stadt säumig wäre und nicht käme, falls sie gemahnt wäre, diejenige Stadt zahle 20 Gulden an den gemeinsamen Fonds der Städte, ausgenommen die von Sankt Gallen, von Isny, von Leutkirch, von Wangen, von Buchhorn, diese geben 10 Gulden […].

14. Wäre auch, was Gott nicht zulassen möge, dass eine Stadt in diesem Bündnis davon absehe und sich nicht an die vorgeschriebenen Artikel halte und diese ausführte, würde sie dessen überführt durch die Mehrheit der Städte, die soll dann als Strafe 100 Pfund Haller zahlen nach Aufkommen ihrer gewöhnlichen Steuer oder aber an gemeinen Kosten zwei hundert Pfund Haller. […]

15. Und soll auch dieses Gelübde unter uns allen währen und bestehen bis zum nächsten Sankt-Georgs-Tag, und danach drei weitere ganze Jahre (23. April 1380). […]

16. Wir haben alle vorgeschriebenen Sachen, Stücke und Artikel gelobt und bei den vorgeschriebenen Eiden geschworen, ferner gelobt, diese stets zu halten und lauter auszuführen, ohne jede Hinterlist, als vorgeschrieben steht.

Gegeben 1376 am Ulrichstag (4. Juli 1376)

Zit. nach: Deutsche Geschichte in Quellen und Darstellung, Bd. 2, hrsg. v. Jean-Marie Moeglin und Rainer A. Müller. Stuttgart 2002, S. 236ff.

Arbeitsvorschläge

a) Geben Sie mit Hilfe von M11 an, aus welcher Situation heraus die Stadt Lübeck gegründet wurde. Gestalten Sie die Szene als Dialog zwischen Graf Adolf und Heinrich dem Löwen.
b) Listen Sie stichpunktartig auf, welche Privilegien die Stadt Freiburg erhielt (M14). Vergleichen Sie auch mit M13.
c) Eine Ratswahl war im Mittelalter stets ein besonderes Ereignis. Geben Sie unter Heranziehung von M15 an, welche Einzelpersonen und Gruppen an der Ratswahl beteiligt waren und welche Funktion ihnen in einer mittelalterlichen Stadt zukam. Informieren Sie sich darüber, welche Aufgaben der Rat im Einzelnen hatte.
d) Fassen Sie mit Hilfe von M16 zusammen, welche Rechte für Straßburg festgelegt wurden und prüfen Sie, inwiefern sich vom 12. zum 13. Jahrhundert eine Weiterentwicklung des Straßburger Stadtrechts feststellen lässt.
e) Stellen Sie aus M17 die Rechte und Pflichten zusammen, die den Juden in Speyer zugestanden wurden und überlegen Sie, warum Bischof Huzmann ein großes Interesse an der Ansiedlung der Juden hatte. Diskutieren Sie im Anschluss die These, jüdische Siedler seien „Entwicklungshelfer" für die deutsche Stadtentwicklung gewesen.
f) Welche Bedeutung hatte Mainz aus der Sicht des Salomo bar Simson für die Juden und wie beurteilt er die Lage in Speyer? Vergleichen Sie die jüdische Sichtweise mit den von Bischof Huzmann gewährten Privilegien (M17, M19).
g) Prüfen Sie anhand von M20, inwieweit Heinrich IV. die Privilegien übernimmt bzw. noch über das in M17 Gesagte hinausgeht.
h) Schreiben Sie mit Hilfe von M22 und M23 ein Kurzessay zu der Frage, in welchen Wirtschaftszweigen Frauen im Mittelalter tätig sein konnten und an welche Bedingungen eine Zunftzugehörigkeit geknüpft war (M23).
Informieren Sie sich darüber, wie das Frauenbild und die Rechte von Frauen sich im Laufe der Jahrhunderte bis ins 20. Jahrhundert hinein gewandelt haben.
i) Recherchieren Sie zu den Versuchen der Kirche, ein Zinsverbot in Kreditgeschäften durchzusetzen, und arbeiten Sie ein Referat zur Entwicklung der Geldwirtschaft im Mittelalter aus (M25).
j) Erarbeiten Sie aus M27, welche Motive zur Gründung des Städtebundes führten.

Städtisches Leben

Geschichte erinnern:
Was Stadtpläne über die Geschichte einer Stadt verraten

Wer heutzutage einen Stadtplan zur Hand nimmt, der möchte sich zumeist in einer ihm fremden Stadt orientieren und eine bestimmte Straße, einen bestimmten Platz oder eine Sehenswürdigkeit finden. Neben herkömmlichen Stadtplänen kann er dabei seit einigen Jahren bei entsprechender technischer Ausstattung auch auf elektronische satellitengestützte Navigationssysteme zurückgreifen. Gerade in Städten, die bereits seit dem Mittelalter bestehen, sollte man aber etwas genauer hinsehen. Über Straßennamen liest man meist schnell hinweg und macht sich dabei keine Gedanken über die Herkunft dieser Namen. Ebenso spielt der Stadtgrundriss, also die Anordnung der Straßen und Plätze, bei unserem Orientierungsbedürfnis meist keine Rolle. Auch werden die verschiedenen Sehenswürdigkeiten, wie beispielsweise ein Schloss, eine Burg, eine Kirche oder auch ein bestimmter Platz meist nicht in ihrem historischen Bezug zueinander und in ihrem Zusammenhang mit dem Stadtgrundriss gesehen.

Wer jedoch genauer hinsieht, dem verrät ein Stadtplan allerlei aus der Geschichte. Vor allem bei kleineren Städten, deren Grundriss sich im Laufe der Jahrhunderte im Prinzip kaum gewandelt hat und die auch nicht nach flächendeckenden Kriegszerstörungen tiefe Eingriffe in ihr Straßensystem erfahren haben, lassen sich Rückschlüsse auf die Umstände ihrer Gründung und auch auf die mittelalterliche Bevölkerungsstruktur ziehen.

a) Cottbus – Stadtanlage:

Cottbus wird als Sitz eines kaiserlichen Burggrafen um 1156 erstmals erwähnt. Das Schloss war also das einstige Zentrum der Stadt; unterhalb des Schlosses bildeten sich Markt und Kirchplatz als Zentren heraus. Schon nach 1200 kam es zu Erweiterungen nach Westen mit dem Neumarkt, später, um 1290, nach Norden mit der Niederlassung der Franziskaner und nach Süden mit der Katharinenkirche („Schlosskirche").

Der einstige mittelalterliche Kern mit der Stadtbefestigung ist durch die Erweiterungen späterer Jahrhunderte heute kaum noch zu erkennen. Münzturm und Spremberger Turm zeigen noch den Verlauf der alten Stadtmauer an.

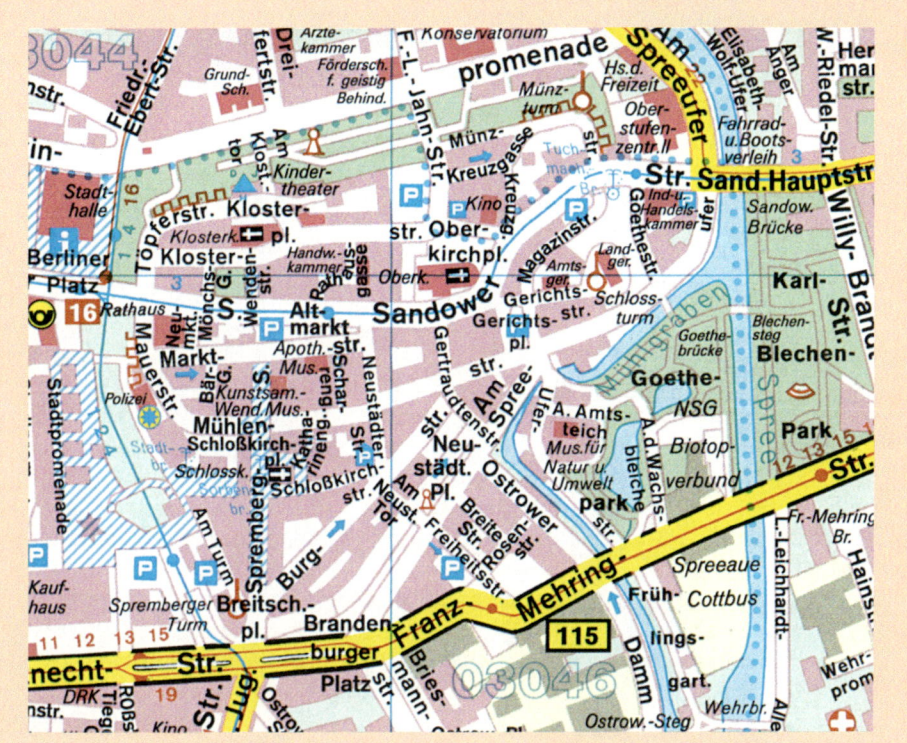

1 Cottbus – Straßennamen
Töpferstraße und Münzstraße (Sitz der Münzprägestätte), Altmarkt, Neumarkt, Mühlenstraße, Gerichtsstraße, Gerichtsplatz, Mauerstraße weisen noch heute auf den mittelalterlichen Stadtgrundriss hin.

Städtisches Leben

2 Göttingen – Straßennamen

Marktplatz und Kornmarkt bildeten das wirtschaftliche Zentrum der Stadt. Die parallel zur Weender Straße verlaufende Jüdenstraße weist auf die Ansiedlung von Juden in diesem Bereich hin. Die Hospitalstraße am südlichen Rand der Altstadt zeigt an, wo sich im Mittelalter das städtische Hospital befand. Die Neustadt war ein Bezirk eigenen Rechts und gehörte zum Deutschen Orden, der in Göttingen einen Wirtschaftshof (Kommende) betrieb.

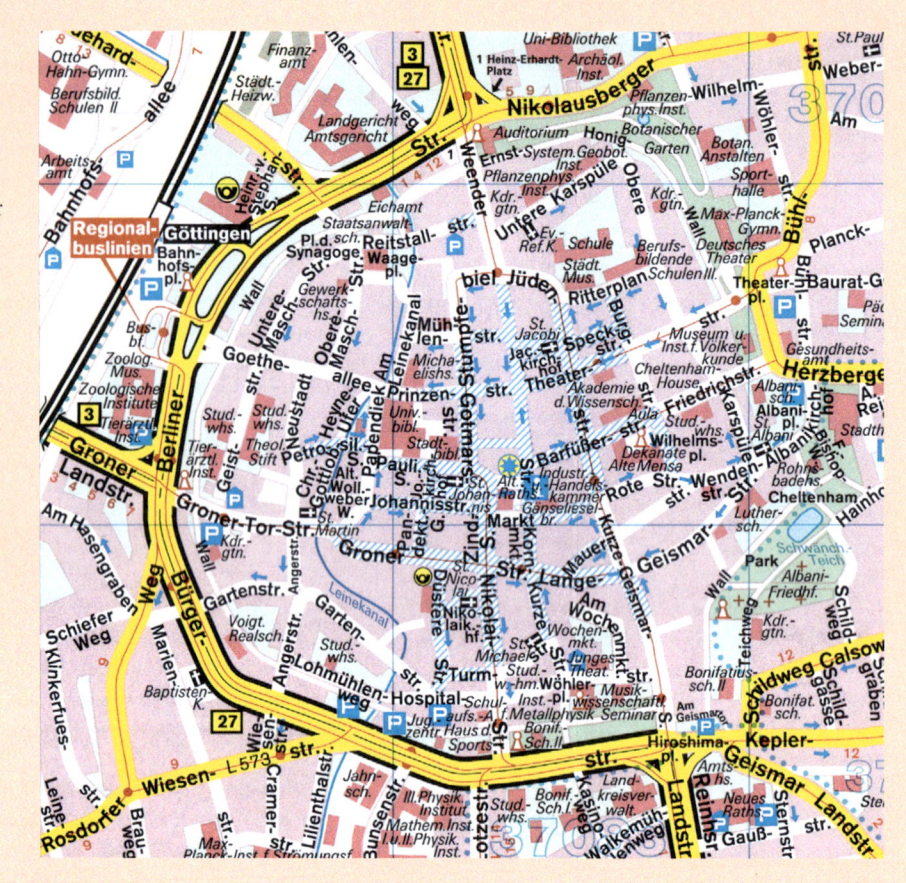

b) Göttingen – Stadtanlage

Göttingen wird als das Dorf Gutingi im Jahre 953 erstmals urkundlich erwähnt und lag in unmittelbarer Nähe zur Pfalz Grone. In dem auf einem Hügel am Rande des Baches Gote gelegenen Dorf wurde im 11. Jahrhundert die St. Albanikirche geweiht.

An der zur Furt über die Leine führenden Handelsstraße, westlich von Gutingi, entstand eine kaufmännische Siedlung, welche noch lange Zeit räumlich vom eigentlichen Dorf getrennt war. Zur eigentlichen Stadtgründung, die dann beide Siedlungen mit einschloss, kam es in der 2. Hälfte des 12. Jahrhunderts. Die Stadt Göttingen unterstand den welfischen Herzögen von Braunschweig-Lüneburg und erhielt im Laufe des 13. Jahrhunderts zunächst schützende Wälle, dann eine Stadtmauer.

Arbeitsvorschlag

a) Recherchieren Sie die mittelalterliche Stadt- und Siedlungsgeschichte von Cottbus, Göttingen oder einer anderen Stadt und stellen Sie deren Entwicklung am Beispiel eines Stadtplans in einem Kurzreferat dar.

b) Suchen Sie in Ihrer Heimatstadt oder einer benachbarten Stadt nach weiteren Beispielen für Stadtgrundrisse und Straßennamen, die aus dem Mittelalter stammen. Versuchen Sie anhand der Namen einzelne Lebens- und Rechtsbereiche in der Stadt auszumachen (Klöster, bestimmte Gewerbe, jüdische Gemeinde, usw.)

c) Zeichnen Sie auf einem Innenstadtplan ein, wo eigenständige Rechtsbezirke, z. B. Klöster, existiert haben könnten. Begründen Sie Ihre Auswahl.

11 Kyffhäuser-Mythos

11.1 Er lebt und er lebt nicht: Kaiser Friedrich im Mittelalter

Am 13. Dezember 1250 starb der letzte staufische Kaiser Friedrich II. in der Burg Fiorentino in Süditalien und wurde in seiner Hauptstadt Palermo auf Sizilien in einem Porphyrsarg bestattet, wo seine Gebeine bis heute liegen. Er war ein außergewöhnlicher Herrscher. Aufgewachsen war er in der weltoffenen multikulturellen Stadt Palermo zwischen Sizilianern, Arabern, Griechen, Juden und Deutschen. Daher sprach er viele Sprachen und kannte nur wenige Vorurteile gegenüber Fremden. Der hochgebildete und besonders an Naturwissenschaften interessierte Herrscher hatte selbst ein Buch über Vogelkunde und Falkenjagd geschrieben. Als Mensch konnte Friedrich sehr liebenswürdig sein, als Herrscher über das Königreich Sizilien und das römisch-deutsche Kaiserreich aber auch rücksichtslos und grausam. Seine widersprüchliche Persönlichkeit zog sowohl seine Zeitgenossen wie seine Nachwelt in ihren Bann. In seinen letzten Jahren war Friedrich in einen erbitterten Kampf mit Papst Innozenz IV. geraten, der befürchtete, sein Kirchenstaat könnte, zwischen Sizilien und dem römisch-deutschen Reich gelegen, seine Selbständigkeit verlieren. 1245 verfluchte und bannte er den Kaiser und bezeichnete ihn als Ketzer und Vorläufer des „Antichristen". Der Antichrist war nach Meinung der Zeit eine teuflische Figur, die dem Ende der Welt und dem Jüngsten Gericht vorangehen sollte. Aber es gab auch Anhänger Friedrichs, die ihrerseits den Papst zum Antichristen erklärten. Und manche von ihnen glaubten sogar, Friedrich sei der „Endkaiser", ein Friedensherrscher, der nach Prophezeiungen dem Antichrist noch vorhergehen sollte. Und passte es nicht zu den Prophezeiungen, dass sich Friedrich bei seinem Kreuzzug 1229 in der Grabeskirche selbst zum König von Jerusalem gekrönt hatte, dort, wo einst Christus lebte und gekreuzigt worden war?

Über die Todesnachricht jubelten seine Feinde, seine Anhänger aber vermochten den Verlust kaum zu fassen. Viele Menschen in Italien und Deutschland konnten daher nicht an seinen Tod glauben. Eine vielgelesene rätselhafte Weissagung einer Seherin Sibylle besagte: „Er lebt und er lebt nicht." In Sizilien meinte man, er sei in den Vulkan Ätna entrückt worden. Auch in Deutschland verbreitete sich die Sage, Friedrich befinde sich in einem Berg und werde zurückkehren, um die verdorbene Kirche zu bestrafen und das Reich zu neuer Blüte zu führen. Schon lange vorher, nach dem Tod Kaiser Karls des Großen (814) gab es die Vorstellung vom weiterlebenden unterirdischen Herrscher, der eines Tages als Retter wieder erscheinen würde. In Italien und Deutschland tauchten nach 1250 noch lange immer wieder falsche Friedriche auf, die behaupteten, der noch lebende staufische Kaiser zu sein. Auch wenn dies nie stimmte – die Hoffnung auf die Wiederkehr

1 Zeitgenössische Darstellung von Friedrich I. Barbarossa in einer Miniatur aus dem 12. Jahrhundert

Friedrichs blieb im Volk dennoch weiter erhalten, besonders bei den Menschen, welche die reiche und unglaubwürdige Kirche kritisierten. Die Sehnsucht nach einem gerechten Friedens- und Reformkaiser Friedrich war noch im Bauernkrieg (1525) bei den Bauern lebendig, eine historische Erinnerung an den echten Friedrich II. war es dann aber nicht mehr.

Die deutschen Humanisten setzten um 1500 seinen Großvater Kaiser Friedrich I. Barbarossa an die Stelle des in Sizilien aufgewachsenen Friedrich II., der ihnen zu wenig deutsch erschien. Und auch bei Barbarossa konnte man anknüpfen: War er nicht ebenfalls ein außerordentlich mächtiger Herrscher gewesen? War er nicht auf seinem Kreuzzug nach Jerusalem in weiter mysteriöser Ferne (in Kleinasien) gestorben, sein Grab längst verschollen? Niemand in Deutschland hatte seinen Leichnam gesehen. In verschiedenen Bergen sollte jetzt auch Barbarossa schlafen. Aber bereits am Ende des Mittelalters wurde am häufigsten der Berg Kyffhäuser in Thüringen genannt, wo einst Reichsburgen der staufischen Herrscher standen.

11.2 Kaiser Friedrich Barbarossa wird im Kyffhäuser wiederentdeckt

Im und nach dem schrecklichen Dreißigjährigen Krieg (1618–1648) verblasste die Gestalt des Kaisers Friedrich in der Erinnerung der Menschen. Wieso erwachte dann im 19. Jahrhundert Barbarossa im Kyffhäuser wieder? Das Alte Reich gab es jetzt nicht mehr, der letzte römisch-deutsche Kaiser hatte 1806 die Krone niedergelegt. Der französische Kaiser Napoleon hatte große Teile Deutschlands besetzt und seine politische Landkarte neu geordnet, es gab nur noch deutsche Teilstaaten. Viele Deutsche ertrugen die Fremdherrschaft nur schwer und es kam zu einem ersten Aufflammen des deutschen Nationalgefühls. Im Mittelalter, in der Zeit des staufischen Kaisers Friedrich Barbarossa, glaubten sie zu erkennen, was man sich für die Gegenwart selbst wünschte: ein deutsches Einheitsreich in Macht, Glanz und Herrlichkeit. Der schlafende Kaiser sollte ja wiederkehren, um Rettung in der bedrückten Zeit zu bringen. Viele deutsche Autoren, die sich einen neuen mächtigen Herrscher und Monarchen ersehnten, brachten die Sage von Barbarossa im Kyffhäuser unter das Volk; alle kannten nun diese Sage. Nur wenige nahmen damals daran Anstoß oder äußerten sich spöttisch.

Vor und bei der Gründung des (zweiten) Deutschen Reiches 1870/71 wurde die Gestalt Friedrich Barbarossas auch für die Zwecke der neuen preußisch-deutschen Monarchie eingesetzt. In Kaiser Wilhelm I. sahen viele den wiedergekehrten Friedrich, manche nannten ihn im Gedenken an Kaiser Rotbart sogar Kaiser Weißbart. Auch die Historiker beteiligten sich an der allgemeinen Begeisterung des neuen Deutschen Reiches für die Stauferzeit. Diese Verbindung sollte sichtbar werden. Daher wurde schließlich auf dem Berg Kyffhäuser ein gewaltiges nationales Denkmal aus 15000 m³ Mauerwerk errichtet, um das eine Ringterrasse für 20 000 Menschen angelegt wurde. 1896 wurde das Denkmal von Kaiser Wilhelm II. eingeweiht. Es sollte in dieser Zeit des europäischen Imperialismus auch ein deutliches Symbol für die militärische Macht des Deutschen Reiches darstellen. Und so schlossen sich wenige Jahre später die zahlreichen deutschen Soldaten- und Kriegervereine zum „Kyffhäuserbund" zusammen; in den Versammlungen des Bundes rühmte man die soldatischen Tugenden wie die Tapferkeit, die Kamerad-

schaft und die Macht des nationalen Reiches. Viele Manifeste und Äußerungen des Kyffhäuserbundes erscheinen uns heute nationalistisch und militaristisch.
Nach dem verlorenen Ersten Weltkrieg gab es seit 1918 wieder keinen Kaiser mehr. In der wirtschaftlich bedrückenden und politisch bedrohten Zeit der Weimarer Republik wurde das Reich Barbarossas wieder zur heimlichen Sehnsucht vieler Deutschen. Vor allem Gegner der Republik und der Demokratie suchten und erwarteten ein „neues Reich" und einen neuen starken Monarchen und Führer in Deutschland. Der Mythos vom Kyffhäuser und vom schlafenden Kaiser Friedrich Barbarossa wurde wieder einmal aktuell. Einige besorgte Historiker betonten zwar, das erwartete „Dritte Reich" habe mit dem Heiligen Reich der mittelalterlichen Kaiser nichts zu tun und warnten vor romantischen und gefährlichen Schwärmereien, aber sie hatten damit wenig Erfolg.
Viele Deutsche sahen schließlich nach der Machtübernahme der Nationalsozialisten 1933 in Adolf Hitler den erwarteten großen Führer. Dieses Bild wurde von dem neuen Regime nach Kräften gefördert, daher versuchten die Ideologen der NS-Partei auch, die Kyffhäusersage zu ihrer eigenen Tradition zu machen. Der Übergang des Kyffhäuserbundes in den NS-Staat geschah weitgehend problemlos. Das Reich Friedrich Barbarossas sollte als ein Vorläufer des neuen Großdeutschen Reiches erscheinen. Hitler besuchte den Kyffhäuser viermal. Schließlich missbrauchte er selbst den Namen des mittelalterlichen Kaisers, als er im Dezember 1940 dem geheimen Plan des Überfalls auf die Sowjetunion den Codenamen „Barbarossa" gab; wahrscheinlich, weil sein Eroberungskrieg als ein „Kreuzzug" gegen den Bolschewismus erscheinen sollte.
Nach dem Ende des Zweiten Weltkrieges war auch die Rolle Barbarossas als Führergestalt vorbei. Der Kyffhäuserbund als Soldatenverband wurde zwar nach dem Weltkrieg 1952 in der Bundesrepublik wiedergegründet; er steht nach eigenen Angaben auf dem Boden des Grundgesetzes und der Demokratie. Mit der Figur eines mittelalterlichen Herrschers hat er nichts mehr zu tun. Heute wird der Name des Kaisers und der Staufer meist nur zu Werbezwecken benutzt: Es gab einen vielgetrunkenen „Barbarossawein", es gibt ein „Staufen-Bräu", die „Barbarossa-Thermen", ein Barbarossahotel usw. Aber am Kyffhäuser und in der Landschaft um den „Kaiserberg" Hohenstaufen in Baden-Württemberg spielen die Staufer bei Heimat- und Volksfesten eine große Rolle. Sie fördern auf diese Weise die regionale Identität der Bewohner und den Fremdenverkehr.
Jede Zeit sieht ihre Geschichte und die großen geschichtlichen Gestalten anders: So wurde aus den Kaisern Friedrich I. und Friedrich II., die im 12. und 13. Jahrhundert lebten, im Spätmittelalter der friedebringende Endkaiser, den sich das Volk wünschte, im 18. Jahrhundert der müde im Kyffhäuser schlafende, in der ersten Hälfte des 19. Jahrhunderts der ersehnte und 1870/71 der wiedererwachte Kaiser des neuen Reiches, nach 1918 das Sinnbild einer erwarteten großen Führergestalt.
Wissen es die heutigen Historiker besser? Auch sie werden von den Vorstellungen unserer Zeit beeinflusst; aber sie versuchen mit Erfolg, das Bild der mittelalterlichen Herrscher aus ihrer eigenen Zeit

2 Karikatur aus der Satirezeitschrift Kladderatsch von 1870/71 nach der Reichsgründung

Kyffhäuser-Mythos

3 Buchillustration aus der 1936 erschienen Broschüre „Soldatentum und Kameradschaft"

zu verstehen. Dazu müssen sie vor allem die Quellen, d.h. die Äußerungen der Zeitgenossen der damaligen Kaiser lesen und für uns heute deuten und erklären. Dann erscheint z. B. Friedrich Barbarossa als bedeutender Herrscher und kluger, manchmal auch rücksichtsloser Machtpolitiker, der für sein Recht und das Recht des römisch-deutschen Reiches unermüdlich kämpfte; aber sein Reich war ein christliches Reich und natürlich kein deutscher Nationalstaat, der Kaiser selbst kein Nationalist. Neben den Deutschsprachigen lebten in ihm auch sehr viele italienisch-, französisch- und slawischsprachige Menschen. Niemals hatten Friedrich Barbarossa oder Friedrich II. die Absicht gehabt, ganz Europa ihrer Herrschaft zu unterwerfen.

Der Kyffhäuser und sein großes Denkmal sind heute ein beliebtes Touristenziel. Seine damalige Bedeutung für die Monarchie als Symbol eines übersteigerten Nationalbewusstseins oder gar als Sammelpunkt für nationalistische Weltmachtphantasien der NS-Zeit hat er für die heutige deutsche Demokratie verloren. Aber er bleibt auch für uns eine wichtige Quelle für das Verständnis einer vergangenen Zeit unserer Geschichte, aus der wir lernen können.

4 **Friedrich I. Babarossa.** Der Kaiser schenkte seinem Taufpaten Otto von Cappenberg diese Bronzebüste, die nach seinem Aussehen geformt sein soll. Die Büste selbst ruht auf einem doppelten Mauerkranz, dem Zeichen für die Stadt Rom, und wird von Engeln getragen. Cappenberg/Westfalen, um 1160.

5 **Selbst der weitentfernte englische Chronist Matthaeus Paris war von der Gestalt Friedrichs II. tief beeindruckt**

Es starb aber um diese Zeit Friedrich, der größte unter den Fürsten der Welt, das Staunen der Welt und ein wundersamer Verwandler, er starb, [...] nachdem er die Kleidung der Zisterziensermönche angelegt hatte, voll wunderbarer Reue und Demut. Er starb aber am Tag der heiligen Lucia, so dass das Erdbeben an diesem Tag nicht ohne Bedeutung geschehen ist [...] Sein Tod war einige Tage geheim gehalten worden, damit sich seine Feinde nicht allzuschnell freuen sollten.

Zit. nach: Matthaeus Parisiensis. In: Chronicles and Memorials of Great Britain and Ireland during the Middle Ages, Bd. 57, hrsg. v. H. R. Luard. London 1880, S. 190.

6 **Eine zeitgenössische Chronik berichtet zu 1285, wohl etwas übertreibend, über den bekanntesten falschen Friedrich, der, wie wir aus anderen Quellen wissen, in Wirklichkeit Dietrich Holzschuh hieß und vielleicht ein alter Bauer oder Handwerker war**

Ein durch seinen anmaßenden Geist Verführter behauptete, er sei der Kaiser Friedrich. Durch böse Ketzerei verblendet, blendete er auch viele deutsche Adlige, wurde auch von einigen Fürsten Deutschlands toleriert, weil sie den König Rudolf hassten. Er nahm seinen Sitz in Neuss, einer Stadt am Rhein, die dem Herrn Erzbischof von Köln gehörte. Dort gab es einen großen Auflauf von Adligen Deutschlands und von Bürgern verschiedener Städte, die von dem Gerücht gehört hatten, und besonders von Ketzern [...] Und er blieb zwei Jahre in dieser Stadt. Und viele machte er mit seiner Bosheit und Zauberkunst unsicher, so weit, dass auch einige Reichsstädte, die dem König Rudolf Widerstand leisteten, nämlich Hagenau und Colmar und andere große und kleine Städte ihm glaubten [...] Aber jener verderbliche Mann war mit dieser Sünde noch nicht zufrieden, sondern begab sich in die Reichsstadt Wetzlar, die ihn, diesen verruchten Menschen, nicht ohne Furcht aufnahm. Und auch die Städte Frankfurt, Wetzlar, Friedberg, Gelnhausen und andere unterstützten ihn, die in ihrer Verblendung ihren gerechten Herrn verlassen wollten [...] Als die Nachricht darüber dem Herrn König Rudolf zu Ohren kam, erklärte er, sie sei falsch und entbehre jeder Vernunft; er hielt jenen für einen albernen und verrückten Kerl. Als aber schließlich nach weiteren schlauen Aktionen des verdorbenen Menschen der größere Teil des deutschen Volkes zweifelte, wen sie von beiden zum Herrscher haben wollten und das Schicksalsschifflein des Herrn Rudolf stark ins Schwanken geriet, suchten Getreue des Reiches und Freunde des Herrn König Rudolf [...] ihn eilends auf und richteten ihm aus: Wenn er diesem verkehrten Menschen nicht sofort den Weg versperre, werde sich diese ganze Region Deutschlands den Befehlen und Anordnungen dieses Verderbers unterwerfen [...] Inzwischen hatte jener verlogene Mensch sogar an König Rudolf geschickt, er solle zu einem festgesetzten Termin bei ihm erscheinen, um seine Lehen und das Königreich von ihm, als einem wahren Kaiser, zu empfangen. Das verärgerte und erzürnte den König sehr, da er sich verhöhnt sah; er brach mit einem Heer nach Wetzlar auf [...] Sofort schickten die Mächtigen der Stadt zum König, baten um sein Erbarmen und versprachen ihm in die Hand, den Verführer [...] auszuliefern. Als dies seine Anhänger hörten, flohen sie und ließen ihn allein zurück [...] Jener ungläubige Mensch und einer seiner Anhänger wurden gefoltert [...] und später, wie es ihre bösartige Ketzerei verlangte, verbrannt.

Zit. nach: Ellenhardi chronicon zu 1285. MGH SS 17, S. 125f.

7 Kaiser Friedrich II, zeitgenössische Miniatur.

8 Im Volksbuch von Barbarossa (1519) steht
Er lebte seliglich, war großtätig, kühn-mütig, mild, gestrenge und ein redsprächiger Mann und auch abgesehen von der Kirchenverfolgung um vieler Dinge willen berühmt, so dass nach dem großen Kaiser Karl keiner mehr galt als er. Und zuletzt ist er verloren worden, so dass niemand weiß, wo er hingekommen oder begraben ist. Die Bauern und Schwarzkünstler sagen, er sei noch lebendig in einem hohlen Berg. Er solle noch einmal wiederkommen und die Geistlichen strafen […].

Zit. nach: Das Volksbuch von Barbarossa und Geschichte von Kaiser Friedrich dem Anderen, hrsg. von Erna Barnick. Jena 1925, S. 29 f.

9 Am Vorabend des Bauernkrieges von 1525 schrieb ein Autor
Es gibt viele, die von einem neuen zukünftigen Kaiser schreiben […] So wird auch sein Name Friedrich erklärt: ein Mann von Gott, ein Liebhaber des Rechten, das ist ein Anfang des Friedens. Denn wo Gerechtigkeit nicht ist, da ist auch kein Frieden […] Er wird tausend Jahre regieren, gute Gesetze machen, seinem Volk werden die Himmel aufgetan […], König Friedrich wird mit frommen Christen eine Reformation machen […], die Gotteslästerer töten, die Zutrinker erwürgen, die Wucherer verbrennen, die Ehebrecher enthaupten, die habgierigen Geistlichen vertreiben und alle Amtleute, die mehr ihren eigenen Nutzen als den Gemeinnutz suchen, hängen lassen.

Zit. nach: Oberrheinischer Revolutionär, hrsg. v. A. Franke. Berlin 1967, S. 201 f., 375.

10 Die Sagensammlung der Brüder Grimm (1816) und noch mehr das Gedicht Friedrich Rückerts (1817) verbreiteten die Sage
Der alte Barbarossa,
Der Kaiser Friederich,
Im unterirdischen Schlosse
Hält er verzaubert sich.

Er ist niemals gestorben,
Er lebt darin noch jetzt;
Er hat im Schloss verborgen
Zum Schlaf sich hingesetzt.

Er hat hinabgenommen
Des Reiches Herrlichkeit,
Und wird einst wiederkommen,
Mit ihr, zu seiner Zeit …

Zit. nach: Friedrich Rückert: Gesammelte Gedichte, Teil 2. 1843, S.261 f.

11 Heinrich Heine berichtet 1844 von einem Traum im Kyffhäuser
Herr Rotbart – rief ich laut – du bist
Ein altes Fabelwesen,
Geh, leg dich schlafen, wir werden uns
Auch ohne dich erlösen.

Die Republikaner lachen uns aus,
sehn sie an unserer Spitze
So ein Gespenst mit Zepter und Kron;
Sie rissen schlechte Witze. […]

Das Beste wäre du bliebest zuhaus,
Hier in dem alten Kyffhäuser –
Bedenk ich die Sache ganz genau,
So brauchen wir keinen Kaiser.

Zit. nach: Heinrich Heine: Deutschland. Ein Wintermärchen. Hamburg 1844.

12 Der Historiker Wilhelm von Giesebrecht 1873
Überdies ist die Kaiserzeit die Periode, in der unser Volk, durch Einheit stark, zu seiner höchsten Machtentfaltung gedieh, wo es nicht allein frei über sein eigenes Schicksal verfügte, sondern auch anderen Völkern gebot, wo der deutsche Mann am meisten in der Welt galt und der deutsche Namen den vollsten Klang hatte. (Man solle sich bemühen) „das innere Wesen und die eigenthümliche Gestalt jener fernen Zeit kennen zu lernen, in der einst das einige, große, mächtige Deutschland eine Wahrheit war, wenn man an der Hand der Geschichte die Bedingungen zu ergründen sucht, unter denen das deutsche Volk damals einen weltbeherrschenden Einfluss gewinnen und durch Jahrhunderte behaupten konnte."

Zit. nach: Wilhelm v. Giesebrecht: Geschichte der deutschen Kaiserzeit, Bd.1. 4. Aufl. 1873, VIII f.

Kyffhäuser-Mythos

13 Der Wunsch vieler Deutscher in den 1920er Jahren nach einer starken Führergestalt wird in einem Buch zur Legende „Friedrich Barbarossa" deutlich

Wir fühlen uns wieder als Gemeinschaft, und sie allein
5 nur kann den Führer aus ihrer Sehnsucht erschaffen. Ja, und diese Gemeinschaft umschließt nicht nur diejenigen, die jetzt und heute leiden und Weg suchen, sondern die Geschlechter alle, die jemals litten und Weg suchten. Entzückt sehen wir auf das Ideal des Führers, wie es im-
10 mer vor unsrem inneren Auge stand, wenn draußen die Dunkelheit braute. Dieses Ideal hat einen Namen: Friedrich Rotbart […] Sei gegrüßt, Kyffhäuser, heiliger Berg. Im Nebel ertrunken und scheinbar tot wie wir, und doch im Innersten glühend unsterblich wie wir.

Zit. nach: Franz Herwig. Friedrich Rotbart. Deutsche Heldenlegende Heft 5. Freiburg i.Br. ²1925, S. 1.

14 Der Professor der alten deutschen Literatur Hans Naumann, 1932

Es schläft Einer irgendwo, der Held und Retter unseres Landes, verwunschen und verborgen, der erweckt wer-
5 den muss. Es sitzt einer irgendwo und sammelt ein Heer auserlesener Krieger für einen künftigen Tag […] Aller Entscheidungen wird eine große Feldschlacht sein.

Zit. nach: Hans Naumann: Deutsche Nation in Gefahr. Stuttgart 1932, S. II.

15 Kyffhäuser-Denkmal mit Wilhelm I. umgeben von allegorischen Figuren

Arbeitsvorschläge

a) Erklären Sie anhand von M1, M6, M8, M9 warum gerade Friedrich I. und Friedrich II. in der Vorstellung des Volkes bis ins 16. Jahrhundert zu unsterblichen Herrschern wurden.
b) Arbeiten Sie die Vorstellungen der verschiedenen Autoren über einen (bestimmten oder einen gedachten) Kaiser Friedrich und stellen Sie einander gegenüber (M 4 – M 8).
c) Welche Absichten verfolgten Friedrich Rückert und Heinrich Heine mit ihrer Darstellung der Sage (M 10, M 11)?
d) Interpretieren Sie die 1870/71 im Kladderadatsch veröffentlichte Karikatur (M 2).
e) Wie wird der Zusammenhang der preußisch-deutschen Monarchie mit dem staufischen Reich des Mittelalters auf dem Kyffhäuserdenkmal dargestellt? Was bezweckten die Bauherren mit dieser Verbindung?
f) Welche Zeitumstände mögen den Historiker Giesebrecht zu seiner Deutung der alten Kaiserzeit bewogen haben (M 12)?
g) Diskutieren Sie, warum Friedrich Barbarossa in der Weimarer Republik zu einer idealen Führergestalt und der Kyffhäuser zu einem nationalistischen Bollwerk verherrlicht wurden (M 13, M 14). Gegen wen sollte sich der „Kyffhäuser" (M 3) wenden?
h) Welche baulichen Überreste oder andere Spuren des Mittelalters kennen Sie von ihrem Wohnort oder aus seiner Umgebung? Aus welchen Kinofilmen, Fernsehdokumentationen oder Computerspielen haben Sie etwas aus und von der Welt des Mittelalters erfahren? Erläutern Sie in Form eines Vortrags oder einer Wandzeitung, wo Sie Bezüge dieser vergangenen Zeit zur Gegenwart sehen, und ob und welche Bedeutung das Mittelalter für Sie hat.

Zeittafel: Mittelalter

476	Absetzung des letzten weströmischen Kaisers Romulus Augustulus; damit erlischt das westliche Kaisertum.
498	Taufe des Frankenkönigs Chlodwig (482–511)
527–565	Justinian I., Unterwerfung der Vandalen und Ostgoten unter byzantinische Herrschaft
622	Flucht Mohammeds (gest. 632) von Mekka nach Medina (Hedschra/Beginn der islamischen Zeitrechnung)
630	Beginn der islamischen Expansion; erfolglose Belagerungen von Konstantinopel (674–678; 717/18)
732	Sieg eines fränkischen Heeres über die Araber bei Tours und Poitiers unter dem karolingischen Hausmeier Karl Martell (gest. 741)
751	Wahl und Salbung von Karls Sohn Pippin (gest. 768) zum fränkischen König. Karl „d. Große", der Sohn Pippins, baut das fränkische Reich zu einem weite Teile Mitteleuropas umfassenden Großreich aus.
800	Kaiserkrönung Karls „des Großen" in Rom durch Papst Leo III. Fortan gibt es zwei Kaiser, die sich gegenseitig den Vorrang streitig machen.
843, 870, 880	In den Verträgen von Verdun, Meersen und Ribemont wird das Frankenreich unter den Nachkommen Ludwigs „des Frommen" mehrfach geteilt. Es bildet sich noch unter karolingischer Herrschaft ein west- und ein ostfränkisches Reich heraus.
919–936	Mit dem sächsischen Herzog Heinrich wird erstmals ein Nicht-Franke zum König erhoben.
936–973	Herrschaft Ottos „des Großen" I. (962 Kaiserkrönung in Rom)
987	Taufe des Großfürsten Wladimir von Kiew; Beginn der Christianisierung Russlands von Byzans aus.
10. Jhr.	Ausgehend von Klostergründungen in Burgund (Cluny) und Lothringen (Gorze) beginnt ein zunächst innerkirchlicher Reformprozess, der im Investiturstreit mündet.
1024–1039	Beginn der salischen Herrschaft mit Konrad II. (Kaiserkrönung 1027)
1046	Synode von Sutri: Absetzung dreier Päpste; Erhebung Bischof Suidgers von Bamberg als Papst Clemens II.
1054	Schisma (Trennung) zwischen der lateinischen (römisch-katholischen) und der griechischen Kirche
1073–1075	Sächsischer Aufstand gegen die salische Herrschaft
1076	Zuspitzung des Investiturstreites: Absageschreiben an Papst Gregor VII. (26.1.); Absetzung Heinrichs IV. auf der Fastensynode (22.2.)

1077	Zug Heinrichs IV. nach Canossa, um einem Zug Gregors über die Alpen und einer drohenden Absetzung zuvorzukommen (25. bis 28.1.).
1095	Papst Urban II. ruft zum Kreuzzug auf.
1096–1099	Erster Kreuzzug: Ausschreitungen gegen jüdische Gemeinden am Rhein, Eroberung Jerusalems 1099; Enstehung der Kreuzfahrerstaaten (1098–1110)
1122	Wormser Konkordat, das einen ausgleichenden Kompromiss findet, mit dem der so genannte Investiturstreit im Reich beigelegt wird
1138–1152	Beginn der stauferischen Herrschaft mit Konrad III.
1147–1149	Zweiter Kreuzzug und – parallel dazu – so genannter Wendenkreuzzug (Heinrich der Löwe im Bündnis mit verschiedenen geistlichen Fürsten und den Dänen gegen die slawischen Stämme zwischen Elbe und Oder)
1152–1190	Herrschaft Friedrich I. Barbarossa
1190–1193	Dritter Kreuzzug, unternommen von Friedrich, dem englischen König Richard Löwenherz und dem französischen König Philipp II. August; Tod Friedrichs in Kleinasien
1196	Erbreichsplan Heinrichs VI. für eine fundamentale Umgestaltung des staufischen Reiches wird nicht umgesetzt.
1198	Doppelwahl im nordalpinen Reich: der Staufer Philipp von Schwaben (1208 ermordet) und steht gegen den Welfen Otto IV., einen Sohn Heinrichs des Löwen
1202–1204	Vierter Kreuzzug, der von den Venezianern nach Konstantinopel umgeleitet wird und in der Eroberung und Plünderung der Stadt gipfelt
1204–1261	Lateinisches Kaisertum in Byzanz
1212	Friedrich II., der 1194 geborene Sohn Heinrichs VI., wird zum Gegenkönig erhoben.
1214	Schlacht von Bouvines (27.7.): Der Sieg des mit Friedrich II. verbündeten Königs Philipp II. August von Frankreich über die mit Otto IV. verbündeten Engländer entscheidet den deutschen Thronstreit zugunsten des Staufers und führt eine nachhaltige Schwächung der Königsherrschaft in England herbei (1215 muss Johann den Großen seines Reiches in der Magna Charta umfangreiche Zugeständnisse machen).
1220	Wahl Heinrichs (VII.), eines Sohnes Friedrichs II., zum König im Reich; im Gegenzug gesteht Friedrich den geistlichen Fürsten und später auch den weltlichen Großen umfangreiche Vergünstigungen zu (1220 Confoederatio cum principibus ecclesiasticis; 1231/32 Statutum in favorem principum).
1226	Goldbulle von Rimini: Beauftragung und Bevollmächtigung des Deutschen Ordens zur Eroberung Preußens
1228/29	Kreuzzug Friedrichs II., der den Zugang nach Jerusalem auf dem Verhandlungswege sichert und sich im Jerusalem selbst zum König krönt

1235	Absetzung Heinrichs (VII.) nach schweren Auseinandersetzungen mit Friedrich II.; Mainzer Reichslandfrieden: u. a. Einsetzung eines vizeköniglichen Hofrichters im Reich zur Betonung der herrscherlichen Oberhoheit über die Fürsten
1220–1235	Der sächsische Ministeriale Eike von Repgow verfasst den Sachsenspiegel (Sammlung sächsischen Gewohnheitsrechts, gegliedert in Land- u. Lehnrecht).
1250	Tod Friedrichs II.; mit dem Tod seines Sohnes Konrad IV. (1254) und seines Enkels Konradin (1268) erlischt die staufische Dynastie.
1256–1273	so genanntes Interregnum (königslose Zeit)
1273–1291	Rudolf I. von Habsburg
1291	Bundesbrief der Schweizer Eidgenossenschaft
1291	Eroberung Akkons durch die Muslime; Ende der Kreuzfahrerstaaten im „Heiligen Land"
1308–1313	Heinrich VII. (von Luxemburg)
1314	Doppelwahl zum deutschen König: Ludwig IV. „der Bayer" (Wittelsbacher) (1314–1347) steht gegen Friedrich „den Schönen" von Habsburg (1314–1330)
1337–1453	„Hundertjähriger Krieg" zwischen England und Frankreich
1338	Kurverein von Rhense
1348–1352	Große Pest und Judenverfolgungen
1348	Gründung der Universität Prag
1356	Goldene Bulle Kaiser Karls IV. (1346–1378).
1358	Bund der Städte von der deutschen Hanse
1376	Schwäbischer Städtebund
1378–1417	Großes abendländisches Schisma
1381	Rheinischer Städtebund
1410	Schlacht bei Tannenberg (poln. Grunwald), in der der Deutsche Orden der polnischen Monarchie unterliegt
1414–1418	Konzil zu Konstanz; Hinrichtung von Jan Hus (1415); Belehnung der Hohenzollern mit der Mark Brandenburg (1415)
Um 1450	Erfindung des Buchdrucks durch Johannes Gutenberg (Mainz)
1453	Eroberung Konstantinopels durch Osmanen und Mehmed II. „der Eroberer"; Ende des byzantinischen Reiches

Glossar

Abbasiden
Die sunnitische Dynastie der Abbasiden (750–1517) übernahmen 750 die Regierung des Kalifats und stützte sich besonders auf iranische und später auf türkische Stämme. Zu den bedeutendsten abbasidischen Herrschern gehört Harun al-Raschid (786–809 n. Chr.). Die Herrschaft der Abbasiden in Bagdad endete nach der Niederlage gegen die Mongolen 1258, setzte sich aber unter den Mameluken in Kairo noch bis 1517 fort.

Almohaden
Begründet auf einer im Gebiet des Atlas-Gebirges hervorgegangenen religiösen Reformbewegung entstand aus mit der Stadt Marrakesch die Berberdynastie der Almohaden (1147–1269). Auf dem Höhepunkt ihres Einflusses am Ende des 12. Jahrhunderts beherrschte sie große Teile Nordafrikas und al-Andalus auf der iberischen Halbinsel.

Almoraviden
arabisch ‚die aus dem Kloster' Eine maurisch-spanische Dynastie (1061–1147), hervorgegangen aus einer streng orthodoxen islamischen Glaubensbewegung. Die Almoraviden herrschten über das marokkanische Gebiet und unterwarfen zwischen 1086 und 1090 das arabische Spanien, bevor sie von den Almohaden gestürzt wurden.

Arianer
Anhänger einer Glaubensrichtung im frühen Christentum, die einen strikten Monotheismus vertrat: Weder der göttliche Logos („Heiliger Geist") noch Jesus Christus sind Gott wesensgleich, vielmehr sind beide geschaffen und haben daher – anders als Gott – einen Anfang. Urheber der auf dem Konzil von Nikaia 325 n. Chr. unter Vorsitz Kaiser Konstantins verworfenen Lehre war der Presbyter Arius. Einige Germanenvölker (West- und Ostgoten, Vandalen, Langobarden) nahmen das Christentum in seiner arianischen Form an.

exkommuniziert
Die „Exkommunikation" stellt den permanenten oder zeitlich begrenzten Ausschluss aus einer religiösen Gemeinschaft oder von bestimmten Aktivitäten in einer religiösen Gemeinschaft dar. In der römisch-katholischen Kirche bedeutet Exkommunikation nicht den Ausschluss aus der Kirche, sondern den Verlust der Kirchengemeinschaft und damit gewisser Rechte innerhalb der Kirche. So ist der Exkommunizierte nicht mehr berechtigt, die Sakramente zu empfangen und darf er kein kirchliches Amt ausüben. Im Mittelalter hatte die Exkommunikation (der Kirchenbann) die weltliche Reichsacht zur Folge.

Fatimiden
Die Fatimiden waren eine schiitisch-ismailitische Dynastie, die von 909 bis 1171 im Maghreb und Ägypten sowie in Syrien herrschte. Im 12. Jahrhundert gerieten sie zunehmend unter Einfluss der Kreuzfahrerstaaten, bevor sie von dem Wesir Saladin gestürzt wurden, der die kurdisch-stämmige Dynastie der Ayyubiden begründete und zum größten gegenspieler der Kreuzfahrerstaaten aufstieg.

Hausmeiern
Der Hausmeier, Kastellan oder der Majordomus (aus lateinisch *maior – der Verwalter*, Verweser und *domus – das Haus*) zählt zu den höchsten Ämtern des mittelalterlichen Hofes. Dem Hausmeier am fränkischen Hof oblag zunächst lediglich die Verwaltung von Haus und Hof, gewannen aber unter Pippin d. Älteren und Karl Martell zunehmend an Bedeutung. Mit der Zunahme ihrer Macht wurden sie Leiter der Regierungsgewalt. Als Repräsentant des Königs traten sie vor dem Königsgericht auf. Ihr Amt wurde schließlich erblich und konnte nicht mehr entzogen werden. Schließlich übernahm die Hausmeier-Familie der Karolinger die Herrschaft des Frankenreichs von den Merowingern. Die Rechtsstellung des Hausmeiers übertrug sich im Laufe des Hoch- und Spätmittelalters auf den Hofmeister, der eine generelle Vertretungsmacht des Fürsten an seinem Hof einnahm.

direkte und indirekte Herrschaft
Direkte Herrschaft meint die direkte und unmittelbare Kontrolle eines Landes durch Beauftragte (‚Statthalter' ‚Gouverneure') eines anderen Landes. Das beherrschte Land ist zudem in der Regel noch militärisch besetzt oder wenigstens durch ein Netz militärischer Stützpunkte gegen Unruhe und Aufstand gesichert. Indirekte Herrschaft bedeutet dagegen, dass der Beherrschte zwar noch die äußeren Merkmale von Selbständigkeit in der staatlichen Tätigkeit besitzt, aber faktisch nichts gegen den Willen des Herrschenden unternehmen kann. In der Regel ist indirekte Herrschaft zudem mit wirtschaftlicher Abhängigkeit verbunden. Zur Zeit des Römischen Reiches gab es sog. Klientelreiche, die sich eng an das überlegene Rom anlehnten, was sich z. B. darin ausdrückte, dass sie im Falle einer Thronvakanz oder eines Thronstreites Rom um die Einsetzung eines neuen Fürsten baten (Armenien, zeitweise auch Ägypten).

Kandidat
Bezeichnung für den Bewerber um ein öffentliches Amt, abgeleitet von dem im ‚Wahlkampf' getragenen schneeweißen Gewand, der *toga candida*.

Katharer
aus dem Griechischen *katharós = rein* bezeichnet der Terminus Katharer eine christliche Glaubensbewegung vom 11. bis 14. Jahrhundert, häufig auch „Albigenser" genannt, nach einer ihrer Hochburgen, der südfranzösischen Stadt Albi. Die Katharer waren besonders stark in Spanien, Südfrankreich und dem Heiligen Römischen Reich vertreten. Als Häretiker (Abweichler) von der Inquisition verfolgt, wurden sie in einer Reihe von Kreuzzügen vernichtet.

Klient
Im antiken Rom stand ein Klient in einer engen Beziehung zu einem sozial höhergestellten Patron. Zu seinen Pflichten gehörte, dem Patron durch Besuche am Morgen und Begleitung bei öffentlichen Auftritten Ansehen zu verschaffen; erwarten konnte der Klient, dass ihm bei Rechtsstreitigkeiten geholfen wurde, er finanzielle Unterstützung erhielt und der Patron half, bei den wichtigen Leuten Gehör zu finden.

Omaijaden
Unter der Dynastie der Omaijaden (auch Umaiyaden oder Omayyaden), fanden die arabischen Eroberungen ihren Höhepunkt und Abschluss. Sie regierte 661–749 in Damaskus. Nach ihrem Sturz durch die Abbasiden errichteten sie in Andalusien 756–1031 ein zweites muslimisches Reich mit Sitz in Córdoba. Ab 929 beanspruchte dieses den Titel des Kalifats.

Personalunion
Herrschaft einer Person über mehrere Gebiete, ohne dass diese durch gemeinsame Institutionen miteinander verbunden wurden.

Phyle
In der griechischen Polis gehörte jeder Bürger einer Phyle an und fühlte sich mit seinen Phylengenossen besonders zusammengehörig (das Wort bedeutet ‚Stamm', stellt also eine Blutsverwandtschaft vor). Angehörige einer Phyle leisteten gemeinsam Militärdienst, begingen Feste und Opfer und arbeiteten auch in politischen Funktionen eng zusammen. In Athen gab es zehn Phylen, in Sparta drei.

Ritter
Ursprünglich Männer, die mit eigenem Pferd (*equus*) Militärdienst leisteten, waren die Ritter (latein. *equites*) in der römischen Republik die Reichen, die sich nicht hauptsächlich der Politik widmeten (im Gegensatz zu den Senatoren). In der Kaiserzeit bildeten die Ritter einen geschlossenen Stand in der Gesellschaft mit eigenen Abzeichen und einem Mindestvermögen.

In der allmählich entstehenden kaiserlichen Verwaltung nahmen sie eine wichtige Rolle ein.

Seldschuken
Sunnitische Fürstendynastie turkmenischer Abstammung aus Zentralasien, die in den Jahren 1038–1194 große Teile Persiens, des Iraks, Syriens und Anatoliens eroberte und dort mehrere Reiche gründete. Ihren Höhepunkt der Macht erreichten die Seldschuken mit ihrem Sieg über Byzanz bei Mantzikert 1071.

Senat
Versammlung der römischen Adligen, in der Republik Zentrum und wichtigstes Entscheidungsorgan der Politik, in der Kaiserzeit untergeordneter, aber prestigereicher Partner des Kaisers. Seit 80 v. Chr. hatte der Senat etwa 600 Mitglieder, alle ehemalige Amtsträger.

Stedinger Bauern
Jahrhunderte wurden beiderseits der Weser, nördlich von Bremen, neue Siedler – überwiegend Friesen – angesiedelt, um das dortige Brachland zu kultivieren. Als Anreiz zur Besiedlung erhielten diese umfangreiche Selbstbestimmungsrechte. Bis Anfang des 13. Jahrhunderts entwickelten so die Stedinger Bauern ein wohlhabendes und größtenteils unabhängiges Gemeinwesen. Sie wehrten sich 1204 erfolgreich gegen den Versuch der Bremer Erzbischöfe und Grafen von Oldenburg, Stedingen unter ihren Einfluss zu zwingen. 1232 gelang es dem Bremer Erzbischof den Papst zu einem Kreuzzugsaufruf gegen die Stedinger zu überzeugen. In zwei Kreuzzügen wurde die Stedinger Bauernrepublik 1234 zerschlagen.

Veteranen
Seit der späten Republik bildeten die ausgedienten Soldaten eine besondere Gruppe, da sie ihrem ehemaligen Feldherrn in besonderer Loyalität verbunden waren und im Gegenzug seine Fürsorge erwarteten, in erster Linie die Ausstattung mit Land, um sich eine zivile Existenz aufbauen zu können. In den Bürgerkriegen bildeten die erneut einberufenen Veteranen das Rückgrat der Armeen. In der Kaiserzeit waren die Veteranen durch ein geordnetes Versorgungsverfahren politisch neutralisiert.

Wenden
Bezeichnung für westslawische Stämme, die sich entlang von Elbe und Saale angesiedelt hatten. Aus diesen ging u.a. die Dynastie der Abodriten hervor, die im 11. Jahrhundert im Gebiet des heutigen Mecklenburg-Vorpommern und des nördlichen Brandenburgs gegen Dänen und Deutsche um die Vorherrschaft im südlichen Ostseeraum kämpfte.

Literatur- und Internettipps:

Internet:

Reichhaltiges Bildmaterial zu Augustus findet sich u. a.
http://www.phil.uni-erlangen.de/~p1altar/photo_html/ebene1.html
http://etext.lib.virginia.edu/users/morford/augimage.html

Zur den Funden bei Kalkriese im Zusammenhang mit der Varus-Schlacht 9 n. Chr. sieh u. a.:
http:www.geschichte.uni-osnabrueck.de/projekt/start.html

private Überblicksseiten:
http://www.imperiumromanum.com/
http://www.wcurrlin.de/pages/5.htm

Mittelalter zur Urkundenrecherche:
Deutsche Kommission für die Bearbeitung der Regesta Imperii e.V. bei der Akademie der Wissenschaften und der Literatur Mainz:
http://www.regesta-imperii.de

Editionsreihe Monumenta Germaniae Historica:
http://dmgh.de

Internetportal Manuscripta Medievalia:
http://manuscripta-mediaevalia.de

Literatur:

Antike:

Tilmann Bechert, Römische Archäologie in Deutschland, Stuttgart (Reclam) 2003
Reinhard Wolters, Die Römer in Germanien, München 2000.
Helga Botermann, Wie aus Galliern Römer wurden, Stuttgart 2005.
Klaus Bringmann, Geschichte der Juden im Altertum. Stuttgart 2005
Klaus Bringmann, Römische Geschichte – Von den Anfängen bis zur Spätantike, München 2006..
Werner Eck: Köln in römischer Zeit. Geschichte einer Stadt im Rahmen des Imperium Romanum. Köln 2004.
Herfried Münkler, Imperien. Weltherrschaft vom Alten Rom bis zu den Vereinigten Staaten. Berlin 2005.
Karl-Wilhelm Welwei, Sparta. Aufstieg und Niedergang einer antiken Großmacht. Stuttgart 2005.
Reinhard Wolters, Die Römer in Germanien, München 2004.

Mittelalter:

Hartmut Boockmann, Einführung in die Geschichte des Mittelalters, München 2001 (7. Aufl.)
Arno Borst, Barbaren, Ketzer und Artisten. Welten des Mittelalters, München 1990.
Christoph Cluse (Hg.): Europas Juden im Mittelalter, Trier 2004.
Evamaria Engel/Frank-Dietrich Jacob, Städtisches im Mittelalter. Schriftquellen und Bildzeugnisse, Köln/Weimar 2006.
Edith Ennen, Frauen im Mittelalter, München 1999.
Siegfried Epperlein, Bäuerliches Leben im Mittelalter. Schriftquellen und Bildzeugnisse, Köln/Weimar 2003.
Johannes Fried, Der Weg in die Geschichte. Die Ursprünge Deutschlands bis 1024, Frankfurt a. M./Berlin 1994.
Horst Fuhrmann, Einladung ins Mittelalter, 4. Aufl., München 1989.
Klaus Herbers/Robert Plötz, Nach Santiago zogen sie. Berichte von Pilgerfahrten ans „Ende der Welt", München 1996.
Peter Hilsch, Das Mittelalter – die Epoche. UTB basics, Konstanz 2006.
Maurice Keen, Das Rittertum. Aus dem Engl. übertragen von Harald Ehrhardt, München/Zürich 1987.
Das Mittelalter, von Arnold Bühler, Ulf Dirlmeier, Harald Ehrhardt, Bernd Fuhrmann, Wilfried Hartmann, Edgar Hösch, Uri R. Kaufmann, Hans-Rudolf Singer, Darmstadt 2004.
Detlev Kraack, Das Mittelalter. Quellentexte und Materialien. Reihe Tempora, Leipzig 2007.
Ernst Pitz, Lust an der Geschichte. Leben im Mittelalter: Ein Lesebuch, München/Zürich 1990.
Folker Reichert, Erfahrung der Welt. Reisen und Kulturbegegnung im späten Mittelalter, Stuttgart 2001.
Bernd Schneidmüller/Stefan Weinfurter (Hrsg.), Heilig – Römisch – Deutsch. Das Reich im mittelalterlichen Europa, Dresden 2006.
Hans K. Schulze, Vom Reich der Franken zum Reich der Deutschen. Merowinger und Karolinger, Berlin 1994.
Hans K. Schulze, Hegemoniales Kaisertum. Ottonen und Salier, Berlin 1994.
Ferdinand Seibt, Glanz und Elend des Mittelalters. Eine endliche Geschichte, Berlin 1987.
Peter Spufford, Handel, Macht und Reichtum. Kaufleute im Mittelalter, Darmstadt 2004.
Stefan Weinfurter, Canossa. Die Entzauberung der Welt, München 2006.
Herwig Wolfram, Das Reich und die Germanen. Zwischen Antike und Mittelalter, Berlin 1994.

Filmtipps:

Filmklassiker Antike:
Konstantin der Große (Italien 1960)
Quo Vadis (USA 1951)
Kampf um Rom (Deutschland/Italien/Rumänien 1968)

Mittelalter allgemein:
Europa im Mittelalter (zweiteiliger Dokumentarfilm, Deutschland 2004)
Alexander Newski (UdSSR 1938)
Der Name der Rose (Deutschland/England/Frankreich 1986)
Johanna von Orleans (Frankreich/USA 2000)
Die Kreuzritter/Krzyzacy (Polen 1960)

Mittelalter „Made in Hollywood":
Ivanhoe (USA 1952)
Prinz Eisenherz (USA 1954)
Braveheart (USA 1995)
First Knight (USA 1995)
Königreich der Himmel (USA 2005)
El Cid (Italien 1961)
Robin Hood – König der Diebe (USA 1991)

Filmliteratur:

Mittelalter im Film, hrsg. von Christian Kiening/Heinrich Adolf, 2006
Antike und Mittelalter im Film. Konstruktion – Dokumentation – Projektion, hrsg. von Mischa Meier/Simona Slanicka, Köln 2007.

Personenregister

Abd ar-Rahman I. 205
Abd ar-Rahman II. 205
Abu Bakr 162
Adalero von Laon 134, 141
Adolf II. von Holstein (Graf) 225, 239
Adrian 125
Affan, Otman ibn (Kalif) 163, 164
Agricola 82
Agrippa 71
Ailly, Pierre d' 105
Albrecht von Brandenburg (Hochmeister) 192
Al-Chattab, Omar ibn (Kalif) 163
Alexander der Große 61
Alexander III. 176
Alexios I. Komnenos 165, 166
Alexios IV. 170, 171
Alkibiades 27, 31, 35, 46
Alkuin 130, 155
Antonius, Marcus 62, 63
Arcadius 102
Aristides, Publius Aelius 85
Aristophanes 34, 45, 47, 37
Aristoteles 15, 17, 22, 23, 43, 46, 105
Athene (Göttin) 44, 65
Augustus (Gaius Iulius Caesar Octavius) 62, 68–74, 82, 103

Bardakoglu, Ali 171
Becket, Thomas 201
Benedict XVI. 171
Benedikt von Amiane 146
Benedikt von Nursia 146
Bismarck, Otto von 192, 197
Bonifatius, Winfrid 125, 146, 147, 154
Brutus, Marcus 62, 72
Burchard von Worms 141

Caesar, Gaius Iulius 51, 55, 61–65, 70, 75, 103, 133
Caesar, Gaius Lucius 71
Caligula (Gaius Iulius Caesar Germanicus) 69
Calixtus II. 153
Cassius Longinus, Gaius 62, 72
Chlodwig 99, 115, 116, 123, 124, 145, 260
Cicero, Marcus Tullius 49, 50, 53, 56–58, 62, 64
Claudius 75
Clemens II. 260

Diokletian 95, 96
Domitian 75

Eike von Repgow 141, 223, 224, 262
Einhard 124, 125
Ephialtes 20, 48
Eugen III. (Papst) 167

Ferdinand II. von Aragon 206
Ferdinand III. von Kastilien 205
Franz II. 103
Friedrich (= Dietrich Holzschuh) 257
Friedrich I. Barbarossa 174–177, 183, 203, 207, 226, 231, 253–259, 261
Friedrich II. (Kaiser) 177–179, 187–191, 194, 207, 212, 239, 240, 253–258, 261, 262
Friedrich II. (Preußen) 193

Gelasius I. (Papst) 122
Gelon von Syrakus 12, 14
Gracchus, Gaius 60
Gracchus, Tiberius 59, 60, 103
Gratian 100, 101
Gregor I. der Große 146, 154
Gregor VI. 151
Gregor VII. (Hildebrand) 152, 153, 157, 159, 175, 260, 261
Gregor von Tours 123
Grimm, Jakob und Wilhelm 91, 258
Gutenberg, Johannes 262

Hadrian 75, 83
Hannibal 52, 103
Heine, Heinrich 258
Heinrich (VII.) 178, 187, 240, 261, 262
Heinrich der Löwe 167, 176, 177, 183, 85, 201, 239, 261
Heinrich I. Beauclerk (der Gelehrte) 200, 201
Heinrich II. 150, 176, 201
Heinrich III. 151, 199
Heinrich IV. 151–153, 159, 175, 183, 184, 245, 260, 261
Heinrich V. 153, 59, 175
Heinrich VI. 171, 177, 186, 202, 203, 261
Heinrich VII. (von Luxemburg) 262
Helmold (Helmut) von Bosau 129, 225, 239
Hermann von Salza (Hochmeister) 190, 197
Herodes 81, 123
Herodot 8, 9
Hildegard von Bingen 141
Hitler, Adolf 255
Homer 9
Hugo von Cluny 151, 153

Innozenz III. 108, 177, 202
Innozenz IV. 247, 253
Isabella von Kastilien 206

Jakobus, Santiago Matamoros (Apostel) 205
Jesus Christus (von Nazareth) 9, 76, 91–93, 95, 100, 103, 105, 110, 133, 155

Johann (ohne Land/Ohneland) 202, 210, 212, 261
Johannes XII. 120
Justinian I. 99, 116, 117, 122, 260

Kallias 31, 39, 48
Karl der Große 108, 116, 118–120, 124–126, 129–131, 140, 146, 221, 253, 260
Karl IV. 238
Kleisthenes 18, 48
Kleon 28, 45, 48
Kleopatra 62
Kohl, Helmut 131
Kolumbus, Christoph 262
Konrad II. 260
Konrad III. 261
Konrad IV. 262
Konrad von Masowien 190
Konrad von Zähringen 240
Konstantin I. (der Große) 96, 97, 103, 104, 112
Konstantin V. 117
Kopernikus, Nikolas 105

Leo III. 118, 125, 126, 260
Lepidus, Marcus 62, 63, 72
Lincoln, Abraham 88
Livia Drusilla 71
Lothar I. 120
Lothar III. 176, 185
Ludwig (der Fromme) 118, 126, 260
Ludwig IV. von Bayern 262
Ludwig IX. 200
Lykurg(os) 22

Mark Aurel 75
Martell, Karl 116, 163, 205, 260
Mirandola, Pico della 105
Mohammed 162–164, 260
Mu'awiya 163

Napoleon Bonaparte 31, 254
Nero 69
Newski, Alexander 190, 196

Otto I. (der Große) 119, 120, 127, 149, 160, 260
Otto II. 120, 128
Otto III. 120, 121, 128
Otto IV. 261

Paschalis II. 153, 159
Paulus (Apostel) 79, 123, 160
Peisistratos (aus Brauron) 18, 22
Perikles 19, 20, 21, 25, 30, 32, 33, 45, 48
Petrus (Apostel) 113, 123, 125, 126, 154
Philipp II. Augustus (Frankreich) 200, 202, 261

Personenregister

Pilatus, Pontius 91, 92
Pippin (III.) 117, 118, 124, 125, 260
Plancia Magna 83, 84
Platon 105
Polybios 16, 55
Pompeius, Gnaeus 61, 62, 64, 70, 72, 79
Ptolemäus (Ptomlemaiost), Claudius 106
Pyrrhos 52

Richard I. Löwenherz 202, 261
Roger II. (Normannenkönig) 203
Romulus Augustulus 260
Rückert, Friedrich 258
Rudolf I. von Habsburg 178, 262
Rudolf von Rheinfelden 153, 175

Saladin (Sultan) 170
Septimus Severus 95
Sokrates 13, 24, 26, 46
Solon (genannt Diallaktes) 17, 48

Stephan II. 131
Sulla, Lucius 51, 60, 103
Sylvester I. 124

Tacitus 72, 82, 133, 139
Tahib, Ali abi 163
Tertullian 122
Thales aus Milet 8
Themistokles 12, 20, 38
Theoderich 122, 130
Theodosius I. 97, 100–102, 104, 112
Theophanes 126
Theophanu 120, 128
Theseus 12, 14, 16
Thietmar von Merseburg 128, 157
Thykydides (Sohn des Melesias) 20, 41, 45
Titus 82, 85, 112
Trajan 75, 76, 79, 86, 103

Urban II. 166, 169, 261

Valens 98
Valentinian II. 102
Valerian, Publius Licinius 95
Vergil 90
Vespassian, Titus Flavius 82, 85
Vladimir (Großfürst von Kiew) 260

Waldemar I. der Große 207
Wenzel (König) 238
Widukind (von Corvey) 127
Wilhelm I. 254, 259
Wilhelm II. (der Eroberer) 161, 169, 193, 197, 200

Xerxes 12

Sachregister

Aachener Pfalz 126, 127
Abbasiden (Dynastie) 163
Ablass(handel) 165
Adelsgesellschaft, mittelalterliche 135, 136
Agrarkrise, spätmittelalterliche 235
Akkon 166, 190, 262
Akropolis 9, 15, 22–24, 31, 33, 41
Al-Andalus (muslimisches Gemeinwesen) 163, 205
Alexandria 81, 94, 113
Allmende (Nutzfläche) 213
Allod (Eigengut) 134, 135
Alltagskultur (Mittelalter) 106
Almohaden (muslimische Macht) 163
Almoraviden (muslimische Macht) 163
Altar des Augustusfriedens (Ära Pacis Augustae) 71
Amerika (Entdeckung 1492) 262
Amtmänner 132
Angevinische Herrschaft (England) 200–202, 210
Anjou-Plantagenet (angevinisches Königtum 1154–1399) 201
Annales Regni Francorum (fränkische Reichsannalen) 124, 125
Annexion, amerikanische 89
Annuitätsprinzip 51
Antichrist 253
Antijudaismus 86
Antike (griechische Welt) 8–48

Antiochia (Syrien) 94, 113, 166, 169
Apoikie(n) (koloniale Siedlungen) 9, 10, 41
Apostel 79, 100, 113, 120, 122, 123, 125, 147
Archontat/Archonten 21–23, 48
Areopag 17, 20
Arianer 98, 114, 115
Athen 8–48, 66
Attika 11, 12, 18, 29, 31, 37, 40, 41
Attische Demokratie 8–48
Attischer Seebund (478 v. Chr.) 15, 27, 33, 39, 41–43, 48
Aufklärung 132, 136, 168
Augustus-Mausoleum (Marsfeld) 73
Auswanderung 10, 225
Autochthrone (Ureinwohner) 27
Auxiliareinheiten 79, 80

Babylon 81
Bar-Kochba-Aufstand (1b 1323 n. Chr.) 112
Bauern/Bäuerliches Leben 75, 140, 213–227
Bauernkrieg (1525) 254, 258
Benediktinerregel (Ora et labora) 146, 150
Bevölkerungsgruppen (5. Jh.) 31
Bevölkerungswachstum (11.–14. Jh.) 216, 217, 229
Bibliotheken 77, 147, 148, 157, 205

Binnenkolonisation 216, 217
Buchdruck (Erfindung 1440/1450) 106, 262
Buchreligion 81, 145
Bundesbrief (Schweizer Eidgenossenschaft) 262
Bundesgenossenkrieg (91–88 v. Chr.) 68
Bundeskasse auf Delos (478 v. Chr.) 48
Bürgerkrieg (Römisches Reich) 60–62, 64, 69, 75
Bürgerrecht, römisches 78–80, 82, 90
Burzenland (Ansiedlung) 190
Byzantinisches Reich/Byzanz 42, 98, 103, 104, 116–118, 120, 122, 125, 131, 162, 163, 165, 166, 203, 207–212, 261, 262

Canossa (Bußgang Heinrich IV. 1077) 152, 153, 260
Celsus-Bibliothek (Ephesos) 77
Christentum 93–102, 104, 109, 113–115, 123, 145–147, 154, 173, 191, 206
Christenverfolgungen 9, 97, 103, 112, 114
Christianisierung (Russland) 260
Christianisierung 81, 145–161, 206, 260
Christogramme 100
Cluny (burgundische Abtei, 909) 150, 151, 157
Consuetudines 150
Cordoba (Emirat/Kalifat) 131, 132, 163, 205

Sachregister

Demagogen/Demagogie 20, 27, 28, 33, 34, 47
Demen/Demos/ 19, 27, 31
Demenreform 19
Demokratie, radikale (Ephialtes 462/461 v. Chr.) 20, 29, 48
Deutscher Orden (Ritterorden) 179, 190–198, 262
Deutsches Reich (Gründung 1870/1871) 254, 255
Diaspora (Zerstreuung) 81, 84
Dictatur/Dictatoren 50, 51, 60–62, 64, 68, 70, 73, 103
Dictatus papae (1075) 157
Dikasterien (Richterkollegien) 17, 21
Dionysos-Kult 15, 28
Djihad 172, 173
Dokimasie (Überprüfung) 22, 23
Domesday Book (Buch des Jüngsten Gerichts) 200, 210
Donatisten 114
Doppelwahl (nordalpines Reich 1198) 177, 261
Dorf/Dorfgemeinschaft 217–220
Dreifelderwirtschaft, 213, 214
Dreißigjähriger Krieg (1618–1648) 254
Drei-Stände-Lehre 133, 134, 141
Dritter Kreuzzug (1190–1193) 170, 190, 202, 261

Eigenkirchen/Eigenklöster 149, 156
Epidemien (Spätmittelalter) 219, 220, 226, 235, 262
Erbmonarchie 177, 182, 199
Erbrecht 119, 153, 169, 187, 244
Erbreichsplan (Heinrich IV. 1196) 186, 187, 261
Erklärung der Menschen- und Bürgerrechte (1789) 143
Erster Kreuzzug (1096–1099) 165, 170, 261
Erster Thorner Frieden (1411) 191
Erster Weltkrieg 193, 255
Expansion, osmanische (Spätmittelalter) 145
Expedition des Mardonios 10

Fahnlehen (weltliche Große) 138
Fatimiden (Dynastie) 164
Fernhandel 231, 236
Feudalismus/Feudalisierung 132, 133, 135, 141, 199
Flagellanten (Selbstgeißler) 220
Flurzwang 213, 214
Frankenreich 103, 104, 109, 115–119, 126, 127, 129, 134, 146, 260
Französische Revolution (1789) 132, 136, 143
Freiheitsbegriff (libertanes) 136
Fremdherrschaft, napoleonische 254
Fron(dienste) 215, 216
Fronhof(verbände) 215–218, 221–223

Frühe Neuzeit (Übergang) 106
Frühmittelalter 145–161
Fugger (Dynastie) 235

Gefolgschaftsverbände 134
Gefolgschaftswesen 133, 139
Gefolgschaftswesen, germanisches 136
Geldwirtschaft 216, 247
Gemeinwesen 49, 51, 54, 66, 69, 70, 72, 133, 178
Gerichtsversammlung 21, 26
Geschichtsschreibung (Historie) 8
Gesta Romanorum (um 1300) 107
Gewerbe (Stadt) 235, 236
Goldbulle von Rimini (1226) 261
Goldene Bulle (1356) 186, 262
Goten/Gotenreich 98, 100–102, 114, 115, 122, 205, 206,
Gottesgnadentum 98, 132, 134, 136
Granada (letztes muslimisches Teilreich) 164, 206
Großes abendländisches Schisma (1378–1417) 262
Grundherr(schaft) 135, 214–218, 221–223, 229

Handel (Stadt) 235, 236
Handelsgesellschaften, frühkapitalistische 236–238
Handelsnetz (Entstehung) 236
Handwerker/Handwerksberufe 229, 233–238
Hanse 236–238, 262
Häresien 113, 114
Häretiker 114, 122, 165, 167
Hausmeier 116, 117
Hauswirtschaft 213, 214
Hedschra 162, 260
Heeresaufstellung/Heeresfolge 139, 140
Heidenkampf 191
Heiliges Land 165–168
Heilsplan, göttlicher 105
Herrenfall (Tod des Lehnsherrn) 137
Herrschaftsauffassung, germanische 111, 115, 122
Herrschaftsformen, griechische 16
Herzogtum, weltliches 192
Hochmittelalter (11.–13. Jh.) 174–212
Hospital 190, 191, 194, 242, 252
Hufenland 215, 216
Hundertjähriger Krieg (1337–1453 England/Frankreich) 262
Hungersnot (Spätmittelalter) 218

Iberische Halbinsel 205, 206
Ikonenverehrung 117
Ikonoklasten (Bilderzerstörer) 114
Imperium Romanum 75–92
Incarnation (Fleischwerdung Christi) 116
Indirekte Herrschaft 52, 90
Innovationen, technische 213

Interregnum (königlose Zeit 1256–1273) 262
Investiturstreit 151–153, 260, 261
Ionischer Aufstand (500–494 v. Chr.) 10, 48
Islam 104, 162–173, 205, 206
Italienzüge (Hochmittelalter) 174

Jakobinerherrschaft (1793/94) 67
Jerusalem 81, 85, 166, 212, 254, 261
Judäa 79, 81
Judenmission 93
Judentum 79–81, 85, 86, 91, 92, 122, 145, 236
Jüdischer Krieg 79, 81, 85
Jungfrauenspiegel (Speculum Virginium, um 1140) 219

Kaaba (islamisches Heiligtum) 162
Kaiseridee, römische 111
Kaiserkult 77, 80, 81, 83
Kaiserproklamation (Versailles 1871) 192, 193
Kaisertum (Abendland) 118, 119
Kaisertum (Ottonen) 119, 120
Kalifat, islamisches 162, 163
Kandidaten 50, 54, 151, 153, 175
Kapetinger (Herrschaft) 199, 200
Karolinger 116–119, 124, 139
Karrieremuster, geistliche 147
Karthago/Karthager 12, 14, 33, 55, 86, 94
Kaufmannsgilden (seit 11. Jh.) 232
Kinderkreuzzug (1212) 168
Kirche (Rolle Frühmittelalter/in der mittelalterlichen Gesellschaft) 113, 122, 123, 145–161
Kirchengeschichte 114
Kirchenreform (10./11. Jh.) 150, 151
Klienten 49, 50, 62
Kloster(gründungen) 146, 147, 149, 221, 229, 260
Kolonisation, griechische 9, 48
Kommunion/Exkommunion 105
Königsboten (missi dominici) 132
Königtum (regnum) 149, 151
Konstantinopel (Eroberung 1204) 170, 204, 207, 208, 260 262
Konstitutionen von Clarendon (1164) 201
Konzil von Chalkedon (451) 114
Konzil von Konstantinopel (680/81) 114
Konzil von Lyon 178
Konzil von Nikaia (325) 114
Konzil von Nikaia (Zweiter 787) 114
Konzil zu Konstanz (1414–1418) 262
Koran 162, 164, 172
Kreuzfahrer 165, 166, 168–170, 208
Kreuzfahrerstaaten (1098–1110; Vorderer Orient) 166, 261
Kreuzzug (1228/29 Friedrich II.) 253, 261
Kreuzzüge 164–173, 177, 261
Krönungsordnung (14. Jh. Karl der Große) 129

269

Sachregister

Kronvasallen 199, 209
Kurfürsten 182, 183
Kyffhäuserbund 254, 255
Kyffhäuser-Mythos 257–259

Laie 93, 114, 139, 149, 156, 157, 159, 176, 184, 185
Laieninvestitur 149, 151, 152
Landesausbau (Deutscher Orden) 190, 191
Landesherrschaft (Hochmittelalter) 182
Landflucht 219, 229
Landleihe 134, 136
Landwirtschaft 213, 214
Langobarden(reich) 99, 111–118, 131
Lateinisches Europa 113, 116, 117, 129, 168
Lateinisches Kaiserreich (1204–1261) 204, 208, 261
Lebenslauf des Menschen (Mittelalter) 105 107
Lebensverhältnisse (land) 218
Legitimität 68, 70
Lehnsleute 132, 182
Lehnswesen/Lehnsrecht 104, 132–144, 182, 199
Leiturgie(n) 28, 29, 34–36
Ligische Lehen 138
Limes (Grenze) 79
Lincoln-Sitzstatue 88
Litauerzüge (Deutscher Orden, um 1386) 190
Lombardischer Städtebund (1167) 203, 238
Luxuria (Kirchenreichtum) 149

Magna Charta Libertatum (1215) 202, 210, 211, 261
Mainzer Landfriedensgesetz/Reichslandfrieden (1235) 178, 262
Makedonien (Provinz) 63, 89, 103
Mannfall (Tod des Lehnsmannes) 137
Marienburger Tressler-Buch (um 1400) 191, 195
Markt- und Münzrecht 228
Markt/Märkte 216, 229, 230
Mediatisierung 182
Medina 162, 260
Mehrfachvasallität 138
Meier (Amtsträger Fronhof) 215, 218
Mekka 162–164, 260
Merowinger 115, 116, 124
Metoiken/Metöken 29, 31, 32, 34
Ministerialität/Ministeriale 136, 179, 183
Missernten (1315–1317) 218
Missionierung 146, 147
Mittelalter 104–266
Mittelalterkrise 220–227
Mittelmeerraum (Dreiteilung) 104
Monarchie des Augustus 68–75

Monarchie, französische (Aufstieg) 199, 200, 209, 210
Monarchien, christliche (Skandinavien/Ostmitteleuropa) 206, 207
Mönchsleben 1146, 147, 158
Mönchtum, benediktinisches 146
Mönchtum, iro-schottisches 146, 147, 150
Monophysiten 114
Monotheismus 80, 145
Monotheleten 114
Monroe-Doktrin (1823) 89
Monte Casino (Gründung Benediktinerkloster, 529) 146
Moslem(s) 151, 173
Muslime 116, 162–173, 205, 212, 262

Nationalsozialismus/Nationalsozialisten 46, 193, 212, 255, 256
Naturkatastrophen (Spätmittelalter) 218–220, 225
Nobilität/Nobiles 49–52, 59, 62, 64, 75, 103

Oligarchie 16, 22–24, 34, 36, 39, 47, 65
Olympia/Olympiasieg 31, 35
Omaijaden (Dynastie) 163
Ordensstaat 190–193
Orthodoxe (Rechtsgläubige) 114, 116
Ostfränkisches Reich 199, 260
Ostkolonisation 214, 217, 232
Ostrakismós (Scherbengericht) 19, 20
Oströmisches Reich 104
Ostseeimperium (Zerschlagung) 207
Ostsiedlung 216, 217, 225, 226
Ottonen(herrschaft) 119, 120, 205, 229

Panzerreiter, fränkischer 134, 135
Papsttum (sacerdoticum) 99, 109, 116, 117, 145, 151–153, 159, 167, 174–176, 178, 203
Parlamentarismus 202
Parthenon 9, 33
Pater familias 50
Patricius (Hoftitel) 117
Patrimonium Petri 203
Patrizier 51, 59, 73, 159, 234
Pax Americana 88–90
Peiristratiden 18, 22, 48
Peloponnesischer Krieg (431–404 v. Chr.) 25, 40–48
Perserreich/Perserkriege (bis 449) 8, 10–14, 33, 38, 39, 42, 43, 48
Personenverbandsstaat 133
Pest(epidemien) 104, 218, 220, 226, 235, 236, 262
Phylen (Stämme) 17, 19, 20, 23, 32
Phylenordnung (Solon) 18, 48
Piräus 15, 21, 27, 29, 37, 38, 44
Plebeier/Plebejer 51, 59, 103
Polis/Poleis 10–48
Pont du Gard (Südfrankreich) 78

Preußen/Prussen 179, 190–197, 217
Princeps 70, 72, 103
Prinzipat 70–72
Privileg von Speyer (Judenprivileg 1090) 244, 245
Propheten 100, 123, 162–164, 172
Prytanen/Prytanie 20, 21, 23, 32, 33

Ramadan (islamisches Fasten) 164
Rat der 400 17
Rat der 500 (Bulé) 20
Rationalismus 8, 13
Reconquista (Rückeroberung) 163, 205
Reformation (ab 1517) 106, 192
Reformkirche 149, 179
Regnum Italicum 120
Reich/Reichsidee 111–131
Reichsaristokratie 76
Reichsfürstenstand, jüngeres 138
Reichsidee, frühmittelalterliche 111–113
Reichskirche, fränkische (Herausbildung) 147
Reichskodifikation (621 v. Chr.) 48
Reichsverwaltung (Konstantin) 98, 141
Reiseherrschaft 134
Renovatio Imperii (Reform Ottos III.) 128
Res populi (Gemeinwohl) 54, 66
Res publica (Gemeinwesen) 49, 51, 54, 66, 69, 70, 72
Rheinischer Städtebund (1381) 262
Rodung/Rodungsland 216
Römische Fastensynode (1075) 152, 260
Römische Republik 49–103
Römisches Recht 174
Romzug (Hochmittelalter) 174
Rutenbündel (fasces) 49

Sachsen 147, 154, 183, 224
Sachsenmission (796) 155
Sachsenspiegel (1216–1235) 141, 142, 223, 224, 262
Salier/Salische Herrschaft 151, 175–178, 260
Salland 215, 216
Sankt Gallen (Kloster) 147, 148, 248, 250
Schatzamt (Exchequer) 200
Schiiten 163
Schisma (seit 1054) 152, 208, 260
Schlacht an der Milvischen Brücke (312) 96, 97
Schlacht auf dem Peipussee (1242) 190
Schlacht bei Bouvines (1214) 177, 210, 261
Schlacht bei Grunwald/Tannenberg (1410) 191, 193, 195, 198, 262
Schlacht bei Salamis (480 v. Chr.) 12, 48
Schlacht bei Tours und Poitiers (732) 116, 163, 205, 260
Schlacht von Bornhöved (1227) 207
Schlacht von Cannae (216 v. Chr.) 52
Schlacht von Hastings (1066) 201

Sachregister

Schlacht von Marathon 11, 27
Schlacht von Philippi (42 v. Chr.) 62
Schulze (Dorfvorsteher) 218
Schwäbischer Städtebund (1376) 248, 262
Schwertleite 176
Seldschuken 164, 165, 167, 208
Seleukidenreich 103
Seuche(n) 48, 108, 218
Siedlungsräume (Mittelalter) 104
Simonie (Ämterkauf) 149
Sizilische Expedition (415-413 v. Chr.) 48
Sklaven(arbeit) 13, 15, 24, 29, 30, 34, 37, 44, 63, 72, 108, 111, 198, 245
Soziale Mobilität 134
Sparta/Spartaner 38-45, 48
Spätantike 93-103
Spätmittelalter 218-227
Staatlichkeit (Regionalisierung der Strukturen) 133
Stadt/Städtisches Leben 77, 82, 213-227
Städtebünde 236-238, 248-250
Stadtfreiheit (Stadtluft macht frei) 228, 232, 233
Stadtherren 231, 232
Stadtmauer (Kennzeichen der Städte) 230
Stadtpläne 251, 252
Stadtrecht 232, 233, 239-243
Stadtrepubliken 236-238
Stadttypen 232, 233
Stammesrecht, sächsisches (um 1230) 224
Stände (Entstehung) 133
Standesbewusstsein 135, 136, 243
Stauferherrschaft (1138-1152) 175-178, 238, 261
Steinbauten (Stadt) 230, 231
Stellenschacher 149

Steuerpächter (System) 52
Styliten (Säulenheilige) 94
Subsidiaritätsprinzip 77
Sultanat (Abschaffung) 164
Sunna (islamische Glaubensquelle) 164
Sunniten 163
Suren (Korankapitel) 164, 172
Synagoge(n) 81, 93, 244, 246
Synode von Sutri (1046) 151, 260
Synoden 97, 145, 151, 152, 156, 159, 166

Territorialisierung 182
Teufelsaustreiber 105
Timokratische Ordnung 48
Titusbogen (Relief) 81
Toleranzedikt von Mailand (313) 97
Topografie 230
Treueid (Lehe) 136, 137
Triumvirat (43-33 v. Chr.) 63, 68, 69
Tyrannis (illegitime Herrschaft) 12, 18, 22-24, 48, 62, 68
Tyrannis der Peisistratiden 18

Untergangsängste (Mittelalterkrise) 220
Urbanisierung 77, 82
Urkunde, mittelalterliche 180, 181

Vandalen 98, 99, 114, 115, 260
Varusschlacht (9 n. Chr.) 70
Vasallität/Vasallen 136, 138, 143, 199
Verchristlichung der Gesellschaft 104
Verfassungsreform (Kleisthenes) 18
Verlagssystem 235
Verleger (Unternehmer) 235
Veroneser Städtebund (1164) 203, 238
Verweltlichung (Kirche) 148-150
Vierter Kreuzzug (1202-1204) 166, 204, 208

Villici (Leiter der Fronhöfe) 215
Villikationssystem 215
Villikationsverfassung 216
Vogtei/Vögte 140, 141, 149, 156, 159, 186-188, 194, 240, 241, 243
Völkerwanderung 111
Volkstribune 51, 53, 54, 59, 60, 69
Volksversammlung (Ekklesia) 17-22, 27, 31-34, 45, 47, 60, 66, 69
Vulgarrecht 99

Wahlmonarchie 199
Wallfahrt(en) 164, 165
Wehrverfassung 134, 136
Welfisch-staufischer Thronstreit 207
Weltbild, geozentrisches 105, 106
Weltbild, heliozentrisches 105
Weltbild, mittelalterliches 104-110
Wendenkreuzzug (1147-1149) 167, 261
Westfränkisches Reich 132, 199, 260
Weströmisches Reich 104, 107, 215, 260
Wikingerzüge (9. Jh.) 199
Wirtschafts- und Verfassungsreform (Solon) 17
Wormser Konkordat (1122) 261
Wüstungen (verlassene Dörfer) 219

Zehn republikanische Gebote (1793(94) 67
Zeitphänomen (Mittelalter) 105-107
Zepterlehen (geistliche Fürsten) 138
Zeugiten 17, 48
Zölibat 149
Zünfte 233-236, 247
Zweiter Kreuzzug (1147-1149) 167, 261
Zweiter Thorner Frieden (1466) 191
Zweiter Weltkrieg 193, 196, 197, 255

Bildnachweis

Umschlag: Interfoto, München;
8.1: Scala, Antella (Firenze);
9.2: Getty Images, München;
9.3: Interfoto, München;
12.5: AKG, Berlin;
12.6: Hirmer Verlag, München;
13.9 Vorderseite: ullstein bild (Granger Collection), Berlin;
13.9 Rückseite: aus: Die Griechische Münze, Peter R. Franke/ Max Hirmer;
15.1: aus: Griechische Kunst, John Boardman, vgl. Berve-Gruben, Griechische Tempel und Heiligtümer;
16.2: BPK (Herbert Kraft), Berlin;
17.3: Bridgeman Art Library, London;
18.4: BPK (BPK 18.999), Berlin;
24.11: Scala, Antella (Firenze);
26.13: Gianni Dagli Orti/Corbis Stockmarket, Düsseldorf;
26.14: Bridgeman Art Library, London;
27.1: Martin von Wagner Museum der Universität Würzburg, K. Öhrlein;
30.2: BPK, Berlin;
33.8: ullstein bild, Berlin;
36.17: AKG (Erich Lessing), Berlin;
41.2: Scala, Antella (Firenze);
44.9 li: ullstein bild (Granger Collection), Berlin;
44.9 re: ullstein bild (Granger Collection), Berlin;
45.13: BPK, Berlin;
46.14: aus: Griechische und römische Porträts, Susan Walker, Reclam, Ditzingen;
49.1: BPK (Staatsbibliothek zu Berlin), Berlin;
53.4: aus: Henner von Hesberg, Römische Grabbauten. Darmstadt: Wissenschaftliche Buchgesellschaft 1992;
54.8: Scala, Antella (Firenze);
57. o: Corbis (Araldo de Luca), Düsseldorf;
58: Universitäts-Bibliothek, Kassel (Sign. 4 o MS. PHILOL. 3, 2 R);
59.1: Numismatische Bilddatenbank Eichstätt;
60.2: British Museum, London;
61.3: AKG, Berlin;
61.4: AKG (Peter Connolly), Berlin;
62.5: Bildarchiv Steffens (Dietmar Riemann), Mainz;
64.7: Koppermann, 1974.1565, DAI, Rom;
67.4: BPK (RMN/Bulloz), Berlin;
69.1: AKG, Berlin;
71.3: ullstein bild (Roger Viollet), Berlin;
73.7: Henner von Hesberg;
75.1: Rheinisches Landesmuseum, Trier;
77.3: AKG (Henning Bock), Berlin;
78.4: Mauritius, Mittenwald;
80.6: Archäologische Staatssammlung (M. Eberlein), München;
81.7: AKG, Berlin;
84.14: www.HolyLandPhotos.org;
86.17: Numismatische Bilddatenbank Eichstätt;
88.1: ullstein bild, Berlin;
90.4: Klett-Archiv, Stuttgart;
91.1: AKG (Erich Lessing), Berlin;
92.2: ullstein bild (KPA), Berlin;
94.1: AKG (Jean-Louis Nou), Berlin;
97.3: Picture-Alliance (dpa/Hermann Wöstmann), Frankfurt;
100.6: AKG (Erich Lessing), Berlin;
102.11: Bridgeman Art Library, London;
106.1: aus: Die Welt des Mittelalters, Belser, Stuttgart;
110.10: ullstein bild, Berlin;
117.4: Corbis (Archivo Iconografico), Düsseldorf;
118.5: AKG, Berlin;
118.6: AKG (Erich Lessing), Berlin;
120.8: AKG, Berlin;
121.21: ullstein bild (Archiv Gerstenberg), Berlin;
124.14: ullstein bild, Berlin;
128.20: RMN, Paris;
130.2 o: Enzo Biagi, La storia d'italia a fumetti, Arnoldo Mondadori Editore;
130.2 u: Enzo Biagi, La storia d'italia a fumetti, Arnoldo Mondadori Editore;

133.1: BPK, Berlin;
135.2: Württembergische Landesbibliothek (Joachim Siener), Stuttgart;
142.11: BPK, Berlin;
147.1: AKG, Berlin;
148.2 li: AKG, Berlin;
148.2 re: Klett-Archiv (Lutz-Erich Müller), Stuttgart;
150.3: Bridgeman Art Library (Jean Loup Charmet), Berlin;
152.4: AKG, Berlin;
153.5: BPK, Berlin;
154.6: AKG, Berlin;
157.16: Dr. Ludwig Reichert Verlag, Wiesbaden;
160.23 a: Dom-Museum Hildesheim, Hildesheim;
160.23 b: Interfoto, München;
161.23 c: Wikimedia Foundation Inc.;
162.1: Picture-Alliance, Frankfurt;
165.3: Corbis (Annie Griffiths Belt), Düsseldorf;
168.5: aus: Otto der Große, Magdeburg und Europa, Verlag Philipp von Zabern, Mainz;
169.9: BPK, Berlin;
171.14: Corbis (Reuters/Anatolian), Düsseldorf;
175.1: ullstein bild (Schellhorn), Berlin;
176.2: Interfoto, München;
177.3: AKG, Berlin;
179.4: AKG, Berlin;
180.5: Interfoto, München;
181.6: ullstein bild (Schellhorn), Berlin;
183.7: BPK, Berlin;
187.13: AKG, Berlin;
191.1: Corbis (Bettmann), Düsseldorf;
193.3: Süddeutscher Verlag (KPA/Hackenberg), München;
195.7: AKG (Erich Lessing), Berlin;
198.12: avatra images (Peter Widmann), Emmering;
201.1: Interfoto, München;
201.2: AKG (Britsh Library), Berlin;
203.3: Burgerbibliothek, Bern;
206.5: Corbis (Alfredo Dagli Orti), Düsseldorf;
211.12: Getty Images (Mansell Collection), München;
219.4: aus: Jungfrauenspiegel, 3.Band, Herder Verlag Freiburg Band 30/3, Jutta Seyfarth;
220.5: AKG, Berlin;
222.8: AKG, Berlin;
224.10: AKG, Berlin;
225.10 h: Universitätsbibliothek, Heidelberg;
225.10 i: AKG, Berlin;
226.14: ullstein bild (Granger Collection), Berlin;
231.4: Corbis (Sandro Vannini), Düsseldorf;
232.5: Interfoto, München;
232.6: Interfoto, München;
234.7: AKG, Berlin;
236.8: Staats- und Universitätsbibliothek Hamburg, Cod. hebr. 37, 27R;
237.9: AKG (Bildarchiv Monheim), Berlin;
238.10: stockmaritime.com (Jan-Frederik Waeller), Hamburg;
239.12: Interfoto, München;
244.18: AKG, Berlin;
246.21: AKG, Berlin;
247.24: AKG, Berlin;
248.26: Picture-Alliance (90100/KPA/HIP), Frankfurt;
253.1: ullstein bild (Granger Collection), Berlin;
255.2: aus: F. Weigend, B. Baumunk, T. Brune, Keine Ruhe im Kyffhäuser. Konrad Theiss Verlag Stuttgart;
256.3: aus: F. Weigend, B. Baumunk, T. Brune, Keine Ruhe im Kyffhäuser. Konrad Theiss Verlag Stuttgart;
257.4: Bridgeman Art Library, Berlin;
258.7: Interfoto, München;
259.15: Picture-Alliance (ZB/dpa/Bernd Settnik), Frankfurt;

Nicht in allen Fällen war es uns möglich, den Rechteinhaber der Abbildungen ausfindig zu machen. Berechtigte Ansprüche werden selbstverständlich im Rahmen der üblichen Vereinbarungen abgegolten.

Europa um 1400

- KGR. SCHOTTLAND
- Irland
- KGR. ENGLAND
- London
- KGR. NORWEGEN
- KGR. SCHWEDEN
- KGR. DÄNEMARK
- Kopenhagen
- Nordsee
- Ostsee
- Atlantischer Ozean
- Holland
- Brabant
- Brandenburg
- Luxemburg
- Kurpfalz
- Böhmen
- Prag
- Mähren
- Paris
- KGR. FRANKREICH
- Burgund
- Bayern
- Tirol
- Österreich
- Steiermark
- REP. VENEDIG
- Venedig
- Genua
- KGR. PORTUGAL
- KGR. KASTILIEN
- KGR. ARAGON
- Korsika
- Sardinien
- KIRCHENSTAAT
- Rom
- KGR. NEAPEL
- Balearen
- Granada
- KGR. GRANADA
- Algier
- KGR. SIZILIEN
- Fes
- Tunis
- REICH DER MARINIDEN
- REICH DER ZAIYANIDEN
- REICH DER HAFSIDEN
- Tripolis
- Mittelmeer

Legende:
- Habsburger
- Luxemburger
- Wittelsbacher
- zu Genua
- zu Venedig
- Reichsgrenze

0 200 400 600 800 km